# 政府会计制度
## 要点解读与案例精讲

韩俊仕 郭靖 许娟 主编
中华会计网校 组编

企业管理出版社

## 图书在版编目(CIP)数据

政府会计制度要点解读与案例精讲／韩俊仕，郭靖，许娟主编. —北京：企业管理出版社，2019.6
ISBN 978-7-5164-1969-4

Ⅰ.①政… Ⅱ.①韩… ②郭… ③许… Ⅲ.①单位预算会计-会计制度-中国 Ⅳ.①F810.6

中国版本图书馆CIP数据核字(2019)第108591号

---

| | |
|---|---|
| 书　　名： | 政府会计制度要点解读与案例精讲 |
| 作　　者： | 韩俊仕　郭靖　许娟 |
| 责任编辑： | 蒋舒娟 |
| 书　　号： | ISBN 978-7-5164-1969-4 |
| 出版发行： | 企业管理出版社 |
| 地　　址： | 北京市海淀区紫竹院南路17号　　邮编：100048 |
| 网　　址： | http://www.emph.cn |
| 电　　话： | 编辑部(010)68701661　发行部(010)68701816 |
| 电子信箱： | 26814134@qq.com |
| 印　　刷： | 三河市荣展印务有限公司 |
| 经　　销： | 新华书店 |
| 规　　格： | 787毫米×1092毫米　16开本　29印张　742.4千字 |
| 版　　次： | 2019年6月第1版　2019年6月第1次印刷 |
| 定　　价： | 78.00元 |

**版权所有　翻印必究 · 印装有误　负责调换**

# 前　言

近年来，政府会计改革受到了前所未有的关注。财政部密集出台了系列准则、制度和衔接办法，截至2019年4月，财政部共出台《政府会计准则——基本准则》(以下简称《基本准则》)1项、《政府会计准则——具体准则》(以下简称《具体准则》)9项、《应用指南》1项、《会计制度》1项、行业补充规定7项、衔接规定11项和解释第1号(征求意见稿)。各地财政部门积极组织了培训，理论研究和实务专家积极参与，提供智力支持。2018年，注册会计师考试开始增加政府会计考题，政府会计改革已成为当下会计界的热门话题。

2019年是新政府会计准则制度实施元年，政府会计改革揭开了新的篇章。广大的行政事业单位的财务工作者，在前期政策学习、实务培训、系统升级等多项准备工作之后，迎来了"真刀真枪上战场"的实战年。2018年的大规模培训，虽然取得了明显的效果，但从财政部调研情况看，也存在一定不足，认识不到位、理念跟不上、技术不适应等问题仍不同程度地存在。

为满足广大基层行政事业单位财务工作者的学习需要，我们根据《基本准则》《具体准则》《应用指南》及《政府会计制度》，并结合行业补充规定和近几年国家财政改革中的国库集中支付制度、政府收支分类科目、部门预算、政府采购、非税收入管理、资产管理等制度，编写了本书。

本书的主要特点有以下几个方面：

1. 注重时效性。作者将财政部出台的《基本准则》《具体准则》《应用指南》《政府会计制度》、行业补充规定、衔接规定等累计60万余字的政策规定的主要精神全部融入本书中，体现了政府会计改革的最新精神。本书共分为三篇，第一篇为政府会计改革概述，第二篇为政府会计制度业务处理，第三篇为报表编制和列报。

2. 注重实务操作。本书的作者全部来自预算单位财务工作一线，具有丰富的实战经验，编写过程中注重会计实务操作，注重分析科目核算难点、要点，并分析易混科目之间的区别，做到深入浅出，并配有思维导图，思路明确，逻辑清晰，是一本行政事业单位会计人员快速入门、工作参考的工具书，也是学习政府会计制度的指导用书。

3. 注重综合性。本书编写时考虑财务工作实际需求，案例均以平行记账的方式呈现，财务会计分录和预算会计分录同时列示，有利于会计人员快速掌握最新的会计核算方法，特别是在第三篇中通过综合案例，完整地展现了从平时记账到年末结账，再到编制报表的全过程，有助于会计人员融会贯通、学以致用。

　　本书可作为广大行政事业单位会计人员工作的参考工具和培训教材，也可以作为其他行业会计人员考试的工具书。

　　本书第一篇由许娟撰写，第二篇的第四、五、六、七、八章由韩俊仕撰写，第二篇的第九、十、十一章由郭靖撰写，第三篇由韩俊仕撰写，全书的思维导图由郭靖整理。田野、陈敏、肖杰参与了本书的编写、校对工作，赵青松对全书进行了审阅。

　　我们真心希望通过努力，为政府会计改革尽绵薄之力。因时间紧迫和作者水平不足，书中难免存在不妥之处及错漏之处，恳请广大读者批评指正。

编者

# 目录 CONTENTS

## 第一篇 政府会计改革概述

**第一章 政府会计改革历程及背景 / 3**

本章导读 / 3
第一节 政府会计改革的历程 / 3
第二节 现行政府预算会计制度体系的特点 / 4
第三节 加快推进政府会计改革的重要意义 / 5
第四节 权责发生制政府综合财务报告制度改革方案 / 6

**第二章 政府会计框架体系 / 9**

本章导读 / 9
第一节 政府会计框架体系概述 / 9
第二节 政府会计基本准则 / 11
第三节 政府会计具体准则及其应用指南 / 12
第四节 政府会计制度 / 20
第五节 系列补充规定及衔接规定 / 23

**第三章 政府会计核算模式 / 25**

本章导读 / 25
第一节 政府会计核算的基本前提 / 25
第二节 政府会计信息质量要求 / 26
第三节 政府会计核算基础 / 28
第四节 政府会计要素 / 29
第五节 会计科目 / 31
第六节 政府会计准则制度实施的范围 / 33

# 第二篇　政府会计制度业务处理

**第四章**
**资产类会计业务** / 37

本章导读 / 37
第一节　货币资金类业务 / 37
第二节　应收及暂付款类业务 / 49
第三节　存货类业务 / 65
第四节　投资类业务 / 80
第五节　固定资产类业务 / 95
第六节　无形资产类业务 / 116
第七节　其他资产类业务 / 126

**第五章**
**负债类会计业务** / 161

本章导读 / 161
第一节　借款及应付利息类业务 / 161
第二节　应交税金类业务 / 166
第三节　应缴应付预收类业务 / 182
第四节　其他负债类业务 / 202

**第六章**
**收入类会计业务** / 208

本章导读 / 208
第一节　财政拨款收入业务 / 208
第二节　事业收入业务 / 213
第三节　上级补助收入业务 / 222
第四节　附属单位上缴收入业务 / 224
第五节　经营收入业务 / 226
第六节　非同级财政拨款收入业务 / 228
第七节　投资收益业务 / 231
第八节　捐赠收入业务 / 237
第九节　利息收入业务 / 239
第十节　租金收入业务 / 240
第十一节　其他收入业务 / 243

**第七章**
**费用类会计业务** / 248

本章导读 / 248
第一节　业务活动费用业务 / 248
第二节　单位管理费用业务 / 256
第三节　经营费用业务 / 262
第四节　资产处置费用业务 / 264
第五节　上缴上级费用和对附属单位补助费用
　　　　业务 / 268
第六节　所得税费用业务 / 271
第七节　其他费用业务 / 272

## 第八章
## 净资产类会计业务 / 279

本章导读 / 279
第一节　累计盈余业务 / 279
第二节　专用基金业务 / 283
第三节　权益法调整业务 / 290
第四节　本期盈余业务 / 291
第五节　本年盈余分配业务 / 296
第六节　无偿调拨净资产业务 / 298
第七节　以前年度盈余调整业务 / 300

## 第九章
## 预算收入类会计业务 / 304

本章导读 / 304
第一节　财政拨款预算收入业务 / 304
第二节　事业预算收入业务 / 308
第三节　上级补助预算收入业务 / 314
第四节　附属单位上缴预算收入业务 / 316
第五节　经营预算收入业务 / 318
第六节　债务预算收入业务 / 320
第七节　非同级财政拨款预算收入业务 / 322
第八节　投资预算收益业务 / 324
第九节　其他预算收入业务 / 329

## 第十章
## 预算支出类会计业务 / 334

本章导读 / 334
第一节　行政支出业务 / 334
第二节　事业支出业务 / 340
第三节　经营支出业务 / 347
第四节　上缴上级支出和对附属单位补助支出业务 / 351
第五节　投资支出业务 / 354
第六节　债务还本支出业务 / 356
第七节　其他支出业务 / 358

## 第十一章
## 预算结余类会计业务 / 363

本章导读 / 363
第一节　资金结存业务 / 363
第二节　财政拨款结转业务 / 372
第三节　财政拨款结余业务 / 377
第四节　非财政拨款结转业务 / 382
第五节　非财政拨款结余业务 / 386
第六节　专用结余业务 / 391
第七节　经营结余业务 / 393
第八节　其他结余业务 / 395
第九节　非财政拨款结余分配业务 / 398

# 第三篇 报表编制和列报

**第十二章**
**综合案例及业务处理** / 405

本章导读 / 405
第一节 期初数据 / 406
第二节 案例及业务处理 / 408
第三节 期末数据 / 414

**第十三章**
**财务报表及附注的编制** / 421

本章导读 / 421
第一节 财务报表及附注编制要求 / 421
第二节 资产负债表 / 422
第三节 收入费用表 / 428
第四节 净资产变动表 / 431
第五节 现金流量表 / 433
第六节 附注 / 438

**第十四章**
**预算会计报表的编制** / 449

本章导读 / 449
第一节 预算收入支出表 / 449
第二节 预算结转结余变动表 / 452
第三节 财政拨款预算收入支出表 / 454

# 第一篇

## 政府会计改革概述

# 第一章 政府会计改革历程及背景

**本章导读**　党的十八届三中全会审议通过了《中共中央关于全面深化改革若干重大问题的决定》（以下简称《决定》），《决定》提出"建立权责发生制的政府综合财务报告制度"，围绕这一任务，政府会计拉开了改革的大幕。本章详细介绍政府会计改革的历程、政府会计的特点、改革的意义等，并全面介绍《权责发生制政府综合财务报告制度改革方案》的主要内容。

## 第一节 政府会计改革的历程

政府会计是指政府会计主体运用专门的会计方法对政府及其组成主体（包括政府所属的行政事业单位等）的资产负债、运行情况、现金流量、预算执行等情况进行全面核算、监督和报告的会计信息系统。

改革开放以来，我国在大力推进企业会计改革的同时，经过不断探索和努力，于1998年前后形成了主要由财政总预算会计、行政单位会计和事业单位会计组成的预算会计体系，在宏观经济决策和财政资金的运行管理过程中发挥了重要的基础性作用。在此基础上，自1999年起逐步建立起包括企业职工基本养老保险基金、失业保险基金、城镇职工基本医疗保险基金，以及新型农村合作医疗基金、新型农村社会养老保险基金等在内的社会保险基金会计体系，并于2000年印发了《住房公积金会计核算办法》、2005年实施了《民间非营利组织会计制度》、2008年印发了《土地储备资金会计核算办法（试行）》等，基本适应了经济转轨时期国家财政预算管理的需要，满足了行政事业单位和其他各类非营利主体日常会计核算的需要。

随着公共财政体制的建立和完善，为了适应财政改革需要，财政部于2010年率先从医疗卫生行业入手，制定印发了《基层医疗卫生机构会计制度》，修订印发了《医院会计制度》；"十二五"时期，为配合财政改革和行政事业单位财务管理改革的需要，财政部从2012年起适时修订并陆续印发了《事业单位会计准则》《事业单位会计制度》《行政单位会计制度》《高等学校会计制度》《中小学校会计制度》以及《科学事业单位会计制度》，制定印发了《彩票机构会计制度》。上述制度的修订完善对于规范行政事业单位会计行为，保证会计信息质量，提高公共资金透明度，促进各项事业健康发展发挥了重要的作用。

## 第二节　现行政府预算会计制度体系的特点

现行政府预算会计制度体系具有以下主要特点：一是会计目标方面，偏重于满足财政预算管理的需要，在一定程度上兼顾了单位财务管理的需要；二是会计核算内容方面，核算范围较窄，侧重于预算收入、支出和结余情况的反映，资产负债状况无法得到全面、客观反映；三是核算基础方面，主要以收付实现制为基础，各项收入、支出的确认不是以应收应付而是以实际收到或付出为标准；四是财务报告方面，主要反映财政总预算资金、单个行政事业单位、单项基金的预算收支执行结果等信息。

随着我国政府职能的转变及公共财政体制的建立和完善，采用收付实现制为主、提供反映预算收支执行情况的决算报告的现行政府预算会计制度体系越来越难以适应新形势的需要，其缺陷逐渐显现，主要表现为以下几个方面：

（一）无法准确、完整地反映政府资产负债"家底"，不利于加强资产负债管理

现行政府预算会计制度体系主要以收付实现制为基础，其主要核算资金的收支结余情况，政府总预算和单位预算的收入支出差额只反映资金使用的余缺，其核算的经济业务内容较窄，不能将政府各项业务活动所形成的财政资源和财政责任、义务都纳入会计核算、监督和报告范围之内，不能如实反映政府资产负债"家底"。比如，事业单位对外投资业务中，将所有对外权益性投资作为预算支出处理，没有进行投资资产的核算；对于政府投资的公共基础设施、保障性住房等项目，并未纳入行政事业单位会计账簿核算，最终未能在政府资产负债表中反映；许多已经发生的、需要在以后期间支付的现时义务并没有被确认为政府负债。

（二）无法全面、客观地反映政府运行成本，不利于科学地评价政府会计主体的运营绩效和受托责任的履行情况

在现行预算会计制度体系下，以收付实现制为基础来反映有关预算收入、支出及资金余缺情况，一般不核算成本，不计算盈亏，不能客观反映政府进行公共管理的运行成本以及资产负债情况，政府会计主体的运营绩效和受托责任的履行情况也难被科学地评价。在各个会计期间，以收付实现制为基础的决算报告所反映的收入与当期实际实现的收入往往有一定差距；同时各期所列示的支出与当前实际运营的成本也相距甚远。例如，本期发生的购建仪器设备等资本性支出，多个会计期间得以受益，在收付实现制下只能将其全部列为当期支出，而不能按照权责发生制原则合理地分配到各个期间。因此，现行预算会计制度体系，既不能客观反映行政事业单位的成本情况和资产负债情况，也不能全面反映其实际的运营绩效和效率。

（三）多项制度并存、会计核算标准不统一，导致政府财务报告信息质量较低

现行的政府预算会计制度体系下，既有《财政总预算会计制度》《行政单位会计制度》《事业单位会计制度》等制度，同时针对医院、基层医疗卫生机构、高等学校、中小学校、科学事业单位、彩票机构、国有建设单位等行业，又制定颁布了具有行业特色的会计制度，可谓体系庞杂、制度繁多。因上述制度存在核算口径不一等缺陷，导致各部门、各单位所提供会计信息的可比性较差，因而通过汇总、调整编制的政府财务报告所提供的信息质量较低，不能全面、客观地反映政府性资金和资源的整体运行状况，一定程度上造成了政府性资金和资源在使用中出现行为不规范、效率不高等问题，不利于制约和监督政府权力。

因此，在新的形势下，立足国情，借鉴国际经验，加快推进我国政府会计改革势在必行。

## 第三节 加快推进政府会计改革的重要意义

近年来,来自政府部门、实务界、理论界等领域的专家、学者纷纷呼吁,应加快推进政府会计改革,建立能够如实反映政府资产负债"家底"、成本费用等绩效及预算执行情况的政府会计体系。2011年我国"十二五"规划纲要提出,要"进一步推进政府会计改革,逐步建立政府财务报告制度";2013年中共中央、国务院印发的《党政机关厉行节约反对浪费条例》中也明确要求,"推进政府会计改革,进一步健全会计制度,准确核算机关运行经费,全面反映行政成本";2014年新修正的《中华人民共和国预算法》(以下简称《预算法》)第九十七条明确规定,"各级政府财政部门应当按年度编制以权责发生制为基础的政府综合财务报告,报告政府整体财务状况、运行情况和财政中长期可持续性,报本级人民代表大会常务委员会备案"。党的十八届三中全会从全面深化改革的战略高度,在《中共中央关于全面深化改革若干重大问题的决定》中明确提出要"建立权责发生制的政府综合财务报告制度"。加快推进政府会计改革,是提升国家治理体系和治理能力现代化的重要基础。政府会计改革和国家治理体系和治理能力现代化建设相关联,足以看出政府会计改革的重要意义。

一是能够完整反映政府收支信息,有利于建立全面规范、公开透明的现代预算制度。会计工作是预算管理的基础,通过完善现行预算会计制度,完整记录和反映各级政府、部门和单位预算收入和支出的全过程和结果,有利于夯实预算管理的基础,确保各项预算管理政策"落地",对于建立全面规范、公开透明的现代预算制度具有重要的基础性作用。

二是能够如实反映政府"家底",有利于财政经济可持续发展。在完善现行政府预算会计的同时,强化政府财务会计功能,可以全面记录政府资产和负债等"存量"信息,完整反映政府财务状况以及财政能力和财政责任,有助于强化政府资产管理主体责任,有效监控政府债务,为开展政府信用评级、防范财政风险等提供信息支持,促进政府财务管理水平提高和财政经济可持续发展。

三是能够科学反映政府运行成本,有利于科学评价政府绩效和政府受托责任履行情况。在会计核算环节引入权责发生制,可以准确反映政府成本费用信息,实现对政府整体、部门、单位、单个项目等资源耗费情况的合理评判,为科学开展政府绩效考评、评价政府受托责任履行情况提供扎实有效的信息基础。

四是能够提升财政透明度,有利于国家治理体系和治理能力的现代化。通过建立政府预算会计和财务会计适度分离又相互衔接的政府会计体系,同时生成基于收付实现制的决算报告和权责发生制的政府财务报告,并按规定进行审计和公开,可以全面、清晰反映政府预算执行信息和财务信息,显著提升财政透明度,满足权力机关、社会公众等对政府受托责任履行情况的信息需求,有助于夯实国家治理的基础,促进国家治理体系和治理能力的现代化。

总之,在新的形势下,政府会计改革涉及国家治理能力和治理体系,使政府权力受到约束,使权力机关、社会公众能够监督政府,意义非常重大。加快推进政府会计改革,建立和有效实施政府会计准则体系,不仅是贯彻落实《决定》的任务所在,也是贯彻落实《预算法》、深化财税体制改革的职责所在,更是推进国家治理体系和治理能力现代化的使命所在。

# 第四节　权责发生制政府综合财务报告制度改革方案

按照党的十八届二中、三中、四中全会精神，根据新修订的《中华人民共和国预算法》和《国务院关于深化预算管理制度改革的决定》（国发〔2014〕45号）有关要求，为建立权责发生制的政府综合财务报告制度，全面、准确反映各级政府整体财务状况、运行情况和财政中长期可持续性，制定了《权责发生制政府综合财务报告制度改革方案》。

## 一、主要任务

（一）建立健全政府会计核算体系。推进财务会计与预算会计适度分离并相互衔接，在完善预算会计功能基础上，增强政府财务会计功能，夯实政府财务报告核算基础，为中长期财政发展、宏观调控和政府信用评级服务。

（二）建立健全政府财务报告体系。政府财务报告主要包括政府部门财务报告和政府综合财务报告。政府部门编制部门财务报告，反映本部门的财务状况和运行情况；财政部门编制政府综合财务报告，反映政府整体的财务状况、运行情况和财政中长期可持续性。

（三）建立健全政府财务报告审计和公开机制。政府综合财务报告和部门财务报告按规定接受审计。审计后的政府综合财务报告与审计报告依法报本级人民代表大会常务委员会备案，并按规定向社会公开。

（四）建立健全政府财务报告分析应用体系。以政府财务报告反映的信息为基础，采用科学方法，系统分析政府的财务状况、运行成本和财政中长期可持续发展水平。充分利用政府财务报告反映的信息，识别和管理财政风险，更好地加强政府预算、资产和绩效管理，并将政府财务状况作为评价政府受托责任履行情况的重要指标。

## 二、具体内容

（一）建立政府会计准则体系和政府财务报告制度框架体系

1. 制定政府会计基本准则和具体准则及应用指南。基本准则用于规范政府会计目标、政府会计主体、政府会计信息质量要求、政府会计核算基础，以及政府会计要素定义、确认和计量原则、列报要求等原则事项。基本准则指导具体准则的制定，并为政府会计实务问题提供处理原则。具体准则依据基本准则制定，用于规范政府发生的经济业务或事项的会计处理，详细规定经济业务或事项引起的会计要素变动的确认、计量、记录和报告。应用指南是对具体准则的实际应用做出的操作性规定。

2. 健全完善政府会计制度。政府会计科目设置要实现预算会计和财务会计双重功能。预算会计科目应准确完整反映政府预算收入、预算支出和预算结余等预算执行信息，财务会计科目应全面准确反映政府的资产、负债、净资产、收入、费用等财务信息。推行政府成本会计，规定政府运行成本归集和分摊方法等，反映政府向社会提供公共服务支出和机关运行成本等财务信息。

3. 制定政府财务报告编制办法和操作指南。政府财务报告编制办法应当对政府财务报告的主要内容、编制要求、报送流程、数据质量审查、职责分工等做出规定。政府财务报告编制操作指南应当对政府财务报告编制和财务信息分析的具体方法等做出规定。

4. 建立健全政府财务报告审计和公开制度。政府财务报告审计制度应当对审计的主体、对象、内容、权限、程序、法律责任等做出规定。政府财务报告公开制度应当对政府财务报告公开的主体、对象、内容、形式、程序、时间要求、法律责任等做出规定。

(二)编报政府部门财务报告

1. 清查核实资产负债。各部门、各单位要按照统一要求,有计划、有步骤清查核实固定资产、无形资产以及代表政府管理的储备物资、公共基础设施、企业国有资产、应收税款等资产,按规定界定产权归属、开展价值评估;分类清查核实部门负债情况。清查核实后的资产负债统一按规定进行核算和反映。

2. 编制政府部门财务报告。各单位应在政府会计准则体系和政府财务报告制度框架体系内,按时编制以资产负债表、收入费用表等财务报表为主要内容的财务报告。各部门应合并本部门所属单位的财务报表,编制部门财务报告。

3. 开展政府部门财务报告审计。部门财务报告应保证报告信息的真实性、完整性及合规性,接受审计。

4. 报送并公开政府部门财务报告。部门财务报告及其审计报告应报送本级政府财政部门,并按规定向社会公开。

5. 加强部门财务分析。各部门应充分利用财务报告反映的信息,加强对资产状况、债务风险、成本费用、预算执行情况的分析,促进预算管理、资产负债管理和绩效管理的有机衔接。

(三)编报政府综合财务报告

1. 清查核实财政直接管理的资产负债。财政部门要清查核实代表政府持有的相关国际组织和企业的出资人权益;代表政府发行的国债、地方政府债券,举借的国际金融组织和外国政府贷款、其他政府债务以及或有债务。清查核实后的资产负债统一按规定进行核算和反映。

2. 编制政府综合财务报告。各级政府财政部门应合并各部门和其他纳入合并范围主体的财务报表,编制以资产负债表、收入费用表等财务报表为主要内容的本级政府综合财务报告。县级以上政府财政部门要合并汇总本级政府综合财务报告和下级政府综合财务报告,编制本行政区政府综合财务报告。

3. 开展政府综合财务报告审计。政府综合财务报告应保证报告信息的真实性、完整性及合规性,接受审计。

4. 报送并公开政府综合财务报告。政府综合财务报告及其审计报告,应依法报送本级人民代表大会常务委员会备案,并按规定向社会公开。

5. 应用政府综合财务报告信息。政府综合财务报告中的相关信息可作为考核地方政府绩效、分析政府财务状况、开展地方政府信用评级、编制全国和地方资产负债表以及制定财政中长期规划和其他相关规划的重要依据。

三、五项配套措施

(一)推动修订相关法律法规。推动修订《中华人民共和国会计法》《中华人民共和国预算法实施条例》等,为推进改革提供法律保障。

（二）修订完善相关财务制度。根据需要，进一步完善相关行政事业单位财务制度和《行政单位国有资产管理暂行办法》《事业单位国有资产管理暂行办法》等，保证改革顺利实施。

（三）进一步完善决算报告制度。进一步完善决算报表体系，侧重反映预算收支执行情况，与政府财务报告有机衔接。

（四）优化政府财政管理信息系统。构建覆盖政府财政管理业务全流程的一体化信息系统，不断提高政府财政管理的效率和有效性。

（五）加强政府财务报告编报内部控制。按规定建立和实施行政事业单位内部控制机制，设置充足的财务会计管理岗位，加强政府财务报告编报内部控制，保证政府财务报告真实、完整、合规。

## 本章小结

本章是开篇的第一章，主要讲述了政府会计改革的宏观背景、改革意义、改革的历程，以及政府会计改革的特点，重点介绍了《权责发生制政府综合财务报告制度改革方案》的主要内容，有助于读者宏观认识政府会计改革，便于理解制度的新内容、新变化。

# 第二章 政府会计框架体系

**本章导读**　截至2018年年底，具有中国特色的政府会计标准体系初步建立。此标准体系由政府会计基本准则、政府会计具体准则及其应用指南、政府会计制度、行业的补充规定及新旧衔接规定等共同组成。本章将逐一介绍政府会计标准体系的一系列文件的主要内容。

## 第一节 政府会计框架体系概述

基于世界各国政府会计改革的基本做法以及我国政府会计改革的研究和实践经验，同时参照企业会计改革的经验，我们可知政府会计改革的基本路径是：从政府会计准则的建立入手，即建立政府会计准则，各级政府及其组成主体依据统一、规范的政府会计准则进行会计核算、编制财务报表，在此基础上，通过专门的会计方法和程序，合并形成真实、完整、准确的权责发生制的政府综合财务报告。

按照党的十八届三中全会精神和《国务院关于批转财政部权责发生制政府综合财务报告制度改革方案的通知》(国发〔2014〕63号)(以下简称《改革方案》)的要求，2015年以来，财政部相继出台了《政府会计准则——基本准则》和存货、投资、固定资产、无形资产、公共基础设施、政府储备物资、负债、会计调整、财务报表编制和列报等9项政府会计具体准则，以及固定资产准则应用指南。2017年10月24日，财政部印发了《政府会计制度——行政事业单位会计科目和报表》(财会〔2017〕25号)，自2019年1月1日起施行。

我国的政府会计标准体系由政府会计基本准则、政府会计具体准则及其应用指南、政府会计制度等共同组成。2018年，财政部为了进一步做好政府会计改革的新旧衔接工作，除印发通用的新旧衔接规定之外，针对不同的行业，出台了包括医院、科研事业单位、中小学校等在内的9个行业会计制度的新旧衔接规定，同时为了更好地做好政府会计制度在上述不同行业的事业单位的有效实施，出台了包括医院、科研事业单位、中小学校在内的7个行业会计制度的补充规定。

为了进一步做好政府会计改革的工作，财政部2018年又相继出台了两个文件，分别是：《关于贯彻实施政府会计准则制度的通知》(财会〔2018〕21号)和《关于进一步做好政府会计准则制度新旧衔接和加强行政事业单位资产核算的通知》(财会〔2018〕34号)。

上述文件也是我国政府会计标准体系的重要内容，作为不可或缺的一个组成部分，标志着我国政府会计标准体系的初步建立。

**我国政府会计标准体系文件汇编**

| 序号 | 文件名称 | 文号 | 发布时间 | 备注 |
| --- | --- | --- | --- | --- |
| 1 | 国务院关于批转财政部权责发生制政府综合财务报告制度改革方案的通知 | 国发〔2014〕63号 | 2014年12月12日 | 通知 |
| 2 | 《政府会计准则——基本准则》 | 财政部令第78号 | 2015年10月23日 | 基本准则 |
| 3 | 《政府会计准则第1号——存货》 | 财会〔2016〕12号 | 2016年7月6日 | 具体准则 |
| 4 | 《政府会计准则第2号——投资》 | 财会〔2016〕12号 | 2016年7月6日 | 具体准则 |
| 5 | 《政府会计准则第3号——固定资产》 | 财会〔2016〕12号 | 2016年7月6日 | 具体准则 |
| 6 | 《政府会计准则第4号——无形资产》 | 财会〔2016〕12号 | 2016年7月6日 | 具体准则 |
| 7 | 《政府会计准则第3号——固定资产》应用指南 | 财会〔2017〕4号 | 2017年2月21日 | 具体准则应用指南 |
| 8 | 《政府会计准则第5号——公共基础设施》 | 财会〔2017〕11号 | 2017年4月17日 | 具体准则 |
| 9 | 《政府会计准则第6号——政府储备物资》 | 财会〔2017〕23号 | 2017年7月28日 | 具体准则 |
| 10 | 《政府会计准则第7号——会计调整》 | 财会〔2018〕28号 | 2018年10月21日 | 具体准则 |
| 11 | 《政府会计准则第8号——负债》 | 财会〔2018〕31号 | 2018年11月9日 | 具体准则 |
| 12 | 《政府会计准则第9号——财务报表编制和列报》 | 财会〔2018〕37号 | 2018年12月26日 | 具体准则 |
| 13 | 《政府会计制度——行政事业单位会计科目和报表》 | 财会〔2017〕25号 | 2017年10月24日 | 会计制度 |
| 14 | 关于印发《政府会计制度——行政事业单位会计科目和报表》与《行政单位会计制度》和《事业单位会计制度》有关衔接问题处理规定的通知 | 财会〔2018〕3号 | 2018年2月1日 | 衔接规定 |
| 15 | 关于印发国有林场和苗圃执行《政府会计制度——行政事业单位会计科目和报表》的补充规定和衔接规定的通知 | 财会〔2018〕11号 | 2018年7月12日 | 补充规定及衔接规定 |
| 16 | 关于印发测绘事业单位执行《政府会计制度——行政事业单位会计科目和报表》的衔接规定的通知 | 财会〔2018〕16号 | 2018年7月22日 | 衔接规定 |
| 17 | 关于印发地质勘查事业单位执行《政府会计制度——行政事业单位会计科目和报表》的衔接规定的通知 | 财会〔2018〕17号 | 2018年7月22日 | 衔接规定 |
| 18 | 关于印发高等学校执行《政府会计制度——行政事业单位会计科目和报表》的补充规定和衔接规定的通知 | 财会〔2018〕19号 | 2018年8月14日 | 补充规定及衔接规定 |
| 19 | 关于印发中小学校执行《政府会计制度——行政事业单位会计科目和报表》的补充规定和衔接规定的通知 | 财会〔2018〕20号 | 2018年8月14日 | 补充规定及衔接规定 |
| 20 | 关于印发科学事业单位执行《政府会计制度——行政事业单位会计科目和报表》的补充规定和衔接规定的通知 | 财会〔2018〕23号 | 2018年8月20日 | 补充规定及衔接规定 |

续表

| 序号 | 文件名称 | 文号 | 发布时间 | 备注 |
|---|---|---|---|---|
| 21 | 关于印发医院执行《政府会计制度——行政事业单位会计科目和报表》的补充规定和衔接规定的通知 | 财会〔2018〕24号 | 2018年8月27日 | 补充规定及衔接规定 |
| 22 | 关于印发基层医疗机构执行《政府会计制度——行政事业单位会计科目和报表》的补充规定和衔接规定的通知 | 财会〔2018〕25号 | 2018年8月31日 | 补充规定及衔接规定 |
| 23 | 关于印发彩票机构执行《政府会计制度——行政事业单位会计科目和报表》的补充规定和衔接规定的通知 | 财会〔2018〕26号 | 2018年8月31日 | 补充规定及衔接规定 |
| 24 | 关于贯彻实施政府会计准则制度的通知 | 财会〔2018〕21号 | 2018年8月16日 | 通知 |
| 25 | 关于进一步做好政府会计准则制度新旧衔接和加强行政事业单位资产核算的通知 | 财会〔2018〕34号 | 2018年12月6日 | 通知 |

## 第二节 政府会计基本准则

为了积极贯彻落实党的十八届三中全会精神,加快推进政府会计改革,构建统一、科学、规范的政府会计标准体系和权责发生制政府综合财务报告制度,2015年10月23日,《基本准则》(财政部令第78号)公布,自2017年1月1日起施行。

### 一、《基本准则》的主要内容

在政府会计核算标准体系中,基本准则主要对政府会计目标、会计主体、会计信息质量要求、会计核算基础,以及会计要素定义、确认和计量原则、列报要求等做出规定。基本准则属于"概念框架",统驭政府会计具体准则和政府会计制度的制定,并为政府会计实务问题提供处理原则,为编制政府财务报告提供基础标准。从会计规则角度而言,《基本准则》为在政府会计具体准则和政府会计制度层面规范政府发生的经济业务或事项的会计处理提供了基本原则,保证了政府会计准则体系的内在一致性。从会计主体而言,《基本准则》适用于各级政府、各部门、各单位(以下称"政府会计主体"),有利于消除各级政府、部门、行业和单位执行不同会计规范所导致的信息差异,打破不同部门、行业的藩篱,各政府会计主体都以统一规范的会计语言体系处理会计事务、参与政府治理,提高了政府会计信息的可比性。

《基本准则》共6章62条。

第一章为总则,规定了立法目的和制定依据、适用范围、政府会计体系与核算基础、基本准则定位、报告目标和使用者、会计基本假设和记账方法等。

第二章为政府会计信息质量要求,明确了政府会计信息应当满足的7个方面质量要求,即可靠性、全面性、相关性、及时性、可比性、可理解性和实质重于形式。

第三章为政府预算会计要素,规定了预算收入、预算支出和预算结余3个预算会计要素的定义、确认和计量标准,以及列示要求。

— 11 —

第四章为政府财务会计要素,规定了资产、负债、净资产、收入和费用5个财务会计要素的定义、确认标准、计量属性和列示要求。

第五章为政府决算报告和财务报告,规定了决算报告、财务报告和财务报表的定义、主要内容和构成。

第六章为附则,规定了相关基本概念的定义,明确了施行日期。

## 二、《基本准则》的实施对行政事业单位财务和会计管理的影响

《基本准则》是政府会计领域一次重大的制度变革,实施《基本准则》对于行政事业单位(以下称"单位")财务和会计管理将带来以下显著变化:

第一,实施《基本准则》将有助于进一步规范单位会计行为,提高会计信息质量。《基本准则》要求按收付实现制对预算收入、预算支出和预算结余进行会计核算,按权责发生制对资产、负债、净资产和收入、费用进行会计核算;同时对各个会计要素的确认、计量和列示等提出了原则性要求,对会计信息质量提出了明确的标准,有助于行政事业单位对各项经济业务或事项进行全面、规范的会计处理,不断提升单位会计信息质量。

第二,实施《基本准则》有助于夯实单位财务管理基础,提升财务管理水平。《基本准则》的实施,有助于单位贯彻落实国家各项预算管理要求,规范收支行为,夯实预算管理的基础,建立健全预算管理制度;有助于单位严格落实有关国有资产管理的规定,全面、真实反映增量和存量资产的状况,夯实单位资产管理的基础,完善控制国有资产流失的管理制度,提高单位国有资产管理的绩效;有助于单位严格落实有关财务管理规定,增强公共管理意识,实现资金、资产和资源的科学合理配置,防范和化解财务风险,促进单位持续健康发展。

第三,实施《基本准则》将有助于全面、准确反映单位运行成本,科学评价单位绩效。《基本准则》要求单位按照权责发生制原则核算各项耗费,如计提固定资产折旧费用、无形资产摊销费用等,并要求编制收入费用表,合理归集、反映单位的运行费用和履职成本,从而有助于科学评价单位耗费公共资源、成本边际等情况,建立并有效实施预算绩效评价制度,提升单位绩效评价的科学性。

第四,实施《基本准则》将有助于全面反映单位的预算执行信息和财务信息,提高单位的财务透明度。《基本准则》要求单位在编制决算报告的同时,还要编制包括资产负债表、收入费用表和现金流量表在内的财务报告,全面反映单位的预算执行情况和财务状况、运行情况和现金流量等信息。各部门还要按规定合并所属单位的财务报表,编制部门合并财务报告,全面反映部门整体财务状况,并按照规定进行审计和公开。《基本准则》的实施,将显著提升单位财务透明度。

## 第三节 政府会计具体准则及其应用指南

在政府会计核算标准体系中,各项具体准则主要规定政府发生的经济业务或事项的会计处理原则,应用指南主要对具体准则的实际应用做出操作性规定。具体准则一般分为3类:一是会计科目类的具体准则,例如存货、负债等。二是特殊业务事项的具体准则,如会计调整。三是会计报表类的具体准则,如财务报表编制和列报。截至目前财政部共发布了9项具体准则以

及1项应用指南，涵盖了上述3个类别。这9项具体准则分别是：2016年7月制定印发的《政府会计准则第1号——存货》《政府会计准则第2号——投资》《政府会计准则第3号——固定资产》和《政府会计准则第4号——无形资产》4项政府会计具体准则；2017年2月印发的《政府会计准则第3号——固定资产》应用指南；2017年4月印发的《政府会计准则第5号——公共基础设施》；2017年7月印发的《政府会计准则第6号——政府储备物资》；2018年10月印发的《政府会计准则第7号——会计调整》；2018年11月印发的《政府会计准则第8号——负债》；2018年12月印发的《政府会计准则第9号——财务报表编制和列报》。

## 一、具体准则规范的主要内容和范围

(一)《政府会计准则第1号——存货》

本准则所规范的存货，是指政府会计主体在开展业务活动及其他活动中为耗用或出售而储存的资产，如材料、产品、包装物和低值易耗品等，以及未达到固定资产标准的用具、装具、动植物等。考虑到政府储备物资的取得、调拨、管理、处置、权属确定等与本准则规范的存货有较大不同，因此将其排除在存货准则范围以外。另外，考虑到政府收储土地规模较大且具有不同于一般存货的显著特点，也对其进行了范围排除。

《政府会计准则第1号——存货》共分6章20条，具体内容如下：

第一章为总则，主要规定了本准则制定的依据，存货的定义以及范围。

第二章为存货的确认，主要规定了存货的确认条件。

第三章为存货的初始计量，主要规定了存货在不同取得方式下的初始计量方法。

第四章为存货的后续计量，主要规定了存货取得后的不同处理方式下的后续计量方法。

第五章为存货的披露，主要规定了财务报表附注中应当披露的与存货相关的内容。

第六章为附则，主要规定了本准则的生效日期。

(二)《政府会计准则第2号——投资》

本准则所规范的投资，是指政府会计主体按规定以货币资金、实物资产、无形资产等方式形成的股权和债权投资，分为短期投资和长期投资。政府会计主体外币投资的折算，适用其他相关政府会计准则。另外，关于PPP模式中政府的投资，鉴于其涉及的核算内容较为复杂，财政部拟单独制定相关准则。

《政府会计准则第2号——投资》共分5章21条，具体内容如下：

第一章为总则，主要规定了本准则制定的依据，投资的定义、分类以及范围。

第二章为短期投资，主要规定了短期投资取得、持有、期末、出售等不同时期的计量问题。

第三章为长期投资，主要规定了长期债券投资取得、持有、期末、出售时的会计处理和长期股权投资取得、持有、期末和出售时按照成本法和权益法的会计处理。

第四章为投资的披露，主要规定了财务报表附注中应当披露的与投资相关的内容。

第五章为附则，主要规定了本准则的生效日期。

(三)《政府会计准则第3号——固定资产》

本准则所规范的固定资产，是指政府会计主体为满足自身开展业务活动或其他活动需要而控制的，使用年限超过1年(不含1年)、单位价值在规定标准以上，并在使用过程中基本保持原有物质形态的资产，一般包括房屋及构筑物、专用设备、通用设备等。考虑到公共基础设施、文物文化资产、政府储备物资、保障性住房为政府会计主体经管的资产,其使用目的和管理方式不同于一般固定资产,且这类资产规模较大,财政部另行制定相关准则。

《政府会计准则第3号——固定资产》共分6章28条,具体内容如下:

第一章为总则,主要规定了本准则制定的依据,固定资产的定义以及范围。

第二章为固定资产的确认,主要规定了固定资产初始确认的条件和后续支出确认的条件。

第三章为固定资产的初始计量,主要规定了固定资产不同取得方式下的初始计量方法。

第四章为固定资产的后续计量,主要规定了固定资产折旧计提范围、计提方法、应考虑因素以及固定资产处置的会计处理。

第五章为固定资产的披露,主要规定了财务报表附注中应当披露的与固定资产相关的内容。

第六章为附则,主要规定了本准则的生效日期。

(四)《政府会计准则第4号——无形资产》

本准则所规范的无形资产,是指政府会计主体控制的没有实物形态的可辨认非货币性资产,一般包括专利权、商标权、著作权、土地使用权、非专利技术以及其他财产权利等。

《政府会计准则第4号——无形资产》共分6章26条,具体内容如下:

第一章为总则,主要规定了本准则制定的依据,无形资产的定义以及范围。

第二章为无形资产的确认,主要规定了无形资产初始确认的条件和区分研究支出和开发支出的不同会计处理。

第三章为无形资产的初始计量,主要规定了无形资产不同取得方式下的初始计量方法。

第四章为无形资产的后续计量,主要规定了无形资产摊销计提范围、计提方法、计提年限等以及无形资产处置的会计处理。

第五章为无形资产的披露,主要规定了财务报表附注中应当披露的与无形资产相关的内容。

第六章为附则,主要规定了本准则的生效日期。

(五)《政府会计准则第5号——公共基础设施》

本准则所称的公共基础设施,是指政府会计主体为满足社会公共需求而控制的,同时具有以下特征的有形资产:(1)是一个有形资产系统或网络的组成部分;(2)具有特定用途;(3)一般不可移动。公共基础设施主要包括市政基础设施(如城市道路、桥梁、隧道、公交场站、路灯、广场、公园绿地、室外公共健身器材,以及环卫、排水、供水、供电、供气、供热、污水处理、垃圾处理系统等)、交通基础设施(如公路、航道、港口等)、水利基础设施(如大坝、堤防、水闸、泵站、渠道等)和其他公共基础设施。独立于公共基础设施、不构成公共基础设施使用不可缺少组成部分的管理维护用房屋建筑物、设备、车辆等,适用《政府会计准则第3号——固定资产》。属于文物文化资产的公共基础设施,适用文物文化资产会计准则。采用政府和社会资本合作模式(即 PPP 模式)形成的公共基础设施的确认和初始计量,适用其他相关政府会计准则。

《政府会计准则第5号——公共基础设施》共分6章28条,具体内容如下:

第一章为总则,主要规定了本准则制定的依据,公共基础设施的定义、分类以及本准则适用的范围。

第二章为公共基础设施的确认,主要规定了公共基础设施初始确认的条件和后续支出确认的不同会计处理。

第三章为公共基础设施的初始计量，主要规定了公共基础设施不同取得方式下的初始计量方法。

第四章为公共基础设施的后续计量，主要规定了公共基础设施计提折旧或者摊销的范围、计提方法、计提年限以及应考虑的因素等以及公共基础设施处置的会计处理。

第五章为公共基础设施的披露，主要规定了财务报表附注中应当披露的与公共基础设施相关的内容。

第六章为附则，主要规定了公共基础设施重分类及首次执行日的入账成本确定问题和本准则的生效日期。

（六）《政府会计准则第 6 号——政府储备物资》

本准则所称的政府储备物资，是指政府会计主体为满足实施国家安全与发展战略、进行抗灾救灾、应对公共突发事件等特定公共需求而控制的，同时具有下列特征的有形资产：（1）在应对可能发生的特定事件或情形时动用；（2）其购入、存储保管、更新（轮换）、动用等由政府及相关部门发布的专门管理制度规范。政府储备物资主要包括战略及能源物资、抢险抗灾救灾物资、农产品、医药物资和其他重要商品物资，通常情况下由政府会计主体委托承储单位存储。企业以及纳入企业财务管理体系的事业单位接受政府委托收储并按企业会计准则核算的储备物资，不适用本准则。

《政府会计准则第 6 号——政府储备物资》共分 6 章 25 条，具体内容如下：

第一章为总则，主要规定了本准则制定的依据，政府储备物资的定义、本准则适用的范围。

第二章为政府储备物资的确认，主要规定了政府储备物资初始确认的条件。

第三章为政府储备物资的初始计量，主要规定了政府储备物资不同取得方式下的初始计量方法。

第四章为政府储备物资的后续计量，主要规定了政府储备物资取得后的不同处理方式下的后续计量方法。

第五章为政府储备物资的披露，主要规定了财务报表附注中应当披露的与政府储备物资相关的内容。

第六章为附则，主要规定了政府储备物资重分类及首次执行日的入账成本确定问题和本准则的生效日期。

（七）《政府会计准则第 7 号——会计调整》

会计调整范围包括会计政策变更、会计估计变更、会计差错更正和报告日后事项的会计处理规定，这种体例安排借鉴了《企业会计制度》（2000 年）第十章"会计调整"的写法，但在具体处理原则和方法上充分考虑了政府会计主体的特点。

具体而言，《政府会计准则第 7 号——会计调整》共分 7 章 23 条，主要内容如下：

第一章为总则，主要规定本准则制定依据，会计调整、会计政策、会计估计、会计差错、报告日后事项等基本概念，以及具体会计政策和会计估计的确定程序等。

第二章为会计政策及其变更，主要规定会计政策及其变更的确认、追溯调整法和未来适用法在会计政策变更中的应用等。

第三章为会计估计变更，主要规定会计估计变更的确认、未来适用法在会计估计变更中的应用。

第四章为会计差错更正，主要规定本期发现的会计差错以及报告日后期间发现的会计差错的会计处理。

第五章为报告日后事项，主要规定报告日后调整事项的会计处理和非调整事项的披露。

第六章为披露，主要规定财务报表附注中应当披露的与会计调整相关的内容。

第七章为附则，主要规定本准则的例外事项和生效日期。

(八)《政府会计准则第 8 号——负债》

本准则全面地规范了政府会计主体负债的分类及确认、计量和披露，共分 7 章 37 条，具体内容如下：

第一章为总则，主要规定了本准则的制定依据、负债的定义和确认条件、负债的分类等。

第二章为举借债务，主要规定了举借债务的概念、内容、确认和计量，以及借款费用的概念及其会计处理。

第三章为应付及预收款项，主要规定了应付及预收款项的概念和类别、各类应付及预收款项的确认和计量。

第四章为暂收性负债，主要规定了暂收性负债的概念和类别、各类暂收性负债的确认和计量。

第五章为预计负债，主要规定了预计负债的概念、确认和计量。

第六章为披露，主要规定了各类政府负债的披露要求。

第七章为附则，主要规定了本准则的生效日期。

(九)《政府会计准则第 9 号——财务报表编制和列报》

本准则主要规范了政府会计主体财务报表的编制和列报，具体内容由正文和附录两部分组成。正文共分 4 章 61 条，具体内容如下：

第一章为总则，主要规定本准则的制定依据、财务报表的概念和组成、本准则适用范围。

第二章为基本要求，主要从编制基础、可比性、重要性、流动性、会计期间等方面规定财务报表编制和列报的基本要求。

第三章为合并财务报表，分合并程序、部门(单位)合并财务报表、本级政府合并财务报表、行政区合并财务报表和附注五节内容，对各级次合并财务报表的概念、合并范围、合并程序和合并报表列示项目等进行了规定。

第四章为附则，主要规定本准则的未尽事项以及生效日期。

(十)《政府会计准则第 3 号——固定资产》应用指南

该应用指南规定了固定资产的折旧年限以及折旧计提的时点问题。

## 二、具体准则的主要创新与变化

政府会计的 9 项具体准则在合理继承现行行政事业单位会计准则制度和财政总预算会计制度有关规定的基础上，立足政府会计主体财务会计核算和权责发生制政府综合财务报告制度改革的需要，兼顾当前行政事业单位国有资产管理的相关规定，在很多会计核算方面较现行政府会计制度体系有很多创新与变化，主要体现在以下几个方面。

(一)立足权责发生制会计核算基础

政府会计具体准则立足权责发生制会计核算基础，合理划分资本化支出和费用化支出的界限，凡符合资产确认条件的支出均计入相关资产的成本，不符合相关资产确认条件的支出均计入当期费用。

(二)进一步明确资产的会计确认和披露要求

现行政府会计制度体系下,对于存货、投资、固定资产、无形资产等的会计核算均有相应的规范,但这些规范主要侧重于相关资产的会计计量和记录问题,很少涉及会计确认和披露问题。而具体准则对存货、投资、固定资产和无形资产的确认、计量和披露问题进行了系统规范,为将符合存货、投资、固定资产和无形资产定义和确认条件的相关资产纳入会计账簿和财务报表提供了统一的会计处理原则,提高了不同政府会计主体对同一经济业务和事项会计处理的可比性,丰富了政府会计信息的内容,有利于权责发生制政府财务报告的编制。

(三)健全完善资产的计价和入账管理要求

在现行政府会计制度体系下,对于接受捐赠、无偿调入和盘盈等方式取得的资产入账价值的确定进行了规范,但在实际执行中操作性不强。具体准则遵循《基本准则》关于资产计量属性的规定,立足实务需要,兼顾资产管理的相关规定,分别对接受捐赠、无偿调入和盘盈取得的资产的初始入账问题进行了规范,相对于现行政府会计制度体系更为科学。以固定资产准则为例,对于接受捐赠的固定资产,其成本应当依次按照相关凭据注明的金额、评估价值、市场价格和名义金额四个层次判断确定;对于无偿调入的资产,其成本按照调出方的账面价值确定;对于盘盈的资产,按规定需要评估的,则其成本按评估价值确定,其他情况下其成本按照重置成本进行确定。

(四)全面确立"实提"折旧和摊销的政策要求

在现行政府会计制度体系下,对单位的固定资产和无形资产分别计提折旧和摊销时,采用"虚提"折旧和摊销的做法,即在计提折旧或摊销时冲减非流动资产基金(或资产基金),而不是计入相关成本或费用。而固定资产准则和无形资产准则是基于权责发生制的会计核算要求,分别对政府会计主体固定资产折旧和无形资产摊销做出"实提"折旧或摊销的规范,要求固定资产应计提的折旧金额或无形资产应计提的摊销金额,应当根据用途计入当期费用或者相关资产的成本。这种"实提"的做法有利于客观、真实地反映资产价值,有利于进行成本核算与管理,有助于权责发生制财务报告的编制。

(五)全面引入长期股权投资权益法

在现行政府会计制度体系下,长期股权投资采用成本法进行核算,长期股权投资的账面余额通常保持不变,仅在追加或收回投资时,相应调整其账面余额。而在投资准则中,长期股权投资持有期间通常采用权益法进行核算,最初以投资成本对投资进行计量,以后根据政府会计主体在被投资单位所享有的净资产份额的变动对投资的账面余额进行调整。值得强调的是,投资准则在明确规定长期股权投资通常采用权益法的同时保留了成本法。成本法不对被投资单位净资产的变动调整长期股权投资的账面余额和确认投资损益。

(六)着力强化自行研发无形资产入账成本的核算

在现行政府会计制度体系下,自行开发并按法律程序申请取得的无形资产,按照依法取得时发生的注册费、聘请律师费等费用确认初始成本,导致自行研发的无形资产账面成本远小于单位的实际投入。而在无形资产准则中,引入了企业会计中关于自行研发无形资产的会计处理规定,但为便于实务操作,对相关内容进行了适度简化。政府会计主体自行研究开发项目研究阶段的支出,应当于发生时计入当期费用。政府会计主体自行研究开发项目开发阶段的支出,先按合理方法进行归集,如果最终形成无形资产的,应当确认为无形资产;如果最终未形成无形资产的,应当计入当期费用。

(七)科学界定了公共基础设施和政府储备物资的概念。关于公共基础设施的概念,目前在我国尚无公认的定义。本着与政府会计主体占有、使用的固定资产相区别的原则，结合国内政府公共基础设施管理的现状，在合理继承《行政单位会计制度》关于公共基础设施定义的基础上，积极借鉴国际公共部门会计准则和有关国家关于公共基础设施特征的表述，对公共基础设施的概念进行了界定，明确规定该资产是指政府会计主体为满足社会公共需求而控制的有形资产，且同时满足以下特征：(1)是一个有形资产系统或网络的组成部分；(2)具有特定用途；(3)一般不可移动。

关于政府储备物资的概念，在综合考虑我国政府储备物资品种繁多、管理体系复杂等现实情况基础上，从区别于存货的角度，对政府储备物资的概念进行了界定，突出强调政府储备物资的目的是为了满足特定公共需求，且同时满足以下特征：(1)只有在应对特定事件或情形时才能报经批准后动用；(2)其购入、存储保管、更新（轮换）、动用等由政府及相关部门发布的专门管理制度严格规范。

(八)明确了公共基础设施和政府储备物资的会计确认主体。《基本准则》将政府资产界定为政府会计主体"控制"的经济资源，对于公共基础设施和政府储备物资，如何将"控制"一词具体化尤为关键。

就政府公共基础设施而言，其在建造、管理和维护等方面往往涉及多个部门，很多时候还涉及多个政府级次，导致其会计确认主体也不十分明确。结合行政事业单位国有资产管理的最新动向，确立了"谁负责管理维护、谁入账"的原则，即，在通常情况下，符合资产确认条件的公共基础设施，应当由按规定对其负有管理维护职责的政府会计主体予以确认。多个政府会计主体共同管理维护的公共基础设施，应当由对该资产负有主要管理维护职责或者承担后续主要支出责任的政府会计主体予以确认。分为多个组成部分由不同政府会计主体分别管理维护的公共基础设施，应当由各个政府会计主体分别对其负责管理维护的公共基础设施的相应部分予以确认。负有管理维护公共基础设施职责的政府会计主体通过政府购买服务方式委托企业或其他会计主体代为管理维护公共基础设施的，该公共基础设施应当由委托方予以确认。

从政府储备物资管理体系来看，往往涉及多个级层的部门、单位，从职责分工角度包括行政管理部门和基层承储单位。行政管理部门负责政府储备物资收储、存储保管、更新（轮换）、动用等的组织管理工作；基层承储单位根据行政管理部门指令进行具体执行与运作。大量调查研究结果表明，能够实质上对政府储备物资实施"控制"的是其行政管理部门而非基层承储单位。因此，政府储备物资准则规定对政府储备物资负有行政管理职责的政府会计主体为政府储备物资的确认主体，对政府储备物资不负有行政管理职责但接受委托负责执行其存储保管等工作的政府会计主体应当将受托代储的政府储备物资作为受托代理资产核算。另外，由于政府储备物资的"行政管理职责"涉及收储计划、更新（轮换）计划、动用方案等的提出、拟定、审批等，而提出、拟定、审批职责有时存在由不同部门行使的情况，为了进一步明确储备物资的会计确认主体，政府储备物资准则充分考虑现行做法和实务可操作性，将会计确认主体限定为"提出或拟定收储计划、更新（轮换）计划、动用方案等"的主体。

(九)科学地进行了负债类别的划分。在遵循《基本准则》将负债按流动性分类的基础上，还对负债进行如下划分：首先，将负债分为偿还时间和金额基本确定的负债和由或有事项形成的预计负债，创新地提出了"或有负债"的概念。负债准则规定，政府会计主体不应当将与或有事项相关的潜在义务或与或有事项相关的不满足负债准则第三条规定的负债确认条件的现时义务确认为负债，但应当按照准则规定进行披露。此类潜在义务或现时义务并不同时符合负债的定义和确认条件，因此不属于负债的范畴。但此类潜在义务或现时义务在未来有可能会转化为预计负债，增加政府会计主体的债务风险。为帮助会计信息使用者全面地掌握和分析政府会计主体的债务风险状况，负债准则对此类潜在义务或现时义务的披露提出了要求。其次，将偿还时间与金额基本确定的负债按照政府会计主体的业务性质及风险程度进一步划分为融资活动形成的举借债务及应付利息、运营活动形成的应付及预收款项和运营活动形成的暂收性负债，并对不同类别负债的构成、确认和计量等做出了更为具体的规定。这一划分有助于按照负债的类别揭示不同程度的偿债压力和债务风险，促进相关方面更为科学地开展政府会计主体的债务风险分析和管理。

（十）会计调整立足我国国情。从我国政府会计主体实务出发，着力提高可操作性。从满足政府会计主体核算需要出发，坚持问题导向，对会计调整的处理进行规范；同时，考虑到政府会计主体的核算现状，在借鉴企业会计准则制度和国际相关准则时，力求原则明确、方法简化、语言接地气，尽可能减少专业判断，以提高准则的可操作性。主要体现在如下几方面：

1. 关于会计政策变更及追溯调整法。现行企业会计准则和国际公共部门会计准则规定，会计政策变更能够提供更可靠、更相关的会计信息的，应当采用追溯调整法处理，但确定该项会计政策变更累积影响数不切实可行的，应当从可追溯调整的最早期间期初开始应用变更后的会计政策。在当期期初确定会计政策变更对以前各期累积影响数不切实可行的，应当采用未来适用法处理。考虑到"不切实可行"的规定需要会计人员有相当的专业判断，为了简化实务操作，会计调整准则适当简化了追溯调整法的会计处理，且没有引入"不切实可行"的规定。对于会计政策变更的影响或者累积影响数不能合理确定的，要求政府会计主体均采用未来适用法进行处理。

2. 关于会计差错重要性的判断标准。对于会计差错更正，现行企业会计准则和国际公共部门会计准则均分别对重要性和非重要性做出不同规定，但并未在准则中明确重要性的判断标准。为了提高可操作性，会计调整准则对重要性标准进行了规定，即"重大会计差错，一般是指差错的性质比较严重或差错的金额比较大。该差错会影响报表使用者对政府会计主体过去、现在或者未来的情况做出评价或者预测，则认为性质比较严重，如未遵循政府会计准则制度、财务舞弊等原因产生的差错。通常情况下，导致差错的经济业务或事项对报表某一具体项目的影响或累积影响金额占该类经济业务或事项对报表同一项目的影响金额的10%及以上，则认为金额比较大"。此外还规定，政府会计主体滥用会计政策、会计估计及其变更，应当作为重大会计差错予以更正。

3. 关于重大前期差错的会计处理方法。现行企业会计准则和国际公共部门会计准则采用"追溯重述法"对重大前期差错进行会计处理，虽然追溯重述法与追溯调整法概念不同，但会计处理方法一致。为了减少新概念的出现，增强政府会计准则的可理解性，会计调整准则对于重大前期差错更正未引入"追溯重述法"，也没有引入"追溯调整法"，而是对相关会计处理方法直接做出规定，即"本期发现的与前期相关的重大会计差错，如影响收入、费用或者预算收支的，应当将其对收入、费用或者预算收支的影响或累积影响调整发现当期期初的相关净资产项目或者预算结转结余，并调整其他相关项目的期初数；如不影响收入、费用或者预算收支，应当调整发现当期相关项目的期初数。经上述调整后，视同该差错在差错发生的期间已经得到更正"。

（十一）明确了合并报表的范围。合并范围的确定是合并财务报表的关键。企业合并财务报表的合并范围以控制为基础予以确定，而控制一词主要基于投资方与被投资方的股权控制关系，如何判断控制在实务中存在一定困难。由于政府会计主体之间通常并不存在类似企业的投资控制关系，因此，政府合并财务报表合并范围不能直接以控制为基础确定。为了提高政府合并财务报表的可操作性，财务报表编制与列报准则没有引入控制概念及其判断标准，而是在立足我国国情基础上，对不同级次合并财务报表的合并范围进行了原则性规定，即部门（单位）合并财务报表的合并范围一般应当以财政预算拨款关系为基础予以确定，部门（单位）所属的企业不纳入部门（单位）合并财务报表的合并范围；本级政府合并财务报表的合并范围一般应当以财政预算拨款关系为基础予以确定；行政区政府合并财务报表的合并范围一般应当以行政隶属关系为基础予以确定。另外，考虑到列报准则主要侧重规范合并范围确定的原则，具体合并范围将由财政部另行规定。

## 第四节　政府会计制度

为加快建立健全政府会计核算标准体系，财政部于 2017 年 10 月 24 日印发了《政府会计制度——行政事业单位会计科目和报表》（以下简称《政府会计制度》），自 2019 年 1 月 1 日起施行。这是继《基本准则》、具体准则以及固定资产准则应用指南出台以来，政府会计改革工作取得的又一重要成果，标志着具有中国特色的政府会计标准体系初步建成，在我国政府会计发展进程中具有划时代的里程碑意义。

《政府会计制度》主要规定政府会计科目及其使用说明、报表格式及其编制说明等。会计准则和会计制度相互补充，共同规范政府会计主体的会计核算，保证会计信息质量。按照《改革方案》确定的目标，应当在 2020 年之前建立起具有中国特色的政府会计标准体系。

《政府会计制度》统一了现行各类行政事业单位会计标准，夯实了部门和单位编制权责发生制财务报告和全面反映运行成本并同时反映预算执行情况的核算基础，适用于各级各类行政事业单位，大大提高了政府会计主体间会计信息的可比性。

### 一、《政府会计制度》的结构和主要内容

《政府会计制度》由正文和附录组成，包括如下内容：

第一部分为总说明，主要规范《政府会计制度》的制定依据、适用范围、会计核算模式和会计要素、会计科目设置要求、报表编制要求、会计信息化工作要求和施行日期等内容。

第二部分为会计科目名称和编号，主要列出了财务会计和预算会计两类科目表，共计 103 个一级会计科目，其中，财务会计下有资产、负债、净资产、收入和费用五个要素共 77 个一级科目，预算会计下有预算收入、预算支出和预算结余三个要素共 26 个一级科目。

第三部分为会计科目使用说明，主要对 103 个一级会计科目的核算内容、明细核算要求、主要账务处理等进行详细规定。本部分内容是《政府会计制度》的核心内容。

第四部分为报表格式，主要规定财务报表和预算会计报表的格式，其中，财务报表包括资产负债表、收入费用表、净资产变动表、现金流量表及报表附注，预算会计报表包括预算收入支出表、预算结转结余变动表和财政拨款预算收入支出表。

第五部分为报表编制说明，主要规定了第四部分列出的 7 张报表的编制说明，以及报表附注应披露的内容。

附录为主要业务和事项账务处理举例。本部分采用列表方式，以《政府会计制度》第三部

分规定的会计科目使用说明为依据,按照会计科目顺序对单位通用业务或共性业务和事项的账务处理进行举例说明。

## 二、《政府会计制度》的重大变化与创新

与现行行政事业单位会计制度相比,《政府会计制度》有以下重大变化与创新。

(一)重构了政府会计核算模式

在系统总结分析传统单系统预算会计体系利弊的基础上,《政府会计制度》按照《改革方案》和《基本准则》的要求,使"财务会计和预算会计适度分离并相互衔接"的会计核算模式在制度层面真正落地。"适度分离"是指适度分离政府预算会计和财务会计功能,决算报告和财务报告功能,全面反映政府会计主体的预算执行信息和财务信息。"相互衔接"是指在同一会计核算系统中政府预算会计要素和相关财务会计要素相互协调,决算报告和财务报告相互补充,共同反映政府会计主体的预算执行信息和财务信息。主要体现在:一是对纳入部门预算管理的现金收支进行"平行记账"。对于纳入部门预算管理的现金收支业务,在进行财务会计核算的同时也应当进行预算会计核算。对于其他业务,仅需要进行财务会计核算。二是财务报表与预算会计报表之间存在勾稽关系。通过编制"本期预算结余与本期盈余差异调节表"并在附注中进行披露,反映单位财务会计和预算会计因核算基础和核算范围不同所产生的本年盈余数(即本期收入与费用之间的差额)与本年预算结余数(本年预算收入与预算支出的差额)之间的差异,从而揭示财务会计和预算会计的内在联系。这种会计核算模式兼顾了现行部门决算报告制度的需要,又能满足部门编制权责发生制财务报告的要求,对于规范政府会计行为,夯实政府会计主体预算和财务管理基础,强化政府绩效管理具有深远的影响。

(二)统一了现行各项单位会计制度

《政府会计制度》整合了《行政单位会计制度》《事业单位会计制度》和医院、基层医疗卫生机构、高等学校、中小学校、科学事业单位、彩票机构、地勘单位、测绘单位、国有林场和苗圃等行业事业单位会计制度的内容。在科目设置、科目和报表项目说明中,一般情况下,不再区分行政和事业单位,也不再区分行业事业单位;在核算内容方面,基本保留了现行各项制度中的通用业务和事项,同时根据改革需要增加各级各类行政事业单位的共性业务和事项;在会计政策方面,对同类业务尽可能做出同样的处理规定。通过会计制度的统一,大大提高了政府各部门、各单位会计信息的可比性,为合并单位、部门财务报表和逐级汇总编制部门决算奠定了坚实的制度基础。

(三)强化了财务会计功能

《政府会计制度》在财务会计核算中全面引入了权责发生制,在会计科目设置和账务处理说明中着力强化财务会计功能,如增加了收入和费用两个财务会计要素的核算内容,并原则上要求按照权责发生制进行核算;增加了应收款项和应付款项的核算内容,对长期股权投资采用权益法核算,确认自行开发形成的无形资产的成本,要求对固定资产、政府储备物资、保障性住房和无形资产计提折旧或摊销,引入坏账准备等减值概念,确认预计负债、待摊费用和预提费用等。在政府会计核算中强化财务会计功能,对于科学编制权责发生制政府财务报告、准确反映单位财务状况和运行成本等情况具有重要的意义。

(四)扩大了政府资产负债核算范围

《政府会计制度》扩大了资产负债的核算范围。除按照权责发生制核算原则增加有关往来

账款的核算内容,在资产方面,增加了政府储备物资、公共基础设施、文物文化资产、保障性住房和受托代理资产的核算内容,以全面核算单位控制的各类资产;增加了"研发支出"科目,以准确反映单位自行开发无形资产的成本。在负债方面,增加了预计负债、受托代理负债等核算内容,以全面反映单位所承担的现时义务。此外,为了准确反映单位资产扣除负债之后的净资产状况,《政府会计制度》立足单位会计核算需要、借鉴国际公共部门会计准则相关规定,将净资产按照主要来源分类为累计盈余和专用基金,并根据净资产其他来源设置了权益法调整、无偿调拨净资产等会计科目。资产负债核算范围的扩大,有利于全面规范政府单位各项经济业务和事项的会计处理,准确反映政府"家底"信息,为相关决策提供更加有用的信息。

(五)完善了预算会计功能

根据《改革方案》要求,《政府会计制度》对预算会计科目及其核算内容进行了调整和优化,以进一步完善预算会计功能。在核算内容上,预算会计仅需核算预算收入、预算支出和预算结余。在核算基础上,预算会计除按《预算法》要求的权责发生制事项外,均采用收付实现制核算,有利于避免现行制度下存在的虚列预算收支的问题。在核算范围上,为了体现新《预算法》的精神和部门综合预算的要求,《政府会计制度》将依法纳入部门预算管理的现金收支纳入预算会计核算范围,如增设了债务预算收入、债务还本支出、投资支出等。调整完善后的预算会计,能够更好贯彻落实《预算法》的相关规定,更加准确地反映部门和单位预算收支情况,更加满足部门、单位预算和决算管理的需要。

(六)整合了基建会计核算

按照原制度规定,单位对于基本建设投资的会计核算除遵循相关会计制度规定外,还应当按照国家有关基本建设会计核算的规定单独建账、单独核算,但同时应将基建账相关数据按期并入单位"大账"。《政府会计制度》依据《基本建设财务规则》和相关预算管理规定,在充分吸收《国有建设单位会计制度》合理内容的基础上对单位建设项目会计核算进行了规定。单位对基本建设投资按照本制度规定统一进行会计核算,不再单独建账,大大简化了单位基本建设业务的会计核算,有利于提高单位会计信息的完整性。

(七)完善了报表体系和结构

《政府会计制度》将报表分为预算会计报表和财务报表两大类。预算会计报表由预算收入支出表、预算结转结余变动表和财政拨款预算收入支出表组成,是编制部门决算报表的基础。财务报表由会计报表和附注构成,会计报表由资产负债表、收入费用表、净资产变动表和现金流量表组成,其中,单位可自行选择编制现金流量表。此外,《政府会计制度》针对新的核算内容和要求对报表结构进行了调整和优化,对报表附注应当披露的内容进行了细化,对会计报表重要项目说明提供了可参考的披露格式、要求按经济分类披露费用信息、要求披露本年预算结余和本年盈余的差异调节过程等。调整完善后的报表体系,对于全面反映单位财务信息和预算执行信息,提高部门、单位会计信息的透明度和决策有用性具有重要的意义。

(八)增强了制度的可操作性

《政府会计制度》在附录中采用列表方式,以《政府会计制度》中规定的会计科目使用说明为依据,按照会计科目顺序对单位通用业务或共性业务和事项的账务处理进行了举例说明。在举例说明时,对同一项业务或事项,在表格中列出财务会计分录的同时,平行列出相对应的预算会计分录(如果有)。通过对经济业务和事项举例说明,能够充分反映《政府会计制度》所要求的财务会计和预算会计"平行记账"的核算要求,便于会计人员学习和理解政府会计八要素的记账规则,也有利于单位会计核算信息系统的开发或升级改造。

## 第五节 系列补充规定及衔接规定

为了确保《政府会计制度》在各类行政事业单位的有效贯彻实施，财政部印发了《〈政府会计制度——行政事业单位会计科目和报表〉与〈行政单位会计制度〉〈事业单位会计制度〉有关衔接问题处理规定》，又在此基础上先后印发了国有林场和苗圃、测绘事业单位、地质勘查事业单位、高等学校、中小学校、医院、基层医疗卫生机构、科学事业单位、彩票机构等9类行业事业单位执行《政府会计制度》的补充规定和衔接规定（以下简称"系列补充规定和衔接规定"）。

《政府会计制度》是按照统一性原则、在整合现行行政单位、事业单位和9类行业事业单位会计制度基础上形成的，部分行业事业单位的特殊业务未完全体现在《政府会计制度》中。因此，为了规范医院、高等学校、科学事业单位等行业事业单位特殊经济业务或事项的会计核算，确保新旧制度顺利过渡，需要结合行业单位实际情况，对《政府会计制度》做出必要补充。

### 一、系列补充规定规范的范围和主要内容

特殊行业事业单位执行《政府会计制度》的补充规定共有7项，具体包括医院、基层医疗卫生机构、高等学校、中小学校、科学事业单位、彩票机构、国有林场和苗圃等7个行业的补充规定。

（一）规范的范围

系列补充规定主要规范两类事项：一是现行制度已经规范而《政府会计制度》没有明确规范的内容，如事业（预算）收入、业务活动费用、单位管理费用和事业支出明细科目的设置及涉及报表的细化问题，高等学校和中小学校有关食堂等非法人独立核算单位的会计核算问题，国有林场和苗圃的林木资产会计问题，彩票机构有关彩票销售和结算的会计处理等。二是现行制度和《政府会计制度》均未明确规定的特殊行业事业单位的典型业务或事项，如实行收支两条线管理的基层医疗卫生机构的待结算医疗款、高等学校留本基金的会计处理等。

（二）规范的内容

系列补充规定主要包括四方面的内容。

一是新增一级科目及其使用说明。系列补充规定共增设了6个一级科目，其中基层医疗卫生机构增设"待结算医疗款"科目，彩票机构增设"彩票销售结算""应付返奖奖金"和"应付代销费"3个一级科目，国有林场和苗圃增设"营林工程"和"林木资产"2个一级科目。

二是在《政府会计制度》相关一级科目下设置明细科目。系列补充规定主要在"事业（预算）收入""事业支出""业务活动费用""单位管理费用""应收/预付账款""应付/预收账款""库存物品"等《政府会计制度》规定的一级科目下增设相关明细科目，以反映行业事业单位的业务特点，满足会计核算和管理要求。

三是对报表的补充。系列补充规定在报表方面主要做了以下补充：在《政府会计制度》规定的"资产负债表""收入费用表"等主表中增加了相关项目或在现有项目下增加明细项目，以反映所增设的一级科目及明细科目对报表的影响；增设若干明细表，作为主表的附表，以满足行业管理要求，如医院增设了"医疗活动收入费用明细表"，基层医疗卫生机构增设了"待结算医疗款明细表"和"医疗及公共卫生收入费用明细表"，彩票机构增设了"返奖奖金变动明细表"

和"彩票资金分配明细表";补充了部分行业事业单位附注披露要求。

四是对行业特殊经济业务和事项会计处理的补充。系列补充规定还对行业事业单位特殊经济业务和事项从会计确认计量、账务处理等方面进行了明确和规范,如医院医保结算差额、医事服务费和药事服务费的会计处理、高等学校留本基金的会计处理、科学事业单位合作项目款的账务处理等,此外,系列补充规定统一规定了医院、基层医疗卫生机构、高等学校和中小学校固定资产折旧年限。

## 二、系列衔接规定规范的主要内容

行政事业单位执行《政府会计制度》的衔接规定共有11项,具体包括行政单位、事业单位等2项衔接规定以及医院、基层医疗卫生机构、高等学校、中小学校、科学事业单位、地质勘查事业单位、测绘事业单位、彩票机构、国有林场和苗圃等9项行业衔接规定。11项衔接规定主要就单位如何做好新旧制度的衔接工作进行规范,具体而言,系列衔接规定主要规范了以下内容:

一是新旧制度衔接的总体要求。系列衔接规定要求单位应当按照规定做好5个方面的具体工作,并按《政府会计制度》及补充规定的要求对原有会计信息系统进行及时更新和调试,实现数据正确转换,确保新旧账套的有序衔接。

二是财务会计科目的新旧衔接要求。系列衔接规定要求单位应当按照《政府会计制度》及补充规定的要求将2018年12月31日原账会计科目余额转入新账财务会计科目、将原未入账事项登记新账财务会计科目并对新账的相关财务会计科目余额按照新制度规定的会计核算基础进行调整。

三是预算会计科目的新旧衔接要求。系列衔接规定要求单位应当根据《政府会计制度》及补充规定的要求,在原制度净资产类科目的基础上按照预算会计核算基础调整形成预算会计科目期初余额。

四是财务报表和预算会计报表的新旧衔接要求。系列衔接规定要求单位应当根据2019年1月1日新账的财务会计科目余额,按照新制度编制2019年1月1日资产负债表;按照新制度规定编制2019年财务报表和预算会计报表,在编制2019年度收入费用表、净资产变动表、现金流量表和预算收入支出表、预算结转结余变动表时,不要求填列上年比较数。

## 本章小结

本章逐一介绍了政府会计基本准则、具体准则及应用指南、政府会计制度及行业补充规定、新旧衔接规定等政府会计标准体系的主要内容,有助于读者从整体上把握政府会计标准体系的构成,在学习政府会计的过程中,不应孤立地只学习准则或者只学习制度,应将上述内容结合起来学习,才能做到融会贯通。

# 第三章 政府会计核算模式

**本章导读**

本章结合《政府会计准则——基本准则》《政府会计制度》中的总说明，介绍了政府会计核算的前提、信息质量要求、核算基础、会计要素、会计科目和实施的范围。按照上述内容归纳为六节内容。

## 第一节 政府会计核算的基本前提

会计核算前提也称会计假设，是组织会计核算工作所必须具备的前提条件。政府会计核算的基本前提包括会计主体、持续运行、会计分期和货币计量。

### 一、会计主体

会计主体是指会计为之服务的特定单位或组织，其决定了会计核算和监督的空间范围。会计主体的前提条件回答了会计为谁核算的问题，明确会计主体是开展会计确认、计量和报告工作的重要前提。

《基本准则》第六条规定："政府会计主体应当对其自身发生的经济业务或者事项进行会计核算。"

### 二、持续运行

持续运行是指会计主体的经济业务活动将无限期地持续下去，是针对由于某些因素可能导致会计主体终止经济业务活动的非正常情况而言的。持续运行的前提条件，可以使会计核算的程序、方法以及为经济决策提供的会计信息保持一定的稳定性和可靠性。

《基本准则》第七条规定："政府会计核算应当以政府会计主体持续运行为前提。"

### 三、会计分期

会计分期是指对会计主体持续进行的运行过程，人为地划分为相等的时间阶段，以便分期结算账目和编制会计报表，确定各期间的财务状况、运行情况。会计分期基本前提是持续运行前提的必要补充。有了会计分期这一前提，才产生了本期与非本期的区别，才有期初、期末的概念。只有划清会计分期，才能按会计期间提供收入、费用、成本、财务状况和运行情况等会计信息资料，才有可能对不同会计期间的会计信息进行比较。

《基本准则》第八条规定："政府会计核算应当划分会计期间，分期结算账目，按规定编制决算报告和财务报告。会计期间至少分为年度和月度。会计年度、月度等会计期间的起讫日期采用公历日期。"《预算法》第十八条规定："预算年度自公历1月1日起，至12月31日止。"

### 四、货币计量

货币计量是指会计主体的会计核算应采用统一的货币单位作为计量标准，以便综合、全面、系统、完整地反映会计主体的经济活动。货币计量前提是建立在货币本身的价值稳定不变的基础之上的，除非发生恶性通货膨胀时才对这一前提做某些修正。根据这一前提，政府会计的核算对象只限于那些能够用货币来计量的经济活动。

《基本准则》第九条规定："政府会计核算应当以人民币作为记账本位币。发生外币业务时，应当将有关外币金额折算为人民币金额计量，同时登记外币金额。"

## 第二节　政府会计信息质量要求

政府会计信息质量要求是对政府会计所提供会计信息的基本要求，是处理具体会计业务的基本依据，是衡量会计信息质量的重要标准。政府会计信息质量要求主要包括以下几个方面。

### 一、客观性要求

客观性要求，是指会计核算所提供的信息应当以实际发生的经济业务为依据，如实反映政府会计主体的财务状况、运行情况、现金流量等信息，保证会计信息的真实可靠。

《基本准则》第十一条规定："政府会计主体应当以实际发生的经济业务或者事项为依据进行会计核算，如实反映各项会计要素的情况和结果，保证会计信息真实可靠。"

### 二、全面性要求

全面性要求，是指政府会计主体应当将发生的各项经济业务或者事项统一纳入会计核算，确保会计信息能够全面反映政府会计主体预算执行情况和财务状况、运行情况、现金流量等。

《基本准则》第十二条规定："政府会计主体应当将发生的各项经济业务或者事项统一纳入会计核算，确保会计信息能够全面反映政府会计主体预算执行情况和财务状况、运行情况、现金流量等。"

### 三、相关性要求

相关性要求，是指会计核算所提供的会计信息应当有助于信息使用者正确做出经济决策，会计所提供的信息要同经济决策相关联。

《基本准则》第十三条规定："政府会计主体提供的会计信息，应当与反映政府会计主体公共受托责任履行情况以及报告使用者决策或者监督、管理的需要相关，有助于报告使用者对政府会计主体过去、现在或者未来的情况做出评价或者预测。"

### 四、及时性要求

及时性要求，是指政府会计主体应当及时对已经发生的经济业务或事项进行会计核算，讲求时效，以便使用者及时利用会计信息。失去时效的会计信息，成为历史资料，对决策的有用性将大大降低。

《基本准则》第十四条规定："政府会计主体对已经发生的经济业务或者事项，应当及时进行会计核算，不得提前或者延后。"

### 五、可比性要求

可比性要求，是指会计核算应当按照规定的处理方法进行，会计指标应当口径一致，相互可比。不同的单位，尤其是同一行业的不同单位，处理同一业务问题要使用相同的程序和方法，以便相互比较，判断优劣。

《基本准则》第十五条规定："政府会计主体提供的会计信息应当具有可比性。同一政府会计主体不同时期发生的相同或者相似的经济业务或者事项，应当采用一致的会计政策，不得随意变更。确需变更的，应当将变更的内容、理由及其影响在附注中予以说明。不同政府会计主体发生的相同或者相似的经济业务或者事项，应当采用一致的会计政策，确保政府会计信息口径一致，相互可比。"

### 六、明晰性要求

明晰性要求，是指会计记录和会计报告应当清晰明了，便于理解和利用，数据记录和文字说明要能一目了然地反映经济活动的来龙去脉，对有些不易理解的问题，应在财务情况说明书中做出说明。

《基本准则》第十六条规定："政府会计主体提供的会计信息应当清晰明了，便于报告使用者理解和使用。"

### 七、实质重于形式要求

实质重于形式要求，是指政府会计主体应当按照业务活动或事项的经济实质进行会计核算，而不应当仅仅按照它们的法律形式作为会计核算的依据。在实际工作中，交易或事项的外在形式或人为形式并不能完全真实地反映其实质内容，因此会计信息拟反映的交易或事项，必须根据交易或事项的实质和经济现实，而非根据它们的法律形式进行核算。

《基本准则》第十七条规定："政府会计主体应当按照经济业务或者事项的经济实质进行会计核算，不限于以经济业务或者事项的法律形式为依据。"

## 第三节 政府会计核算基础

政府会计核算基础是指在政府会计主体在确认和处理一定会计期间的收入和费用时,选择的处理原则和标准,其目的是对收入和费用进行合理配比,进而作为确认当期损益的依据。政府会计由预算会计和财务会计构成。

《基本准则》第五十八条规定:"预算会计,是指以收付实现制为基础对政府会计主体预算执行过程中发生的全部收入和全部支出进行会计核算,主要反映和监督预算收支执行情况的会计。"

《基本准则》第五十九条规定:"财务会计,是指以权责发生制为基础对政府会计主体发生的各项经济业务或者事项进行会计核算,主要反映和监督政府会计主体财务状况、运行情况和现金流量等的会计。"

### 一、权责发生制会计核算基础

《基本准则》第六十一条规定:"权责发生制,是指以取得收取款项的权利或支付款项的义务为标志来确定本期收入和费用的会计核算基础。凡是当期已经实现的收入和已经发生的或应当负担的费用,不论款项是否收付,都应当作为当期的收入和费用;凡是不属于当期的收入和费用,即使款项已在当期收付,也不应当作为当期的收入和费用。"

在政府会计主体日常业务活动中,交易或事项的发生时间与相关货币资金的收付时间并不一致。例如,某事业单位对外提供一项专业服务,货款尚未收到。按照权责发生制的要求,虽然款项在本期尚未收到,但相关的专业服务是在本期发生的,取得的收入应该在本期进行确认。因此,权责发生制主要是从时间上规定会计确认的基础,其核心是根据权、责关系实际发生的时间来确认收入和费用,能够更加真实、公允地反映相关政府会计主体在特定会计期间的财务状况和运行情况。

### 二、收付实现制会计核算基础

《基本准则》第六十条规定:"收付实现制,是指以现金的实际收付为标志来确定本期收入和支出的会计核算基础。凡在当期实际收到的现金收入和支出,均应作为当期的收入和支出;凡是不属于当期的现金收入和支出,均不应当作为当期的收入和支出。"

根据收付实现制,货币资金的收支行为在其发生的期间全部记作收入和支出,而不考虑与现金收支行为相关联的经济业务活动是否发生。例如,某事业单位在2×19年3月对外提供一项专业服务,货款于2×19年4月收到,如果采用收付实现制,这笔款项应当作为2×19年4月的收入,因为款项是在2×19年4月收到的。

《基本准则》第三条规定:"预算会计实行收付实现制,国务院另有规定的,依照其规定。"

政府会计改革的目标是建立"双体系、双基础、双目标"的核算体系。其中双体系就是会计核算具备财务会计和预算会计双重功能,实现了财务会计和预算会计适度分离和相互衔接。双基础就是财务会计实行权责发生制,预算会计实行收付实现制。双目标就是全面、清晰反映单位财务信息和预算执行信息。

所有的业务都需要进行财务会计核算。纳入预算管理的现金收支业务，在进行财务会计核算的同时，还需要进行预算会计核算。

## 第四节 政府会计要素

《基本准则》规定，政府会计由预算会计和财务会计构成。政府预算会计要素包括预算收入、预算支出与预算结余；政府财务会计要素包括资产、负债、净资产、收入和费用。

### 一、政府预算会计要素

(一)预算收入

预算收入是指政府会计主体在预算年度内依法取得并纳入预算管理的现金流入。预算收入一般在实际收到时予以确认，以实际收到的金额计量。

(二)预算支出

预算支出是指政府会计主体在预算年度内依法发生并纳入预算管理的现金流出。预算支出一般在实际支付时予以确认，以实际支付的金额计量。

(三)预算结余

预算结余是指政府会计主体预算年度内预算收入扣除预算支出后的资金余额，以及历年滚存的资金余额。预算结余包括结余资金和结转资金。

结余资金是指年度预算执行终了，预算收入实际完成数扣除预算支出和结转资金后剩余的资金。

结转资金是指预算安排项目的支出年终尚未执行完毕或者因故未执行，且下年需要按原用途继续使用的资金。

### 二、政府财务会计要素

(一)资产

1. 资产的定义。

资产是指政府会计主体过去的经济业务或者事项形成的，由政府会计主体控制的，预期能够产生服务潜力或者带来经济利益流入的经济资源。服务潜力是指政府会计主体利用资产提供公共产品和服务以履行政府职能的潜在能力。经济利益流入表现为现金及现金等价物的流入，或者现金及现金等价物流出的减少。

政府会计主体的资产按照流动性，分为流动资产和非流动资产。流动资产是指预计在1年内(含1年)耗用或者可以变现的资产，包括货币资金、短期投资、应收及预付款项、存货等。非流动资产是指流动资产以外的资产，包括固定资产、在建工程、无形资产、长期投资、政府储备物资、公共基础设施、文物文化资产、保障性住房、工程物资和自然资源资产等。

2. 资产的确认与计量。

符合上述资产定义的经济资源，在同时满足以下条件时确认为资产：一是与该经济资源相关的服务潜力很可能实现或者经济利益很可能流入政府会计主体；二是该经济资源的成本或者价值能够可靠地计量。

《基本准则》第三十一条规定："政府会计主体在对资产进行计量时，一般应当采用历史成本。采用重置成本、现值、公允价值计量的，应当保证所确定的资产金额能够持续、可靠计量。"

资产的计量属性主要包括历史成本、重置成本、现值、公允价值和名义金额。在历史成本计量属性下，资产按照取得时支付的现金金额或者支付对价的公允价值计量。在重置成本计量属性下，资产按照现在购买相同或者相似资产所需支付的现金金额计量。在现值计量属性下，资产按照预计从其持续使用和最终处置中所产生的未来净现金流入量的折现金额计量。在公允价值计量属性下，资产按照市场参与者在计量日发生的有序交易中，出售资产所能收到的价格计量。无法采用上述计量属性的，采用名义金额(即人民币1元)计量。

(二)负债

1. 负债的定义。

负债是指政府会计主体过去的经济业务或者事项形成的，预期会导致经济资源流出政府会计主体的现时义务。现时义务是指政府会计主体在现行条件下已承担的义务。未来发生的经济业务或者事项形成的义务不属于现时义务，不应当确认为负债。

政府会计主体的负债按照流动性，分为流动负债和非流动负债。流动负债是指预计在1年内(含1年)偿还的负债，包括应付及预收款项、应付职工薪酬、应缴款项等。非流动负债是指流动负债以外的负债，包括长期应付款、应付政府债券和政府依法担保形成的债务等。

2. 负债的确认与计量。

符合上述负债定义的义务，在同时满足以下条件时确认为负债：一是履行该义务很可能导致含有服务潜力或者经济利益的经济资源流出政府会计主体；二是该义务的金额能够可靠地计量。

《基本准则》第三十七条规定："政府会计主体在对负债进行计量时，一般应当采用历史成本。采用现值、公允价值计量的，应当保证所确定的负债金额能够持续、可靠计量。"

负债的计量属性主要包括历史成本、现值和公允价值。在历史成本计量属性下，负债按照因承担现时义务而实际收到的款项或者资产的金额，或者承担现时义务的合同金额，或者为偿还负债预期需要支付的现金计量。在现值计量属性下，负债按照预计期限内需要偿还的未来净现金流出量的折现金额计量。在公允价值计量属性下，负债按照市场参与者在计量日发生的有序交易中，转移负债所需支付的价格计量。

(三)净资产

净资产是指政府会计主体资产扣除负债后的净额。

净资产的金额取决于资产和负债的计量。

(四)收入

收入是指报告期内导致政府会计主体净资产增加的、含有服务潜力或者经济利益的经济资源的流入。

收入的确认应当同时满足以下条件：一是与收入相关的含有服务潜力或者经济利益的经济资源很可能流入政府会计主体；二是含有服务潜力或者经济利益的经济资源流入会导致政府会计主体资产增加或者负债减少；三是流入金额能够可靠地计量。

(五)费用

费用是指报告期内导致政府会计主体净资产减少的、含有服务潜力或者经济利益的经济资源的流出。

费用的确认应当同时满足以下条件：一是与费用相关的含有服务潜力或者经济利益的经济资源很可能流出政府会计主体；二是含有服务潜力或者经济利益的经济资源流出会导致政府会计主体资产减少或者负债增加；三是流出金额能够可靠地计量。

## 第五节 会计科目

《政府会计制度》规定了 8 个会计要素设置 103 个一级会计科目，其中资产类科目 35 个，负债类科目 16 个，净资产类科目 7 个，收入类科目 11 个，费用类科目 8 个，预算收入类科目 9 个，预算支出类科目 8 个，预算结余类科目 9 个。除了"应付政府补贴款""行政支出"两个为行政单位专用的科目外，均可使用。行政单位使用的会计科目比事业单位少，大约 60 个一级科目。

**政府会计会计科目名称和编号**

### 一、财务会计科目

#### （一）资产类

| 序号 | 编号 | 名称 |
|---|---|---|
| 1 | 1001 | 库存现金 |
| 2 | 1002 | 银行存款 |
| 3 | 1011 | 零余额账户用款额度 |
| 4 | 1021 | 其他货币资金 |
| 5 | 1101 | 短期投资 |
| 6 | 1201 | 财政应返还额度 |
| 7 | 1211 | 应收票据 |
| 8 | 1212 | 应收账款 |
| 9 | 1214 | 预付账款 |
| 10 | 1215 | 应收股利 |
| 11 | 1216 | 应收利息 |
| 12 | 1218 | 其他应收款 |
| 13 | 1219 | 坏账准备 |
| 14 | 1301 | 在途物品 |
| 15 | 1302 | 库存物品 |
| 16 | 1303 | 加工物品 |
| 17 | 1401 | 待摊费用 |
| 18 | 1501 | 长期股权投资 |
| 19 | 1502 | 长期债券投资 |
| 20 | 1601 | 固定资产 |
| 21 | 1602 | 固定资产累计折旧 |
| 22 | 1611 | 工程物资 |
| 23 | 1613 | 在建工程 |
| 24 | 1701 | 无形资产 |
| 25 | 1702 | 无形资产累计摊销 |
| 26 | 1703 | 研发支出 |
| 27 | 1801 | 公共基础设施 |
| 28 | 1802 | 公共基础设施累计折旧（摊销） |
| 29 | 1811 | 政府储备物资 |
| 30 | 1821 | 文物文化资产 |
| 31 | 1831 | 保障性住房 |
| 32 | 1832 | 保障性住房累计折旧 |
| 33 | 1891 | 受托代理资产 |
| 34 | 1901 | 长期待摊费用 |
| 35 | 1902 | 待处理财产损溢 |

#### （二）负债类

| 序号 | 编号 | 名称 |
|---|---|---|
| 36 | 2001 | 短期借款 |
| 37 | 2101 | 应交增值税 |
| 38 | 2102 | 其他应交税费 |
| 39 | 2103 | 应缴财政款 |
| 40 | 2201 | 应付职工薪酬 |
| 41 | 2301 | 应付票据 |
| 42 | 2302 | 应付账款 |
| 43 | 2303 | 应付政府补贴款 |
| 44 | 2304 | 应付利息 |
| 45 | 2305 | 预收账款 |
| 46 | 2307 | 其他应付款 |
| 47 | 2401 | 预提费用 |
| 48 | 2501 | 长期借款 |
| 49 | 2502 | 长期应付款 |
| 50 | 2601 | 预计负债 |
| 51 | 2901 | 受托代理负债 |

#### （三）净资产类

| 序号 | 编号 | 名称 |
|---|---|---|
| 52 | 3001 | 累计盈余 |
| 53 | 3101 | 专用基金 |
| 54 | 3201 | 权益法调整 |
| 55 | 3301 | 本期盈余 |
| 56 | 3302 | 本年盈余分配 |
| 57 | 3401 | 无偿调拨净资产 |
| 58 | 3501 | 以前年度盈余调整 |

#### （四）收入类

| 序号 | 编号 | 名称 |
|---|---|---|
| 59 | 4001 | 财政拨款收入 |
| 60 | 4101 | 事业收入 |
| 61 | 4201 | 上级补助收入 |
| 62 | 4301 | 附属单位上缴收入 |
| 63 | 4401 | 经营收入 |
| 64 | 4601 | 非同级财政拨款收入 |
| 65 | 4602 | 投资收益 |
| 66 | 4603 | 捐赠收入 |
| 67 | 4604 | 利息收入 |
| 68 | 4605 | 租金收入 |
| 69 | 4609 | 其他收入 |

#### （五）费用类

| 序号 | 编号 | 名称 |
|---|---|---|
| 70 | 5001 | 业务活动费用 |
| 71 | 5101 | 单位管理费用 |
| 72 | 5201 | 经营费用 |
| 73 | 5301 | 资产处置费用 |
| 74 | 5401 | 上缴上级费用 |
| 75 | 5501 | 对附属单位补助费用 |
| 76 | 5801 | 所得税费用 |
| 77 | 5901 | 其他费用 |

### 二、预算会计科目

#### （一）预算收入类

| 序号 | 编号 | 名称 |
|---|---|---|
| 1 | 6001 | 财政拨款预算收入 |
| 2 | 6101 | 事业预算收入 |
| 3 | 6201 | 上级补助预算收入 |
| 4 | 6301 | 附属单位上缴预算收入 |
| 5 | 6401 | 经营预算收入 |
| 6 | 6501 | 债务预算收入 |
| 7 | 6601 | 非同级财政拨款预算收入 |
| 8 | 6602 | 投资预算收益 |
| 9 | 6609 | 其他预算收入 |

#### （二）预算支出类

| 序号 | 编号 | 名称 |
|---|---|---|
| 10 | 7101 | 行政支出 |
| 11 | 7201 | 事业支出 |
| 12 | 7301 | 经营支出 |
| 13 | 7401 | 上缴上级支出 |
| 14 | 7501 | 对附属单位补助支出 |
| 15 | 7601 | 投资支出 |
| 16 | 7701 | 债务还本支出 |
| 17 | 7901 | 其他支出 |

#### （三）预算结余类

| 序号 | 编号 | 名称 |
|---|---|---|
| 18 | 8001 | 资金结存 |
| 19 | 8101 | 财政拨款结转 |
| 20 | 8102 | 财政拨款结余 |
| 21 | 8201 | 非财政拨款结转 |
| 22 | 8202 | 非财政拨款结余 |
| 23 | 8301 | 专用结余 |
| 24 | 8401 | 经营结余 |
| 25 | 8501 | 其他结余 |
| 26 | 8701 | 非财政拨款结余分配 |

## 一、资产类科目

资产类的一级科目35个，在保留了原来的一级科目基础上，新设了部分因为权责发生制核算需要的一级科目，同时吸收了很多原来行业会计制度中采用的一级科目。

1. 货币资金类科目：库存现金、银行存款、其他货币资金、零余额账户用款额度、财政应返还额度。
2. 应收款项类科目：应收票据、应收账款、预付账款、应收股利、应收利息、其他应收款。
3. 存货类科目：在途物品、库存物品、加工物品。
4. 非流动资产科目：在建工程、固定资产、无形资产。
5. 投资类科目：短期投资、长期债权投资、长期股权投资。
6. 经管类资产科目：公共基础设施、政府储备物资、保障性住房、文物文化资产。
7. 备抵类科目：坏账准备、固定资产累计折旧、无形资产累计摊销、公共基础设施累计折旧(摊销)、保障性住房累计折旧。
8. 其他类科目：待摊费用、长期待摊费用、工程物资、研发支出、待处理财产损溢、受托代理资产。

## 二、负债类科目

负债类的一级科目16个，在保留原科目的基础上，合并或者分解了部分一级科目。

1. 借款类科目：短期借款、长期借款。
2. 应付及预收类科目：应付票据、应付账款、应付利息、应付职工薪酬、预收账款、应付政府补贴款、长期应付款、预提费用。
3. 暂收及应缴类科目：其他应付款、应交增值税、其他应交税费、应缴财政款。
4. 预计负债类科目：预计负债。
5. 其他负债科目：受托代理负债。

## 三、净资产类科目

净资产类的一级科目7个，是政府会计制度中新设的科目。

1. 年末余额为零，不在年度资产负债表内反映的科目：本期盈余、本年盈余分配、无偿调拨净资产、以前年度盈余调整。
2. 年末余额不为零，在年度资产负债表内反映的科目：累计盈余、专用基金、权益法调整。

## 四、收入类科目

收入类的一级科目11个，在原来收入科目的基础上进一步细化分解，按照收入来源分为财政拨款收入、事业收入、上级补助收入、附属单位上缴收入、经营收入、非同级财政拨款收入、投资收益、利息收入、租金收入、捐赠收入、其他收入。

### 五、费用类科目

费用类的一级科目8个，是政府会计制度中新设的科目。按照费用的功能分为单位管理费用、业务活动费用、经营费用、资产处置费用、上缴上级费用、对附属单位补助费用、所得税费用、其他费用。

### 六、预算收入类科目

预算收入类的一级科目9个，基本和财务会计体系的收入类科目相对应，每个科目增加了"预算"两字。包括财政拨款预算收入、事业预算收入、上级补助预算收入、附属单位上缴预算收入、经营预算收入、非同级财政拨款预算收入、投资预算收益、债务预算收入、其他预算收入。其中债务预算收入是新增的一级科目，在财务会计中无对应科目。

### 七、预算支出类科目

预算支出类的一级科目8个，基本与财务会计体系的费用类科目相对应，按照功能分类，主要分为行政支出、事业支出、经营支出、上缴上级支出、对附属单位补助支出、投资支出、债务还本支出、其他支出。其中投资支出、债务还本支出是新增的一级科目，在财务会计中无对应科目。

### 八、预算结余类科目

预算结余类的一级科目9个，与现行制度下的净资产科目较为类似，主要分为财政拨款结转、财政拨款结余、非财政拨款结转、非财政拨款结余、其他结余、经营结余、专用结余、非财政拨款结余分配、资金结存。

行政事业单位应当按照规定设置和使用会计科目，在不影响会计处理和编制报表的前提下，可以根据实际情况自行增设或减少某些会计科目。行政事业单位应当执行政府会计制度统一规定的会计科目编号，以便于填制会计凭证、登记账簿、查阅账目，实行会计信息化管理。在填制会计凭证、登记会计账簿时，应当填列会计科目的名称，或者同时填列会计科目的名称和编号，不得只填列会计科目编号、不填列会计科目名称。单位设置明细科目或进行明细核算，除遵循政府会计制度规定外，还应当满足权责发生制政府部门财务报告和政府综合财务报告编制的其他需要。

## 第六节 政府会计准则制度实施的范围

《政府会计制度》的总说明中规定"本制度适用于各级各类行政单位和事业单位"，基本已经涵盖了大部分的行政事业单位。在实际执行过程中，仍然存在例外情况，主要包括如下方面。

1. 军队。
2. 已纳入企业财务管理体系的单位。
3. 执行《民间非营利组织会计制度》的社会团体。
4. 原执行《工会会计制度》的各级工会组织。

上述单位不是政府会计准则制度的实施范围。

另外，未纳入部门预决算管理范围的事业单位，可以不执行《政府会计制度——行政事业单位会计科目和报表》中的预算会计内容，只执行财务会计内容。

不是政府会计主体，但是之前执行了行业事业单位会计制度的，如原参照执行《中小学校会计制度》《高等学校会计制度》《医院会计制度》《基层医疗卫生机构会计制度》等行业事业单位会计制度的非政府会计主体，可参照执行新制度。

## 本章小结

本章阐述了有关政府会计的基本理论，依次介绍了政府会计核算的前提、信息质量要求、核算基础、会计要素、会计科目和实施的范围。读者了解掌握这部分基本理论知识，有助于加深对政府会计科目核算的理解和学习。

# 第二篇

# 政府会计制度业务处理

# 第四章 资产类会计业务

**本章导读**

财政部分别于 2016 年、2017 年制定发布了存货、投资、固定资产、无形资产、公共基础设施、政府储备物资六项有关资产方面的具体准则。本章在政府会计基本准则、具体准则的基础上，结合《政府会计制度——行政事业单位会计科目和报表》、7 个行业补充规定，通过对资产类科目核算要点和案例精讲，加强对制度中资产类科目的理解和实务中的应用。资产类会计科目共 35 个，为了便于读者阅读和理解，本章按照科目内容将其归纳为 7 节。

**本章内容概括**

| 章节 | 章节名称 | 包括的科目 |
|---|---|---|
| 第一节 | 货币资金类业务 | 库存现金、银行存款、零余额账户用款额度、其他货币资金、财政应返还额度 |
| 第二节 | 应收及暂付款类业务 | 应收票据、应收账款、预付账款、应收股利、应收利息、其他应收款、坏账准备 |
| 第三节 | 存货类业务 | 在途物品、库存物品、加工物品 |
| 第四节 | 投资类业务 | 短期投资、长期股权投资、长期债券投资 |
| 第五节 | 固定资产类业务 | 固定资产、固定资产累计折旧、工程物资、在建工程 |
| 第六节 | 无形资产类业务 | 无形资产、无形资产累计摊销、研发支出 |
| 第七节 | 其他资产类业务 | 公共基础设施、公共基础设施累计折旧(摊销)、政府储备物资、文物文化资产、保障性住房、保障性住房累计折旧、受托代理资产、待摊费用、长期待摊费用、待处理财产损溢 |

## 第一节 货币资金类业务

行政事业单位的货币资金包括"库存现金""银行存款""零余额账户用款额度""其他货币资金""财政应返还额度"5 个会计科目。根据《政府会计制度》的规定，"纳入部门预算管理的现金收支业务，在采用财务会计核算的同时应当进行预算会计核算"，货币资金业务即制度中规定的"现金"收支业务，是判断是否同时进行编制预算会计分录的重要依据之一。货币资金类科目思维导图如下所示。

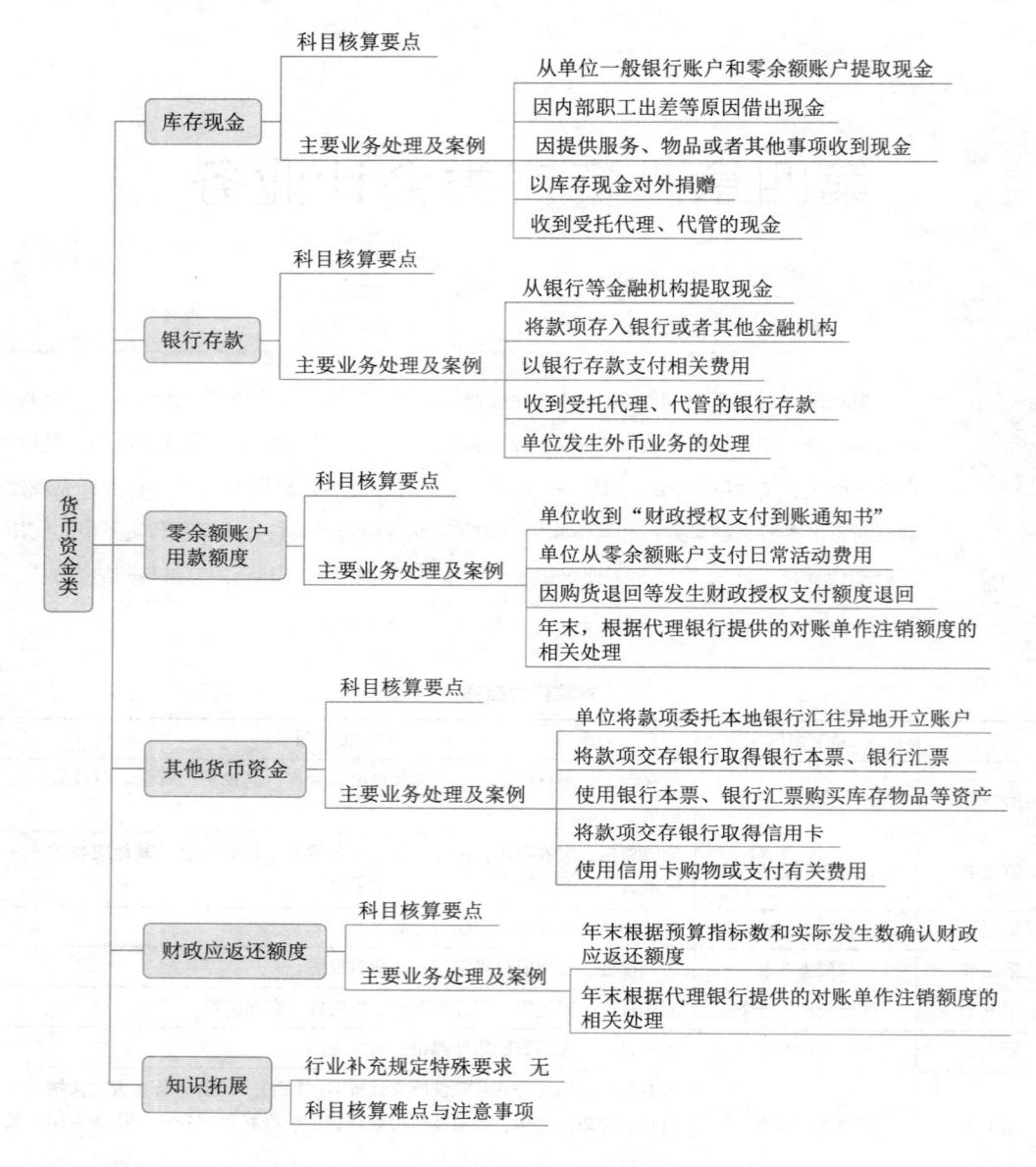

```
                            ┌ 科目核算要点
              ┌ 库存现金 ─┤              ┌ 从单位一般银行账户和零余额账户提取现金
              │            │              ├ 因内部职工出差等原因借出现金
              │            └ 主要业务处理及案例 ┼ 因提供服务、物品或者其他事项收到现金
              │                           ├ 以库存现金对外捐赠
              │                           └ 收到受托代理、代管的现金
              │
              │            ┌ 科目核算要点
              │            │              ┌ 从银行等金融机构提取现金
              ├ 银行存款 ─┤              ├ 将款项存入银行或者其他金融机构
              │            └ 主要业务处理及案例 ┼ 以银行存款支付相关费用
              │                           ├ 收到受托代理、代管的银行存款
              │                           └ 单位发生外币业务的处理
              │
              │ 零余额账户   ┌ 科目核算要点
货币资金类 ─┤ 用款额度   ─┤              ┌ 单位收到"财政授权支付到账通知书"
              │            │              ├ 单位从零余额账户支付日常活动费用
              │            └ 主要业务处理及案例 ┼ 因购货退回等发生财政授权支付额度退回
              │                           └ 年末,根据代理银行提供的对账单作注销额度的
              │                              相关处理
              │
              │            ┌ 科目核算要点
              │            │              ┌ 单位将款项委托本地银行汇往异地开立账户
              ├ 其他货币资金┤              ├ 将款项交存银行取得银行本票、银行汇票
              │            └ 主要业务处理及案例 ┼ 使用银行本票、银行汇票购买库存物品等资产
              │                           ├ 将款项交存银行取得信用卡
              │                           └ 使用信用卡购物或支付有关费用
              │
              │            ┌ 科目核算要点
              ├ 财政应返还额度┤            ┌ 年末根据预算指标数和实际发生数确认财政
              │            └ 主要业务处理及案例 ┤   应返还额度
              │                           └ 年末根据代理银行提供的对账单作注销额度的
              │                              相关处理
              │
              └ 知识拓展 ─┬ 行业补充规定特殊要求  无
                          └ 科目核算难点与注意事项
```

## 一、库存现金

(一)科目核算要点

行政事业单位"库存现金"科目除按单位实际情况设置二级明细科目外,还应当设置"受托代理资产"明细科目,核算单位受托代理、代管的现金。如单位不存在受托代理业务的,可予以简化。有外币现金的,应当分别按照人民币、外币种类设置"库存现金日记账"进行明细核算。本科目期末借方余额,反映单位实际持有的库存现金。

单位应当严格按照国家有关现金管理的规定,在下列范围内使用现金。

1. 职工工资、津贴。

2. 个人劳务报酬。

3. 根据国家规定颁发给个人的科学技术、文化艺术、体育等各种奖金。

4. 各种劳保、福利费用以及国家规定的对个人的其他支出。
5. 向个人收购农副产品和其他物资的价款。
6. 出差人员必须随身携带的差旅费。
7. 结算起点以下的零星支出。
8. 中国人民银行确定需要支付现金的其他支出。

单位应按照规定核算现金的各项收支业务，同时应充分利用信息化手段，采取转账方式或公务卡进行结算，减少使用现金，降低现金使用风险。行政事业单位有关规定中部分业务不得使用现金的，应严格按规定执行。现金的结算起点为1 000元，结算起点的调整，由中国人民银行另行确定。

单位应当设置"库存现金日记账"，每日账款核对中发现有待查明原因的现金短缺或溢余的，应当通过"待处理财产损溢"科目核算。属于现金溢余，应当按照实际溢余的金额，借记本科目，贷记"待处理财产损溢"科目；属于现金短缺，应当按照实际短缺的金额，借记"待处理财产损溢"科目，贷记本科目。待查明原因后及时进行账务处理，具体内容参见本书"待处理财产损溢"科目有关内容。

现金收入业务繁多、单独设有收款部门的单位，收款部门的收款员应当将每天所收现金连同收款凭据一并交财务部门核收记账，或者将每天所收现金直接送存开户银行后，将收款凭据及向银行送存现金的凭证等一并交财务部门核收记账。

（二）主要业务处理及案例

1. 从单位一般银行账户和零余额账户提取现金，借记本科目，贷记"银行存款"或"零余额账户用款额度"科目；存入银行账户或退回零余额账户的，做相反分录。

【案例4001】2019年8月1日，B事业单位从基本户提取现金10 000元用于日常非受托代理业务开支；同时将5 000元退回单位零余额账户。账务处理分录如下：

|  | 从基本户提取现金 | 核算要点精讲 |
| --- | --- | --- |
| 财务会计 | 借：库存现金　　　　10 000<br>　　贷：银行存款　　　　10 000 |  |
| 预算会计 | 不做账务处理 | 预算会计科目均在同一科目"资金结存—货币资金"科目核算。如果"资金结存—货币资金"还设置三级明细科目"库存现金"和"银行存款"，那么预算会计需要编制相应的分录 |
|  | 现金退回零余额账户 |  |
| 财务会计 | 借：零余额账户用款额度　　5 000<br>　　贷：库存现金　　　　5 000 |  |
| 预算会计 | 借：资金结存—零余额账户用款额度<br>　　　　　　　　　5 000<br>　　贷：资金结存—货币资金　　5 000 | 资金结存科目下设"零余额账户用款额度""货币资金"等明细科目 |

2. 因内部职工出差等原因借出的现金，按照实际借出的现金金额，借记"其他应收款"科目，贷记本科目。出差人员报销差旅费时，按照实际报销的金额，借记"业务活动费用""单位管理费用"等科目，按照实际借出的现金金额，贷记"其他应收款"科目，按照其差额，借记或贷记本科目。

【案例4002】2019年8月1日，B事业单位业务部门工作人员张某公务外出，预借差旅费

3 000元，以现金支付。张某出差回来报销差旅费2 700元，300元现金归还财务部门。账务处理分录如下：

| | 职工出差等借出现金 | 核算要点精讲 |
|---|---|---|
| 财务会计 | 借：其他应收款　　　　　　　3 000<br>　贷：库存现金　　　　　　　　　3 000 | |
| 预算会计 | 不做账务处理 | 在实务操作中，职工预借差旅费应在出差后及时办理报销手续，如年末尚未办理报销手续，将会导致预算会计资金结存科目与财务会计银行存款科目存在暂时性差异 |
| | 出差人员报销差旅费 | |
| 财务会计 | 借：业务活动费用　　　　　　2 700<br>　　库存现金　　　　　　　　　300<br>　贷：其他应收款　　　　　　　3 000 | |
| 预算会计 | 借：事业支出　　　　　　　　2 700<br>　贷：资金结存—货币资金　　　2 700 | 根据实际支出金额进行账务处理 |

3. 因提供服务、物品或者其他事项收到现金，按照实际收到的金额，借记本科目，贷记"事业收入""应收账款"等相关科目。因购买服务、物品或者其他事项支付现金，按照实际支付的金额，借记"业务活动费用""单位管理费用""库存物品"等相关科目，贷记本科目。

以库存现金对外捐赠，按照实际捐出的金额，借记"其他费用"科目，贷记本科目。

说明：本书中所有案例均不考虑增值税及其附加税业务的核算，涉及增值税业务的，请参考"应交增值税"等相关科目。

【案例4003】2019年8月1日，B事业单位业务活动中购买零星办公用品一批，支付现金800元；经单位集体研究决定，报批后对某基金会捐赠500元。账务处理分录如下：

| | 购买办公用品 | 核算要点精讲 |
|---|---|---|
| 财务会计 | 借：业务活动费用　　　　　　　800<br>　贷：库存现金　　　　　　　　　800 | 事业单位业务活动，在业务活动费用中核算 |
| 预算会计 | 借：事业支出　　　　　　　　　800<br>　贷：资金结存—货币资金　　　　800 | 涉及现金收支业务，应进行预算会计核算，对应事业支出科目 |
| | 对外捐赠 | |
| 财务会计 | 借：其他费用　　　　　　　　　500<br>　贷：库存现金　　　　　　　　　500 | 事业单位对外捐赠属于资产处置，一般应按照资产管理要求报相关部门审批 |
| 预算会计 | 借：其他支出　　　　　　　　　500<br>　贷：资金结存—货币资金　　　　500 | 现金捐赠支出在"其他支出"科目核算，其他支出金额较大或业务较多的也可单设会计科目核算 |

4. 收到受托代理、代管的现金，按照实际收到的金额，借记本科目（受托代理资产），贷记"受托代理负债"科目；支付受托代理、代管的现金，按照实际支付的金额，借记"受托代理负债"科目，贷记本科目（受托代理资产）。

【案例4004】2019年8月1日，B事业单位收到职工为灾区捐赠的现金10 000元，并于8月10日将现金转交至灾区。账务处理分录如下：

|  | 收到捐赠现金 | 核算要点精讲 |
| --- | --- | --- |
| 财务会计 | 借：库存现金——受托代理资产　　10 000<br>　　贷：受托代理负债　　　　　　　　10 000 | 收到的受托代理资产为现金的，通过库存现金科目下设的二级明细科目和受托代理负债科目核算 |
| 预算会计 | 不做账务处理 | 虽然是"现金"收支业务，但受托代理、代管的资金不属于部门预算管理的资金，不纳入预算会计核算范围 |
|  | 转交至灾区 |  |
| 财务会计 | 借：受托代理负债　　　　　　　　　10 000<br>　　贷：库存现金——受托代理资产　　10 000 | 同上 |
| 预算会计 | 不做账务处理 | 同上 |

## 二、银行存款

（一）科目核算要点

行政事业单位应当严格按照国家有关支付结算办法的规定办理银行存款收支业务，并按照政府会计制度规定核算银行存款的各项收支业务。单位应当根据业务实际情况设置"受托代理资产"明细科目，核算单位受托代理、代管的银行存款。如单位不存在受托代理业务的，可予以简化。本科目期末借方余额，反映单位实际存放在银行或其他金融机构的款项。

单位应当按照《银行账户管理办法》和行政事业单位财务管理的规定，报财政部门审批后开立银行账户。单位应加强对预留银行签章的管理，不得出租、出借银行结算账户。银行结算方式包括银行汇票、商业汇票、银行本票和支票，但较为常用的结算方式为支票。单位应加强银行票据的管理，积极采用银企互联等信息化手段，提高支付效率和支付安全性。

（二）主要业务处理及案例

1. 将款项存入银行或者其他金融机构，按照实际存入的金额，借记本科目，贷记"库存现金""应收账款""事业收入""经营收入""其他收入"等相关科目。涉及增值税业务的，相关账务处理参见"应交增值税"科目。收到银行存款利息，按照实际收到的金额，借记本科目，贷记"利息收入"科目。

【案例4005】2019年8月1日，B事业单位收回开展专业业务活动应收账款50 000元；收到非独立核算经营活动收入80 000元，上述款项已存入银行，假设B单位不执行"收支两条线"管理制度，上述款项直接确认为收入。账务处理分录如下：

|  | 收回应收账款 | 核算要点精讲 |
| --- | --- | --- |
| 财务会计 | 借：银行存款　　　　　　50 000<br>　　贷：应收账款　　　　　　50 000 | 收回权责发生制下的应收账款，在确认应收账款时已确认收入 |
| 预算会计 | 借：资金结存——货币资金　　50 000<br>　　贷：事业预算收入　　　　　50 000 | 收到"现金"时，确认预算会计收入 |
|  | 收到经营收入 |  |
| 财务会计 | 借：银行存款　　　　　　80 000<br>　　贷：经营收入　　　　　　80 000 | 非独立核算的经营活动，确认为经营收入 |

续表

| | 借：资金结存——货币资金　　80 000 | |
|---|---|---|
| 预算会计 | 贷：经营预算收入　　　　　　　　80 000 | 收到"现金"时，确认预算会计收入 |

2. 从银行等金融机构提取现金，按照实际提取的金额，借记"库存现金"科目，贷记本科目。

3. 以银行存款支付相关费用，按照实际支付的金额，借记"业务活动费用""单位管理费用""其他费用"等相关科目，贷记本科目。涉及增值税业务的，相关账务处理参见"应交增值税"科目。以银行存款对外捐赠，按照实际捐出的金额，借记"其他费用"科目，贷记本科目。

【案例4006】2019年8月1日，B事业单位用银行存款支付财务部门零星购买办公用品款项3 000元；支付业务部门印刷费用8 000元。账务处理分录如下：

| | 支付财务部门购买办公用品款 | 核算要点精讲 |
|---|---|---|
| 财务会计 | 借：单位管理费用　　　　　3 000<br>　　贷：银行存款　　　　　　　　3 000 | 事业单位行政部门开展管理活动的费用，通过单位管理费用科目核算 |
| 预算会计 | 借：事业支出　　　　　　　3 000<br>　　贷：资金结存——货币资金　　3 000 | 支付"现金"时，确认预算会计支出 |
| | 支付业务部门印刷费用 | |
| 财务会计 | 借：业务活动费用　　　　　8 000<br>　　贷：银行存款　　　　　　　　8 000 | 事业单位开展专业业务活动发生的费用，通过业务活动费用科目核算 |
| 预算会计 | 借：事业支出　　　　　　　8 000<br>　　贷：资金结存——货币资金　　8 000 | 支付"现金"时，确认预算会计支出 |

4. 收到受托代理、代管的银行存款，按照实际收到的金额，借记本科目（受托代理资产），贷记"受托代理负债"科目；支付受托代理、代管的银行存款，按照实际支付的金额，借记"受托代理负债"科目，贷记本科目（受托代理资产）。

【案例4007】2019年8月1日，B事业单位收到委托代管的银行存款20 000元，并于8月10日将上述款项通过银行支付给接受方。账务处理分录如下：

| | 收到委托代管的银行存款 | 核算要点精讲 |
|---|---|---|
| 财务会计 | 借：银行存款——受托代理资产　　20 000<br>　　贷：受托代理负债　　　　　　　　20 000 | 单位应在银行存款下设受托代理资产二级明细科目；同时通过受托代理负债科目核算 |
| 预算会计 | 不做账务处理 | 虽然是"现金"业务，但不属于部门预算管理的资金，不纳入预算会计核算范围 |
| | 支付至接受方 | |
| 财务会计 | 借：受托代理负债　　　　　　　　20 000<br>　　贷：银行存款——受托代理资产　　20 000 | 同上 |
| 预算会计 | 不做账务处理 | 同上 |

5. 单位发生外币业务的，应当按照业务发生当日的即期汇率，将外币金额折算为人民币金额记账，并登记外币金额和汇率。期末，各种外币账户的期末余额，应当按照期末的即期汇率折算为人民币，作为外币账户期末人民币余额。调整后的各种外币账户人民币余额与原账面余额的差额，作为汇兑损益计入当期费用。

（1）以外币购买物资、设备等，按照购入当日的即期汇率将支付的外币或应支付的外币折算为人民币金额，借记"库存物品"等科目，贷记本科目、"应付账款"等科目的外币账户。涉及增值税业务的，相关账务处理参见"应交增值税"科目。

（2）销售物品、提供服务以外币收取相关款项等，按照收入确认当日的即期汇率将收取的外币或应收取的外币折算为人民币金额，借记本科目、"应收账款"等科目的外币账户，贷记"事业收入"等相关科目。

（3）期末，根据各外币银行存款账户按照期末汇率调整后的人民币余额与原账面人民币余额的差额，作为汇兑损益，借记或贷记本科目，贷记或借记"业务活动费用""单位管理费用"等科目。

"应收账款""应付账款"等科目有关外币账户期末汇率调整业务的账务处理参照本科目。

**【案例4008】** B事业单位2019年年初美元银行存款账户余额5 000美元，美元与人民币汇率为1∶6.75，账面人民币余额为33 750元；8月1日收到开展专业业务活动事业收入1 000美元，当日汇率为1∶6.70，12月31日汇率为1∶6.65（假设B事业单位年末计算汇总损益）。账务处理分录如下：

|  | 收到以美元计算的事业收入时 | 核算要点精讲 |
| --- | --- | --- |
| 财务会计 | 借：银行存款—美元账户　6 700<br>　贷：事业收入　　　　　　　6 700 | 按照业务发生当日的即期汇率，将外币金额折算为人民币金额记账，并登记外币金额和汇率 |
| 预算会计 | 借：资金结存—货币资金　6 700<br>　贷：事业预算收入　　　　　6 700 |  |
|  | 期末计算汇兑损益 |  |
| 财务会计 | 借：业务活动费用　　　　　550<br>　贷：银行存款—美元账户　　　550 | 汇兑损益（6 000×6.65-33 750-6 700=-550）应贷记或借记"业务活动费用""单位管理费用"等科目 |
| 预算会计 | 借：事业支出　　　　　　　550<br>　贷：资金结存—货币资金　　　550 | 预算会计视同"现金"流出，确认预算支出 |

单位应当按照开户银行或其他金融机构、存款种类及币种等，分别设置"银行存款日记账"，定期与"银行对账单"核对，至少按月编制"银行存款余额调节表"，保证账账相符、账款相符，建立内部银行账户定期稽核机制，保证资金安全。

## 三、零余额账户用款额度

（一）科目核算要点

本科目核算实行国库集中支付的单位根据财政部门批复的用款计划收到和支用的零余额账户用款额度。零余额账户是指预算单位经财政部门批准，在国库集中支付代理银行和非税收入收缴代理银行开立的，用于办理国库集中收付业务的银行结算账户。

本科目可根据单位实际情况设置基本支出、项目支出明细科目核算，还可以在项目支出下设置具体项目进行明细核算，还应设置功能分类进行明细核算。如财政部门和单位无具体管理要求、单位内部实施了完善的项目管理体制、单位公共预算拨款功能分类科目较为单一，则可以予以简化。

本科目期末借方余额，反映单位尚未支用的零余额账户用款额度。年末注销单位零余额账户用款额度后，本科目应无余额。

(二)主要业务处理及案例

1. 单位收到"财政授权支付到账通知书"时,根据通知书所列金额,借记本科目,贷记"财政拨款收入"科目。

【案例 4009】B 事业单位 2019 年 8 月 1 日收到财政授权支付到账通知书,收到财政部门拨付的 X 项目专项资金 200 000 元。账务处理分录如下:

| | 收到额度到账通知书 | 核算要点精讲 |
|---|---|---|
| 财务会计 | 借:零余额账户用款额度—项目支出—X 项目　　　　　　　　　　200 000<br>　贷:财政拨款收入　　　　200 000 | 科目下可根据单位管理需要设置基本支出和项目支出明细科目,在项目支出下按具体项目设置明细科目;还可以设置功能分类科目(本案例进行了适当简化) |
| 预算会计 | 借:资金结存—零余额账户用款额度　　　　　　　　　　　　　200 000<br>　贷:财政拨款预算收入　　200 000 | |

2. 支付日常活动费用时,按照支付的金额,借记"业务活动费用""单位管理费用"等科目,贷记本科目;购买库存物品或购建固定资产,按照实际发生的成本,借记"库存物品""固定资产""在建工程"等科目,按照实际支付或应付的金额,贷记本科目、"应付账款"等科目;涉及增值税业务的,相关账务处理参见"应交增值税"科目。从零余额账户提取现金时,按照实际提取的金额,借记"库存现金"科目,贷记本科目。

【案例 4010】B 事业单位 2019 年 8 月 1 日通过零余额账户(基本支出)支付业务部门印刷费 5 000 元;使用 X 项目专项资金购置计算机一批,支付货款 30 000 元(授权支付),计算机已验收投入使用。账务处理分录如下:

| | 支付业务部门印刷费 | 核算要点精讲 |
|---|---|---|
| 财务会计 | 借:业务活动费用　　　　5 000<br>　贷:零余额账户用款额度—基本支出　　　　　　　5 000 | 科目下可根据单位管理需要设置基本支出和项目支出明细科目,在项目支出下按具体项目设置明细科目;如没有必要可直接简化使用一级会计科目进行核算 |
| 预算会计 | 借:事业支出　　　　　　5 000<br>　贷:资金结存—零余额账户用款额度　　　　　　5 000 | |
| | 支付购置计算机款 | |
| 财务会计 | 借:固定资产　　　　　30 000<br>　贷:零余额账户用款额度—项目支出—X 项目　　　　　　　　　　30 000 | |
| 预算会计 | 借:事业支出　　　　　30 000<br>　贷:资金结存—零余额账户用款额度　　　　　　30 000 | 财务会计确认为固定资产,预算会计确认为支出 |

3. 因购货退回等发生财政授权支付额度退回的,按照退回的金额,借记本科目,贷记"库存物品"等科目。

【案例 4011】B 事业单位实验室工作人员王某 2019 年 8 月 1 日购买实验耗材 6 000 元,通过公务卡结算并已经办理报销还款手续(上述账务处理省略)。9 月王某使用该批实验耗材过程中发现其存在质量问题，经与供货商协商，对方同意退回80%的货款，并将4 800元货款退回王某的公务卡。账务处理分录如下：

| \multicolumn{2}{c|}{因购货退回等发生国库授权支付额度退回} | 核算要点精讲 |
|---|---|---|
| 财务会计 | 借：零余额账户用款额度　　　　4 800<br>　　贷：库存物品　　　　　　　　　　4 800 | 此处将资金退回公务卡，在实务中持卡人应将公务卡退回金额返还至零余额账户 |
| 预算会计 | 借：资金结存—零余额账户用款额度　4 800<br>　　贷：事业支出　　　　　　　　　　4 800 | 此处应冲减事业支出 |

4. 年末，根据代理银行提供的对账单作注销额度的相关账务处理，借记"财政应返还额度—财政授权支付"科目，贷记本科目。

年末，单位本年度财政授权支付预算指标数大于零余额账户用款额度下达数的，根据未下达的用款额度，借记"财政应返还额度—财政授权支付"科目，贷记"财政拨款收入"科目。下年初，单位根据代理银行提供的上年度注销额度恢复到账通知书作恢复额度的相关账务处理，借记本科目，贷记"财政应返还额度—财政授权支付"科目。单位收到财政部门批复的上年未下达零余额账户用款额度，借记本科目，贷记"财政应返还额度—财政授权支付"科目。

【案例4012】B事业单位2019年12月31日零余额账户用款额度科目情况如下：
(1) 当年预算指标1 000 000元，实际收到零余额用款额度970 000元；(2) 当年零余额账户实际支付900 000元（假设年初无财政应返还额度余额）；(3) 2020年1月1日，收到代理银行提供额度恢复到账通知书恢复额度；(4) 2020年1月31日，收到财政部门批复的上年未下达零余额用款额度，上述额度均为X项目资金。账务处理分录如下：

| \multicolumn{2}{c|}{根据银行通知注销额度} | 核算要点精讲 |
|---|---|---|
| 财务会计 | 借：财政应返还额度—财政授权支付—项目支出—X项目　　　　　　　　　　70 000<br>　　贷：零余额账户用款额度—项目支出—X项目　　　　　　　　　　　　70 000 | 根据代理银行的通知注销额度（970 000－900 000＝70 000元） |
| 预算会计 | 借：资金结存—财政应返还额度　　70 000<br>　　贷：资金结存—零余额账户用款额度　70 000 | 资金结存下设3个明细科目，分别为货币资金、零余额账户用款额度、财政应返还额度 |
| \multicolumn{2}{c|}{预算指标大于下达的额度直接确认收入} | |
| 财务会计 | 借：财政应返还额度—财政授权支付—项目支出—X项目　　　　　　　　　　30 000<br>　　贷：财政拨款收入　　　　　　　　30 000 | 确认财政应返还额度和财政拨款收入<br>（1 000 000－970 000＝30 000元） |
| 预算会计 | 借：资金结存—财政应返还额度　　30 000<br>　　贷：财政拨款预算收入　　　　　　30 000 | |
| \multicolumn{2}{c|}{1月1日根据银行通知恢复额度} | |
| 财务会计 | 借：零余额账户用款额度—项目支出—X项目　　　　　　　　　　　　　　70 000<br>　　贷：财政应返还额度—财政授权支付—项目支出—X项目　　　　　　　　70 000 | 在实务操作中，如涉及基本支出零余额用款额度，应按财政部门管理实际情况进行会计核算，可能存在财政直接收回额度不再下达预算的情况 |
| 预算会计 | 借：资金结存—零余额账户用款额度　70 000<br>　　贷：资金结存—财政应返还额度　　70 000 | |

续表

| | 1月31日财政批复上年未下达额度 | |
|---|---|---|
| 财务会计 | 借：零余额账户用款额度—项目支出—X项目<br>　　　　　　　　　　　　　　　　30 000<br>　　贷：财政应返还额度—财政授权支付—项目<br>　　　　支出—X项目　　　　　　　30 000 | 在实务操作中，财政批复上年末下达额度一般较晚；同时在实务中应加快项目执行进度，降低资金被收回的风险 |
| 预算会计 | 借：资金结存—零余额账户用款额度　30 000<br>　　贷：资金结存—财政应返还额度　　30 000 | |

## 四、其他货币资金

(一)科目核算要点

本科目核算单位的外埠存款、银行本票存款、银行汇票存款、信用卡存款等各种其他货币资金。本科目应当设置"外埠存款""银行本票存款""银行汇票存款""信用卡存款"等明细科目，进行明细核算。

单位应当加强对其他货币资金的管理，及时办理结算，对于逾期尚未办理结算的银行汇票、银行本票等，应当按照规定及时转回，并按照规定进行相应账务处理。

本科目期末借方余额，反映单位实际持有的其他货币资金。

(二)主要业务处理及案例

1. 单位按照有关规定需要在异地开立银行账户，将款项委托本地银行汇往异地开立账户时，借记本科目，贷记"银行存款"科目。收到采购员交来供应单位发票账单等报销凭证时，借记"库存物品"等科目，贷记本科目。将多余的外埠存款转回本地银行时，根据银行的收账通知，借记"银行存款"科目，贷记本科目。

2. 将款项交存银行取得银行本票、银行汇票，按照取得的银行本票、银行汇票金额，借记本科目，贷记"银行存款"科目。使用银行本票、银行汇票购买库存物品等资产时，按照实际支付金额，借记"库存物品"等科目，贷记本科目。如有余款或因本票、汇票超过付款期等原因而退回款项，按照退款金额，借记"银行存款"科目，贷记本科目。

3. 将款项交存银行取得信用卡，按照交存金额，借记本科目，贷记"银行存款"科目。用信用卡购物或支付有关费用，按照实际支付金额，借记"单位管理费用""库存物品"等科目，贷记本科目。单位信用卡在使用过程中，需向其账户续存资金的，按照续存金额，借记本科目，贷记"银行存款"科目。

【案例4013】B事业单位2019年8月1日将款项100 000元交存银行取得信用卡；8月10日采购人员使用信用卡支付购买库存物品货款30 000元，已验收入库。账务处理分录如下：

| | 款项交存银行取得信用卡 | 核算要点精讲 |
|---|---|---|
| 财务会计 | 借：其他货币资金—信用卡　　100 000<br>　　贷：银行存款　　　　　　　　100 000 | |
| 预算会计 | 不做账务处理 | |

— 46 —

续表

| | 支付采购货款 | |
|---|---|---|
| 财务会计 | 借：库存物品　　　　　　　30 000<br>　　贷：其他货币资金——信用卡　　30 000 | 财务会计确认库存物品 |
| 预算会计 | 借：事业支出　　　　　　　30 000<br>　　贷：资金结存——货币资金　　30 000 | "现金"流出，预算会计确认支出 |

## 五、财政应返还额度

（一）科目核算要点

本科目核算实行国库集中支付的单位应收财政返还的资金额度，包括可以使用的以前年度财政直接支付资金额度和财政应返还的财政授权支付资金额度。本科目应当设置"财政直接支付""财政授权支付"两个明细科目进行明细核算。

本科目期末借方余额，反映单位应收财政返还的资金额度。

实行国库集中支付制度，财政性资金按发出支付指令的不同分为财政直接支付和财政授权支付。财政直接支付是指财政部门向中国人民银行和代理银行签发支付指令，代理银行根据支付指令通过国库单一账户体系将资金直接支付到收款人（即商品或劳务的供应商等）或用款单位（即具体申请和使用财政性资金的预算单位）账户。财政授权支付是指预算单位按照财政部门的授权，自行向代理银行签发支付指令，代理银行根据支付指令，在财政部门批准的预算单位的用款额度内，通过国库单一账户体系将资金支付到收款人账户。

（二）主要业务处理及案例

1. 年末，单位根据本年度财政直接支付预算指标数大于当年财政直接支付实际发生数的差额，借记本科目（财政直接支付），贷记"财政拨款收入"科目。

单位使用以前年度财政直接支付额度支付款项时，借记"业务活动费用""单位管理费用"等科目，贷记本科目（财政直接支付）。

【案例4014】B事业单位2019年当年财政直接支付年初预算指标1 000 000元，财政直接支付实际发生数950 000元；假设为X项目资金。2020年1月1日，使用以前年度直接支付额度支付X项目办公费3 000元。账务处理分录如下：

| | 年末确认收入 | 核算要点精讲 |
|---|---|---|
| 财务会计 | 借：财政应返还额度——财政直接支付——项目支<br>　　出——X项目　　　　　　　　　50 000<br>　　贷：财政拨款收入　　　　　　　50 000 | 根据预算指标和实际发生数差额，年末确认财政拨款收入 |
| 预算会计 | 借：资金结存——财政应返还额度　　50 000<br>　　贷：财政拨款预算收入　　　　　50 000 | 视同收到"现金"，确认预算会计收入 |
| | 下年度支付款项时 | |
| 财务会计 | 借：业务活动费用　　　　　　　3 000<br>　　贷：财政应返还额度——财政直接支付——项<br>　　　　目支出——X项目　　　　　3 000 | 冲减财政应返还额度 |
| 预算会计 | 借：事业支出　　　　　　　　　3 000<br>　　贷：资金结存——财政应返还额度　3 000 | 视同"现金"流出，确认预算会计支出 |

2. 年末，根据代理银行提供的对账单作注销额度的相关账务处理，借记本科目(财政授权支付)，贷记"零余额账户用款额度"科目。

年末，单位本年度财政授权支付预算指标数大于零余额账户用款额度下达数的，根据未下达的用款额度，借记本科目(财政授权支付)，贷记"财政拨款收入"科目。

下年初，单位根据代理银行提供的上年度注销额度恢复到账通知书作恢复额度的相关账务处理，借记"零余额账户用款额度"科目，贷记本科目(财政授权支付)。单位收到财政部门批复的上年未下达零余额账户用款额度，借记"零余额账户用款额度"科目，贷记本科目(财政授权支付)。详细案例请参考"零余额账户用款额度"科目。

## 六、知识拓展

（一）行业补充规定特殊要求

货币资金业务在七项补充规定中均无特殊要求。

（二）科目核算难点与注意事项

货币资金是行政事业单位最重要的流动资产之一，也是内控风险控制的关键点，在日常财务管理和会计核算时应注意以下方面。

1. 按照国家现金、银行账户、国库集中支付等制度，加强内部控制措施，防范货币资金管理风险。

2. 加快信息化建设，在确保结算安全的前提下，提高结算效率，降低会计人员工作压力；在实务中存在着第三方支付方式，如支付宝、微信等，应在"其他货币资金"下设置明细科目。

3. 国库集中支付制度因各级财政部门管理方式不同，可能存在不同的账务处理方式，日常核算时在执行制度的前提下，应进一步加快支付进度，提高资金的效率和效益。

4. 《政府会计制度》规定："纳入部门预算管理的现金收支业务，在采用财务会计核算的同时应当进行预算会计核算"，货币资金业务即制度中规定的"现金"收支业务，是判断是否同时进行预算会计的重要依据之一，单位在政府会计制度核算时，除"库存现金—受托代理资产""银行存款—受托代理资产"外，涉及货币资金会计科目核算时应注意是否进行预算会计核算。

5. 在实务工作中，关于财务会计下的"货币资金"是否等于预算会计下的"资金结存"的问题，目前制度中尚未具体明确。在实务核算中存在周转金、押金、保证金、临时垫付的款项、受托代理资产等业务，虽然是货币资金交易，但没有纳入"部门预算管理"，按规定不进行预算会计核算，将会导致"货币资金"与"资金结存"的差异；在新旧衔接时涉及衔接前的历史累计差异，也存在着上述问题，需要制度进一步予以明确。

6. "财政应返还额度"科目核算的难点主要是财政直接支付和财政授权支付二者的区别。财政直接支付下，年末未下达的预算指标直接确认为收入，下年度预算批复后执行时，直接冲减本科目；财政授权支付下，未使用的额度和未使用的预算指标下年度预算批复后均需恢复"零余额账户用款额度"。在预算会计核算时，财政直接支付下，上年度未执行的预算指标批复后，不做账务处理，不涉及"现金"的流入流出，而财政授权支付下，需要在"资金结存"下的明细科目之间进行调整。"财政应返还额度"还因各级财政部门预算管理的要求不同，在实务中存在不同的处理方式，特别是近年来开展的存量资金盘活工作，均与该科目有关，在核算时还因关注财政部门预算的管理要求。

## 第二节　应收及暂付款类业务

行政事业单位的应收及暂付款类业务包括"应收票据""应收账款""预付账款""应收股利""应收利息""其他应收款""坏账准备"7个会计科目。其中按照权责发生制的原则启用了"应收股利""应收利息"科目，"坏账准备"科目在行业制度中已经存在的前提下，在新的政府会计制度中得到了全面启用。应收及暂付款类科目思维导图如下所示。

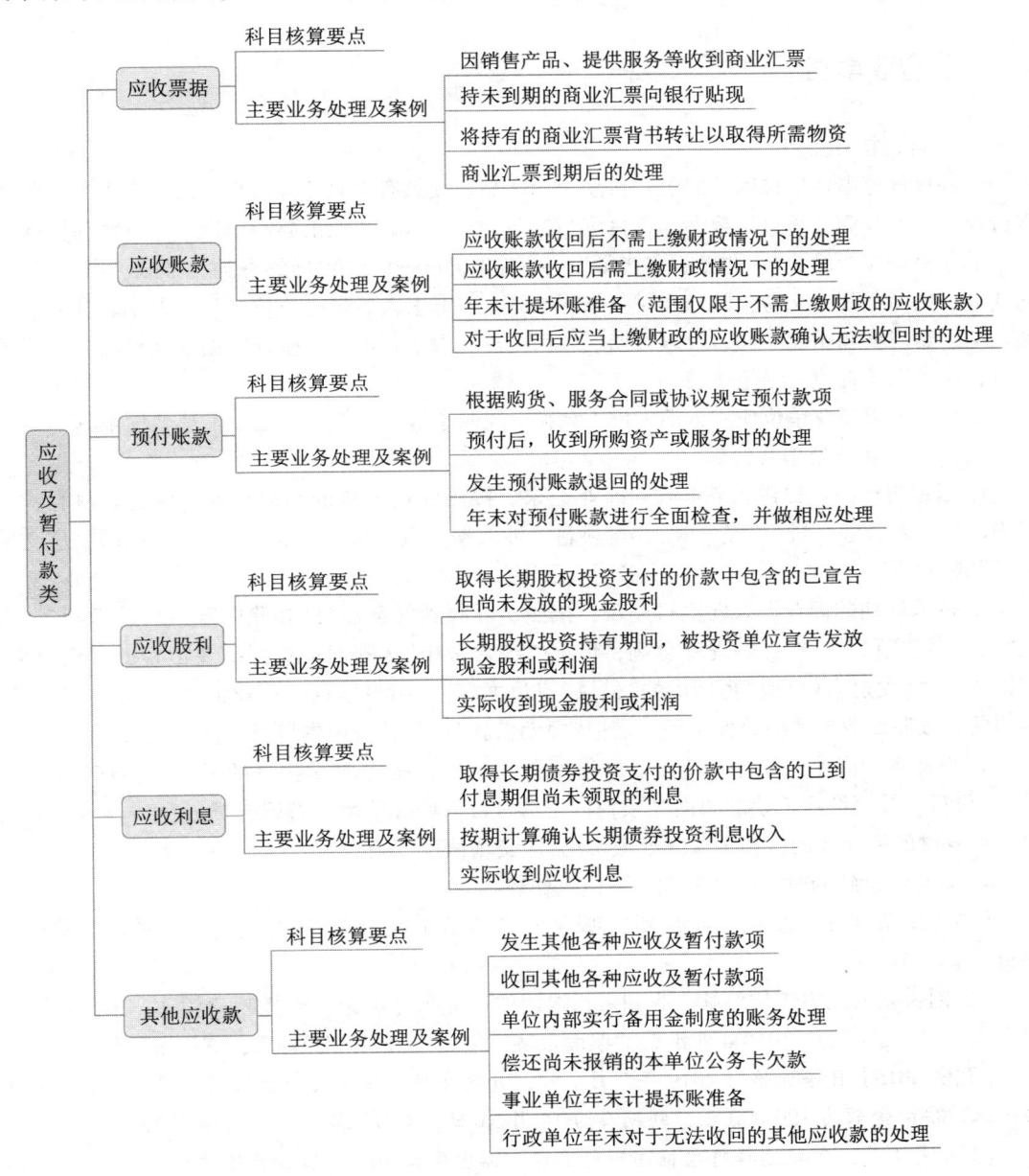

```
应收及暂付款类
├── 应收票据
│   ├── 科目核算要点
│   └── 主要业务处理及案例
│       ├── 因销售产品、提供服务等收到商业汇票
│       ├── 持未到期的商业汇票向银行贴现
│       ├── 将持有的商业汇票背书转让以取得所需物资
│       └── 商业汇票到期后的处理
├── 应收账款
│   ├── 科目核算要点
│   └── 主要业务处理及案例
│       ├── 应收账款收回后不需上缴财政情况下的处理
│       ├── 应收账款收回后需上缴财政情况下的处理
│       ├── 年末计提坏账准备（范围仅限于不需上缴财政的应收账款）
│       └── 对于收回后应当上缴财政的应收账款确认无法收回时的处理
├── 预付账款
│   ├── 科目核算要点
│   └── 主要业务处理及案例
│       ├── 根据购货、服务合同或协议规定预付款项
│       ├── 预付后，收到所购资产或服务时的处理
│       ├── 发生预付账款退回的处理
│       └── 年末对预付账款进行全面检查，并做相应处理
├── 应收股利
│   ├── 科目核算要点
│   └── 主要业务处理及案例
│       ├── 取得长期股权投资支付的价款中包含的已宣告但尚未发放的现金股利
│       ├── 长期股权投资持有期间，被投资单位宣告发放现金股利或利润
│       └── 实际收到现金股利或利润
├── 应收利息
│   ├── 科目核算要点
│   └── 主要业务处理及案例
│       ├── 取得长期债券投资支付的价款中包含的已到付息期但尚未领取的利息
│       ├── 按期计算确认长期债券投资利息收入
│       └── 实际收到应收利息
└── 其他应收款
    ├── 科目核算要点
    └── 主要业务处理及案例
        ├── 发生其他各种应收及暂付款项
        ├── 收回其他各种应收及暂付款项
        ├── 单位内部实行备用金制度的账务处理
        ├── 偿还尚未报销的本单位公务卡欠款
        ├── 事业单位年末计提坏账准备
        └── 行政单位年末对于无法收回的其他应收款的处理
```

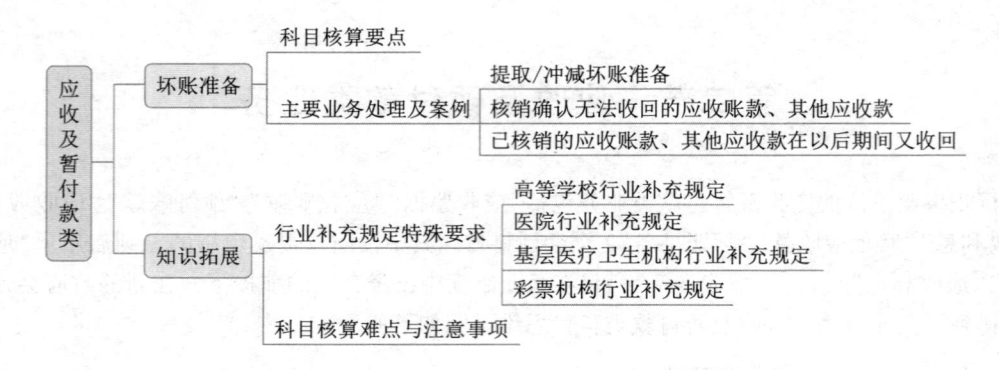

```
                    ┌ 坏账准备 ──┬ 科目核算要点
                    │           └ 主要业务处理及案例 ─┬ 提取/冲减坏账准备
 应                 │                                 ├ 核销确认无法收回的应收账款、其他应收款
 收                 │                                 └ 已核销的应收账款、其他应收款在以后期间又收回
 及                 │
 暂                 │                                      ┌ 高等学校行业补充规定
 付                 │                                      ├ 医院行业补充规定
 款   ─── 知识拓展 ─┼ 行业补充规定特殊要求 ────────────────┤
 类                 │                                      ├ 基层医疗卫生机构行业补充规定
                    │                                      └ 彩票机构行业补充规定
                    └ 科目核算难点与注意事项
```

## 一、应收票据

（一）科目核算要点

本科目核算事业单位因开展经营活动销售产品、提供有偿服务等而收到的商业汇票，包括银行承兑汇票和商业承兑汇票。本科目应当按照开出、承兑商业汇票的单位等进行明细核算。

事业单位应当设置"应收票据备查簿"，逐笔登记每一应收票据的种类、号数、出票日期、到期日、票面金额、交易合同号和付款人、承兑人、背书人姓名或单位名称、背书转让日、贴现日期、贴现率和贴现净额、收款日期、收回金额和退票情况等。应收票据到期结清票款或退票后，应当在备查簿内逐笔注销。

本科目仅限事业单位使用，期末借方余额，反映事业单位持有的商业汇票票面金额。

（二）主要业务处理及案例

1. 因销售产品、提供服务等收到商业汇票，按照商业汇票的票面金额，借记本科目，按照确认的收入金额，贷记"经营收入"等科目。涉及增值税业务的，相关账务处理参见"应交增值税"科目。

2. 持未到期的商业汇票向银行贴现，按照实际收到的金额（即扣除贴现息后的净额），借记"银行存款"科目，按照贴现息金额，借记"经营费用"等科目，按照商业汇票的票面金额，贷记本科目（无追索权）或"短期借款"科目（有追索权）。附追索权的商业汇票到期未发生追索事项的，按照商业汇票的票面金额，借记"短期借款"科目，贷记本科目。

3. 将持有的商业汇票背书转让以取得所需物资时，按照取得物资的成本，借记"库存物品"等科目，按照商业汇票的票面金额，贷记本科目，如有差额，借记或贷记"银行存款"等科目。涉及增值税业务的，相关账务处理参见"应交增值税"科目。

4. 商业汇票到期时，应当分别以下情况处理：

（1）收回票款时，按照实际收到的商业汇票票面金额，借记"银行存款"科目，贷记本科目。

（2）因付款人无力支付票款，收到银行退回的商业承兑汇票、委托收款凭证、未付票款通知书或拒付款证明等，按照商业汇票的票面金额，借记"应收账款"科目，贷记本科目。

【案例4015】B事业单位2019年8月1日，开展非独立核算的经营活动取得X公司商业汇票一张，票面金额为100 000元，到期日为10月31日。后续业务分四种不同情况：

（1）9月1日，单位选择将票据向银行贴现，贴现率为10%，假设无追索权。

（2）9月1日，单位将上述票据转让获得库存物品一批，价值105 000元，不足部分以银行存款支付，库存物品已验收入库。

(3) 10月31日，票据到期后收到票面金额100 000元。
(4) 10月31日，X公司无力支付票款，收到银行退回的票据等材料。

账务处理分录如下：

|  | 收到汇票 | 核算要点精讲 |
| --- | --- | --- |
| 财务会计 | 借：应收票据—X公司　　　100 000<br>　　贷：经营收入　　　　　　　　100 000 | 根据业务的不同，可确认为不同的收入科目；本案例为"经营收入" |
| 预算会计 | 不做账务处理 | 无"现金"流入 |
|  | 向银行贴现 |  |
| 财务会计 | 借：银行存款　　　　　　　　98 333<br>　　经营费用　　　　　　　　 1 667<br>　　贷：应收票据—X公司　　　　100 000 | 1. 贴现60天，贴现息金额 = 100 000×(60/360)×10% = 1 667元；2. 有追索权的贷方科目确认为短期借款 |
| 预算会计 | 借：资金结存—货币资金　　 98 333<br>　　贷：经营预算收入　　　　　　98 333 | 预算会计经营预算收入和财务会计经营收入差额部分(贴现息金额)在财务会计下已列支，将会在预算会计形成差额 |
|  | 票据转让获得库存物品 |  |
| 财务会计 | 借：库存物品　　　　　　　 105 000<br>　　贷：应收票据—X公司　　　　100 000<br>　　　　银行存款　　　　　　　　5 000 |  |
| 预算会计 | 借：事业支出　　　　　　　　 5 000<br>　　贷：资金结存—货币资金　　　 5 000 | 按照实际"现金"流出5 000元确认预算会计事业支出 |
|  | 到期收回票款 |  |
| 财务会计 | 借：银行存款　　　　　　　 100 000<br>　　贷：应收票据—X公司　　　　100 000 |  |
| 预算会计 | 借：资金结存—货币资金　　 100 000<br>　　贷：经营预算收入　　　　　 100 000 |  |
|  | 到期无法收回票款 |  |
| 财务会计 | 借：应收账款—X公司　　　 100 000<br>　　贷：应收票据—X公司　　　　100 000 | 到期后无法收回，确认为应收账款 |
| 预算会计 | 不做账务处理 | 无"现金"流入 |

## 二、应收账款

**(一)科目核算要点**

本科目核算事业单位提供服务、销售产品等应收取的款项，以及单位因出租资产、出售物资等应收取的款项。本科目应当按照债务单位(或个人)进行明细核算，主要用于编制会计报表附注的重要项目说明，也便于编制政府综合财务报告。

本科目应按照权责发生制的原则进行核算，期末借方余额，反映单位尚未收回的应收账款。

**(二)主要业务处理及案例**

1. 应收账款收回后不需上缴财政。

单位发生应收账款时，按照应收未收金额，借记本科目，贷记"事业收入""经营收入""租金收入""其他收入"等科目。涉及增值税业务的，相关账务处理参见"应交增值税"科目。

收回应收账款时，按照实际收到的金额，借记"银行存款"等科目，贷记本科目。

【案例4016】B事业单位2019年8月1日，与X公司签订技术咨询服务合同金额为10 000元，票据已开具，技术咨询服务已完成，款项未收到；9月30日，收到款项。账务处理分录如下：

|  | 完成服务开具票据 | 核算要点精讲 |
| --- | --- | --- |
| 财务会计 | 借：应收账款—X公司　　10 000<br>　贷：事业收入　　　　　　10 000 | 根据业务的不同，可确认为不同的收入科目；根据权责发生制原则分不同的情形确定是否可确认收入 |
| 预算会计 | 不做账务处理 | 无"现金"流入 |
|  | 收到款项时 |  |
| 财务会计 | 借：银行存款　　　　　　10 000<br>　贷：应收账款—X公司　　10 000 |  |
| 预算会计 | 借：资金结存—货币资金　10 000<br>　贷：事业预算收入　　　　10 000 | "现金"流入，按收付实现制确认收入 |

2. 应收账款收回后需上缴财政。

(1) 单位出租资产发生应收未收租金款项时，按照应收未收金额，借记本科目，贷记"应缴财政款"科目。收回应收账款时，按照实际收到的金额，借记"银行存款"等科目，贷记本科目。

(2) 单位出售物资发生应收未收款项时，按照应收未收金额，借记本科目，贷记"应缴财政款"科目。收回应收账款时，按照实际收到的金额，借记"银行存款"等科目，贷记本科目。涉及增值税业务的，相关账务处理参见"应交增值税"科目。

【案例4017】B事业单位2019年8月1日，出租资产应收Y公司租金10 000元；9月30日按规定将租金上缴财政（款项尚未收到）；2020年1月1日，收到租金款项。账务处理分录如下：

|  | 应收租金时 | 核算要点精讲 |
| --- | --- | --- |
| 财务会计 | 借：应收账款—Y公司　　10 000<br>　贷：应缴财政款　　　　　10 000 | 应上缴财政时不确认收入 |
| 预算会计 | 不做账务处理 | 无"现金"流入 |
|  | 上缴财政时 |  |
| 财务会计 | 借：应缴财政款　　　　　10 000<br>　贷：银行存款　　　　　　10 000 | 权责发生制下，如款项不能及时收回，单位将可能出现垫支资金上缴财政的情况；确认应收账款但款项尚未收到时是否应按时上缴财政目前尚未正式规定，需要进一步明确；本案例假设没有收到款项时应按规定及时上缴财政 |
| 预算会计 | 不做账务处理 | 款项收到上缴财政时，虽然是"现金"收支，但应缴财政款不属于"纳入部门预算管理"，不做预算会计账务处理 |
|  | 收到款项时 |  |
| 财务会计 | 借：银行存款　　　　　　10 000<br>　贷：应收账款—Y公司　　10 000 |  |
| 预算会计 | 不做账务处理 | "现金"收支，但不属于"纳入部门预算管理"，不做预算会计账务处理 |

3. 事业单位应当于每年年末，对收回后不需上缴财政的应收账款进行全面检查，如发生不能收回的迹象，应当计提坏账准备。计提坏账准备的范围仅限于不需上缴财政的应收账款，如收回后需上缴财政的，则不提取坏账准备。

（1）对于账龄超过规定年限、确认无法收回的应收账款，按照规定报经批准后予以核销。按照核销金额，借记"坏账准备"科目，贷记本科目。核销的应收账款应在备查簿中保留登记。

（2）已核销的应收账款在以后期间又收回的，按照实际收回金额，借记本科目，贷记"坏账准备"科目；同时，借记"银行存款"等科目，贷记本科目。详细案例请参考本节"坏账准备"科目。

4. 单位应当于每年年末，对收回后应当上缴财政的应收账款进行全面检查，不需计提坏账准备。

（1）对于账龄超过规定年限、确认无法收回的应收账款，按照规定报经批准后予以核销。按照核销金额，借记"应缴财政款"科目，贷记本科目。核销的应收账款应当在备查簿中保留登记。

（2）已核销的应收账款在以后期间又收回的，按照实际收回金额，借记"银行存款"等科目，贷记"应缴财政款"科目。

【案例4018】B事业单位2019年8月1日，出租资产应收Y公司租金10 000元，款项一直未收到，2022年9月30日，按照规定报经批准后予以核销。2023年1月1日，收回部分款项8 000元。账务处理分录如下：

|  | 确认应收账款 | 核算要点精讲 |
| --- | --- | --- |
| 财务会计 | 借：应收账款—Y公司　　10 000<br>　贷：应缴财政款　　　　10 000 | 本案例假设款项未收到时不上缴财政，与上一案例不同 |
| 预算会计 | 不做账务处理 | 无"现金"流入 |
|  | 按照规定报经批准后予以核销 |  |
| 财务会计 | 借：应缴财政款　　　　10 000<br>　贷：应收账款—Y公司　10 000 | 根据事业单位国有资产处置有关规定，流动资产的处置需按规定报经批准，必须经过批准后才能核销 |
| 预算会计 | 不做账务处理 | 无"现金"流入 |
|  | 以后年度收回部分金额 |  |
| 财务会计 | 借：银行存款　　　　　8 000<br>　贷：应缴财政款　　　　8 000 | 此处省略后续上缴财政有关业务处理 |
| 预算会计 | 不做账务处理 | "现金"收支，但不属于"纳入部门预算管理"，不做预算会计账务处理 |

## 三、预付账款

（一）科目核算要点

本科目核算单位按照购货、服务合同或协议规定预付给供应单位（或个人）的款项，以及按照合同规定向承包工程的施工企业预付的备料款和工程款。本科目应当按照供应单位（或个人）及具体项目进行明细核算，主要用于编制会计报表附注的重要项目说明，也便于编制政府综合财务报告；对于基本建设项目发生的预付账款，还应当在本科目所属基建项目明细科目下设置"预付备料款""预付工程款""其他预付款"等明细科目,进行明细核算。本科目期末借方余额,反映单位实际预付但尚未结算的款项。

本科目期末借方余额,反映单位实际预付但尚未结算的款项。

政府会计制度中规定:对于暂付款项,在支付款项时可不做预算会计处理,待结算或报销时,按照结算或报销的金额,进行预算会计账务处理,借记"事业支出"等科目,贷记"资金结存"科目。在实务操作中对于预付账款是否进行预算会计账务处理应根据实际情况判断,本节内容在举例时结合实务操作经验进行预算会计账务处理,详细原理及原因请参考预算会计有关支出科目解读。

(二)主要业务处理及案例

1. 根据购货、服务合同或协议规定预付款项时,按照预付金额,借记本科目,贷记"财政拨款收入""零余额账户用款额度""银行存款"等科目。

2. 收到所购资产或服务时,按照购入资产或服务的成本,借记"库存物品""固定资产""无形资产""业务活动费用"等相关科目,按照相关预付账款的账面余额,贷记本科目,按照实际补付的金额,贷记"财政拨款收入""零余额账户用款额度""银行存款"等科目。涉及增值税业务的,相关账务处理参见"应交增值税"科目。

【案例4019】A行政单位2019年8月1日,与X公司签订计算机购置合同100 000元,合同签订后预付货款30%,1个月后设备到货验收合格后一次性付清货款,上述款项由当年预算指标财政直接支付。账务处理分录如下:

| | 预付货款 | 核算要点精讲 |
|---|---|---|
| 财务会计 | 借:预付账款—X公司　　　　30 000<br>　贷:财政拨款收入　　　　　　　30 000 | 财政直接支付时,财务会计确认财政拨款收入 |
| 预算会计 | 借:行政支出　　　　　　　　30 000<br>　贷:财政拨款预算收入　　　　　30 000 | 1. 发生预付账款时,"现金"流出,确认行政支出;<br>2. 在确认支出的同时确认预算会计财政拨款预算收入,确保收支平衡 |
| | 设备到货后付清余款 | |
| 财务会计 | 借:固定资产　　　　　　　100 000<br>　贷:预付账款—X公司　　　　　30 000<br>　　财政拨款收入　　　　　　　70 000 | |
| 预算会计 | 借:行政支出　　　　　　　　70 000<br>　贷:财政拨款预算收入　　　　　70 000 | 原因同上 |

3. 根据工程进度结算工程价款及备料款时,按照结算金额,借记"在建工程"科目,按照相关预付账款的账面余额,贷记本科目,按照实际补付的金额,贷记"财政拨款收入""零余额账户用款额度""银行存款"等科目。

4. 发生预付账款退回的,按照实际退回金额,借记"财政拨款收入"[本年直接支付]、"财政应返还额度"[以前年度直接支付]、"零余额账户用款额度""银行存款"等科目,贷记本科目。

5. 单位应当于每年年末,对预付账款进行全面检查。如果有确凿证据表明预付账款不再符合预付款项性质,或者因供应单位破产、撤销等原因可能无法收到所购货物、服务的,应当先将其转入其他应收款,再按照规定进行处理。将预付账款账面余额转入其他应收款时,借记"其他应收款"科目,贷记本科目。预付款项因对方单位破产、撤销等原因转入"其他应收款"

后，处理时应按照国有资产处置有关规定执行。

【**案例4020**】A行政单位2019年8月1日，根据合同支付Z建筑公司备料款400 000元、支付Y建筑公司备料款200 000元；9月1日根据工程进度结算Z公司备料款600 000元；10月31日Y公司退回预付款项50 000元(当年退回)；2020年8月1日Y公司退回预付款项50 000元(跨年退回)；2020年12月31日，Y建筑公司因经营不善破产倒闭，预计该公司无法完成合同约定的相关业务。上述业务均由财政直接支付方式完成。账务处理分录如下：

| | 预付备料款 | 核算要点精讲 |
|---|---|---|
| 财务会计 | 借：预付账款—Z公司　　400 000<br>　　预付账款—Y公司　　200 000<br>　贷：财政拨款收入　　　　　600 000 | 财政直接支付时，直接确认收入 |
| 预算会计 | 借：行政支出　　　　　　600 000<br>　贷：财政拨款预算收入　　　600 000 | 1. 发生预付账款时，"现金"流出，确认行政支出；<br>2. 在确认支出的同时确认预算会计财政拨款预算收入，确保收支平衡 |
| | 根据工程进度结算Z公司备料款 | |
| 财务会计 | 借：在建工程　　　　　　600 000<br>　贷：预付账款—Z公司　　　400 000<br>　　　财政拨款收入　　　　200 000 | 按进度确认在建工程，同时补付备料款200 000元；同时在财政直接支付下确认财政拨款收入 |
| 预算会计 | 借：行政支出　　　　　　200 000<br>　贷：财政拨款预算收入　　　200 000 | 原因同上 |
| | 10月31日Y公司退回部分预付款项(当年) | |
| 财务会计 | 借：财政拨款收入　　　　50 000<br>　贷：预付账款—Y公司　　　50 000 | 财政直接支付下，当年支付发生款项退回时减少财政拨款收入 |
| 预算会计 | 借：财政拨款预算收入　　50 000<br>　贷：行政支出　　　　　　　50 000 | 参考财务会计处理原则，核减财政拨款预算收入；同时核减行政支出，确保收支平衡 |
| | 2020年8月1日Y公司退回部分预付款项(跨年) | |
| 财务会计 | 借：财政应返还额度—财政直接支付<br>　　　　　　　　　　　　50 000<br>　贷：预付账款—Y公司　　　50 000 | 退回以前年度财政直接支付款项时，借记财政应返还额度；与当年退回款项会计处理方式不同 |
| 预算会计 | 借：资金结存—财政应返还额度　50 000<br>　贷：财政拨款结转—年初余额调整 50 000 | 退回以前年度国库直接支付款项，属于以前年度财政拨款结转资金的，借记"资金结存—财政应返还额度"科目，贷记"财政拨款结转—年初余额调整"。如为非财政性资金，则应在"非财政拨款结余—年初余额调整"科目核算 |
| | 2020年12月31日Y公司破产倒闭 | |
| 财务会计 | 借：其他应收款—Y公司　　100 000<br>　贷：预付账款—Y公司　　　100 000 | 单位破产、撤销等原因可能无法收到所购货物、服务的，应当先将其转入其他应收款，再按照规定进行处理；总预付Y公司200 000元，已退回100 000元；转入其他应收款100 000元 |
| 预算会计 | 不做账务处理 | |

## 四、应收股利

(一)科目核算要点

本科目核算事业单位持有长期股权投资应当收取的现金股利或应当分得的利润。本科目应当按照被投资单位等进行明细核算,用于编制会计报表附注的重要项目说明。本科目期末借方余额,反映事业单位应当收取但尚未收到的现金股利或利润。

本科目期末借方余额,反映事业单位应当收取但尚未收到的现金股利或利润。

(二)主要业务处理及案例

1. 取得长期股权投资,按照支付的价款中所包含的已宣告但尚未发放的现金股利,借记本科目,按照确定的长期股权投资成本,借记"长期股权投资"科目,按照实际支付的金额,贷记"银行存款"等科目。

收到取得投资时实际支付价款中所包含的已宣告但尚未发放的现金股利时,按照收到的金额,借记"银行存款"科目,贷记本科目。

2. 长期股权投资持有期间,被投资单位宣告发放现金股利或利润的,按照应享有的份额,借记本科目,贷记"投资收益"(成本法下)或"长期股权投资"(权益法下)科目。

3. 实际收到现金股利或利润时,按照收到的金额,借记"银行存款"等科目,贷记本科目。

【案例4021】B事业单位2019年8月1日,经批准支付银行存款100 000元取得X公司15%的股权,按照成本法进行核算,包含X公司已宣告但尚未发放的现金股利,根据持股比例B事业单位可分得5 000元;2019年9月30日收到现金股利;2020年3月31日,X公司宣告发放股利,根据持股比例B事业单位可分得10 000元;2020年8月31日,收到2019年股利,上述投资收益直接纳入单位预算管理。账务处理分录如下:

| | 取得股权 | 核算要点精讲 |
|---|---|---|
| 财务会计 | 借:长期股权投资—X公司(成本法)　　95 000<br>　　应收股利—X公司　　5 000<br>　贷:银行存款　　100 000 | 成本法核算 |
| 预算会计 | 借:投资支出　　100 000<br>　贷:资金结存—货币资金　　100 000 | 使用货币资金投资,预算会计进行账务处理,包括取得投资时支付的全部价款 |
| | 收到股利 | |
| 财务会计 | 借:银行存款　　5 000<br>　贷:应收股利—X公司　　5 000 | |
| 预算会计 | 借:资金结存—货币资金　　5 000<br>　贷:投资支出　　5 000 | 预算会计核算支付的投资款项时,将应收股利列入投资支出,收到股利时予以冲减投资支出科目 |
| | 2020年3月31日宣告股利 | |
| 财务会计 | 借:应收股利—X公司　　10 000<br>　贷:投资收益　　10 000 | |
| 预算会计 | 不做账务处理 | 无"现金"流入 |

续表

| | | | |
|---|---|---|---|
| | 2020年收到宣告发放的2019年股利 | | |
| 财务会计 | 借：银行存款　　　　　　　10 000<br>　　贷：应收股利—X公司　　　　10 000 | | |
| 预算会计 | 借：资金结存—货币资金　　　10 000<br>　　贷：投资预算收益　　　　　　10 000 | 取得被投资单位分派的现金股利或利润时，按照实际收到的金额，贷记投资预算收益，不再冲减投资支出；注意与取得长期股权投资时支付的价款中包括已宣告未发放的股利账务处理的区别 | |

## 五、应收利息

（一）科目核算要点

本科目核算事业单位长期债券投资应当收取的利息。事业单位购入的到期一次还本付息的长期债券投资持有期间的利息，应当通过"长期债券投资—应计利息"科目核算，不通过本科目核算。本科目应当按照被投资单位等进行明细核算，用于编制会计报表附注的重要项目说明。

本科目期末借方余额，反映事业单位应收未收的长期债券投资利息。

（二）主要业务处理及案例

1. 取得长期债券投资，按照确定的投资成本，借记"长期债券投资"科目，按照支付的价款中包含的已到付息期但尚未领取的利息，借记本科目，按照实际支付的金额，贷记"银行存款"等科目。

收到取得投资时实际支付价款中所包含的已到付息期但尚未领取的利息时，按照收到的金额，借记"银行存款"等科目，贷记本科目。

2. 按期计算确认长期债券投资利息收入时，对于分期付息、一次还本的长期债券投资，按照以票面金额和票面利率计算确定的应收未收利息金额，借记本科目，贷记"投资收益"科目。

3. 实际收到应收利息时，按照收到的金额，借记"银行存款"等科目，贷记本科目。

【案例4022】B事业单位2019年1月1日，支付银行存款103 500元购入X公司4年期分期付息、一次还本长期债券投资，票面金额为100 000元，票面利率为3.5%；2019年1月30日收到利息3 500元；2019年12月31日计算应收利息；2020年1月31日收到利息。账务处理分录如下：

| | 取得债券 | 核算要点精讲 |
|---|---|---|
| 财务会计 | 借：长期债券投资—X公司　　100 000<br>　　应收利息—X公司　　　　　3 500<br>　　贷：银行存款　　　　　　　103 500 | 按票面金额确认长期债券投资成本；已到付息期但尚未领取的利息在应收利息核算 |
| 预算会计 | 借：投资支出　　　　　　　103 500<br>　　贷：资金结存—货币资金　　103 500 | 货币资金投资，预算会计进行账务处理；投资支出包括取得投资时支付的全部价款 |
| | 收到利息 | |
| 财务会计 | 借：银行存款　　　　　　　3 500<br>　　贷：应收利息—X公司　　　3 500 | |

| 预算会计 | 借：资金结存—货币资金　　3 500<br>　贷：投资支出　　　　　　　　3 500 | 预算会计核算支付的投资款项时，将已到付息期但尚未领取的应收利息列入投资支出，收到利息时予以冲减投资支出科目 |
|---|---|---|
| 12月31日计提应收利息 |||
| 财务会计 | 借：应收利息—X公司　　　　3 500<br>　贷：投资收益　　　　　　　　3 500 | 分期付息、一次还本的长期债券投资应按照权责发生制规定计提应收利息；到期一次还本付息的长期债券投资持有期间的利息，应当通过"长期债券投资—应计利息"科目核算 |
| 预算会计 | 不做账务处理 ||
| 2020年收到2019年利息 |||
| 财务会计 | 借：银行存款　　　　　　　　3 500<br>　贷：应收利息—X公司　　　　3 500 ||
| 预算会计 | 借：资金结存—货币资金　　3 500<br>　贷：投资预算收益　　　　　3 500 | 取得被投资单位应收利息时，按照实际收到的金额，贷记投资预算收益；注意与取得长期债券投资时支付的价款中包括未领取利息的区别 |

## 六、其他应收款

### （一）科目核算要点

本科目核算单位除应收票据、应收账款、预付账款、应收股利、应收利息以外的其他各项应收及暂付款项，如职工预借的差旅费、已经偿还银行尚未报销的本单位公务卡欠款、拨付给内部有关部门的备用金、应向职工收取的各种垫付款项、支付的可以收回的订金或押金、应收的上级补助和附属单位上缴款项等。本科目应当按照其他应收款的类别以及债务单位（或个人）进行明细核算，用于编制会计报表附注的重要项目说明。

事业单位应当于每年年末，对其他应收款进行全面检查，如发生不能收回的迹象，应当计提坏账准备；行政单位不计提坏账准备。

本科目期末借方余额，反映单位尚未收回的其他应收款。

政府会计制度中规定：对于暂付款项，在支付款项时可不做预算会计处理，待结算或报销时，按照结算或报销的金额，进行预算会计账务处理，借记"事业支出"等科目，贷记"资金结存"科目。在实务操作中对于其他应收款是否进行预算会计账务处理应根据实际情况判断，本节内容在举例时结合实务操作经验不进行预算会计账务处理，本节知识拓展部分将对是否进行预算会计处理进行详细分析。

### （二）主要业务处理及案例

1. 发生其他各种应收及暂付款项时，按照实际发生金额，借记本科目，贷记"零余额账户用款额度""银行存款""库存现金""上级补助收入""附属单位上缴收入"等科目。涉及增值税业务的，相关账务处理参见"应交增值税"科目。

2. 收回其他各种应收及暂付款项时，按照收回的金额，借记"库存现金""银行存款"等科目，贷记本科目。

3. 单位内部实行备用金制度的，有关部门使用备用金以后应当及时到财务部门报销并补足备用金。财务部门核定并发放备用金时，按照实际发放金额，借记本科目，贷记"库存现金"等科目。根据报销金额用现金补足备用金定额时，借记"业务活动费用""单位管理费用"等科目，贷记"库存现金"等科目，报销数和拨补数都不再通过本科目核算。

【案例4023】B事业单位2019年8月1日，业务部门X职工预借差旅费5 000元、支付Y职工参加业务投标保证金3 000元、办公室Z职工借备用金5 000元(假设该单位启用备用金制度)；2019年8月31日，X职工报销差旅费4 500元退回现金500元、Y职工未中标返还投标保证金3 000元、Z职工报销办公费2 000元。账务处理分录如下：

| | X职工预借差旅费 | 核算要点精讲 |
|---|---|---|
| 财务会计 | 借：其他应收款—X职工　　5 000<br>　贷：库存现金　　　　　　　5 000 | 单位应使用公务卡结算，减少其他应收款核算业务量 |
| 预算会计 | 不做账务处理 | 在实务操作中，职工预借差旅费应在出差后及时办理报销手续，如年末尚未办理报销手续，将会导致预算会计科目资金结存科目与财务会计银行存款科目不相等 |
| | Y职工借投标保证金 | |
| 财务会计 | 借：其他应收款—Y职工　　3 000<br>　贷：银行存款　　　　　　　3 000 | |
| 预算会计 | 不做账务处理 | 投标保证金属于支付的可以收回的保证金或押金，不做预算会计分录 |
| | Z职工借备用金 | |
| 财务会计 | 借：其他应收款—Z职工　　5 000<br>　贷：库存现金　　　　　　　5 000 | 单位应尽量使用公务卡结算，减少其他应收款核算业务量 |
| 预算会计 | 不做账务处理 | 备用金可以在年终收回，不属于单位收支，不做预算会计分录 |
| | X职工报销差旅费 | |
| 财务会计 | 借：业务活动费用　　　　　4 500<br>　　库存现金　　　　　　　　500<br>　贷：其他应收款—X职工　　5 000 | |
| 预算会计 | 借：事业支出　　　　　　　4 500<br>　贷：资金结存—货币资金　　4 500 | 借款时没有进行预算会计账务处理，待结算或报销时，按照结算或报销的金额，进行预算会计账务处理 |
| | Y职工返还投标保证金 | |
| 财务会计 | 借：银行存款　　　　　　　3 000<br>　贷：其他应收款—Y职工　　3 000 | |
| 预算会计 | 不做账务处理 | 投标保证金属于支付的可以收回的保证金或押金，支付和返回时均不进行账务处理 |
| | Z职工报销办公费 | |
| 财务会计 | 借：单位管理费用　　　　　2 000<br>　贷：库存现金　　　　　　　2 000 | 备用金报销数和拨补数都不再通过其他应收款科目核算 |
| 预算会计 | 借：事业支出　　　　　　　2 000<br>　贷：资金结存—货币资金　　2 000 | 年末时Z职工交回备用金，预算会计和财务会计现金科目平衡 |

4. 偿还尚未报销的本单位公务卡欠款时，按照偿还的款项，借记本科目，贷记"零余额账户用款额度""银行存款"等科目；持卡人报销时，按照报销金额 借记"业务活动费用""单位管理费用"等科目，贷记本科目。

【案例4024】B事业单位2019年8月1日，截至公务卡还款日尚有业务部门X职工和财务部门Y职工各5 000元没有办理完报销手续，根据单位规定，由单位的零余额账户先行偿还；8月31日，上述持卡人办理完报销手续。账务处理分录如下：

| | 偿还尚未报销的公务卡 | | 核算要点精讲 |
|---|---|---|---|
| 财务会计 | 借：其他应收款—X职工 5 000<br>　　　　　—Y职工 5 000<br>　贷：零余额账户用款额度 10 000 | | |
| 预算会计 | 不做账务处理 | | 实际报销时进行账务处理 |
| | 职工办理报销手续 | | |
| 财务会计 | 借：业务活动费用 5 000<br>　　单位管理费用 5 000<br>　贷：其他应收款—X职工 5 000<br>　　　　　　　—Y职工 5 000 | | 按业务不同区分业务活动费用和单位管理费用 |
| 预算会计 | 借：事业支出 10 000<br>　贷：资金结存—零余额账户用款额度 10 000 | | 偿还公务卡时没有进行账务处理 |

5. 将预付账款账面余额转入其他应收款时，借记本科目，贷记"预付账款"科目。具体说明参见"预付账款"科目。

6. 事业单位应当于每年年末，对其他应收款进行全面检查，如发生不能收回的迹象，应当计提坏账准备。

（1）对于账龄超过规定年限、确认无法收回的其他应收款，按照规定报经批准后予以核销。按照核销金额，借记"坏账准备"科目，贷记本科目。核销的其他应收款应当在备查簿中保留登记。

（2）已核销的其他应收款在以后期间又收回的，按照实际收回金额，借记本科目，贷记"坏账准备"科目；同时，借记"银行存款"等科目，贷记本科目。

7. 行政单位应当于每年年末，对其他应收款进行全面检查。对于超过规定年限、确认无法收回的其他应收款，应当按照有关规定报经批准后予以核销。核销的其他应收款应在备查簿中保留登记。

（1）经批准核销其他应收款时，按照核销金额，借记"资产处置费用"科目，贷记本科目。

（2）已核销的其他应收款在以后期间又收回的，按照收回金额，借记"银行存款"等科目，贷记"其他收入"科目。

【案例4025】A行政单位2019年12月31日，对其他应收款科目检查时，发现5年前一笔应收A职工5 000元的其他应收款无法收回，按程序报批后予以核销；2020年8月1日，该款项又正常收回。账务处理分录如下：

| 报批后核销其他应收款 | 核算要点精讲 |
|---|---|
| 财务会计 | 借：资产处置费用　　　　5 000<br>　　贷：其他应收款—A职工　　5 000 | 本案例是行政单位的账务处理，事业单位通过坏账准备科目进行核算；核销的其他应收款应在备查簿中保留登记 |
| 预算会计 | 不做账务处理 | |
| 核销后以后期间收回 | |
| 财务会计 | 借：银行存款　　　　　　5 000<br>　　贷：其他收入　　　　　5 000 | 核销后收回时，直接确认其他收入 |
| 预算会计 | 借：资金结存—货币资金　　5 000<br>　　贷：其他预算收入　　　5 000 | 直接确认预算收入，与事业单位账务处理不一致 |

## 七、坏账准备

（一）科目核算要点

本科目核算事业单位对收回后不需上缴财政的应收账款和其他应收款提取的坏账准备。本科目应当分别应收账款和其他应收款进行明细核算。坏账准备仅限事业单位使用，计提的范围包括应收账款和其他应收款两个科目。

事业单位应当于每年年末，对收回后不需上缴财政的应收账款和其他应收款进行全面检查，分析其可收回性，对预计可能产生的坏账损失计提坏账准备、确认坏账损失。

根据《政府会计准则第7号——会计调整》规定，坏账准备的计提方法属于会计政策，会计政策是指政府会计主体在会计核算时所遵循的特定原则、基础以及所采用的具体会计处理方法。特定原则，是指政府会计主体按照政府会计准则制度所制定的、适合于政府会计主体的会计处理原则。具体会计处理方法，是指政府会计主体从政府会计准则制度规定的诸多可选择的会计处理方法中所选择的、适合于政府会计主体的会计处理方法。

政府会计主体具体的会计政策和会计估计，应履行政府会计主体内部报批程序；法律、行政法规等规定应当报送有关方面批准或备案的，从其规定。事业单位采用的坏账准备计提方法，在每一会计期间和前后各期应当保持一致，不得随意变更，坏账准备计提方法的变更应按政府会计准则中规定的程序报批。

事业单位可以采用应收款项余额百分比法、账龄分析法、个别认定法等方法计提坏账准备。

1. 余额百分比法：按照期末其他应收款和应收账款余额的一定百分比估计坏账损失的方法。坏账百分比由单位根据以往的资料或经验自行确定，单位应在每个会计期末根据本期末其他应收款和应收账款的余额和相应的坏账率估计出期末坏账准备账户应有的余额，它与调整前坏账准备账户已有的余额的差额，就是当期应提的坏账准备金额。

2. 账龄分析法：根据其他应收款和应收账款账龄的长短来估计坏账损失的方法。通常而言，账龄越长，发生坏账的可能性越大。为此，按账龄长短进行分组，分别确定不同的计提百分比估算坏账损失，使坏账损失的计算结果更符合客观情况。

3. 个别认定法：针对每项其他应收款和应收款项的实际情况分别估计坏账损失的方法。例如发现应收账款某一单位有明显的迹象还款困难，就可以对这一单位的应收账款按照个别认定法计提坏账准备。

当期应补提或冲减的坏账准备金额的计算公式如下：

当期应补提或冲减的坏账准备＝按照期末应收账款和其他应收款计算应计提的坏账准备金额－本科目期末贷方余额(或＋本科目期末借方余额)

本科目期末贷方余额，反映事业单位提取的坏账准备金额。

(二)主要业务处理及案例

1. 提取坏账准备时，借记"其他费用"科目，贷记本科目；冲减坏账准备时，借记本科目，贷记"其他费用"科目。

2. 对于账龄超过规定年限并确认无法收回的应收账款、其他应收款，应当按照有关规定报经批准后，按照无法收回的金额，借记本科目，贷记"应收账款""其他应收款"科目。

已核销的应收账款、其他应收款在以后期间又收回的，按照实际收回金额，借记"应收账款""其他应收款"科目，贷记本科目；同时，借记"银行存款"等科目，贷记"应收账款""其他应收款"科目。

【案例4026】B事业单位年初坏账准备(贷方)科目余额5 000元(假设为应收账款二级明细科目)；2019年8月1日，按照规定报批后核销确实无法收回的X单位应收账款3 000元；2019年12月31日，应收账款科目余额300 000元、其他应收款科目余额200 000元；2020年8月1日，核销的X公司款项又收回；假设该单位按照余额百分比法计提坏账准备，计提比例为4%，所有应收账款均不需要上缴财政。账务处理分录如下：

| | 核销无法收回的应收账款 | 核算要点精讲 |
|---|---|---|
| 财务会计 | 借：坏账准备　　　　　　　3 000<br>　　贷：应收账款—X公司　　　　3 000 | |
| 预算会计 | 不做账务处理 | 无"现金"收支 |
| | 按规定计提坏账准备 | |
| 财务会计 | 借：其他费用　　　　　　　18 000<br>　　贷：坏账准备—应收账款　　　10 000<br>　　　　坏账准备—其他应收款　　8 000 | 年末应计提坏账准备＝(300 000＋200 000)×4%＝20 000元；坏账准备科目余额＝5 000－3 000＝2 000元(贷方)；当期应补提余额＝20 000－2 000＝18 000元；其中应收账款为10 000元；其他应收款明细科目为8 000元 |
| 预算会计 | 不做账务处理 | 无"现金"收支 |
| | 核销的X公司款项收回 | |
| 财务会计 | 借：应收账款—X公司　　　　3 000<br>　　贷：坏账准备　　　　　　　3 000<br>借：银行存款　　　　　　　3 000<br>　　贷：应收账款—X公司　　　　3 000 | |
| 预算会计 | 借：资金结存—货币资金　　　3 000<br>　　贷：非财政拨款结余—年初余额调整　3 000 | 预算会计对预算结余的年初余额进行调整，不再确认收入 |

## 八、知识拓展

(一)行业补充规定特殊要求

应收及暂付款类业务是行政事业单位使用频率较高的会计科目，在医院等部分行业内应收及暂付款核算时较为复杂。根据财政部出台的 7 项补充规定，涉及应收及暂付款类业务主要包括如下行业及内容。

1. 高等学校行业补充规定。

（1）高等学校应当在"1218 其他应收款"科目下设置"留本基金委托投资"明细科目，核算高等学校将留本基金委托给基金会进行的投资。

高等学校形成留本基金时，根据取得的留本基金数额，借记"银行存款"科目，贷记"专用基金—留本基金—本金—未投资"科目。投资时，按照转给基金会的留本基金数额，借记"其他应收款—留本基金委托投资"科目，贷记"银行存款"科目；从基金会收回使用留本基金委托的投资，按照收回的金额，借记"银行存款"科目，按照收回的留本基金本金金额，贷记"其他应收款—留本基金委托投资"科目，按照两者的差额，贷记或借记"专用基金—留本基金—收益"科目。

（2）高等学校附属单位职工薪酬按规定自行负担，但需由高等学校代为发放时，高等学校按照实际垫付的金额，借记"其他应收款"科目，贷记"应付职工薪酬"科目。高等学校收到附属单位交来的返还款时，借记"银行存款"科目，贷记"其他应收款"科目。

2. 医院行业补充规定。

（1）医院应当在新制度规定的"1212 应收账款"科目下设置如下明细科目。

"121201 应收在院病人医疗款"科目，核算医院因提供医疗服务而应向在院病人收取的医疗款。

"121202 应收医疗款"科目，核算医院因提供医疗服务而应向医疗保险机构、门急诊病人、出院病人等收取的医疗款，应当按照医疗保险机构、门急诊病人、出院病人等进行明细核算。医院应当在本科目下设置如下明细科目："12120201 应收医保款"科目，核算医院因提供医疗服务而应向医疗保险机构收取的医疗款。"12120202 门急诊病人欠费"科目，核算门急诊病人应付未付医疗款。"12120203 出院病人欠费"科目，核算出院病人应付未付医疗款。

"121203 其他应收账款"科目核算医院除应收在院病人医疗款、应收医疗款以外的其他应收账款，如医院因提供科研教学等服务、按合同或协议约定应向接受服务单位收取的款项。

（2）医院应当在新制度规定的"1219 坏账准备"科目下设置如下明细科目。

"121901 应收账款坏账准备"科目，核算医院按规定对"应收账款—应收医疗款""应收账款—其他应收账款"提取的坏账准备。

"121902 其他应收款坏账准备"科目，核算医院按规定对其他应收款提取的坏账准备。

关于坏账准备的计提范围，医院行业有较为特殊的规定，医院应当对除应收在院病人医疗款以外的应收账款和其他应收款按规定提取坏账准备。

3. 基层医疗卫生机构行业补充规定。

（1）基层医疗卫生机构应当在新制度规定的"1212 应收账款"科目下设置如下明细科目。

"121201 应收在院病人医疗款"科目，核算基层医疗卫生机构因提供医疗服务应向在院病人收取的医疗款，应当按照在院病人进行明细核算。

"121202 应收医疗款"科目，核算基层医疗卫生机构因提供医疗服务应向医疗保险机构、门急诊病人、出院病人等收取的医疗款，应当按照医疗保险机构、门急诊病人、出院病人等进行明细核算。基层医疗卫生机构应当在本科目下设置如下明细科目："12120201 应收医保款"科目，核算基层医疗卫生机构因提供医疗服务而应向医疗保险机构等收取的医疗款。"12120202 门急诊病人欠费"科目，核算门急诊病人应付未付医疗款。"12120203 出院病人欠费"科目，核算出院病人应付未付医疗款。

"121203 其他应收账款"科目，核算基层医疗卫生机构除应收在院病人医疗款、应收医疗款以外的其他应收账款，如基层医疗卫生机构因提供科研教学等服务、按合同或协议约定应向接受服务单位收取的款项。

（2）基层医疗卫生机构应当在新制度规定的"1219 坏账准备"科目下设置如下明细科目。

"121901 应收账款坏账准备"科目，核算未按"收支两条线"管理的基层医疗卫生机构按规定对除应收在院病人医疗款以外的应收账款和其他应收款提取的坏账准备，以及按"收支两条线"管理的基层医疗卫生机构按规定对除应收在院病人医疗款、应收医疗款外的应收账款和其他应收款提取的坏账准备。

"121902 其他应收款坏账准备"科目，核算基层医疗卫生机构按规定对其他应收款提取的坏账准备。

未按"收支两条线"管理的基层医疗卫生机构应当对除应收在院病人医疗款以外的应收账款和其他应收款提取坏账准备。

按"收支两条线"管理的基层医疗卫生机构应当对除应收在院病人医疗款、应收医疗款外的应收账款和其他应收款提取坏账准备。

4. 彩票机构行业补充规定。

彩票机构应当在"1212 应收账款"科目下设置"应收彩票联网游戏结算款"明细科目，用于核算彩票机构与其他彩票机构因彩票联网游戏结算发生的应收款项。在"应收彩票联网游戏结算款"明细科目下按照省（自治区、直辖市）、彩票游戏名称等进行明细核算。

（二）科目核算难点与注意事项

应收及暂付类业务在行政事业单位核算中出现频率较高，存在的问题也较多，核算的难点和注意事项主要包括如下方面。

1. "应收票据"在单位核算过程出现较少，主要是高校、科研院所等事业单位在开展科研活动中取得的应收票据，事业单位在核算中对该科目业务不熟悉，可能存在着应收票据到期等风险，应建立备查簿和辅助账定期检查到期情况；一般情况下，事业单位不会对票据进行贴现；在核算中注意票据贴现和票据到期后无法兑付的核算方式。

"应收票据"科目主要在事业单位核算中使用。

2. "应收股利""应收利息"科目在事业单位中出现较少，主要是现行行政事业单位国有资产管理制度中对投资管理较为严格。"应收股利""应收利息"科目是根据财务会计权责发生制的要求增加的会计科目，核算时应根据权责发生制的要求进行核算，改变过去的收付实现制下收到股利和利息时才进行账务处理的习惯。

"应收股利""应收利息"科目主要在事业单位核算中使用。

3. "应收账款""预付账款""其他应收款"三个科目是往来款项核算中最常用的科目，但是在实务操作中，行政事业单位会计人员不能准确区分上述三个科目。

（1）"应收账款"核算事业单位提供服务、销售产品等应收取的款项，以及单位因出租资产、出售物资等应收取的款项。强调的是权责发生制下，按合同或协议取得收款的权利，贷方科目一般为收入科目。

（2）"预付账款"核算单位按照购货、服务合同或协议规定预付给供应单位（或个人）的款项，以及按照合同规定向承包工程的施工企业预付的备料款和工程款。强调的是将来冲回时会形成单位的费用或资产。

（3）"其他应收款"本科目核算单位除应收票据、应收账款、预付账款、应收股利、应收利息以外的其他各项应收及暂付款项，如职工预借的差旅费、已经偿还银行尚未报销的本单位公务卡欠款、拨付给内部有关部门的备用金、应向职工收取的各种垫付款项、支付的可以收回的订金或押金、应收的上级补助和附属单位上缴款项等。强调的是临时垫付性质的款项，垫付款项将来会收回（差旅费除外）。

政府会计制度中规定，在预算会计核算时对于暂付款项，在支付款项时可不做预算会计处理，待结算或报销时，按照结算或报销的金额，借记本科目，贷记"资金结存"科目。在实务操作中，针对"预付账款"科目，在支付款项时一般进行预算会计账务处理；对于"其他应收款"科目，一般不进行预算会计账务处理，但是也应区分不同的业务性质进行处理。对于支付的订金、押金、备用金等业务，由于不属于预算管理的资金，可不进行预算会计账务处理，其他业务应区别对待。无论何时进行预算会计账务处理，应确保在形成财务会计的费用时，不遗漏预算会计的支出核算。

（4）"坏账准备"科目全面的启用，体现了资产减值的理念，也是政府会计制度中唯一一个反映资产减值的科目。与企业会计不同的是，事业单位计提的坏账准备核销时需报经批准，在实务中，单位即使按规定计提了坏账准备，在报经批准核销时因涉及国有资产流失的责任问题，核销时面临着较大的困难。这也将是影响事业单位进行权责发生制核算的主要问题之一，需要对事业单位资产管理制度进行进一步的完善。

"坏账准备"计提的范围包括事业单位收回后不需上缴财政的"应收账款"和"其他应收款"科目，行政单位不计提坏账准备。"坏账准备"的计提方法，应严格《政府会计准则第7号——会计调整》执行。医院和基层医疗卫生机构行业的坏账准备计提应按照其行业规定执行。

事业单位在新旧会计制度衔接时，如未按规定在衔接时对历史上形成的"应收账款"和"其他应收款"补提坏账准备，在制度实施过程中逐步予以计提，将会影响以后年度费用发生额，可能出现财务会计下盈余为负的情况。

（5）根据《政府会计准则第9号——财务报表编制和列报》，为了规范政府会计主体财务报表的编制和列报，"应收票据""应收账款""预付账款""应收股利""应收利息""其他应收款"等科目，应当按照单位（或个人）及具体项目进行明细核算，主要用于编制会计报表附注的重要项目说明，也便于编制政府综合财务报告。

（6）在实务中，单位按照权责发生制核算时，可能会面临应收账款形成的收入应上缴财政，但在款项未收到时，单位应按财政规定上缴财政，出现单位垫付资金的情况，针对上述问题，财政部门应及时明确按照权责发生制的应缴财政款是否可参照预算会计的收付实现制的原则确认上缴时点。

## 第三节　存货类业务

存货，是指政府会计主体在开展业务活动及其他活动中为耗用或出售而储存的资产，如材料、产品、包装物和低值易耗品等，以及未达到固定资产标准的用具、装具、动植物等。政府储备物资、收储土地不属于存货的范围。

在政府会计制度中，设置了政府储备物资科目，包括战略及能源物资、抢险抗灾救灾物资、农产品、医药物资和其他重要商品物资，通常情况下由政府会计主体委托承储单位存储，虽然二者在内容上有所相同，但二者的主要区别是用途不同，存货的用途主要是开展业务活动及其他活动中为耗用或出售而储存的资产，属于政府会计主体自用的范围；而政府储备物资由政府会计主体委托承储单位存储，是实施国家安全与发展战略、进行抗灾救灾、应对公共突发事件等特定公共需求而控制的资产，主要用于公共需求而非自用，即所谓的经管资产，通俗意义上讲，存货是单位自用而政府储备物资是非单位使用而用于满足社会公共需求。

存货类会计科目包括"在途物品""库存物品""加工物品"共三个科目。

存货类科目思维导图如下所示。

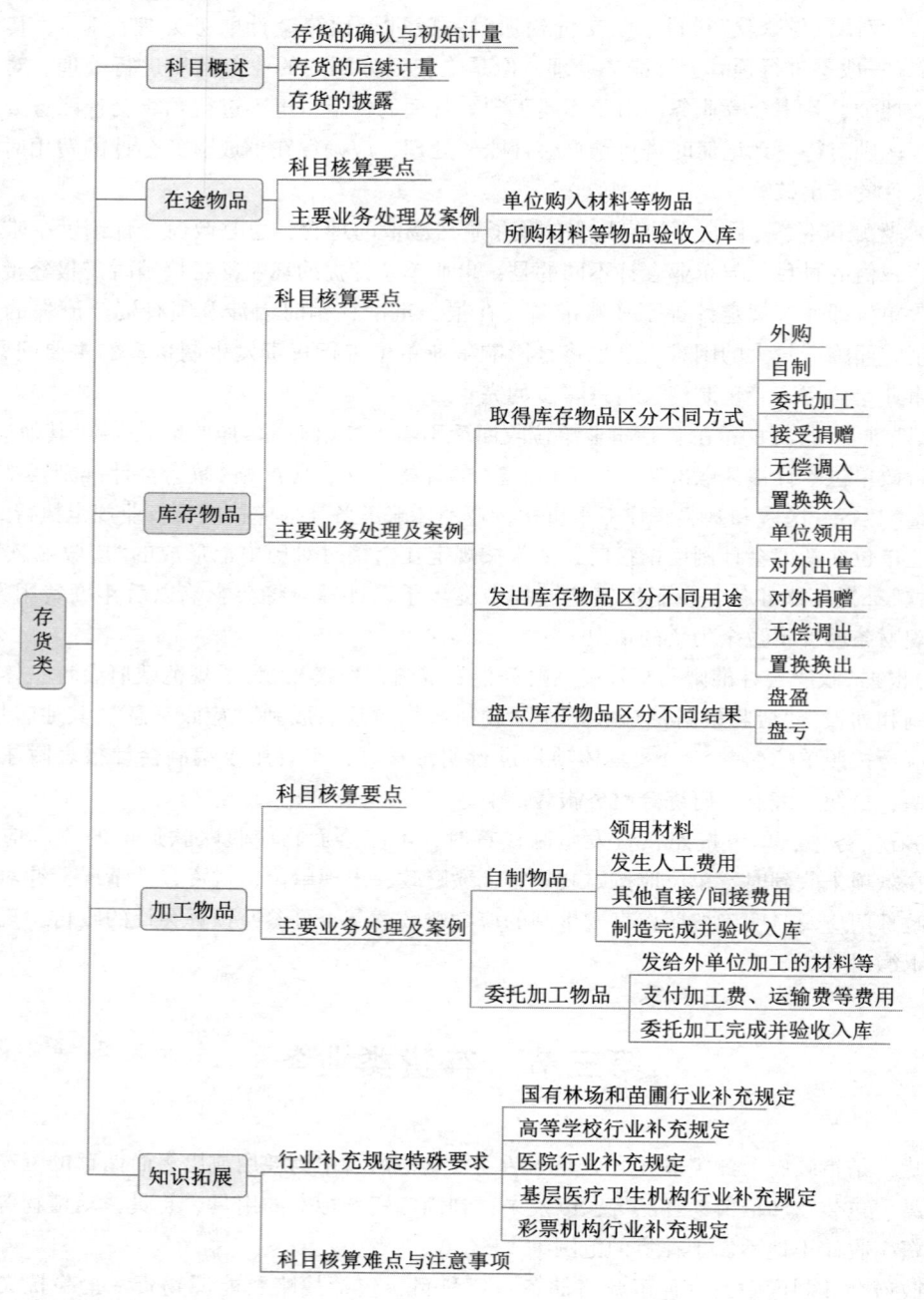

```
存货类
├── 科目概述
│   ├── 存货的确认与初始计量
│   ├── 存货的后续计量
│   └── 存货的披露
├── 在途物品
│   ├── 科目核算要点
│   └── 主要业务处理及案例
│       ├── 单位购入材料等物品
│       └── 所购材料等物品验收入库
├── 库存物品
│   ├── 科目核算要点
│   └── 主要业务处理及案例
│       ├── 取得库存物品区分不同方式
│       │   ├── 外购
│       │   ├── 自制
│       │   ├── 委托加工
│       │   ├── 接受捐赠
│       │   ├── 无偿调入
│       │   └── 置换换入
│       ├── 发出库存物品区分不同用途
│       │   ├── 单位领用
│       │   ├── 对外出售
│       │   ├── 对外捐赠
│       │   ├── 无偿调出
│       │   └── 置换换出
│       └── 盘点库存物品区分不同结果
│           ├── 盘盈
│           └── 盘亏
├── 加工物品
│   ├── 科目核算要点
│   └── 主要业务处理及案例
│       ├── 自制物品
│       │   ├── 领用材料
│       │   ├── 发生人工费用
│       │   ├── 其他直接/间接费用
│       │   └── 制造完成并验收入库
│       └── 委托加工物品
│           ├── 发给外单位加工的材料等
│           ├── 支付加工费、运输费等费用
│           └── 委托加工完成并验收入库
└── 知识拓展
    ├── 行业补充规定特殊要求
    │   ├── 国有林场和苗圃行业补充规定
    │   ├── 高等学校行业补充规定
    │   ├── 医院行业补充规定
    │   ├── 基层医疗卫生机构行业补充规定
    │   └── 彩票机构行业补充规定
    └── 科目核算难点与注意事项
```

## 一、存货类科目概述

(一)存货的确认与初始计量

存货同时满足下列条件的,应当予以确认:

一是与该存货相关的服务潜力很可能实现或者经济利益很可能流入政府会计主体。

二是该存货的成本或者价值能够可靠地计量。

存货的初始计量按照不同情形分为如下方面。

| 序号 | 取得的方式 | 成本的计量 |
| --- | --- | --- |
| 1 | 购入的存货 | 包括购买价款、相关税费、运输费、装卸费、保险费以及使得存货达到目前场所和状态所发生的归属于存货成本的其他支出 |
| 2 | 自行加工的存货 | 其成本包括耗用的直接材料费用、发生的直接人工费用和按照一定方法分配的与存货加工有关的间接费用 |
| 3 | 委托加工的存货 | 其成本包括委托加工前存货成本、委托加工的成本(如委托加工费以及按规定应计入委托加工存货成本的相关税费等)以及使存货达到目前场所和状态所发生的归属于存货成本的其他支出 |
| 4 | 通过置换取得的存货 | 其成本按照换出资产的评估价值,加上支付的补价或减去收到的补价,加上为换入存货发生的其他相关支出确定 |
| 5 | 接受捐赠的存货 | 其成本按照有关凭据注明的金额加上相关税费、运输费等确定;没有相关凭据可供取得,但按规定经过资产评估的,其成本按照评估价值加上相关税费、运输费等确定;没有相关凭据可供取得、也未经资产评估的,其成本比照同类或类似资产的市场价格加上相关税费、运输费等确定;没有相关凭据且未经资产评估、同类或类似资产的市场价格也无法可靠取得的,按照名义金额入账,相关税费、运输费等计入当期费用 |
| 6 | 无偿调入的存货 | 其成本按照调出方账面价值加上相关税费、运输费等确定 |
| 7 | 盘盈的存货 | 按规定经过资产评估的,其成本按照评估价值确定;未经资产评估的,其成本按照重置成本确定 |

下列各项应当在发生时确认为当期费用,不计入存货成本。

1. 非正常消耗的直接材料、直接人工和间接费用。

2. 仓储费用(不包括在加工过程中为达到下一个加工阶段所必需的费用)。

3. 不能归属于使存货达到目前场所和状态所发生的其他支出。

(二)存货的后续计量

1. 政府会计主体应当根据实际情况采用先进先出法、加权平均法或者个别计价法确定发出存货的实际成本。对于性质和用途相似的存货,应当采用相同的成本计价方法确定发出存货的成本。对于不能替代使用的存货、为特定项目专门购入或加工的存货,通常采用个别计价法确定发出存货的成本。

先进先出法:指以先购入的存货应先发出,先购入的存货成本在后购入存货成本之前转出,据此确定发出存货和期末存货的成本。购入存货时,逐笔登记购入存货的数量、单价和金额;发出存货时,按照先进先出的原则逐笔登记存货的发出成本和结存金额。

加权平均法：根据本期期初结存存货的数量和金额与本期购入存货的数量和金额，在期末以此计算本期存货的加权平均单价，作为本期发出存货和期末结存存货的价格，一次性计算本期发出存货的实际成本。

个别计价法：对发出的存货分别认定其单位成本和发出存货成本的方法。期末存货的各种项目，分别确定每种物品的单位成本和总成本，然后相加各种存货的成本，即为存货期末全部的成本。

政府会计主体应当根据《政府会计准则第7号——会计调整》及相关政府会计准则制度的规定，结合自身实际情况，确定具体的存货发出计价方法，并履行本政府会计主体内部报批程序；法律、行政法规等规定应当报送有关方面批准或备案的，从其规定。存货发出计价方法一经确定，不得随意变更。如需变更，应重新履行报送有关方面批准或备案的程序。

2. 对于已发出的存货，应当将其成本结转为当期费用或者计入相关资产成本。按规定报经批准对外捐赠、无偿调出的存货，应当将其账面余额予以转销，对外捐赠、无偿调出中发生的归属于捐出方、调出方的相关费用应当计入当期费用。

3. 政府会计主体应当采用一次转销法或者五五摊销法对低值易耗品、包装物进行摊销，将其成本计入当期费用或者相关资产成本。一次转销法指在领用低值易耗品、包装物时，将其实际成本一次计入有关费用科目的一种方法；五五摊销法是指在低值易耗品、包装物领用时摊销其价值的一半，在报废时再摊销其价值的另一半并注销其总成本的一种摊销方法。此方法适用于价值较大、管理上有较高要求的低值易耗品减少的核算。

4. 对于发生的存货毁损，应当将存货账面余额转销计入当期费用，并将毁损存货处置收入扣除相关处置税费后的差额按规定作应缴款项处理（差额为净收益时）或计入当期费用（差额为净损失时）。

5. 存货盘亏造成的损失，按规定报经批准后应当计入当期费用。

（三）存货的披露

政府会计主体应当在附注中披露与存货有关的下列信息。

1. 各类存货的期初和期末账面余额。
2. 确定发出存货成本所采用的方法。
3. 以名义金额计量的存货名称、数量，以及以名义金额计量的理由。
4. 其他有关存货变动的重要信息。

## 二、在途物品

（一）科目核算要点

"在途物品"科目核算单位采购材料等物资时货款已付或已开出商业汇票但尚未验收入库的在途物品的采购成本。本科目可按照供应单位和物品种类进行明细核算。

本科目期末借方余额，反映单位在途物品的采购成本。

（二）主要业务处理及案例

1. 单位购入材料等物品，按照确定的物品采购成本的金额，借记本科目，按照实际支付的金额，贷记"财政拨款收入""零余额账户用款额度""银行存款"等科目。涉及增值税业务的，相关账务处理参见"应交增值税"科目。

2. 所购材料等物品到达验收入库，按照确定的库存物品成本金额，借记"库存物品"科目，按照物品采购成本金额，贷记本科目，按照使得入库物品达到目前场所和状态所发生的其他支出，贷记"银行存款"等科目。

【案例4027】B事业单位2019年8月1日，通过财政授权支付购买钢材一批，发票已收到并支付货款50 000元，对方单位已发货；2019年8月15日，所购钢材验收入库。账务处理分录如下：

| | 支付货款 | 核算要点精讲 |
|---|---|---|
| 财务会计 | 借：在途物品—钢材　　50 000<br>　贷：零余额账户用款额度　　50 000 | |
| 预算会计 | 借：事业支出　　50 000<br>　贷：资金结存—零余额账户用款额度<br>　　　　　　　　　　50 000 | 当期确认为预算支出但没有确认为费用 |
| | 验收入库 | |
| 财务会计 | 借：库存物品—钢材　　50 000<br>　贷：在途物品—钢材　　50 000 | |
| 预算会计 | 不做账务处理 | 无"现金"收支 |

## 三、库存物品

（一）科目核算要点

"库存物品"科目核算单位在开展业务活动及其他活动中为耗用或出售而储存的各种材料、产品、包装物、低值易耗品，以及达不到固定资产标准的用具、装具、动植物等的成本。本科目应当按照库存物品的种类、规格、保管地点等进行明细核算。

单位储存的低值易耗品、包装物较多的，可以在本科目（低值易耗品、包装物）下按照"在库""在用"和"摊销"等进行明细核算。其他与存货相似的物品处理原则如下：

| 序号 | 核算的会计科目 | 物品的种类 |
|---|---|---|
| 1 | "库存物品" | 已完成的测绘、地质勘察、设计成果等的成本 |
| 2 | 费用类科目 | 单位随买随用的零星办公用品，可以在购进时直接列作费用，不通过"库存物品"核算 |
| 3 | "政府储备物资" | 单位控制的政府储备物资 |
| 4 | "受托代理资产" | 单位受托存储保管的物资和受托转赠的物资 |
| 5 | "工程物资" | 单位为在建工程购买和使用的材料物资 |

本科目期末借方余额，反映单位库存物品的实际成本。

（二）主要业务处理及案例

1. 取得的库存物品，应当按照其取得时的成本入账。

（1）外购的库存物品验收入库，按照确定的成本，借记本科目，按照当月已认证的可抵扣增值税额，借记应交增值税（应交税金—进项税额），按照当月未认证的可抵扣增值税额，借记应交增值税（待认证进项税额），贷记"财政拨款收入""零余额账户用款额度""银行存款""应付账款""在途物品"等科目。增值税业务的相关账务处理参见"应交增值税"科目。

(2)自制的库存物品加工完成并验收入库,按照确定的成本,借记本科目,贷记"加工物品——自制物品"科目。

(3)委托外单位加工收回的库存物品验收入库,按照确定的成本,借记本科目,贷记"加工物品——委托加工物品"等科目。

(4)接受捐赠的库存物品验收入库,按照确定的成本,借记本科目,按照发生的相关税费、运输费等,贷记"银行存款"等科目,按照其差额,贷记"捐赠收入"科目。

接受捐赠的库存物品按照名义金额入账的,按照名义金额,借记本科目,贷记"捐赠收入"科目;同时,按照发生的相关税费、运输费等,借记"其他费用"科目,贷记"银行存款"等科目。

(5)无偿调入的库存物品验收入库,按照确定的成本,借记本科目,按照发生的相关税费、运输费等,贷记"银行存款"等科目,按照其差额,贷记"无偿调拨净资产"科目。

(6)置换换入的库存物品验收入库,按照确定的成本,借记本科目,按照换出资产的账面余额,贷记相关资产科目(换出资产为固定资产、无形资产的,还应当借记"固定资产累计折旧""无形资产累计摊销"科目),按照置换过程中发生的其他相关支出,贷记"银行存款"等科目,按照借贷方差额,借记"资产处置费用"科目或贷记"其他收入"科目。涉及补价的,分别以下情况处理。

支付补价的,按照确定的成本,借记本科目,按照换出资产的账面余额,贷记相关资产科目(换出资产为固定资产、无形资产的,还应当借记"固定资产累计折旧""无形资产累计摊销"科目),按照支付的补价和置换过程中发生的其他相关支出,贷记"银行存款"等科目,按照借贷方差额,借记"资产处置费用"科目或贷记"其他收入"科目。

收到补价的,按照确定的成本,借记本科目,按照收到的补价,借记"银行存款"等科目,按照换出资产的账面余额,贷记相关资产科目(换出资产为固定资产、无形资产的,还应当借记"固定资产累计折旧""无形资产累计摊销"科目),按照置换过程中发生的其他相关支出,贷记"银行存款"等科目,按照补价扣减其他相关支出后的净收入,贷记"应缴财政款"科目,按照借贷方差额,借记"资产处置费用"科目或贷记"其他收入"科目。

| 取得物品方式 | 账务处理方式 | 备注 |
| --- | --- | --- |
| 等价置换换入 | 借:库存物品(换出资产评估价值+其他相关支出)<br>固定资产累计折旧/无形资产累计摊销<br>资产处置费用(借差)<br>贷:固定资产/无形资产/银行存款(其他相关支出)/其他收入(贷差) | 1. 固定资产累计折旧/无形资产累计摊销分别与贷方的固定资产/无形资产原值相呼应,相当于净值置换;2. 置换过程中发生的支出,与银行存款相对应;3. 资产处置费用(相当于处置资产)和其他收入(相当于出售资产)分别相当于置换过程中换出资产的价值(净值)高于或低于库存物品的价值部分 |
| 支付补价换入 | 借:库存物品(换出资产评估价值+其他相关支出+补价)<br>固定资产累计折旧/无形资产累计摊销/资产处置费用(借差)<br>贷:固定资产/无形资产/银行存款(其他相关支出+补价)/其他收入(贷差) | 1. 支付的补价和置换过程中发生的支出与银行存款相对应;2. 资产处置费用(相当于处置资产)和其他收入(相当于出售资产)分别相当于置换过程中换出资产的价值(净值)高于或低于库存物品的价值部分 |

第四章 资产类会计业务

续表

| 取得物品方式 | 账务处理方式 | 备注 |
|---|---|---|
| 收到补价换入 | 借：库存物品(换出资产评估价值+其他相关支出－补价)<br>　　固定资产累计折旧/无形资产累计摊销/资产处置费用(借差)<br>　　银行存款(补价)<br>贷：固定资产/无形资产/银行存款(其他相关支出)/其他收入(贷差)/应缴财政款(补价－其他相关支出) | 1. 收到的补价，借记"银行存款"等科目；2. 置换过程中发生的其他相关支出，贷记"银行存款"等科目；3. 按照补价扣减其他相关支出后的净收入，贷记"应缴财政款"科目(资产处置形成的收入按规定应上缴财政，实务中参照实际情况确定) 4. 资产处置费用(相当于处置资产)和其他收入(相当于出售资产)分别相当于置换过程中换出资产的价值(净值)高于或低于库存物品的价值部分 |

【案例4028】B事业单位2019年8月1日，库存物品科目发生如下业务：

(1)通过财政授权支付购买库存物品E，价值200 000元。

(2)接受X公司捐赠包装材料F一批，价值30 000元，该单位支付运费1 000元。

(3)接受Z公司捐赠物品G一批，无相关凭据、评估价值、市场同类价值，暂按名义金额入账，同时支付运费3 000元。

(4)以一台仪器设备置换Y公司办公耗材H一批，该仪器设备原值30 000元，已计提折旧15 000元，评估价值为14 000元；B单位支付补价2 000元，支付运费(其他相关支出)1 500元。

(5)以一台仪器设备置换W公司办公耗材I一批，该仪器设备原值150 000元，已计提折旧60 000元，评估价值为120 000元；B单位收到补价10 000元，支付运费(其他相关支出)2 000元。

账务处理分录如下：

| | 购买库存物品 | 核算要点精讲 |
|---|---|---|
| 财务会计 | 借：库存物品—E　　200 000<br>　贷：零余额账户用款额度　　200 000 | |
| 预算会计 | 借：事业支出　　200 000<br>　贷：资金结存—零余额账户用款额度　　200 000 | |
| | 接受捐赠库存物品 | |
| 财务会计 | 借：库存物品—F　　31 000<br>　贷：银行存款　　1 000<br>　　捐赠收入　　30 000 | 按照物品价值，贷记"捐赠收入"科目，物品价值和运费之和，借记"库存物品"科目 |
| 预算会计 | 借：其他支出　　1 000<br>　贷：资金结存—货币资金　　1 000 | 接受捐赠过程中发生的相关税费，按照实际支付金额，借记"其他支出"科目 |
| | 接受捐赠库存物品(名义金额) | |
| 财务会计 | 借：库存物品—G　　1(名义金额)<br>　　其他费用　　3 000<br>　贷：银行存款　　3 000<br>　　捐赠收入　　1(名义金额) | 按照发生的相关税费、运输费等，借记"其他费用"科目，与捐赠物品(非名义金额)账务处理不同，直接予以费用化而非资本化 |

续表

| 预算会计 | 借：其他支出　　　　　　　　　　3 000<br>　　贷：资金结存——货币资金　　　3 000 | 接受捐赠过程中发生的相关税费，按照实际支付金额，借记"其他支出"科目 |
|---|---|---|
| | 置换换入（支付补价） | |
| 财务会计 | 借：库存物品（换出资产评估价值+其他相关<br>　　　　支出+补价）—H　　　　　17 500<br>　　固定资产累计折旧　　　　　　15 000<br>　　资产处置费用（借差）　　　　　1 000<br>　　贷：固定资产　　　　　　　　　30 000<br>　　　　银行存款（补价+运费）　　　3 500 | 设备评估价值14 000元，低于原净值15 000元，差额1 000元，最后形成资产处置费用1 000元；库存物品的价值等于评估价值+相关支出+支付的补价 |
| 预算会计 | 借：其他支出　　　　　　　　　　3 500<br>　　贷：资金结存——货币资金　　　3 500 | 资产置换过程中发生的相关税费，按照实际支付金额，借记"其他支出"科目，置换过程"现金"流出3 500元 |
| | 置换换入（收到补价） | |
| 财务会计 | 借：库存物品（换出资产评估价值+其他相关<br>　　　　支出−补价）—I　　　　　112 000<br>　　固定资产累计折旧　　　　　　60 000<br>　　银行存款　　　　　　　　　　10 000<br>　　贷：固定资产　　　　　　　　　150 000<br>　　　　应缴财政款（补价−运费）　　8 000<br>　　　　其他收入（贷差）　　　　　22 000<br>　　　　银行存款　　　　　　　　　2 000 | 1. 设备评估价值120 000元，高于原净值90 000元，差额30 000元，相当于资产出售，多得现金收入应缴财政（收到的补价−支付的运费）；2. 非现金部分（评估过程中的增值）直接确认为其他收入（贷方差额）；库存物品价值等于评估价值+支出−收到的补价 |
| 预算会计 | 不做账务处理 | 虽然发生"现金"收支，但应上缴财政不属于"部门预算管理"的资金，不属于预算会计核算范围 |

2. 库存物品在发出时，分别以下情况处理。

（1）单位开展业务活动等领用、按照规定自主出售发出或加工发出库存物品，按照领用、出售等发出物品的实际成本，借记"业务活动费用""单位管理费用""经营费用""加工物品"等科目，贷记本科目。

采用一次转销法摊销低值易耗品、包装物的，在首次领用时将其账面余额一次性摊销计入有关成本费用，借记有关科目，贷记本科目。采用五五摊销法摊销低值易耗品、包装物的，首次领用时，将其账面余额的50%摊销计入有关成本费用，借记有关科目，贷记本科目；使用完时，将剩余的账面余额转销计入有关成本费用，借记有关科目，贷记本科目。

（2）经批准对外出售的库存物品（不含可自主出售的库存物品）发出时，按照库存物品的账面余额，借记"资产处置费用"科目，贷记本科目；同时，按照收到的价款，借记"银行存款"等科目，按照处置过程中发生的相关费用，贷记"银行存款"等科目，按照其差额，贷记"应缴财政款"科目。

（3）经批准对外捐赠的库存物品发出时，按照库存物品的账面余额和对外捐赠过程中发生的归属于捐出方的相关费用合计数，借记"资产处置费用"科目，按照库存物品账面余额，贷记本科目，按照对外捐赠过程中发生的归属于捐出方的相关费用，贷记"银行存款"等科目。

（4）经批准无偿调出的库存物品发出时，按照库存物品的账面余额，借记"无偿调拨净资产"科目，贷记本科目；同时，按照无偿调出过程中发生的归属于调出方的相关费用，借记

"资产处置费用"科目,贷记"银行存款"等科目。

(5)经批准置换换出的库存物品,参照本科目有关置换换入库存物品的规定进行账务处理。

【案例4029】B事业单位2019年8月1日,库存物品科目发生如下业务:

(1)单位开展专业业务活动,领用库存材料E一批,实际成本10 000元,8月31日使用完,采用五五摊销法予以摊销。

(2)自主出售库存材料E一批,实际成本6 000元,采用一次转销法予以摊销。

(3)经批准对外出售的库存物品F一批,实际成本8 000元,款项已收到,待下月上缴财政。

(4)经批准对外捐赠库存物品F一批,成本9 000元,发生运费1 500元由B事业单位承担。

(5)经批准无偿调出库存物品F一批,成本4 000元,调出过程中发生运费500元。

账务处理分录如下:

| | 领用库存材料E时 | | 核算要点精讲 |
|---|---|---|---|
| 财务会计 | 借:业务活动费用　　　　　5 000<br>　贷:库存物品—E　　　　　　5 000 | | 采用五五摊销法,首次领用时,将其账面余额的50%(10 000×50%)摊销计入有关成本费用 |
| 预算会计 | 不做账务处理 | | |
| | 使用完时 | | |
| 财务会计 | 借:业务活动费用　　　　　5 000<br>　贷:库存物品—E　　　　　　5 000 | | 采用五五摊销法,使用完时,将剩余的账面余额转销计入有关成本费用 |
| 预算会计 | 不做账务处理 | | |
| | 出售库存材料(自主出售) | | |
| 财务会计 | 借:业务活动费用　　　　　6 000<br>　贷:库存物品—E　　　　　　6 000 | | 自主出售与经批准对外出售处理原则不同;自主出售视同领用库存物品 |
| 预算会计 | 不做账务处理 | | |
| | 出售库存材料(经批准出售) | | |
| 财务会计 | 借:资产处置费用　　　　　8 000<br>　　银行存款　　　　　　　8 000<br>　贷:库存物品—F　　　　　　8 000<br>　　应缴财政款　　　　　　8 000 | | 经批准对外出售与自主出售处理原则不同,经批准出售,视同资产处置,借方为资产处置费用科目,同时按规定上缴财政 |
| 预算会计 | 不做账务处理 | | 虽然发生"现金"收支,但应上缴财政不属于"部门预算管理"的资金,不属于预算会计核算范围 |
| | 经批准对外捐赠物品 | | |
| 财务会计 | 借:资产处置费用　　　　　10 500<br>　贷:库存物品—F　　　　　　9 000<br>　　银行存款　　　　　　　1 500 | | 资产处置费用金额为按照库存物品的账面余额和对外捐赠过程中发生的归属于捐出方的相关费用合计数 |
| 预算会计 | 借:其他支出　　　　　　　1 500<br>　贷:资金结存—货币资金　　1 500 | | 捐赠过程中发生的由捐出方负担的相关税费,按照实际支付金额,借记"其他支出"科目,置换过程"现金"流出1 500元 |

续表

| | 批准无偿调出的库存物品 | |
|---|---|---|
| 财务会计 | 借：资产处置费用　　　　　　　500<br>　　　无偿调拨净资产　　　　　4 000<br>　　贷：库存物品—F　　　　　　4 000<br>　　　　银行存款　　　　　　　　500 | 资产处置费用金额为无偿调拨过程中发生的归属于调出方的相关费用 |
| 预算会计 | 借：其他支出　　　　　　　　　500<br>　　贷：资金结存—货币资金　　　500 | 调拨过程中发生的由调出方负担相关税费，按照实际支付金额，借记"其他支出"科目 |

3. 单位应当定期对库存物品进行清查盘点，每年至少盘点一次。对于发生的库存物品盘盈、盘亏或者报废、毁损，应当先计入"待处理财产损溢"科目，按照规定报经批准后及时进行后续账务处理。

(1) 盘盈的库存物品，其成本按照有关凭据注明的金额确定；没有相关凭据、但按照规定经过资产评估的，其成本按照评估价值确定；没有相关凭据、也未经过评估的，其成本按照重置成本确定。如无法采用上述方法确定盘盈的库存物品成本的，按照名义金额入账。盘盈的库存物品，按照确定的入账成本，借记本科目，贷记"待处理财产损溢"科目。

(2) 盘亏或者毁损、报废的库存物品，按照待处理库存物品的账面余额，借记"待处理财产损溢"科目，贷记本科目。属于增值税一般纳税人的单位，若因非正常原因导致的库存物品盘亏或毁损，还应当将与该库存物品相关的增值税进项税额转出，按照其增值税进项税额，借记"待处理财产损溢"科目，贷记"应交增值税—应交税金（进项税额转出）"科目。

【案例 4030】B 事业单位 2019 年 12 月 31 日，对库存物品进行清查盘点，详细情况如下：

(1) 盘盈库存材料 E 一批，经评估后价值 6 000 元；盘盈库存材料 L 一批，无法确定其成本，暂按名义金额入账。

(2) 盘亏库存材料 F 一批，账面余额为 4 000 元，属于正常原因盘亏；按照资产处置相关规定要求经批准后，分别进行盘盈、盘亏处理。账务处理分录如下：

| | 盘盈库存材料 E | 核算要点精讲 |
|---|---|---|
| 财务会计 | 借：库存物品—E　　　　　　　6 000<br>　　贷：待处理财产损溢　　　　　6 000 | 对于发生的库存物品盘盈、盘亏或者报废、毁损，应当先计入"待处理财产损溢"科目，按照规定报经批准后及时进行后续账务处理 |
| 预算会计 | 不做账务处理 | |
| | 盘盈库存材料 L（名义金额） | |
| 财务会计 | 借：库存物品—L　　　　1（名义金额）<br>　　贷：待处理财产损溢　　1（名义金额） | |
| 预算会计 | 不做账务处理 | |
| | 盘亏库存材料 F | |
| 财务会计 | 借：待处理财产损溢　　　　　4 000<br>　　贷：库存物品—F　　　　　　4 000 | |
| 预算会计 | 不做账务处理 | |

## 四、加工物品

(一)科目核算要点

"加工物品"科目核算单位自制或委托外单位加工的各种物品的实际成本。未完成的测绘、地质勘察、设计成果的实际成本,也通过本科目核算(完成的通过库存物品进行核算),核算时应注意与"研发支出"科目的区别。

本科目应当设置"自制物品""委托加工物品"两个明细科目,并按照物品类别、品种、项目等设置明细账,进行明细核算。

本科目"自制物品"一级明细科目下应当设置"直接材料""直接人工""其他直接费用"等二级明细科目归集自制物品发生的直接材料、直接人工(专门从事物品制造人员的人工费)等直接费用;对于自制物品发生的间接费用,应当在本科目"自制物品"一级明细科目下单独设置"间接费用"二级明细科目予以归集,期末,再按照一定的分配标准和方法,分配计入有关物品的成本。

本科目期末借方余额,反映单位自制或委托外单位加工但尚未完工的各种物品的实际成本。

(二)主要业务处理及案例

1. 自制物品。

(1)为自制物品领用材料等,按照材料成本,借记本科目(自制物品—直接材料),贷记"库存物品"科目。

(2)专门从事物品制造的人员发生的直接人工费用,按照实际发生的金额,借记本科目(自制物品—直接人工),贷记"应付职工薪酬"科目。

(3)为自制物品发生的其他直接费用,按照实际发生的金额,借记本科目(自制物品—其他直接费用),贷记"零余额账户用款额度""银行存款"等科目。

(4)为自制物品发生的间接费用,按照实际发生的金额,借记本科目(自制物品—间接费用),贷记"零余额账户用款额度""银行存款""应付职工薪酬""固定资产累计折旧""无形资产累计摊销"等科目。

间接费用一般按照生产人员工资、生产人员工时、机器工时、耗用材料的数量或成本、直接费用(直接材料和直接人工)或产品产量等进行分配。单位可根据具体情况自行选择间接费用的分配方法。分配方法一经确定,不得随意变更。变更时应当根据《政府会计准则第7号——会计调整》及相关政府会计准则制度的规定,结合自身实际情况,确定具体的分配方法,并履行本政府会计主体内部报批程序。

(5)已经制造完成并验收入库的物品,按照所发生的实际成本(包括耗用的直接材料费用、直接人工费用、其他直接费用和分配的间接费用),借记"库存物品"科目,贷记本科目(自制物品)。

【案例4031】B事业单位2019年8月1日,加工物品科目发生如下自制物品M业务:

(1)领用库存材料E一批,实际成本10 000元。

(2)专门从事物品制造的人员发生的直接人工费40 000元。

(3)为自制物品发生的其他直接费用6 000元,用银行存款支付。

(4)为自制物品发生的归属于自制物品M的间接费用(假设已按规定进行分配后)11 000

元,其中人工费用6 000元、固定资产折旧4 000元、其他支出1 000元(银行存款支付);2019年9月30日自制物品M制造完成验收入库。账务处理分录如下:

| | 领用库存物品 | 核算要点精讲 |
|---|---|---|
| 财务会计 | 借:加工物品—自制物品—直接材料 10 000<br>　　贷:库存物品—E 10 000 | 加工物品下设二级明细科目自制物品,同时下设直接材料科目 |
| 预算会计 | 不做账务处理 | |
| | 发生人工费 | |
| 财务会计 | 借:加工物品—自制物品—直接人工 40 000<br>　　贷:应付职工薪酬 40 000 | 下设直接人工明细科目 |
| 预算会计 | 不做账务处理 | |
| | 发生其他直接费用 | |
| 财务会计 | 借:加工物品—自制物品—其他直接费用 6 000<br>　　贷:银行存款 6 000 | 下设其他直接费用明细科目 |
| 预算会计 | 借:事业支出 6 000<br>　　贷:资金结存—货币资金 6 000 | "现金"流出,进行预算会计账务处理 |
| | 发生间接费用 | |
| 财务会计 | 借:加工物品—自制物品—间接费用 11 000<br>　　贷:应付职工薪酬 6 000<br>　　　　固定资产累计折旧 4 000<br>　　　　银行存款 1 000 | 下设间接费用明细科目;同时要根据具体情况自行选择间接费用的分配方法。分配方法一经确定,不得随意变更 |
| 预算会计 | 借:事业支出 1 000<br>　　贷:资金结存—货币资金 1 000 | "现金"流出,进行预算会计账务处理 |
| | 验收入库 | |
| 财务会计 | 借:库存物品—M 67 000<br>　　贷:加工物品—自制物品—直接材料 10 000<br>　　　　加工物品—自制物品—直接人工 40 000<br>　　　　加工物品—自制物品—其他直接费用 6 000<br>　　　　加工物品—自制物品—间接费用 11 000 | 实际成本(包括耗用的直接材料费用、直接人工费用、其他直接费用和分配的间接费用) |
| 预算会计 | 不做账务处理 | |

2. 委托加工物品。

(1)发给外单位加工的材料等,按照其实际成本,借记本科目(委托加工物品),贷记"库存物品"科目。

(2)支付加工费、运输费等费用,按照实际支付的金额,借记本科目(委托加工物品),贷记"零余额账户用款额度""银行存款"等科目。涉及增值税业务的,相关账务处理参见"应交增值税"科目。

(3)委托加工完成的材料等验收入库,按照加工前发出材料的成本和加工、运输成本等,借记"库存物品"等科目，贷记本科目（委托加工物品）。

【案例4032】B事业单位2019年8月1日，加工物品科目发生如下委托加工物品N业务：(1)发给外单位加工的材料E一批，实际成本10 000元；(2)支付加工费等费用15 000元；2019年9月30日制造完成验收入库。账务处理分录如下：

| | 发生委托加工物品业务 | 核算要点精讲 |
|---|---|---|
| 财务会计 | 借：加工物品—委托加工物品　25 000<br>　贷：库存物品—E　　　　　　　10 000<br>　　　银行存款　　　　　　　　　15 000 | 加工物品下设二级明细科目委托加工物品 |
| 预算会计 | 借：事业支出　　　　　　　　　15 000<br>　贷：资金结存—货币资金　　　　15 000 | "现金"流出，进行预算会计账务处理 |
| | 验收入库 | |
| 财务会计 | 借：库存物品—N　　　　　　　　25 000<br>　贷：加工物品—委托加工物品　　25 000 | 委托加工完成的材料等验收入库，按照加工前发出材料的成本和加工、运输成本确认成本 |
| 预算会计 | 不做账务处理 | |

## 五、知识拓展

（一）行业补充规定特殊要求

存货类业务在行政单位发生较少，会计核算较为简单，但是在事业单位，特别是在医院、高等学校等部分行业存货类业务较为复杂，在国有林场和苗圃行业还设置了新的科目。根据财政部出台的七项补充规定，涉及存货类业务主要包括如下行业及内容。

1. 国有林场和苗圃行业补充规定。

林场应当增设"1614 营林工程"和"1841 林木资产"一级科目。

（1）营林工程。

核算林场发生的育苗、造林、抚育、管护各种林木和苗木的生产成本。生产性林木资产达到正式投产可以采收林产品后，继续发生的管护费用，应当作为林产品的生产成本，通过"加工物品"科目核算。本科目应当设置"苗木生产成本""林木生产成本""间接费用"等明细科目。在"林木生产成本"明细科目下，可按"消耗性林木成本""生产性林木成本""公益性林木成本"设置明细科目。

本科目期末借方余额，反映林场尚未结转的营林工程发生的实际成本。

主要账务处理如下所示。

发生属于营林生产的费用时，按照可以直接计入营林成本的费用，借记本科目（苗木生产成本、林木生产成本），按照需要分摊计入营林成本的费用，借记本科目（间接费用），贷记"林木资产—苗木""库存物品""应付职工薪酬""财政拨款收入""零余额账户用款额度""银行存款""固定资产累计折旧""长期待摊费用"等科目。

月末，将间接费用按照一定的分配方法计入营林成本，借记本科目（苗木生产成本、林木生产成本），贷记本科目（间接费用）。结转后，本科目的"间接费用"明细科目应无余额。

期末，将竣工的营林工程发生的营林生产成本转入林木资产，借记"林木资产"科目，贷记本科目。

采伐或处置未竣工的林木、苗木时，应当先将林木、苗木的生产成本转入林木资产账面余额。结转时，借记"林木资产"科目，贷记本科目。

(2)林木资产。

核算林场营造管理的各种活立木资产和苗木资产的累计成本。本科目应当设置"苗木"和"林木"两个明细科目，在"林木"明细科目下，可按"消耗性林木资产""生产性林木资产""公益性林木资产"设置明细科目。

本科目期末借方余额，反映林场林木资产的累计成本。

主要账务处理如下所示。

林木资产取得时，应当按照其取得时的成本入账。

自行营造形成的林木，期末按照该林木达到营林工程竣工标准发生的育苗、造林、抚育、管护成本，结转营林生产成本，借记本科目，贷记"营林工程"科目。

购入或有偿调入的林木，按照购入或有偿调入的成本，借记本科目，贷记"财政拨款收入""零余额账户用款额度""银行存款"等科目。

无偿调入的林木，按照该林木资产在调出方的账面价值加相关费用，借记本科目，按照发生的归属于调入方的相关费用，贷记"银行存款"等科目，按照其差额，贷记"无偿调拨净资产"科目。

按规定采伐林木、自主出售成品苗木或造林时，应当减少相应林木资产的账面余额。

更新采伐公益性林木资产时，按照被采伐林木的林木资产账面余额，借记"业务活动费用""库存物品"等科目，贷记本科目。

采伐消耗性林木资产时，按照被采伐林木的林木资产账面余额，借记"业务活动费用""经营费用""库存物品"等科目，贷记本科目。

自主出售成品苗木或造林时，按照该苗木的林木资产账面余额，借记"经营费用"等科目[出售]或"营林工程"科目[造林]，贷记本科目。

(3)生产性林木资产的账面余额，应当在林产品采收期限内逐期摊入林产品的成本，各期摊销时，借记"加工物品—林产品生产成本"科目，贷记本科目。

(4)按规定报经批准处置林木资产，应当分别以下情况处理：

报经批准有偿转让林木资产(不含可自主出售的林木资产)时，按照被转让林木资产的账面余额，借记"资产处置费用"科目，贷记本科目。同时，按照收到的价款，借记"银行存款"等科目，按照处置过程中发生的相关费用，贷记"银行存款"等科目，按照收到的价款扣除相关费用后的差额，贷记"应缴财政款"科目；如果按照有关规定将林木资产转让净收入纳入本单位预算管理的，应当按照收到的价款扣除相关费用后的差额，贷记"其他收入"科目。

报经批准有偿转让林木的林地使用权，其林地附着的林木资产的账面余额及处置收入和费用，按照有偿转让林木资产进行账务处理。

报经批准无偿调出林木资产时，按照调出林木资产的账面余额，借记"无偿调拨净资产"科目，贷记本科目。同时，按照无偿调出过程中发生的归属于调出方的相关费用，借记"资产处置费用"科目，贷记"银行存款"等科目。

报经批准用林木资产投资时，参照新制度中关于置换换入相关资产的规定进行账务处理。

因遭受自然灾害等致使林木资产发生损毁时，应当将被损毁林木资产的账面余额转入待处理财产损溢。结转时，借记"待处理财产损溢"科目，贷记本科目。

2. 高等学校行业补充规定。

（1）高等学校收到委托单位支付的资金用于加工设备、材料等时，借记"银行存款"等科目，贷记"预收账款"科目；同时，按照收到的资金，借记"资金结存—货币资金"科目，贷记"事业预算收入"等科目。

（2）高等学校对受托加工物品进行加工时，按照加工消耗的料、工、费等，借记"加工物品—受托加工物品"科目，贷记"库存物品""应付职工薪酬""银行存款"等科目；同时，对加工中支付的资金，在支付时按照实际支付的金额，借记"事业支出—科研支出"科目，贷记"资金结存—货币资金"科目。

（3）高等学校将加工完成的产品交付委托方时，按照受托加工产品的成本，借记"业务活动费用—科研费用"科目，贷记"加工物品—受托加工物品"科目，同时，确认委托方的委托加工收入，按照预收账款账面余额，借记"预收账款"科目，按照应确认的收入金额，贷记"事业收入"等科目，按照委托方补付或退回委托方的金额，借记或贷记"银行存款"等科目（同时借记或贷记"资金结存"科目，贷记或借记"事业预算收入"等科目）。涉及增值税业务的，相关账务处理参见"应缴增值税"科目。

3. 医院行业补充规定。

医院应当在新制度规定的"1302 库存物品"科目下设置"130201 药品""130202 卫生材料""130203 低值易耗品""130204 其他材料"和"130205 成本差异"明细科目。在"130202 卫生材料"科目下设置"13020201 血库材料""13020202 医用气体""13020203 影像材料""13020204 化验材料"和"13020205 其他卫生材料"明细科目，分别核算相关物品的成本。

医院对于按自主定价或备案价核算的自制制剂，在已经制造完成并验收入库时，按照自主定价或备案价，借记"库存物品—药品"科目，按照所发生的实际成本，贷记"加工物品"科目，按照借贷方之间的差额，借记或贷记"库存物品—成本差异"科目。

医院开展业务活动等领用或发出自制制剂，按照自主定价或备案价加上或减去成本差异后的金额，借记"业务活动费用""单位管理费用"等科目，按照自主定价或备案价，贷记"库存物品—药品"科目，按照领用或发出自制制剂应负担的成本差异，借记或贷记"库存物品—成本差异"科目。

医院为取得库存物品单独发生的运杂费等，能够直接计入业务成本的，计入业务活动费用，借记"业务活动费用"科目，贷记"库存现金""银行存款"等科目；不能直接计入业务成本的，计入单位管理费用，借记"单位管理费用"科目，贷记"库存现金""银行存款"等科目。

4. 基层医疗卫生机构行业补充规定。

基层医疗卫生机构应当在新制度规定的"1302 库存物品"科目下设置"130201 药品""130202 卫生材料""130203 低值易耗品"和"130204 其他材料"明细科目。

基层医疗卫生机构应当在"130201 药品"科目下设置"13020101 西药""13020102 中成药"和"13020103 中药饮片"明细科目；在"13020101 西药"科目下设置"1302010101 西药"和"1302010102 疫苗"明细科目。

基层医疗卫生机构应当在"130202 卫生材料"科目下设置"13020201 血库材料""13020202 医用气体""13020203 影像材料""13020204 化验材料"和"13020205 其他卫生材料"明细科目。

基层医疗卫生机构为取得库存物品单独发生的运杂费等，能够直接计入业务成本的，计入业务活动费用，借记"业务活动费用"科目，贷记"库存现金""银行存款"等科目；不能直接计入业务成本的，计入单位管理费用，借记"单位管理费用"科目，贷记"库存现金""银行存款"等科目。

5. 彩票机构行业补充规定。

彩票机构应当在"1302 库存物品"科目下设置"库存彩票"明细科目，用于核算彩票机构购进的已验收入库彩票的实际成本。

(二)科目核算难点与注意事项

1. 在实务中，"在途物品"科目包括虽然已经运达但是尚未验收入库的存货。此科目在行政事业单位使用频率不高，主要原因包括两个方面：一是实务操作中，"预付账款"科目和"在途物品"难以区分，虽然从会计理论上可以做到对上述科目进行区分，但是业务经办人员配合完成上述工作时存在一定难度；二是行政事业单位目前会计核算精细化程度尚未达到，需要进一步提高管理水平，单位除了登记库存物品明细账外，还需要登记"在途物品"明细账，工作量较大。

2. 存货管理目前在行政事业单位还存在一定的提升空间，会计核算需要与业务管理相配套，做到"业财融合"，如存货的出库成本摊销方法、自制物品间接费用分配方法等方面，本次改革引入了企业会计的核算理念，需要单位高度重视，提升管理水平。

3. 部分行业事业单位属于一般纳税人的，存货类资产涉及增值税核算，"在途物品"与"预付账款"存在着增值税核算的差异；存货的捐赠、无偿调出、盘亏或者毁损、报废等情形下，对增值税会计核算带来了挑战。

4. 在途物品、预付账款、库存物品三者之间的区别：在途物品是已经收到发票但货物尚未运到或尚未验收入库，强调的是货物、物资；同时在增值税核算方面与预收账款不同；预付账款是既没收到发票，也无收到货物，只是按合同预付了部分或全部货款，强调的是资金；库存物品是指货物等材料到达、验收入库后按库存物品核算，强调的是验收入库。

还应注意"库存物品"与"政府储备物资""加工物品"与"研发支出"科目之间的区别。

5. 在行业补充规定中，国有林场和苗圃行业新设了"营林工程"和"林木资产"两个一级会计科目，高等学校行业的"加工物品"、医院和基层医疗卫生机构行业的"库存物品"科目，在实务工作中应引起重视。

6. 关于置换换入存货的账务处理方式，在本书的"固定资产"等资产类科目关于置换换入的方式取得资产的账务处理过程中多次提及，可参考学习。

7. 发出存货的实际成本计量还应根据《政府会计准则第 7 号——会计调整》有关规定执行。

## 第四节  投资类业务

投资，是指政府会计主体按规定以货币资金、实物资产、无形资产等方式形成的债权或股权投资。投资分为短期投资和长期投资。

短期投资是指政府会计主体取得的持有时间不超过 1 年(含 1 年)的投资。

长期投资是指政府会计主体取得的除短期投资以外的债权和股权性质的投资。

政府会计主体外币投资的折算，适用其他相关政府会计准则。

投资类会计科目包括"短期投资""长期股权投资""长期债券投资"3 个科目。

投资类科目思维导图如下所示。

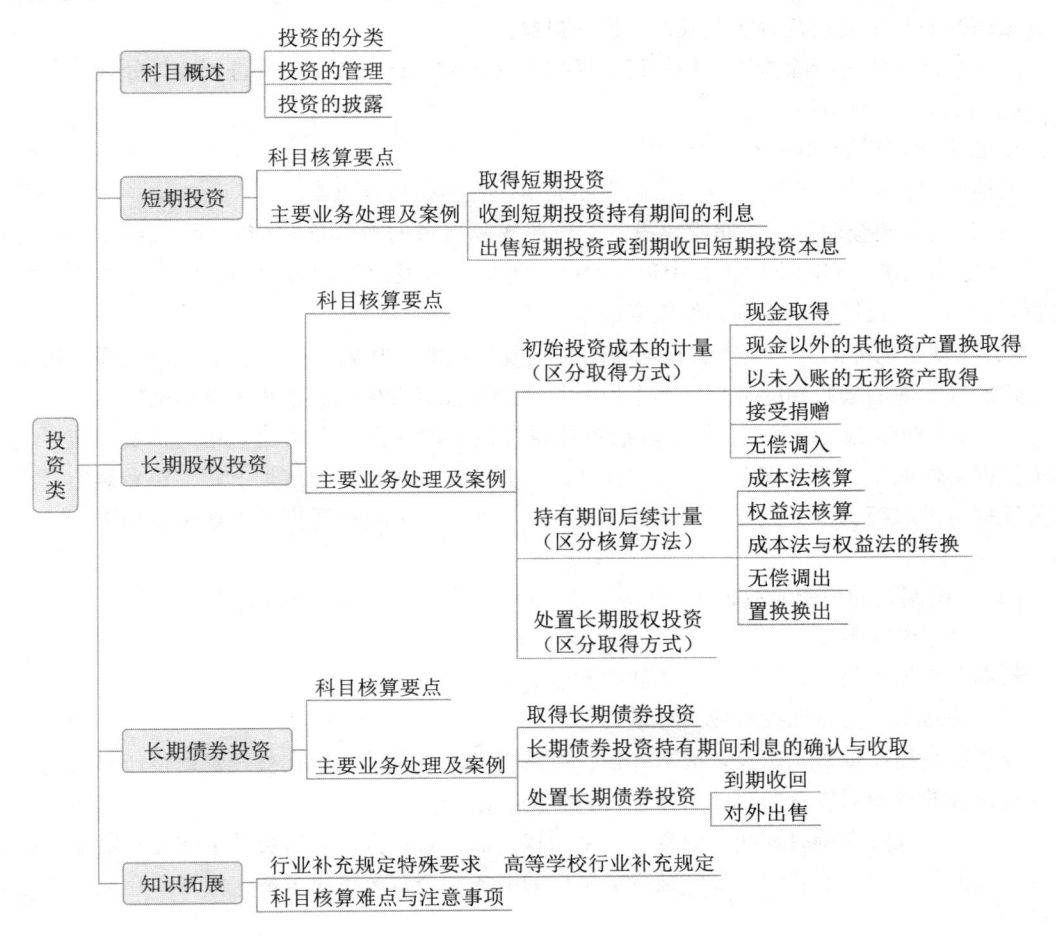

```
投资类 ┬─ 科目概述 ─┬─ 投资的分类
        │            ├─ 投资的管理
        │            └─ 投资的披露
        │
        ├─ 短期投资 ─┬─ 科目核算要点
        │            └─ 主要业务处理及案例 ─┬─ 取得短期投资
        │                                    ├─ 收到短期投资持有期间的利息
        │                                    └─ 出售短期投资或到期收回短期投资本息
        │
        ├─ 长期股权投资 ─┬─ 科目核算要点
        │                └─ 主要业务处理及案例 ─┬─ 初始投资成本的计量（区分取得方式） ─┬─ 现金取得
        │                                        │                                          ├─ 现金以外的其他资产置换取得
        │                                        │                                          ├─ 以未入账的无形资产取得
        │                                        │                                          ├─ 接受捐赠
        │                                        │                                          └─ 无偿调入
        │                                        ├─ 持有期间后续计量（区分核算方法） ─┬─ 成本法核算
        │                                        │                                      ├─ 权益法核算
        │                                        │                                      └─ 成本法与权益法的转换
        │                                        └─ 处置长期股权投资（区分取得方式） ─┬─ 无偿调出
        │                                                                                └─ 置换换出
        │
        ├─ 长期债券投资 ─┬─ 科目核算要点
        │                └─ 主要业务处理及案例 ─┬─ 取得长期债券投资
        │                                        ├─ 长期债券投资持有期间利息的确认与收取
        │                                        └─ 处置长期债券投资 ─┬─ 到期收回
        │                                                              └─ 对外出售
        │
        └─ 知识拓展 ─┬─ 行业补充规定特殊要求 ── 高等学校行业补充规定
                     └─ 科目核算难点与注意事项
```

## 一、投资类科目概述

（一）短期投资

短期投资在取得时，应当按照实际成本（包括购买价款和相关税费，下同）作为初始投资成本。实际支付价款中包含的已到付息期但尚未领取的利息，应当于收到时冲减短期投资成本。短期投资持有期间的利息，应当于实际收到时确认为投资收益。

期末，短期投资应当按照账面余额计量。政府会计主体按规定出售或到期收回短期投资，应当将收到的价款扣除短期投资账面余额和相关税费后的差额计入投资损益。

（二）长期债权投资

长期债券投资在取得时，应当按照实际成本作为初始投资成本。实际支付价款中包含的已到付息期但尚未领取的债券利息，应当单独确认为应收利息，不计入长期债券投资初始投资成本。

长期债券投资持有期间，应当按期以票面金额与票面利率计算确认利息收入。对于分期付息、一次还本的长期债券投资，应当将计算确定的应收未收利息确认为应收利息，计入投资收益；对于一次还本付息的长期债券投资，应当将计算确定的应收未收利息计入投资收益，并增加长期债券投资的账面余额。

政府会计主体按规定出售或到期收回长期债券投资，应当将实际收到的价款扣除长期债券投资账面余额和相关税费后的差额计入投资损益。

政府会计主体进行除债券以外的其他债权投资，参照长期债券投资进行会计处理。

(三)长期股权投资

1. 长期股权投资初始成本的计量。

长期股权投资在取得时，应当按照实际成本作为初始投资成本。

(1)以支付现金取得的长期股权投资，按照实际支付的全部价款(包括购买价款和相关税费)作为实际成本。实际支付价款中包含的已宣告但尚未发放的现金股利，应当单独确认为应收股利，不计入长期股权投资初始投资成本。

(2)以现金以外的其他资产置换取得的长期股权投资，其成本按照换出资产的评估价值加上支付的补价或减去收到的补价，加上换入长期股权投资发生的其他相关支出确定。

(3)接受捐赠的长期股权投资，其成本按照有关凭据注明的金额加上相关税费确定；没有相关凭据可供取得，但按规定经过资产评估的，其成本按照评估价值加上相关税费确定；没有相关凭据可供取得、也未经资产评估的，其成本比照同类或类似资产的市场价格加上相关税费确定。

(4)无偿调入的长期股权投资，其成本按照调出方账面价值加上相关税费确定。

2. 长期投资的核算。

长期股权投资的核算分为成本法和权益法。

成本法是指投资按照投资成本计量的方法。

权益法是指投资最初以投资成本计量，以后根据政府会计主体在被投资单位所享有的所有者权益份额的变动对投资的账面余额进行调整的方法。

长期股权投资在持有期间，通常应当采用权益法进行核算。政府会计主体无权决定被投资单位的财务和经营政策或无权参与被投资单位的财务和经营政策决策的，应当采用成本法进行核算。

(1)在成本法下，长期股权投资的账面余额通常保持不变，但追加或收回投资时，应当相应调整其账面余额。长期股权投资持有期间，被投资单位宣告分派的现金股利或利润，政府会计主体应当按照宣告分派的现金股利或利润中属于政府会计主体应享有的份额确认为投资收益。

(2)采用权益法的，按照如下原则进行会计处理。

政府会计主体取得长期股权投资后，对于被投资单位所有者权益的变动，应当按照下列规定进行处理：

按照应享有或应分担的被投资单位实现的净损益的份额，确认为投资损益，同时调整长期股权投资的账面余额。

按照被投资单位宣告分派的现金股利或利润计算应享有的份额，确认为应收股利，同时减少长期股权投资的账面余额。

按照被投资单位除净损益和利润分配以外的所有者权益变动的份额，确认为净资产，同时调整长期股权投资的账面余额。

政府会计主体确认被投资单位发生的净亏损，应当以长期股权投资的账面余额减记至零为限，政府会计主体负有承担额外损失义务的除外。

被投资单位发生净亏损，但以后年度又实现净利润的，政府会计主体应当在其收益分享额弥补未确认的亏损分担额等后，恢复确认投资收益。

(3) 成本法和权益法的转换。

政府会计主体因处置部分长期股权投资等原因无权再决定被投资单位的财务和经营政策或者参与被投资单位的财务和经营政策决策的，应当对处置后的剩余股权投资改按成本法核算，并以该剩余股权投资在权益法下的账面余额作为按照成本法核算的初始投资成本。其后，被投资单位宣告分派现金股利或利润时，属于已计入投资账面余额的部分，作为成本法下长期股权投资成本的收回，冲减长期股权投资的账面余额。

政府会计主体因追加投资等原因对长期股权投资的核算从成本法改为权益法的，应当自有权决定被投资单位的财务和经营政策或者参与被投资单位的财务和经营政策决策时，按成本法下长期股权投资的账面余额加上追加投资的成本作为按照权益法核算的初始投资成本。

3. 长期股权投资的处置。

政府会计主体按规定报经批准处置长期股权投资，应当冲减长期股权投资的账面余额，并按规定将处置价款扣除相关税费后的余额作缴款项处理，或者按规定将处置价款扣除相关税费后的余额与长期股权投资账面余额的差额计入当期投资损益。

采用权益法核算的长期股权投资，因被投资单位除净损益和利润分配以外的所有者权益变动而将应享有的份额计入净资产的，处置该项投资时，还应当将原计入净资产的相应部分转入当期投资损益。

（四）投资的管理

对外投资损失，应当分析原因，有合法证据证明确实不能收回的，区分以下情况可以认定损失。

（1）因被投资单位已宣告破产、被撤销注销工商登记或者被政府责令关闭等情况造成难以收回的对外投资，可以根据法院的破产公告或者破产清算的清偿文件、工商部门的撤销注销文件、政府有关部门的行政决定等认定损失。

已经清算的，扣除清算资产清偿后的差额部分，可以认定为损失。

尚未清算的，被投资单位剩余资产确实不足清偿投资的差额部分，根据社会中介机构出具的经济鉴证证明，认定为损失。

（2）对事业单位参股投资、金额较小、不具有控制权的对外投资，被投资单位已资不抵债且连续停止经营3年以上的，根据社会中介机构出具的经济鉴证证明，对确实不能收回的部分，认定为损失。

（3）债券等短期投资，未进行交割或清理的，不能认定为损失。

（五）投资的披露

政府会计主体应当在附注中披露与投资有关的下列信息：

（1）短期投资的增减变动及期初、期末账面余额。

（2）各类长期债权投资和长期股权投资的增减变动及期初、期末账面余额。

（3）长期股权投资的投资对象及核算方法。

（4）当期发生的投资净损益，其中重大的投资净损益项目应当单独披露。

## 二、短期投资

（一）科目核算要点

本科目核算事业单位按照规定取得的，持有时间不超过1年（含1年）的投资。本科目应当按照投资的种类等进行明细核算。

本科目期末借方余额，反映事业单位持有短期投资的成本。

（二）主要业务处理及案例

1. 取得短期投资时，按照确定的投资成本，借记本科目，贷记"银行存款"等科目。收到取得投资时实际支付价款中包含的已到付息期但尚未领取的利息，按照实际收到的金额，借记"银行存款"科目，贷记本科目。

2. 收到短期投资持有期间的利息，按照实际收到的金额，借记"银行存款"科目，贷记"投资收益"科目。

3. 出售短期投资或到期收回短期投资本息，按照实际收到的金额，借记"银行存款"科目，按照出售或收回短期投资的账面余额，贷记本科目，按照其差额，借记或贷记"投资收益"科目。涉及增值税业务的，相关账务处理参见"应交增值税"科目。

【案例4033】B事业单位2019年8月1日，经批准后使用非财政性资金取得短期投资X债券一项，按月付息，共支付价款304 000元；2019年8月31日，收到支付的价款中包含的尚未领取的利息4 000元；2019年12月31日收到持有期间利息6 000元；2020年3月1日，以305 000元出售该短期投资，款项已收到，按规定将投资收益纳入单位预算，不上缴财政，账务处理分录如下：

|  | 经批准取得短期投资 | 核算要点精讲 |
| --- | --- | --- |
| 财务会计 | 借：短期投资—X债券　　304 000<br>　贷：银行存款　　　　　　　304 000 | 对外投资应报经批准 |
| 预算会计 | 借：投资支出　　　　　　304 000<br>　贷：资金结存—货币资金　　304 000 | 使用货币资金进行投资，"现金"流出，进行预算会计账务处理，预算会计下专设投资支出科目进行核算 |
|  | 收到尚未领取的利息 |  |
| 财务会计 | 借：银行存款　　　　　　　4 000<br>　贷：短期投资—X债券　　　　4 000 | 收到款项属于未领取的利息，已包含在支付价款中，并非投资收益，应冲减短期投资成本 |
| 预算会计 | 借：资金结存—货币资金　　4 000<br>　贷：投资支出　　　　　　　　4 000 | 该款项并非投资收益，财务会计冲减短期投资成本；预算会计冲减投资支出科目 |
|  | 收到持有期间利息 |  |
| 财务会计 | 借：银行存款　　　　　　　6 000<br>　贷：投资收益　　　　　　　　6 000 | 确认投资收益；本案例假设投资收益纳入单位预算，不上缴财政，省略确认利息收入会计业务 |
| 预算会计 | 借：资金结存—货币资金　　6 000<br>　贷：投资预算收益　　　　　　6 000 | 确认投资预算收益 |
|  | 出售短期投资 |  |
| 财务会计 | 借：银行存款　　　　　　305 000<br>　贷：短期投资—X债券　　　300 000<br>　　　投资收益　　　　　　　5 000 |  |
| 预算会计 | 借：资金结存—货币资金　305 000<br>　贷：其他结余　　　　　　　300 000<br>　　　投资预算收益　　　　　　5 000 | 出售、对外转让或到期收回以前年度以货币资金取得的对外投资的，如果按规定将投资收益纳入单位预算，按照实际收到的金额，借记"资金结存"科目，按照取得投资时"投资支出"科目的发生额，贷记"其他结余"科目，按照其差额，贷记或借记"投资预算收益"科目；如果为当年的投资则冲减投资支出；本案例为上年投资，计入其他结余 |

## 三、长期股权投资

(一)科目核算要点

本科目核算事业单位按照规定取得的,持有时间超过1年(不含1年)的股权性质的投资。本科目应当按照被投资单位和长期股权投资取得方式等进行明细核算。

长期股权投资采用权益法核算的,还应当按照"成本""损益调整""其他权益变动"设置明细科目,进行明细核算。

本科目期末借方余额,反映事业单位持有的长期股权投资的价值。

(二)主要业务处理及案例

1. 长期股权投资在取得时,应当按照其实际成本作为初始投资成本。

(1)以现金取得的长期股权投资,按照确定的投资成本,借记本科目或本科目(成本),按照支付的价款中包含的已宣告但尚未发放的现金股利,借记"应收股利"科目,按照实际支付的全部价款,贷记"银行存款"等科目。

实际收到取得投资时所支付价款中包含的已宣告但尚未发放的现金股利时,借记"银行存款"科目,贷记"应收股利"科目。

(2)以现金以外的其他资产置换取得的长期股权投资,参照"库存物品"科目中置换取得库存物品的相关规定进行账务处理。

(3)以未入账的无形资产取得的长期股权投资,按照评估价值加相关税费作为投资成本,借记本科目,按照发生的相关税费,贷记"银行存款""其他应交税费"等科目,按其差额,贷记"其他收入"科目。

(4)接受捐赠的长期股权投资,按照确定的投资成本,借记本科目或本科目(成本),按照发生的相关税费,贷记"银行存款"等科目,按照其差额,贷记"捐赠收入"科目。

(5)无偿调入的长期股权投资,按照确定的投资成本,借记本科目或本科目(成本),按照发生的相关税费,贷记"银行存款"等科目,按照其差额,贷记"无偿调拨净资产"科目。

【案例4034】B事业单位2019年8月1日,经批准,使用非财政性资金对外投资业务如下:

(1)支付银行存款100 000元取得X公司15%的股权,X公司已宣告但尚未发放的现金股利,根据持股比例B事业单位可分得5 000元;2019年9月30日收到现金股利。

(2)以未入账的无形资产取得的Y公司长期股权投资,评估价值300 000元,相关其他支出10 000元。

(3)接受捐赠的Z公司长期股权投资,经评估后价值为400 000元,发生其他支出20 000元。

(4)同级事业单位无偿调入W公司长期股权一项,经评估后价值为200 000元,发生其他支出5 000元;以上发生的其他支出均由银行存款支付。账务处理分录如下:

| | 现金投资取得股权 | 核算要点精讲 |
|---|---|---|
| 财务会计 | 借:长期股权投资—X公司 95 000<br>应收股利—X公司 5 000<br>贷:银行存款 100 000 | 长期股权投资使用成本法核算 |

续表

| | | | |
|---|---|---|---|
| 预算会计 | 借：投资支出　　　　　　　　　100 000<br>　贷：资金结存—货币资金　　　　　100 000 | | 货币资金投资，预算会计进行账务处理 |
| 收到现金投资中已宣告未发放的股利 | | | |
| 财务会计 | 借：银行存款　　　　　　　　　　5 000<br>　贷：应收股利—X公司　　　　　　　5 000 | | |
| 预算会计 | 借：资金结存—货币资金　　　　　5 000<br>　贷：投资支出　　　　　　　　　　　5 000 | | 预算会计核算支付的投资款项时，将应收股利金额列入投资支出，收到股利时予以冲减 |
| 以未入账的无形资产取得股权 | | | |
| 财务会计 | 借：长期股权投资—Y公司　　　310 000<br>　贷：银行存款　　　　　　　　　　10 000<br>　　　其他收入　　　　　　　　　　300 000 | | 1. 制度中未明确注明借方科目："长期股权投资—成本"，其可能原因是无形资产投资一般无法取得控制权，无法使用权益法核算；2. 无形资产投资形成财务会计的"其他收入"，制度中规定"未入账的无形资产"，视同资产置换过程的增值，强调的是未入账的概念；3. 如以入账的资产置换取得长期股权投资，与置换取得"库存物品"核算相同 |
| 预算会计 | 借：其他支出　　　　　　　　　　10 000<br>　贷：资金结存—货币资金　　　　　10 000 | | 资产置换过程中发生的相关税费，在其他支出核算 |
| 以捐赠的形式取得投资 | | | |
| 财务会计 | 借：长期股权投资—Z公司　　　420 000<br>　贷：银行存款　　　　　　　　　　20 000<br>　　　捐赠收入　　　　　　　　　　400 000 | | |
| 预算会计 | 借：其他支出　　　　　　　　　　20 000<br>　贷：资金结存—货币资金　　　　　20 000 | | 资产置换过程中发生的相关税费，在其他支出核算 |
| 以无偿调拨形式取得投资 | | | |
| 财务会计 | 借：长期股权投资—W公司　　　205 000<br>　贷：银行存款　　　　　　　　　　5 000<br>　　　无偿调拨净资产　　　　　　　200 000 | | 贷方列无偿调拨净资产科目 |
| 预算会计 | 借：其他支出　　　　　　　　　　5 000<br>　贷：资金结存—货币资金　　　　　5 000 | | 资产置换过程中发生的相关税费，在其他支出核算 |

2. 长期股权投资持有期间，应当按照规定采用成本法或权益法进行核算。

（1）采用成本法核算。

被投资单位宣告发放现金股利或利润时，按照应收的金额，借记"应收股利"科目，贷记"投资收益"科目。

收到现金股利或利润时，按照实际收到的金额，借记"银行存款"等科目，贷记"应收股利"科目。

【案例4035】B事业单位2019年8月1日，投资的以成本法核算长期股权投资X公司宣告发放股利，根据持股比例B事业单位可分得10 000元；2020年4月30日，收到2019年股利，上述投资收益直接纳入单位预算管理。账务处理分录如下：

| | 宣告发放股利 | 核算要点精讲 |
|---|---|---|
| 财务会计 | 借：应收股利—X公司　　　　10 000<br>　　贷：投资收益　　　　　　　　　10 000 | 与权益法下核算不同，请注意区分 |
| 预算会计 | 不做账务处理 | |
| | 收到2019年宣告发放的股利 | |
| 财务会计 | 借：银行存款　　　　　　　　10 000<br>　　贷：应收股利—X公司　　　　　10 000 | |
| 预算会计 | 借：资金结存—货币资金　　　10 000<br>　　贷：投资预算收益　　　　　　　10 000 | 取得被投资单位分派的现金股利或利润时，按照实际收到的金额，贷记投资预算收益 |

（2）采用权益法核算。

被投资单位实现净利润的，按照应享有的份额，借记本科目（损益调整），贷记"投资收益"科目。被投资单位发生净亏损的，按照应分担的份额，借记"投资收益"科目，贷记本科目（损益调整），但以本科目的账面余额减记至零为限。发生亏损的被投资单位以后年度又实现净利润的，按照收益分享额弥补未确认的亏损分担额等后的金额，借记本科目（损益调整），贷记"投资收益"科目。

被投资单位宣告分派现金股利或利润的，按照应享有的份额，借记"应收股利"科目，贷记本科目（损益调整）。

被投资单位发生除净损益和利润分配以外的所有者权益变动的，按照应享有或应分担的份额，借记或贷记"权益法调整"科目，贷记或借记本科目（其他权益变动）。

【案例4036】B事业单位2019年8月1日，经批准，使用非财政性资金对外投资业务取得长期股权投资X公司，投资成本750 000元，股权比例为75%，按照规定使用权益法，持有期间情况如下：

（1）2019年12月31日，X公司实现净利润100 000元。

（2）2020年3月31日X公司宣告分派现金股利，B事业单位按照比例分得50 000元，4月30日收到分得的股利。

（3）2020年12月31日X公司发生净亏损200 000元。

（4）2021年12月31日X公司实现净利润250 000元。

（5）2021年X公司除净损益和利润分配以外的其他所有者权益变动增加50 000元。账务处理分录如下：

| | 现金投资取得股权 | 核算要点精讲 |
|---|---|---|
| 财务会计 | 借：长期股权投资—成本—X公司<br>　　　　　　　　　　　　　　750 000<br>　　贷：银行存款　　　　　　　750 000 | 长期股权投资使用权益法核算，下设"成本""损益调整""其他权益变动"三个明细科目；初始投资确认长期股权投资—成本 |
| 预算会计 | 借：投资支出　　　　　　　　750 000<br>　　贷：资金结存—货币资金　　750 000 | 货币资金投资，预算会计进行账务处理 |
| | 2019年实现净利润 | |
| 财务会计 | 借：长期股权投资—损益调整—X公司<br>　　　　　　　　　　　　　　75 000<br>　　贷：投资收益—X公司　　　　75 000 | 按照应享有的份额100 000×75%＝75 000元，确认长期股权投资—损益调整 |
| 预算会计 | 不做账务处理 | |

续表

| | 宣告发放 2019 年股利 | |
|---|---|---|
| 财务会计 | 借：应收股利—X 公司　　　　　50 000<br>　　贷：长期股权投资—损益调整—X 公司<br>　　　　　　　　　　　　　　　　50 000 | 宣告分派现金股利时贷方科目为长期股权投资—损益调整，相对应实现净利润时增加的损益调整部分（本案例上一分录记录的 75 000 元）；也相当于单位分配已记入"长期股权投资—损益调整"科目的金额 |
| 预算会计 | 不做账务处理 | |
| | 收到 2019 年股利 | |
| 财务会计 | 借：银行存款　　　　　　　　　　50 000<br>　　贷：应收股利—X 公司　　　　　50 000 | |
| 预算会计 | 借：资金结存—货币资金　　　　　50 000<br>　　贷：投资预算收益　　　　　　　50 000 | 持有长期股权投资取得被投资单位分派的现金股利或利润；预算会计在投资预算收益科目核算 |
| | 2020 年发生净亏损 | |
| 财务会计 | 借：投资收益—X 公司　　　　　150 000<br>　　贷：长期股权投资—损益调整—X 公司<br>　　　　　　　　　　　　　　　150 000 | 单位应分担的净亏损为：200 000×75% = 150 000 元；借方科目为投资收益（相当于减少投资收益）；贷方科目冲减实现利润时的损益调整，但以长期股权投资科目的账面余额（750 000+75 000-50 000 = 775 000 元）减记至零为限；本案例减记额为 150 000 元 |
| 预算会计 | 不做账务处理 | |
| | 2021 年实现净利润 | |
| 财务会计 | 借：长期股权投资—损益调整—X 公司<br>　　　　　　　　　　　　　　　187 500<br>　　贷：投资收益—X 公司　　　　187 500 | 按照收益分享额（250 000×75% = 187 500 元）弥补未确认的亏损分担额等后的金额（上年度分担的亏损额 150 000 元已全部确认），借记"长期股权投资—损益调整"科目，贷记"投资收益"科目 |
| 预算会计 | 不做账务处理 | |
| | 2021 年其他所有者权益变动 | |
| 财务会计 | 借：长期股权投资—其他权益变动—X 公司<br>　　　　　　　　　　　　　　　37 500<br>　　贷：权益法调整　　　　　　　　37 500 | 50 000×75% = 37 500 元 |
| 预算会计 | 不做账务处理 | |

**【案例 4037】** 接上述案例，如 2020 年 12 月 31 日 X 公司发生净亏损 1 800 000 元；2021 年 12 月 31 日 X 公司实现净利润 1 000 000 元。账务处理分录如下：

| 2020 年发生净亏损 1 800 000 元（其他接上述案例） | | 核算要点精讲 |
|---|---|---|
| 财务会计 | 借：投资收益—X 公司　　　　　775 000<br>　　贷：长期股权投资—损益调整—X 公司<br>　　　　　　　　　　　　　　　775 000 | 单位应分担的净亏损为：1 800 000×75% = 1 350 000 元；借方科目为投资收益（相当于减少投资收益）；贷方科目冲减实现利润时的损益调整，但以长期股权投资科目的账面余额（750 000+75 000-500 00 = 775 000 元）减记至零为限；本案例减记额为 1 350 000 元，则其上限为 775 000 元（账面金额）；同时应在备查账中登记未确认金额为 575 000 元 |
| 预算会计 | 不做账务处理 | |

续表

| | 2021年实现净利润 | |
|---|---|---|
| 财务会计 | 借：长期股权投资—损益调整—X公司<br>　　　　　　　　　　　　　　175 000<br>　　贷：投资收益—X公司　　175 000 | 按照收益分享额（1 000 000×75%＝750 000元）弥补未确认的亏损分担额等后的金额（上年度分担的未确认亏损额575 000元）750 000－575 000＝175 000元，借记"长期股权投资—损益调整"科目，贷记"投资收益"科目 |
| 预算会计 | 不做账务处理 | |

3. 成本法与权益法的转换。

（1）单位因处置部分长期股权投资等原因而对处置后的剩余股权投资由权益法改按成本法核算的，应当按照权益法下本科目账面余额作为成本法下本科目账面余额（成本）。

其后，被投资单位宣告分派现金股利或利润时，属于单位已计入投资账面余额的部分，按照应分得的现金股利或利润份额，借记"应收股利"科目，贷记本科目。

（2）单位因追加投资等原因对长期股权投资的核算从成本法改为权益法的，应当按照成本法下本科目账面余额与追加投资成本的合计金额，借记本科目（成本），按照成本法下本科目账面余额，贷记本科目，按照追加投资的成本，贷记"银行存款"等科目。

【案例4038】B事业单位2019年8月1日，经批准，使用非财政性资金对外投资业务取得长期股权投资X公司，投资成本750 000元，股权比例为75%（上述会计分录省略），按照规定使用权益法核算，2019年12月31日X公司未盈利也未分配股利，持有期间情况如下：

（1）2020年1月31日经批准后单位处置股权60%，股权比例变动为15%，改为成本法核算，实际收到价款800 000元（假设不上缴财政）。

（2）2021年3月31日，X公司宣告分派现金股利100 000元（收到股利时会计业务省略）。

（3）经批准，B事业单位追加投资500 000元，获得X公司股权40%，改为权益法核算。

账务处理分录如下：

| | 处置股权（以前年度） | 核算要点精讲 |
|---|---|---|
| 财务会计 | 借：银行存款　　　　　　800 000<br>　　贷：长期股权投资—成本—X公司<br>　　　　　　　　　　　　　　600 000<br>　　　　投资收益　　　　200 000 | 处置时收到价款800 000元，被处置的长期股权投资账面余额为（750 000÷75%×60%＝600 000元）；与收到的价款差额部分确认投资收益；成本法下长期股权投资科目余额为（750 000－600 000＝150 000元） |
| 预算会计 | 借：资金结存—货币资金　800 000<br>　　贷：其他结余　　　　600 000<br>　　　　投资预算收益　　200 000 | 按照取得投资时"投资支出"科目的发生额，贷记"其他结余"科目，按照其差额，贷记或借记"投资预算收益"科目；本案例重点为"以前年度"；当年度时应冲减投资支出 |
| | 宣告发放2020年股利 | |
| 财务会计 | 借：应收股利—X公司　　15 000<br>　　贷：长期股权投资—成本—X公司 15 000 | 属于单位已计入投资账面余额的部分，按照应分得的现金股利或利润份额，借记"应收股利"科目，贷记本科目，减少长期股权投资账面成本；计算过程：100 000×15%＝15 000元；与权益法下的核算不同 |
| 预算会计 | 不做账务处理 | |

— 89 —

续表

| | 权益法转换成本法 | |
|---|---|---|
| 财务会计 | 借：长期股权投资—X 公司　　135 000<br>　　贷：长期股权投资—成本—X 公司<br>　　　　　　　　　　　　　135 000 | 权益法下"长期股权投资—成本"二级明细科目转换为成本法下长期股权投资科目 |
| 预算会计 | 不做账务处理 | |
| | 经批准追加投资 | |
| 财务会计 | 借：长期股权投资—成本—X 公司<br>　　　　　　　　　　　　　635 000<br>　　贷：长期股权投资—X 公司　　135 000<br>　　　　银行存款　　　　　　500 000 | 其中：135 000 元为调整为成本法下长期股权投资的账面余额；转换时将其调整至"长期股权投资—成本"明细科目 |
| 预算会计 | 借：投资支出　　　　　　　　500 000<br>　　贷：资金结存—货币资金　　500 000 | 货币资金投资，预算会计进行账务处理 |

（三）按照规定报经批准处置长期股权投资

1. 按照规定报经批准出售（转让）长期股权投资时，应当区分长期股权投资取得方式分别进行处理。

（1）处置以现金取得的长期股权投资，按照实际取得的价款，借记"银行存款"等科目，按照被处置长期股权投资的账面余额，贷记本科目，按照尚未领取的现金股利或利润，贷记"应收股利"科目，按照发生的相关税费等支出，贷记"银行存款"等科目，按照借贷方差额，借记或贷记"投资收益"科目。

（2）处置以现金以外的其他资产取得的长期股权投资，按照被处置长期股权投资的账面余额，借记"资产处置费用"科目，贷记本科目；同时，按照实际取得的价款，借记"银行存款"等科目，按照尚未领取的现金股利或利润，贷记"应收股利"科目，按照发生的相关税费等支出，贷记"银行存款"等科目，按照贷方差额，贷记"应缴财政款"科目。按照规定将处置时取得的投资收益纳入本单位预算管理的，应当按照所取得价款大于被处置长期股权投资账面余额、应收股利账面余额和相关税费支出合计的差额，贷记"投资收益"科目。

2. 因被投资单位破产清算等原因，有确凿证据表明长期股权投资发生损失，按照规定报经批准后予以核销时，按照予以核销的长期股权投资的账面余额，借记"资产处置费用"科目，贷记本科目。

3. 报经批准置换转出长期股权投资时，参照"库存物品"科目中置换换入库存物品的规定进行账务处理。

4. 采用权益法核算的长期股权投资的处置，除进行上述账务处理外，还应结转原直接计入净资产的相关金额，借记或贷记"权益法调整"科目，贷记或借记"投资收益"科目。

【案例 4039】B 事业单位 2019 年 8 月 1 日，长期股权投资科目余额（假设均为成本法）如下：

（1）以现金取得的长期股权投资 X 公司账面余额 100 000 元，经批准，2020 年 1 月 1 日获得处置价款 120 000 元。

（2）以固定资产置换取得的长期股权投资 Y 公司账面余额 60 000 元；经批准，2020 年 1 月 1 日对上述股权进行了处理，包括尚未收到的股利 10 000 元（收到股利时账务处理省略）；对 Y 公司的处置发生相关税费 5 000 元，处置收到银行存款 90 000 元，处置收益按规定上缴财政（假设收到的股利不上缴财政）。

(3) 假设上述 Y 公司处置价款不上缴财政。

(4) 长期股权投资 Z 公司股权 50 000 元破产清算，经批准予以核销。账务处理分录如下：

| | 处置 X 公司股权 | 核算要点精讲 |
|---|---|---|
| 财务会计 | 借：银行存款　　　　　　　120 000<br>　　贷：长期股权投资—X 公司　100 000<br>　　　　投资收益　　　　　　　20 000 | 处置权益法下长期股权投资时，应包括"成本""权益调整""其他损益变动"三个明细科目；本案例为成本法 |
| 预算会计 | 借：资金结存—货币资金　　120 000<br>　　贷：其他结余　　　　　　100 000<br>　　　　投资预算收益　　　　　20 000 | 贷方为当年以现金取得投资时"投资支出"科目的发生额，以前年度的投资处置时计入"其他结余"科目；其差额为投资预算收益(借方或贷方) |
| | 处置 Y 公司股权(上缴财政) | |
| 财务会计 | 借：资产处置费用　　　　　　60 000<br>　　银行存款　　　　　　　　90 000<br>　　贷：长期股权投资—Y 公司　 60 000<br>　　　　应收股利—Y 公司　　　10 000<br>　　　　银行存款　　　　　　　 5 000<br>　　　　应缴财政款　　　　　　75 000 | 取得的价款 90 000 元中包括应收股利 10 000 元，此账务处理相当于收到了已宣告但未发放的应收股利 |
| 预算会计 | 借：资金结存—货币资金　　　10 000<br>　　贷：投资预算收益—Y 公司　　10 000 | 持有长期股权投资取得被投资单位分派的现金股利(10 000 元)或利润时，按照实际收到的金额，借记"资金结存—货币资金"科目，贷记"投资预算收益"科目；上缴财政的 75 000 元不纳入单位预算管理，预算会计不做账务处理 |
| | 处置 Y 公司股权(纳入预算管理) | |
| 财务会计 | 借：资产处置费用　　　　　　60 000<br>　　银行存款　　　　　　　　90 000<br>　　贷：长期股权投资—Y 公司　 60 000<br>　　　　应收股利—Y 公司　　　10 000<br>　　　　银行存款　　　　　　　 5 000<br>　　　　投资收益　　　　　　　15 000<br>　　　　应缴财政款　　　　　　60 000 | 取得的价款 90 000 元中包括应收股利 10 000 元，此账务处理相当于收到了已宣告但未发放的应收股利 |
| 预算会计 | 借：资金结存—货币资金　　　25 000<br>　　贷：投资预算收益—Y 公司　　25 000 | 持有长期股权投资取得被投资单位分派的现金股利或利润时，按照实际收到的金额，借记"资金结存—货币资金"科目，贷记"投资预算收益"科目 |
| | 核销 Z 公司股权 | |
| 财务会计 | 借：资产处置费用　　　　　　50 000<br>　　贷：长期股权投资—Z 公司　 50 000 | 不管 Y 公司股权是现金取得还是非现金取得，核销时均为资产处置费用科目 |
| 预算会计 | 不做账务处理 | |

## 四、长期债券投资

（一）科目核算要点

本科目核算事业单位按照规定取得的，持有时间超过 1 年(不含 1 年)的债券投资。本科目应当设置"成本"和"应计利息"明细科目，并按照债券投资的种类进行明细核算。

本科目期末借方余额，反映事业单位持有的长期债券投资的价值。

(二)主要业务处理及案例

1. 长期债券投资在取得时，应当按照其实际成本作为投资成本。

取得的长期债券投资，按照确定的投资成本，借记本科目（成本），按照支付的价款中包含的已到付息期但尚未领取的利息，借记"应收利息"科目，按照实际支付的金额，贷记"银行存款"等科目。

实际收到取得债券时所支付价款中包含的已到付息期但尚未领取的利息时，借"银行存款"科目，贷记"应收利息"科目。

2. 长期债券投资持有期间，按期以债券票面金额与票面利率计算确认利息收入时，如为到期一次还本付息的债券投资，借记本科目（应计利息），贷记"投资收益"科目；如为分期付息、到期一次还本的债券投资，借记"应收利息"科目，贷记"投资收益"科目。

收到分期支付的利息时，按照实收的金额，借记"银行存款"等科目，贷记"应收利息"科目。

3. 到期收回长期债券投资，按照实际收到的金额，借记"银行存款"科目，按照长期债券投资的账面余额，贷记本科目，按照相关应收利息金额，贷记"应收利息"科目，按照其差额，贷记"投资收益"科目。

4. 对外出售长期债券投资，按照实际收到的金额，借记"银行存款"科目，按照长期债券投资的账面余额，贷记本科目，按照已记入"应收利息"科目但尚未收取的金额，贷记"应收利息"科目，按照其差额，贷记或借记"投资收益"科目。涉及增值税业务的，相关账务处理参见"应交增值税"科目。

【案例4040】B事业单位2019年8月1日，有关长期债券的科目发生业务如下：

(1) 支付价款105 000元，取得长期债券投资X债券面值100 000元，分期付息；票面利率5%；支付价款中包含已到付息期尚未领取的利息5 000元；2019年8月31日，收到利息5 000元。

(2) 持有期间，2019年12月31日，确认2019年利息收入；2020年收到利息。

(3) 持有至到期，2020年12月31日债券到期；确认利息收入的同时收回长期债券投资。

(4) 假设上述X债券2022年到期，2020年12月31日，对外出售长期债券，实际收到金额为108 000元。账务处理分录如下：

| | 取得长期债券 | 核算要点精讲 |
|---|---|---|
| 财务会计 | 借：长期债券投资—成本—X债券　　　　　100 000<br>　　　应收利息—X债券　　　　5 000<br>　　贷：银行存款　　　　　　　　105 000 | 长期债券科目设置"成本"和"应计利息"明细科目 |
| 预算会计 | 借：投资支出—X债券　　　　105 000<br>　　贷：资金结存—货币资金　　　105 000 | 以货币资金对外投资时，按照投资金额和所支付的相关税费金额的合计数计入投资支出科目 |
| | 收到利息 | |
| 财务会计 | 借：银行存款　　　　　5 000<br>　　贷：应收利息—X债券　　　　5 000 | |
| 预算会计 | 借：资金结存—货币资金　　　　5 000<br>　　贷：投资支出—X债券　　　　　5 000 | 持有的短期投资以及分期付息、一次还本的长期债券投资收到利息时冲减投资支出 |

续表

| | | |
|---|---|---|
| | 确认2019年利息收入 | |
| 财务会计 | 借：应收利息—X债券　　　　　5 000<br>　　贷：投资收益　　　　　　　　　　　5 000 | 面值×票面利率 |
| 预算会计 | 不做账务处理 | |
| | 收到2019年利息 | |
| 财务会计 | 借：银行存款　　　　　　　　　5 000<br>　　贷：应收利息—X债券　　　　　　　5 000 | |
| 预算会计 | 借：资金结存—货币资金　　　　5 000<br>　　贷：投资支出—X债券　　　　　　　5 000 | 持有的短期投资以及分期付息、一次还本的长期债券投资收到利息时冲减投资支出 |
| | 2020年确认利息收入并到期收回投资 | |
| 财务会计 | 借：银行存款　　　　　　　　105 000<br>　　贷：长期债券投资—成本—X债券<br>　　　　　　　　　　　　　　100 000<br>　　　　应收利息—X债券　　　　　　5 000 | |
| 预算会计 | 借：资金结存—货币资金　　　105 000<br>　　贷：其他结余　　　　　　　　　　95 000<br>　　　　投资预算收益　　　　　　　10 000 | 出售、对外转让或到期收回以前年度以货币资金取得的对外投资的，如果按规定将投资收益纳入单位预算，按照实际收到的金额，借记"资金结存"科目，按照取得投资时"投资支出"科目的发生额，贷记"其他结余"科目，按照其差额，贷记或借记"投资预算收益"科目；以前年度投资支出已结转 |
| | 2020年出售债券（未到期） | |
| 财务会计 | 借：银行存款　　　　　　　　108 000<br>　　贷：长期债券投资—成本—X债券<br>　　　　　　　　　　　　　　100 000<br>　　　　应收利息—X债券　　　　　　5 000<br>　　　　投资收益　　　　　　　　　3 000 | 2020年确认利息收入5 000元 |
| 预算会计 | 借：资金结存—货币资金　　　108 000<br>　　贷：其他结余　　　　　　　　　100 000<br>　　　　投资预算收益　　　　　　　8 000 | 收回或出售以前年度投资，预算会计计入其他结余。以前年度投资支出已结转 |

## 五、知识拓展

（一）行业补充规定特殊要求

高等学校经批准出资成立非企业法人单位，如教育基金会、研究院等，应当借记"其他费用"科目，贷记"银行存款"科目；同时，借记"其他支出"科目，贷记"资金结存—货币资金"科目。

高等学校对已经持有，且处于停产、半停产、连年亏损、资不抵债、主要靠政府补贴和学校续贷维持经营的被投资单位的投资，在新旧制度转换时可继续采用成本法进行核算。

除高等学校外，其他行业补充规定对投资类业务无特殊规定。

（二）科目核算难点与注意事项

1. 投资管理制度。根据《关于进一步规范和加强行政事业单位国有资产管理的指导意见》

(财资〔2015〕90号)等有关规定,主要包括如下方面。

一是除法律另有规定外,各级行政单位不得利用国有资产对外担保,不得以任何形式利用占有、使用的国有资产进行对外投资。除国家另有规定外,各级事业单位不得利用财政资金对外投资,不得买卖期货、股票,不得购买各种企业债券、各类投资基金和其他任何形式的金融衍生品或进行任何形式的金融风险投资,不得在国外贷款债务尚未清偿前利用该贷款形成的资产进行对外投资等。事业单位对外投资必须严格履行审批程序,加强风险管控等。利用非货币性资产进行对外投资的,应当严格履行资产评估程序,法律另有规定的,从其规定。

二是中央级事业单位对外投资收益,应当纳入单位预算,统一核算、统一管理,严禁形成"账外账"和小金库。地方各级事业单位出租对外投资收益,应当依据国家和本级财政部门的有关规定加强管理。国家设立的研究开发机构、高等院校科技成果的使用、处置和收益管理按照《中华人民共和国促进科技成果转化法》等有关规定执行。

三是按照深化国有企业改革的总体部署,以管资本为主,鼓励将行政事业单位所属企业的国有资本纳入经营性国有资产集中统一监管体系。具备条件的进入国有资本投资、运营公司,暂时不具备条件的,要按照"政企分开、事企分开"的原则,建立以资本为纽带的产权关系,加强和规范监管,确保国有资产保值增值。

2. 短期投资的概念主要是指事业单位购入的各种能随时变现、持有时间不超过一年的有价证券,以及不超过一年的其他投资。有价证券包括各种股票和债券等,如购买其他股份公司发行的各种股票,政府或其他企业发行的各种债券(国库券、国家重点建设债券、地方政府债券和企业融资债券等)。

3. 对于有明确到期日的长期债券投资,即使剩余期限已短于一年,也不得将其转为短期投资,因为长期持有且直至到期日这一投资目的并未改变。

4. 在权益法长期股权投资核算中,明细科目设置了"其他权益变动"明细科目,实务中该科目包括的内容为:注册资本的变动(如新股东加入、股东增资等)、资本公积的变动(转增资本)、盈余公积(分红等)、收到分红等事项的变动,还包括公允价值变动引起的所有者权益变动。

5. 事业单位科技成果转化对外投资的,还应参照国家科技成果转化方面有关制度和规定。

6. 在账务处理过程中,收回以前年度投资和收回本年度投资在预算会计核算时处理方式不同。主要包括如下方面:

(1)收回本年度以货币资金取得的对外投资的,如果按规定将投资收益纳入单位预算,按照实际收到的金额,借记"资金结存"科目,按照取得投资时"投资支出"科目的发生额,贷记"投资支出"科目,按照其差额,贷记或借记"投资预算收益"科目;如果按规定将投资收益上缴财政的,按照取得投资时"投资支出"科目的发生额,借记"资金结存"科目,贷记"投资支出"科目。

(2)收回以前年度以货币资金取得的对外投资的,如果按规定将投资收益纳入单位预算,按照实际收到的金额,借记"资金结存"科目,按照取得投资时"投资支出"科目的发生额,贷记"其他结余"科目,按照其差额,贷记或借记"投资预算收益"科目;如果按规定将投资收益上缴财政的,按照取得投资时"投资支出"科目的发生额,借记"资金结存"科目,贷记"其他结余"科目。

(3)非货币性资产取得的长期股权投资时,按照实际取得的价款扣减支付的相关费用和应缴财政款后的余额(按照规定纳入单位预算管理的),借记"资金结存—货币资金"科目,贷记

"投资预算收益"科目。

上述三种账务处理方式主要区别在于货币资金投资还是非货币性资产投资、以前年度投资和本年度投资。

7. 根据《财政部关于进一步做好政府会计准则制度新旧衔接和加强行政事业单位资产核算的通知》（财会〔2018〕34号）要求：单位在新旧制度转换时按照权益法调整长期股权投资账面余额的，如无法获取被投资单位 2018 年 12 月 31 日资产负债表中所有者权益账面余额，可以依据被投资单位 2017 年 12 月 31 日资产负债表中所有者权益账面余额，以及单位持有被投资单位的股权比例，计算应享有或应分担的被投资单位所有者权益的份额，据此调整新账中长期股权投资的账面余额。在以后各年度，单位均可依据被投资单位上年资产负债表中所有者权益的年末数计算调整长期股权投资的账面余额。

## 第五节　固定资产类业务

固定资产，是指政府会计主体为满足自身开展业务活动或其他活动需要而控制的，使用年限超过 1 年(不含 1 年)、单位价值在规定标准以上，并在使用过程中基本保持原有物质形态的资产，一般包括房屋及构筑物、专用设备、通用设备等。单位价值虽未达到规定标准，但是使用年限超过 1 年(不含 1 年)的大批同类物资，如图书、家具、用具、装具等，应当确认为固定资产。

公共基础设施、政府储备物资、保障性住房、自然资源资产、文物文化资产等，不属于固定资产核算范围，适用其他相关政府会计准则。

固定资产类会计科目包括"固定资产""固定资产累计折旧""工程物资""在建工程"共 4 个科目。

固定资产类科目思维导图如下所示。

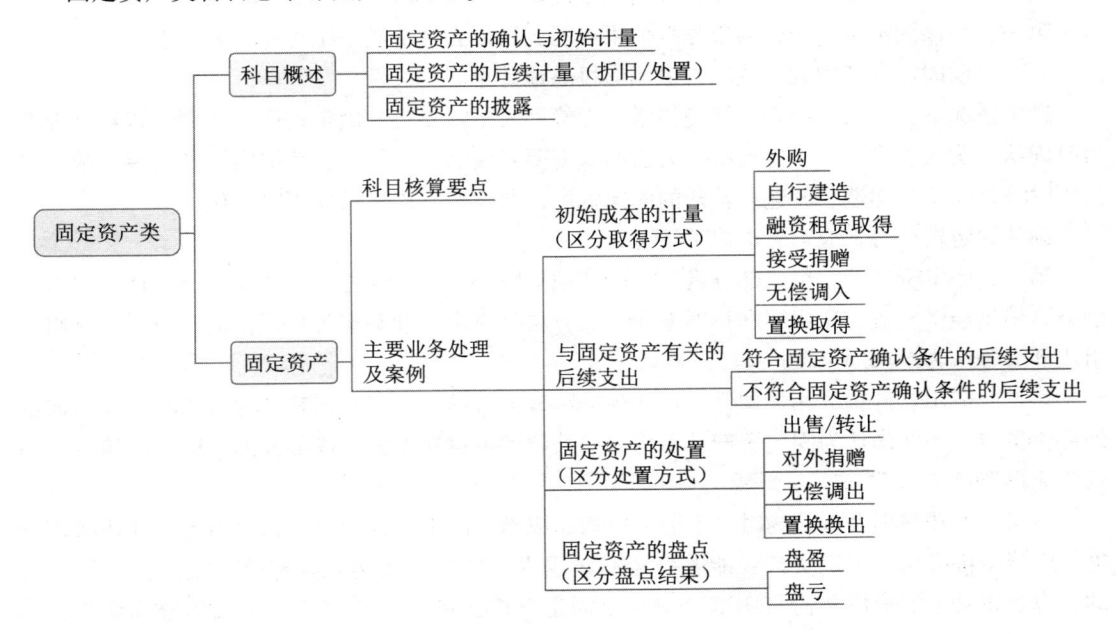

```
固定资产类 ── 固定资产 ┬── 科目概述 ┬── 固定资产的确认与初始计量
                      │           ├── 固定资产的后续计量（折旧/处置）
                      │           └── 固定资产的披露
                      │
                      ├── 科目核算要点
                      │
                      └── 主要业务处理 ┬── 初始成本的计量 ┬── 外购
                          及案例      │  （区分取得方式） ├── 自行建造
                                     │                 ├── 融资租赁取得
                                     │                 ├── 接受捐赠
                                     │                 ├── 无偿调入
                                     │                 └── 置换取得
                                     │
                                     ├── 与固定资产有关的 ┬── 符合固定资产确认条件的后续支出
                                     │  后续支出         └── 不符合固定资产确认条件的后续支出
                                     │
                                     ├── 固定资产的处置 ┬── 出售/转让
                                     │  （区分处置方式）├── 对外捐赠
                                     │                ├── 无偿调出
                                     │                └── 置换换出
                                     │
                                     └── 固定资产的盘点 ┬── 盘盈
                                        （区分盘点结果）└── 盘亏
```

```
                          ┌── 科目核算要点
         ┌─ 固定资产累计折旧 ┤                    ┌── 按月计提固定资产折旧
         │                └── 主要业务处理及案例 ┤
         │                                       └── 经批准处置或处理固定资产时结转已计提折旧
         │
         │                ┌── 科目核算要点        ┌── 购入为工程准备的物资
         ├─ 工程物资     ┤                       │
         │                └── 主要业务处理及案例 ┼── 领用工程物资
         │                                       │
         │                                       └── 工程完工后将剩余的工程物资转作本单位存货
固定资产类┤
         │                ┌── 科目核算要点        ┌── 建筑安装工程投资
         │                │                       │── 设备投资
         ├─ 在建工程     ┤                       │── 待摊投资
         │                └── 主要业务处理及案例 ┼── 其他投资
         │                                       │── 待核销基建支出
         │                                       └── 基建转出投资
         │
         │                                       ┌── 高等学校行业补充规定
         │                ┌── 行业补充规定特殊要求┼── 中小学校行业补充规定
         └─ 知识拓展     ┤                       ├── 医院行业补充规定
                          │                       └── 基层医疗卫生机构行业补充规定
                          └── 科目核算难点与注意事项
```

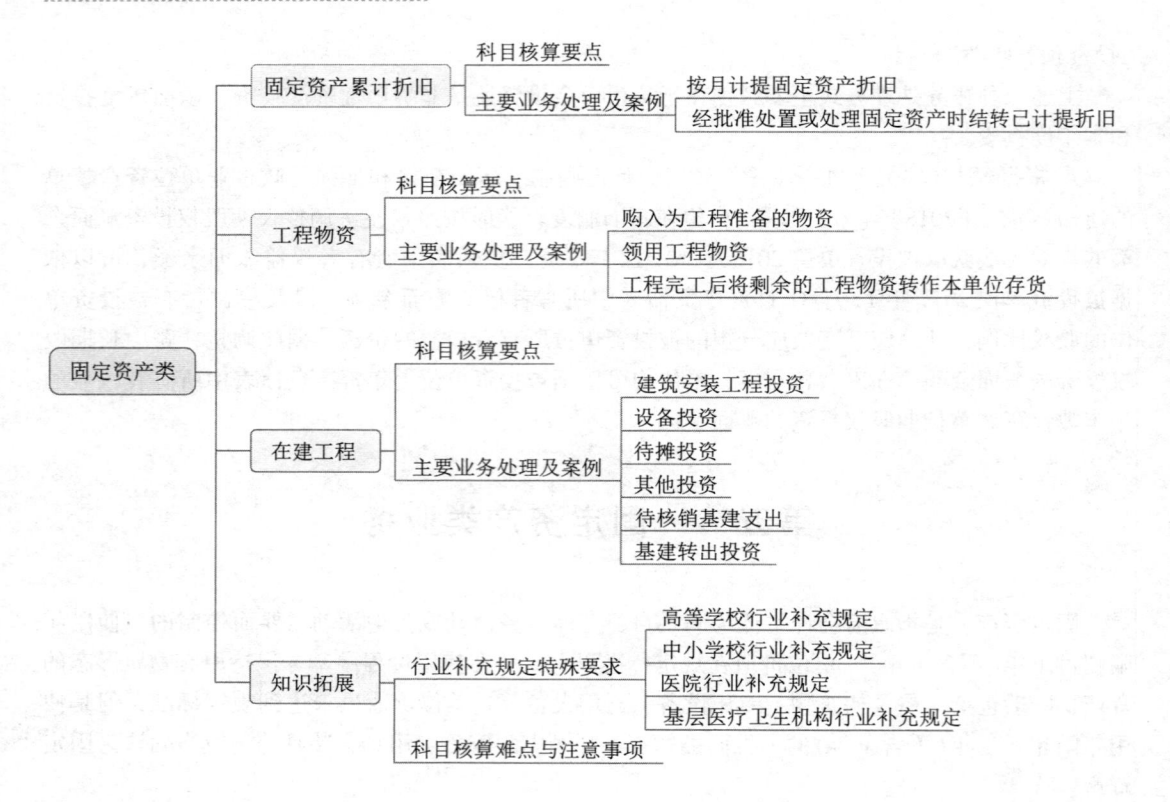

## 一、固定资产科目概述

(一)科目核算要求

1. 固定资产的确认及计量。

固定资产同时满足下列条件的,应当予以确认:

第一,与该固定资产相关的服务潜力很可能实现或者经济利益很可能流入政府会计主体。

第二,该固定资产的成本或者价值能够可靠地计量。

通常情况下,购入、换入、接受捐赠、无偿调入不需安装的固定资产,在固定资产验收合格时确认;购入、换入、接受捐赠、无偿调入需要安装的固定资产,在固定资产安装完成交付使用时确认;自行建造、改建、扩建的固定资产,在建造完成交付使用时确认。

确认固定资产时,应当考虑以下情况:

第一,固定资产的各组成部分具有不同使用年限或者以不同方式为政府会计主体实现服务潜力或提供经济利益,适用不同折旧率或折旧方法且可以分别确定各自原价的,应当分别将各组成部分确认为单项固定资产。

第二,应用软件构成相关硬件不可缺少的组成部分的,应当将该软件的价值包括在所属的硬件价值中,一并确认为固定资产;不构成相关硬件不可缺少的组成部分的,应当将该软件确认为无形资产。

第三,购建房屋及构筑物时,不能分清购建成本中的房屋及构筑物部分与土地使用权部分的,应当全部确认为固定资产;能够分清购建成本中的房屋及构筑物部分与土地使用权部分的,应当将其中的房屋及构筑物部分确认为固定资产,将其中的土地使用权部分确认为无形资产。

固定资产在使用过程中发生的后续支出，符合确认条件的，应当计入固定资产成本；不符合本确认条件的，应当在发生时计入当期费用或者相关资产成本。将发生的固定资产后续支出计入固定资产成本的，应当同时从固定资产账面价值中扣除被替换部分的账面价值。

2. 固定资产的初始计量。

固定资产在取得时应当按照成本进行初始计量。主要包括如下情形。

（1）外购的固定资产，其成本包括购买价款、相关税费以及固定资产交付使用前所发生的可归属于该项资产的运输费、装卸费、安装费和专业人员服务费等。以一笔款项购入多项没有单独标价的固定资产，应当按照各项固定资产同类或类似资产市场价格的比例对总成本进行分配，分别确定各项固定资产的成本。

（2）自行建造的固定资产，其成本包括该项资产至交付使用前所发生的全部必要支出。在原有固定资产基础上进行改建、扩建、修缮后的固定资产，其成本按照原固定资产账面价值加上改建、扩建、修缮发生的支出，再扣除固定资产被替换部分的账面价值后的金额确定。为建造固定资产借入的专门借款的利息，属于建设期间发生的，计入在建工程成本；不属于建设期间发生的，计入当期费用。已交付使用但尚未办理竣工决算手续的固定资产，应当按照估计价值入账，待办理竣工决算后再按实际成本调整原来的暂估价值。

（3）通过置换取得的固定资产，其成本按照换出资产的评估价值加上支付的补价或减去收到的补价，加上换入固定资产发生的其他相关支出确定。

（4）接受捐赠的固定资产，其成本按照有关凭据注明的金额加上相关税费、运输费等确定；没有相关凭据可供取得，但按规定经过资产评估的，其成本按照评估价值加上相关税费、运输费等确定；没有相关凭据可供取得、也未经资产评估的，其成本比照同类或类似资产的市场价格加上相关税费、运输费等确定；没有相关凭据且未经资产评估、同类或类似资产的市场价格也无法可靠取得的，按照名义金额入账，相关税费、运输费等计入当期费用。如受赠的系旧的固定资产，在确定其初始入账成本时应当考虑该项资产的新旧程度。

（5）无偿调入的固定资产，其成本按照调出方账面价值加上相关税费、运输费等确定。

（6）政府会计主体盘盈的固定资产，按规定经过资产评估的，其成本按照评估价值确定；未经资产评估的，其成本按照重置成本确定。

（7）政府会计主体融资租赁取得的固定资产，其成本按照其他相关政府会计准则确定。

3. 固定资产的后续计量。

（1）折旧。

折旧，是指在固定资产的预计使用年限内，按照确定的方法对应计的折旧额进行系统分摊。固定资产应计的折旧额为其成本，计提固定资产折旧时不考虑预计净残值。对暂估入账的固定资产计提折旧，实际成本确定后不需调整原已计提的折旧额。下列各项固定资产不计提折旧：文物和陈列品；动植物；图书、档案；单独计价入账的土地；以名义金额计量的固定资产。

政府会计主体应当根据相关规定以及固定资产的性质和使用情况，合理确定固定资产的使用年限。固定资产的使用年限一经确定，不得随意变更。政府会计主体确定固定资产使用年限，应当考虑下列因素：

第一，预计实现服务潜力或提供经济利益的期限。

第二，预计有形损耗和无形损耗。

第三，法律或者类似规定对资产使用的限制。

政府会计主体一般应当采用年限平均法或者工作量法计提固定资产折旧。在确定固定资产的折旧方法时，应当考虑与固定资产相关的服务潜力或经济利益的预期实现方式。固定资产折旧方法一经确定，不得随意变更。固定资产应当按月计提折旧，并根据用途计入当期费用或者相关资产成本。当月增加的固定资产，当月开始计提折旧；当月减少的固定资产，当月不再计提折旧。

提足折旧后，无论能否继续使用，均不再计提折旧；提前报废的固定资产，也不再补提折旧。已提足折旧的固定资产，可以继续使用的，应当继续使用，规范实物管理。

固定资产因改建、扩建或修缮等原因而延长其使用年限的，应当按照重新确定的固定资产的成本以及重新确定的折旧年限计算折旧额。

盘盈、无偿调入、接受捐赠以及置换的固定资产，应当考虑该项资产的新旧程度，按照其尚可使用的年限计提折旧。

通常情况下，政府会计主体应当按照下表规定确定各类应计提折旧的固定资产的折旧年限。

**政府固定资产折旧年限表**

| 固定资产类别 | 内容 | | 折旧年限（年） |
|---|---|---|---|
| 房屋及构筑物 | 业务及管理用房 | 钢结构 | 不低于 50 |
| | | 钢筋混凝土结构 | 不低于 50 |
| | | 砖混结构 | 不低于 30 |
| | | 砖木结构 | 不低于 30 |
| | 简易房 | | 不低于 8 |
| | 房屋附属设施 | | 不低于 8 |
| | 构筑物 | | 不低于 8 |
| 通用设备 | 计算机设备 | | 不低于 6 |
| | 办公设备 | | 不低于 6 |
| | 车辆 | | 不低于 8 |
| | 图书档案设备 | | 不低于 5 |
| | 机械设备 | | 不低于 10 |
| | 电气设备 | | 不低于 5 |
| | 雷达、无线电和卫星导航设备 | | 不低于 10 |
| | 通信设备 | | 不低于 5 |
| | 广播、电视、电影设备 | | 不低于 5 |
| | 仪器仪表 | | 不低于 5 |
| | 电子和通信测量设备 | | 不低于 5 |
| | 计量标准器具及量具、衡器 | | 不低于 5 |
| 专用设备 | 探矿、采矿、选矿和造块设备 | | 10~15 |
| | 石油天然气开采专用设备 | | 10~15 |
| | 石油和化学工业专用设备 | | 10~15 |

续表

| 固定资产类别 | 内容 | 折旧年限（年） |
|---|---|---|
| 专用设备 | 炼焦和金属冶炼轧制设备 | 10~15 |
| | 电力工业专用设备 | 20~30 |
| | 非金属矿物制品工业专用设备 | 10~20 |
| | 核工业专用设备 | 20~30 |
| | 航空航天工业专用设备 | 20~30 |
| | 工程机械 | 10~15 |
| | 农业和林业机械 | 10~15 |
| | 木材采集和加工设备 | 10~15 |
| | 食品加工专用设备 | 10~15 |
| | 饮料加工设备 | 10~15 |
| | 烟草加工设备 | 10~15 |
| | 粮油作物和饲料加工设备 | 10~15 |
| | 纺织设备 | 10~15 |
| | 缝纫、服饰、制革和毛皮加工设备 | 10~15 |
| | 造纸和印刷机械 | 10~20 |
| | 化学药品和中药专用设备 | 5~10 |
| | 医疗设备 | 5~10 |
| | 电工、电子专用生产设备 | 5~10 |
| | 安全生产设备 | 10~20 |
| | 邮政专用设备 | 10~15 |
| | 环境污染防治设备 | 10~20 |
| | 公安专用设备 | 3~10 |
| | 水工机械 | 10~20 |
| | 殡葬设备及用品 | 5~10 |
| | 铁路运输设备 | 10~20 |
| | 水上交通运输设备 | 10~20 |
| | 航空器及其配套设备 | 10~20 |
| | 专用仪器仪表 | 5~10 |
| | 文艺设备 | 5~15 |
| | 体育设备 | 5~15 |
| | 娱乐设备 | 5~15 |
| 家具、用具及装具 | 家具 | 不低于15 |
| | 用具、装具 | 不低于5 |

其中高校、中小学校、医院和基层医疗机构都在各自的行业补充规定中规定了详细的行业固定资产折旧年限，上述四类事业单位请参考行业补充规定制定本单位的固定资产折旧年限。科学事业单位可以参考《关于执行〈科学事业单位财务制度〉有关问题的通知》（财教〔2014〕10号）通知要求制定本单位的固定资产折旧年限。其他单位在尚未公布本行业统一的固定资产折旧年限时，参考上表制定本单位的固定资产折旧年限。

(2) 处置。

政府会计主体按规定报经批准出售、转让固定资产或固定资产报废、毁损的，应当将固定资产账面价值转销计入当期费用，并将处置收入扣除相关处置税费后的差额按规定作应缴款项处理（差额为净收益时）或计入当期费用（差额为净损失时）。

按规定报经批准对外捐赠、无偿调出固定资产的，应当将固定资产的账面价值予以转销，对外捐赠、无偿调出中发生的归属于捐出方、调出方的相关费用应当计入当期费用。

按规定报经批准以固定资产对外投资的，应当将该固定资产的账面价值予以转销，并将固定资产在对外投资时的评估价值与其账面价值的差额计入当期收入或费用。

固定资产盘亏造成的损失，按规定报经批准后应当计入当期费用。

4. 固定资产的披露。

政府会计主体应当在附注中披露与固定资产有关的下列信息：

(1) 固定资产的分类和折旧方法。

(2) 各类固定资产的使用年限、折旧率。

(3) 各类固定资产账面余额、累计折旧额、账面价值的期初、期末数及其本期变动情况。

(4) 以名义金额计量的固定资产名称、数量，以及以名义金额计量的理由。

(5) 已提足折旧的固定资产名称、数量等情况。

(6) 接受捐赠、无偿调入的固定资产名称、数量等情况。

(7) 出租、出借固定资产以及以固定资产投资的情况。

(8) 固定资产对外捐赠、无偿调出、毁损等重要资产处置的情况。

(9) 暂估入账的固定资产账面价值变动情况。

## 二、固定资产

### (一) 科目核算要点

本科目核算单位固定资产的原值。应当按照固定资产类别和项目进行明细核算。

固定资产一般分为六类：房屋及构筑物；专用设备；通用设备；文物和陈列品；图书、档案；家具、用具、装具及动植物。核算时，应当考虑以下情况。

1. 购入需要安装的固定资产，应当先通过"在建工程"科目核算，安装完毕交付使用时再转入本科目核算。

2. 以借入、经营租赁租入方式取得的固定资产，不通过本科目核算，应当设置备查簿进行登记。

3. 采用融资租入方式取得的固定资产，通过本科目核算，并在本科目下设置"融资租入固定资产"明细科目。

4. 经批准在境外购买具有所有权的土地，作为固定资产，通过本科目核算；单位应当在本科目下设置"境外土地"明细科目，进行相应明细核算。

科目期末借方余额，反映单位固定资产的原值。

(二)主要业务处理及案例

1. 固定资产在取得时，应当按照成本进行初始计量。

(1)购入不需安装的固定资产验收合格时，按照确定的固定资产成本，借记本科目，贷记"财政拨款收入""零余额账户用款额度""应付账款""银行存款"等科目。

购入需要安装的固定资产，在安装完毕交付使用前通过"在建工程"科目核算，安装完毕交付使用时再转入本科目。

购入固定资产扣留质量保证金的，应当在取得固定资产时，按照确定的固定资产成本，借记本科目[不需安装]或"在建工程"科目[需要安装]，按照实际支付或应付的金额，贷记"财政拨款收入""零余额账户用款额度""应付账款"[不含质量保证金]、"银行存款"等科目，按照扣留的质量保证金数额，贷记"其他应付款"[扣留期在1年以内(含1年)]或"长期应付款"[扣留期超过1年]科目。质保期满支付质量保证金时，借记"其他应付款""长期应付款"科目，贷记"财政拨款收入""零余额账户用款额度""银行存款"等科目。

(2)自行建造的固定资产交付使用时，按照在建工程成本，借记本科目，贷记"在建工程"科目。已交付使用但尚未办理竣工决算手续的固定资产，按照估计价值入账，待办理竣工决算后再按照实际成本调整原来的暂估价值。

(3)融资租赁取得的固定资产，其成本按照租赁协议或者合同确定的租赁价款、相关税费以及固定资产交付使用前所发生的可归属于该项资产的运输费、途中保险费、安装调试费等确定。

融资租入的固定资产，按照确定的成本，借记本科目[不需安装]或"在建工程"科目[需安装]，按照租赁协议或者合同确定的租赁付款额，贷记"长期应付款"科目，按照支付的运输费、途中保险费、安装调试费等金额，贷记"财政拨款收入""零余额账户用款额度""银行存款"等科目。

定期支付租金时，按照实际支付金额，借记"长期应付款"科目，贷记"财政拨款收入""零余额账户用款额度""银行存款"等科目。

(4)按照规定跨年度分期付款购入固定资产的账务处理，参照融资租入固定资产。

(5)接受捐赠的固定资产，按照确定的固定资产成本，借记本科目[不需安装]或"在建工程"科目[需安装]，按照发生的相关税费、运输费等，贷记"零余额账户用款额度""银行存款"等科目，按照其差额，贷记"捐赠收入"科目。

接受捐赠的固定资产按照名义金额入账的，按照名义金额，借记本科目，贷记"捐赠收入"科目；按照发生的相关税费、运输费等，借记"其他费用"科目，贷记"零余额账户用款额度""银行存款"等科目。

(6)无偿调入的固定资产，按照确定的固定资产成本，借记本科目[不需安装]或"在建工程"科目[需安装]，按照发生的相关税费、运输费等，贷记"零余额账户用款额度""银行存款"等科目，按照其差额，贷记"无偿调拨净资产"科目。

(7)置换取得的固定资产，参照"库存物品"科目中置换取得库存物品的相关规定进行账务处理。

固定资产取得时涉及增值税业务的，相关账务处理参见"应交增值税"科目。

【案例4041】B事业单位2019年8月1日，有关固定资产的科目业务如下：

（1）购入需安装的固定资产 D，次月安装完成验收合格，总价 120 000 元，其中质量保证金 5%，一年质保期后予以支付。

（2）融资租入不需安装的固定资产 E，租赁期限 10 年，发生相关税费、安装费等其他支出 10 000 元；按照租赁协议每年支付租金 20 000 元；每年 8 月 1 日定期支付租金。

（3）接受捐赠不需安装的固定资产 F，评估确定的价值为 50 000 元，发生的相关税费等 6 000 元。

（4）接受捐赠不需安装的固定资产 G，价值无法确定，暂按名义金额入账，发生的相关税费等 3 000 元。

（5）无偿调入不需安装的固定资产 H，经评估确定的价值为 20 000 元，发生相关税费等 2 000 元。

以上款项支付通过银行存款支付，均为专用设备。

账务处理分录如下：

| | 购入需安装的固定资产 D | 核算要点精讲 |
|---|---|---|
| 财务会计 | 借：在建工程—D　　　　　　120 000<br>　　贷：银行存款　　　　　　　　114 000<br>　　　　其他应付款　　　　　　　　6 000 | 扣留期在 1 年以内（含 1 年）的质保金在其他应付款核算；超过 1 年的在长期应付款核算；质保金 = 120 000×5% = 6 000 元 |
| 预算会计 | 借：事业支出　　　　　　　　114 000<br>　　贷：资金结存—货币资金　　　114 000 | 按实际支付的"现金"进行预算会计账务处理；其他账务处理方式请参考知识拓展部分 |
| | 安装完成交付资产 | |
| 财务会计 | 借：固定资产—专用设备　　　120 000<br>　　贷：在建工程　　　　　　　　120 000 | 安装完毕交付使用前通过"在建工程"科目核算，安装完毕交付使用时再转入本科目；固定资产按六大类明细科目进行核算 |
| 预算会计 | 不做账务处理 | |
| | 一年后支付质保金 | |
| 财务会计 | 借：其他应付款　　　　　　　　6 000<br>　　贷：银行存款　　　　　　　　　6 000 | |
| 预算会计 | 借：事业支出　　　　　　　　　6 000<br>　　贷：资金结存—货币资金　　　6 000 | 实务中由于涉及项目管理、资金性质等方面，还有其他账务处理方式，请参考知识拓展部分 |
| | 融资租入固定资产 E | |
| 财务会计 | 借：固定资产—专用设备　　　210 000<br>　　贷：长期应付款　　　　　　　200 000<br>　　　　银行存款　　　　　　　　10 000 | 固定资产成本 = 合同确定的付款额 + 支付的其他费用；按照租赁协议或者合同确定的租赁付款额，贷记长期应付款科目（融资租入期限超过 1 年） |
| 预算会计 | 借：事业支出　　　　　　　　10 000<br>　　贷：资金结存—货币资金　　　10 000 | |
| | 定期支付租金 | |
| 财务会计 | 借：长期应付款　　　　　　　20 000<br>　　贷：银行存款　　　　　　　　20 000 | 按年定期支付租金；跨年度分期付款购入固定资产的账务处理，参照融资租入固定资产 |
| 预算会计 | 借：事业支出　　　　　　　　20 000<br>　　贷：资金结存—货币资金　　　20 000 | |

续表

| | 接受捐赠固定资产 F | |
|---|---|---|
| 财务会计 | 借：固定资产—专用设备　　56 000<br>　贷：银行存款　　　　　　　　6 000<br>　　　捐赠收入　　　　　　　　50 000 | 差额确认为捐赠收入 |
| 预算会计 | 借：其他支出　　　　　　　　6 000<br>　贷：资金结存—货币资金　　6 000 | 捐赠收入为非现金捐赠，预算会计不进行账务处理；其他税费支出计入其他支出而非事业支出 |
| | 接受捐赠固定资产 G（名义金额） | |
| 财务会计 | 借：固定资产—专用设备　　1（名义金额）<br>　　其他费用　　　　　　　　3 000<br>　贷：银行存款　　　　　　　　3 000<br>　　　捐赠收入　　　　　　　　1（名义金额） | 捐赠收入与计入固定资产的金额（名义金额）一致；按照发生的相关税费、运输费等，借记"其他费用"科目 |
| 预算会计 | 借：其他支出　　　　　　　　3 000<br>　贷：资金结存—货币资金　　3 000 | 发生的相关费用没有计入固定资产价值，相应的不能计入事业支出，与其他费用相对应计入其他支出 |
| | 无偿调入的固定资产 H | |
| 财务会计 | 借：固定资产—专用设备　　22 000<br>　贷：银行存款　　　　　　　　2 000<br>　　　无偿调拨净资产　　　　　20 000 | |
| 预算会计 | 借：其他支出　　　　　　　　2 000<br>　贷：资金结存—货币资金　　2 000 | 其他税费计入其他支出而非事业支出 |

2. 与固定资产有关的后续支出。

（1）符合固定资产确认条件的后续支出。

通常情况下，将固定资产转入改建、扩建时，按照固定资产的账面价值，借记"在建工程"科目，按照固定资产已计提折旧，借记"固定资产累计折旧"科目，按照固定资产的账面余额，贷记本科目。

为增加固定资产使用效能或延长其使用年限而发生的改建、扩建等后续支出，借记"在建工程"科目，贷记"财政拨款收入""零余额账户用款额度""银行存款"等科目。

固定资产改建、扩建等完成交付使用时，按照在建工程成本，借记本科目，贷记"在建工程"科目。

（2）不符合固定资产确认条件的后续支出。

为保证固定资产正常使用发生的日常维修等支出，借记"业务活动费用""单位管理费用"等科目，贷记"财政拨款收入""零余额账户用款额度""银行存款"等科目。

【案例 4042】B 事业单位 2019 年 8 月 1 日，对办公楼进行了改建，办公楼原值 5 000 000 元，已计提折旧 3 000 000 元；为增加使用效能发生后续支出 900 000 元，以上款项支付通过银行存款支付。账务处理分录如下：

| | 将固定资产转入在建工程 | 核算要点精讲 |
|---|---|---|
| 财务会计 | 借：在建工程　　　　　　　　2 000 000<br>　　固定资产累计折旧　　　　3 000 000<br>　贷：固定资产—房屋及构筑物　5 000 000 | 将固定资产转入在建工程，包括已计提的折旧 |

续表

| 预算会计 | 不做账务处理 | |
|---|---|---|
| | 发生改建、扩建支出 | |
| 财务会计 | 借：在建工程　　　　　　　900 000<br>　贷：银行存款　　　　　　　　900 000 | 符合固定资产确认条件的后续支出；不符合固定资产确认条件的后续支出计入费用 |
| 预算会计 | 借：事业支出　　　　　　　900 000<br>　贷：资金结存—货币资金　　900 000 | |
| | 完成交付使用 | |
| 财务会计 | 借：固定资产—房屋及构筑物　2 900 000<br>　贷：在建工程　　　　　　　2 900 000 | |
| 预算会计 | 不做账务处理 | |

3. 按照规定报经批准处置固定资产，应当分别以下情况处理。

(1) 报经批准出售、转让固定资产，按照被出售、转让固定资产的账面价值，借记"资产处置费用"科目，按照固定资产已计提的折旧，借记"固定资产累计折旧"科目，按照固定资产账面余额，贷记本科目；同时，按照收到的价款，借记"银行存款"等科目，按照处置过程中发生的相关费用，贷记"银行存款"等科目，按照其差额，贷记"应缴财政款"科目。

(2) 报经批准对外捐赠固定资产，按照固定资产已计提的折旧，借记"固定资产累计折旧"科目，按照被处置固定资产账面余额，贷记本科目，按照捐赠过程中发生的归属于捐出方的相关费用，贷记"银行存款"等科目，按照其差额，借记"资产处置费用"科目。

(3) 报经批准无偿调出固定资产，按照固定资产已计提的折旧，借记"固定资产累计折旧"科目，按照被处置固定资产账面余额，贷记本科目，按照其差额，借记"无偿调拨净资产"科目；同时，按照无偿调出过程中发生的归属于调出方的相关费用，借记"资产处置费用"科目，贷记"银行存款"等科目。

(4) 报经批准置换换出固定资产，参照"库存物品"中置换换入库存物品的规定进行账务处理。

固定资产处置时涉及增值税业务的，相关账务处理参见"应交增值税"科目。

【案例4043】B事业单位2019年8月1日，按照规定报经批准处置固定资产业务如下：

(1) 报经批准出售固定资产一项，原值200 000元，已计提折旧140 000元，处置费用4 000元，处置价款70 000元，款项已收到。

(2) 报经批准对外捐赠固定资产一项，原值60 000元，已计提折旧40 000元，B事业单位支付运费2 000元(归属于捐出方)。

(3) 报经批准无偿调出固定资产一项给同级事业单位，原值10 000元，已计提折旧4 000元，B事业单位支付运费1 000元(归属于调出方)。

以上固定资产均为专用设备。账务处理分录如下：

| 经批准出售固定资产 | 核算要点精讲 |
|---|---|
| 财务会计 | 借：资产处置费用　　　　　　60 000<br>　　固定资产累计折旧　　　　140 000<br>　　　贷：固定资产—专用设备　　　　200 000<br>借：银行存款　　　　　　　　70 000<br>　　　贷：银行存款　　　　　　　　　　4 000<br>　　　　　应缴财政款　　　　　　　　66 000 | 1. 出售、转让固定资产的账面价值（原值-折旧）计入资产处置费用；账面价值不等于账面余额；出售价款与支出的相关费用抵减后计入应缴财政款<br>2. 资产出售、转让的收益应按规定上缴财政 |
| 预算会计 | 不做账务处理 | 应缴财政款不属于"纳入部门预算管理"的资金 |
| 经批准捐赠固定资产 | | |
| 财务会计 | 借：资产处置费用　　　　　　22 000<br>　　固定资产累计折旧　　　　40 000<br>　　　贷：固定资产—专用设备　　　　60 000<br>　　　　　银行存款　　　　　　　　　　2 000 | 出售固定资产的处置费用为账面价值，而捐赠固定资产的资产处置费用科目金额包括捐出方负担的相关费用（相关费用视同对外捐赠流动资产） |
| 预算会计 | 借：其他支出　　　　　　　　2 000<br>　　　贷：资金结存—货币资金　　　　　2 000 | 归属于捐出方的相关支出 |
| 经批准无偿调出固定资产 | | |
| 财务会计 | 借：资产处置费用　　　　　　1 000<br>　　　贷：银行存款　　　　　　　　　　1 000<br>借：固定资产累计折旧　　　　4 000<br>　　无偿调拨净资产　　　　　6 000<br>　　　贷：固定资产—专用设备　　　　10 000 | 1. 发生的归属于调出方的相关费用计入资产处置费用<br>2. 固定资产账面余额和累计折旧的差额计入无偿调拨资产<br>3. 固定资产的出售、捐赠、调出账务处理原则均不相同<br>4. 归属于调出方的相关费用视同资产处置 |
| 预算会计 | 借：其他支出　　　　　　　　1 000<br>　　　贷：资金结存—货币资金　　　　　1 000 | 归属于调出方的相关支出 |

4. 单位应当定期对固定资产进行清查盘点，每年至少盘点一次。对于发生的固定资产盘盈、盘亏或毁损、报废，应当先记入"待处理财产损溢"科目，按照规定报经批准后及时进行后续账务处理。

（1）盘盈的固定资产，其成本按照有关凭据注明的金额确定；没有相关凭据、但按照规定经过资产评估的，其成本按照评估价值确定；没有相关凭据、也未经过评估的，其成本按照重置成本确定。如无法采用上述方法确定盘盈固定资产成本的，按照名义金额（人民币1元）入账。盘盈的固定资产，按照确定的入账成本，借记本科目，贷记"待处理财产损溢"科目。

（2）盘亏、毁损或报废的固定资产，按照待处理固定资产的账面价值，借记"待处理财产损溢"科目，按照已计提折旧，借记"固定资产累计折旧"科目，按照固定资产的账面余额，贷记本科目。

【案例4044】B事业单位2019年12月31日，对固定资产进行了清查，发生如下事项：
（1）盘盈固定资产一项（通用设备），没有相关凭据，按照规定评估后价值20 000元。
（2）盘亏固定资产一项（专用设备），该固定资产原值50 000元，已计提折旧45 000元。
账务处理分录如下：

| | 盘盈固定资产 | | 核算要点精讲 |
|---|---|---|---|
| 财务会计 | 借：固定资产—通用设备　　20 000<br>　　贷：待处理财产损溢　　　　　　20 000 | | 盘盈资产的入账成本与购入资产初始计量方法相同 |
| 预算会计 | 不做账务处理 | | |
| | 盘亏固定资产 | | |
| 财务会计 | 借：固定资产累计折旧　　　45 000<br>　　待处理财产损溢　　　　　 5 000<br>　　贷：固定资产—专用设备　　　　50 000 | | 账面价值为净值；账面余额为原值 |
| 预算会计 | 不做账务处理 | | |

## 三、固定资产累计折旧

(一)科目核算要点

本科目核算单位计提的固定资产累计折旧。公共基础设施和保障性住房计提的累计折旧，应当分别通过"公共基础设施累计折旧(摊销)"科目和"保障性住房累计折旧"科目核算，不通过本科目核算。

文物和陈列品；动植物；图书、档案；单独计价入账的土地；以名义金额计量的固定资产，按照规定不计提折旧。

本科目应当按照所对应固定资产的明细分类进行明细核算。

本科目期末贷方余额，反映单位计提的固定资产折旧累计数。

(二)主要业务处理及案例

(1)按月计提固定资产折旧时，按照应计提折旧金额，借记"业务活动费用""单位管理费用""经营费用""加工物品""在建工程"等科目，贷记本科目。

**【案例 4045】** 2019 年 8 月 1 日，B 事业单位资产管理部门通过资产管理系统计提折旧 50 000 元，其中用于业务部门的固定资产按规定折旧 30 000 元、用于行政部门的固定资产按规定折旧 20 000 元。账务处理分录如下：

| | 固定资产计提折旧 | | 核算要点精讲 |
|---|---|---|---|
| 财务会计 | 借：业务活动费用　　　　　30 000<br>　　单位管理费用　　　　　20 000<br>　　贷：固定资产累计折旧　　　　50 000 | | 固定资产计提折旧时应明确费用类别，当月新增的固定资产当月计提折旧，应注意与企业会计要求的计提时点不一致 |
| 预算会计 | 不做账务处理 | | 无"现金"流入流出 |

(2)经批准处置或处理固定资产时，按照所处置或处理固定资产的账面价值，借记"资产处置费用""无偿调拨净资产""待处理财产损溢"等科目，按照已计提折旧，借记本科目，按照固定资产的账面余额，贷记"固定资产"科目。

## 四、工程物资

(一)科目核算要点

本科目核算单位为在建工程准备的各种物资的成本，包括工程用材料、设备等，可按照

"库存材料""库存设备"等工程物资类别进行明细核算。

本科目期末借方余额,反映单位为在建工程准备的各种物资的成本。

(二)主要业务处理及案例

1. 购入为工程准备的物资,按照确定的物资成本,借记本科目,贷记"财政拨款收入""零余额账户用款额度""银行存款""应付账款"等科目。

2. 领用工程物资,按照物资成本,借记"在建工程"科目,贷记本科目。工程完工后将领出的剩余物资退库时做相反的会计分录。

3. 工程完工后将剩余的工程物资转作本单位存货等的,按照物资成本,借记"库存物品"等科目,贷记本科目。

【案例4046】B事业单位2019年8月1日,通过财政授权支付购入为工程准备的钢材300 000元;8月2日,领用钢材150 000元;8月31日工程完工,将剩余钢材10 000元退库;12月31日工程完工将剩余钢材转作存货。账务处理分录如下:

| | 购入工程物资 | 核算要点精讲 |
|---|---|---|
| 财务会计 | 借:工程物资—钢材　　　　300 000<br>　贷:零余额账户用款额度　　　300 000 | 工程物资按物资类别进行明细核算 |
| 预算会计 | 借:事业支出　　　　　　　300 000<br>　贷:资金结存—零余额账户用款额度<br>　　　　　　　　　　　　300 000 | |
| | 领用工程物资 | |
| 财务会计 | 借:在建工程　　　　　　　150 000<br>　贷:工程物资—钢材　　　　150 000 | 本案例工程物资为在建工程准备,领用时列入在建工程;存货领用时列费用等科目 |
| 预算会计 | 不做账务处理 | |
| | 退回工程物资 | |
| 财务会计 | 借:工程物资—钢材　　　　10 000<br>　贷:在建工程　　　　　　　10 000 | 领用的工程物资没有使用完,与领用时做相反会计分录 |
| 预算会计 | 不做账务处理 | |
| | 完工后剩余物资转存货 | |
| 财务会计 | 借:库存物品—钢材　　　　160 000<br>　贷:工程物资—钢材　　　　160 000 | 在建工程不再使用,列入存货核算;计算过程:300 000-150 000+10 000=160 000元 |
| 预算会计 | 不做账务处理 | |

## 五、在建工程

(一)科目核算要点

本科目核算单位在建的建设项目工程的实际成本。单位在建的信息系统项目工程、公共基础设施项目工程、保障性住房项目工程的实际成本,也通过本科目核算,也即在建工程完工后可能转入的科目包括"公共基础设施""保障性住房"等科目。

本科目应当设置"建筑安装工程投资""设备投资""待摊投资""其他投资""待核销基建支出""基建转出投资"等明细科目,并按照具体项目进行明细核算。

1. "建筑安装工程投资"明细科目，核算单位发生的构成建设项目实际支出的建筑工程和安装工程的实际成本，不包括被安装设备本身的价值以及按照合同规定支付给施工单位的预付备料款和预付工程款。本明细科目应当设置"建筑工程"和"安装工程"两个明细科目进行明细核算。

2. "设备投资"明细科目，核算单位发生的构成建设项目实际支出的各种设备的实际成本。

3. "待摊投资"明细科目，核算单位发生的构成建设项目实际支出的、按照规定应当分摊计入有关工程成本和设备成本的各项间接费用和税费支出。本明细科目的具体核算内容包括以下方面：

（1）勘察费、设计费、研究试验费、可行性研究费及项目其他前期费用。

（2）土地征用及迁移补偿费、土地复垦及补偿费、森林植被恢复费及其他为取得土地使用权、租用权而发生的费用。

（3）土地使用税、耕地占用税、契税、车船税、印花税及按照规定缴纳的其他税费。

（4）项目建设管理费、代建管理费、临时设施费、监理费、招投标费、社会中介审计（审查）费及其他管理性质的费用。项目建设管理费是指项目建设单位从项目筹建之日起至办理竣工财务决算之日止发生的管理性质的支出，包括不在原单位发工资的工作人员工资及相关费用、办公费、办公场地租用费、差旅交通费、劳动保护费、工具用具使用费、固定资产使用费、招募生产工人费、技术图书资料费(含软件)、业务招待费、施工现场津贴、竣工验收费等。

（5）项目建设期间发生的各类专门借款利息支出或融资费用。

（6）工程检测费、设备检验费、负荷联合试车费及其他检验检测类费用。

（7）固定资产损失、器材处理亏损、设备盘亏及毁损、单项工程或单位工程报废、毁损净损失及其他损失。

（8）系统集成等信息工程的费用支出。

（9）其他待摊性质支出。

本明细科目应当按照上述费用项目进行明细核算，其中有些费用(如项目建设管理费等)，还应当按照更为具体的费用项目进行明细核算。

4. "其他投资"明细科目，核算单位发生的构成建设项目实际支出的房屋购置支出，基本畜禽、林木等购置、饲养、培育支出，办公生活用家具、器具购置支出，软件研发和不能计入设备投资的软件购置等支出。单位为进行可行性研究而购置的固定资产，以及取得土地使用权支付的土地出让金，也通过本明细科目核算。

本明细科目应当设置"房屋购置""基本畜禽支出""林木支出""办公生活用家具、器具购置""可行性研究固定资产购置""无形资产"等明细科目。

5. "待核销基建支出"明细科目，核算建设项目发生的江河清障、航道清淤、飞播造林、补助群众造林、水土保持、城市绿化、取消项目的可行性研究费以及项目整体报废等不能形成资产部分的基建投资支出。

本明细科目应按照待核销基建支出的类别进行明细核算。

6. "基建转出投资"明细科目，核算为建设项目配套而建成的、产权不归属本单位的专用设施的实际成本。

本明细科目应按照转出投资的类别进行明细核算。

本科目期末借方余额，反映单位尚未完工的建设项目工程发生的实际成本。

(二)主要业务处理及案例

1. 建筑安装工程投资。

(1)将固定资产等资产转入改建、扩建等时,按照固定资产等资产的账面价值,借记本科目(建筑安装工程投资),按照已计提的折旧或摊销,借记"固定资产累计折旧"等科目,按照固定资产等资产的原值,贷记"固定资产"等科目。

固定资产等资产改建、扩建过程中涉及替换(或拆除)原资产的某些组成部分的,按照被替换(或拆除)部分的账面价值,借记"待处理财产损溢"科目,贷记本科目(建筑安装工程投资)。

(2)单位对于发包建筑安装工程,根据建筑安装工程价款结算账单与施工企业结算工程价款时,按照应承付的工程价款,借记本科目(建筑安装工程投资),按照预付工程款余额,贷记"预付账款"科目,按照其差额,贷记"财政拨款收入""零余额账户用款额度""银行存款""应付账款"等科目。

(3)单位自行施工的小型建筑安装工程,按照发生的各项支出金额,借记本科目(建筑安装工程投资),贷记"工程物资""零余额账户用款额度""银行存款""应付职工薪酬"等科目。

(4)工程竣工,办妥竣工验收交接手续交付使用时,按照建筑安装工程成本(含应分摊的待摊投资),借记"固定资产"等科目,贷记本科目(建筑安装工程投资)。

【案例4047】B事业单位2019年8月1日,在建工程建筑安装工程投资科目发生业务如下:

(1)对办公楼X进行扩建,该办公楼原值5 000 000元,已计提折旧3 000 000元;改扩建过程将原办公楼防盗门拆除,账面价值150 000元,已计提折旧90 000元,改建共发生支出900 000元。

(2)经公开招标,建造专用房屋Y,合同签订后预付工程款400 000元,2019年9月1日,结算工程款时应承付的工程价款600 000元,单位将剩余款项予以支付。

(3)自行施工建造小型工程Z,该工程领用物资50 000元,同时发生其他支出30 000元,款项已支付。

(4)2019年12月31日,X工程及Z工程竣工验收后交付使用。

账务处理分录如下:

| | 对办公楼X进行扩建(转入在建) | 核算要点精讲 |
|---|---|---|
| 财务会计 | 借:在建工程—建筑安装工程投资—X<br>　　　　　　　　　　　　2 000 000<br>　　固定资产累计折旧　　3 000 000<br>　贷:固定资产　　　　　　5 000 000<br>借:待处理财产损溢　　　　60 000<br>　贷:在建工程—建筑安装工程投资—X<br>　　　　　　　　　　　　　60 000 | 1. 将账面价值转入在建工程<br>2. 将改扩建过程中替换(拆除)原资产的部分,按照账面价值(而非科目余额)转入待处理财产损溢;计算过程:150 000-90 000=60 000元 |
| 预算会计 | 不做账务处理 | |
| | 对办公楼进行扩建 | |
| 财务会计 | 借:在建工程—建筑安装工程投资—X<br>　　　　　　　　　　　　900 000<br>　贷:银行存款　　　　　　900 000 | 对工程应按项目进行核算 |

续表

| | | |
|---|---|---|
| 预算会计 | 借：事业支出　　　　　　　900 000<br>　贷：资金结存—货币资金　　　900 000 | |
| | 支付 Y 工程预付工程款 | |
| 财务会计 | 借：预付账款—Y　　　　　400 000<br>　贷：银行存款　　　　　　　400 000 | 一般情况下，在预付账款下设明细科目，专门用于核算在建工程预付账款 |
| 预算会计 | 借：事业支出　　　　　　　400 000<br>　贷：资金结存—货币资金　　　400 000 | |
| | 结算 Y 工程工程款 | |
| 财务会计 | 借：在建工程—建筑安装工程投资—Y<br>　　　　　　　　　　　600 000<br>　贷：银行存款　　　　　　　200 000<br>　　预付账款—Y　　　　　400 000 | 冲回预付账款 |
| 预算会计 | 借：事业支出　　　　　　　200 000<br>　贷：资金结存—货币资金　　　200 000 | |
| | 自行施工 Z 工程发生支出 | |
| 财务会计 | 借：在建工程—建筑安装工程投资—Z<br>　　　　　　　　　　　80 000<br>　贷：工程物资　　　　　　　50 000<br>　　银行存款　　　　　　　30 000 | 领用工程物资 |
| 预算会计 | 借：事业支出　　　　　　　30 000<br>　贷：资金结存—货币资金　　　30 000 | |
| | X 工程、Z 工程验收 | |
| 财务会计 | 借：固定资产　　　　　　2 840 000<br>　贷：在建工程—建筑安装工程投资—X<br>　　　　　　　　　　2 840 000<br>借：固定资产　　　　　　　80 000<br>　贷：在建工程—建筑安装工程投资—Z<br>　　　　　　　　　　　80 000 | X 工程总价为：账面价值 2 000 000+支出 900 000-报废部分账面价值 60 000=2 840 000 元 |
| 预算会计 | 不做账务处理 | |

2. 设备投资。

(1)购入设备时，按照购入成本，借记本科目(设备投资)，贷记"财政拨款收入""零余额账户用款额度""银行存款"等科目；采用预付款方式购入设备的，有关预付款的账务处理参照本科目有关"建筑安装工程投资"明细科目的规定。

(2)设备安装完毕，办妥竣工验收交接手续交付使用时，按照设备投资成本(含设备安装工程成本和分摊的待摊投资)，借记"固定资产"等科目，贷记本科目(设备投资、建筑安装工程投资—安装工程)。

将不需要安装的设备和达不到固定资产标准的工具、器具交付使用时，按照相关设备、工具、器具的实际成本，借记"固定资产""库存物品"科目，贷记本科目(设备投资)。

3. 待摊投资。

建设工程发生的构成建设项目实际支出的、按照规定应当分摊计入有关工程成本和设备成本的各项间接费用和税费支出，先在本明细科目中归集；建设工程办妥竣工验收手续交付使用时，按照合理的分配方法，摊入相关工程成本、在安装设备成本等。

（1）单位发生的构成待摊投资的各类费用，按照实际发生金额，借记本科目（待摊投资），贷记"财政拨款收入""零余额账户用款额度""银行存款""应付利息""长期借款""其他应交税费""固定资产累计折旧""无形资产累计摊销"等科目。

（2）对于建设过程中试生产、设备调试等产生的收入，按照取得的收入金额，借记"银行存款"等科目，按照依据有关规定应当冲减建设工程成本的部分，贷记本科目（待摊投资），按照其差额贷记"应缴财政款"或"其他收入"科目。

（3）由于自然灾害、管理不善等原因造成的单项工程或单位工程报废或毁损，扣除残料价值和过失人或保险公司等赔款后的净损失，报经批准后计入继续施工的工程成本的，按照工程成本扣除残料价值和过失人或保险公司等赔款后的净损失，借记本科目（待摊投资），按照残料变价收入、过失人或保险公司赔款等，借记"银行存款""其他应收款"等科目，按照报废或毁损的工程成本，贷记本科目（建筑安装工程投资）。

（4）工程交付使用时，按照合理的分配方法分配待摊投资，借记本科目（建筑安装工程投资、设备投资），贷记本科目（待摊投资）。待摊投资的分配方法，可按照下列公式计算。

按照实际分配率分配。适用于建设工期较短、整个项目的所有单项工程一次竣工的建设项目。

实际分配率=待摊投资明细科目余额÷（建筑工程明细科目余额+安装工程明细科目余额+设备投资明细科目余额）×100%

按照概算分配率分配。适用于建设工期长、单项工程分期分批建成投入使用的建设项目。

概算分配率=（概算中各待摊投资项目的合计数−其中可直接分配部分）÷（概算中建筑工程、安装工程和设备投资合计）×100%

某项固定资产应分配的待摊投资=该项固定资产的建筑工程成本或该项固定资产（设备）的采购成本和安装成本合计×分配率

【案例4048】B事业单位2019年8月1日，在建工程X工程的建筑成本科目余额为500 000元（账务处理省略），其他发生业务如下：

（1）发生项目可行性研究等待摊投资费用205 000元；该项目（建筑工程、安装工程、设备投资科目余额为2 500 000元）所有工程一次完工，使用实际分配率分配。

（2）该项目试生产产生收入5 000元；假设全部用于冲减成本。

（3）由于发生自然灾害，该项目工程整体毁损工程毁损净损失100 000元，报经批准，计入继续施工成本，保险公司赔款400 000元已收到（实际总毁损500 000元）；假设X工程同比例毁损为20%（500 000÷2 500 000）。

（4）X工程支付工程款1 000 000元（假设不参加待摊投资分配）。

（5）2019年12月31日，X工程（该项目单项工程）竣工验收后交付使用。

上述款项均通过银行存款支付。

账务处理分录如下：

| 发生待摊投资费用 | | | 核算要点精讲 |
|---|---|---|---|
| 财务会计 | 借：在建工程—待摊投资 贷：银行存款 | 205 000 205 000 | |

续表

| 预算会计 | 借：事业支出　　　　　　　　　205 000<br>　　贷：资金结存—货币资金　　　　205 000 | |
|---|---|---|
| | 试生产产生收入 | |
| 财务会计 | 借：银行存款　　　　　　　　　　5 000<br>　　贷：在建工程—待摊投资　　　　5 000 | 按照依据有关规定应当冲减建设工程成本的部分，贷记待摊投资，按照其差额贷记"应缴财政款"或"其他收入"科目 |
| 预算会计 | 借：资金结存—货币资金　　　　　5 000<br>　　贷：其他预算收入　　　　　　　5 000 | 视同"其他预算收入" |
| | 毁损净损失计入成本 | |
| 财务会计 | 借：在建工程—待摊投资　　　　100 000<br>　　银行存款　　　　　　　　　400 000<br>　　贷：在建工程—建筑安装工程投资<br>　　　　　　　　　　　　　　500 000 | |
| 预算会计 | 不做账务处理 | 保险公司赔款不纳入"部门预算管理"，视同周转金，将来该款项仍将继续予以支付；该费用已于发生的当时予以列支；工程继续施工时，涉及支付500 000元时不进行预算会计账务处理，否则将导致预算会计支出重复列支 |
| | 支付工程款 | |
| 财务会计 | 借：在建工程—建筑安装工程投资—X<br>　　　　　　　　　　　　　1 000 000<br>　　贷：银行存款　　　　　　　1 000 000 | |
| 预算会计 | 借：事业支出　　　　　　　　1 000 000<br>　　贷：资金结存—货币资金　　1 000 000 | |
| | 分配待摊投资 | |
| 财务会计 | 借：在建工程—建筑安装工程投资—X<br>　　　　　　　　　　　　　　60 000<br>　　贷：在建工程—待摊投资　　　60 000 | 待摊投资科目余额 300 000（发生额 205 000-冲减额 5 000+净损失 100 000）；分配率=科目余额÷总项目科目余额=300 000÷（2 500 000-毁损部分 500 000）=15%<br>该项工程应分配待摊投资=（500 000-毁损部分 100 000元）×15%=60 000元 |
| 预算会计 | 不做账务处理 | |
| | X 工程程验收 | |
| 财务会计 | 借：固定资产　　　　　　　　1 460 000<br>　　贷：在建工程—建筑安装工程投资—X<br>　　　　　　　　　　　　　　1460 000 | X 工程总价为：建安投资 1 000 000+分配的待摊投资 60 000+原余额 500 000-毁损部分 100 000=1 460 000元 |
| 预算会计 | 不做账务处理 | |

4. 其他投资。

（1）单位为建设工程发生的房屋购置支出，基本畜禽、林木等的购置、饲养、培育支出，办公生活用家具、器具购置支出，软件研发和不能计入设备投资的软件购置等支出，按照实际发生金额，借记本科目（其他投资），贷记"财政拨款收入""零余额账户用款额度""银行存款"等科目。

(2)工程完成将形成的房屋、基本畜禽、林木等各种财产以及无形资产交付使用时,按照其实际成本,借记"固定资产""无形资产"等科目,贷记本科目(其他投资)。

5. 待核销基建支出。

(1)建设项目发生的江河清障、航道清淤、飞播造林、补助群众造林、水土保持、城市绿化等不能形成资产的各类待核销基建支出,照实际发生金额,借记本科目(待核销基建支出),贷记"财政拨款收入""零余额账户用款额度""银行存款"等科目。

(2)取消的建设项目发生的可行性研究费,按照实际发生金额,借记本科目(待核销基建支出),贷记本科目(待摊投资)。

(3)由于自然灾害等原因发生的建设项目整体报废所形成的净损失,报经批准后转入待核销基建支出,按照项目整体报废所形成的净损失,借记本科目(待核销基建支出),按照报废工程回收的残料变价收保险公司赔款等,借记"银行存款""其他应收款"等科目,按照报废的工程成本,贷记本科目(建筑安装工程投资等)。

(4)建设项目竣工验收交付使用时,对发生的待核销基建支出进行冲销,借记"资产处置费用"科目,贷记本科目(待核销基建支出)。

【案例4049】B事业单位2019年8月1日,在建工程发生业务如下:

(1)X工程发生水土保持及绿化等费用50 000元,款项已支付。

(2)取消的项目Y发生的可行性研究费10 000元。

(3)由于发生自然灾害,Z工程整体毁损工程毁损净损失100 000元,报经批准,不计入继续施工成本,转入待核销基建支出,保险公司赔款100 000元已收到。

(4)2019年12月31日,经批准对发生的待核销基建支出进行冲销。

上述款项均通过银行存款支付。

账务处理分录如下:

| | 发生待核销基建支出 | 核算要点精讲 |
|---|---|---|
| 财务会计 | 借:在建工程—待核销基建支出 50 000<br>  贷:银行存款 50 000 | 假设水土保持及绿化不能形成固定资产 |
| 预算会计 | 借:事业支出 50 000<br>  贷:资金结存—货币资金 50 000 | |
| | 取消的项目发生的可行性研究费 | |
| 财务会计 | 借:在建工程—待核销基建支出 10 000<br>  贷:在建工程—待摊投资 10 000 | |
| 预算会计 | 不做账务处理 | |
| | 毁损净损失转入待核销基建支出 | |
| 财务会计 | 借:在建工程—待核销基建支出 100 000<br>  银行存款 100 000<br>  贷:在建工程—建筑安装工程投资—Z 200 000 | 在建工程毁损净损失根据是否计入继续施工的成本有两种处理方法:一是计入待摊投资;二是计入待核销基建支出 |
| 预算会计 | 不做账务处理 | 保险公司赔款不纳入"部门预算管理",视同周转金,将来该款项仍将继续予以支付;该费用已于发生的当时予以列支;工程继续施工时,涉及支付100 000元时不进行预算会计账务处理,否则将导致预算会计支出重复列支 |

续表

| | 冲销待核销基建支出 | |
|---|---|---|
| 财务会计 | 借：资产处置费用　　　　　　160 000<br>　贷：在建工程——待核销基建支出 160 000 | 视同固定资产处置(未入账即处置) |
| 预算会计 | 不做账务处理 | |

6. 基建转出投资。

为建设项目配套而建成的、产权不归属本单位的专用设施，在项目竣工验收交付使用时，按照转出的专用设施的成本，借记本科目(基建转出投资)，贷记本科目(建筑安装工程投资)；同时，借记"无偿调拨净资产"科目，贷记本科目(基建转出投资)。

【案例4050】B事业单位2019年8月1日，在建工程发生业务如下：

(1)为建设项目配套而建成的、产权不归属本单位的专用设施X，该工程已发生支出50 000元(账务处理省略)。

(2)2019年12月31日，项目竣工验收予以转出。

账务处理分录如下：

| | 专用设施转出时 | 核算要点精讲 |
|---|---|---|
| 财务会计 | 借：在建工程—基建转出投资　　　50 000<br>　贷：在建工程—建筑安装工程投资—X<br>　　　　　　　　　　　　　　50 000 | 由在建工程的建安投资转入基建转出投资明细科目 |
| 预算会计 | 不做账务处理 | |
| | 冲销转出的在建工程 | |
| 财务会计 | 借：无偿调拨净资产　　　　　50 000<br>　贷：在建工程—基建转出投资　50 000 | 原理相当于将该工程交付固定资产后无偿调出 |
| 预算会计 | 不做账务处理 | |

## 五、知识拓展

(一)行业补充规定特殊要求

1. 高等学校行业补充规定。

关于固定资产折旧年限，高等学校补充规定进行了细化，详细情况请参考高等学校行业补充规定。

2. 中小学校行业补充规定。

关于固定资产折旧年限，中小学校补充规定进行了细化，详细情况请参考中小学校行业补充规定。

3. 医院行业补充规定。

(1)医院应当在新制度规定的"1601 固定资产""1602 固定资产累计折旧"科目下按照形成固定资产的经费性质(财政项目拨款经费、科教经费、其他经费)进行明细核算。

(2)医院应当根据核算需要，参照"1601 固定资产""1701 无形资产"等科目，在新制度规定的"1613 在建工程""1703 研发支出"等科目下按照经费性质(财政项目拨款经费、科教经费、其他经费)进行明细核算。

(3)关于固定资产折旧年限,医院补充规定进行了细化,详细情况请参考医院行业行业补充规定。

4. 基层卫生医疗机构补充规定。

关于固定资产折旧年限,基层卫生医疗机构补充规定进行了细化,详细情况请参考基层卫生医疗机构行业行业补充规定。

(二)科目核算难点与注意事项

1. 固定资产与文物文化资产的界定,在实务工作中,某项资产属于文物类,但是其使用范围为某一会计主体而非社会公共需求,应界定为"固定资产"而非"文物文化资产";涉及类似的科目还包括"政府储备物资""公共基础设施""保障性住房""受托代理资产"等科目,其主要区别就是单位自用和社会公共需求或特定需求。

2. 在学习和实务工作中,应明确政府会计与企业会计关于固定资产折旧的规则不同,企业会计主体当月新增的固定资产当月不计提折旧、政府会计主体当月新增的固定资产当月计提折旧。

3. 采用融资租入方式取得的固定资产,通过"固定资产"核算,并在本科目下设置"融资租入固定资产"明细科目。经批准在境外购买具有所有权的土地,作为固定资产,通过本科目核算;单位应当在"固定资产"科目下设置"境外土地"明细科目,进行相应明细核算。

4. 在实务工作中,由于在建工程竣工决算验收交付资产手续复杂,单位不及时办理固定资产交付手续,也是审计中常见的问题,需要引起重视;在建工程已投入使用而不及时转入固定资产核算,导致不能及时计提折旧,影响资产管理和费用核算的准确性。

5. 按照国有资产管理有关制度,关于固定资产处置权限在不断扩大,因财政管理体制不同,在实务中应按照同级财政部门的要求进行核算。

6. 文物和陈列品;动植物;图书、档案;单独计价入账的土地;以名义金额计量的固定资产不计提折旧。

7. 在实务工作中,"工程物资"与"库存物品"不同,"工程物资"是主要为单位在建工程准备,领用时将会形成资产;而"库存物品"主要为日常业务活动准备,领用时一般进行费用化账务处理;但"工程物资"在项目结束后可转为"库存物品"核算。

8. 因改建、扩建将"固定资产"转为"在建工程",应进行账务处理,但实务工作中单位通常没有进行账务处理,将会导致折旧费用的计提不准确,影响当年的盈余;在实务中经常发生对固定资产中拆除的部分不减少账面价值而仅仅将改建、扩建的工程价款计入账面价值,将影响固定资产的真实价值。

9. 实务中特殊情况:专项资金 A 项目(功能分类为 2050205)500 000 元,由项目负责人 X 负责,根据项目建设计划和合同约定,使用 A 项目资金购置专用设备一台 500 000 元,设备已验收,8月1日支付货款 450 000 元,质保金 50 000 元一年后支付。账务处理分录如下:

|      | 购置固定资产 | 核算要点精讲 |
|------|-----------|-----------|
| 财务会计 | 借:固定资产　　　　　　　500 000<br>　　贷:银行存款　　　　　　450 000<br>　　　　其他应付款—质保金　50 000 | 质保金在其他应付款核算 |
| 预算会计 | 借:事业支出—财政拨款支出—项目A<br>　　　　　　　　　　　　450 000<br>　　贷:资金结存—货币资金　450 000 | 核算时还应结合功能分类科目进行辅助核算 |

续表

| | 一年后支付质保金 | |
|---|---|---|
| 财务会计 | 借：其他应付款—质保金　　50 000<br>　　贷：银行存款　　　　　　　　50 000 | |
| 预算会计 | 借：事业支出—财政拨款支出—项目A<br>　　　　　　　　　　　　　　50 000<br>　　贷：资金结存—货币资金　　　50 000 | |

上述账务处理方式在实务中存在如下问题：一是A项目在购置固定资产时支付货款450 000元，项目余额为50 000元（未支付的质保金），实务中可能会出现项目负责人X使用项目余额安排其他支出，挤占后续支付质保金的资金；二是一年后支付质保金时，财务部门还需要去核查一年前支付质保金的项目、功能分类等信息，重复工作且容易出错。

根据以上实际情况，在实务中可参照下述方式进行账务处理：

| | 购置固定资产 | 核算要点精讲 |
|---|---|---|
| 财务会计 | 借：固定资产　　　　　　　500 000<br>　　贷：银行存款　　　　　　450 000<br>　　　　其他应付款—质保金　50 000 | 质保金在其他应付款核算 |
| 预算会计 | 借：事业支出—财政拨款支出—项目A<br>　　　　　　　　　　　　　500 000<br>　　事业支出—待处理—质保金　-50 000<br>　　贷：资金结存—货币资金　450 000 | 核算时还应结合功能分类科目进行辅助核算；通过这种方式，可一次性将项目A资金列支完毕；"事业支出—待处理"相当于一个归集科目，将所有涉及质保金的金额归集到这个科目，在实务中也可以归集到某一特定的项目 |
| | 一年后支付质保金 | |
| 财务会计 | 借：其他应付款—质保金　　50 000<br>　　贷：银行存款　　　　　　　　50 000 | |
| 预算会计 | 借：事业支出—待处理—质保金　50 000<br>　　贷：资金结存—货币资金　　　50 000 | 此账务处理可解决以上问题，支付质保金时不再重复去核实前期支付的详细情况；同理涉及个人所得税的账务处理也可参照该方式 |

以上账务处理的方式适用于质保金、个人所得税的情况，主要原理在于同一笔业务延后进行预算会计支出账务处理。在实务中请结合单位实际情况、会计核算系统功能合理进行优化。

## 第六节　无形资产类业务

无形资产，是指政府会计主体控制的没有实物形态的可辨认非货币性资产，如专利权、商标权、著作权、土地使用权、非专利技术等。资产满足下列条件之一的，符合无形资产定义中的可辨认性标准。

第一，能够从政府会计主体中分离或者划分出来，并能单独或者与相关合同、资产或负债一起，用于出售、转移、授予许可、租赁或者交换。

第二，源自合同性权利或其他法定权利，无论这些权利是否可以从政府会计主体或其他权利和义务中转移或者分离。

无形资产类会计科目包括"无形资产""无形资产累计摊销""研发支出"3个科目。

无形资产类科目思维导图如下所示。

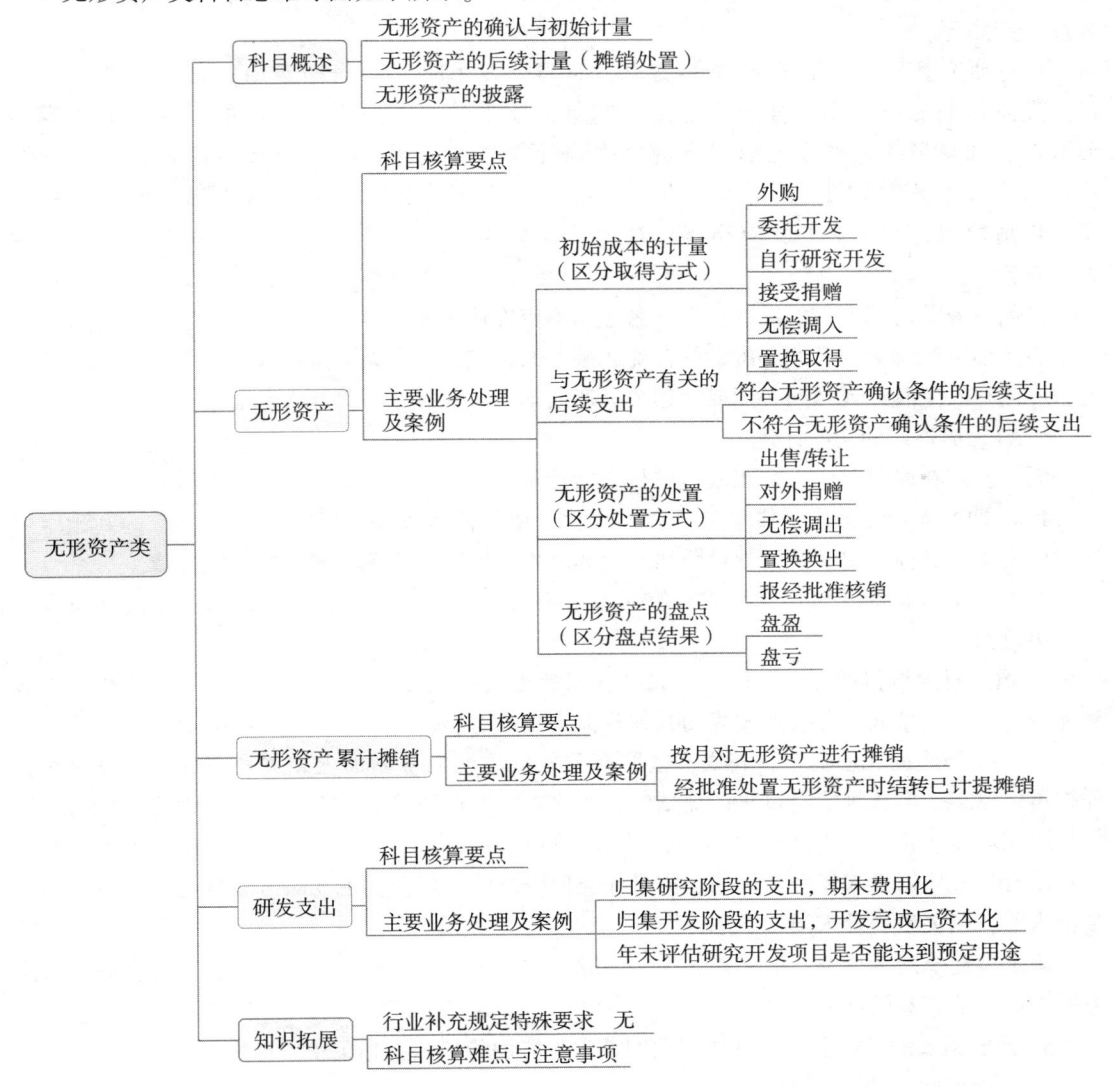

```
无形资产类
├── 无形资产
│   ├── 科目概述
│   │   ├── 无形资产的确认与初始计量
│   │   ├── 无形资产的后续计量（摊销处置）
│   │   └── 无形资产的披露
│   ├── 科目核算要点
│   └── 主要业务处理及案例
│       ├── 初始成本的计量（区分取得方式）
│       │   ├── 外购
│       │   ├── 委托开发
│       │   ├── 自行研究开发
│       │   ├── 接受捐赠
│       │   ├── 无偿调入
│       │   └── 置换取得
│       ├── 与无形资产有关的后续支出
│       │   ├── 符合无形资产确认条件的后续支出
│       │   └── 不符合无形资产确认条件的后续支出
│       ├── 无形资产的处置（区分处置方式）
│       │   ├── 出售/转让
│       │   ├── 对外捐赠
│       │   ├── 无偿调出
│       │   ├── 置换换出
│       │   └── 报经批准核销
│       └── 无形资产的盘点（区分盘点结果）
│           ├── 盘盈
│           └── 盘亏
├── 无形资产累计摊销
│   ├── 科目核算要点
│   └── 主要业务处理及案例
│       ├── 按月对无形资产进行摊销
│       └── 经批准处置无形资产时结转已计提摊销
├── 研发支出
│   ├── 科目核算要点
│   └── 主要业务处理及案例
│       ├── 归集研究阶段的支出，期末费用化
│       ├── 归集开发阶段的支出，开发完成后资本化
│       └── 年末评估研究开发项目是否能达到预定用途
└── 知识拓展
    ├── 行业补充规定特殊要求  无
    └── 科目核算难点与注意事项
```

## 一、无形资产类科目概述

（一）无形资产的确认

无形资产同时满足下列条件的，应当予以确认：

1. 与该无形资产相关的服务潜力很可能实现或者经济利益很可能流入政府会计主体。
2. 该无形资产的成本或者价值能够可靠地计量。

政府会计主体在判断无形资产的服务潜力或经济利益是否很可能实现或流入时，应当对无形资产在预计使用年限内可能存在的各种社会、经济、科技因素做出合理估计，并且应当有确凿的证据支持。

购入的不构成相关硬件不可缺少组成部分的软件，应当确认为无形资产。

自行研究开发项目的支出,应当区分研究阶段支出与开发阶段支出。研究是指为获取并理解新的科学或技术知识而进行的独创性的有计划调查。开发是指在进行生产或使用前,将研究成果或其他知识应用于某项计划或设计,以生产出新的或具有实质性改进的材料、装置、产品等。

自行研究开发项目研究阶段的支出,应当于发生时计入当期费用。自行研究开发项目开发阶段的支出,先按合理方法进行归集,如果最终形成无形资产的,应当确认为无形资产;如果最终未形成无形资产的,应当计入当期费用。政府会计主体自行研究开发项目尚未进入开发阶段,或者确实无法区分研究阶段支出和开发阶段支出,但按法律程序已申请取得无形资产的,应当将依法取得时发生的注册费、聘请律师费等费用确认为无形资产。

自创商誉及内部产生的品牌、报刊名等,不应确认为无形资产。

与无形资产有关的后续支出,符合确认条件的,应当计入无形资产成本;不符合确认条件的,应当在发生时计入当期费用或者相关资产成本。

(二)无形资产的初始计量

无形资产在取得时应当按照成本进行初始计量。

1. 外购的无形资产,其成本包括购买价款、相关税费以及可归属于该项资产达到预定用途前所发生的其他支出。委托软件公司开发的软件,视同外购无形资产确定其成本。

2. 自行开发的无形资产,其成本包括自该项目进入开发阶段后至达到预定用途前所发生的支出总额。

3. 通过置换取得的无形资产,其成本按照换出资产的评估价值加上支付的补价或减去收到的补价,加上换入无形资产发生的其他相关支出确定。

4. 接受捐赠的无形资产,其成本按照有关凭据注明的金额加上相关税费确定;没有相关凭据可供取得,但按规定经过资产评估的,其成本按照评估价值加上相关税费确定;没有相关凭据可供取得、也未经资产评估的,其成本比照同类或类似资产的市场价格加上相关税费确定;没有相关凭据且未经资产评估、同类或类似资产的市场价格也无法可靠取得的,按照名义金额入账,相关税费计入当期费用。

确定接受捐赠无形资产的初始入账成本时,应当考虑该项资产尚可为政府会计主体带来服务潜力或经济利益的能力。

5. 无偿调入的无形资产,其成本按照调出方账面价值加上相关税费确定。

(三)无形资产的后续计量

1. 无形资产的摊销。

政府会计主体应当于取得或形成无形资产时合理确定其使用年限。无形资产的使用年限为有限的,应当估计该使用年限。无法预见无形资产为政府会计主体提供服务潜力或者带来经济利益期限的,应当视为使用年限不确定的无形资产。

(1)对使用年限有限的无形资产进行摊销,但已摊销完毕仍继续使用的无形资产和以名义金额计量的无形资产除外。摊销是指在无形资产使用年限内,按照确定的方法对应摊销金额进行系统分摊。

对于使用年限有限的无形资产,应当按照以下原则确定无形资产的摊销年限。

第一,法律规定了有效年限的,按照法律规定的有效年限作为摊销年限。

第二,法律没有规定有效年限的,按照相关合同或单位申请书中的受益年限作为摊销年限。

第三，法律没有规定有效年限、相关合同或单位申请书也没有规定受益年限的，应当根据无形资产为政府会计主体带来服务潜力或经济利益的实际情况，预计其使用年限。

第四，非大批量购入、单价小于 1 000 元的无形资产，可以于购买的当期将其成本一次性全部转销。

政府会计主体应当采用年限平均法或者工作量法对无形资产进行摊销，应摊销金额为其成本，不考虑预计残值，按月对使用年限有限的无形资产进行摊销，并根据用途计入当期费用或者相关资产成本。

因发生后续支出而增加无形资产成本的，对于使用年限有限的无形资产，应当按照重新确定的无形资产成本以及重新确定的摊销年限计算摊销额。

（2）使用年限不确定的无形资产不应摊销。

2. 无形资产的处置。

政府会计主体按规定报经批准出售无形资产，应当将无形资产账面价值转销计入当期费用，并将处置收入大于相关处置税费后的差额按规定计入当期收入或者做应缴款项处理，将处置收入小于相关处置税费后的差额计入当期费用。

按规定报经批准对外捐赠、无偿调出无形资产的，应当将无形资产的账面价值予以转销，对外捐赠、无偿调出中发生的归属于捐出方、调出方的相关费用应当计入当期费用。

按规定报经批准以无形资产对外投资的，应当将该无形资产的账面价值予以转销，并将无形资产在对外投资时的评估价值与其账面价值的差额计入当期收入或费用。

无形资产预期不能为政府会计主体带来服务潜力或者经济利益的，应当在报经批准后将该无形资产的账面价值予以转销。

（四）无形资产的披露

政府会计主体应当按照无形资产的类别在附注中披露与无形资产有关的下列信息：

1. 无形资产账面余额、累计摊销额、账面价值的期初、期末数及其本期变动情况。
2. 自行开发无形资产的名称、数量，以及账面余额和累计摊销额的变动情况。
3. 以名义金额计量的无形资产名称、数量，以及以名义金额计量的理由。
4. 接受捐赠、无偿调入无形资产的名称、数量等情况。
5. 使用年限有限的无形资产，其使用年限的估计情况；使用年限不确定的无形资产，其使用年限不确定的确定依据。
6. 无形资产出售、对外投资等重要资产处置的情况。

## 二、无形资产

（一）科目核算要点

本科目核算单位无形资产的原值。非大批量购入、单价小于 1 000 元的无形资产，可以于购买的当期将其成本直接计入当期费用。

本科目应当按照无形资产的类别、项目等进行明细核算。本科目应根据单位实际情况设置明细科目，一般情况下设置的明细科目主要包括：专利权、非专利技术、商标权、著作权、土地使用权、商誉及其他财产权利（软件、特许权、商誉）等方面，科目设置时应与资产管理系统的明细保持一致。

本科目期末借方余额，反映单位无形资产的成本。

## (二)主要业务处理及案例

1. 无形资产在取得时，应当按照成本进行初始计量。

(1)外购的无形资产，按照确定的成本，借记本科目，贷记"财政拨款收入""零余额账户用款额度""应付账款""银行存款"等科目。

(2)委托软件公司开发软件，视同外购无形资产进行处理。合同中约定预付开发费用的，按照预付金额，借记"预付账款"科目，贷记"财政拨款收入""零余额账户用款额度""银行存款"等科目。软件开发完成交付使用并支付剩余或全部软件开发费用时，按照软件开发费用总额，借记本科目，按照相关预付账款金额，贷记"预付账款"科目，按照支付的剩余金额，贷记"财政拨款收入""零余额账户用款额度""银行存款"等科目。

(3)自行研究开发形成的无形资产，按照研究开发项目进入开发阶段后至达到预定用途前所发生的支出总额，借记本科目，贷记"研发支出—开发支出"科目。

自行研究开发项目尚未进入开发阶段，或者确实无法区分研究阶段支出和开发阶段支出，但按照法律程序已申请取得无形资产的，按照依法取得时发生的注册费、聘请律师费等费用，借记本科目，贷记"财政拨款收入""零余额账户用款额度""银行存款"等科目；按照依法取得前所发生的研究开发支出，借记"业务活动费用"等科目，贷记"研发支出"科目。

(4)接受捐赠的无形资产，按照确定的无形资产成本，借记本科目，按照发生的相关税费等，贷记"零余额账户用款额度""银行存款"等科目，按照其差额，贷记"捐赠收入"科目。

接受捐赠的无形资产按照名义金额入账的，按照名义金额，借记本科目，贷记"捐赠收入"科目；同时，按照发生的相关税费等，借记"其他费用"科目，贷记"零余额账户用款额度""银行存款"等科目。

(5)无偿调入的无形资产，按照确定的无形资产成本，借记本科目，按照发生的相关税费等，贷记"零余额账户用款额度""银行存款"等科目，按照其差额，贷记"无偿调拨净资产"科目。

(6)置换取得的无形资产，参照"库存物品"科目中置换取得库存物品的相关规定进行账务处理。

无形资产取得时涉及增值税业务的，相关账务处理参见"应交增值税"科目。

【案例4051】B事业单位2019年8月1日，有关无形资产的科目业务如下：

(1)与某公司签订合同100 000元，委托其开发软件X用于办公；合同签订后预付款项30 000元；12月31日，验收完成交付使用，付清全部开发费用。

(2)接受捐赠一套软件Y，评估确定的价值为50 000元，发生的相关税费等6 000元。

(3)接受捐赠一套专利权Z，价值无法确定，暂按名义金额入账，发生的相关税费等3 000元。

(4)无偿调入土地使用权W，经评估确定的价值为2 000 000元，发生相关税费等2 000元。

以上款项支付通过银行存款支付。

账务处理分录如下：

| | 签订合同后预付款项 | | 核算要点精讲 |
|---|---|---|---|
| 财务会计 | 借：预付账款<br>　　贷：银行存款 | 30 000<br>　　　30 000 | 委托软件公司开发软件，视同外购无形资产进行处理 |
| 预算会计 | 借：事业支出<br>　　贷：资金结存—货币资金 | 30 000<br>　　　30 000 | 按实际支付的"现金"进行预算会计账务处理 |

续表

| | | |
|---|---|---|
| | 软件开发完成交付使用 | |
| 财务会计 | 借：无形资产—软件 X　　100 000<br>　　贷：银行存款　　　　　　70 000<br>　　　　预付账款　　　　　　30 000 | |
| 预算会计 | 借：事业支出　　　　　　　70 000<br>　　贷：资金结存—货币资金　70 000 | |
| | 接受捐赠无形资产 | |
| 财务会计 | 借：无形资产—软件 Y　　56 000<br>　　贷：银行存款　　　　　　6 000<br>　　　　捐赠收入　　　　　　50 000 | |
| 预算会计 | 借：其他支出　　　　　　　6 000<br>　　贷：资金结存—货币资金　6 000 | 捐赠收入为非现金捐赠，预算会计不进行账务处理；其他税费支出计入其他支出而非事业支出 |
| | 接受捐赠无形资产（名义金额） | |
| 财务会计 | 借：无形资产—专利使用权 Z<br>　　　　　　　　　1（名义金额）<br>　　其他费用　　　　　　　3 000<br>　　贷：银行存款　　　　　　3 000<br>　　　　捐赠收入　　　1（名义金额） | 捐赠收入与计入无形资产的金额（名义金额）一致；按照发生的相关税费、运输费等，借记"其他费用"科目 |
| 预算会计 | 借：其他支出　　　　　　　3 000<br>　　贷：资金结存—货币资金　3 000 | 发生的相关费用未计入无形资产成本，相应的不能计入事业支出，其他费用应计入其他支出 |
| | 无偿调入无形资产 | |
| 财务会计 | 借：无形资产—土地使用权 W　2 002 000<br>　　贷：银行存款　　　　　　2 000<br>　　　　无偿调拨净资产　　　2 000 000 | 相关费用计入无形资产成本 |
| 预算会计 | 借：其他支出　　　　　　　2 000<br>　　贷：资金结存—货币资金　2 000 | 其他税费支出计入其他支出而非事业支出 |

2. 与无形资产有关的后续支出。

（1）符合无形资产确认条件的后续支出。

为增加无形资产的使用效能对其进行升级改造或扩展其功能时，如需暂停对无形资产进行摊销的，按照无形资产的账面价值，借记"在建工程"科目，按照无形资产已摊销金额，借记"无形资产累计摊销"科目，按照无形资产的账面余额，贷记本科目。

无形资产后续支出符合无形资产确认条件的，按照支出的金额，借记本科目[无需暂停摊销]或"在建工程"科目[需暂停摊销]，贷记"财政拨款收入""零余额账户用款额度""银行存款"等科目。暂停摊销的无形资产升级改造或扩展功能等完成交付使用时，按照在建工程成本，借记本科目，贷记"在建工程"科目。

（2）不符合无形资产确认条件的后续支出。

为保证无形资产正常使用发生的日常维护等支出，借记"业务活动费用""单位管理费用"等科目，贷记"财政拨款收入""零余额账户用款额度""银行存款"等科目。

【案例 4052】B 事业单位 2019 年 8 月 1 日，对购买的软件进行二次开发提升其性能，软件原值 500 000 元，已计提摊销费用 300 000 元；为增加使用效能发生后续支出 90 000 元，以上款项通过银行存款支付。账务处理分录如下：

| | 将无形资产转入在建工程 | 核算要点精讲 |
|---|---|---|
| 财务会计 | 借：在建工程　　　　　　　　 200 000<br>　　　无形资产累计摊销　　　　 300 000<br>　　贷：无形资产—软件　　　　　　 500 000 | 是否转入在建工程，主要根据是否暂停计提摊销，如软件仍在继续使用，可不转入在建工程；直接在无形资产科目核算 |
| 预算会计 | 不做账务处理 | |
| | 发生后续支出 | |
| 财务会计 | 借：在建工程　　　　　　　　　 90 000<br>　　贷：银行存款　　　　　　　　　 90 000 | 符合无形资产确认条件的后续支出；不符合无形资产确认条件的后续支出直接计入当期费用 |
| 预算会计 | 借：事业支出　　　　　　　　　 90 000<br>　　贷：资金结存—货币资金　　　　 90 000 | |
| | 完成交付使用 | |
| 财务会计 | 借：无形资产　　　　　　　　　290 000<br>　　贷：在建工程　　　　　　　　　290 000 | |
| 预算会计 | 不做账务处理 | |

3. 按照规定报经批准处置无形资产，应当分别以下情况处理。

（1）报经批准出售、转让无形资产，按照被出售、转让无形资产的账面价值，借记"资产处置费用"科目，按照无形资产已计提的摊销，借记"无形资产累计摊销"科目，按照无形资产账面余额，贷记本科目；同时，按照收到的价款，借记"银行存款"等科目，按照处置过程中发生的相关费用，贷记"银行存款"等科目，按照其差额，贷记"应缴财政款"［按照规定应上缴无形资产转让净收入的］或"其他收入"［按照规定将无形资产转让收入纳入本单位预算管理的］科目。

（2）报经批准对外捐赠无形资产，按照无形资产已计提的摊销，借记"无形资产累计摊销"科目，按照被处置无形资产账面余额，贷记本科目，按照捐赠过程中发生的归属于捐出方的相关费用，贷记"银行存款"等科目，按照其差额，借记"资产处置费用"科目。

（3）报经批准无偿调出无形资产，按照无形资产已计提的摊销，借记"无形资产累计摊销"科目，按照被处置无形资产账面余额，贷记本科目，按照其差额，借记"无偿调拨净资产"科目；同时，按照无偿调出过程中发生的归属于调出方的相关费用，借记"资产处置费用"科目，贷记"银行存款"等科目。

（4）报经批准置换换出无形资产，参照"库存物品"科目中置换换入库存物品的规定进行账务处理。

（5）无形资产预期不能为单位带来服务潜力或经济利益，按照规定报经批准核销时，按照待核销无形资产的账面价值，借记"资产处置费用"科目，按照已计提摊销，借记"无形资产累计摊销"科目，按照无形资产的账面余额，贷记本科目。

无形资产处置时涉及增值税业务的，相关账务处理参见"应交增值税"科目。

【案例4053】B事业单位2019年8月1日，按照规定报经批准处置无形资产业务如下：

（1）报经批准出售一项专利权，原值20 000元，已计提摊销14 000元，处置费用2 000元，处置价款7 000元，款项已收到，按规定上缴财政。

（2）报经批准对外捐赠专利权一项，原值6 000元，已计提摊销4 000元。

（3）报经批准无偿调出土地使用权一项给同级事业单位，原值1 000 000元，已计提摊销

400 000元，B事业单位支付相关税费5 000元(归属于调出方)。

(4)报经批准核销软件一项，原值20 000元，已计提摊销16 000元。账务处理分录如下：

| | 经批准出售无形资产 | | | 核算要点精讲 |
|---|---|---|---|---|
| 财务会计 | 借：资产处置费用　　　　　　　6 000<br>　　无形资产累计摊销　　　　　 14 000<br>　　贷：无形资产—专利权　　　　　20 000<br>借：银行存款　　　　　　　　　 7 000<br>　　贷：银行存款　　　　　　　　 2 000<br>　　　　应缴财政款　　　　　　　 5 000 | | | 1. 出售、转让无形资产的账面价值(原值－摊销)计入资产处置费用；账面价值不等于账面余额；出售价款与支出的相关费用抵减后计入应缴财政款<br>2. 资产出售、转让的收益应按规定上缴财政；如经批准纳入部门预算管理(不上缴财政)，则应确认为其他收入 |
| 预算会计 | 不做账务处理 | | | 应缴财政款不属于"纳入部门预算管理"的资金；如确认为其他收入，则进行预算会计账务处理(确认为其他预算收入) |
| | 经批准捐赠无形资产 | | | |
| 财务会计 | 借：资产处置费用　　　　　　　 2 000<br>　　无形资产累计摊销　　　　　　4 000<br>　　贷：无形资产—专用设备　　　　6 000 | | | 出售无形资产的处置费用为账面价值，而捐赠无形资产的资产处置费用科目金额包括捐出方负担的相关费用（视同对外捐赠流动资产） |
| 预算会计 | 不做账务处理 | | | 归属于捐出方的相关费用；本案例假设无相关费用 |
| | 经批准无偿调出无形资产 | | | |
| 财务会计 | 借：资产处置费用　　　　　　　 5 000<br>　　贷：银行存款　　　　　　　　 5 000<br>借：无形资产累计摊销　　　　 400 000<br>　　无偿调拨净资产　　　　　　600 000<br>　　贷：无形资产—土地使用权　1 000 000 | | | 1. 发生的归属于调出方的相关费用计入资产处置费用<br>2. 无形资产账面余额和累计摊销的差额（即账面价值）计入无偿调拨资产<br>3. 无形资产的出售、捐赠、调出账务处理原则均不相同<br>4. 归属于调出方的相关费用视同资产处置 |
| 预算会计 | 借：其他支出　　　　　　　　　 5 000<br>　　贷：资金结存—货币资金　　　 5 000 | | | 归属于调出方的相关费用 |
| | 经批准核销无形资产 | | | |
| 财务会计 | 借：资产处置费用　　　　　　　 4 000<br>　　无形资产累计摊销　　　　　 16 000<br>　　贷：无形资产—土地使用权　　20 000 | | | |
| 预算会计 | 不做账务处理 | | | |

4. 单位应当定期对无形资产进行清查盘点，每年至少盘点一次。单位资产清查盘点过程中发现的无形资产盘盈、盘亏等，参照"固定资产"科目相关规定进行账务处理。

## 三、无形资产累计摊销

(一)科目核算要点

本科目核算单位对使用年限有限的无形资产计提的累计摊销。本科目应当按照所对应无形资产的明细分类进行明细核算。

本科目期末贷方余额，反映单位计提的无形资产摊销累计数。

## (二)主要业务处理及案例

1. 按月对无形资产进行摊销时,按照应摊销金额,借记"业务活动费用""单位管理费用""加工物品""在建工程"等科目,贷记本科目。

【案例4054】2019年8月1日,B事业单位资产管理部门通过资产管理系统计提软件无形资产摊销50 000元,其中用于业务部门的摊销费用30 000元、用于行政部门的摊销费用20 000元。账务处理分录如下:

| | 无形资产计提摊销 | 核算要点精讲 |
|---|---|---|
| 财务会计 | 借:业务活动费用　　　　　　30 000<br>　　单位管理费用　　　　　　20 000<br>　贷:无形资产累计摊销—软件　　50 000 | 无形资产计提摊销时应明确费用类别,当月新增的无形资产当月计提摊销,应注意与企业会计要求的计提时点不一致 |
| 预算会计 | 不做账务处理 | 无"现金"流入流出 |

2. 经批准处置无形资产时,按照所处置无形资产的账面价值,借记"资产处置费用""无偿调拨净资产""待处理财产损溢"等科目,按照已计提摊销,借记本科目,按照无形资产的账面余额,贷记"无形资产"科目。

## 四、研发支出

### (一)科目核算要点

本科目核算单位自行研究开发项目研究阶段和开发阶段发生的各项支出。建设项目中的软件研发支出,应当通过"在建工程"科目核算,不通过本科目核算。

本科目应当按照自行研究开发项目,分别"研究支出""开发支出"进行明细核算。

本科目期末借方余额,反映单位预计能达到预定用途的研究开发项目在开发阶段发生的累计支出数。

### (二)主要业务处理及案例

1. 自行研究开发项目研究阶段的支出,应当先在本科目归集。按照从事研究及其辅助活动人员计提的薪酬,研究活动领用的库存物品,发生的与研究活动相关的管理费、间接费和其他各项费用,借记本科目(研究支出),贷记"应付职工薪酬""库存物品""财政拨款收入""零余额账户用款额度""固定资产累计折旧""银行存款"等科目。

期(月)末,应当将本科目归集的研究阶段的支出金额转入当期费用,借记"业务活动费用"等科目,贷记本科目(研究支出)。

2. 自行研究开发项目开发阶段的支出,先通过本科目进行归集。按照从事开发及其辅助活动人员计提的薪酬,开发活动领用的库存物品,发生的与开发活动相关的管理费、间接费和其他各项费用,借记本科目(开发支出),贷记"应付职工薪酬""库存物品""财政拨款收入""零余额账户用款额度""固定资产累计折旧""银行存款"等科目。自行研究开发项目完成,达到预定用途形成无形资产的,按照本科目归集的开发阶段的支出金额,借记"无形资产"科目,贷记本科目(开发支出)。

单位应于每年年度终了评估研究开发项目是否能达到预定用途,如预计不能达到预定用途(如无法最终完成开发项目并形成无形资产的),应当将已发生的开发支出金额全部转入当期费用,借记"业务活动费用"等科目,贷记本科目(开发支出)。

自行研究开发项目时涉及增值税业务的，相关账务处理参见"应交增值税"科目。

**【案例4055】** B事业单位2019年8月1日，研发支出科目业务如下：

(1)单位数字化系统建设过程中，支付系统研发支出50 000元，该系统仍在建设过程中。

(2)X项目组在专利研究阶段，计提职工薪酬30 000元(未发放)、领用库存物品10 000元，差旅费等其他支出8 000元；月末按规定进行了归集。

(3)Y项目组在专利开发阶段，计提职工薪酬10 000元、项目组使用的固定资产计提折旧5 000元，办公费等其他支出6 000元；月末按规定进行了归集。

(4)年末，假设发生两种情形：第一种情形：Y项目经评估预计最终无法形成资产；第二种情形：Y项目组项目完成，形成无形资产一项。

账务处理分录如下：

| | 建设项目中的软件支出 | 核算要点精讲 |
|---|---|---|
| 财务会计 | 借：在建工程　　　　　　50 000<br>　　贷：银行存款　　　　　　50 000 | 建设项目中的软件研发支出，应当通过"在建工程"科目核算，其最终形成固定资产，研发支出科目最终形成无形资产 |
| 预算会计 | 借：事业支出　　　　　　50 000<br>　　贷：资金结存—货币资金　50 000 | |
| | X项目组研究阶段支出 | |
| 财务会计 | 借：研发支出—研究支出—X　48 000<br>　　贷：应付职工薪酬　　　　30 000<br>　　　　库存物品　　　　　　10 000<br>　　　　银行存款　　　　　　8 000 | 职工薪酬未发放，发放时预算会计进行账务处理；差旅费等其他费用通过银行存款支付 |
| 预算会计 | 借：事业支出　　　　　　8 000<br>　　贷：资金结存—货币资金　8 000 | |
| | 月末按规定转入当期费用 | |
| 财务会计 | 借：业务活动费用　　　　48 000<br>　　贷：研发支出—研究支出—X　48 000 | |
| 预算会计 | 不做账务处理 | |
| | Y项目组开发阶段支出 | |
| 财务会计 | 借：研发支出—开发支出—Y　21 000<br>　　贷：应付职工薪酬　　　　10 000<br>　　　　固定资产累计折旧　　5 000<br>　　　　银行存款　　　　　　6 000 | |
| 预算会计 | 借：事业支出　　　　　　6 000<br>　　贷：资金结存—货币资金　6 000 | |
| | Y项目组经评估无法形成资产(第一种情形) | |
| 财务会计 | 借：业务活动费用　　　　21 000<br>　　贷：研发支出—开发支出—Y　21 000 | 预计不能达到预定用途(如无法最终完成开发项目并形成无形资产的)，应当将已发生的开发支出金额全部转入当期费用 |
| 预算会计 | 不做账务处理 | |

续表

| | Y 项目组经评估形成资产（第二种情形） | |
|---|---|---|
| 财务会计 | 借：无形资产—专利权　　　　　　21 000<br>　　贷：研发支出—开发支出—Y　　　21 000 | 自行研究开发项目完成，达到预定用途形成无形资产的，按照本科目归集的开发阶段的支出金额，借记"无形资产"科目 |
| 预算会计 | 不做账务处理 | |

### 五、知识拓展

（一）行业补充规定特殊要求

关于无形资产方面，无行业补充规定。

（二）科目核算难点与注意事项

1. 无形资产不同于有形资产，行政事业单位通常注重有形资产的使用、管理与核算，却忽视了无形资产的管理，造成重有形资产轻无形资产、重实物形态轻非实物形态资产管理的局面。特别是高校、医院、科研院所等事业单位，除了购置的无形资产外，自身拥有大量的无形资产资源，却在会计账表几乎没有反映，造成资产使用效率低，资产处置混乱，产权归属关系不清。单位应加强对无形资产的保管、使用、处置，定期清查盘点，做到账账相符、账实相符。

2. "研发支出"科目在核算时从概念上容易区分"研究阶段"和"开发阶段"，但是在实务中二者很难区分，需要较高专业职业判断。自行开发的无形资产其前期投入成本难以合理估计，时间跨度较长，会计核算时将研究阶段费用化、开发阶段资本化存在一定的难度。

3. 事业单位自行研发的无形资产，在没有进行处置时，一般很难为单位带来收益，导致核算不易受到重视，在转让时成本难以准确计量。

4. 关于无形资产摊销年限问题，制度中规定：第一，法律规定了有效年限的，按照法律规定的有效年限作为摊销年限；第二，法律没有规定有效年限的，按照相关合同或单位申请书中的受益年限作为摊销年限；第三，法律没有规定有效年限、相关合同或单位申请书也没有规定受益年限的，应当根据无形资产为政府会计主体带来服务潜力或经济利益的实际情况，预计其使用年限，这三种方式虽然规定非常明确，但是在实际中，往往采用的第三种方法，即由单位自行确定摊销年限，由于会计政策选择问题，将带来会计信息的可比性较差、可靠性不高的问题。

## 第七节　其他资产类业务

在本章前六节的基础上，第七节对第四章资产类业务的其他科目进行了解读和案例分析。

本节内容主要包括"公共基础设施""公共基础设施累计折旧（摊销）""政府储备物资""文物文化资产""保障性住房""保障性住房累计折旧""受托代理资产""待摊费用""长期待摊费用""待处理财产损溢"十个会计科目。其中"待摊费用"从流动资产调整至本节进行解读。

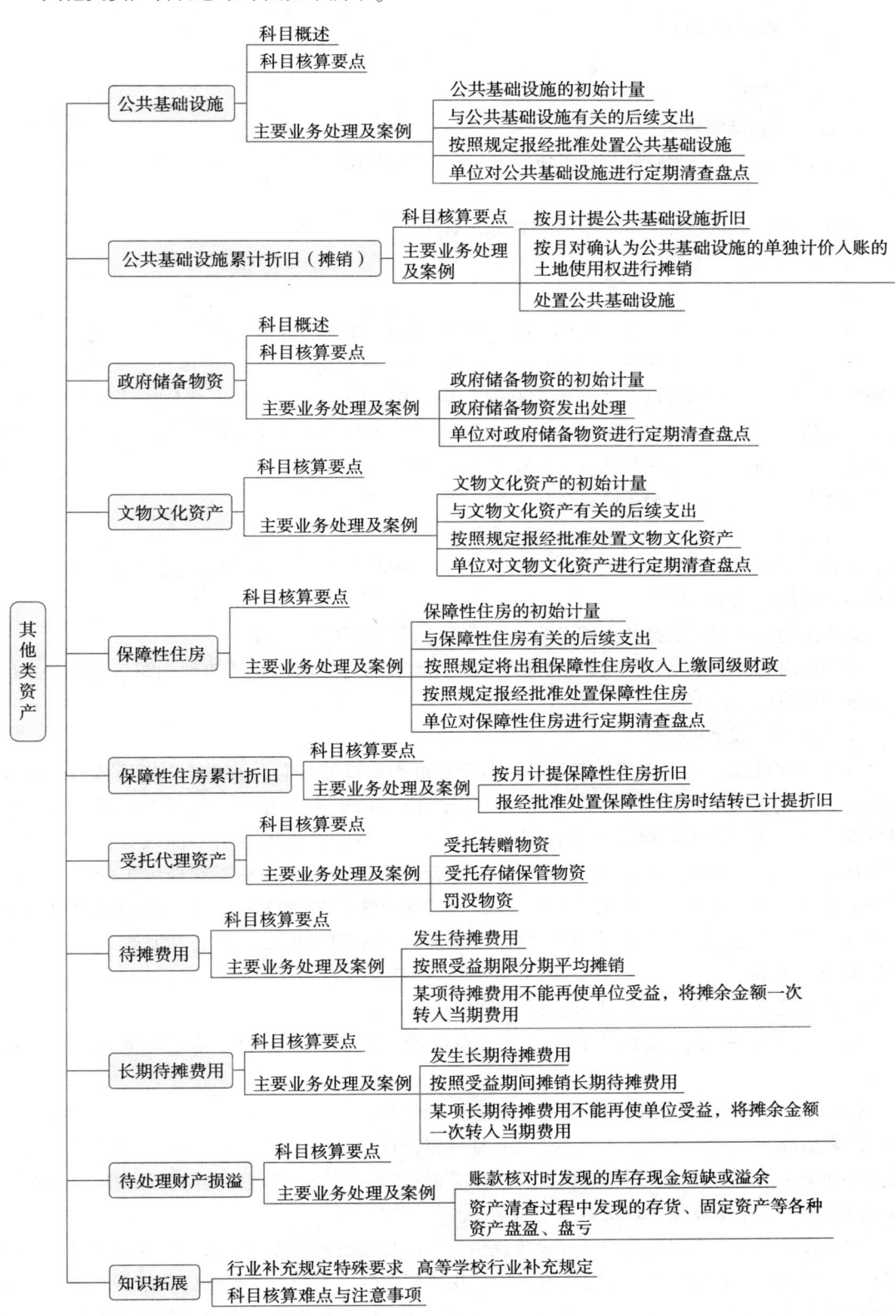

# 第四章 资产类会计业务

其他类资产科目思维导图如下所示。

```
其他类资产
├── 公共基础设施
│   ├── 科目概述
│   ├── 科目核算要点
│   └── 主要业务处理及案例
│       ├── 公共基础设施的初始计量
│       ├── 与公共基础设施有关的后续支出
│       ├── 按照规定报经批准处置公共基础设施
│       └── 单位对公共基础设施进行定期清查盘点
├── 公共基础设施累计折旧（摊销）
│   ├── 科目核算要点
│   └── 主要业务处理及案例
│       ├── 按月计提公共基础设施折旧
│       ├── 按月对确认为公共基础设施的单独计价入账的土地使用权进行摊销
│       └── 处置公共基础设施
├── 政府储备物资
│   ├── 科目概述
│   ├── 科目核算要点
│   └── 主要业务处理及案例
│       ├── 政府储备物资的初始计量
│       ├── 政府储备物资发出处理
│       └── 单位对政府储备物资进行定期清查盘点
├── 文物文化资产
│   ├── 科目核算要点
│   └── 主要业务处理及案例
│       ├── 文物文化资产的初始计量
│       ├── 与文物文化资产有关的后续支出
│       ├── 按照规定报经批准处置文物文化资产
│       └── 单位对文物文化资产进行定期清查盘点
├── 保障性住房
│   ├── 科目核算要点
│   └── 主要业务处理及案例
│       ├── 保障性住房的初始计量
│       ├── 与保障性住房有关的后续支出
│       ├── 按照规定将出租保障性住房收入上缴同级财政
│       ├── 按照规定报经批准处置保障性住房
│       └── 单位对保障性住房进行定期清查盘点
├── 保障性住房累计折旧
│   ├── 科目核算要点
│   └── 主要业务处理及案例
│       ├── 按月计提保障性住房折旧
│       └── 报经批准处置保障性住房时结转已计提折旧
├── 受托代理资产
│   ├── 科目核算要点
│   └── 主要业务处理及案例
│       ├── 受托转赠物资
│       ├── 受托存储保管物资
│       └── 罚没物资
├── 待摊费用
│   ├── 科目核算要点
│   └── 主要业务处理及案例
│       ├── 发生待摊费用
│       ├── 按照受益期限分期平均摊销
│       └── 某项待摊费用不能再使单位受益，将摊余金额一次转入当期费用
├── 长期待摊费用
│   ├── 科目核算要点
│   └── 主要业务处理及案例
│       ├── 发生长期待摊费用
│       ├── 按照受益期间摊销长期待摊费用
│       └── 某项长期待摊费用不能再使单位受益，将摊余金额一次转入当期费用
├── 待处理财产损溢
│   ├── 科目核算要点
│   └── 主要业务处理及案例
│       ├── 账款核对时发现的库存现金短缺或溢余
│       └── 资产清查过程中发现的存货、固定资产等各种资产盘盈、盘亏
└── 知识拓展
    ├── 行业补充规定特殊要求 ── 高等学校行业补充规定
    └── 科目核算难点与注意事项
```

# 一、公共基础设施

(一)科目概述

1. 公共基础设施概念。

公共基础设施,是指政府会计主体为满足社会公共需求而控制的,同时具有以下特征的有形资产:

第一,是一个有形资产系统或网络的组成部分。

第二,具有特定用途。

第三,一般不可移动。

公共基础设施主要包括市政基础设施(如城市道路、桥梁、隧道、公交场站、路灯、广场、公园绿地、室外公共健身器材,以及环卫、排水、供水、供电、供气、供热、污水处理、垃圾处理系统等)、交通基础设施(如公路、航道、港口等)、水利基础设施(如大坝、堤防、水闸、泵站、渠道等)和其他公共基础设施。与固定资产的主要区别在于固定资产满足自身开展业务活动或其他活动需要,公共基础设施是满足社会公共需求而控制的。

下列各项适用于其他相关政府会计准则:

独立于公共基础设施、不构成公共基础设施使用不可缺少组成部分的管理维护用房屋建筑物、设备、车辆等,适用《政府会计准则第3号——固定资产》。强调的独立存在的,不扣成不可缺少部分的,属于固定资产。

属于文物文化资产的公共基础设施,适用其他相关政府会计准则。

采用政府和社会资本合作模式(即PPP模式)形成的公共基础设施的确认和初始计量,适用其他相关政府会计准则。

2. 公共基础设施的确认。

公共基础设施,应当由按规定对其负有管理维护职责的政府会计主体予以确认。多个政府会计主体共同管理维护的公共基础设施,应当由对该资产负有主要管理维护职责或者承担后续主要支出责任的政府会计主体予以确认。分为多个组成部分由不同政府会计主体分别管理维护的公共基础设施,应当由各个政府会计主体分别对其负责管理维护的公共基础设施的相应部分予以确认。负有管理维护公共基础设施职责的政府会计主体通过政府购买服务方式委托企业或其他会计主体代为管理维护公共基础设施的,该公共基础设施应当由委托方予以确认。

公共基础设施同时满足下列条件的,应当予以确认:

(1)与该公共基础设施相关的服务潜力很可能实现或者经济利益很可能流入政府会计主体。

(2)该公共基础设施的成本或者价值能够可靠地计量。

通常情况下,对于自建或外购的公共基础设施,政府会计主体应当在该项公共基础设施验收合格并交付使用时确认;对于无偿调入、接受捐赠的公共基础设施,政府会计主体应当在开始承担该项公共基础设施管理维护职责时确认。

政府会计主体应当根据公共基础设施提供公共产品或服务的性质或功能特征对其进行分类确认。公共基础设施的各组成部分具有不同使用年限或者以不同方式提供公共产品或服务,适用不同折旧率或折旧方法且可以分别确定各自原价的,应当分别将各组成部分确认为该类公共基础设施的一个单项公共基础设施。政府会计主体在购建公共基础设施时，能够分清购建成本中的构筑物部分与土地使用权部分的，应当将其中的构筑物部分和土地使用权部分分别确认为公共基础设施；不能分清购建成本中的构筑物部分与土地使用权部分的，应当整体确认为公共基础设施。

公共基础设施在使用过程中发生的后续支出，符合确认条件的，应当计入公共基础设施成本；不符合确认条件的，应当在发生时计入当期费用。

通常情况下，为增加公共基础设施使用效能或延长其使用年限而发生的改建、扩建等后续支出，应当计入公共基础设施成本；为维护公共基础设施的正常使用而发生的日常维修、养护等后续支出，应当计入当期费用。

3. 公共基础设施的初始计量。

公共基础设施在取得时应当按照成本进行初始计量。

（1）自行建造的公共基础设施，其成本包括完成批准的建设内容所发生的全部必要支出，包括建筑安装工程投资支出、设备投资支出、待摊投资支出和其他投资支出。

在原有公共基础设施基础上进行改建、扩建等建造活动后的公共基础设施，其成本按照原公共基础设施账面价值加上改建、扩建等建造活动发生的支出，再扣除公共基础设施被替换部分的账面价值后的金额确定。

为建造公共基础设施借入的专门借款的利息，属于建设期间发生的，计入该公共基础设施在建工程成本；不属于建设期间发生的，计入当期费用。

已交付使用但尚未办理竣工决算手续的公共基础设施，应当按照估计价值入账，待办理竣工决算后再按照实际成本调整原来的暂估价值。

（2）接受其他会计主体无偿调入的公共基础设施，其成本按照该项公共基础设施在调出方的账面价值加上归属于调入方的相关费用确定。

（3）接受捐赠的公共基础设施，其成本按照有关凭据注明的金额加上相关费用确定；没有相关凭据可供取得，但按规定经过资产评估的，其成本按照评估价值加上相关费用确定；没有相关凭据可供取得、也未经资产评估的，其成本比照同类或类似资产的市场价格加上相关费用确定。

如受赠的系旧的公共基础设施，在确定其初始入账成本时应当考虑该项资产的新旧程度。

（4）外购的公共基础设施，其成本包括购买价款、相关税费以及公共基础设施交付使用前所发生的可归属于该项资产的运输费、装卸费、安装费和专业人员服务费等。

对于包括不同组成部分的公共基础设施，其只有总成本、没有单项组成部分成本的，政府会计主体可以按照各单项组成部分同类或类似资产的成本或市场价格比例对总成本进行分配，分别确定公共基础设施中各单项组成部分的成本。

4. 公共基础设施的后续计量。

（1）公共基础设施的折旧或摊销。

政府会计主体应当对公共基础设施计提折旧，但政府会计主体持续进行良好的维护使得其性能得到永久维持的公共基础设施和确认为公共基础设施的单独计价入账的土地使用权除外。

公共基础设施应计提的折旧总额为其成本，计提公共基础设施折旧时不考虑预计净残值。

政府会计主体应当对暂估入账的公共基础设施计提折旧，实际成本确定后不需调整原已计提的折旧额。

政府会计主体应当根据公共基础设施的性质和使用情况，合理确定公共基础设施的折旧年限。政府会计主体确定公共基础设施折旧年限，应当考虑下列因素：

第一，设计使用年限或设计基准期。

第二，预计实现服务潜力或提供经济利益的期限。

第三，预计有形损耗和无形损耗。

第四，法律或者类似规定对资产使用的限制。

公共基础设施的折旧年限一经确定，不得随意变更，对于政府会计主体接受无偿调入、捐赠的公共基础设施，应当考虑该项资产的新旧程度，按照其尚可使用的年限计提折旧。

政府会计主体一般应当采用年限平均法或者工作量法计提公共基础设施折旧。在确定公共基础设施的折旧方法时，应当考虑与公共基础设施相关的服务潜力或经济利益的预期实现方式。

公共基础设施折旧方法一经确定，不得随意变更。

公共基础设施应当按月计提折旧，并计入当期费用。当月增加的公共基础设施，当月开始计提折旧；当月减少的公共基础设施，当月不再计提折旧。

处于改建、扩建等建造活动期间的公共基础设施，应当暂停计提折旧。因改建、扩建等原因而延长公共基础设施使用年限的，应当按照重新确定的公共基础设施的成本和重新确定的折旧年限计算折旧额，不需调整原已计提的折旧额。

公共基础设施提足折旧后，无论能否继续使用，均不再计提折旧；已提足折旧的公共基础设施，可以继续使用的，应当继续使用，并规范实物管理。提前报废的公共基础设施，不再补提折旧。

对于确认为公共基础设施的单独计价入账的土地使用权，政府会计主体应当按照《政府会计准则第4号——无形资产》的相关规定进行摊销。

（2）公共基础设施的处置。

按规定报经批准无偿调出、对外捐赠公共基础设施的，应当将公共基础设施的账面价值予以转销，无偿调出、对外捐赠中发生的归属于调出方、捐出方的相关费用应当计入当期费用。

公共基础设施报废或遭受重大毁损的，应当在报经批准后将公共基础设施账面价值予以转销，并将报废、毁损过程中取得的残值变价收入扣除相关费用后的差额按规定做应缴款项处理（差额为净收益时）或计入当期费用（差额为净损失时）。

5. 公共基础设施的披露。

政府会计主体应当在附注中披露与公共基础设施有关的下列信息：

（1）公共基础设施的分类和折旧方法。

（2）各类公共基础设施的折旧年限及其确定依据。

（3）各类公共基础设施账面余额、累计折旧额（或摊销额）、账面价值的期初、期末数及其本期变动情况。

（4）各类公共基础设施的实物量。

（5）公共基础设施在建工程的期初、期末金额及其增减变动情况。

（6）确认为公共基础设施的单独计价入账的土地使用权的账面余额、累计摊销额及其变动情况。

（7）已提足折旧继续使用的公共基础设施的名称、数量等情况。

（8）暂估入账的公共基础设施账面价值变动情况。

（9）无偿调入、接受捐赠的公共基础设施名称、数量等情况。

（10）公共基础设施对外捐赠、无偿调出、报废、重大毁损等处置情况。

（11）公共基础设施年度维护费用和其他后续支出情况。

6. 其他。

对于应当确认为公共基础设施、但已确认为固定资产的资产，政府会计主体应当在本准则首次执行日将该资产按其账面价值重分类为公共基础设施。

对于应当确认但尚未入账的存量公共基础设施，政府会计主体应当在本准则首次执行日按照以下原则确定其初始入账成本：

（1）可以取得相关原始凭据的，其成本按照有关原始凭据注明的金额减去应计提的累计折旧后的金额确定。

（2）没有相关凭据可供取得，但按规定经过资产评估的，其成本按照评估价值确定。

（3）没有相关凭据可供取得、也未经资产评估的，其成本按照重置成本确定。

政府会计主体应当对存量公共基础设施按其在首次执行日确定的成本和剩余折旧年限计提折旧。

（二）科目核算要点

本科目核算单位控制的公共基础设施的原值。本科目应当按照公共基础设施的类别、项目等进行明细核算。

单位应当根据行业主管部门对公共基础设施的分类规定，制定适合于本单位管理的公共基础设施目录、分类方法，作为进行公共基础设施核算的依据。

本科目期末借方余额，反映公共基础设施的原值。

（三）主要业务处理及案例

1. 公共基础设施在取得时，应当按照其成本入账。

（1）自行建造的公共基础设施完工交付使用时，按照在建工程的成本，借记本科目，贷记"在建工程"科目。已交付使用但尚未办理竣工决算手续的公共基础设施，按照估计价值入账，待办理竣工决算后再按照实际成本调整原来的暂估价值。

（2）接受其他单位无偿调入的公共基础设施，按照确定的成本，借记本科目，按照发生的归属于调入方的相关费用，贷记"财政拨款收入""零余额账户用款额度""银行存款"等科目，按照其差额，贷记"无偿调拨净资产"科目。

无偿调入的公共基础设施成本无法可靠取得的，按照发生的相关税费、运输费等金额，借记"其他费用"科目，贷记"财政拨款收入""零余额账户用款额度""银行存款"等科目。

（3）接受捐赠的公共基础设施，按照确定的成本，借记本科目，按照发生的相关费用，贷记"财政拨款收入""零余额账户用款额度""银行存款"等科目，按照其差额，贷记"捐赠收入"科目。

接受捐赠的公共基础设施成本无法可靠取得的，按照发生的相关税费等金额，借记"其他费用"科目，贷记"财政拨款收入""零余额账户用款额度""银行存款"等科目。

（4）外购的公共基础设施，按照确定的成本，借记本科目，贷记"财政拨款收入""零余额账户用款额度""银行存款"等科目。

（5）对于成本无法可靠取得的公共基础设施，单位应当设置备查簿进行登记，待成本能够可靠确定后按照规定及时入账。

【案例 4056】B 事业单位 2019 年 8 月 1 日，有关公共基础设施的科目业务如下：

（1）自行建造公共基础设施 D，建造成本 120 000 元，已办理竣工决算手续。

(2)无偿调入公共基础设施 E,经确定的成本为 100 000 元,发生相关税费等 5 000 元。
(3)无偿调入公共基础设施 F,成本无法取得,调入过程中发生相关税费等 5 000 元。
(4)接受捐赠的公共基础设施 G,确定的成本为 50 000 元,发生的相关税费等 6 000 元。
(5)接受捐赠的公共基础设施 H,成本无法取得,发生的相关税费等 3000 元。
(6)外购一项公共基础设施 I,支付总价款 500 000 元。
以上款项支付通过银行存款支付。账务处理分录如下:

| | 自行建造公共基础设施竣工验收 | 核算要点精讲 |
|---|---|---|
| 财务会计 | 借:公共基础设施—D 120 000<br>　贷:在建工程　　　　　120 000 | 建造工程中通过在建工程核算;竣工决算后转入本科目 |
| 预算会计 | 不做账务处理 | |
| | 无偿调入公共基础设施 E | |
| 财务会计 | 借:公共基础设施—E 105 000<br>　贷:无偿调拨净资产　　100 000<br>　　　银行存款　　　　　5 000 | 归属于调入方的相关费用进入公共基础设施成本 |
| 预算会计 | 借:其他支出　　　　　5 000<br>　贷:资金结存—货币资金　5 000 | |
| | 无偿调入公共基础设施 F(成本无法取得) | |
| 财务会计 | 借:其他费用　　　　　5 000<br>　贷:银行存款　　　　　5 000 | 无偿调入的公共基础设施成本无法可靠取得的,按照发生的相关税费、运输费等金额,借记其他费用,不确认公共基础设施,也不确认为名义金额,与固定资产不同;备查簿进行登记 |
| 预算会计 | 借:其他支出　　　　　5 000<br>　贷:资金结存—货币资金　5 000 | |
| | 接受捐赠公共基础设施 G | |
| 财务会计 | 借:公共基础设施—G 56 000<br>　贷:银行存款　　　　　6 000<br>　　　捐赠收入　　　　　50 000 | |
| 预算会计 | 借:其他支出　　　　　6 000<br>　贷:资金结存—货币资金　6 000 | 捐赠收入为非现金捐赠,预算会计不进行账务处理;其他税费支出计入其他支出 |
| | 接受捐赠公共基础设施 H(成本无法计量) | |
| 财务会计 | 借:其他费用　　　　　3 000<br>　贷:银行存款　　　　　3 000 | 接受捐赠的公共基础设施成本无法可靠取得的,按照发生的相关税费等金额,借记其他费用,不确认公共基础设施,也不确认为名义金额,与固定资产不同;备查簿进行登记 |
| 预算会计 | 借:其他支出　　　　　3 000<br>　贷:资金结存—货币资金　3 000 | |
| | 外购公共基础设施 I | |
| 财务会计 | 借:公共基础设施—I 500 000<br>　贷:银行存款　　　　　500 000 | |
| 预算会计 | 借:事业支出　　　　　500 000<br>　贷:资金结存—货币资金　500 000 | 属于正常事业支出,与其他形式取得公共基础设施时发生的相关税费账务处理不同 |

## 2. 与公共基础设施有关的后续支出。

将公共基础设施转入改建、扩建时,按照公共基础设施的账面价值,借记"在建工程"科目,按照公共基础设施已计提折旧,借记"公共基础设施累计折旧(摊销)"科目,按照公共基础设施的账面余额,贷记本科目。

为增加公共基础设施使用效能或延长其使用年限而发生的改建、扩建等后续支出,借记"在建工程"科目,贷记"财政拨款收入""零余额账户用款额度""银行存款"等科目。

公共基础设施改建、扩建完成,竣工验收交付使用时,按照在建工程成本,借记本科目,贷记"在建工程"科目。

为保证公共基础设施正常使用发生的日常维修等支出,借记"业务活动费用""单位管理费用"等科目,贷记"财政拨款收入""零余额账户用款额度""银行存款"等科目。

【案例4057】A行政单位2019年8月1日,对归属本单位管理的公共基础设施D进行了改建,该设施账面原值5 000 000元,已计提折旧(摊销)3 000 000元;为延长其使用年限发生后续支出900 000元,已办理竣工验收手续;12月1日,对其进行了简单的维修,共发生费用6 000元,以上款项支付通过财政直接支付。账务处理分录如下:

| | 将公共基础设施转入在建工程 | 核算要点精讲 |
|---|---|---|
| 财务会计 | 借:在建工程　　　　　　　2 000 000<br>　　公共基础设施累计折旧(摊销)<br>　　　　　　　　　　　　3 000 000<br>　贷:公共基础设施—D　　5 000 000 | 将公共基础设施转入在建工程,包括已计提的折旧;贷方为账面余额 |
| 预算会计 | 不做账务处理 | |
| | 发生改建、扩建支出 | |
| 财务会计 | 借:在建工程　　　　　　　　900 000<br>　贷:财政拨款收入　　　　　900 000 | 符合公共基础设施确认条件的后续支出;不符合确认条件的后续支出计入费用;财政直接支付方式下确认为财政拨款收入 |
| 预算会计 | 借:行政支出　　　　　　　　900 000<br>　贷:财政拨款预算收入　　　900 000 | 本案例为财政直接支付,支出的同时确认为财政拨款预算收入;如为其他支付方式,则为资金结存科目 |
| | 竣工验收交付使用 | |
| 财务会计 | 借:公共基础设施—D　　　2 900 000<br>　贷:在建工程　　　　　　2 900 000 | |
| 预算会计 | 不做账务处理 | |
| | 日常维修 | |
| 财务会计 | 借:业务活动费用　　　　　　　6 000<br>　贷:财政拨款收入　　　　　　6 000 | |
| 预算会计 | 借:行政支出　　　　　　　　　6 000<br>　贷:财政拨款预算收入　　　　6 000 | 同上 |

3. 按照规定报经批准处置公共基础设施,分别以下情况处理。

(1)报经批准对外捐赠公共基础设施,按照公共基础设施已计提的折旧或摊销,借记"公共基础设施累计折旧(摊销)"科目,按照被处置公共基础设施账面余额,贷记本科目,按照捐赠过程中发生的归属于捐出方的相关费用,贷记"银行存款"等科目,按照其差额,借记"资产处置费用"科目。

(2)报经批准无偿调出公共基础设施,按照公共基础设施已计提的折旧或摊销,借记"公共基础设施累计折旧(摊销)"科目,按照被处置公共基础设施账面余额,贷记本科目,按照其差额,借记"无偿调拨净资产"科目;同时,按照无偿调出过程中发生的归属于调出方的相关费用,借记"资产处置费用"科目,贷记"银行存款"等科目。

【案例4058】B事业单位2019年8月1日,按照规定报经批准处置公共基础设施业务如下:

(1)报经批准对外捐赠公共基础设施E,原值600 000元,已计提折旧(摊销)400 000元,B事业单位支付相关费用20 000元(归属于捐出方)。

(2)报经批准无偿调出公共基础设施F给同级事业单位,原值100 000元,已计提折旧(摊销)40 000元,B事业单位支付相关费用1 000元(归属于调出方)。

以上款项通过银行存款支付。账务处理分录如下:

|  | 经批准对外捐赠公共基础设施E | 核算要点精讲 |
| --- | --- | --- |
| 财务会计 | 借:资产处置费用　　　　　　220 000<br>　　公共基础设施累计折旧(摊销)　400 000<br>　贷:公共基础设施—E　　　　600 000<br>　　银行存款　　　　　　　　20 000 | 捐赠的公共基础设施的资产处置费用科目金额包括捐出方负担的相关费用(视同对外捐赠流动资产) |
| 预算会计 | 借:其他支出　　　　　　　　20 000<br>　贷:资金结存—货币资金　　20 000 | 归属于捐出方的相关费用 |
|  | 经批准无偿调出公共基础设施 |  |
| 财务会计 | 借:资产处置费用　　　　　　1 000<br>　贷:银行存款　　　　　　　1 000<br>借:公共基础设施累计折旧(摊销)　40 000<br>　　无偿调拨净资产　　　　　60 000<br>　贷:公共基础设施—F　　　100 000 | 1. 发生的归属于调出方的相关费用计入资产处置费用<br>2. 公共基础设施账面余额和累计折旧的差额(账面价值)计入无偿调拨净资产<br>3. 归属于调出方的相关费用视同资产处置 |
| 预算会计 | 借:其他支出　　　　　　　　1 000<br>　贷:资金结存—货币资金　　1 000 | 归属于调出方的相关费用 |

4. 单位应当定期对公共基础设施进行清查盘点。对于发生的公共基础设施盘盈、盘亏、毁损或报废,应当先记入"待处理财产损溢"科目,按照规定报经批准后及时进行后续账务处理。

(1)盘盈的公共基础设施,其成本按照有关凭据注明的金额确定;没有相关凭据、但按照规定经过资产评估的,其成本按照评估价值确定;没有相关凭据、也未经过评估的,其成本按照重置成本确定。盘盈的公共基础设施成本无法可靠取得的,单位应当设置备查簿进行登记,待成本确定后按照规定及时入账。

盘盈的公共基础设施,按照确定的入账成本,借记本科目,贷记"待处理财产损溢"科目。

(2)盘亏、毁损或报废的公共基础设施,按照待处置公共基础设施的账面价值,借记"待处理财产损溢"科目,按照已计提折旧或摊销,借记"公共基础设施累计折旧(摊销)"科目,按照公共基础设施的账面余额,贷记本科目。

【案例4059】B事业单位2019年12月31日,对公共基础设施进行了清查盘点,发生如下事项:

(1) 盘盈公共基础设施F，没有相关凭据，按照规定评估后价值20 000元。
(2) 盘盈公共基础设施G，没有相关凭据，也没有经过评估，暂无法按照重置成本确定。
(3) 盘亏公共基础设施H，该设置原值500 000元，已计提折旧（摊销）450 000元。

账务处理分录如下：

| 盘盈公共基础设施F | | | 核算要点精讲 |
|---|---|---|---|
| 财务会计 | 借：公共基础设施—F　　　20 000<br>　贷：待处理财产损溢　　　　20 000 | | 盘盈资产的入账成本与购入资产初始计量方法相同 |
| 预算会计 | 不做账务处理 | | |
| 盘盈公共基础设施G（成本无法确定） | | | 不做账务处理，设置备查簿进行登记，待成本确定后按照规定及时入账 |
| 盘亏公共基础设施H | | | |
| 财务会计 | 借：公共基础设施累计折旧（摊销）<br>　　　　　　　　　　　450 000<br>　　待处理财产损溢　　　　50 000<br>　贷：公共基础设施—H　　　500 000 | | 账面价值为净值；账面余额为原值 |
| 预算会计 | 不做账务处理 | | |

## 二、公共基础设施累计折旧（摊销）

（一）科目核算要点

本科目核算单位计提的公共基础设施累计折旧和累计摊销。应当按照所对应公共基础设施的明细分类进行明细核算。

本科目期末贷方余额，反映单位提取的公共基础设施折旧和摊销的累计数。

（二）主要业务处理及案例

1. 按月计提公共基础设施折旧时，按照应计提的折旧额，借记"业务活动费用"科目，贷记本科目。

2. 按月对确认为公共基础设施的单独计价入账的土地使用权进行摊销时，按照应计提的摊销额，借记"业务活动费用"科目，贷记本科目。

3. 处置公共基础设施时，按照所处置公共基础设施的账面价值，借记"资产处置费用""无偿调拨净资产""待处理财产损溢"等科目，按照已提取的折旧和摊销，借记本科目，按照公共基础设施账面余额，贷记"公共基础设施"科目。

【案例4060】2019年8月1日，B事业单位资产管理部门通过资产管理系统计提公共基础设施折旧50 000元；计提单独计价入账的土地使用权摊销费用150 000元。账务处理分录如下：

| 公共基础设施计提折旧 | | 核算要点精讲 |
|---|---|---|
| 财务会计 | 借：业务活动费用　　　　50 000<br>　贷：公共基础设施累计折旧（摊销）50 000 | 当月新增的公共基础设施当月计提折旧，应注意与企业会计要求的计提时点不一致。同时与固定资产不同，公共基础设施计提折旧的费用不再区分业务活动费用和单位管理费用，直接列入业务活动费用 |
| 预算会计 | 不做账务处理 | 无"现金"流入流出 |

续表

| 财务会计 | 列入公共基础设施单独计价的土地使用权计提摊销 | |
|---|---|---|
| | 借：业务活动费用　　　　　　　150 000<br>　贷：公共基础设施累计折旧（摊销）<br>　　　　　　　　　　　　　　　150 000 | 参照无形资产的管理原则，对列入公共基础设施单独计价的土地使用权计提摊销 |
| 预算会计 | 不做账务处理 | 无"现金"流入流出 |

### 三、政府储备物资

（一）科目概述

1. 政府储备物资定义。

政府储备物资，是指政府会计主体为满足实施国家安全与发展战略、进行抗灾救灾、应对公共突发事件等特定公共需求而控制的，同时具有下列特征的有形资产：

（1）在应对可能发生的特定事件或情形时动用。

（2）其购入、存储保管、更新（轮换）、动用等由政府及相关部门发布的专门管理制度规范。

政府储备物资包括战略及能源物资、抢险抗灾救灾物资、农产品、医药物资和其他重要商品物资，通常情况下由政府会计主体委托承储单位存储。

企业以及纳入企业财务管理体系的事业单位接受政府委托收储并按企业会计准则核算的储备物资，不适用本准则。

政府会计主体的存货，适用《政府会计准则第 1 号——存货》。存货主要是单位自身使用，政府储备物资满足特定公共需求，而非单位自用，这是二者的主要区别。

2. 政府储备物资的确认。

政府储备物资，应当由按规定对其负有行政管理职责的政府会计主体予以确认。

行政管理职责主要指提出或拟定收储计划、更新（轮换）计划、动用方案等。相关行政管理职责由不同政府会计主体行使的政府储备物资，由负责提出收储计划的政府会计主体予以确认。对政府储备物资不负有行政管理职责但接受委托具体负责执行其存储保管等工作的政府会计主体，应当将受托代储的政府储备物资作为受托代理资产核算。

政府储备物资同时满足下列条件的，应当予以确认：

（1）与该政府储备物资相关的服务潜力很可能实现或者经济利益很可能流入政府会计主体。

（2）该政府储备物资的成本或者价值能够可靠地计量。

3. 政府储备物资的初始计量。

政府储备物资在取得时应当按照成本进行初始计量。

（1）购入的政府储备物资，其成本包括购买价款和政府会计主体承担的相关税费、运输费、装卸费、保险费、检测费以及使政府储备物资达到目前场所和状态所发生的归属于政府储备物资成本的其他支出。

（2）委托加工的政府储备物资，其成本包括委托加工前物料成本、委托加工的成本（如委托加工费以及按规定应计入委托加工政府储备物资成本的相关税费等）以及政府会计主体承担的使政府储备物资达到目前场所和状态所发生的归属于政府储备物资成本的其他支出。

(3)接受捐赠的政府储备物资，其成本按照有关凭据注明的金额加上政府会计主体承担的相关税费、运输费等确定；没有相关凭据可供取得，但按规定经过资产评估的，其成本按照评估价值加上政府会计主体承担的相关税费、运输费等确定；没有相关凭据可供取得、也未经资产评估的，其成本比照同类或类似资产的市场价格加上政府会计主体承担的相关税费、运输费等确定。

(4)接受无偿调入的政府储备物资，其成本按照调出方账面价值加上归属于政府会计主体的相关税费、运输费等确定。

(5)不计入政府储备物资成本为：仓储费用；日常维护费用；不能归属于使政府储备物资达到目前场所和状态所发生的其他支出。

(6)盘盈的政府储备物资，其成本按照有关凭据注明的金额确定；没有相关凭据，但按规定经过资产评估的，其成本按照评估价值确定；没有相关凭据、也未经资产评估的，其成本按照重置成本确定。

4. 政府储备物资的后续计量。

政府会计主体应当根据实际情况采用先进先出法、加权平均法或者个别计价法确定政府储备物资发出的成本。计价方法一经确定，不得随意变更。

对于性质和用途相似的政府储备物资，政府会计主体应当采用相同的成本计价方法确定发出物资的成本。对于不能替代使用的政府储备物资、为特定项目专门购入或加工的政府储备物资，政府会计主体通常应采用个别计价法确定发出物资的成本。

因动用而发出无须收回的政府储备物资的，政府会计主体应当在发出物资时将其账面余额予以转销，计入当期费用。

因动用而发出需要收回或者预期可能收回的政府储备物资的，政府会计主体应当在按规定的质量验收标准收回物资时，将未收回物资的账面余额予以转销，计入当期费用。

因行政管理主体变动等原因而将政府储备物资调拨给其他主体的，政府会计主体应当在发出物资时将其账面余额予以转销。

对外销售政府储备物资的，应当在发出物资时将其账面余额转销计入当期费用，并按规定确认相关销售收入或将销售取得的价款大于所承担的相关税费后的差额作应缴款项处理。

采取销售采购方式对政府储备物资进行更新(轮换)的，应当将物资轮出视为物资销售，将物资轮入视为物资采购，按照采购规定处理。

政府储备物资报废、毁损的，应当按规定报经批准后将报废、毁损的政府储备物资的账面余额予以转销，确认应收款项(确定追究相关赔偿责任的)或计入当期费用(因储存年限到期报废或非人为因素致使报废、毁损的)；同时，将报废、毁损过程中取得的残值变价收入扣除政府会计主体承担的相关费用后的差额按规定作应缴款项处理(差额为净收益时)或计入当期费用(差额为净损失时)。

政府储备物资盘亏的，政府会计主体应当按规定报经批准后将盘亏的政府储备物资的账面余额予以转销，确定追究相关赔偿责任的，确认应收款项；属于正常耗费或不可抗力因素造成的，计入当期费用。

5. 政府储备物资的披露。

政府会计主体应当在附注中披露与政府储备物资有关的下列信息：

(1)各类政府储备物资的期初和期末账面余额。

(2)因动用而发出需要收回或者预期可能收回，但期末尚未收回的政府储备物资的账面余额。

(3)确定发出政府储备物资成本所采用的方法。

(4)其他有关政府储备物资变动的重要信息。

6. 其他。

对于应当确认为政府储备物资，但已确认为存货、固定资产等其他资产的，应当在首次执行日将该资产按其账面余额重分类为政府储备物资。

对于应当确认但尚未入账的存量政府储备物资，政府会计主体应当在按照下列原则确定其初始入账成本：

(1)可以取得相关原始凭据的，其成本按照有关原始凭据注明的金额确定。

(2)没有相关凭据可供取得，但按规定经过资产评估的，其成本按照评估价值确定。

(3)没有相关凭据可供取得、也未经资产评估的，其成本按照重置成本确定。

(二)科目核算要点

本科目核算单位控制的政府储备物资的成本。

对政府储备物资不负有行政管理职责但接受委托具体负责执行其存储保管等工作的单位，其受托代储的政府储备物资应当通过"受托代理资产"科目核算，不通过本科目核算。

本科目应当按照政府储备物资的种类、品种、存放地点等进行明细核算。单位根据需要，可在本科目下设置"在库""发出"等明细科目进行明细核算。

本科目期末借方余额，反映政府储备物资的成本。

(三)主要业务处理及案例

1. 政府储备物资取得时，应当按照其成本入账。

(1)购入的政府储备物资验收入库，按照确定的成本，借记本科目，贷记"财政拨款收入""零余额账户用款额度""银行存款"等科目。

(2)涉及委托加工政府储备物资业务的，相关账务处理参照"加工物品"科目。

(3)接受捐赠的政府储备物资验收入库，按照确定的成本，借记本科目，按照单位承担的相关税费、运输费等，贷记"零余额账户用款额度""银行存款"等科目，按照其差额，贷记"捐赠收入"科目。

(4)接受无偿调入的政府储备物资验收入库，按照确定的成本，借记本科目，按照单位承担的相关税费、运输费等，贷记"零余额账户用款额度""银行存款"等科目，按照其差额，贷记"无偿调拨净资产"科目。

【案例4061】B事业单位2019年8月1日，政府储备物资科目的业务如下：

(1)与某公司签订合同，购入政府储备物资D一批，价款100 000元，已验收入库。

(2)接受捐赠政府储备物资E一批，经评估其成本为50 000元，发生的相关税费等6 000元。

(3)无偿调入政府储备物资F一批，调出方账面价值为150 000元，发生相关税费等5 000元。

(4)单位原政府储备物资G，当月发生仓储费用6 000元。

(5)接受上级主管部门安排，无偿调入物资一批价值60 000元，B单位不负有行政管理职责，仅仅接受委托具体负责执行其存储保管。

以上款项通过银行存款支付。账务处理分录如下：

| | 购入政府储备物资 | | 核算要点精讲 |
|---|---|---|---|
| 财务会计 | 借：政府储备物资—在库—D<br>　　贷：银行存款 | 100 000<br>　　100 000 | |
| 预算会计 | 借：事业支出<br>　　贷：资金结存—货币资金 | 100 000<br>　　100 000 | |
| | 接受捐赠政府储备物资 E | | |
| 财务会计 | 借：政府储备物资—在库—E<br>　　贷：捐赠收入<br>　　　　银行存款 | 56 000<br>　　50 000<br>　　　6 000 | 归属于捐入方的相关费用计入政府储备物资成本 |
| 预算会计 | 借：其他支出<br>　　贷：资金结存—货币资金 | 6 000<br>　　6 000 | |
| | 无偿调入政府储备物资 F | | |
| 财务会计 | 借：政府储备物资—在库—F<br>　　贷：无偿调拨净资产<br>　　　　银行存款 | 155 000<br>　　150 000<br>　　　5 000 | 无偿调入的政府储备物资按照调出方的价值确定成本 |
| 预算会计 | 借：其他支出<br>　　贷：资金结存—货币资金 | 5 000<br>　　5 000 | |
| | 发生仓储费用 | | |
| 财务会计 | 借：业务活动费用<br>　　贷：银行存款 | 6 000<br>　　6 000 | 仓储费用、日常维护费用、不能归属于使政府储备物资达到目前场所和状态所发生的其他支出，不计入成本 |
| 预算会计 | 借：事业支出<br>　　贷：资金结存—货币资金 | 6 000<br>　　6 000 | |
| | 调入不具行政管理职责物资 | | |
| 财务会计 | 借：受托代理资产<br>　　贷：受托代理负债 | 60 000<br>　　60 000 | 对政府储备物资不负有行政管理职责但接受委托具体负责执行其存储保管等工作的政府会计主体，应当将受托代储的政府储备物资作为受托代理资产核算 |
| 预算会计 | 不做账务处理 | | |

2. 政府储备物资发出时，分别以下情况处理。

（1）因动用而发出无须收回的政府储备物资的，按照发出物资的账面余额，借记"业务活动费用"科目，贷记本科目。

（2）因动用而发出需要收回或者预期可能收回的政府储备物资的，在发出物资时，按照发出物资的账面余额，借记本科目（发出），贷记本科目（在库）；按照规定的质量验收标准收回物资时，按照收回物资原账面余额，借记本科目（在库），按照未收回物资的原账面余额，借记"业务活动费用"科目，按照物资发出时登记在本科目所属"发出"明细科目中的余额，贷记本科目（发出）。

（3）因行政管理主体变动等原因而将政府储备物资调拨给其他主体的，按照无偿调出政府储备物资的账面余额，借记"无偿调拨净资产"科目，贷记本科目。

（4）对外销售政府储备物资并将销售收入纳入单位预算统一管理的，发出物资时，按照发出物资的账面余额，借记"业务活动费用"科目，贷记本科目；实现销售收入时，按照确认的收入金额,借记"银行存款""应收账款"等科目,贷记"事业收入"等科目。

对外销售政府储备物资并按照规定将销售净收入上缴财政的,发出物资时,按照发出物资的账面余额,借记"资产处置费用"科目,贷记本科目;取得销售价款时,按照实际收到的款项金额,借记"银行存款"等科目,按照发生的相关税费,贷记"银行存款"等科目,按照销售价款大于所承担的相关税费后的差额,贷记"应缴财政款"科目。

【案例4062】B事业单位2019年8月1日,政府储备物资科目的业务如下:

(1)发出无须回收的政府储备物资D一批,账面余额10 000元。

(2)发出需要回收的政府储备物资E一批,账面余额20 000元;8月31日,收回物资原账面余额12 000元。

(3)因政府职能调整,原来由B事业单位保管的政府储备物资F一批,调拨给C事业单位管理,账面余额为80 000元。

(4)对外销售政府储备物资G一批,账面余额30 000元,获得销售收入33 000元,发生运费2 000元,纳入部门预算管理,款项已结算。

(5)对外销售政府储备物资H一批,账面余额20 000元,获得销售收入22 000元,相关税费1 200元,上述款项已结算,按规定净收入应上缴财政。

以上款项通过银行存款支付。账务处理分录如下:

| | 发出无须回收政府储备物资D | 核算要点精讲 |
|---|---|---|
| 财务会计 | 借:业务活动费用　　　　　　10 000<br>　贷:政府储备物资—在库—D　　10 000 | 直接纳入业务活动费用,不纳入单位管理费用核算 |
| 预算会计 | 不做账务处理 | |
| | 发出需回收政府储备物资E | |
| 财务会计 | 借:政府储备物资—发出—E　　20 000<br>　贷:政府储备物资—在库—E　　20 000 | 设置"发出""在库"明细科目进行核算 |
| 预算会计 | 不做账务处理 | |
| | 回收政府储备物资E | |
| 财务会计 | 借:政府储备物资—在库—E　　12 000<br>　业务活动费用　　　　　　　8 000<br>　贷:政府储备物资—发出—E　　20 000 | 设置"发出""在库"明细科目进行核算;未收回的账面余额直接计入业务活动费用,视同发出后不再回收 |
| 预算会计 | 不做账务处理 | |
| | 调拨政府储备物资F | |
| 财务会计 | 借:无偿调拨净资产　　　　　80 000<br>　贷:政府储备物资—在库—F　　80 000 | |
| 预算会计 | 不做账务处理 | |
| | 对外销售政府储备物资G(纳入预算) | |
| 财务会计 | 借:业务活动费用　　　　　　30 000<br>　贷:政府储备物资—在库—G　　30 000<br>借:银行存款　　　　　　　　33 000<br>　贷:事业收入　　　　　　　　33 000<br>借:业务活动费用　　　　　　2 000<br>　贷:银行存款　　　　　　　　2 000 | 对外销售时将物资的账面余额,借记业务活动费用;实现销售收入时,按照确认的收入金额,贷记事业收入等科目;发生的相关运费、税费确认为业务活动费用;上述业务视同单位正常的业务活动 |

续表

| | | |
|---|---|---|
| 预算会计 | 借：资金结存—货币资金　　33 000<br>　　贷：事业预算收入　　　　　33 000<br>借：事业支出　　　　　　　　2 000<br>　　贷：资金结存—货币资金　　2 000 | 发生的相关运费、税费与接收捐赠或调出时发生的相关费用处理方式不同，出售时确认为事业支出，上述业务视同单位正常的业务活动 |
| 对外销售政府储备物资 H（应上缴财政） | | |
| 财务会计 | 借：资产处置费用　　　　　　20 000<br>　　贷：政府储备物资—在库—H　20 000<br>借：银行存款　　　　　　　　22 000<br>　　贷：银行存款　　　　　　　1 200<br>　　　　应缴财政款　　　　　20 800 | 物资的账面余额，借记资产处置费用；按照销售价款大于所承担的相关税费后的差额，贷记应缴财政款 |
| 预算会计 | 不做账务处理 | 按照销售价款大于所承担的相关税费后的差额计入应缴财政款（单位支付的税费已从销售收入中抵扣）；但应缴财政款不属于纳入部门预算管理的资金，不进行预算会计账务处理 |

3. 单位应当定期对政府储备物资进行清查盘点，每年至少盘点一次。对于发生的政府储备物资盘盈、盘亏或者报废、毁损，应当先记入"待处理财产损溢"科目，按照规定报经批准后及时进行后续账务处理。

（1）盘盈的政府储备物资，按照确定的入账成本，借记本科目，贷记"待处理财产损溢"科目。

（2）盘亏或者毁损、报废的政府储备物资，按照待处理政府储备物资的账面余额，借记"待处理财产损溢"科目，贷记本科目。

## 四、文物文化资产

（一）科目核算要点

本科目核算单位为满足社会公共需求而控制的文物文化资产的成本。

单位为满足自身开展业务活动或其他活动需要而控制的文物和陈列品，应当通过"固定资产"科目核算，不通过本科目核算。

本科目应当按照文物文化资产的类别、项目等进行明细核算。

本科目期末借方余额，反映文物文化资产的成本。

（二）主要业务处理及案例

1. 文物文化资产在取得时，应当按照其成本入账。

（1）外购的文物文化资产，其成本包括购买价款、相关税费以及可归属于该项资产达到预定用途前所发生的其他支出（如运输费、安装费、装卸费等）。

外购的文物文化资产，按照确定的成本，借记本科目，贷记"财政拨款收入""零余额账户用款额度""银行存款"等科目。

（2）接受其他单位无偿调入的文物文化资产，其成本按照该项资产在调出方的账面价值加上归属于调入方的相关费用确定。

调入的文物文化资产，按照确定的成本，借记本科目，按照发生的归属于调入方的相关费用，贷记"零余额账户用款额度""银行存款"等科目，按照其差额，贷记"无偿调拨净资产"

科目。

无偿调入的文物文化资产成本无法可靠取得的,按照发生的归属于调入方的相关费用,借记"其他费用"科目,贷记"零余额账户用款额度""银行存款"等科目。

(3)接受捐赠的文物文化资产,其成本按照有关凭据注明的金额加上相关费用确定;没有相关凭据可供取得,但按照规定经过资产评估的,其成本按照评估价值加上相关费用确定;没有相关凭据可供取得、也未经评估的,其成本比照同类或类似资产的市场价格加上相关费用确定。

接受捐赠的文物文化资产,按照确定的成本,借记本科目,按照发生的相关税费、运输费等金额,贷记"零余额账户用款额度""银行存款"等科目,按照其差额,贷记"捐赠收入"科目。

接受捐赠的文物文化资产成本无法可靠取得的,按照发生的相关税费、运输费等金额,借记"其他费用"科目,贷记"零余额账户用款额度""银行存款"等科目。

(4)对于成本无法可靠取得的文物文化资产,单位应当设置备查簿进行登记,待成本能够可靠确定后按照规定及时入账。

【案例4063】B事业单位2019年8月1日,有关文物文化资产的科目业务如下:

(1)外购一项文物文化资产D,支付总价款500 000元,支付运费3 000元。

(2)无偿调入一项文物文化资产E,调出方的账面价值为100 000元,B单位支付相关税费等5 000元。

(3)无偿调入一项文物文化资产F,成本无法取得,调入过程中发生相关税费等4 000元。

(4)接受捐赠一项文物文化资产G,经评估后成本为50 000元,发生的相关税费等6 000元。

(5)接受捐赠一项文物文化资产H,成本无法取得,发生的相关税费等3 000元。

以上款项通过银行存款支付。账务处理分录如下:

|  | 外购文物文化资产D | 核算要点精讲 |
|---|---|---|
| 财务会计 | 借:文物文化资产—D　　　503 000<br>　贷:银行存款　　　　　　　　503 000 |  |
| 预算会计 | 借:事业支出　　　　　　　503 000<br>　贷:资金结存—货币资金　　　503 000 | 属于正常事业支出,与其他形式取得文物文化资产时发生的相关税费账务处理不同 |
|  | 无偿调入文物文化资产E |  |
| 财务会计 | 借:文物文化资产—E　　　105 000<br>　贷:无偿调拨净资产　　　　　100 000<br>　　银行存款　　　　　　　　　5 000 | 归属于调入方的相关费用进入文物文化资产成本 |
| 预算会计 | 借:其他支出　　　　　　　　5 000<br>　贷:资金结存—货币资金　　　　5 000 | 外购时相关税费在事业支出科目核算;无偿调入时在其他支出核算 |
|  | 无偿调入文物文化资产F(成本无法取得) |  |
| 财务会计 | 借:其他费用　　　　　　　　4 000<br>　贷:银行存款　　　　　　　　　4 000 | 无偿调入的文物文化资产成本无法可靠取得的,按照发生的归属于调入方的相关费用,借记"其他费用"科目,不确认文物文化资产,也不确认为名义金额,与固定资产不同;备查簿进行登记 |
| 预算会计 | 借:其他支出　　　　　　　　4 000<br>　贷:资金结存—货币资金　　　　4 000 |  |

续表

| | 接受捐赠文物文化资产G | |
|---|---|---|
| 财务会计 | 借：文物文化资产—G　　56 000<br>　　贷：银行存款　　　　　　　6 000<br>　　　　捐赠收入　　　　　　　50 000 | |
| 预算会计 | 借：其他支出　　　　　　　　6 000<br>　　贷：资金结存—货币资金　　6 000 | 捐赠收入为非现金捐赠，预算会计不进行账务处理；其他税费计入其他支出 |
| | 接受捐赠文物文化资产H(成本无法计量) | |
| 财务会计 | 借：其他费用　　　　　　　　3 000<br>　　贷：银行存款　　　　　　　3 000 | 接受捐赠的公文物文化资产成本无法可靠取得的，按照发生的相关税费等金额，借记其他费用，不确认文物文化资产，也不确认为名义金额，与固定资产不同；备查簿进行登记 |
| 预算会计 | 借：其他支出　　　　　　　　3 000<br>　　贷：资金结存—货币资金　　3 000 | |

2. 与文物文化资产有关的后续支出，参照"公共基础设施"科目相关规定进行处理。

3. 按照规定报经批准处置文物文化资产，应当分别以下情况处理。

(1)报经批准对外捐赠文物文化资产，按照被处置文物文化资产账面余额和捐赠过程中发生的归属于捐出方的相关费用合计数，借记"资产处置费用"科目，按照被处置文物文化资产账面余额，贷记本科目，按照捐赠过程中发生的归属于捐出方的相关费用，贷记"银行存款"等科目。

(2)报经批准无偿调出文物文化资产，按照被处置文物文化资产账面余额，借记"无偿调拨净资产"科目，贷记本科目；同时，按照无偿调出过程中发生的归属于调出方的相关费用，借记"资产处置费用"科目，贷记"银行存款"等科目。

**【案例4064】** B事业单位2019年8月1日，按照规定报经批准处置文物文化资产业务如下：

(1)报经批准对外捐赠文物文化资产E，账面价值600 000元，B事业单位支付相关费用20 000元(归属于捐出方)。

(2)报经批准无偿调出文物文化资产F给同级事业单位，账面价值100 000元，B事业单位支付相关费用1 000元(归属于调出方)。

以上款项通过银行存款支付。账务处理分录如下：

| | 经批准对外捐赠文物文化资产E | 核算要点精讲 |
|---|---|---|
| 财务会计 | 借：资产处置费用　　　　　620 000<br>　　贷：文物文化资产—E　　　600 000<br>　　　　银行存款　　　　　　　20 000 | 对外捐赠的文物文化资产的资产处置费用科目金额包括捐出方负担的相关费用(视同对外捐赠流动资产) |
| 预算会计 | 借：其他支出　　　　　　　　20 000<br>　　贷：资金结存—货币资金　　20 000 | 归属于捐出方的相关费用 |
| | 经批准无偿调出文物文化资产F | |
| 财务会计 | 借：资产处置费用　　　　　　1 000<br>　　贷：银行存款　　　　　　　1 000<br>借：无偿调拨净资产　　　　100 000<br>　　贷：文物文化资产—F　　　100 000 | 1. 发生的归属于调出方的相关费用计入资产处置费用<br>2. 文物文化资产账面余额计入无偿调拨净资产<br>3. 归属于调出方的相关费用视同资产处置 |

| | | | |
|---|---|---|---|
| 预算会计 | 借：其他支出　　　　　1 000<br>　贷：资金结存—货币资金　　1 000 | | 归属于调出方的相关费用 |

4. 单位应当定期对文物文化资产进行清查盘点，每年至少盘点一次。对于发生的文物文化资产盘盈、盘亏、毁损或报废等，参照"公共基础设施"科目相关规定进行账务处理。

### 五、保障性住房

（一）科目核算要点

本科目核算单位为满足社会公共需求而控制的保障性住房的原值。本科目应当按照保障性住房的类别、项目等进行明细核算。本科目与固定资产的区别主要是满足社会公共需求和单位自身需求，同时核算的内容应符合保障性住房的条件，而非单位控制的其他房产。

本科目期末借方余额，反映保障性住房的原值。

（二）主要业务处理及案例

1. 保障性住房在取得时，应当按其成本入账。

（1）外购的保障性住房，其成本包括购买价款、相关税费以及可归属于该项资产达到预定用途前所发生的其他支出。

外购的保障性住房，按照确定的成本，借记本科目，贷记"财政拨款收入""零余额账户用款额度""银行存款"等科目。

（2）自行建造的保障性住房交付使用时，按照在建工程成本，借记本科目，贷记"在建工程"科目。

已交付使用但尚未办理竣工决算手续的保障性住房，按照估计价值入账，待办理竣工决算后再按照实际成本调整原来的暂估价值。

（3）接受其他单位无偿调入的保障性住房，其成本按照该项资产在调出方的账面价值加上归属于调入方的相关费用确定。

无偿调入的保障性住房，按照确定的成本，借记本科目，按照发生的归属于调入方的相关费用，贷记"零余额账户用款额度""银行存款"等科目，按照其差额，贷记"无偿调拨净资产"科目。

（4）接受捐赠、融资租赁取得的保障性住房，参照"固定资产"科目相关规定进行处理。

【案例4065】B事业单位2019年8月1日，有关保障性住房的科目业务如下：

（1）外购保障性住房一批D，支付总价款5 000 000元，支付税费3 000元。

（2）自行建造保障性住房一批E，建造时支付工程价款6 000 000元（账务处理省略），因竣工决算手续完成，暂按已发生的金额入账；2019年9月1日，竣工决算手续完成，支付相关费用50 000元，正式办理竣工手续。

（3）无偿调入保障房一批F，调出方的账面价值3 000 000元，调入过程中发生相关税费等4 000元。

以上款项通过银行存款支付。账务处理分录如下：

| 外购保障性住房D | | | 核算要点精讲 |
|---|---|---|---|
| 财务会计 | 借：保障性住房—D　　　5 003 000<br>　贷：银行存款　　　　　5 003 000 | | |

续表

| | | |
|---|---|---|
| 预算会计 | 借：事业支出　　　　　　　5 003 000<br>　　贷：资金结存—货币资金　　5 003 000 | 属于事业支出 |
| 自行建造保障性房暂估价入账 | | |
| 财务会计 | 借：保障性住房—E　　　　　6 000 000<br>　　贷：在建工程　　　　　　　6 000 000 | 一般情况下，办理竣工决算手续时间较长，暂估价入账后可按规定计提折旧 |
| 预算会计 | 不做账务处理 | 在建工程发生支出时已进行账务处理 |
| 正式办理竣工验收手续 | | |
| 财务会计 | 借：保障性住房—E　　　　　　　50 000<br>　　贷：银行存款　　　　　　　　　50 000 | 按照估计价值入账，待办理竣工决算后再按照实际成本调整原来的暂估价值 |
| 预算会计 | 借：事业支出　　　　　　　　　50 000<br>　　贷：资金结存—货币资金　　　　50 000 | 属于事业支出 |
| 无偿调入保障性住房F | | |
| 财务会计 | 借：保障性住房—F　　　　　3 004 000<br>　　贷：银行存款　　　　　　　　　4 000<br>　　　　无偿调拨净资产　　　　3 000 000 | 成本按照该项资产在调出方的账面价值加上归属于调入方的相关费用确定 |
| 预算会计 | 借：其他支出　　　　　　　　　4 000<br>　　贷：资金结存—货币资金　　　　4 000 | 归属于调入方的相关税费 |

2. 与保障性住房有关的后续支出，参照"固定资产"科目相关规定进行处理。

3. 按照规定出租保障性住房并将出租收入上缴同级财政，按照收取的租金金额，借"银行存款"等科目，贷记"应缴财政款"科目。

【案例4066】B事业单位2019年8月1日，按照规定将保障性住房进行出租，收取的租金为300 000元，银行款项已收到。

账务处理分录如下：

| 按照规定出租保障性住房收取租金 | | 核算要点精讲 |
|---|---|---|
| 财务会计 | 借：银行存款　　　　　　　　300 000<br>　　贷：应缴财政款　　　　　　　300 000 | 出租保障性住房收取的租金应按规定上缴财政 |
| 预算会计 | 不做账务处理 | 不属于"纳入部门预算管理"的资金 |

4. 按照规定报经批准处置保障性住房，应当分别以下情况处理。

（1）报经批准无偿调出保障性住房，按照保障性住房已计提的折旧，借记"保障性住房累计折旧"科目，按照被处置保障性住房账面余额，贷记本科目，按照其差额，借记"无偿调拨净资产"科目；同时，按照无偿调出过程中发生的归属于调出方的相关费用，借记"资产处置费用"科目，贷记"银行存款"等科目。

（2）报经批准出售保障性住房，按照被出售保障性住房的账面价值，借记"资产处置费用"科目，按照保障性住房已计提的折旧，借记"保障性住房累计折旧"科目，按照保障性住房账面余额，贷记本科目；同时，按照收到的价款，借记"银行存款"等科目，按照出售过程中发生的相关费用，贷记"银行存款"等科目，按照其差额，贷记"应缴财政款"科目。

【案例4067】B事业单位2019年8月1日，按照规定报经批准处置保障性住房业务如下：

（1）报经批准出售保障性住房E，账面价值6 000 000元，已计提折旧3 000 000元，出售价款 3 200 000 元，出售过程中发生相关税费 50 000 元，款项已结算。

（2）报经批准无偿调出保障性住房 F 给同级事业单位，账面价值 1 000 000 元，已计提折旧 400 000 元，发生相关税费 20 000 元（归属于调出方），款项已结算。

账务处理分录如下：

| | 经批准对外出售保障性住房 E | 核算要点精讲 |
|---|---|---|
| 财务会计 | 借：资产处置费用　　　　 3 000 000<br>　　保障性住房累计折旧　 3 000 000<br>　贷：保障性住房——E　　　　 6 000 000<br>借：银行存款　　　　　　 3 200 000<br>　贷：银行存款　　　　　　　　 50 000<br>　　应缴财政款　　　　　　 3 150 000 | 出售保障房的资产处置费用为其账面价值；发生的相关税费与出售获得的价款抵减后作为应缴财政款上缴财政 |
| 预算会计 | 不做账务处理 | 不属于"纳入部门预算管理"的资金 |
| | 经批准无偿调出保障性住房 F | |
| 财务会计 | 借：资产处置费用　　　　　 20 000<br>　贷：银行存款　　　　　　　　 20 000<br>借：无偿调拨净资产　　　　 600 000<br>　　保障性住房累计折旧　　 400 000<br>　贷：保障性住房——F　　　 1 000 000 | 1. 发生的归属于调出方的相关费用计入资产处置费用<br>2. 保障性住房账面价值（账面余额减去折旧）计入无偿调拨资产<br>3. 归属于调出方的相关费用视同资产处置 |
| 预算会计 | 借：其他支出　　　　　　　 20 000<br>　贷：资金结存——货币资金　　 20 000 | 归属于调出方的相关费用 |

5. 单位应当定期对保障性住房进行清查盘点。对于发生的保障性住房盘盈、盘亏、毁损或报废等，参照"固定资产"科目相关规定进行账务处理。

## 六、保障性住房累计折旧

（一）科目核算要点

本科目核算单位计提的保障性住房的累计折旧。本科目应当按照所对应保障性住房的类别进行明细核算。

单位应当参照《政府会计会计准则第 3 号——固定资产》及其应用指南的相关规定，按月对其控制的保障性住房计提折旧。

本科目期末贷方余额，反映单位计提的保障性住房折旧累计数。

（二）主要业务处理及案例

1. 按月计提保障性住房折旧时，按照应计提的折旧额，借记"业务活动费用"科目，贷记本科目。

2. 报经批准处置保障性住房时，按照所处置保障性住房的账面价值，借记"资产处置费用""无偿调拨净资产""待处理财产损溢"等科目，按照已计提折旧，借记本科目，按照保障性住房的账面余额，贷记"保障性住房"科目。

【案例 4068】2019 年 8 月 1 日，B 事业单位关于保障性住房业务如下：

（1）计提保障性住房折旧 50 000 元。

(2)毁损(尚未批准)保障性住房 E 一批，账面价值 2 000 000 元，已计提折旧 1 950 000 元。账务处理分录如下：

| 保障性住房计提折旧 | | 核算要点精讲 |
|---|---|---|
| 财务会计 | 借：业务活动费用　　　　　　50 000<br>　　贷：保障性住房累计折旧　　　　50 000 | 当月新增的保障性住房当月计提折旧，应注意与企业会计要求的计提时点不一致。同时与固定资产计提折旧不同，保障性住房计提折旧的费用不再区分业务活动费用和单位管理费用，直接列入业务活动费用 |
| 预算会计 | 不做账务处理 | 无"现金"流入流出 |
| 报废保障性住房 | | |
| 财务会计 | 借：待处理财产损溢　　　　　　50 000<br>　　保障性住房累计折旧　　1 950 000<br>　　贷：保障性住房—E　　　　2 000 000 | 保障性住房的账面价值，借记待处理财产损溢科目 |
| 预算会计 | 不做账务处理 | 无"现金"流入流出 |

## 七、受托代理资产

（一）科目核算要点

本科目核算单位接受委托方委托管理的各项资产，包括受托指定转赠的物资、受托存储保管的物资等的成本。请注意与"库存物品""政府储备物资""固定资产""公共基础设施"等科目的区别；同时在核算中应注意结合是否"纳入预算管理"正确区别"受托代理资产"科目与往来款项的区别；单位管理的罚没物资也应当通过本科目核算。

单位收到的受托代理资产为现金和银行存款的，不通过本科目核算，应当通过"库存现金""银行存款"科目进行核算。

本科目应当按照资产的种类和委托人进行明细核算；属于转赠资产的，还应当按照受赠人进行明细核算。同时，还应该按照资产种类设置"受托代理资产—固定资产""受托代理资产—无形资产""受托代理资产—应收及暂付款"等明细科目；使用受托代理资产形成本单位固定资产、无形资产的，不计提折旧和摊销，使用年限到期后一次性予以核销。

本科目期末借方余额，反映单位受托代理实物资产的成本。

根据政府会计制度的规定："纳入部门预算管理的现金收支业务，在采用财务会计核算的同时应当进行预算会计核算"，"受托代理资产"核算的内容全部属于没有纳入部门预算管理的范围，也即受托代理资产涉及的相关业务，均不进行预算会计核算。根据"资产－负债＝净资产"这个基本平衡公式的原理，政府会计主体涉及受托代理业务的，其平衡公式为："受托代理资产"＋"库存现金—受托代理资产"＋"银行存款—受托代理资产"＝"受托代理负债"，涉及受托代理的业务核算，包括往来款项、固定资产等，均在上述科目进行核算。

（二）主要业务处理及案例

1. 受托转赠物资。

（1）接受委托人委托需要转赠给受赠人的物资，其成本按照有关凭据注明的金额确定。接受委托转赠的物资验收入库，按照确定的成本，借记本科目，贷记"受托代理负债"科目。

受托协议约定由受托方承担相关税费、运输费等的，还应当按照实际支付的相关税费、运输费等金额，借记"其他费用"科目，贷记"银行存款"等科目。

（2）将受托转赠物资交付受赠人时，按照转赠物资的成本，借记"受托代理负债"科目，贷记本科目。

（3）转赠物资的委托人取消了对捐赠物资的转赠要求，且不再收回捐赠物资的，应当将转赠物资转为单位的存货、固定资产等。按照转赠物资的成本，借记"受托代理负债"科目，贷记本科目；同时，借记"库存物品""固定资产"等科目，贷记"其他收入"科目。

【案例4069】B事业单位2019年8月1日，有关受托代理资产科目业务如下：

（1）接受委托人委托需要转赠给受赠人的物资X，总价值30 000元，B单位承担相关税费2 000元，款项通过银行支付。

（2）8月31日，按照要求将上述物资X其中的一部分25 000元转赠给受托人。

（3）委托人取消了对捐赠剩余物资X的转赠要求，且不再收回捐赠物资。

（4）委托人委托B单位转赠灾区现金5 000元，款项已交至单位；8月31日，对上述现金进行了转赠。

账务处理分录如下：

| | 接受委托转赠物资 | | | 核算要点精讲 |
|---|---|---|---|---|
| 财务会计 | 借：受托代理资产—X<br>　　贷：受托代理负债—X | 30 000 | 30 000 | 受托代理资产按物资种类进行明细核算；对方科目为"受托代理负债" |
| 预算会计 | 不做账务处理 | | | |
| | 支付相关费用 | | | |
| 财务会计 | 借：其他费用<br>　　贷：银行存款 | 2 000 | 2 000 | 受托协议约定由受托方承担的费用，不属于受托代理资产的核算范围，视同单位正常业务，由单位承担费用 |
| 预算会计 | 借：其他支出<br>　　贷：资金结存—货币资金 | 2 000 | 2 000 | 视同单位一项正常业务，由单位承担支出，进行预算会计账务处理 |
| | 转赠物资 | | | |
| 财务会计 | 借：受托代理负债—X<br>　　贷：受托代理资产—X | 25 000 | 25 000 | 借贷方均为受托代理科目 |
| 预算会计 | 不做账务处理 | | | |
| | 委托人取消转赠物资需求且不再收回 | | | |
| 财务会计 | 借：受托代理负债—X<br>　　贷：受托代理资产—X<br>借：库存物品<br>　　贷：其他收入 | 5 000<br><br>5 000 | <br>5 000<br><br>5 000 | 1. 冲减受托代理科目<br>2. 将物资转入库存物品核算，同时确认其他收入，不确认捐赠收入<br>3. 如果委托方收回物资的情况下，参照转赠物资的账务处理方式<br>计算过程：接受委托30 000-转赠25 000=5 000元 |
| 预算会计 | 不做账务处理 | | | |
| | 接受现金委托 | | | |
| 财务会计 | 借：库存现金—受托代理资产<br>　　贷：受托代理负债 | 5 000 | 5 000 | 在现金科目下设二级明细科目"库存现金—受托代理资产"，用于核算单位收到的现金类受托代理资产 |
| 预算会计 | 不做账务处理 | | | 虽然为"现金"收支，但不属于"纳入预算管理"的范围 |

| | 转赠现金 | |
|---|---|---|
| 财务会计 | 借：受托代理负债　　　　　　5 000<br>　　贷：库存现金—受托代理资产　　　5 000 | |
| 预算会计 | 不做账务处理 | |

2. 受托存储保管物资。

(1) 接受委托人委托存储保管的物资，其成本按照有关凭据注明的金额确定。接受委托储存的物资验收入库，按照确定的成本，借记本科目，贷记"受托代理负债"科目。

(2) 发生由受托单位承担的与受托存储保管的物资相关的运输费、保管费等费用时，按照实际发生的费用金额，借记"其他费用"等科目，贷记"银行存款"等科目。

(3) 根据委托人要求交付或发出受托存储保管的物资时，按照发出物资的成本，借记"受托代理负债"科目，贷记本科目。

【案例 4070】B 事业单位 2019 年 8 月 1 日，有关受托代理资产科目业务如下：

(1) 接受委托人委托存储保管的物资 Y，总价值 50 000 元，已验收入库，B 单位承担相关运费及保管费 2 000 元，款项通过银行支付。

(2) 8 月 31 日，按照委托人要求将上述物资 Y 发出。

账务处理分录如下：

| | 接受委托保管物资 | 核算要点精讲 |
|---|---|---|
| 财务会计 | 借：受托代理资产—Y　　　　　50 000<br>　　贷：受托代理负债—Y　　　　　　50 000 | 受托代理资产按物资种类进行明细核算；对方科目为"受托代理负债" |
| 预算会计 | 不做账务处理 | |
| | 支付相关费用 | |
| 财务会计 | 借：其他费用　　　　　　　　　2 000<br>　　贷：银行存款　　　　　　　　　2 000 | 受托协议约定由受托方承担的费用，不属于受托代理资产的核算范围，视同单位正常业务，由单位承担费用 |
| 预算会计 | 借：其他支出　　　　　　　　　2 000<br>　　贷：资金结存—货币资金　　　　2 000 | 视同单位正常业务，由单位承担支出，进行预算会计账务处理 |
| | 发出受托保管的物资 | |
| 财务会计 | 借：受托代理负债—Y　　　　　50 000<br>　　贷：受托代理资产—Y　　　　　　50 000 | 借贷方均为受托代理科目 |
| 预算会计 | 不做账务处理 | |

3. 罚没物资。

(1) 取得罚没物资时，其成本按照有关凭据注明的金额确定。罚没物资验收(入库)，按照确定的成本，借记本科目，贷记"受托代理负债"科目。罚没物资成本无法可靠确定的，单位应当设置备查簿进行登记。

(2) 按照规定处置或移交罚没物资时，按照罚没物资的成本，借记"受托代理负债"科目，贷记本科目。处置时取得款项的，按照实际取得的款项金额，借记"银行存款"等科目，贷记"应缴财政款"等科目。

单位受托代理的其他实物资产，参照本科目有关受托转赠物资、受托存储保管物资的规定进行账务处理。

**【案例4071】** B事业单位2019年8月1日，有关受托代理资产科目业务如下：

(1) 取得罚没物资X一批，总价值40 000元，已验收入库。

(2) 取得罚没物资Y一批，成本无法可靠确定。

(3) 按规定对上述物资X的50%进行了移交，已完成移交手续；同时对剩余部分进行了处置，收到处置价款35 000元。

(4) 委托人委托B单位代为管理资金80 000元，款项已交至单位；根据委托人要求，购置计算机一台，价值5 000元，同时根据合同全款预付30 000元用于购置物资一批Z，8月31日，B单位收到上述物资，并按委托人要求将上述物资进行了转交，12月31日，对购置的计算机进行了转交。

账务处理分录如下：

| | 取得罚没物资X | 核算要点精讲 |
|---|---|---|
| 财务会计 | 借：受托代理资产—X　　40 000<br>　　贷：受托代理负债—X　　40 000 | 受托代理资产按物资种类进行明细核算；对方科目为"受托代理负债" |
| 预算会计 | 不做账务处理 | |
| | 取得罚没物资Y（成本无法可靠确定） | |
| 财务会计 | 不做账务处理 | 罚没物资成本无法可靠确定的，单位应当设置备查簿进行登记 |
| 预算会计 | 不做账务处理 | |
| | 移交罚没物资 | |
| 财务会计 | 借：受托代理负债—X　　20 000<br>　　贷：受托代理资产—X　　20 000 | 计算过程：40 000×50%＝20 000元 |
| 预算会计 | 不做账务处理 | |
| | 处置罚没物资 | |
| 财务会计 | 借：受托代理负债—X　　20 000<br>　　贷：受托代理资产—X　　20 000<br>借：银行存款　　35 000<br>　　贷：应缴财政款　　35 000 | 1. 计算过程：40 000×(1-50%)＝20 000元<br>2. 处置罚没物资取得的款项按规定上缴财政 |
| 预算会计 | 不做账务处理 | 不属于"纳入部门预算管理"的范围 |
| | 接受委托资金 | |
| 财务会计 | 借：银行存款—受托代理资产　　80 000<br>　　贷：受托代理负债　　80 000 | 在银行存款科目下设二级明细科目"银行存款—受托代理资产"，用于核算单位收到的受托代理资产为银行存款的资产 |
| 预算会计 | 不做账务处理 | 虽然为"现金"收支，但不属于"纳入预算管理"的范围 |
| | 使用委托资金购置设备 | |
| 财务会计 | 借：受托代理资产—固定资产　　5 000<br>　　贷：银行存款—受托代理资产　　5 000 | 在受托代理资产科目下设固定资产二级明细科目；仅在资产方进行账务处理，不涉及受托代理负债科目 |
| 预算会计 | 不做账务处理 | 虽然为"现金"收支，但不属于"纳入预算管理"的范围 |

续表

| | | |
|---|---|---|
| | 预付物资款 | |
| 财务会计 | 借：受托代理资产—应收及暂付款 30 000<br>　　贷：银行存款—受托代理资产　　　30 000 | 在受托代理资产科目下设应收及暂付款二级明细科目，用于核算单位收到的受托代理资产发生应收及暂付业务 |
| 预算会计 | 不做账务处理 | 虽然为"现金"收支，但不属于"纳入预算管理"的范围 |
| | 物资验收入库 | |
| 财务会计 | 借：受托代理资产—Z　　　　　30 000<br>　　贷：受托代理资产—应收及暂付款 30 000 | 核销受托代理资产中的往来款项 |
| 预算会计 | 不做账务处理 | |
| | 物资按要求移交 | |
| 财务会计 | 借：受托代理负债　　　　　　30 000<br>　　贷：受托代理资产—Z　　　　　30 000 | 物资转交时减少受托代理负债 |
| 预算会计 | 不做账务处理 | |
| | 购置的固定资产移交 | |
| 财务会计 | 借：受托代理负债　　　　　　5 000<br>　　贷：受托代理资产—固定资产　　5 000 | 受托代理资产购置的固定资产不计提折旧，移交时按原值进行移交 |
| 预算会计 | 不做账务处理 | |

## 八、待摊费用

（一）科目核算要点

本科目核算单位已经支付，但应当由本期和以后各期分别负担的分摊期在1年以内（含1年）的各项费用，如预付航空保险费、预付租金等。

摊销期限在1年以上的租入固定资产改良支出和其他费用，应当通过"长期待摊费用"科目核算，不通过本科目核算。

待摊费用应当在其受益期限内分期平均摊销，如预付航空保险费应在保险期的有效期内、预付租金应在租赁期内分期平均摊销，计入当期费用。

本科目应当按照待摊费用种类进行明细核算。

本科目期末借方余额，反映单位各种已支付但尚未摊销的分摊期在1年以内（含1年）的费用。

（二）主要业务处理及案例

1. 发生待摊费用时，按照实际预付的金额，借记本科目，贷记"财政拨款收入""零余额账户用款额度""银行存款"等科目。

2. 按照受益期限分期平均摊销时，按照摊销金额，借记"业务活动费用""单位管理费用""经营费用"等科目，贷记本科目。

3. 如果某项待摊费用已经不能使单位受益，应当将其摊余金额一次全部转入当期费用。

按照摊销金额,借记"业务活动费用""单位管理费用""经营费用"等科目,贷记本科目。

【案例4072】B事业单位2019年8月1日,有关业务如下:

(1)根据签订的合同,与某企业签订合同,租赁其房屋用于专业业务活动;已按合同要求通过银行转账预付全年房屋租金120 000元。

(2)9月1日,按月进行摊销。

(3)2020年5月31日,单位该专业业务活动已完成,且该房屋单位不再使用,相应的房租无法收回;单位决定剩余费用一次性摊销。

账务处理分录如下:

| | 预付房屋租金 | 核算要点精讲 |
| --- | --- | --- |
| 财务会计 | 借:待摊费用——租金　　　　120 000<br>　　贷:银行存款　　　　　　　120 000 | 租赁期限为1年,在待摊费用科目核算,超过1年的在长期待摊费用核算 |
| 预算会计 | 借:事业支出　　　　　　　　120 000<br>　　贷:资金结存——货币资金　120 000 | |
| | 按月摊销 | |
| 财务会计 | 借:业务活动费用　　　　　　 10 000<br>　　贷:待摊费用——租金　　　　10 000 | 按月进行摊销;120 000÷12=10 000元 |
| 预算会计 | 不做账务处理 | |
| | 摊余金额一次全部转入当期费用 | |
| 财务会计 | 借:业务活动费用　　　　　　 20 000<br>　　贷:待摊费用——租金　　　　20 000 | 已摊销10个月,剩下2个月一次性计入费用。计算过程:120 000-10 000×10=20 000元 |
| 预算会计 | 不做账务处理 | |

## 九、长期待摊费用

(一)科目核算要点

本科目核算单位已经支出,但应由本期和以后各期负担的分摊期限在1年以上(不含1年)的各项费用,如以经营租赁方式租入的固定资产发生的改良支出等。

本科目期末借方余额,反映单位尚未摊销完毕的长期待摊费用。

本科目应当按照费用项目进行明细核算。

本科目期末借方余额,反映单位尚未摊销完毕的长期待摊费用。

(二)主要业务处理及案例

1. 发生长期待摊费用时,按照支出金额,借记本科目,贷记"财政拨款收入""零余额账户用款额度""银行存款"等科目。

2. 按照受益期间摊销长期待摊费用时,按照摊销金额,借记"业务活动费用""单位管理费用""经营费用"等科目,贷记本科目。

3. 如果某项长期待摊费用已经不能使单位受益,应当将其摊余金额一次全部转入当期费用。按照摊销金额,借记"业务活动费用""单位管理费用""经营费用"等科目,贷记本科目。

【案例4073】B事业单位2019年8月1日,有关业务如下:

(1)根据签订的合同,租赁其房屋用于专业业务活动,合同期限为5年(不考虑支付租金的账务处理)；为便于本单位使用，对其进行了装修改造，共发生费用 300 000 元，银行存款支付。

(2)9 月 1 日，按月进行摊销。

(3)2024 年 1 月 1 日，单位该专业业务活动已完成，且该房屋单位不再使用；单位决定剩余费用一次性摊销。

账务处理分录如下：

| | 支付装修改造费用 | 核算要点精讲 |
|---|---|---|
| 财务会计 | 借：长期待摊费用—房屋装修 300 000<br>　　贷：银行存款　　　　　　　　300 000 | 租赁期限为 5 年，在长期待摊费用科目核算；该资产为经营租赁租入资产，该资产所有权不属于单位，发生的改良支出不列入固定资产核算 |
| 预算会计 | 借：事业支出　　　　　　　　　300 000<br>　　贷：资金结存—货币资金　　　300 000 | |
| | 按月摊销 | |
| 财务会计 | 借：业务活动费用　　　　　　　　5 000<br>　　贷：长期待摊费用—房屋装修　　5 000 | 按月进行摊销；300 000÷(12 月×5 年)=5 000 元 |
| 预算会计 | 不做账务处理 | |
| | 摊余金额一次全部转入当期费用 | |
| 财务会计 | 借：业务活动费用　　　　　　　 35 000<br>　　贷：长期待摊费用—房屋装修　 35 000 | 已经摊销 53 个月，剩下 7 个月一次性计入费用。计算过程：300 000÷60×(60-53)=35 000 元 |
| 预算会计 | 不做账务处理 | |

## 十、待处理财产损溢

(一)科目核算要点

本科目核算单位在资产清查过程中查明的各种资产盘盈、盘亏和报废、毁损的价值。

本科目应当按照待处理的资产项目进行明细核算；对于在资产处理过程中取得收入或发生相关费用的项目，还应当设置"待处理财产价值""处理净收入"明细科目，进行明细核算。

单位资产清查中查明的资产盘盈、盘亏、报废和毁损，一般应当先记入本科目，按照规定报经批准后及时进行账务处理。年末结账前一般应处理完毕。

本科目期末如为借方余额，反映尚未处理完毕的各种资产的净损失；期末如为贷方余额，反映尚未处理完毕的各种资产净溢余。年末，经批准处理后，本科目一般应无余额。

(二)主要业务处理及案例

1. 账款核对时发现的库存现金短缺或溢余。

(1)每日账款核对中发现现金短缺或溢余，属于现金短缺，按照实际短缺的金额，借记本科目，贷记"库存现金"科目；属于现金溢余，按照实际溢余的金额，借记"库存现金"科目，贷记本科目。

(2)如为现金短缺，属于应由责任人赔偿或向有关人员追回的，借记"其他应收款"科目，贷记本科目；属于无法查明原因的，报经批准核销时，借记"资产处置费用"科目，贷记本科目。

(3)如为现金溢余,属于应支付给有关人员或单位的,借记本科目,贷记"其他应付款"科目;属于无法查明原因的,报经批准后,借记本科目,贷记"其他收入"科目。

**【案例 4074】** B 事业单位,2019 年有关现金科目账款核算时存在如下情形:

(1)8 月 1 日,现金账款核对时发现现金短缺 300 元;经仔细核查,其中 100 元应由责任人进行赔偿;9 月 1 日责任人将现金予以赔偿,200 元无法查明原因,报经批准后予以核销。

(2)11 月 1 日,现金账款核对时发现现金溢余 600 元,其中 200 元应支付报销人员;400 元无法查明原因,报经批准后确认收入。

账务处理分录如下:

| | 发生现金短缺 | 核算要点精讲 |
|---|---|---|
| 财务会计 | 借:待处理财产损溢—现金　　300<br>　贷:库存现金　　　　　　　　300 | 待处理财产损溢下设置明细科目 |
| 预算会计 | 借:其他支出　　　　　　　　300<br>　贷:资金结存—货币资金　　　300 | 现金账款核对中如发现现金短缺,按照短缺的现金金额,借其他支出;属于应当由有关人员赔偿的,按照收到的赔偿金额,贷记其他支出 |
| | 应由责任人赔偿 | |
| 财务会计 | 借:其他应收款　　　　　　　100<br>　贷:待处理财产损溢—现金　　100<br>　　库存现金　　　　　　　　100<br>　贷:其他应收款　　　　　　　100 | 属于应由责任人赔偿或向有关人员追回的,借记其他应收款,收回时予以冲回 |
| 预算会计 | 借:资金结存—货币资金　　　100<br>　贷:其他支出　　　　　　　　100 | 属于应当由有关人员赔偿的,按照收到的赔偿金额,贷记其他支出 |
| | 无法查明原因的报经批准后 | |
| 财务会计 | 借:资产处置费用　　　　　　200<br>　贷:待处理财产损溢—现金　　200 | 发生问题时计入待处理财产损溢;报经批准后进入资产处置费用科目核算 |
| 预算会计 | 不做账务处理 | 预算会计在发生现金短缺已进行账务处理 |
| | 发生现金溢余 | |
| 财务会计 | 借:库存现金　　　　　　　　600<br>　贷:待处理财产损溢—现金　　600 | 待处理财产损溢下设置明细科目 |
| 预算会计 | 借:资金结存—货币资金　　　600<br>　贷:其他预算收入　　　　　　600 | 每日现金账款核对中如发现现金溢余,按照溢余的现金金额,贷记其他预算收入。经核实,属于应支付有关个人和单位的部分,按照实际支付的金额,借记其他预算收入 |
| | 支付给个人部分 | |
| 财务会计 | 借:待处理财产损溢—现金　　200<br>　贷:其他应付款　　　　　　　200<br>借:其他应付款　　　　　　　200<br>　贷:库存现金　　　　　　　　200 | |

续表

| 预算会计 | 借：其他预算收入　　　　　　　200<br>　　　贷：资金结存——货币资金　　　　200 | 经核实，属于应支付给有关个人和单位的部分，按照实际支付的金额，借记其他预算收入 |
|---|---|---|
| 无法查明原因的报经批准后 | | |
| 财务会计 | 借：待处理财产损溢——现金　　　400<br>　　　贷：其他收入　　　　　　　　　　400 | 属于无法查明原因的，报经批准后，借记本科目，贷记其他收入科目 |
| 预算会计 | 不做账务处理 | 预算会计在发生现金溢余时已进行账务处理 |

2. 资产清查过程中发现的存货、固定资产、无形资产、公共基础设施、政府储备物资、文物文化资产、保障性住房等各种资产盘盈、盘亏或报废、毁损。

(1) 盘盈的各类资产。

转入待处理资产时，按照确定的成本，借记"库存物品""固定资产""无形资产""公共基础设施""政府储备物资""文物文化资产""保障性住房"等科目，贷记本科目。

按照规定报经批准后处理时，对于盘盈的流动资产，借记本科目，贷记"单位管理费用"[事业单位]或"业务活动费用"[行政单位]科目。对于盘盈的非流动资产，如属于本年度取得的，按照当年新取得相关资产进行账务处理；如属于以前年度取得的，按照前期差错处理，借记本科目，贷记"以前年度盈余调整"科目。

(2) 盘亏或者毁损、报废的各类资产。

转入待处理资产时，借记本科目(待处理财产价值)[盘亏、毁损、报废固定资产、无形资产、公共基础设施、保障性住房的，还应借记"固定资产累计折旧""无形资产累计摊销""公共基础设施累计折旧(摊销)""保障性住房累计折旧"科目]，贷记"库存物品""固定资产""无形资产""公共基础设施""政府储备物资""文物文化资产""保障性住房""在建工程"等科目。涉及增值税业务的，相关账务处理参见"应交增值税"科目。

报经批准处理时，借记"资产处置费用"科目，贷记本科目(待处理财产价值)。

处理毁损、报废实物资产过程中取得的残值或残值变价收入、保险理赔和过失人赔偿等，借记"库存现金""银行存款""库存物品""其他应收款"等科目，贷记本科目(处理净收入)；处理毁损、报废实物资产过程中发生的相关费用，借记本科目(处理净收入)，贷记"库存现金""银行存款"等科目。

处理收支结清，如果处理收入大于相关费用的，按照处理收入减去相关费用后的净收入，借记本科目(处理净收入)，贷记"应缴财政款"等科目；如果处理收入小于相关费用的，按照相关费用减去处理收入后的净支出，借记"资产处置费用"科目，贷记本科目(处理净收入)。

【案例4075】B 事业单位，2019 年年末资产清查时，存在如下情形：

(1) 盘盈库存物品 D 一批，经评估后确认成本为 30 000 元；无形资产 E 一批，经评估后确认成本为 20 000 元；转入待处理资产，其中库存物品为 2019 年取得，无形资产为 2018 年度取得；按照规定报经批准后进行了账务处理。

(2) 发现毁损固定资产 F 一批，账面余额 40 000 元，已计提折旧 32 000 元；毁损固定资产 G 一批，账面余额 36 000 元，已计提折旧 30 000 元，盘亏文物文化资产 H 一批，账面余额 4 000 元；报经批准后进行处理，固定资产 F 取得残值变价收入 5 000 元，发生相关费用 6 000 元，固定资产 G 取得残值变价收入 8 000 元，无发生相关费用。

**账务处理分录如下：**

| | 盘盈库存物品转入待处理资产 | 核算要点精讲 |
|---|---|---|
| 财务会计 | 借：库存物品—D　　　　　30 000<br>　　贷：待处理财产损溢—D　　　　30 000<br>借：无形资产—E　　　　　20 000<br>　　贷：待处理财产损溢—E　　　　20 000 | 待处理财产损溢下设置明细科目 |
| 预算会计 | 不做账务处理 | |
| | 报经批准处理 | |
| 财务会计 | 借：待处理财产损溢—D　　　20 000<br>　　贷：以前年度盈余调整　　　　20 000<br>借：待处理财产损溢—E　　　30 000<br>　　贷：应付账款　　　　　　　　30 000 | 1. 盘盈的流动资产，现金按照现金溢余进行核算，其他的流动资产，冲减单位管理费用(事业单位)或业务活动费用(行政单位)科目<br>2. 对于盘盈的非流动资产，如属于本年度取得的，按照当年新取得相关资产进行账务处理；在实务操作中，理论上不可能出现在本年度取得的资产盘盈，如出现盘盈，即可按原取得方式核算：<br>借：无形资产<br>　　贷：银行存款(应付账款)<br>本案例主要解释制度中的相关规定予以列举，实务中一般无须转入待处理财产损溢进行核算 |
| 预算会计 | 不做账务处理 | |
| | 盘亏、毁损转入待处理资产 | |
| 财务会计 | 借：待处理财产损溢—待处理财产价值—F<br>　　　　　　　　　　　　　　8 000<br>　　固定资产累计折旧　　　　32 000<br>　　贷：固定资产　　　　　　　　40 000<br>借：待处理财产损溢—待处理财产价值—G<br>　　　　　　　　　　　　　　6 000<br>　　固定资产累计折旧　　　　30 000<br>　　贷：固定资产　　　　　　　　36 000<br>借：待处理财产损溢—待处理财产价值—H<br>　　　　　　　　　　　　　　4 000<br>　　贷：文物文化资产　　　　　　4 000 | 文物文化资产不计提折旧 |
| 预算会计 | 不做账务处理 | |
| | 经批准处置固定资产F | |
| 财务会计 | 借：资产处置费用　　　　　8 000<br>　　贷：待处理财产损溢—待处理财产价值—F<br>　　　　　　　　　　　　　　8 000 | 资产处置费用科目为账面价值(科目余额减去折旧) |
| 预算会计 | 不做账务处理 | |

续表

| | 经批准处置固定资产 F 处理过程 | |
|---|---|---|
| 财务会计 | 收回处置价款：<br>借：银行存款　　　　　　　　　5 000<br>　　贷：待处理财产损溢—处理净收入　5 000<br>支付相关费用：<br>借：待处理财产损溢—处理净收入　6 000<br>　　贷：银行存款　　　　　　　　　6 000<br>处理收支结清：<br>借：资产处置费用　　　　　　　1 000<br>　　贷：待处理财产损溢—处理净收入　1 000 | 1. 待处理财产损溢下设置"处理净收入"明细科目，用于核算处置收回的款项和支付的相关费用<br>2. 处理收支结清，处理收入小于相关费用的，进入资产处置费用<br>3. 实际支付的银行存款＝费用－收入＝6 000－5 000＝1 000元 |
| 预算会计 | 借：其他支出　　　　　　　　　1 000<br>　　贷：资金结存—货币资金　　1 000 | |
| | 经批准处置固定资产 G | |
| 财务会计 | 借：资产处置费用　　　　　　　6 000<br>　　贷：待处理财产损溢—待处理财产价值—G<br>　　　　　　　　　　　　　　　6 000 | 资产处置费用科目为账面价值（科目余额减去折旧） |
| 预算会计 | 不做账务处理 | |
| | 经批准处置固定资产 F 处理过程 | |
| 财务会计 | 收回处置价款：<br>借：银行存款　　　　　　　　　8 000<br>　　贷：待处理财产损溢—处理净收入　8 000<br>处理收支结清：<br>借：待处理财产损溢—处理净收入　8 000<br>　　贷：应缴财政款　　　　　　　8 000 | 1. 待处理财产损溢下设置"处理净收入"明细科目，用于核算处置收回的款项和支付的相关费用<br>2. 处理收支结清，处理收入大于处理费用，差额部分应上缴财政；如果发生相关费用，则扣减相关费用后上缴财政 |
| 预算会计 | 不做账务处理 | 不属于"纳入部门预算管理"的范围 |
| | 经批准处置文物文化资产 | |
| 财务会计 | 借：资产处置费用　　　　　　　4 000<br>　　贷：待处理财产损溢—待处理财产价值—H<br>　　　　　　　　　　　　　　　4 000 | 资产处置费用科目为账面价值；文物文化资产不计提折旧 |
| 预算会计 | 不做账务处理 | |

## 十一、知识拓展

（一）行业补充规定特殊要求

1. 高等学校行业补充规定。

高等学校应当在"1891 受托代理资产"科目下设置"应收及暂付款""固定资产""无形资产"

明细科目。

(1)发生涉及受托代理资金的各种应收及暂付款项时,按照实际发生金额,借记"受托代理资产—应收及暂付款"科目,贷记"银行存款—受托代理资产""库存现金—受托代理资产"等科目;收回其他应收款项或报销时,借记"库存现金—受托代理资产""银行存款—受托代理资产""受托代理负债"等科目,贷记"受托代理资产—应收及暂付款"科目。

(2)使用受托代理资金购置固定资产或无形资产时,借记"受托代理资产—固定资产"或"受托代理资产—无形资产"科目,贷记"银行存款—受托代理资产""库存现金—受托代理资产"等科目。受托代理资产科目下"固定资产""无形资产"不计提折旧和摊销。受托代理的固定资产、无形资产报废、转交时,按照受托代理的固定资产、无形资产账面余额,借记"受托代理负债"科目,贷记"受托代理资产"科目及其明细科目。

高等学校核算的因公房出售形成的公共维修基金(个人缴纳部分),通过"受托代理负债"科目进行核算。

2. 其他行业无补充规定。

(二)科目核算难点与注意事项

1. 关于公共基础设施的核算。

公共基础设施是政府会计制度中新增的会计科目,核算的内容均为新增的资产,资产存量较大,其难点和注意事项除具体准则和制度中有关规定外,还包括如下方面。

(1)关于公共基础设施的记账主体。

按照"谁承担管理维护职责、由谁入账"的原则确定公共基础设施的记账主体。由多个政府会计主体共同管理维护的公共基础设施,可暂按现有分管比例各自登记入账。公共基础设施的管理维护职责尚不明确的,由本级政府尽快予以明确。

对于企业控制的公共基础设施,由企业按照企业会计准则进行核算;对于政府将其特许经营权授予企业的存量公共基础设施,其会计处理由财政部另行规定。

(2)关于公共基础设施分类。

单位应当在对公共基础设施进行分级分类的基础上,按照合适的计量单元将存量公共基础设施分门别类登记入账。国务院有关行业主管部门对公共基础设施已规定分级分类标准的,从其规定;尚无明确规定的,单位在公共基础设施首次入账时可按照现行管理实务进行分级分类,待统一分类规定出台后再行调整。

单位对公共基础设施至少应当按照市政基础设施、交通基础设施、水利基础设施和其他公共基础设施四个类别进行明细核算,其他明细核算应当遵循政府会计准则制度,并满足编制行政事业性国有资产报告的需要。

(3)关于公共基础设施折旧(摊销)。

在国务院财政部门对公共基础设施折旧(摊销)年限做出规定之前,单位在公共基础设施首次入账时暂不考虑补提折旧(摊销),初始入账后也暂不计提折旧(摊销)。单位在2019年1月1日之前已经核算公共基础设施且计提折旧(摊销)的,在新旧衔接时以及执行政府会计准则制度后可继续沿用之前的折旧(摊销)政策。

(4)关于存量公共基础设施的入账成本。

第一,单位应当首先按照公共基础设施的初始购建成本确定存量公共基础设施的初始入账成本。对于初始购建投入使用后至执行政府会计准则制度前发生的后续支出,无须追溯确认为公共基础设施的初始入账成本;对于执行政府会计准则制度后发生的后续支出,应当按照《政府会计准则第5号——公共基础设施》的规定处理。

单位在确定存量公共基础设施的初始购建成本时，应当以与存量公共基础设施购建及交付使用有关的原始凭证为依据，包括项目竣工财务决算资料、项目移交资料、项目投资预算、项目投资概算及建设成本资料等。单位无法取得与存量公共基础设施初始购建有关的原始凭证的，应当在财务报表附注中对无法取得原始凭证的事实及理由予以披露。

第二，对于无法取得与存量公共基础设施初始购建有关的原始凭证，但已按照有关规定对公共基础设施进行评估，或者按照《中华人民共和国资产评估法》等法律法规和国家有关规定要求对公共基础设施进行评估的，单位应当按照评估价值确定存量公共基础设施的初始入账成本。

以评估价值确定存量公共基础设施的初始入账成本的，应当以评估机构出具的评估报告等作为原始凭证。

第三，对于无法取得与存量公共基础设施初始购建有关的原始凭证且在首次入账前未要求或未进行过资产评估的，单位应当按照重置成本确定存量公共基础设施的初始入账成本。单位在具体确定存量公共基础设施的重置成本时，可参考以下步骤进行。

第一步：对存量公共基础设施进行分级分类。

第二步：确定各项存量公共基础设施的建造或使用时间、具体数量（如里程、面积等）以及各项资产的成新率（即新旧程度系数）。

第三步：确定现行条件下每项公共基础设施的单位（如单位里程、单位面积等）资产价值。通常情况下，单位资产价值的确定应当以行业定额标准或由各地行业主管部门组织确定的定额标准为基础。

第四步：根据第二步和第三步的结果，计算确定每项具体公共基础设施的入账成本。

经履行内部报批程序后，单位可将重置成本计算的依据作为存量公共基础设施初始入账的原始凭证。

此外，单位在新旧制度转换时，对于应当确认为公共基础设施、但已确认为固定资产的，应当将该项固定资产按其账面价值重分类为公共基础设施。如果该项固定资产是以名义金额计量的，应当按照以上规定重新确定公共基础设施的入账成本。

2. 关于文物文化的核算。

制度设置了"文物文化资产"科目，核算单位为满足社会公共需求而控制的文物文化资产的成本。其中，对于成本无法可靠取得的文物文化资产，单位应当设置备查簿进行登记，待成本能够可靠确定后按照规定及时入账。

单位在新旧制度转换时，应当将原账"固定资产"科目中核算的符合新制度"文物文化资产"科目核算内容的"文物和陈列品"，按其相关明细科目的余额转入新账的"文物文化资产"科目。如原账中核算的"文物和陈列品"有以名义金额计量的，应当按照转入新账"文物文化资产"科目中的"文物和陈列品"名义金额的合计数，借记新账的"累计盈余"科目，贷记新账的"文物文化资产"科目，同时将这些文物文化资产在备查簿中进行登记，并按照新制度的规定进行后续处理。

3. 关于受托代理资产的核算。

为了全面核算和反映政府会计主体发生的经济业务或事项，新制度设置了"受托代理资产"科目，本科目核算单位接受委托方委托管理的各项资产，包括受托指定转赠的物资、受托存储保管的物资和罚没物资等的成本。单位对受托代理资产不拥有控制权，因此"受托代理资产"并不符合《政府会计准则——基本准则》所规定的资产的定义及其确认标准,仅仅进行财务会计核算,不进行预算会计核算;上述内容也涉及"库存现金—受托代理资产""银行存款—受托代理资产"。

4. 其他方面。

(1)单位在核算时应注意区分"固定资产"与"公共基础设施""政府储备物资""文物文化资产""保障性住房"的区别,后者主要为社会公共需求或特定需求,被称为"经管类资产"。"固定资产"为单位为业务活动自用的资产。

(2)关于折旧和摊销方面,"固定资产""公共基础设施""保障性住房"应进行折旧和摊销。"固定资产"中的"文物和陈列品;动植物;图书、档案;单独计价入账的土地;以名义金额计量的固定资产""政府储备物资""文物文化资产"不计提折旧和摊销。

对于确认为公共基础设施的单独计价入账的土地使用权,政府会计主体应当按照《政府会计准则第4号——无形资产》的相关规定进行摊销。

(3)根据政府会计准则制度,可以按照名义金额计量的资产仅包括接受捐赠的以及无法确定成本的盘盈"库存物品""固定资产""无形资产"。"公共基础设施""政府储备物资""文物文化资产""保障性住房"不得以名义金额计量,成本无法可靠取得时,单位应当设置备查簿进行登记,待成本能够可靠确定后按照规定及时入账。

# 本章小结

根据财政部规定,编制报送行政事业单位国有资产年度报告是建立国务院向全国人大常委会报告国有资产管理情况制度的重要内容,会计账簿生成的信息是编制行政事业性国有资产报告的重要数据来源。单位应当以执行新政府会计准则制度,从以下方面开展工作。

规范和加强各类资产的会计核算,夯实资产核算的各项基础工作,强化资产账实相符,确保资产信息的全面性、完整性和准确性。

清理核实和归类统计固定资产、无形资产、库存物品、对外投资等资产数据,为准确计提折旧、摊销费用、确定权益等提供基础信息。

规范和加强往来款项的管理,全面开展往来款项专项清理和账龄分析,及时报批处理往来挂账,做好坏账准备计提的相关工作。

清理基本建设会计账务,及时将已交付使用的建设项目转为固定资产、无形资产等,按规定及时办理基本建设项目竣工财务决算手续。

明晰资产占有、使用和维护管理的责任主体,按规定将单位控制的公共基础设施、政府储备物资、保障性住房等资产以及单位受托管理的资产登记入账,确保国有资产信息全面完整。

# 第五章 负债类会计业务

**本章导读**

本章在政府会计基本准则、具体准则的基础上，结合《政府会计制度——行政事业单位会计科目和报表》、7个行业补充规定，通过对负债类科目核算要点和案例精讲，加强对制度中负债类科目的理解和实务中应用。负债类会计科目共十六个，本章按照科目代码顺序及科目内容将其归纳为四节。

## 第一节 借款及应付利息类业务

本节主要包括"短期借款""长期借款""应付利息"三个会计科目。
借款及应付利息类科目思维导图如下所示。

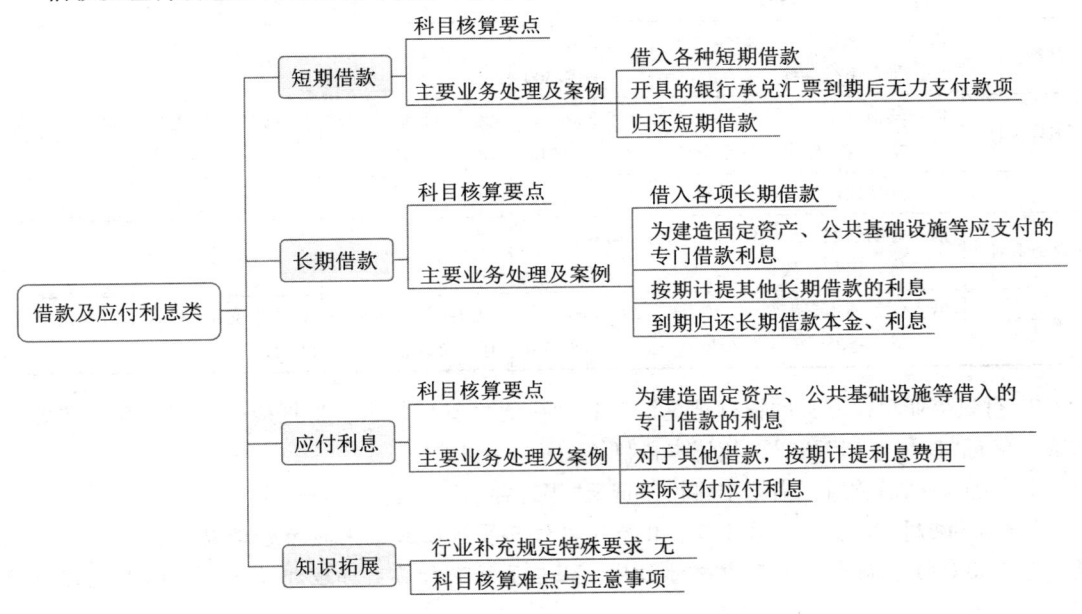

```
借款及应付利息类
├── 短期借款
│   ├── 科目核算要点
│   └── 主要业务处理及案例
│       ├── 借入各种短期借款
│       ├── 开具的银行承兑汇票到期后无力支付款项
│       └── 归还短期借款
├── 长期借款
│   ├── 科目核算要点
│   └── 主要业务处理及案例
│       ├── 借入各项长期借款
│       ├── 为建造固定资产、公共基础设施等应支付的专门借款利息
│       ├── 按期计提其他长期借款的利息
│       └── 到期归还长期借款本金、利息
├── 应付利息
│   ├── 科目核算要点
│   └── 主要业务处理及案例
│       ├── 为建造固定资产、公共基础设施等借入的专门借款的利息
│       ├── 对于其他借款，按期计提利息费用
│       └── 实际支付应付利息
└── 知识拓展
    ├── 行业补充规定特殊要求 无
    └── 科目核算难点与注意事项
```

### 一、短期借款

（一）科目核算要点

本科目核算事业单位经批准向银行或其他金融机构等借入的期限在1年内（含1年）的各

种借款。

"短期借款"核算时应当按照债权人和借款种类进行明细核算。

本科目期末贷方余额,反映行政事业单位尚未偿还的短期借款本金。

(二)主要业务处理及案例

1. 行政事业单位借入各种短期借款时,按照实际借入的金额,借记"银行存款"科目,贷记本科目。

【案例5001】2019年8月1日,B事业单位经批准在X银行借入3个月短期借款500 000元用于日常资金周转,上述款项已存入B事业单位银行账户中,借款年利率6%,按月计提利息并支付,到期还本。账务处理分录如下:

| | 借入短期借款 | | 核算要点精讲 |
|---|---|---|---|
| 财务会计 | 借:银行存款<br>　贷:短期借款—X银行 | 500 000<br>500 000 | 同时确认"银行存款"和"短期借款"增加,1年内(含1年)在"短期借款"核算 |
| 预算会计 | 借:资金结存—货币资金<br>　贷:债务预算收入 | 500 000<br>500 000 | 预算会计设置了"债务预算收入"科目,借入款项时在预算会计中确认收入 |
| | 月底计提利息处理 | | |
| 财务会计 | 借:其他费用<br>　贷:应付利息 | 2 500<br>2 500 | 借款用途为日常周转,通过"其他费用"核算;为建造固定资产、公共基础设施等借入的专门借款的利息,属于建设期间发生的,按期计提利息费用时予以资本化;计算过程:500 000×(6%÷12)=2 500元 |
| 预算会计 | 不做账务处理 | | 未发生"现金"收支业务 |
| | 每月支付利息时 | | |
| 财务会计 | 借:应付利息<br>　贷:银行存款 | 2 500<br>2 500 | |
| 预算会计 | 借:其他支出<br>　贷:资金结存—货币资金 | 2 500<br>2 500 | 支付银行借款利息时,按照实际支付金额在其他支出科目核算 |
| | 到期偿还借款账务处理 | | |
| 财务会计 | 借:短期借款—X银行<br>　贷:银行存款 | 500 000<br>500 000 | |
| 预算会计 | 借:债务还本支出<br>　贷:资金结存—货币资金 | 500 000<br>500 000 | 预算会计设置了"债务还本支出"科目,借入款项偿还本金时在预算会计中确认支出 |

2. 行政事业单位开具的银行承兑汇票到期后无力支付款项,根据应付银行承兑汇票账面余额,借记"应付票据"科目,贷记本科目。

3. 归还短期借款时,借记本科目,贷记"银行存款"科目。

【案例5002】2019年8月1日,B事业单位开展非独立核算的经营活动,开出的银行承兑汇票100 000元到期,因无力支付票款,经与承兑银行协商办理相关手续。账务处理分录如下:

| | 票据到期无力兑付 | | 核算要点精讲 |
|---|---|---|---|
| 财务会计 | 借:应付票据<br>　贷:短期借款 | 100 000<br>100 000 | 应付票据无法支付款项时,转换为银行的短期借款 |

续表

| | | 应付票据转为短期借款，视同通过债务取得预算收入；预算会计在收入中核算；借方通过经营支出科目核算，款项已由银行支付，视同预算会计已支出；待偿还银行短期借款时，借记"债务还本支出"，贷记"资金结存" |
|---|---|---|
| 预算会计 | 借：经营支出　　　　　　100 000<br>　　贷：债务预算收入　　　　　　100 000 | |

## 二、长期借款

（一）科目核算要点

本科目核算事业单位经批准向银行或其他金融机构等借入的期限超过 1 年（不含 1 年）的各种借款本息。

本科目应当设置"本金"和"应计利息"明细科目，并按照贷款单位和贷款种类进行明细核算。对于建设项目借款，还应按照具体项目进行明细核算。

本科目期末贷方余额，反映事业单位尚未偿还的长期借款本息金额。

（二）主要业务处理及案例

1. 借入各项长期借款时，按照实际借入的金额，借记"银行存款"科目，贷记"长期借款——本金"科目。

2. 为建造固定资产、公共基础设施等应支付的专门借款利息，按期计提利息时，分别以下情况处理。

属于工程项目建设期间发生的利息，计入工程成本，按照计算确定的应支付利息金额，借记"在建工程"科目，贷记"应付利息"科目。

属于工程项目完工交付使用后发生的利息，计入当期费用，按照计算确定的应支付的利息金额，借记"其他费用"科目，贷记"应付利息"科目。

3. 按期计提其他长期借款的利息时，按照计算确定的应支付的利息金额，借记"其他费用"科目，贷记"应付利息"科目[分期付息、到期还本借款的利息]或本科目（应计利息）[到期一次还本付息借款的利息]。

4. 到期归还长期借款本金、利息时，借记本科目（本金、应计利息），贷记"银行存款"科目。

【案例5003】2019 年 8 月 1 日，B 事业单位经过批准从 X 银行取得 2 年期办公楼建设资金借款 5 000 000 元，借款年利率 6%，按月计提利息，分期支付利息到期还本（分期付息、到期还本）。2020 年 7 月 31 日，项目验收并投入使用。

账务处理分录如下：

| | 取得长期借款时 | 核算要点精讲 |
|---|---|---|
| 财务会计 | 借：银行存款　　　　　　5 000 000<br>　　贷：长期借款——本金——X 银行　5 000 000 | 按照实际借到的长期借款金额编制会计分录 |
| 预算会计 | 借：资金结存——货币资金　5 000 000<br>　　贷：债务预算收入　　　　　　5 000 000 | |

续表

| | 计提应付利息时（建设期按月计提利息） | |
|---|---|---|
| 财务会计 | 借：在建工程　　　　　　　25 000<br>　　贷：应付利息　　　　　　　　25 000 | 在项目建设期内，按照借款金额和利率计算应付利息计入在建工程，作为建设成本。分期付息、到期还本借款的利息计提时，贷记"应付利息"科目；<br>计算过程：5 000 000×(6%÷12)=25 000元 |
| 预算会计 | 不做账务处理 | 未发生"现金"收支业务 |
| | 支付利息时 | |
| 财务会计 | 借：应付利息　　　　　　　25 000<br>　　贷：银行存款　　　　　　　　25 000 | 按照实际支付的应付利息金额编制财务会计分录 |
| 预算会计 | 借：其他支出　　　　　　　25 000<br>　　贷：资金结存—货币资金　　　25 000 | 根据实际支出金额编制预算会计分录 |
| | 计提应付利息时（项目完工后按月计提利息） | |
| 财务会计 | 借：其他费用　　　　　　　25 000<br>　　贷：应付利息　　　　　　　　25 000 | 项目完工后，按照借款金额和利率计算应付利息计入其他费用，视同日常借款，不予资本化 |
| 预算会计 | 不做账务处理 | 未发生"现金"收支业务 |
| | 到期还本时 | |
| 财务会计 | 借：长期借款—本金—X银行　5 000 000<br>　　贷：银行存款　　　　　　　5 000 000 | |
| 预算会计 | 借：债务还本支出　　　　　5 000 000<br>　　贷：资金结存—货币资金　5 000 000 | 预算会计设置了"债务还本支出"科目，借入款项偿还本金时在预算会计中确认支出 |

**【案例5004】** 2019年8月1日，B事业单位经过批准从Y银行取得2年期日常周转借款600 000元，借款年利率6%，按月计提利息，到期一次还本付息。2021年8月1日，偿还上述银行借款。

账务处理分录如下：

| | 取得长期借款时 | 核算要点精讲 |
|---|---|---|
| 财务会计 | 借：银行存款　　　　　　　600 000<br>　　贷：长期借款—本金—Y银行　600 000 | 按照实际借到的长期借款金额编制会计分录 |
| 预算会计 | 借：资金结存—货币资金　　600 000<br>　　贷：债务预算收入　　　　　600 000 | |
| | 计提应付利息时 | |
| 财务会计 | 借：其他费用　　　　　　　3 000<br>　　贷：长期借款—应计利息　　　3 000 | 其他长期借款利息在其他费用核算；到期一次还本付息在计提利息时，在"长期借款—应计利息"核算，与分期付息一次还本不同；<br>计算过程：600 000×(6%÷12)=3 000元 |
| 预算会计 | 不做账务处理 | 未发生"现金"收支业务 |

续表

| | | |
|---|---|---|
| 财务会计 | 到期还本付息时<br>借：长期借款—本金—Y银行　　600 000<br>　　长期借款—应计利息—Y银行 72 000<br>　　贷：银行存款　　　　　　　　　672 000 | 到期一次还本付息在计提利息时，在"长期借款—应计利息"核算；计算过程：<br>应计利息=600 000×(6%÷12)×24月=72 000元 |
| 预算会计 | 借：债务还本支出　　　　　　　600 000<br>　　其他支出　　　　　　　　　 72 000<br>　　贷：资金结存—货币资金　　　 672 000 | 预算会计设置了"债务还本支出"科目，借入款项偿还本金(仅仅为本金，不包括利息)时在预算会计中确认支出；借款产生的利息在其他支出科目核算 |

### 三、应付利息

(一)科目核算要点

本科目核算事业单位按照合同约定应支付的借款利息，包括短期借款、分期付息到期还本的长期借款等应支付的利息。

本科目应当按照债权人等进行明细核算。按照科目定义，本科目核算的一般应为银行借款利息，科目设置时与短期借款、长期借款科目应保持一致。

本科目期末贷方余额，反映事业单位应付未付的利息金额。

(二)主要业务处理及案例

1. 为建造固定资产、公共基础设施等借入的专门借款的利息，属于建设期间的，按期计提利息费用时，按照计算确定的金额，借记"在建工程"，贷记"应付利息"；不属于建设期间发生的，按期计提利息费用时，按照计算确定的金额，借记"其他费用"，贷记"应付利息"。

2. 对于其他借款，按期计提利息费用时，按照计算确定的金额，借记"其他费用"，贷记"应付利息"。

3. 实际支付应付利息时，按照支付金额，借记"应付利息"，贷记"零余额账户用款额度""银行存款"等科目。

到期一次还本付息借款的利息，不在本科目核算，在"长期借款"科目核算。详细案例请参考"短期借款"和"长期借款"科目。

### 四、知识拓展

(一)行业补充规定特殊要求

本节三个科目无行业补充规定。

(二)科目核算难点与注意事项

1. 短期借款科目只核算借款的本金，不包括利息费用，长期借款科目既核算借款的本金，也核算到期一次还本付息借款利息费用，两者的主要区别是期限的长短。

2. 在实务操作中，计提短期借款利息，无论是本金和一次性还本付息还是分期付息，根据权责发生制原则，当期费用应与当期成本相对应，计提短期借款利息能真实反映行政事业单位各期的收入、成本和费用是否合理。

3. 长期借款时应根据付息方式的不同，分期付息、到期还本借款的利息在"应付利息"核算；到期一次还本付息借款的利息在"长期借款—应计利息"核算。

4. 为建造固定资产、公共基础设施等应支付的专门借款利息,应严格区分资本化还是费用化的账务处理方式,防止虚增资产或虚增费用。

5. 在预算会计核算中,设置了"债务预算收入""债务还本支出"科目,借款的本金在借款和偿还本金时预算会计中均在收入和支出中核算,范围仅限于本金,与财务会计不同;借款发生的利息在"其他支出"科目反映。

## 第二节 应交税金类业务

本节主要包括"应交增值税""其他应交税费"2个负债类会计科目。
应缴税金类科目思维导图如下所示。

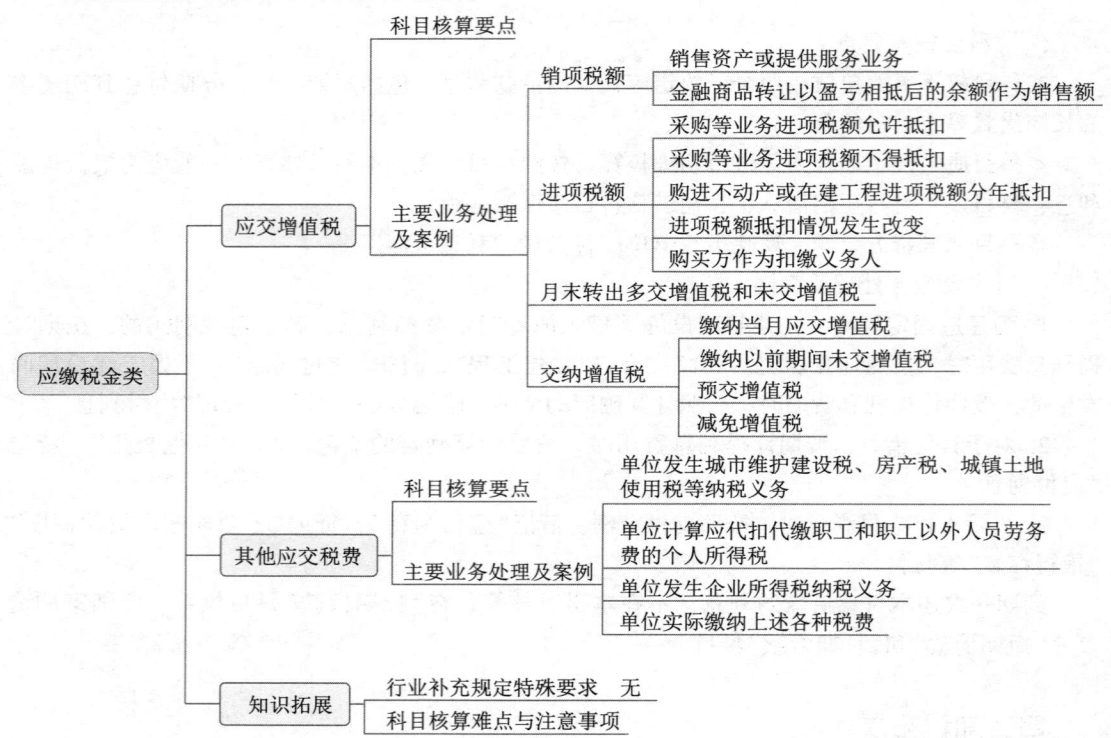

```
应缴税金类
├── 应交增值税
│   ├── 科目核算要点
│   └── 主要业务处理及案例
│       ├── 销项税额
│       │   ├── 销售资产或提供服务业务
│       │   └── 金融商品转让以盈亏相抵后的余额作为销售额
│       ├── 进项税额
│       │   ├── 采购等业务进项税额允许抵扣
│       │   ├── 采购等业务进项税额不得抵扣
│       │   ├── 购进不动产或在建工程进项税额分年抵扣
│       │   ├── 进项税额抵扣情况发生改变
│       │   └── 购买方作为扣缴义务人
│       ├── 月末转出多交增值税和未交增值税
│       └── 交纳增值税
│           ├── 缴纳当月应交增值税
│           ├── 缴纳以前期间未交增值税
│           ├── 预交增值税
│           └── 减免增值税
├── 其他应交税费
│   ├── 科目核算要点
│   └── 主要业务处理及案例
│       ├── 单位发生城市维护建设税、房产税、城镇土地使用税等纳税义务
│       ├── 单位计算应代扣代缴职工和职工以外人员劳务费的个人所得税
│       ├── 单位发生企业所得税纳税义务
│       └── 单位实际缴纳上述各种税费
└── 知识拓展
    ├── 行业补充规定特殊要求  无
    └── 科目核算难点与注意事项
```

### 一、应交增值税

(一)科目核算要点

1. 科目的定义。

本科目核算单位按照税法规定计算应交纳的增值税。

2. 有关明细科目的区别。

增值税一般纳税人的核算有一定的难度,特别是明细科目之间的区分。根据增值税明细科目的设置,主要有以下几个科目较难理解。

"待抵扣进项税额"明细科目,核算一般纳税人已取得增值税扣税凭证并经税务机关认证,按照现行增值税制度规定准予以后期间从销项税额中抵扣的进项税额。包括:一般纳税人自

2016年5月1日后取得并按固定资产核算的不动产或者2016年5月1日后取得的不动产在建工程，按现行增值税制度规定准予以后期间从销项税额中抵扣的进项税额；实行纳税辅导期管理的一般纳税人取得的尚未交叉稽核比对的增值税扣税凭证上注明或计算的进项税额。

"待认证进项税额"明细科目，核算一般纳税人由于未经税务机关认证而不得从当期销项税额中抵扣的进项税额。包括：一般纳税人已取得增值税扣税凭证、按照现行增值税制度规定准予从销项税额中抵扣，但尚未经税务机关认证的进项税额；一般纳税人已申请稽核但尚未取得稽核相符结果的海关缴款书进项税额。

"待转销项税额"明细科目核算的主要是由于会计与税法在确认收入时点不一致时，产生的待后期确认的销项金额，这样处理解决了增值税作为价外税，会计入账金额需价税分离的要求。

例如：跨年出租房产的业务，如果合同约定承租方在最后一年的期末支付全部租金，出租方收到租金后开具增值税发票，出租方在第一年(未开具税票)的期末会计处理为：

借记"应收账款"等，贷记"应交增值税—待转销项税额"，最后一年末时，贷记"应收账款"，借记"应交增值税—待转销项税额"，贷记"应交增值税—应交税金—销项税额"。

"待转销项税额"是指已确认收入，但尚未进行税务申报。即纳税义务发生时间晚于会计上确认收入时间的情况。当然，如果在法定的纳税义务发生时间之前先开具发票，则按照税法规定，纳税义务已经发生，此时不能使用"待转销项税额"明细科目，而应直接确认销项税额。

3. 明细科目设置。

行政事业单位属于增值税一般纳税人的，应当在本科目下设置"应交税金""未交税金""预交税金""待抵扣进项税额""待认证进项税额""待转销项税额""简易计税""转让金额商品应交增值税""代扣代交增值税"等明细科目。各明细科目主要核算的内容如下。

| 二级科目 | 三级科目 | 核算的内容 |
| --- | --- | --- |
| 应交税金 | 进项税额 | 记录单位购进货物、加工修理修配劳务、服务、无形资产或不动产而支付或负担的、准予从当期销项税额中抵扣的增值税额 |
| | 已交税金 | 记录单位当月已交纳的应交增值税额 |
| | 转出未交增值税 | 记录一般纳税人月度终了转出当月应交未交的增值税额 |
| | 转出多交增值税 | 记录一般纳税人月度终了转出当月多交的增值税额 |
| | 减免税款 | 记录单位按照现行增值税制度规定准予减免的增值税额 |
| | 销项税额 | 记录单位销售货物、加工修理修配劳务、服务、无形资产或不动产应收取的增值税额 |
| | 进项税额转出 | 记录单位购进货物、加工修理修配劳务、服务、无形资产或不动产等发生非正常损失以及其他原因而不应从销项税额中抵扣、按照规定转出的进项税额 |
| 未交税金 | | 核算单位月度终了从"应交税金"或"预交税金"明细科目转入当月应交未交、多交或预缴的增值税额，以及当月交纳以前期间未交的增值税额 |
| 预交税金 | | 核算单位转让不动产、提供不动产经营租赁服务等，以及其他按照现行增值税制度规定应预缴的增值税额 |
| 待抵扣进项税额 | | 核算单位已取得增值税扣税凭证并经税务机关认证，按照现行增值税制度规定准予以后期间从销项税额中抵扣的进项税额 |

续表

| 二级科目 | 三级科目 | 核算的内容 |
| --- | --- | --- |
| 待认证进项税额 | | 核算单位由于未经税务机关认证而不得从当期销项税额中抵扣的进项税额。包括：一般纳税人已取得增值税扣税凭证并按规定准予从销项税额中抵扣，但尚未经税务机关认证的进项税额；一般纳税人已申请稽核但尚未取得稽核相符结果的海关缴款书进项税额 |
| 待转销项税额 | | 核算单位销售货物、加工修理修配劳务、服务、无形资产或不动产，已确认相关收入（或利得）但尚未发生增值税纳税义务而需于以后期间确认为销项税额的增值税额 |
| 简易计税 | | 核算单位采用简易计税方法发生的增值税计提、扣减、预缴、缴纳等业务 |
| 转让金融商品应交增值税 | | 核算单位转让金融商品发生的增值税额 |
| 代扣代交增值税 | | 核算单位购进在境内未设经营机构的境外单位或个人在境内的应税行为代扣代缴的增值税 |

行政事业单位属于增值税小规模纳税人的，只需在本科目下设置"转让金额商品应交增值税""代扣代交增值税"等明细科目。

本科目期末贷方余额，反映单位应交未交的增值税；期末如为借方余额，反映单位尚未抵扣或多交的增值税。

（二）主要业务处理及案例

1. 采购等业务进项税额允许抵扣。

单位（如不特别说明，本节内容中的"单位"指增值税一般纳税人）购买用于增值税应税项目的资产或服务等时，按照应计入相关成本费用或资产的金额，借记"业务活动费用""在途物品""库存物品""工程物资""在建工程""固定资产""无形资产"等科目，按照当月已认证的可抵扣增值税额，借记本科目（应交税金—进项税额），按照当月未认证的可抵扣增值税额，借记本科目（待认证进项税额），按照应付或实际支付的金额，贷记"应付账款""应付票据""银行存款""零余额账户用款额度"等科目。发生退货的，如原增值税专用发票已做认证，应根据税务机关开具的红字增值税专用发票做相反的会计分录；如原增值税专用发票未做认证，应将发票退回并做相反的会计分录。

小规模纳税人购买资产或服务等时不能抵扣增值税，发生的增值税计入资产成本或相关成本费用。

【案例5005】2019年，B事业单位（增值税一般纳税人）发生如下业务：

（1）8月1日从X公司（增值税一般纳税人，增值税税率16%）购买项目专用计算机一批（可抵扣进项税），发票注明计算机价款20 000元、增值税3 200元，B事业单位使用银行存款支付23 200元，发票已在税务局认证。

（2）8月10日发现所购计算机存在故障无法使用，联系X公司办理了退货手续，款项已全部退回。

（3）8月1日从Y公司（增值税一般纳税人，增值税税率16%）购买项目专用办公用品一批（一次性领用），发票注明办公用品价款5 000元、增值税800元，B事业单位使用银行存款支付5 800元，发票未在税务局认证。

（4）8月20日，因研究计划变更，经与Y公司协商，退回该办公用品，同时将发票予以退回。

账务处理分录如下：

| | 购入计算机时 | 核算要点精讲 |
|---|---|---|
| 财务会计 | 借：固定资产　　　　　　　20 000<br>　　应交增值税—应交税金—进项税额<br>　　　　　　　　　　　　　　3 200<br>　　贷：银行存款　　　　　　23 200 | 支付款项为含税价，根据经税务局认证的增值税发票计算"应交增值税—应交税金（进项税额）"；"应交增值税—应交税金—进项税额"明细科目记录单位购进货物、加工修理修配劳务、服务、无形资产或不动产而支付或负担的、准予从当期销项税额中抵扣的增值税额；发票已认证，在"进项税额"中核算 |
| 预算会计 | 借：事业支出　　　　　　　23 200<br>　　贷：资金结存—货币资金　23 200 | |
| | 发生退货时 | |
| 财务会计 | 借：银行存款　　　　　　　23 200<br>　　贷：固定资产　　　　　　20 000<br>　　　　应交增值税—应交税金—进项税额<br>　　　　　　　　　　　　　　3 200 | 发生退货的，如原增值税专用发票已做认证，应根据税务机关开具的红字增值税专用发票做相反的会计分录 |
| 预算会计 | 借：资金结存—货币资金　　23 200<br>　　贷：事业支出　　　　　　23 200 | 与购入时预算会计分录做相反分录，冲减支出 |
| | 购置办公用品时 | |
| 财务会计 | 借：业务活动费用　　　　　　5 000<br>　　应交增值税—待认证进项税额　800<br>　　贷：银行存款　　　　　　　5 800 | 支付款项为含税价，根据经税务局认证的增值税发票计算"应交增值税—应交税金(待认证进项税额)"；按照当月未认证的可抵扣增值税额，在"待认证进项税额"中核算 |
| 预算会计 | 借：事业支出　　　　　　　　5 800<br>　　贷：资金结存—货币资金　　5 800 | |
| | 发生退回时 | |
| 财务会计 | 借：银行存款　　　　　　　　5 800<br>　　贷：业务活动费用　　　　　5 000<br>　　　　应交增值税—待认证进项税额　800 | 支付款项为含税价，根据经税务局认证的增值税发票计算"应交增值税—待认证进项税额"；按照当月未认证的可抵扣增值税额，在"待认证进项税额"中核算；购货退回时如原增值税专用发票未做认证，应将发票退回并做相反的会计分录，与已认证的账务处理方式不同 |
| 预算会计 | 借：资金结存—货币资金　　　5 800<br>　　贷：事业支出　　　　　　　5 800 | |

2. 采购等业务进项税额不得抵扣。

单位购进资产或服务等，用于简易计税方法计税项目、免征增值税项目、集体福利或个人消费等，其进项税额按照现行增值税制度规定不得从销项税额中抵扣的，取得增值税专用发票时，应按照增值税发票注明的金额，借记相关成本费用或资产科目，按照待认证的增值税进项税额，借记本科目（待认证进项税额），按照实际支付或应付的金额，贷记"银行存款""应付账款""零余额账户用款额度"等科目。经税务机关认证为不可抵扣进项税时，借记本科目（应交税金—进项税额）科目，贷记本科目（待认证进项税额），同时，将进项税额转出，借记相关成本费用科目，贷记本科目（应交税金—进项税额转出）。

【案例 5006】2019 年 8 月 1 日，B 事业单位(增值税一般纳税人)从 X 公司(增值税一般纳税人，假设增值税税率 10%)购买单位集体福利用品米面油一批，取得增值税发票一张，发票注明米面油 30 000 元、税款 3 000 元，在业务活动费中核算(假设不使用福利基金)；B 事业单位使用银行存款支付价款 33 000 元，发票未在税务局认证。

8 月 10 日经税务局认证为不可抵扣进项税额。

账务处理分录如下：

| | 购入福利用品时 | 核算要点精讲 |
|---|---|---|
| 财务会计 | 借：业务活动费用　　　　　　　　　　30 000<br>　　　应交增值税—待认证进项税额　　　3 000<br>　　贷：银行存款　　　　　　　　　　　33 000 | 支付款项为含税价，根据未经税务局认证的增值税发票计算包含的增值税，因发票未认证暂时计入应交增值税—待认证进项税额明细科目 |
| 预算会计 | 借：事业支出　　　　　　　　　　　　33 000<br>　　贷：资金结存—货币资金　　　　　　33 000 | |
| | 被认证为不可抵扣进项税额时 | |
| 财务会计 | 借：应交增值税—应交税金—进项税额　　3 000<br>　　贷：应交增值税—待认证进项税额　　　3 000<br>借：业务活动费用　　　　　　　　　　3 000<br>　　贷：应交增值税—应交税金—进项税额转出<br>　　　　　　　　　　　　　　　　　　3 000 | 经税务机关认证为不可抵扣进项税时，借记"应交税金—进项税额"科目，贷记"待认证进项税额"，同时，将进项税额转出，借记相关成本费用科目，贷记"应交税金—进项税额"转出；简单理解即：先从待认证转入进项税额，再将进项税额费用化或成本化 |
| 预算会计 | 不做账务处理 | 未发生"现金"收支业务 |

3. 购进不动产或不动产在建工程按照规定抵扣。

单位取得应税项目为不动产或者不动产在建工程，其进项税额按照现行增值税制度规定从销项税额中抵扣的，应当按照取得成本，借记"固定资产""在建工程"等科目，按照当期可抵扣的增值税额，借记本科目(应交税金—进项税额)，按照以后期间可抵扣的增值税额，借记本科目(待抵扣进项税额)，按照应付或实际支付的金额，贷记"应付账款""应付票据""银行存款""零余额账户用款额度"等科目。尚未抵扣的进项税额待以后期间允许抵扣时，按照允许抵扣的金额，借记本科目(应交税金—进项税额)，贷记本科目(待抵扣进项税额)。

【案例 5007】2019 年 8 月 1 日，B 事业单位(增值税一般纳税人)与 X 公司(增值税一般纳税人，假设增值税税率 10%)，签订建造合同，按照合同进度支付工程款 550 000 元，发票票面注明工程款 500 000 元，增值税 50 000 元，B 事业单位通过银行存款支付，发票已在税务局认证。根据现行税法规定分年度从销项税额中抵扣。账务处理分录如下：

| | 支付工程款 | 核算要点精讲 |
|---|---|---|
| 财务会计 | 借：在建工程　　　　　　　　　　　　500 000<br>　　　应交增值税—应交税金—进项税额　30 000<br>　　　应交增值税—待抵扣进项税额　　　20 000<br>　　贷：银行存款　　　　　　　　　　　550 000 | 根据税法规定取得的进项税额可自取的之日起分 2 年抵扣。第一年抵扣 60%，第二年抵扣 40%。根据发票价计算的应交增值税 50 000 元，第一年可抵扣金额 50 000×60% = 30 000 元，留作第二年抵扣金额 20 000 元(计入"待抵扣进项税额")明细科目 |

— 170 —

续表

| | | |
|---|---|---|
| 预算会计 | 借：事业支出　　　　　　　　　　550 000<br>　　贷：资金结存—货币资金　　　　　　550 000 | 按照实际支付金额编制预算会计分录；此处预算会计支出与财务会计的成本化或者费用化金额相差增值税金额部分 |
| | 结转待抵扣进项税额 | |
| 财务会计 | 借：应交增值税—应交税金—进项税额　　20 000<br>　　贷：应交增值税—待抵扣进项税额　　　20 000 | 尚未抵扣的进项税额待以后期间允许抵扣时，按照允许抵扣的金额，将上年计入的待抵扣进项税额转为进项税额抵扣 |
| 预算会计 | 不做账务处理 | 未发生"现金"收支业务 |

根据《关于深化增值税改革有关政策的公告》(财政部 税务总局 海关总署公告2019年第39号)，自2019年4月1日起，纳税人取得不动产或者不动产在建工程的进项税额不再分2年抵扣。此前按照上述规定尚未抵扣完毕的待抵扣进项税额，可自2019年4月税款所属期起从销项税额中抵扣，不再分年度抵扣。

4. 进项税额抵扣情况发生改变。

单位因发生非正常损失或改变用途等，原已计入进项税额、待抵扣进项税额或待认证进项税额，但按照现行增值税制度规定不得从销项税额中抵扣的，借记"待处理财产损益""固定资产""无形资产"等科目，贷记本科目（应交税金—进项税额转出、待抵扣进项税额、待认证进项税额）；原不得抵扣且未抵扣进项税额的固定资产、无形资产等，因改变用途等用于允许抵扣进项税额的应税项目的，应按照允许抵扣的进项税额，借记本科目（应交税金—进项税额），贷记"固定资产""无形资产"等科目。固定资产、无形资产等经上述调整后，应按照调整后的账面价值在剩余尚可使用年限内计提折旧或摊销。

单位购进时已全额计入进项税额的货物或服务等转用于不动产在建工程的，对于结转以后期间的进项税额，应借记本科目（待抵扣进项税额），贷记本科目（应交税金—进项税额转出）。

【案例5008】2019年8月1日，B事业单位（增值税一般纳税人）有关业务如下：

(1) 购入用于专业业务活动的库存物品一批价款30 000元，进项税额3 000元（假设购入时票面税率为10%），款项已通过银行存款支付，已在购入当月经税务局认证，8月10日，经单位研究B事业单位调整库存物品使用用途，将其用于发放职工福利，调整后根据税法规定不得抵扣销项税额。

(2) 购入的天然气价款20 000元，进项税额2 000元（假设票面税率为10%），用于职工福利，款项已通过银行存款支付，按照税法规定不能抵扣，8月10日，因B事业单位某项目调整方案，单位将天然气用于该项目使用，调整后根据税法规定可以抵扣销项税额。

账务处理分录如下：

| | 购入库存物品 | 核算要点精讲 |
|---|---|---|
| 财务会计 | 借：库存物品　　　　　　　　　　30 000<br>　　应交增值税—应交税金—进项税额　3 000<br>　　贷：银行存款　　　　　　　　　33 000 | 进项税额记录单位购进货物、加工修理修配劳务、服务、无形资产或不动产而支付或负担的、准予从当期销项税额中抵扣的增值税额 |
| 预算会计 | 借：事业支出　　　　　　　　　　33 000<br>　　贷：资金结存—货币资金　　　　　33 000 | |

续表

| | 原可抵扣的进项税因改变用途不得抵扣 | |
|---|---|---|
| 财务会计 | 借：库存物品　　　　　　　　3 000<br>　　贷：应交增值税—应交税金—进项税额转出<br>　　　　　　　　　　　　　　　　3 000 | 原已计入进项税额、待抵扣进项税额或待认证进项税额，但按照现行增值税制度规定不得从销项税额中抵扣的，将原已认证冲抵的进项税额转出，计入库存物品成本中 |
| 预算会计 | 不做账务处理 | 未发生"现金"收支业务 |
| | 购入库存物品（天然气视同库存物品） | |
| 财务会计 | 借：库存物品　　　　　　　　22 000<br>　　贷：银行存款　　　　　　　22 000 | 不得抵扣时应交缴增值税等税费直接计入库存物品成本 |
| 预算会计 | 借：事业支出　　　　　　　　22 000<br>　　贷：资金结存—货币资金　　22 000 | |
| | 原不可抵扣的进项税因改变用途可抵扣 | |
| 财务会计 | 借：应交增值税—应交税金—进项税额　2 000<br>　　贷：库存物品　　　　　　　　2 000 | 原不得抵扣且未抵扣进项税额的固定资产、无形资产等，因改变用途等用于允许抵扣进项税额的应税项目的，应按照允许抵扣的进项税额，借记"应交增值税—应交税金—进项税额"。如为固定资产，经上述调整后，还应按照调整后的账面价值在剩余尚可使用年限内计提折旧或摊销（调整固定资产的价值） |
| 预算会计 | 不做账务处理 | 未发生"现金"收支业务 |

5. 购买方作为扣缴义务人。

按照现行增值税制度规定，境外单位或个人在境内发生应税行为，在境内未设有经营机构的，以购买方为增值税扣缴义务人。境内一般纳税人购进服务或资产时，按照应计入相关成本费用或资产的金额，借记"业务活动费用""在途物品""库存物品""工程物资""在建工程""固定资产""无形资产"等科目，按照可抵扣的增值税额，借记本科目（应交税金—进项税额）[小规模纳税人应借记相关成本费用或资产科目]，按照应付或实际支付的金额，贷记"银行存款""应付账款"等科目，按照应代扣代缴的增值税额，贷记本科目（代扣代交增值税）。实际缴纳代扣代缴增值税时，按照代扣代缴的增值税额，借记本科目（代扣代交增值税），贷记"银行存款""零余额账户用款额度"等科目。

从境外单位或者个人购进服务、无形资产或者不动产，自税务机关或者扣缴义务人取得的解缴税款的完税凭证上注明的增值税额，准予从销项税额中抵扣。但纳税人凭完税凭证抵扣进项税额的，应当具备书面合同、付款证明和境外单位的对账单或者发票。资料不全的，其进项税额不得从销项税额中抵扣。

【案例5009】2019年8月1日，B事业单位（增值税一般纳税人）从境外X单位（无国内代理人）购买一项服务（适用6%税率），含税价53 000元（价款50 000元，按税率计算增值税税额3 000元），B事业单位使用银行存款支付50 000元，按照税务机关的规定代扣代缴增值税；8月10日，经提供相关材料后，将上述税款通过银行缴纳至税务机关。账务处理分录如下：

| 购入服务 | | | 核算要点精讲 |
|---|---|---|---|
| 财务会计 | 借：业务活动费用　　　　　　　50 000<br>　　　应交增值税—应交税金—进项税额　3 000<br>　　贷：银行存款　　　　　　　　　　50 000<br>　　　　应交增值税—代扣代交增值税　　3 000 | | 以购买方为增值税扣缴义务人按照进项税额金额贷记"代扣代交增值税"明细科目 |
| 预算会计 | 借：事业支出　　　　　　　　　50 000<br>　　贷：资金结存—货币资金　　　　　50 000 | | 按照实际支出编制预算会计分录 |
| 缴纳代扣代交增值税 | | | |
| 财务会计 | 借：应交增值税—代扣代交增值税　3 000<br>　　贷：银行存款　　　　　　　　　　3 000 | | 实际缴纳代扣代缴增值税时，根据代扣代交增值税金额编制会计分录；此处仅为缴纳代扣代缴增值税，进项税额资料齐全的可予以抵扣 |
| 预算会计 | 借：事业支出　　　　　　　　　3 000<br>　　贷：资金结存—货币资金　　　　　3 000 | | 按照实际支出编制预算会计分录 |

6. 销售资产或提供服务业务。

单位销售货物或提供服务，应当按照应收或已收的金额，借记"应收账款""应收票据""银行存款"等科目，按照确认的收入金额，贷记"经营收入""事业收入"等科目，按照现行增值税制度规定计算的销项税额（或采用简易计税方法计算的应纳增值税额），贷记本科目（应交税金—销项税额）或本科目（简易计税）[小规模纳税人应贷记本科目]。发生销售退回的，应根据按照规定开具的红字增值税专用发票做相反的会计分录。

按照政府会计制度及相关政府会计准则确认收入的时点早于按照增值税制度确认增值税纳税义务发生时点的，应将相关销项税额计入本科目（待转销项税额），待实际发生纳税义务时再转入本科目（应交税金—销项税额）或本科目（简易计税）。

按照增值税制度确认增值税纳税义务发生时点早于按照政府会计制度及相关政府会计准则确认收入的时点的，应按照应纳增值税额，借记（应收账款）科目，贷记本科目（应交税金—销项税额）或本科目（简易计税）。

【案例5010】2019年8月1日，B事业单位（增值税一般纳税人）有关业务如下：

（1）开展专业业务活动，开出增值税专票（税率6%）一张，价款50 000元、增值税税额3 000元，服务已完成，上述款项已收妥。

（2）开展提供技术服务，该服务适用增值税6%，价款10 000元、增值税税额600元，根据合同约定技术服务已完成，但本单位未开出发票，对方单位也未支付相应的款项；10月31日，B单位开出增值税专票并收到相应款项。

（3）开展提供技术服务，该服务适用增值税6%，价款20 000元、增值税税额1 200元，根据合同约定B事业单位已将发票开出，但针对合同约定内容尚未开展任何工作，对方单位也未支付相应的款项（账务处理省略款项收到时业务）。

账务处理分录如下：

| 开展专业业务活动 | | | 核算要点精讲 |
|---|---|---|---|
| 财务会计 | 借：银行存款　　　　　　　　　53 000<br>　　贷：事业收入　　　　　　　　　　50 000<br>　　　　应交增值税—应交税金—销项税额　3 000 | | 实务操作中应根据增值税发票注明金额进行账务处理 |

续表

| 预算会计 | 借：资金结存—货币资金　　　　　　53 000<br>　贷：事业预算收入　　　　　　　　　　53 000 | 此处将会形成预算会计收入和财务会计收入的差异，缴纳税金时预算会计在支出中核算，不影响年终预算结余 |
|---|---|---|
| | 开展提供技术服务<br>（确认收入的时点早于按照增值税制度确认增值税纳税义务发生时点） | |
| 财务会计 | 借：应收账款　　　　　　　　　　　　10 600<br>　贷：事业收入　　　　　　　　　　　　10 000<br>　　　应交增值税—待转销项税额　　　　600 | 根据收入确认时间和纳税义务时间不相同，收入先确认，纳税义务后确认，将销售金额中包含的销项税额计入"待转销项税额"中 |
| 预算会计 | 不做账务处理 | 未发生"现金"收支业务 |
| | 收到款项时 | |
| 财务会计 | 借：应交增值税—待转销项税额　　　　600<br>　贷：应交增值税—应交税金—销项税额　600<br>借：银行存款　　　　　　　　　　　　10 600<br>　贷：应收账款　　　　　　　　　　　　10 600 | 实际发生纳税义务发生时将待转销项税额转入销项税额 |
| 预算会计 | 借：资金结存—货币资金　　　　　　10 600<br>　贷：事业预算收入　　　　　　　　　　10 600 | |
| | 开展提供技术服务<br>（增值税纳税义务发生时点早于确认收入的时点） | |
| 财务会计 | 借：应收账款　　　　　　　　　　　　1 200<br>　贷：应交增值税—应交税金—销项税额　1 200 | 纳税义务发生时，应按照应纳增值税额，借记"应收账款"科目，贷记"应交增值税—应交税金—销项税额"科目 |
| 预算会计 | 不做账务处理 | 未发生"现金"收支业务 |

7. 金融商品转让按照规定以盈亏相抵后的余额作为销售额。

金融商品实际转让月末，如产生转让收益，则按照应纳税额，借记"投资收益"科目，贷记本科目（转让金融商品应交增值税）；如产生转让损失，则按照可结转下月抵扣税额，借记本科目（转让金融商品应交增值税），贷记"投资收益"科目。交纳增值税时，应借记本科目（转让金融商品应交增值税），贷记"银行存款"等科目。年末，本科目（转让金融商品应交增值税）如有借方余额，则借记"投资收益"科目，贷记本科目（转让金融商品应交增值税）。

金融商品主要指外汇、有价证券、非货物期货基金、信托、理财产品等各类资产管理产品、各种金融衍生品，其中，有价证券主要指股票、债券。

金融商品转让是指转让外汇、有价证券、非货物期货和其他金融商品所有权的业务活动，其他金融商品转让包括基金、信托、理财产品等各类资产管理产品和各种金融衍生品的转让。

【案例5011】2019年8月1日，B事业单位（增值税一般纳税人）有关业务如下：

（1）转让持有的以前年度的理财产品X（假设B事业单位持有理财产品经过财政部门审批），转让金融商品增值税税率为6%，账面价值300 000元，净收益20 000元，转让款320 000元（纳入单位预算管理）已存入银行账户。

（2）转让持有的以前年度的理财产品Y（假设B事业单位持有理财产品经过财政部门审批），转让金融商品增值税税率为6%，账面价值300 000元，转让损失10 000元，转让款

290 000元(纳入单位预算管理)已存入银行账户。

(3)年末,按规定进行账务结转。

账务处理分录如下:

| | 转让金融商品 X | 核算要点精讲 |
|---|---|---|
| 财务会计 | 借:投资收益　　　　　　　　　　1 200<br>　　贷:应交增值税—转让金融商品应交增值税<br>　　　　　　　　　　　　　　　　1 200<br>借:银行存款　　　　　　　　　320 000<br>　　贷:长期债券投资　　　　　　300 000<br>　　　　投资收益　　　　　　　 20 000 | 按照净收益计算应交增值税为 20 000×6% = 1 200;转让金融商品增值税在"转让金融商品应交增值税"明细科目核算;计算应缴纳增值税时相当于减少投资收益 |
| 预算会计 | 借:资金结存—货币资金　　　　320 000<br>　　贷:其他结余　　　　　　　320 000 | 对外转让本年度以货币资金取得的对外投资的,如果按规定将投资收益纳入单位预算,按照实际收到的金额,借记"资金结存"科目,按照取得投资时"投资支出"科目的发生额,贷记本科目;如为以前年度对外投资在"其他结余"科目核算 |
| | 转让金融商品 Y | |
| 财务会计 | 借:应交增值税—转让金融商品应交增值税　600<br>　　贷:投资收益　　　　　　　　　　600<br>借:银行存款　　　　　　　　　290 000<br>　　投资收益　　　　　　　　　 10 000<br>　　贷:长期债券投资　　　　　　300 000 | 计算应交增值税为 10 000×6% = 600 元;此处为转让损失,年末可转回 |
| 预算会计 | 借:资金结存—货币资金　　　　290 000<br>　　贷:其他结余　　　　　　　290 000 | |
| | 年末转让金融商品应交增值税借方余额 | |
| 财务会计 | 借:投资收益　　　　　　　　　　　600<br>　　贷:应交增值税—转让金融商品应交增值税　600 | 转让净亏损的,年末予以转回 |
| 预算会计 | 不做账务处理 | |

8. 月末转出多交增值税和未交增值税。

月度终了,单位应当将当月应交未交或多交的增值税自"应交税金"明细科目转入"未交税金"明细科目。对于当月应交未交的增值税,借记本科目(应交税金—转出未交增值税),贷记本科目(未交税金);对于当月多交的增值税,借记本科目(未交税金),贷记本科目(应交税金—转出多交增值税)。

【案例5012】2019 年 8 月 31 日,B 事业单位(增值税一般纳税人)"应交税金"科目余额为当月应交未交增值税 3 000 元、当月多交增值税 7 000 元。

账务处理分录如下:

| | 月末转出增值税 | 核算要点精讲 |
|---|---|---|
| 财务会计 | 借：应交增值税—应交税金—转出未交增值税<br>　　　　　　　　　　　　　　　　3 000<br>　　贷：应交增值税—未交税金　　　3 000<br>借：应交增值税—未交税金　　　　　7 000<br>　　贷：应交增值税—应交税金—转出多交增值税<br>　　　　　　　　　　　　　　　　7 000 | 月末将"应交增值税—应交税金"余额转入未交税金明细科目中，应注意转出未交和转出多交处理的区别 |
| 预算会计 | 不做账务处理 | 未发生"现金"收支业务 |

9. 交纳增值税。

（1）交纳当月应交增值税。单位交纳当月应交的增值税，借记本科目（应交税金—已交税金）[小规模纳税人借记本科目]，贷记"银行存款"等科目。

（2）交纳以前期间未交增值税。单位交纳以前期间未交的增值税，借记本科目（未交税金）[小规模纳税人借记本科目]，贷记"银行存款"等科目。

（3）预交增值税。单位预交增值税时，借记本科目（预交税金），贷记"银行存款"等科目。月末，单位应将"预交税金"明细科目余额转入"未交税金"明细科目，借记本科目（未交税金），贷记本科目（预交税金）。

（4）减免增值税。对于当期直接减免的增值税，借记本科目（应交税金—减免税款），贷记"业务活动费用""经营费用"等科目。

按照现行增值税制度规定，单位初次购买增值税税控系统专用设备支付的费用以及缴纳的技术维护费允许在增值税应纳税额中全额抵减的，按照规定抵减的增值税应纳税额，借记本科目"应交税金—减免税款"[小规模纳税人借记本科目]，贷记"业务活动费用""经营费用"等科目。

【案例5013】2019年8月1日，B事业单位（增值税一般纳税人）缴纳上月增值税，其中缴纳当月应交增值税3 000元、以前期间未交增值税4 000元、根据要求预交增值1 000元，根据国家规定，办理增值税减免1 500元。

账务处理分录如下：

| | 缴纳增值税 | 核算要点精讲 |
|---|---|---|
| 财务会计 | 借：应交增值税—应交税金—已交税金　3 000<br>　　应交增值税—未交税金　　　　　4 000<br>　　应交增值税—预交税金　　　　　1 000<br>　　应交增值税—减免税款　　　　　1 500<br>　　贷：银行存款　　　　　　　　　8 000<br>　　　　业务活动费用　　　　　　　1 500 | 当期直接减免的增值税应纳税额冲减当期费用 |
| 预算会计 | 借：事业支出　　　　　　　　　　　8 000<br>　　贷：资金结存　　　　　　　　　8 000 | |
| | 月末对预交增值进行账务处理 | |
| 财务会计 | 借：应交增值税—未交税金　　　　　1 000<br>　　贷：应交增值税—预交税金　　　1 000 | 月末预交税金转入未交税金 |
| 预算会计 | 不做账务处理 | |

## 二、其他应交税费

(一)科目核算要点

本科目核算单位按照税法等规定计算应交纳的除增值税以外的各种税费,包括城市维护建设税、教育费附加、地方教育费附加、车船税、房产税、城镇土地使用税、企业所得税和单位代扣代缴的个人所得税等。

单位应交纳的印花税直接通过"业务活动费用""单位管理费用""经营费用"等科目核算,不通过本科目核算。

其他应交税费明细科目设置应当按照应交纳的税费种类进行明细核算。

本科目期末贷方余额,反映单位应交未交的除增值税以外的税费金额;期末如为借方余额,反映单位多交纳的除增值税以外的税费金额。

(二)主要业务处理及案例

1. 单位发生城市维护建设税、教育费附加、地方教育费附加、车船税、房产税、城镇土地使用税等纳税义务的,按照税法规定计算的应缴税费金额,借记"业务活动费用""单位管理费用""经营费用"等科目,贷记本科目(应交城市维护建设税、应交教育费附加、应交地方教育费附加、应交车船税、应交房产税、应交城镇土地使用税)等。

【案例5014】2019年8月1日,B事业单位(增值税一般纳税人)开展专业业务活动发生一笔业务收入,开出增值税专票一张,票面注明价款100 000元、增值税16 000元(假设税率16%),款项116 000元已通过银行收到;按照税法规定计算并交纳其他应交税费——应交城市维护建设税(应交增值税的7%)、应交教育费附加(应交增值税的3%)、应交地方教育费附加(应交增值税的2%);9月5日,将上述税款交至税务机关。(假设没有其他进项税抵扣事项)

账务处理分录如下:

|      | 计算其他应交税费 | 核算要点精讲 |
| --- | --- | --- |
| 财务会计 | 确认收入:<br>借:银行存款　　　　　　　　　116 000<br>　　贷:事业收入　　　　　　　　100 000<br>　　　　应交增值税——应交税金——销项税额 16 000<br>计算其他应交税费:<br>借:业务活动费用　　　　　　　　1 920<br>　　贷:其他应交税费——应交城市维护建设税<br>　　　　　　　　　　　　　　　1 120<br>　　　　其他应交税费——应交教育费附加　　480<br>　　　　其他应交税费——应交地方教育费附加　320 | 根据税法规定,以应交增值税为基数计算应交城市维护建设税、应交教育费附加、应交地方教育费附加;列入费用科目。本案例为专业业务活动在业务活动费用核算 |
| 预算会计 | 借:资金结存——货币资金　　　　116 000<br>　　贷:事业预算收入　　　　　　116 000 | 预算会计事业预算收入与财务会计的事业收入确认收入的金额不同,形成差异;形成收入的永久性差异;但是在税款缴纳后,预算会计相应的形成支出,不影响预算会计的结余;实务中将增值税确认为预算会计收入、缴纳增值税确认为支出,收入、支出同时增加,不影响结余 |

续表

| | 交纳税金及其他应交税费 | |
|---|---|---|
| 财务会计 | 借：应交增值税—应交税金—已交税金 16 000<br>其他应交税费—应交城市维护建设税<br>　　　　　　　　　　　　　　1 120<br>其他应交税费—应交教育费附加　480<br>其他应交税费—应交地方教育费附加　320<br>贷：银行存款　　　　　　　　　17 920 | 假设上述税金未进行抵扣 |
| 预算会计 | 借：事业支出　　　　　　　　　17 920<br>贷：资金结存—货币资金　　　17 920 | 预算会计下应交增值税在支出中核算；财务会计没有在费用中核算。实务中将增值税确认为预算会计收入、缴纳增值税确认为支出，收入、支出同时增加，不影响结余 |

2. 按照税法规定计算应代扣代缴职工(含长期聘用人员)的个人所得税，借记"应付职工薪酬"科目，贷记本科目(应交个人所得税)。

按照税法规定计算应代扣代缴支付给职工(含长期聘用人员)以外人员劳务费的个人所得税，借记"业务活动费用""单位管理费用"等科目，贷记本科目(应交个人所得税)。

【案例5015】2019年8月31日，B事业单位有关业务如下：
(1)计提业务部门在职职工工资50 000元、计提业务部门长期聘用人员工资10 000元。
(2)9月5日通过银行将上述工资予以发放，同时代扣在职职工个人所得税(假设税率为3%)1 500元；代扣长期聘用人员个人所得税(假设税率为3%)300元。
(3)9月5日支付聘请的劳务人员工资8 000元，代扣个人所得税(假设税率为3%)240元。
(4)10月10日将上述税款交至税务机关。
上述案例不考虑社保缴费及公积金业务。账务处理分录如下：

| | 计提应付职工薪酬 | 核算要点精讲 |
|---|---|---|
| 财务会计 | 借：业务活动费用　　　　　　　60 000<br>贷：应付职工薪酬　　　　　　50 000<br>应付职工薪酬　　　　　　10 000 | 长期聘用人员的工资也在应付职工薪酬核算，但劳务人员的工资直接在业务活动费用中核算，不通过应付职工薪酬核算 |
| 预算会计 | 不做账务处理 | 未发生"现金"收支业务 |
| | 发放工资计提个人所得税 | |
| 财务会计 | 借：业务活动费用　　　　　　　8 000<br>应付职工薪酬　　　　　　　　50 000<br>应付职工薪酬　　　　　　　　10 000<br>贷：其他应交税费—应交个人所得税<br>　　　　　　　　　　　　　2 040<br>银行存款　　　　　　　　65 960 | 劳务人员的工资直接在业务活动费用中核算 |
| 预算会计 | 借：事业支出　　　　　　　　　65 960<br>贷：资金结存—货币资金　　　65 960 | 其他应交税费在实际缴纳时在预算会计中予以列支。实务中有关个人所得税的核算，请参考知识拓展部分 |

续表

| | 缴纳个人所得税 | |
|---|---|---|
| 财务会计 | 借：其他应交税费—应交个人所得税　　　　　　　　　　　　2 040<br>　　贷：银行存款　　　　　　　　2 040 | |
| 预算会计 | 借：事业支出　　　　　　　　2 040<br>　　贷：资金结存—货币资金　　2 040 | |

3. 发生企业所得税纳税义务的，按照税法规定计算的应交所得税额，借记"所得税费用"科目，贷记"其他应交税费—应交所得税"科目。

【案例5016】B事业单位2019年有关科目业务如下：

（1）12月31日，全年经营收入500 000元、经营费用460 000元，按照税法规定应缴纳企业所得税。按照税法规定计算应缴纳企业所得税10 000元，假设税率为25%。

（2）2020年1月25日，将上述税金缴纳至税务部门。

账务处理分录如下：

| | 年终计算企业所得税 | 核算要点精讲 |
|---|---|---|
| 财务会计 | 借：所得税费用　　　　　　10 000<br>　　贷：其他应交税费—应交所得税　10 000 | 计算过程：应交所得税=（收入−费用）×25%<br>=（500 000−460 000）×25%=10 000元 |
| 预算会计 | 不做账务处理 | |
| | 缴纳所得税时 | |
| 财务会计 | 借：其他应交税费—应交所得税　10 000<br>　　贷：银行存款　　　　　　10 000 | |
| 预算会计 | 借：非财政拨款结余—累计结余　10 000<br>　　贷：资金结存—货币资金　10 000 | 1. 所得税费用是根据非财政拨款收入和费用相抵扣后计算出的金额；本案例的经营结余缴纳的企业所得税，根据制度结转后最终转入科目为非财政拨款结余<br>2. 所得税费用为跨年缴纳，上年度的收入和支出均已结转至非财政拨款结余科目，缴纳时不再列支，直接从预算结余科目中支出 |

4. 单位实际交纳上述各种税费时，借记本科目（应交城市维护建设税、应交教育费附加、应交地方教育费附加、应交车船税、应交房产税、应交城镇土地使用税、应交个人所得税、应交所得税）等，贷记"财政拨款收入""零余额账户用款额度""银行存款"等科目。

## 三、知识拓展

（一）行业补充规定特殊要求

本节二个科目无行业补充规定。

（二）科目核算难点与注意事项

1. "应交税金"应设置"进项税额"科目，反映单位采购、接受劳务等业务计算的可以从当期销项税额中抵扣的增值税额，按照准予抵扣的金额月末转入销项税额明细科目；"已交税金"反映单位当月已经交纳的增值税额;"转出未交增值税"反映月末单位应交未交的增值税,转入"未交税金"二级科目中;"减免税款"反映单位按照税法规定准予减免的增值税额;"销项税额"反映单位销售货物、提供劳务等业务计算的应收取的增值税额;"进项税额转出"反映因非正常损失以及其他原因不能用于抵扣销项税额的进项税额;"转出多交增值税"反映月末单位按规定计算已交多交的增值数,转入"未交税金"二级科目中。单位在实务中应结合有关税法对增值税进项核算。

2."简易计税"适用于经过批准可以使用简易计税方法计算、扣减、预缴、缴纳增值税业务的单位,所有增值税业务均通过该科目进行核算。

3. 属于增值税小规模纳税人的,只需在应交增值税科目下设置"转让金额商品应交增值税""代扣代交增值税"等明细科目。如没有转让金额商品、代扣代交增值税业务可直接在一级科目进行核算,也可根据单位业务不同自由设置二级科目。

4. 其他应交税费包括城市维护建设税、教育费附加、地方教育费附加、车船税、房产税、城镇土地使用税、企业所得税和单位代扣代缴的个人所得税等,但不包括印花税。

5. 增值税业务在当年将会形成财务会计和预算会计收入的永久性差异,主要原因是增值税在财务会计下不确认为收入,但预算会计下收到增值税款项时直接确认为预算收入;但是在缴纳增值税时预算会计在支出核算,而财务会计在应交增值税核算,缴纳增值税后将不会形成财务会计的累计盈余和预算会计的预算结余的差异。

案例如下:B事业单位对外提供专业业务活动,开出增值税专票一张,票面注明服务收入10 000元,增值税600元(假设税率6%);下月,缴纳上述增值税。账务处理分录如下:

| | 确认收入 | 核算要点精讲 |
|---|---|---|
| 财务会计 | 借:银行存款　　　　　　　　10 600<br>　贷:事业收入　　　　　　　　10 000<br>　　　应交增值税　　　　　　　　600 | |
| 预算会计 | 借:资金结存—货币资金　　　10 600<br>　贷:事业预算收入　　　　　　10 600 | 预算会计收入大于财务会计收入600元;将会形成收入的永久性差异 |
| | 缴纳增值税 | |
| 财务会计 | 借:应交增值税　　　　　　　　600<br>　贷:银行存款　　　　　　　　　600 | |
| 预算会计 | 借:事业支出　　　　　　　　　600<br>　贷:资金结存—货币资金　　　　600 | 预算会计支出大于财务会计费用,将会形成支出的永久性差异,但是收入和支出同时大于600元,不会影响预算结余 |

另外一种账务处理方式:

| | 确认收入 | 核算要点精讲 |
|---|---|---|
| 财务会计 | 借:银行存款　　　　　　　　10 600<br>　贷:事业收入　　　　　　　　10 000<br>　　　应交增值税　　　　　　　　600 | |
| 预算会计 | 借:资金结存—货币资金　　　10 000<br>　贷:事业预算收入　　　　　　10 000 | 预算会计收入等于财务会计收入,不再形成差异 |

续表

| | 缴纳增值税 | |
|---|---|---|
| 财务会计 | 借：应交增值税　　　　　600<br>　　贷：银行存款　　　　　　　600 | |
| 预算会计 | 不做账务处理 | 将增值税视同临时周转的如押金，不纳入单位部门预算管理，预算会计统一不进行账务处理 |

以上两种账务处理方式，请单位结合实际情况予以选择。

6. 一般而言行政单位不涉及增值税等流转税种的业务，不同行业的事业单位除了财政拨款收入之外，其他的收入都会涉及增值税及其他附加税税种。

根据《关于深化增值税改革有关政策的公告》（财政部 税务总局 海关总署公告2019年第39号），自2019年4月1日起，纳税人取得不动产或者不动产在建工程的进项税额不再分2年抵扣。此前按照上述规定尚未抵扣完毕的待抵扣进项税额，可自2019年4月税款所属期起从销项税额中抵扣，不再分年度抵扣。

本节内容要结合增值税相关税法规定学习，密切关注增值税等相关税种的最新变化。

7. 有关个人所得税的核算，实务中存在不同的账务处理方式。

案例如下：B事业单位有关业务如下：计提业务部门在职职工工资50 000元；通过银行将上述工资予以发放，同时代扣在职职工个人所得税（假设税率为3%）；将上述税款交至税务机关；上述案例不考虑社保缴费及公积金业务。账务处理分录如下：

| | 计提应付职工薪酬 | 核算要点精讲 |
|---|---|---|
| 财务会计 | 借：业务活动费用　　　　　50 000<br>　　贷：应付职工薪酬　　　　　　50 000 | |
| 预算会计 | 不做账务处理 | |
| | 发放工资计提个人所得税 | |
| 财务会计 | 借：应付职工薪酬　　　　　50 000<br>　　贷：其他应交税费—应交个人所得税<br>　　　　　　　　　　　　　　1 500<br>　　　　银行存款　　　　　　48 500 | |
| 预算会计 | 借：事业支出—财政拨款支出—基本支出—工<br>　　资福利支出　　　　　　48 500<br>　　贷：资金结存—货币资金　　48 500 | |
| | 缴纳个人所得税 | |
| 财务会计 | 借：其他应交税费—应交个人所得税<br>　　　　　　　　　　　　　　1 500<br>　　贷：银行存款　　　　　　　1 500 | |
| 预算会计 | 借：事业支出—财政拨款支出—基本支出—工<br>　　资福利支出　　　　　　1 500<br>　　贷：资金结存—货币资金　　1 500 | 在实务中，与固定资产扣取的质保金类似，个人所得税均为跨期缴纳，特别是预算会计涉及项目核算、功能分类核算，在核算时涉及跨期缴纳个人所得税时，还需要去核对发放工资或劳务时的有关信息；同时还需要在项目中预留相应的资金用于缴纳个人所得税 |

在实务中，存在以下账务处理方式：

| | 计提应付职工薪酬 | 核算要点精讲 |
|---|---|---|
| 财务会计 | 借：应付职工薪酬　　　　　50 000<br>　　贷：其他应交税费—应交个人所得税<br>　　　　　　　　　　　　　　1 500<br>　　　　银行存款　　　　　　48 500 | |
| 预算会计 | 借：事业支出—财政拨款支出—基本支出—工资福利支出　　　　　　　　50 000<br>　　事业支出—待处理—个人所得税<br>　　　　　　　　　　　　　　-1 500<br>　　贷：资金结存—货币资金　　48 500 | 还需要按功能分类、资金性质、预算来源等进行会计辅助核算 |
| | 缴纳个人所得税 | |
| 财务会计 | 借：其他应交税费—应交个人所得税<br>　　　　　　　　　　　　　　1 500<br>　　贷：银行存款　　　　　　1 500 | |
| 预算会计 | 借：事业支出—待处理—个人所得税<br>　　　　　　　　　　　　　　1 500<br>　　贷：资金结存—货币资金　　1 500 | 在实务中，与固定资产扣取的质保金处理方式类似，预算会计在扣取个人所得税时进行预算会计账务处理，进入待处理，缴税时直接予以支出，上述账务处理方式在实务中较为常见，适合个人所得税业务较多的单位，将发生代扣代缴个人所得税时将其统一进行归集 |

8. 根据《部门预算支出经济分类科目》，"税金及附加费用"经济分类科目指"反映单位提供劳务或销售产品应负担的税金及附加费用，包括消费税、城市维护建设税和教育费附加等"。该科目不包括"增值税"，在预算会计中，"增值税"的核算应进一步明确。

# 第三节　应缴应付预收类业务

本节主要包括"应缴财政款""应付职工薪酬""应付票据""应付账款""应付政府补贴款""预收账款""其他应付款""长期应付款"八个会计科目。

应缴应付预收类科目思维导图如下所示。

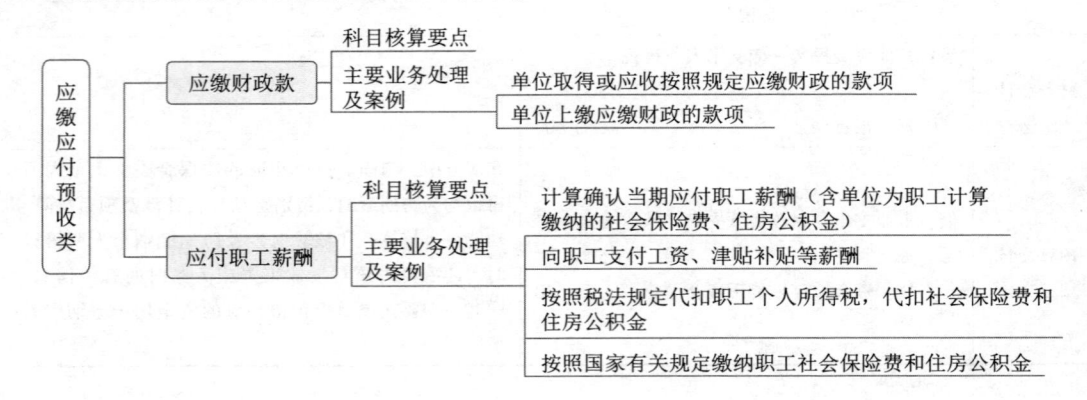

```
                            ┌── 科目核算要点
                            │
          ┌── 应缴财政款 ──┤                  ┌── 单位取得或应收按照规定应缴财政的款项
          │                 └── 主要业务处理 ──┤
          │                     及案例         └── 单位上缴应缴财政的款项
应缴应付   │
预收类    │                    ┌── 科目核算要点 ── 计算确认当期应付职工薪酬（含单位为职工计算
          │                    │                    缴纳的社会保险费、住房公积金）
          │                    │                  ┌── 向职工支付工资、津贴补贴等薪酬
          └── 应付职工薪酬 ──┤                  │
                               └── 主要业务处理 ──┤── 按照税法规定代扣职工个人所得税，代扣社会保险费和
                                   及案例         │    住房公积金
                                                  └── 按照国家有关规定缴纳职工社会保险费和住房公积金
```

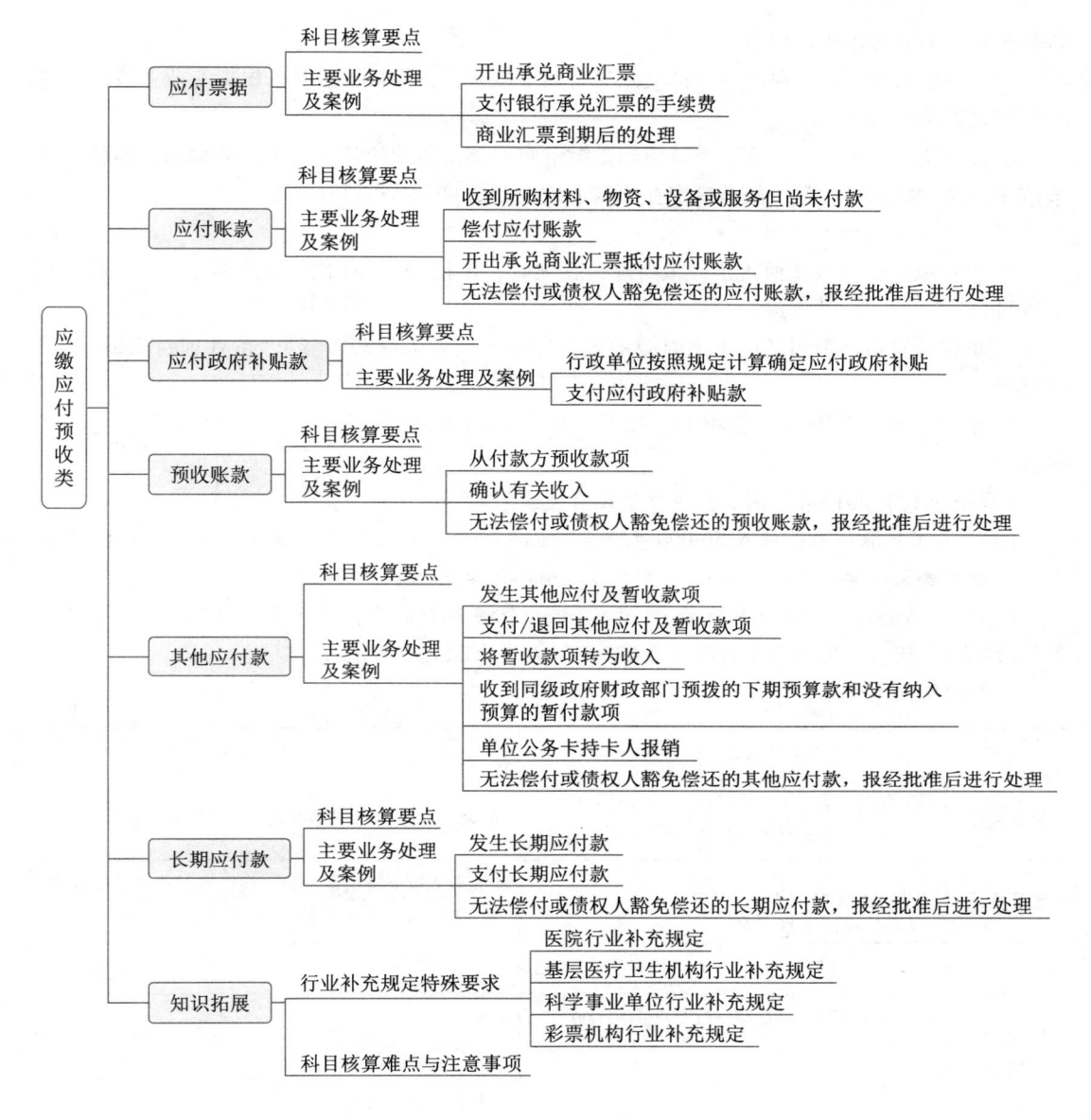

```
                                    ┌─ 科目核算要点
                    ┌─ 应付票据 ─────┤                      ┌─ 开出承兑商业汇票
                    │               └─ 主要业务处理         ├─ 支付银行承兑汇票的手续费
                    │                  及案例               └─ 商业汇票到期后的处理
                    │
                    │               ┌─ 科目核算要点
                    │               │                      ┌─ 收到所购材料、物资、设备或服务但尚未付款
                    ├─ 应付账款 ────┤                      ├─ 偿付应付账款
                    │               └─ 主要业务处理         ├─ 开出承兑商业汇票抵付应付账款
                    │                  及案例               └─ 无法偿付或债权人豁免偿还的应付账款，报经批准后进行处理
                    │
                    │               ┌─ 科目核算要点
    应              ├─ 应付政府补贴款┤                     ┌─ 行政单位按照规定计算确定应付政府补贴
    缴              │               └─ 主要业务处理及案例  └─ 支付应付政府补贴款
    应              │
    付              │               ┌─ 科目核算要点
    预              │               │                      ┌─ 从付款方预收款项
    收 ─────────────┼─ 预收账款 ────┤                      ├─ 确认有关收入
    类              │               └─ 主要业务处理         └─ 无法偿付或债权人豁免偿还的预收账款，报经批准后进行处理
                    │                  及案例
                    │
                    │               ┌─ 科目核算要点
                    │               │                      ┌─ 发生其他应付及暂收款项
                    │               │                      ├─ 支付/退回其他应付及暂收款项
                    ├─ 其他应付款 ──┤                      ├─ 将暂收款项转为收入
                    │               └─ 主要业务处理         ├─ 收到同级政府财政部门预拨的下期预算款和没有纳入
                    │                  及案例               │  预算的暂付款项
                    │                                      ├─ 单位公务卡持卡人报销
                    │                                      └─ 无法偿付或债权人豁免偿还的其他应付款，报经批准后进行处理
                    │
                    │               ┌─ 科目核算要点
                    │               │                      ┌─ 发生长期应付款
                    ├─ 长期应付款 ──┤                      ├─ 支付长期应付款
                    │               └─ 主要业务处理         └─ 无法偿付或债权人豁免偿还的长期应付款，报经批准后进行处理
                    │                  及案例
                    │
                    │                                      ┌─ 医院行业补充规定
                    │               ┌─ 行业补充规定特殊要求 ├─ 基层医疗卫生机构行业补充规定
                    └─ 知识拓展 ────┤                      ├─ 科学事业单位行业补充规定
                                    │                      └─ 彩票机构行业补充规定
                                    └─ 科目核算难点与注意事项
```

## 一、应缴财政款

(一)科目核算要点

本科目核算单位取得或应收的按照规定应当上缴财政的款项，包括应缴国库的款项和应缴财政专户的款项。

应缴国库款包括代收的纳入预算管理的基金、行政性收费收入、罚没收入、无主财物变价收入、其他按预算管理规定应上缴预算的款项，如固定资产处置净收益、固定资产出租收入等。应缴财政专户款是事业单位按规定代收的应上缴财政专户的预算外资金。包括国家机关、事业单位和社会团体为履行和代行政府职能，依据国家法律、法规和具有法律效力的规章而收取、提取和安排使用的未纳入国家预算管理的各种财政性资金。

单位按照国家税法等有关规定应当缴纳的各种税费，通过"应交增值税""其他应交税费"

科目核算，不通过本科目核算。

本科目应当按照应缴财政款项的类别进行明细核算，在科目设置时可根据专业业务的性质和类型设置明细科目。

本科目期末贷方余额，反映单位应当上缴财政但尚未缴纳的款项。年终清缴后，本科目一般应无余额。应缴财政款一般按规定在年末清缴上缴财政，不得留存在本单位。

（二）主要业务处理及案例

1. 单位取得或应收按照规定应缴财政的款项时，借记"银行存款""应收账款"等科目，贷记本科目。

2. 单位处置资产取得的应上缴财政的处置净收入的账务处理，参见"待处理财产损溢"等科目。

3. 单位上缴应缴财政的款项时，按照实际上缴的金额，借记本科目，贷记"银行存款"科目。

【案例5017】2019年8月，B事业单位有关业务如下：

（1）8月1日取得事业收入50 000元，款项已收妥，按规定应上缴财政专户；8月15日将上述款项上缴至财政专户；9月30日，上述款项返还至单位零余额账户。

（2）资产清查时发现毁损固定资产一批，账面余额36 000元，已计提折旧30 000元；报经批准后进行处理，取得残值变价收入8 000元，无发生相关费用。

账务处理分录如下：

| | 取得事业收入时 | 核算要点精讲 |
|---|---|---|
| 财务会计 | 借：银行存款　　　　　　　　　50 000<br>　　贷：应缴财政款—应缴财政专户款 50 000 | 取得应上缴财政专户款项时，不直接确认收入 |
| 预算会计 | 不做账务处理 | 取得收入应上缴财政专户，尚没有纳入单位预算管理，不进行预算会计处理 |
| | 实际上缴时 | |
| 财务会计 | 借：应缴财政款—应缴财政专户款 50 000<br>　　贷：银行存款　　　　　　　　　50 000 | |
| 预算会计 | 不做账务处理 | 取得收入应上缴财政专户，尚没有纳入单位预算管理，不进行预算会计处理；上缴时不进行预算会计处理 |
| | 收到财政返还款时 | |
| 财务会计 | 借：零余额账户用款额度　　　　50 000<br>　　贷：事业收入　　　　　　　　　50 000 | 财政专户返还时，根据财政管理方式不同，账务处理可能不同，本案例假设的上述收入返还至零余额账户，也可能返还至基本银行账户 |
| 预算会计 | 借：资金结存—零余额账户用款额度<br>　　　　　　　　　　　　　　50 000<br>　　贷：事业预算收入　　　　　　　50 000 | 采用财政专户返还方式管理的事业预算收入，收到从财政专户返还的事业预算收入时，按照实际收到的返还金额，借记"资金结存—零余额账户用款额度"科目，贷记"事业预算收入"科目 |

续表

| | 毁损转入待处理资产 | |
|---|---|---|
| 财务会计 | 借：待处理财产损溢—待处理财产价值<br>　　　　　　　　　　　　　　6 000<br>　　　固定资产累计折旧　　30 000<br>　　贷：固定资产　　　　　　　36 000 | |
| 预算会计 | 不做账务处理 | |
| | 经批准处置固定资产 | |
| 财务会计 | 借：资产处置费用　　　　　　6 000<br>　　贷：待处理财产损溢—待处理财产价值<br>　　　　　　　　　　　　　　6 000 | 资产处置费用科目为账面价值（科目余额减去折旧） |
| 预算会计 | 不做账务处理 | |
| | 经批准处置固定资产 | |
| 财务会计 | 收回处置价款：<br>借：银行存款　　　　　　　　8 000<br>　　贷：待处理财产损溢—处理净收入　8 000<br>处理收支结清：<br>借：待处理财产损溢—处理净收入　8 000<br>　　贷：应缴财政款—应缴国库款　　8 000 | 1. 待处理财产损溢下设置"处理净收入"明细科目，用于核算处置收回的款项和支付的相关费用<br>2. 处理收支结清，处理收入大于处理费用，差额部分应上缴财政；如果发生相关费用，则扣减相关费用后上缴财政 |
| 预算会计 | 不做账务处理 | 不属于"纳入部门预算管理"的范围 |

## 二、应付职工薪酬

（一）科目核算要点

本科目核算单位按照有关规定应付给职工（含长期聘用人员）及为职工支付的各种薪酬，包括基本工资、国家统一规定的津贴补贴、规范津贴补贴（绩效工资）、改革性补贴、社会保险费（如职工基本养老保险费、职业年金、基本医疗保险费等）、住房公积金等。

本科目应当根据国家有关规定按照"基本工资"（含离退休费）、"国家统一规定的津贴补贴""规范津贴补贴（绩效工资）""改革性补贴""社会保险费""住房公积金""其他个人收入"等进行明细核算。其中，"社会保险费""住房公积金"明细科目核算内容包括单位从职工工资中代扣代缴的社会保险费、住房公积金，以及单位为职工计算缴纳的社会保险费、住房公积金。

本科目期末贷方余额，反映单位应付未付的职工薪酬。

（二）主要业务处理及案例

1. 计算确认当期应付职工薪酬（含单位为职工计算缴纳的社会保险费、住房公积金）。

（1）计提从事专业及其辅助活动人员的职工薪酬，借记"业务活动费用""单位管理费用"科目，贷记本科目。

（2）计提应由在建工程、加工物品、自行研发无形资产负担的职工薪酬，借记"在建工程"

"加工物品""研发支出"等科目，贷记本科目。

（3）计提从事专业及其辅助活动之外的经营活动人员的职工薪酬，借记"经营费用"科目，贷记本科目。

（4）因解除与职工的劳动关系而给予的补偿，借记"单位管理费用"等科目，贷记本科目。

2. 向职工支付工资、津贴补贴等薪酬时，按照实际支付的金额，借记本科目，贷记"财政拨款收入""零余额账户用款额度""银行存款"等科目。

3. 按照税法规定代扣职工个人所得税时，借记本科目（基本工资），贷记"其他应交税费——应交个人所得税"科目。

从应付职工薪酬中代扣为职工垫付的水电费、房租等费用时，按照实际扣除的金额，借记本科目（基本工资），贷记"其他应收款"等科目。从应付职工薪酬中代扣社会保险费和住房公积金，按照代扣的金额，借记本科目（基本工资），贷记本科目（社会保险费、住房公积金）。

4. 按照国家有关规定缴纳职工社会保险费和住房公积金时，按照实际支付的金额，借记本科目（社会保险费、住房公积金），贷记"财政拨款收入""零余额账户用款额度""银行存款"等科目。

5. 从应付职工薪酬中支付的其他款项，借记本科目，贷记"零余额账户用款额度""银行存款"等科目。

**【案例5018】** B事业单位，2019年8月至9月，有关会计业务如下：

（1）计提8月份专业业务部门职工工资400 000元（基本工资100 000元、绩效工资300 000元），计提行政部门工资150 000元（工资40 000元、绩效工资110 000元）；同时计提为职工缴纳的住房公积金（假设比例为12%）66 000元（业务部门48 000元、行政部门18 000元）和社会保险费（假设比例为28%）154 000元（业务部门112 000元、行政部门42 000元）。

（2）计提经营活动部门发生的职工工资30 000元（基本工资10 000元、绩效工资20 000元）；计提为职工缴纳的住房公积金（假设比例为12%）3 600元和社会保险费（假设比例为28%）8 400元。

（3）计提某项目开发阶段的项目组成员工资40 000元（基本工资15 000元、绩效工资25 000元），计提为职工缴纳的住房公积金（假设比例为12%）4 800元和社会保险费（假设比例为28%）11 200元。

（4）因考核不合格，决定与X员工解除劳动合同关系，对其补偿50 000元，尚未支付款项。

（5）9月5日，通过银行账户将上述计提的工资发放，并代扣代缴个人所得税（假设整体税率为3%，不考虑起征点及专项扣除）；同时代扣个人应负担的住房公积金（假设比例为5%）、个人应负担机关事业单位基本养老保险费（假设比例为12%）；代扣经营活动部门某职工水电费600元，假设无其他社保支出。

（6）9月10日，向税务局缴纳个人代扣的个人所得税；支付代扣的职工水电费；支付职工补偿金。

（7）9月25日，将代扣的个人住房公积金、社会保险费和单位应负担的部分上缴至相关部门。

账务处理分录如下:

| | 计提职工薪酬 | 科目核算要点 |
|---|---|---|
| 财务会计 | 借：业务活动费用　　　　　　　560 000<br>　　　单位管理费用　　　　　　　210 000<br>　　贷：应付职工薪酬—基本工资　　140 000<br>　　　　应付职工薪酬—绩效工资　　410 000<br>　　　　应付职工薪酬—住房公积金　66 000<br>　　　　应付职工薪酬—社会保险费　154 000 | 计提应付职工薪酬时，行政单位统一在业务活动费用中核算；事业单位应根据概念区分业务活动费用和单位管理费用；本案例行政部门的工资应计入单位管理费用核算；单位为职工缴纳的社会保险费、住房公积金在应付职工薪酬中核算，应在计提工资的同时予以计提 |
| 预算会计 | 不做账务处理 | |
| | 计提经营部门职工薪酬 | |
| 财务会计 | 借：经营费用　　　　　　　　　42 000<br>　　贷：应付职工薪酬—基本工资　　10 000<br>　　　　应付职工薪酬—绩效工资　　20 000<br>　　　　应付职工薪酬—住房公积金　3 600<br>　　　　应付职工薪酬—社会保险费　8 400 | |
| 预算会计 | 不做账务处理 | |
| | 计提研发无形资产应负担的职工薪酬 | |
| 财务会计 | 借：研发支出　　　　　　　　　56 000<br>　　贷：应付职工薪酬—基本工资　　15 000<br>　　　　应付职工薪酬—绩效工资　　25 000<br>　　　　应付职工薪酬—住房公积金　4 800<br>　　　　应付职工薪酬—社会保险费　11 200 | 计提应由在建工程、加工物品、自行研发无形资产负担的职工薪酬，借记"在建工程""加工物品""研发支出"等科目，贷记应付职工薪酬 |
| 预算会计 | 不做账务处理 | |
| | 计提职工补偿 | |
| 财务会计 | 借：单位管理费用　　　　　　　50 000<br>　　贷：应付职工薪酬—职工补偿　　50 000 | 因解除与职工的劳动关系而给予的补偿，借记"单位管理费用"等科目，不计入"业务活动费用" |
| 预算会计 | 不做账务处理 | |
| | 支付职工工资并代扣扣款 | |
| 财务会计 | 借：应付职工薪酬—基本工资　　165 000<br>　　　应付职工薪酬—绩效工资　　455 000<br>　　贷：其他应交税费—应交个人所得税　15 438<br>　　　　应付职工薪酬—社会保险费　74 400<br>　　　　应付职工薪酬—住房公积金　31 000<br>　　　　其他应付款—水电费　　　　600<br>　　　　银行存款　　　　　　　　498 562 | 代扣的个人所得税在其他应交税费核算；代扣的个人负担的住房公积金、社会保险费在应付职工薪酬科目核算；计算过程：<br>公积金＝工资×5%＝620 000×5%＝31 000元<br>社会保险费＝工资×12%＝74 400元<br>个人所得税＝(工资－公积金－社会保险费)×3%<br>　　　　＝(620 000－31 000－74 400)×3%<br>　　　　＝15 438元<br>代扣水电费600元在其他应付款核算；水电费不得在税前扣除；<br>实发工资总额＝498 562元 |
| 预算会计 | 借：事业支出　　　　　　　　　498 562<br>　　贷：资金结存—货币资金　　　498 562 | 以实际的"现金"流出确认预算会计支出 |

续表

| | | | |
|---|---|---|---|
| | 缴纳个人所得税 | | |
| 财务会计 | 借：其他应交税费—应交个人所得税 15 438<br>　　贷：银行存款　　　　　　　　　　　　15 438 | | |
| 预算会计 | 借：事业支出　　　　　　　　　　　　　15 438<br>　　贷：资金结存—货币资金　　　　　　　15 438 | 以实际的"现金"流出确认预算会计支出 | |
| | 支付代扣水电及职工补偿 | | |
| 财务会计 | 借：应付职工薪酬—职工补偿　　　　　 50 000<br>　　贷：银行存款　　　　　　　　　　　　50 000<br>借：其他应付款—水电费　　　　　　　　　600<br>　　贷：银行存款　　　　　　　　　　　　　 600 | 职工补偿不缴纳个人所得税 | |
| 预算会计 | 借：事业支出　　　　　　　　　　　　　50 600<br>　　贷：资金结存—货币资金　　　　　　　50 600 | 以实际的"现金"流出确认预算会计支出 | |
| | 缴纳住房公积金及社会保险费 | | |
| 财务会计 | 借：应付职工薪酬—住房公积金　　　　105 400<br>　　应付职工薪酬—社会保险费　　　　248 000<br>　　贷：银行存款　　　　　　　　　　　 353 400 | 缴纳时包括个人扣缴部分和单位负担部分 | |
| 预算会计 | 借：事业支出　　　　　　　　　　　　353 400<br>　　贷：资金结存—货币资金　　　　　　353 400 | 以实际的"现金"流出确认预算会计支出 | |

## 三、应付票据

### （一）科目核算要点

本科目核算事业单位因购买材料、物资等而开出、承兑的商业汇票，包括银行承兑汇票和商业承兑汇票。付款人承兑以后成为汇票的承兑人。经购货人承兑的称"商业承兑汇票"，经银行承兑的称"银行承兑汇票"。商业承兑汇票和银行承兑汇票的区别在于，承兑人不同，决定了商业承兑汇票是商业信用，银行承兑汇票是银行信用。银行承兑汇票一般由银行签发并承兑，而商业承兑汇票可以不通过银行签发并背书转让，但在信用等级和流通性上低于银行承兑汇票，在银行办理贴现的难度较银行承兑汇票高。

明细科目设置时应设置"银行承兑汇票"和"商业承兑汇票"等明细科目，还应设置"应付票据备查簿"，详细登记每一应付票据的种类、号数、出票日期、到期日、票面金额、交易合同号、收款人姓名或单位名称，以及付款日期和金额等。

应付票据到期结清票款后，应当在备查簿内逐笔注销。本科目应当按照债权人进行明细核算。

本科目期末贷方余额，反映事业单位开出、承兑的尚未到期的应付票据金额。

### （二）主要业务处理及案例

1. 开出、承兑商业汇票时，借记"库存物品""固定资产"等科目，贷记本科目。涉及增值税业务的，相关账务处理参见"应交增值税"科目。以商业汇票抵付应付账款时，借记"应付账款"科目，贷记本科目。

2. 支付银行承兑汇票的手续费时，借记"业务活动费用""经营费用"等科目，贷记"银行存款""零余额账户用款额度"等科目。

3. 商业汇票到期时，应当分别以下情况处理。

（1）收到银行支付到期票据的付款通知时，借记本科目，贷记"银行存款"科目。

（2）银行承兑汇票到期，单位无力支付票款的，按照应付票据账面余额，借记本科目，贷记"短期借款"科目。

（3）商业承兑汇票到期，单位无力支付票款的，按照应付票据账面余额，借记本科目，贷记"应付账款"科目。

**【案例5019】** 2019年8月至11月，B事业单位有关业务如下：

（1）8月1日，向X公司购买计算机一批400 000元，已取得相关票据（不考虑增值税），款项未支付，货物已验收。

（2）8月20日，开出3月期银行承兑汇票一张400 000元；用于抵付上述应收账款，同时向银行支付手续费200元。

（3）11月1日，银行承兑汇票到期，假设有两种情形。

第一，到期后收到银行付款通知，B事业单位进行账务处理。

第二，到期后无力支付票款，转入短期借款。

账务处理分录如下：

| | 购入固定资产时 | 核算要点精讲 |
|---|---|---|
| 财务会计 | 借：固定资产　　　　　400 000<br>　　贷：应付账款　　　　　　400 000 | 根据票据种类及债权人设置明细科目 |
| 预算会计 | 不做账务处理 | |
| | 开出承兑汇票抵付应付账款 | |
| 财务会计 | 借：应付账款　　　　　400 000<br>　　贷：应付票据—银行承兑汇票—X　400 000 | 根据票据种类及债权人设置明细科目 |
| 预算会计 | 不做账务处理 | |
| | 向银行支付手续费 | |
| 财务会计 | 借：业务活动费用　　　　200<br>　　贷：银行存款　　　　　　200 | |
| 预算会计 | 借：事业支出　　　　　　200<br>　　贷：资金结存—货币资金　200 | |
| | 如汇票到期正常付款 | |
| 财务会计 | 借：应付票据—银行承兑汇票—X　400 000<br>　　贷：银行存款　　　　　　400 000 | |
| 预算会计 | 借：事业支出　　　　　400 000<br>　　贷：资金结存—货币资金　400 000 | |
| | 如票据到期后无力支付 | |
| 财务会计 | 借：应付票据—银行承兑汇票—X　400 000<br>　　贷：短期借款　　　　　　400 000 | 到期无法支付时，商业承兑汇票（非银行承兑汇票），转入应付账款科目；银行承兑汇票转入短期借款科目 |
| 预算会计 | 借：事业支出　　　　　400 000<br>　　贷：债务预算收入　　　　400 000 | 银行承兑汇票到到期单位无力支付，银行将代为偿付相应款项，转为单位的短期借款，相应的单位应确认为"债务预算收入"，单位与供货商的交易结束转为单位与银行之间的业务 |

## 四、应付账款

(一)科目核算要点

本科目核算单位因购买物资、接受服务、开展工程建设等而应付的偿还期限在1年以内(含1年)的款项。本科目应当按照债权人进行明细核算。对于建设项目,还应设置"应付器材款""应付工程款"等明细科目,并按照具体项目进行明细核算。

本科目期末贷方余额,反映单位尚未支付的应付账款金额。

(二)主要业务处理及案例

1. 收到所购材料、物资、设备或服务以及确认完成工程进度但尚未付款时,根据发票及账单等有关凭证,按照应付未付款项的金额,借记"库存物品""固定资产""在建工程"等科目,贷记本科目。涉及增值税业务的,相关账务处理参见"应交增值税"科目。

2. 偿付应付账款时,按照实际支付的金额,借记本科目,记"财政拨款收入""零余额账户用款额度""银行存款"等科目。

3. 开出、承兑商业汇票抵付应付账款时,借记本科目,贷记"应付票据"科目。

4. 无法偿付或债权人豁免偿还的应付账款,应当按照规定报经批准后进行账务处理。经批准核销时,借记本科目,贷记"其他收入"科目。

核销的应付账款应在备查簿中保留登记。

**【案例5020】** 2019年8月,B事业单位有关业务如下:

(1)8月1日,向X公司购买计算机一批400 000元,已取得相关票据(不考虑增值税),款项未支付,货物已验收。

(2)8月20日,根据合同条款和对方公司的付款申请,通过零余额账户支付相应的款项。

(3)因上月购置的库存材料出现质量问题,但不影响使用,Y公司为了更好地合作,决定豁免B事业单位应付账款30 000元,报经批准后进行账务处理。

账务处理分录如下:

| | 购入固定资产时 | 核算要点精讲 |
|---|---|---|
| 财务会计 | 借:固定资产　　　　　　　400 000<br>　　贷:应付账款—X公司　　　　400 000 | 应当按照债权人进行明细核算;应付账款核算的1年内(含1年)的款项,超过1年的在长期应付款核算 |
| 预算会计 | 不做账务处理 | |
| | 偿付应付账款 | |
| 财务会计 | 借:应付账款—X公司　　　　400 000<br>　　贷:零余额账户用款额度　　　400 000 | |
| 预算会计 | 借:事业支出　　　　　　　400 000<br>　　贷:资金结存—零余额账户用款额度 400 000 | |
| | 无法偿付或豁免应付账款 | |
| 财务会计 | 借:应付账款—Y公司　　　　30 000<br>　　贷:其他收入　　　　　　　30 000 | 无法偿付非无能力支付,而是因各种原因没有办法再支付相应的款项,如对方单位清算或无法联系等各种原因,进行账务处理时应报财政部门批准 |
| 预算会计 | 不做账务处理 | |

## 五、应付政府补贴款

(一)科目核算要点

本科目核算负责发放政府补贴的行政单位,按照规定应当支付给政府补贴接受者的各种政府补贴款。本科目仅仅适用于行政单位,该科目来源于原行政单位会计制度。

本科目应当按照应支付的政府补贴种类进行明细核算。单位还应当根据需要按照补贴接受者进行明细核算,或者建立备查簿对补贴接受者予以登记。

本科目期末贷方余额,反映行政单位应付未付的政府补贴金额。

(二)主要业务处理及案例

1. 发生应付政府补贴时,按照依规定计算确定的应付政府补贴金额,借记"业务活动费用"科目,贷记本科目。

2. 支付应付政府补贴款时,按照支付金额,借记本科目,贷记"零余额账户用款额度""银行存款"等科目。

【案例5021】2019年8月1日,A行政单位按规定应向X单位支付拆迁补贴款300 000元,因上级财政拨款未到,款项暂未支付;9月10日A行政单位通过零余额账户支付了应付X单位财政补贴300 000元。

账务处理分录如下:

| | 发生应付政府补贴时 | 核算要点精讲 |
|---|---|---|
| 财务会计 | 借:业务活动费用　　　　　　　300 000<br>　贷:应付政府补贴款——拆迁安置——X单位<br>　　　　　　　　　　　　　　　300 000 | 该科目应按照权责发生制要求,发生相关业务时即进行账务处理;行政单位仅适用于业务活动费用科目;按照需要支付的补贴种类和接受者设置明细科目 |
| 预算会计 | 不做账务处理 | |
| | 支付应付政府补贴时 | |
| 财务会计 | 借:应付政府补贴款——拆迁安置——X单位<br>　　　　　　　　　　　　　　　300 000<br>　贷:零余额账户用款额度　　　　300 000 | |
| 预算会计 | 借:行政支出　　　　　　　　　300 000<br>　贷:资金结存——零余额账户用款额度<br>　　　　　　　　　　　　　　　300 000 | 应付政府补贴款仅适用行政单位的行政支出科目 |

## 六、预收账款

(一)科目核算要点

本科目核算事业单位预先收取但尚未结算的款项。

本科目应当按照债权人进行明细核算。经批准核销的预收账款应在备查簿中保留登记。

本科目期末贷方余额，反映事业单位预收但尚未结算的款项金额。

(二) 主要业务处理及案例

1. 从付款方预收款项时，按照实际预收的金额，借记"银行存款"等科目，贷记本科目。

2. 确认有关收入时，按照预收账款账面余额，借记本科目，按照应确认的收入金额，贷记"事业收入""经营收入"等科目，按照付款方补付或退回付款方的金额，借记或贷记"银行存款"等科目。涉及增值税业务的，相关账务处理参见"应交增值税"科目。

3. 无法偿付或债权人豁免偿还的预收账款，应当按照规定报经批准后进行账务处理。经批准核销时，借记本科目，贷记"其他收入"科目。

【案例5022】2019年8月，有关业务如下：

(1) 8月1日，B事业单位与X单位签署合同，合作进行技术研发，收到X单位银行转款10 000元；8月31日，B单位完成技术开发任务，相应的资料已提交X单位并收到对方支付的合同款20 000元。

(2) B事业单位与Y单位签署合同，合作进行技术研发，收到Y单位银行转款5 000元，B单位尚未开展相应工作；8月5日，因Y单位业务调整，通知B事业单位该项目停止执行，同时不再收回相应的预付款项；报经批准后进行账务处理。

账务处理分录如下：

| | 收到银行转款时 | 核算要点精讲 |
|---|---|---|
| 财务会计 | 借：银行存款　　　　　　　10 000<br>　贷：预收账款——X单位　　　10 000 | 按照权责发生制原则，单位尚未开展相应的工作，应确认预收账款；按付款单位（债权人）设置明细科目 |
| 预算会计 | 借：资金结存——货币资金　10 000<br>　贷：事业预算收入　　　　　10 000 | 财务会计按照权责发生制确认预收账款时，预算会计按照收付实现制确认预算收入 |
| | 按收入确认规则确认收入时 | |
| 财务会计 | 借：预收账款——X单位　　10 000<br>　　银行存款　　　　　　　20 000<br>　贷：事业收入　　　　　　　30 000 | 如果在确认收入时出现补收款，按照实际收到的金额借记银行存款。如果在确认收入时出现退款，按照实际收到的金额贷记银行存款；事业收入确认规则请参考本书收入类科目核算要点 |
| 预算会计 | 借：资金结存——货币资金　20 000<br>　贷：事业预算收入　　　　　20 000 | 如果出现补收款或退款情况，按照实际收到或退回的款项金额编制预算分录 |
| | 收到银行转款时 | |
| 财务会计 | 借：银行存款　　　　　　　5 000<br>　贷：预收账款——Y单位　　　5 000 | 按照权责发生制原则，单位尚未开展相应的工作，应确认预收账款；按付款单位（债权人）设置明细科目 |
| 预算会计 | 借：资金结存——货币资金　5 000<br>　贷：事业预算收入　　　　　5 000 | 财务会计按照权责发生制确认预收账款时，预算会计按照收付实现制确认预算收入 |
| | 豁免预收款项报经批准后 | |
| 财务会计 | 借：预收账款——Y单位　　5 000<br>　贷：其他收入　　　　　　　5 000 | 无法偿付或债权人豁免偿还的预收账款，应当按照规定报经批准后进行账务处理。经批准核销时确认其他收入 |
| 预算会计 | 不做账务处理 | |

## 七、其他应付款

(一)科目核算要点

本科目核算单位除应交增值税、其他应交税费、应缴财政款、应付职工薪酬、应付票据、应付账款、应付政府补贴款、应付利息、预收账款以外,其他各项偿还期限在1年内(含1年)的应付及暂收款项,如收取的押金、存入保证金、已经报销但尚未偿还银行的本单位公务卡欠款等。

同级政府财政部门预拨的下期预算款和没有纳入预算的暂付款项,以及采用实拨资金方式通过本单位转拨给下属单位的财政拨款,也通过本科目核算。

本科目应当按照其他应付款的类别以及债权人等进行明细核算。

核销的其他应付款应在备查簿中保留登记。

本科目期末贷方余额,反映单位尚未支付的其他应付款金额。

(二)主要业务处理及案例

1. 发生其他应付及暂收款项时,借记"银行存款"等科目,贷记本科目。支付(或退回)其他应付及暂收款项时,借记本科目,贷记"银行存款"等科目。将暂收款项转为收入时,借记本科目,贷记"事业收入"等科目。

**【案例5023】** 2019年8月,B事业单位有关业务如下:

(1)8月1日,收到X单位通过银行转款5 000元投标保证金,收到Y单位通过银行转款10 000元,因未签署任何协议,无法确认用途。

(2)8月31日开标后X单位未中标,根据X单位退回投标保证金申请,退回了X单位上述投标保证金。

(3)8月31日,经与Y单位沟通,上述款项为捐赠给B事业单位用于公益活动,B事业单位根据合同确认了收入。

账务处理分录如下:

| | 收到暂收款项时 | 核算要点精讲 |
|---|---|---|
| 财务会计 | 借:银行存款　　　　　　　　5 000<br>　　贷:其他应付款—保证金—X单位 5 000<br>借:银行存款　　　　　　　　10 000<br>　　贷:其他应付款—其他暂收—Y单位<br>　　　　　　　　　　　　　10 000 | 按照其他应付款的类别以及债权人等进行明细核算 |
| 预算会计 | 不做账务处理 | 暂收款项没有纳入部门预算,将来可能存在退回的情况,在收到款项时预算会计不确认收入;如该款项将来确认收入,则按规定编制预算会计分录;如款项退回时,则不进行预算会计账务处理 |
| | 退回款项时 | |
| 财务会计 | 借:其他应付款—保证金—X单位 5 000<br>　　贷:银行存款　　　　　　　　5 000 | |
| 预算会计 | 不做账务处理 | 收到款项时预算会计不确认收入;款项退回时,则不进行预算会计账务处理 |

续表

| | 确认收入时 | |
|---|---|---|
| 财务会计 | 借：其他应付款——其他暂收——Y 单位　　10 000<br>　　贷：捐赠收入　　10 000 | |
| 预算会计 | 借：资金结存——货币资金　　10 000<br>　　贷：其他预算收入——捐赠收入　　10 000 | 收到款项时预算会计不确认收入；如该款项将来确认收入，则按规定编制预算会计分录 |

2. 收到同级政府财政部门预拨的下期预算款和没有纳入预算的暂付款项，按照实际收到的金额，借记"银行存款"等科目，贷记本科目；待到下一预算期或批准纳入预算时，借记本科目，贷记"财政拨款收入"科目。

采用实拨资金方式通过本单位转拨给下属单位的财政拨款，按照实际收到的金额，借记"银行存款"科目，贷记本科目；向下属单位转拨财政拨款时，按照转拨的金额，借记本科目，贷记"银行存款"科目。

【案例5024】2019年12月10日，B事业单位有关业务如下：

(1) 因年末财政专网升级，不能在1月1日开通支付系统，同级财政部门提前预拨2020年1~2月基本运行经费800 000元；上述款项拨付至单位银行账户（零余额支付系统升级不能使用），2020年3月1日，部门预算批复。

(2) 同级财政部门通过B事业单位转拨X下属单位财政拨款200 000元；12月25日，通过银行将上述款项转拨至下属单位。

账务处理分录如下：

| | 收到预拨款时 | 核算要点精讲 |
|---|---|---|
| 财务会计 | 借：银行存款　　800 000<br>　　贷：其他应付款——预拨款项——财政部门　　800 000 | 按照付款单位（债权人）设置明细科目；同级政府财政部门预拨的下期预算款和没有纳入预算的暂付款项在其他应付款科目核算 |
| 预算会计 | 不做账务处理 | 预拨款项没有纳入预算，不进行预算会计处理；预算批复时再进行账务处理 |
| | 预算批复后 | |
| 财务会计 | 借：其他应付款——预报款项——财政部门　　800 000<br>　　贷：财政拨款收入　　800 000 | |
| 预算会计 | 借：资金结存——货币资金　　800 000<br>　　贷：财政拨款预算收入　　800 000 | 预算批复后，正式纳入部门预算，进行预算会计账务处理 |
| | 收到转拨下属单位财政拨款时 | |
| 财务会计 | 借：银行存款　　200 000<br>　　贷：其他应付款——转拨款——X 单位　　200 000 | 按照应收款单位（债权人）设置明细科目；转拨资金一般通过银行存款转拨，不通过零余额账户 |
| 预算会计 | 不做账务处理 | 转拨款项不属于本单位预算，不进行预算会计处理 |
| | 转拨下属单位时 | |
| 财务会计 | 借：其他应付款——转拨款——X 单位　　200 000<br>　　贷：银行存款　　200 000 | |
| 预算会计 | 不做账务处理 | 转拨款项不属于本单位预算，不进行预算会计处理 |

3. 本单位公务卡持卡人报销时，按照审核报销的金额，借记"业务活动费用""单位管理费用"等科目，贷记本科目；偿还公务卡欠款时，借记本科目，贷记"零余额账户用款额度"等科目。

【案例5025】2019年8月1日，B事业单位业务部门X职工报销公务卡支付的差旅费3 000元，因未到还款期，该款项尚未还款；8月20日，还款期前三天，通过零余额账户进行了还款。

账务处理分录如下：

| | 报销公务卡消费时 | 核算要点精讲 |
|---|---|---|
| 财务会计 | 借：业务活动费用　　　　　　3 000<br>　　贷：其他应付款——公务卡报销　3 000 | 按照其他应付款类别设置明细科目；实务中公务卡还款由单位统一还款，持卡人报销后尚未到还款期，在其他应付款核算；单位同性质的业务均在其他应付款核算 |
| 预算会计 | 不做账务处理 | 资金尚未流出 |
| | 偿还公务卡时 | |
| 财务会计 | 借：其他应付款——公务卡报销　3 000<br>　　贷：零余额账户用款额度　　　3 000 | |
| 预算会计 | 借：事业支出　　　　　　　　3 000<br>　　贷：资金结存——零余额账户用款额度　3 000 | |

4. 涉及质保金形成其他应付款的，在固定资产验收支付相应款项时，质保金确认其他应付款，待质保期满后支付相应的款项时，核销其他应付款，同时在预算会计进行支出账务处理。相关账务处理及案例请参见"固定资产"科目。

5. 无法偿付或债权人豁免偿还的其他应付款项，应当按照规定报经批准后进行账务处理。经批准核销时，借记本科目，贷记"其他收入"科目。相关案例请参考"预收账款""应付账款"科目。

## 八、长期应付款

(一)科目核算要点

本科目核算单位发生的偿还期限超过1年(不含1年)的应付款项，如以融资租赁方式取得固定资产应付的租赁费等。

本科目应当按照长期应付款的类别以及债权人进行明细核算。

本科目期末贷方余额，反映单位尚未支付的长期应付款金额。

(二)主要业务处理及案例

1. 发生长期应付款时，借记"固定资产""在建工程"等科目，贷记本科目。

2. 支付长期应付款时，按照实际支付的金额，借记本科目，贷记"财政拨款收入""零余额账户用款额度""银行存款"等科目。涉及增值税业务的，相关账务处理参见"应交增值税"科目。

3. 无法偿付或债权人豁免偿还的长期应付款，应当按照规定报经批准后进行账务处理。经批准核销时，借记本科目，贷记"其他收入"科目。相关案例请参考"预收账款"等科目。

核销的长期应付款应在备查簿中保留登记。

4. 涉及质保金形成长期应付款的，相关账务处理参见"固定资产"科目。

**【案例 5026】** 2019 年 8 月 1 日，B 事业单位通过融资租赁方式从 X 公司租入不需安装的专用设备一台，发生相关税费、安装费等其他支出 10 000 元，通过银行存款支付；租赁期限 10 年，按照租赁协议每年支付租金 20 000 元；每年 8 月 1 日定期支付租金。

账务处理分录如下：

| | 融资租入不需安装固定资产 | 核算要点精讲 |
|---|---|---|
| 财务会计 | 借：固定资产—专用设备　　　　210 000<br>　　贷：长期应付款—融资租入设备—X 公司<br>　　　　　　　　　　　　　　　　200 000<br>　　　　银行存款　　　　　　　　10 000 | 固定资产成本=合同确定的付款额+支付的其他费用；按照租赁协议或者合同确定的租赁付款额，贷记"长期应付款"科目（融资租入期限超过 1 年） |
| 预算会计 | 借：事业支出　　　　　　　　　10 000<br>　　贷：资金结存—货币资金　　　10 000 | |
| | 定期支付租金 | |
| 财务会计 | 借：长期应付款—融资租入设备—X 公司<br>　　　　　　　　　　　　　　　20 000<br>　　贷：银行存款　　　　　　　　20 000 | 按年定期支付租金 |
| 预算会计 | 借：事业支出　　　　　　　　　20 000<br>　　贷：资金结存—货币资金　　　20 000 | |

## 九、知识拓展

### （一）行业补充规定特殊要求

1. 医院行业补充规定。

医院应当在新制度规定的"2305 预收账款"科目下设置如下明细科目。

（1）"230501 预收医疗款"科目，核算医院预收医疗保险机构预拨的医疗保险金和预收病人的预交金。医院应当在本科目下设置如下明细科目：

①"23050101 预收医保款"科目，核算医院预收医疗保险机构预拨的医疗保险金。

②"23050102 门急诊预收款"科目，核算医院预收门急诊病人的预交金。

③"23050103 住院预收款"科目，核算医院预收住院病人的预交金。

（2）"230502 其他预收账款"科目，核算医院除预收医疗款以外的其他预收账款，如医院因提供科研教学等服务、按合同或协议约定预收接受服务单位的款项。

2. 基层卫生医疗行业补充规定。

（1）科目设置。基层医疗卫生机构应当增设"2308 待结算医疗款"一级科目。本科目核算按"收支两条线"管理的基层医疗卫生机构的待结算医疗收费。按"收支两条线"管理的基层医疗卫生机构应当在为病人提供医疗服务（包括发出药品，下同）并收讫价款或取得收款权利时，按照规定的医疗服务项目收费标准计算确定收费金额并确认待结算医疗款。给予病人或其他付费方的折扣金额不计入待结算医疗款。

基层医疗卫生机构同医疗保险机构等结算时，因基层医疗卫生机构按照医疗服务项目收费标准计算确定的应收医疗款金额与医疗保险机构等实际支付金额之间的差额应当调整待结算医疗款。

基层医疗卫生机构应当在本科目下设置如下明细科目，并按医疗服务类型进行明细核算。

"230801 门急诊收费"科目，核算基层医疗卫生机构为门急诊病人提供医疗服务所确认的待结算医疗收费。基层医疗卫生机构应当在"230801 门急诊收费"科目下设置"23080101 挂号收费""23080102 诊察收费""23080103 检查收费""23080104 化验收费""23080105 治疗收费""23080106 手术收费""23080107 卫生材料收费""23080108 药品收费""23080109 一般诊疗费收费""23080110 其他门急诊收费"和"23080111 门急诊结算差额"明细科目。

基层医疗卫生机构应当在"23080108 药品收费"科目下设置"2308010801 西药收费""2308010802 中成药收费"和"2308010803 中药饮片收费"明细科目；在"2308010801 西药收费"科目下设置"230801080101 西药""230801080102 疫苗"明细科目。

"230802 住院收费"科目，核算基层医疗卫生机构为住院病人提供医疗服务所确认的待结算医疗收费。基层医疗卫生机构应当在"230802 住院收费"科目下设置"23080201 床位收费""23080202 诊察收费""23080203 检查收费""23080204 化验收费""23080205 治疗收费""23080206 手术收费""23080207 护理收费""23080208 卫生材料收费""23080209 药品收费""23080210 一般诊疗费收费""23080211 其他住院收费"和"23080212 住院结算差额"明细科目。

基层医疗卫生机构应当在"23080209 药品收费"科目下设置"2308020901 西药收费""2308020902 中成药收费"和"2308020903 中药饮片收费"明细科目；在"2308020901 西药收费"科目下应当设置"230802090101 西药""230802090102 疫苗"明细科目。

执行医事服务费的基层医疗卫生机构应当分别在"待结算医疗款—门急诊收费—诊察费"和"待结算医疗款—住院收费—诊察收费"科目中核算医事服务费。执行药事服务费的基层医疗卫生机构应当分别在"待结算医疗款—门急诊收费—其他门急诊收费"和"待结算医疗款—住院收费—其他住院收费"科目中核算药事服务费。

基层医疗卫生机构有打包性质收费的，应当按照医疗服务项目类别对收费进行拆分，分别计入本科目的相应明细科目。

(2)待结算医疗款的主要账务处理。

基层医疗卫生机构与门急诊病人结算医疗款时，对于应向门急诊病人收取的部分，按照门急诊病人实际支付或应付未付的医疗款金额，借记"库存现金""银行存款""应收账款—应收医疗款—门急诊病人欠费"等科目，对于应由医疗保险机构等负担的部分，按照依有关规定计算确定的应收医保款金额，借记"应收账款—应收医疗款—应收医保款"科目，按照依有关规定计算确定的门急诊病人医疗款金额，贷记本科目(门急诊收费)。

病人住院期间，基层医疗卫生机构因提供医疗服务确认待结算医疗款时，按照依有关规定计算确定的住院病人医疗款金额，借记"应收账款—应收在院病人医疗款"科目，贷记本科目(住院收费)。

基层医疗卫生机构与住院病人结算医疗款时，住院病人应付医疗款金额大于其预交金额的，按照预收住院病人医疗款金额，借记"预收账款—预收医疗款—住院预收款"科目，按照病人实际补付或应付未付金额，借记"库存现金""银行存款""应收账款—应收医疗款—出院病人欠费"等科目，按照依有关规定计算的应由医疗保险机构等负担的医疗保险金额，借记"应收账款—应收医疗款—应收医保款"科目，按照已经确认的应收在院病人医疗款金额，贷记"应收账款—应收在院病人医疗款"科目。

住院病人应付医疗款金额小于其预交金额的，按照预收住院病人医疗款金额，借记"预收账款—预收医疗款—住院预收款"科目，按照依有关规定计算的应由医疗保险机构等负担的医疗保险金额，借记"应收账款—应收医疗款—应收医保款"科目，按照退还给住院病人的金额，贷记"库存现金""银行存款"等科目，按照已经确认的应收在院病人医疗款金额，贷记"应收账款—应收在院病人医疗款"科目。

基层医疗卫生机构与医疗保险机构等结算时，按照实际收到的金额，借记"银行存款"科目，按照应收医保款的金额，贷记"应收账款—应收医疗款—应收医保款"科目，按照借贷方之间的差额，借记或贷记本科目（门急诊收费—门急诊结算差额）或本科目（住院收费—住院结算差额）。

在期末或规定的上缴时间，基层医疗卫生机构按照依有关规定确定的金额，借记本科目，按照依有关规定确定的上缴同级财政部门的金额，贷记"银行存款"等科目，按照依有关规定确定留用的金额，贷记"事业收入—医疗收入"科目。

（3）基层医疗卫生机构应当在新制度规定的"2305 预收账款"科目下设置如下明细科目。

"230501 预收医疗款"科目，核算基层医疗卫生机构预收医疗保险机构等预拨的医疗保险金和预收病人的预交金。基层医疗卫生机构应当在本科目下设置如下明细科目："23050101 预收医保款"科目，核算基层医疗卫生机构预收医疗保险机构等预拨的医疗保险金。"23050102 门急诊预收款"科目，核算基层医疗卫生机构预收门急诊病人的预交金。"23050103 住院预收款"科目，核算基层医疗卫生机构预收住院病人的预交金。

"230502 其他预收账款"科目，核算基层医疗卫生机构除预收医疗款以外的其他预收账款，如基层医疗卫生机构因提供科研教学等服务、按合同或协议约定预收接受服务单位的款项。

3. 科学事业单位补充规定。

本规定所称合作项目款是指科学事业单位从非同级政府财政部门取得的，需要与其他单位合作完成的科技项目（课题）款项。科学事业单位对合作项目款核算的账务处理如下。

（1）从付款方预收款项时，在财务会计下，按照收到的款项金额，借记"银行存款"等科目，贷记"预收账款"科目；同时，在预算会计下，按照相同的金额，借记"资金结存—货币资金"科目，贷记"事业预算收入"科目。

（2）按照合同规定将合作项目款转拨合作单位时，在财务会计下，按照实际转拨的金额，借记"预收账款"科目，贷记"银行存款"等科目；同时，在预算会计下，按照相同的金额，借记"事业预算收入"科目[转拨当年收到的合作项目款]或"非财政拨款结转"科目[转拨以前年度收到的合作项目款]，贷记"资金结存—货币资金"科目。

（3）按照合同完成进度确认本单位科研收入时，按照计算确认收入的金额，借记"预收账款"科目，贷记"事业收入"科目。

（4）发生因科技项目（课题）终止等情形，需按照规定将项目剩余资金退回项目（课题）立项部门时，对本单位承担项目使用的剩余资金，在财务会计下，按照实际退回的金额，借记"预收账款"科目[尚未确认收入]或"事业收入"科目[已经确认收入]，贷记"银行存款"等科目；同时，在预算会计下，按照相同的金额，借记"事业预算收入"科目[本年度取得的合作项目款]或"非财政拨款结转"科目[以前年度取得的合作项目款]，贷记"资金结存—货币资金"科目。

对合作单位承担项目使用的剩余资金，于收回时按照收回的金额，借记"银行存款"等科目，贷记"其他应付款"科目；转退回给项目（课题）立项部门时，借记"其他应付款"科目，贷记"银行存款"等科目。

4. 彩票机构行业补充规定。

（1）关于一级科目的设置。

彩票机构应当增设"2308 彩票销售结算""2309 应付返奖奖金""2310 应付代销费"一级

科目。

"2308 彩票销售结算"核算彩票机构彩票销售资金的归集和分配情况。应当按照彩票品种及游戏名称、彩票发行销售方式进行明细核算。主要账务处理如下所述。

彩票机构实现彩票销售时，按照彩票销售结算的金额，借记"预收账款"等科目，贷记本科目。

期末彩票机构分配彩票销售资金时，按照分配的彩票销售资金的金额，借记本科目，按照分配的彩票公益金、彩票机构业务费等金额，贷记"应缴财政款"科目，按照分配的应付返奖奖金的金额，贷记"应付返奖奖金"科目，按照分配的代销费金额，贷记"应付代销费"科目。

本科目期末应无余额。

"2309 应付返奖奖金"核算彩票机构按照彩票游戏规则确定的比例从彩票销售额中提取，用于支付给中奖者的资金，包括当期返奖奖金、奖池、调节基金和一般调节基金。应当按照"当期返奖奖金""奖池""调节基金""一般调节基金"设置明细科目。在"当期返奖奖金""奖池""调节基金"明细科目下，按照彩票品种及游戏名称设置明细科目进行明细核算。

当期返奖奖金是指按照彩票游戏规则确定的比例在当期彩票奖金中提取并用于支付给中奖者的奖金。

奖池是指彩票游戏提取奖金与实际中出奖金的累积资金差额。

调节基金是指按照彩票销售额的一定比例提取的资金、逾期未退票的票款和浮动奖取整后的余额。调节基金应当专项用于支付各种不可预见的奖金风险支出或开展派奖。

停止销售的彩票游戏兑奖期结束后，奖池资金和调节基金有结余的，转为一般调节基金，用于不可预见情况下的奖金风险支出或开展派奖。

应付返奖奖金的主要账务处理如下所述。

提取当期返奖奖金时，按照彩票资金分配比例计算确定的当期返奖奖金金额，借记"彩票销售结算"科目，贷记本科目（当期返奖奖金—××游戏）。

兑付中奖者奖金时，按照实际兑付金额，借记本科目（当期返奖奖金—××游戏），贷记"银行存款""其他应交税费""预收账款—预收彩票销售款"[通过彩票代销者兑奖]等科目。

逾期未兑付的弃奖奖金转入彩票公益金时，按照实际转出的金额，借记本科目（当期返奖奖金—××游戏），贷记"应缴财政款"科目。

彩票机构之间因联网游戏奖金结算产生的应收款项，按照实际发生的金额，借记"应收账款—应收彩票联网游戏结算款"科目，贷记本科目（当期返奖奖金—××游戏）；产生的应付款项，按照实际发生的金额，借记本科目（当期返奖奖金—××游戏），贷记"应付账款—应付彩票联网游戏结算款"科目。

彩票游戏设置奖池的，兑付当期返奖奖金后，按照提取的当期返奖奖金与当期实际中出奖金的差额，借记或贷记本科目（当期返奖奖金—××游戏），贷记或借记本科目（奖池—××游戏）。

使用奖池资金兑付中奖者奖金时，按照实际兑付金额，借记本科目（奖池—××游戏），贷记"银行存款"等科目。

彩票游戏设置调节基金的，在提取调节基金时，按照彩票资金分配比例计算确定的调节基金金额，借记"彩票销售结算"科目，贷记本科目（调节基金—××游戏）。

彩票游戏设置奖池的，奖池资金达到一定额度后，按照彩票游戏规则中规定将超过部分转入该彩票游戏的调节基金时，按照实际转出的金额，借记本科目（奖池—××游戏），贷记本科目（调节基金—××游戏）。

使用调节基金支付各种不可预见的奖金风险支出和开展派奖时，按照实际支出的金额，借记本科目（调节基金—××游戏），贷记"银行存款"等科目。

使用调节基金弥补奖池资金时，按照实际弥补奖池资金的金额，借记本科目（调节基金—××游戏），贷记本科目（奖池—××游戏）。

停止销售的彩票游戏兑奖期结束后，奖池资金和调节基金有结余的，转入一般调节基金时，按照实际转出的金额，借记本科目（奖池、调节基金—××游戏），贷记本科目（一般调节基金）。

使用一般调节基金弥补某游戏奖池资金时，按照实际弥补奖池资金的金额，借记本科目（一般调节基金），贷记本科目（奖池—××游戏）。

"2310 应付代销费"目核算彩票机构按照彩票代销合同的约定比例从彩票销售额中提取，用于支付给彩票代销者的资金。应当按照彩票代销者和彩票结算方式进行明细核算。

应付代销费的主要账务处理如下：

提取应付代销费时，按合同约定比例计算确定的金额，借记"彩票销售结算"科目，贷记本科目。

实行内扣方式结算应付代销费的，结算彩票代销者代销费时，按照从彩票代销者缴交的彩票销售资金中直接抵扣的资金金额，借记本科目，贷记"预收账款—预收彩票销售款"科目。

不实行内扣方式结算应付代销费的，向彩票代销者支付代销费时，按照实际支付的金额，借记本科目，贷记"银行存款"等科目。

本科目期末贷方余额，反映彩票机构尚未支付给彩票代销者的代销费。

(2) 关于二级明细科目设置。

彩票机构应当在"2103 应缴财政款"科目下设置"应缴发行机构业务费""应缴销售机构业务费""应缴中央公益金""应缴地方公益金"等明细科目，用于核算彩票机构应缴国库的彩票机构业务费和彩票公益金等。

彩票机构应当在"2302 应付账款"科目下设置"应付彩票联网游戏结算款"明细科目，用于核算彩票机构与其他彩票机构因彩票联网游戏结算发生的应付款项。在"应付彩票联网游戏结算款"明细科目下按照省（自治区、直辖市）、彩票游戏名称等进行明细核算。

彩票机构应当在"2305 预收账款"科目下设置"预收彩票销售款"明细科目，用于核算彩票机构预收彩票代销者预存的彩票销售款。

彩票机构应当在"2307 其他应付款"科目下设置"彩票投注设备押金"明细科目，用于核算彩票机构收取彩票代销者交付的彩票投注设备押金。

(3) 关于部分业务的账务处理。

关于预收彩票销售款的账务处理：

彩票机构收到彩票代销者预存的销售款时，按照实际收到的金额，借记"银行存款"等科目，贷记"预收账款—预收彩票销售款"科目。

彩票机构实现彩票销售时，按照冲销预收彩票销售款的金额，借记"预收账款—预收彩票销售款"科目，贷记"彩票销售结算"科目。

彩票代销者兑付中奖者奖金时，彩票机构按照实际兑付金额，借记"应付返奖奖金—当期返奖奖金—××游戏"科目，贷记"预收账款—预收彩票销售款"等科目。

实行内扣方式结算应付代销费的，结算彩票代销者代销费时，彩票机构按照从彩票代销者缴交的彩票销售资金中直接抵扣的资金金额，借记"应付代销费"科目，贷记"预收账款—预收彩票销售款"科目。

关于彩票投注设备押金的账务处理：

彩票机构收取彩票代销者交付的彩票投注设备押金时，按照实际收到的金额，借记"银行存款"等科目，贷记"其他应付款—彩票投注设备押金"科目。

彩票机构向彩票代销者退回彩票投注设备押金时，按照实际支付的金额，借记"其他应付款—彩票投注设备押金"科目，贷记"银行存款"等科目。

关于彩票兑奖周转金的账务处理：

彩票机构取得财政部门拨付的彩票兑奖周转金时，按照财政授权支付额度到账通知书中的授权支付额度，借记"零余额账户用款额度"科目，贷记"财政拨款收入—政府性基金预算财政拨款"科目；同时，按照相同的金额，借记"资金结存—零余额账户用款额度"科目，贷记"财政拨款预算收入"科目。

报经批准将彩票兑奖周转金从零余额账户转入彩票机构的银行存款账户时，按照实际转入的金额，借记"银行存款"科目，贷记"零余额账户用款额度"科目；同时，按照相同的金额，借记"资金结存—货币资金"科目，贷记"资金结存—零余额账户用款额度"科目。

按规定提取专用基金时，按照提取的金额，借记"业务活动费用"科目，贷记"专用基金—彩票兑奖周转金"科目；同时，按照相同的金额，借记"事业支出"科目，贷记"资金结存—货币资金"科目。

(二)科目核算难点与注意事项

1. 应缴财政款核算时应严格区分应缴国库的款项和应缴财政专户的款项；应缴国库的款项上缴后不再返还；应缴财政专户的款项返还后形成单位的事业收入。单位在收到应缴财政款项和上缴时均不进行账务处理，其主要原因是尚未纳入单位部门预算，不符合预算会计的确认条件；应缴财政专户款返还时预算会计确认预算收入。应缴财政款年末一般应为零，不得在单位留存，但是在实务核算中，单位应注意按照权责发生制原则形成的应缴财政款，单位尚未收到相应的款项，是否应及时上缴，目前制度尚未明确。

2. 应付职工薪酬核算的范围包括在职职工和长期聘用人员；核算的主要内容包括如下方面：基本工资(如单位离退休人员尚未移交至社会保险养老机构)、国家统一规定的津贴补贴、规范津贴补贴(绩效工资)、改革性补贴、社会保险费(如职工基本养老保险费、职业年金、基本医疗保险费等)、住房公积金等。从职工工资中代扣代缴的社会保险费、住房公积金，以及单位为职工计算缴纳的社会保险费、住房公积金均在本科目核算；按照税法规定代扣职工个人所得税在"其他应交税费—应交个人所得税"科目核算。

从应付职工薪酬中代扣为职工垫付的水电费、房租等费用在其他应收款科目核算；本科目应按权责发生制原则和费用配比原则按月进行计提。

政府会计主体应当根据职工提供服务的受益对象，将下列职工薪酬分情况处理：

(1)应由自制物品负担的职工薪酬，计入自制物品成本。

(2)应由工程项目负担的职工薪酬，属于工程项目建设期间发生的，计入工程成本；不属于工程项目建设期间发生的，计入当期费用。

(3)应由自行研发项目负担的职工薪酬，在研究阶段发生的，计入当期费用；在开发阶段发生并且最终形成无形资产的，计入无形资产成本。

3. 应付票据包括银行承兑汇票和商业承兑汇票，汇票到期，单位无力支付票款的，银行承兑汇票转入短期借款，商业承兑汇票转入应付账款；转入短期借款时，需要注意预算会计应同时在"债务预算收入"科目核算。

4. 应付账款核算应付的偿还期限在1年以内(含1年)的款项，与"其他应付款"的区别在于应付账款核算的是"购买物资、接受服务、开展工程建设"等发生的应付款项。

5. 应付政府补贴款科目仅仅适用于负责发放政府补贴的行政单位，不适用于事业单位。

6. 预收账款核算的难点主要在于如何确认收入，请参考收入的确认原则合理使用该科目。

7. 其他应付款科目核算收取的押金、存入保证金、已经报销但尚未偿还银行的本单位公务卡欠款，与其他科目范围不同；单位发生押金、保证金等其他应付款时，不进行预算会计账务处理，其主要原因是上述资金不属于单位部门预算管理的资金；后续是否进行预算会计处理应按照政府会计制度进行判断。如收到押金时，预算会计不进行账务处理，返还时也不进行账务处理，如押金转为收入时则应进行预算会计处理。

收到同级政府财政部门预拨的下期预算款、没有纳入预算的暂付款项，采用实拨资金方式通过本单位转拨给下属单位的财政拨款均没有纳入部门预算，不进行预算会计账务处理。

8. 长期应付款与应付账款的主要区别期限不同，长期应付款偿还期限超过1年(不含1年)；一年内到期的长期应付款不需要转到应付账款科目，只需在报表中正确列示即可。

9. 基层卫生医疗机构和彩票行业对上述科目有详细规定，具体使用时应参考行业补充规定。

## 第四节 其他负债类业务

本节主要包括"预提费用""预计负债""受托代理负债"三个会计科目。

其他负债类科目思维导图如下所示。

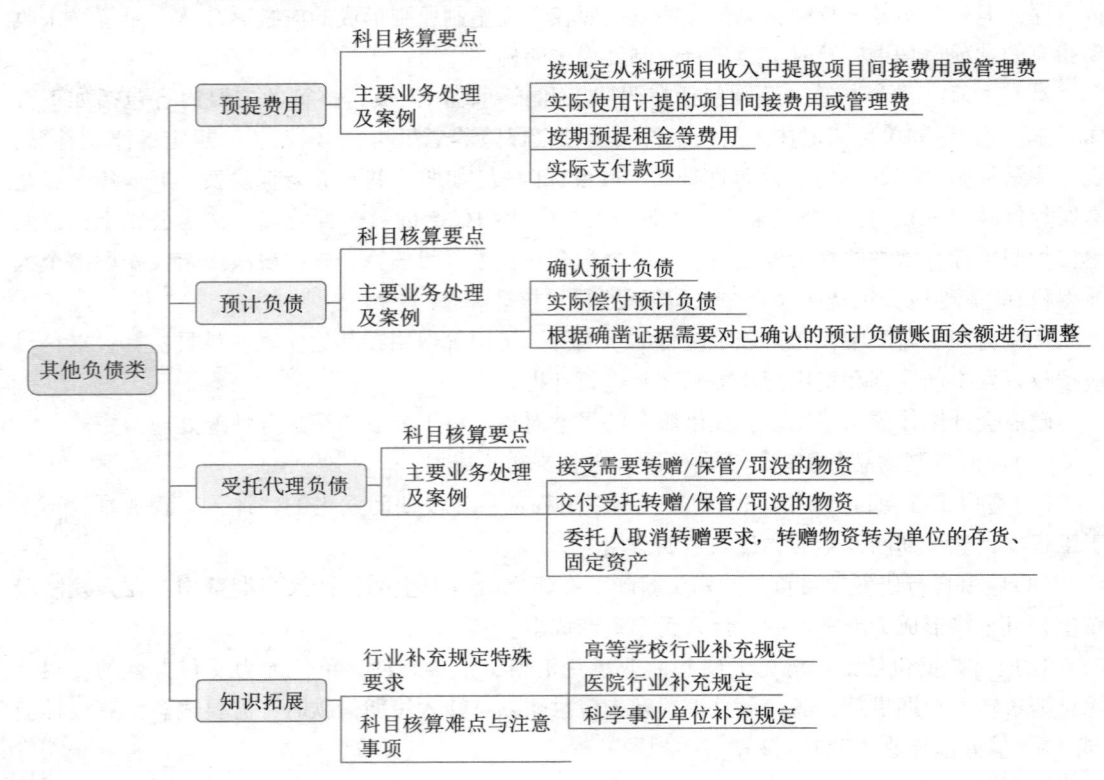

```
其他负债类
├── 预提费用
│   ├── 科目核算要点
│   └── 主要业务处理及案例
│       ├── 按规定从科研项目收入中提取项目间接费用或管理费
│       ├── 实际使用计提的项目间接费用或管理费
│       ├── 按期预提租金等费用
│       └── 实际支付款项
├── 预计负债
│   ├── 科目核算要点
│   └── 主要业务处理及案例
│       ├── 确认预计负债
│       ├── 实际偿付预计负债
│       └── 根据确凿证据需要对已确认的预计负债账面余额进行调整
├── 受托代理负债
│   ├── 科目核算要点
│   └── 主要业务处理及案例
│       ├── 接受需要转赠/保管/罚没的物资
│       ├── 交付受托转赠/保管/罚没的物资
│       └── 委托人取消转赠要求，转赠物资转为单位的存货、固定资产
└── 知识拓展
    ├── 行业补充规定特殊要求
    │   ├── 高等学校行业补充规定
    │   ├── 医院行业补充规定
    │   └── 科学事业单位补充规定
    └── 科目核算难点与注意事项
```

## 一、预提费用

### (一)科目核算要点

本科目核算单位预先提取的已经发生但尚未支付的费用,如预提租金费用等。

事业单位按规定从科研项目收入中提取的项目间接费用或管理费,也通过本科目核算。

事业单位计提的借款利息费用,通过"应付利息""长期借款"科目核算,不通过本科目核算。

本科目应当按照预提费用的种类进行明细核算。对于提取的项目间接费用或管理费,应当在本科目下设置"项目间接费用或管理费"明细科目,并按项目进行明细核算。

### (二)主要业务处理及案例

1. 按规定从科研项目收入中提取项目间接费用或管理费时,按照提取的金额,借记"单位管理费用"科目,贷记本科目(项目间接费用或管理费)。在实务中,部分行业补充规定,从科研项目收入中提取的提取项目间接费用或管理费,也可在"业务活动费用"中核算。

实际使用计提的项目间接费用或管理费时,按照实际支付的金额,借本科目(项目间接费用或管理费),贷记"银行存款""库存现金"等科目。

【案例5027】2019年8月1日,B事业单位收到X项目科研经费50 000元,款项已收到,已确认事业收入(上述业务账务处理省略),按照规定提取5%的项目管理费;8月31日使用提取的项目管理费支付应由本项目承担的水电费300元;账务处理分录如下:

| | 提取项目管理费时 | 核算要点精讲 |
|---|---|---|
| 财务会计 | 借:业务活动费用　　　　　　　2 500<br>　　贷:预提费用—项目间接费用或管理费—X项目　　　　　　　　　　2 500 | 对于提取的项目间接费用或管理费,应当在本科目下设置"项目间接费用或管理费"明细科目,并按项目进行明细核算;计算过程:50 000×5%=2 500元;在实务中,科研项目一般均为专业业务活动,计提时应在业务活动费用中核算,部分行业制度中均有相关补充规定 |
| 预算会计 | 借:非财政拨款结转—项目间接费用或管理费　　　　　　　　　　　　　2 500<br>　　贷:非财政拨款结余—项目间接费用或管理费　　　　　　　　　2 500 | "非财政拨款结转—项目间接费用或管理费"核算单位取得的科研项目预算收入中,按照规定计提项目间接费用或管理费的数额。"非财政拨款结余—项目间接费用或管理费"核算单位取得的科研项目预算收入中,按照规定计提的项目间接费用或管理费数额。科研项目未完工时,年末结转时结转至"非财政拨结转"科目,项目资金由该项目专用;预提的项目间接费用或管理费,不再由项目专用而由单位统筹使用,视同单位预算结余的"非财政拨款结余" |
| | 使用项目管理费时 | |
| 财务会计 | 借:预提费用—项目间接费用或管理费—X项目　　　　　　　　　300<br>　　贷:银行存款　　　　　　　　　300 | |
| 预算会计 | 借:事业支出　　　　　　　　　　300<br>　　贷:资金结存—货币资金　　　　300 | 以实际的"现金"流出确认预算会计支出 |

## 2. 其他预提费用。

按期预提租金等费用时,按照预提的金额,借记"业务活动费用""单位管理费用""经营费用"等科目,贷记本科目。

实际支付款项时,按照支付金额,借记本科目,贷记"零余额账户用款额度""银行存款"等科目。

【案例5028】2019年,B事业单位因用房紧张,非独立核算经营活动租赁外单位房屋,合同约定年租金120 000元,年末时支付;8月31日,该单位预提房租10 000元;12月31日,将全年房租通过银行存款支付。

账务处理分录如下:

| | 预提房租时 | | 核算要点精讲 |
|---|---|---|---|
| 财务会计 | 借:经营费用　　　　　10 000<br>　贷:预提费用—房租　　　　10 000 | | 根据业务性质确认费用类别 |
| 预算会计 | 不做账务处理 | | |
| | 实际支付房租时 | | |
| 财务会计 | 借:预提费用—房租　　120 000<br>　贷:银行存款　　　　　　120 000 | | 全年房租共计120 000元 |
| 预算会计 | 借:经营支出　　　　　120 000<br>　贷:资金结存—货币资金　120 000 | | 以实际的"现金"流出确认预算会计支出 |

## 二、预计负债

### (一)科目核算要点

本科目核算单位对因或有事项所产生的现时义务而确认的负债。或有事项,是指由过去的经济业务或者事项形成的,其结果须由某些未来事项的发生或不发生才能决定的不确定事项。未来事项是否发生不在政府会计主体控制范围内。政府会计主体常见的或有事项主要包括:未决诉讼或未决仲裁、对外国政府或国际经济组织的贷款担保、承诺(补贴、代偿)、自然灾害或公共事件的救助等。

预计负债应当按照履行相关现时义务所需支出的最佳估计数进行初始计量。所需支出存在一个连续范围,且该范围内各种结果发生的可能性相同的,最佳估计数应当按照该范围内的中间值确定。

在其他情形下,最佳估计数应当分别下列情况确定:

1. 或有事项涉及单个项目的,按照最可能发生金额确定。
2. 或有事项涉及多个项目的,按照各种可能结果及相关概率计算确定。

本科目应当按照预计负债的项目进行明细核算。

本科目期末贷方余额,反映单位已确认但尚未支付的预计负债金额。

### (二)主要业务处理及案例

1. 确认预计负债时,按照预计的金额,借记"业务活动费用""经营费用""其他费用"等科目,贷记本科目。

2. 实际偿付预计负债时,按照偿付的金额,借记本科目,贷记"银行存款""零余额账户用款额度"等科目。

3. 根据确凿证据需要对已确认的预计负债账面余额进行调整的，按照调整增加的金额，借记有关科目，贷记本科目；按照调整减少的金额，借记本科目，贷记有关科目。

【案例5029】2019年8月1日，B事业单位与X公司涉及一起诉讼案，截至2018年12月31日，法院尚未做出判决。根据单位法律顾问判断，B事业单位很可能败诉，需要支付赔偿款100 000元。2020年3月1日法院判决B事业单位应支付赔偿款120 000元；4月1日通过银行存款支付赔偿款120 000元。账务处理分录如下：

| 2018年12月31日确认预计负债时 | | | 核算要点精讲 |
|---|---|---|---|
| 财务会计 | 借：业务活动费用　　　　　　　100 000<br>　　贷：预计负债—X公司诉讼　　　　　100 000 | | 此案例属于诉讼赔偿款，不属于诉讼费；单位发生的诉讼费（支付给律师费用等）在"单位管理费用"核算 |
| 预算会计 | 不做账务处理 | | |
| 对预计负债金额进行调整时 | | | |
| 财务会计 | 借：业务活动费用　　　　　　　20 000<br>　　贷：预计负债—X公司诉讼　　　　　20 000 | | 根据确凿证据需要对已确认的预计负债账面余额进行调整，按照法院判决通知调整预计负债金额 |
| 预算会计 | 不做账务处理 | | |
| 偿付预计负债时 | | | |
| 财务会计 | 借：预计负债—X公司诉讼　　　120 000<br>　　贷：银行存款　　　　　　　　　　120 000 | | |
| 预算会计 | 借：事业支出　　　　　　　　　120 000<br>　　贷：资金结存—货币资金　　　　　120 000 | | |

## 三、受托代理负债

（一）科目核算要点

本科目核算单位接受委托取得受托代理资产时形成的负债。

本科目期末贷方余额，反映单位尚未交付或发出受托代理资产形成的受托代理负债金额。

（二）主要业务处理及案例

本科目的账务处理参见"受托代理资产""库存现金""银行存款"等科目。详细案例请参考相应的科目。

## 四、知识拓展

（一）行业补充规定特殊要求

1. 高等学校行业补充规定。

高等学校按规定从科研项目收入中计提项目间接费用或管理费时，除按新制度规定借记"单位管理费用"科目外，也可根据实际情况借记"业务活动费用"等科目。

高等学校使用计提的项目间接费用或管理费购买固定资产、无形资产的，在财务会计下，按照固定资产、无形资产的成本金额，借记"固定资产""无形资产"科目，贷记"银行存款"等科目；同时，按照相同的金额，借记"预提费用—项目间接费用或管理费"科目，贷记"累计盈余"科目。在预算会计下，按照相同的金额，借记"事业支出"等科目，贷记"资金结存"科目。

高等学校附属单位职工薪酬按规定自行负担，但需由高等学校代为发放时，高等学校按照实际垫付的金额，借记"其他应收款"科目，贷记"应付职工薪酬"科目。高等学校收到附属单位交来的返还款时，借记"银行存款"科目，贷记"其他应收款"科目。

2. 医院行业补充规定。

医院按规定从科研项目收入中计提项目间接费用或管理费时，除按新制度规定借记"单位管理费用"科目外，也可根据实际情况借记"业务活动费用"等科目。

医院使用计提的项目间接费用或管理费购买固定资产、无形资产的，在财务会计下，按照固定资产、无形资产的成本金额，借记"固定资产""无形资产"科目，贷记"银行存款"等科目；同时，按照相同的金额，借记"预提费用—项目间接费用或管理费"科目，贷记"累计盈余"科目。在预算会计下，按照相同的金额，借记"事业支出"等科目，贷记"资金结存"科目。

3. 科学事业单位补充规定。

科学事业单位按规定从科研项目收入中计提项目间接费用或管理费时，除按新制度规定借记"单位管理费用"科目外，也可根据实际情况借记"业务活动费用"等科目。

科学事业单位使用计提的项目间接费用或管理费购买固定资产、无形资产的，在财务会计下，按照固定资产、无形资产的成本金额，借记"固定资产""无形资产"科目，贷记"银行存款"等科目；同时，按照相同的金额，借记"预提费用—项目间接费用或管理费"科目，贷记"累计盈余"科目。在预算会计下，按照相同的金额，借记"事业支出"等科目，贷记"资金结存"科目。

(二)科目核算难点与注意事项

1. 预提费用在制度中规定计提时列入"单位管理费用"，在行业补充规定中，涉及该科目的均纳入"业务活动费用"科目，其主要是科研项目均为单位"专业业务及其辅助活动"，在核算时发生的费用应计入"业务活动费用"。

2. 实务中预提费用在使用时，不仅仅用于日常消耗性支出，还可能用于购置固定资产等资本化支出，账务处理时应严格按照补充规定执行。如高校使用预提费用购置固定资产业务如下所示。

| 业务场景 | 会计分录 | 注意事项 |
| --- | --- | --- |
| 预提间接费及管理费 | 借：业务活动费用<br>贷：预提费用 | 预提时已经进行费用化账务处理 |
| 购置固定资产(错误) | 借：固定资产<br>贷：银行存款 | 购置固定资产进行账务处理(此种处理方式为常见的购置固定资产的账务处理方式，不适用于使用预提费用购置固定资产的方式) |
| 固定资产计提折旧时 | 借：业务活动费用<br>贷：固定资产累计折旧 | 固定资产计提折旧时再次费用化账务处理，导致费用重复化，虚增单位费用，影响累计盈余 |
| 购置固定资产(正确) | 借：固定资产<br>贷：银行存款<br>借：预提费用<br>贷：累计盈余 | 购置固定资产的同时应增加累计盈余，计提固定资产折旧时的费用期末结转后转入累计盈余，确保不影响净资产；上述账务处理方式与使用从收入中计提的专用基金购置固定类似 |

3. 预提费用时预算会计账务处理较为特殊，也是整个会计制度中最特殊的地方之一，应严格按制度规定执行。"非财政拨款结转—项目间接费用或管理费"核算单位取得的科研项目

预算收入中，按照规定计提项目间接费用或管理费的数额。"非财政拨款结余——项目间接费用或管理费"核算单位取得的科研项目预算收入中，按照规定计提的项目间接费用或管理费数额，两者是同时使用的会计科目。

科研项目未完工时，年末结转时结转至"非财政拨款结转"科目，项目资金由该项目专用；预提的项目间接费用或管理费，不再由项目专用而由单位统筹使用，视同单位预算结余的"非财政拨款结余"，二者的主要区别在于是否限定用途。

4. 预计负债在确定最佳估计数时，一般应当综合考虑与或有事项有关的风险、不确定性等因素。政府会计主体清偿预计负债所需支出预期全部或部分由第三方补偿的，补偿金额只有在基本确定能够收到时才能作为资产单独确认。确认的补偿金额不应当超过预计负债的账面余额。政府会计主体应当在报告日对预计负债的账面余额进行复核。有确凿证据表明该账面余额不能真实反映当前最佳估计数的，应当按照当前最佳估计数对该账面余额进行调整。履行该预计负债的相关义务不是很可能导致经济资源流出政府会计主体时，应当将该预计负债的账面余额予以转销。

5. 受托代理负债与"受托代理资产""库存现金""银行存款"共同使用，平衡公式：受托代理负债＝"受托代理资产"＋"库存现金——受托代理资产"＋"银行存款——受托代理资产"，涉及受托代理负债的业务，不属于纳入部门预算管理的资金，均不进行预算会计账务。

## 本章小结

负债类会计科目共十六个，在本书中的分类及核算注意事项包括如下方面：

| 章节 | 包含的科目 | 注意事项 |
| --- | --- | --- |
| 第一节 借款及应付利息类业务 | "短期借款""长期借款""应付利息" | 不同长期借款利息账务处理方式 |
| 第二节 应交税金类业务 | "应交增值税""其他应交税费" | 增值税核算应参考国家有关税法规定进行核算 |
| 第三节 应缴应付预收类业务 | "应缴财政款""应付职工薪酬""应付票据""应付账款""应付政府补贴款""预收账款""其他应付款""长期应付款" | 应严格按照科目概念核算；其他应付款科目部分核算内容在预算会计账务处理时应正确区分 |
| 第四节 其他负债类业务 | "预提费用""预计负债""受托代理负债" | 使用预提费用购置固定资产时应同时在累计盈余科目核算，预提费用账务处理时，预算会计处理较为特殊；受托代理负债应与"受托代理资产""库存现金""银行存款"共同使用 |

负债类科目应按照权责发生制进行会计核算，同时应结合预算会计相关内容进行会计核算。

# 第六章 收入类会计业务

**本章导读**

财务会计和预算会计中均有收入业务核算，财务会计中收入是指报告期内导致政府会计主体净资产增加的、含有服务潜力或者经济利益的经济资源的流入，包括11个收入科目。本章在政府会计基本准则的基础上，结合《政府会计制度——行政事业单位会计科目和报表》、7个行业补充规定，通过对财务会计收入类科目核算要点和案例精讲，加强读者对制度中财务会计收入类科目的理解和实务中应用。

## 第一节 财政拨款收入业务

财政拨款收入科目思维导图如下所示。

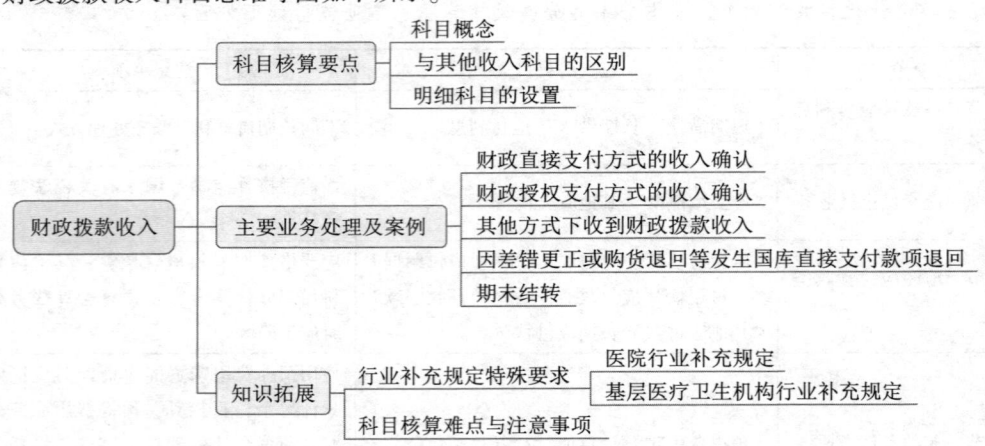

```
                    ┌─ 科目概念
         ┌─ 科目核算要点 ─┤─ 与其他收入科目的区别
         │          └─ 明细科目的设置
         │
         │                 ┌─ 财政直接支付方式的收入确认
         │                 ├─ 财政授权支付方式的收入确认
财政拨款收入 ─┼─ 主要业务处理及案例 ─┼─ 其他方式下收到财政拨款收入
         │                 ├─ 因差错更正或购货退回等发生国库直接支付款项退回
         │                 └─ 期末结转
         │
         │          ┌─ 行业补充规定特殊要求 ─┬─ 医院行业补充规定
         └─ 知识拓展 ─┤                  └─ 基层医疗卫生机构行业补充规定
                    └─ 科目核算难点与注意事项
```

### 一、科目核算要点

（一）科目概念

本科目核算单位从同级政府财政部门取得的各类财政拨款。财政拨款收入的概念强调"同级政府""财政部门""财政拨款"这三个方面，"同级政府"是指行政事业单位和拨款的财政部门在政府层级上属于同一级，即实务中的"本级"；"财政部门"强调的是财政部门而非其他政府部门；"财政拨款"强调的是纳入预算的财政性资金。上述概念归纳起来，财政拨款收入即纳入本级部门预算的财政性资金。

本科目与预算会计下的收入科目"财政拨款预算收入"相对应，财务会计在进行"财政拨款收入"账务处理时，同时应进行"财政拨款预算收入"账务处理。

(二)"财政拨款收入"与其他科目的区别

在财务会计核算中，与"财政拨款收入"科目有交叉或者说概念上难以区分的科目主要包括"非同级财政拨款收入""上级补助收入""事业收入"等科目，各科目的侧重点和主要区别如下：

| 序号 | 科目名称 | 概念 | 侧重点及区别 |
| --- | --- | --- | --- |
| 1 | 财政拨款收入 | 单位从同级政府财政部门取得的各类财政拨款 | 同级财政部门，纳入部门预算的财政性资金 |
| 2 | 非同级财政拨款收入 | 单位从非同级政府财政部门取得的经费拨款，包括从同级政府其他部门取得的横向转拨财政款、从上级或下级政府财政部门取得的经费拨款等 | 一是同级的政府部门(预算关系同级)，强调的是同级政府部门而非财政部门；二是上级或下级财政部门，强调的是财政部门，但非同级；三是财政性资金 |
| 3 | 上级补助收入 | 事业单位从主管部门和上级单位取得的非财政拨款收入 | 强调的是主管部门和上级单位的非财政拨款收入 |
| 4 | 事业收入 | 事业单位开展专业业务活动及其辅助活动实现的收入，不包括从同级政府财政部门取得的各类财政拨款 | 专业业务活动实现的收入，强调的是业务；行政事业单位通过合同和协议向财政部门或其他政府部门，提供专业业务活动，获得的收入在事业收入科目核算 |

(三)明细科目设置

本科目可按照一般公共预算财政拨款、政府性基金预算财政拨款等拨款种类进行明细核算。在预算会计科目中，"财政拨款预算收入"科目设置了"基本支出"和"项目支出"两个明细科目，同时，在"基本支出"明细科目下按照"人员经费"和"日常公用经费"进行明细核算，在"项目支出"明细科目下按照具体项目进行明细核算。在政府会计制度中，财务会计核算体系下如何设置明细科目没有明确规定，是否参照预算会计科目的原则设置明细科目，有三个方面需要注意。

一是财务会计中，相关的核算、报表没有对"财政拨款收入"科目设置上述明细科目提出要求。

二是在日常实务中，会计核算系统功能上做到了由财务会计分录自动生成预算会计分录，会计核算系统如果有项目管理的功能，会计科目和项目管理联合可实现预算会计分录自动生成；如果没有，财务会计科目和预算会计科目如何自动生成需要在实务中予以考虑。

三是如果在实务中财务会计核算精细化程度高，也可以参照预算会计设置明细科目，有助于财务会计与预算会计科目相互对应。

同级政府财政部门预拨的下期预算款和没有纳入预算的暂付款项，以及采用实拨资金方式通过本单位转拨给下属单位的财政拨款，通过"其他应付款"科目核算，不通过本科目核算。预拨的下期预算款属于下年度的收入，不属于本年度财政拨款收入；没有纳入预算的暂付款项没有纳入预算，不属于本单位收入；采用实拨资金方式通过本单位转拨给下属单位的财政拨款，本单位只是转拨，收入和费用均由下级单位核算。

期末结转后，本科目应无余额。

## 二、主要业务处理及案例

1. 财政直接支付方式下，根据收到的"财政直接支付入账通知书"及相关原始凭证，按照通知书中的直接支付入账金额，借记"库存物品""固定资产""业务活动费用""单位管理费用""应付职工薪酬"等科目，贷记本科目。涉及增值税业务的，相关账务处理参见"应交增值税"科目。

年末，根据本年度财政直接支付预算指标数与当年财政直接支付实际支付数的差额，借记"财政应返还额度—财政直接支付"科目，贷记本科目，下年度预算批复后执行时，直接冲减"财政应返还额度"科目。

【案例6001】A行政单位2019年8月1日，发生如下业务：

（1）X项目通过财政直接支付购置计算机一批，已验收交付使用，总价款50 000元全部支付。

（2）通过财政直接支付发放在职人员工资50 000元。

（3）财政直接支付负责X项目的业务部门办公费3 000元。

（4）12月31日，当年财政直接支付年初预算指标1 000 000元（基本经费800 000元、项目经费200 000元），财政直接支付实际发生数950 000元（基本经费800 000元、项目经费150 000元）。

上述业务"财政直接支付入账通知书"及相关原始凭证已收到。账务处理分录如下：

| 购置计算机 | | | 核算要点精讲 |
|---|---|---|---|
| 财务会计 | 借：固定资产　　　　　　　　50 000<br>　　贷：财政拨款收入—项目支出　50 000 | | 财政直接支付下，根据"财政直接支付入账通知书"及相关原始凭证，按照通知书中的直接支付入账金额，直接确认财政拨款收入 |
| 预算会计 | 借：行政支出　　　　　　　　50 000<br>　　贷：财政拨款预算收入　　　　50 000 | | 视同收到"现金"（该款项没有经过单位账户，但是经过在财政直接支付下的账户，视同经过单位账户核算），确认财政拨款预算收入；财政拨款预算收入与财务会计下的财政拨款收入相互对应 |
| 支付在职人员工资 | | | |
| 财务会计 | 借：应付职工薪酬　　　　　　50 000<br>　　贷：财政拨款收入—基本支出—人员经费<br>　　　　　　　　　　　　　50 000 | | 计提应付职工薪酬账务处理省略，直接发放工资；本案例暂按在财务会计"财政拨款收入"科目下，参照预算会计科目的明细科目设置原则，设置相关明细科目；下同 |
| 预算会计 | 借：行政支出　　　　　　　　50 000<br>　　贷：财政拨款预算收入　　　　50 000 | | 视同"现金"流入 |
| 支付办公费 | | | |
| 财务会计 | 借：业务活动费用　　　　　　3 000<br>　　贷：财政拨款收入—项目支出　3 000 | | X项目发生的办公费；本案例为行政单位，行政单位各类业务活动所有的费用均在业务活动费用核算，不得使用单位管理费用科目 |
| 预算会计 | 借：行政支出　　　　　　　　3 000<br>　　贷：财政拨款预算收入　　　　3 000 | | 本案例为行政单位，行政单位各类业务活动所有的支出均在行政支出核算，不得使用事业支出科目 |

续表

| | | | |
|---|---|---|---|
| | 收回预算指标 | | |
| 财务会计 | 借：财政应返还额度—财政直接支付<br>　　　　　　　　　　　　50 000<br>　贷：财政拨款收入—项目支出　50 000 | | 直接支付预算指标数与当年财政直接支付实际支付数的差额，借记"财政应返还额度"；本案例举例为项目经费未执行完毕 |
| 预算会计 | 借：资金结存—财政应返还额度　50 000<br>　贷：财政拨款预算收入　　　　　50 000 | | |

2. 财政授权支付方式下，根据收到的"财政授权支付额度到账通知书"，按照通知书中的授权支付额度，借记"零余额账户用款额度"科目，贷记本科目。

年末，本年度财政授权支付预算指标数大于零余额账户用款额度下达数的，根据未下达的用款额度，借记"财政应返还额度—财政授权支付"科目，贷记本科目。

3. 其他方式下收到财政拨款收入时，按照实际收到的金额，借记"银行存款"等科目，贷记本科目。

4. 因差错更正或购货退回等发生国库直接支付款项退回的，属于以前年度支付的款项，按照退回金额，借记"财政应返还额度—财政直接支付"科目，贷记"以前年度盈余调整""库存物品"等科目；属于本年度支付的款项，按照退回金额，借记本科目，贷记"业务活动费用""库存物品"等科目。

5. 期末，将本科目本期发生额转入本期盈余，借记本科目，贷记"本期盈余"科目。

【案例 6002】B 事业单位 2019 年 8 月 1 日，有关业务如下：

（1）收到零余额账户开户银行财政授权支付额度到账通知书，基本支出额度为 100 000 元。

（2）收到上级主管部门拨付的基本经费财政拨款 50 000 元，上述款项拨付至单位基本户。

（3）因差错更正，收回上年度财政直接支付的项目支出办公费 3 000 元；本年度项目支出因购置的库存物品存在质量问题，上述合同款项由财政直接支付，按合同予以退回款项 5 000 元。

（4）12 月 31 日，当年财政授权支付年初预算指标 800 000 元，财政授权支付发生数 750 000 元，上述额度均为 X 项目资金。

（5）12 月 31 日，财政拨款收入科目余额为 1 200 000 元。账务处理分录如下：

| | 收到额度到账通知书 | 核算要点精讲 |
|---|---|---|
| 财务会计 | 借：零余额账户用款额度　　　100 000<br>　贷：财政拨款收入—基本支出　100 000 | 收到财政授权支付额度到账通知书后确认收入 |
| 预算会计 | 借：资金结存—零余额账户用款额度<br>　　　　　　　　　　　　100 000<br>　贷：财政拨款预算收入　　　　100 000 | 财政拨款预算收入与财务会计的财政拨款收入相对应 |
| | 收到上级主管部门拨款 | |
| 财务会计 | 借：银行存款　　　　　　　　 50 000<br>　贷：财政拨款收入—基本支出　 50 000 | 在国库集中支付制度下，上述业务越来越少。在收到拨付至单位基本户的资金时，注意是否是财政拨款收入，注意与其他科目的区别；部门预算时对财政拨款收入核对非常严格 |
| 预算会计 | 借：资金结存—货币资金　　　 50 000<br>　贷：财政拨款预算收入　　　　 50 000 | |

— 211 —

续表

| | | |
|---|---|---|
| | 收回上年度财政直接支付的办公费 | |
| 财务会计 | 借：财政应返还额度—财政直接支付<br>　　　　　　　　　　　　　　3 000<br>　　贷：以前年度盈余调整　　　　3 000 | 上年度支付的办公费，年末结转至累计盈余；发生收回上年度业务时，应通过以前年度盈余调整科目处理 |
| 预算会计 | 借：资金结存—财政应返还额度　3 000<br>　　贷：财政拨款结转—上年余额调整　3 000 | 本案例为退回的项目支出办公费，视同财政拨款结转资金，年末时结转至财政拨款结转科目 |
| | 收回本年度财政直接支付的购置库存物品款 | |
| 财务会计 | 借：财政拨款收入—项目支出　　5 000<br>　　贷：库存物品　　　　　　　　5 000 | 支付时确认为收入，退回时应冲减当年收入 |
| 预算会计 | 借：财政拨款预算收入　　　　　5 000<br>　　贷：事业支出　　　　　　　　5 000 | 退回时同时冲减收入、支出 |
| | 预算指标大于下达的额度直接确认收入 | |
| 财务会计 | 借：财政应返还额度—财政授权支付<br>　　　　　　　　　　　　　　50 000<br>　　贷：财政拨款收入—项目支出　50 000 | 确认财政应返还额度和财政拨款收入；<br>800 000－750 000＝50 000元 |
| 预算会计 | 借：资金结存—财政应返还额度　50 000<br>　　贷：财政拨款预算收入　　　　50 000 | |
| | 期末结转 | |
| 财务会计 | 借：财政拨款收入　　　　　1 200 000<br>　　贷：本期盈余　　　　　　1 200 000 | 转入本期盈余 |
| 预算会计 | 借：财政拨款预算收入　　　1 200 000<br>　　贷：财政拨款结转　　　　1 200 000 | 先转入财政补助结转；再根据各明细项目执行情况进行分析 |

## 三、知识拓展

（一）行业补充规定特殊要求

1. 医院行业补充规定。

医院应当在新制度规定的"4001 财政拨款收入"科目下按照财政基本拨款收入、财政项目拨款收入进行明细核算。

2. 基层医疗卫生机构行业补充规定。

基层医疗卫生机构应当在新制度规定的"4001 财政拨款收入"科目下设置如下明细科目。

（1）"400101 财政基本拨款收入"科目，核算基层医疗卫生机构取得的用于基本支出的财政拨款收入。基层医疗卫生机构应当在本科目下设置如下明细科目。

"40010101 医疗收入"科目，核算基层医疗卫生机构取得的与医疗活动相关的财政基本拨款收入。

"40010102 公共卫生收入"科目，核算基层医疗卫生机构取得的与公共卫生活动相关的财政基本拨款收入。

（2）"400102 财政项目拨款收入"科目，核算基层医疗卫生机构取得的用于项目支出的财政拨款收入。基层医疗卫生机构应当在本科目下设置如下明细科目。

"40010201 医疗收入"科目，核算基层医疗卫生机构取得的与医疗活动相关的财政项目拨款收入。

"40010202 公共卫生收入"科目，核算基层医疗卫生机构取得的与公共卫生活动相关的财政项目拨款收入。

"40010203 科教收入"科目，核算基层医疗卫生机构取得的与科研教学活动相关的财政项目拨款收入。

除此之外其他行业补充规定中均无特殊规定。

(二)科目核算难点与注意事项

本科目核算行政事业单位从同级政府财政部门取得的各类财政拨款，与预算会计下的收入科目"财政拨款预算收入"相对应。科目理解与运用的重点和难点在于本科目与"非同级财政拨款收入""上级补助收入""事业收入"等科目的区别，各科目的侧重点和主要区别按照本书的解释予以理解。

在实务运用中，关于本科目的明细科目设置有不同的看法，从财务会计的概念出发，本科目核算时无须关注"基本支出"和"项目支出"及"人员经费"与"日常公用经费"的区别，财务会计下的核算和报表对此也没有相应的要求；但是从财务会计与预算会计的衔接来讲，设置明细科目相对较好，容易实现根据财务会计分录自动生成预算会计分录的功能，减轻会计核算工作量，但是在财务会计核算时因为设置了明细科目，将对预算管理精细化程度较高。单位是否设置明细科目，应根据实际情况确定。

在实务操作中，财务会计财政拨款收入科目不执行权责发生制核算原则，仍然按照现行制度下的收入确认原则：财政直接支付时在发生支出的同时确认收入，财政授权支付时在收到零余额账户到账通知时确认收入。

本科目的账务处理与预算会计的关联性较大，可与预算会计下的"财政拨款预算收入"科目同步学习。

# 第二节 事业收入业务

事业收入科目思维导图如下所示。

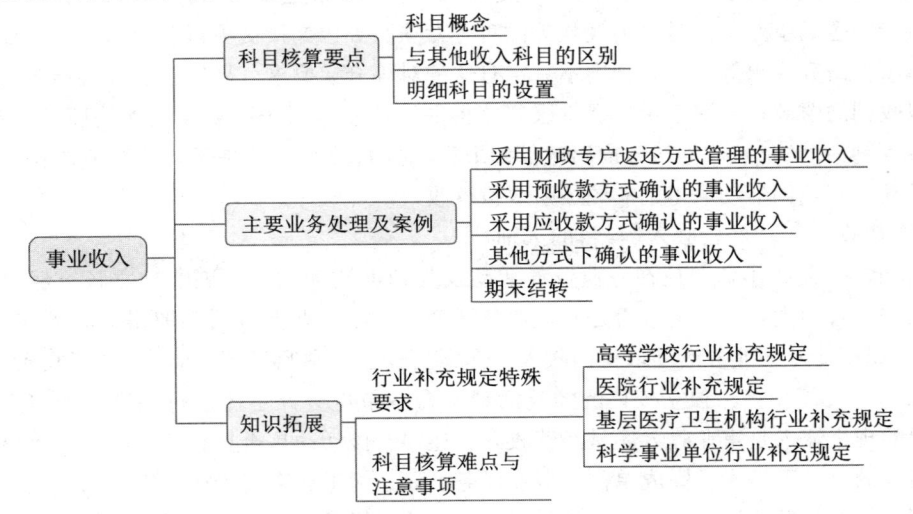

```
事业收入 ┬─ 科目核算要点 ┬─ 科目概念
         │              ├─ 与其他收入科目的区别
         │              └─ 明细科目的设置
         │
         ├─ 主要业务处理及案例 ┬─ 采用财政专户返还方式管理的事业收入
         │                   ├─ 采用预收款方式确认的事业收入
         │                   ├─ 采用应收款方式确认的事业收入
         │                   ├─ 其他方式下确认的事业收入
         │                   └─ 期末结转
         │
         └─ 知识拓展 ┬─ 行业补充规定特殊要求 ┬─ 高等学校行业补充规定
                    │                      ├─ 医院行业补充规定
                    │                      ├─ 基层医疗卫生机构行业补充规定
                    │                      └─ 科学事业单位行业补充规定
                    └─ 科目核算难点与注意事项
```

## 一、科目核算要点

### (一)科目概念

本科目核算事业单位开展专业业务活动及其辅助活动实现的收入,不包括从同级政府财政部门取得的各类财政拨款。对于因开展专业业务活动及其辅助活动从非同级政府财政部门取得的经费拨款,应当在本科目下单设"非同级财政拨款"明细科目进行核算。

期末结转后,本科目应无余额。

本科目为事业单位使用,行政单位不得使用该科目进行核算。事业单位的专业业务活动,是指事业单位根据本单位专业特点所从事或开展的主要业务活动,如教育事业单位的教学活动、科学事业单位的科研活动、卫生健康事业单位的医疗活动、文化事业单位的演出活动等。辅助活动是指与专业业务活动相关,直接为专业业务活动服务的技术支持活动、后勤保障活动及其他有关活动。通过开展上述活动取得的收入,均作为事业收入核算。因开展专项事业活动而取得的本级政府横向转拨财政款和非本级政府的财政专项拨款,也属于事业收入;事业单位实行"收支两条线"管理上缴财政专户的资金,财政返还时确认事业收入。

本科目按照权责发生制核算,收入的确认原则主要有四种方法。

一是单位以合同完成进度确认事业收入时,应当根据业务实质,选择累计实际发生的合同成本占合同预计总成本的比例。

二是已经完成的合同工作量占合同预计总工作量的比例。

三是已经完成的时间占合同期限的比例。

四是实际测定的完工进度等方法,合理确定合同完成进度。

### (二)"事业收入"与其他科目的区别

1. "事业收入—非同级财政拨款"与"非同级财政拨款收入"科目的区别。

"事业收入—非同级财政拨款"科目,是指单位应当在本科目下单设"非同级财政拨款"明细科目,事业单位对于因开展专业业务活动及其辅助活动取得的非同级财政拨款收入,应当通过"事业收入—非同级财政拨款"科目核算,该科目强调的是"开展专业业务活动及其辅助活动"活动,也即签署合同或协议后的专业业务活动,均在"事业收入"科目核算,在判断时还可以根据接受资金的事业单位是否为拨款提供对等专项服务,如接受项目资金的条件是要完成项目并提供项目研究成果等;另一种则不一定有这种对等交换要求。显然,前者属于政府购买服务,所以收到的财政资金属于单位提供服务获得的事业收入,按照事业收入处理。"非同级财政拨款收入"强调的是从非同级政府财政部门取得的经费拨款,但是不包括事业单位的开展专业业务活动及其辅助活动取得的非同级财政拨款收入。

2. "事业收入"与"经营收入"科目的区别。

"经营收入"是指事业单位在专业业务活动及其辅助活动之外开展非独立核算经营活动取得的收入,二者的主要区别为是否是专业业务活动,属于专业业务活动取得的收入在"事业收入"核算,属于非专业业务活动取得的收入,在"经营收入"科目核算。同时"经营收入"还强调"非独立核算经营活动",独立核算的经营活动不在本单位会计主体进行核算。如何判定单位活动取得的现金流入是事业收入还是经营收入,还要看该活动是否具有营利性。如果事业单位开展该活动的目的不是为了完成单位的事业任务,而是为了获取高于活动成本的收入,那就属于以营利为目的的经营活动,从而取得的现金流入就属于经营收入;否则,就属于事业收入。

### (三)明细科目设置

根据《政府会计准则第9号——财务报表编制和列报》为了规范政府会计主体财务报表的编制和列报,本科目应当按照事业收入的类别、来源等进行明细核算。特别是应按照收入的来源进行核算,主要包括"来自财政专户管理资金""本部门内部单位""本部门以外同级政府单位""其他"四个方面。

在实务中,由于事业单位收入来源的多样性,还应该按照行业不同需求设置明细科目进行核算,如高等学校行业教育事业收入和科研事业收入、医院行业的医疗收入和科教收入,详细明细科目设置请参考本节的知识拓展部分。

在明细科目设置时还应兼顾预算会计下"事业预算收入"科目的明细科目,便于自动生成预算会计分录。

## 二、主要业务处理及案例

(一)采用财政专户返还方式管理的事业收入

1. 实现应上缴财政专户的事业收入时,按照实际收到或应收的金额,借记"银行存款""应收账款"等科目,贷记"应缴财政款"科目。

2. 向财政专户上缴款项时,按照实际上缴的款项金额,借记"应缴财政款"科目,贷记"银行存款"等科目。

3. 收到从财政专户返还的事业收入时,按照实际收到的返还金额,借记"银行存款"等科目,贷记本科目。

【案例6003】B事业单位为高等教育机构,执行"收支两条线"管理,2019年8月共收到学生缴纳的学费计100 000元,存入学校银行账户。月末将上述学费缴入财政专户。次月收到财政部门返还的学费收入100 000元,存入单位银行账户。账务处理分录如下:

| | 收到学生缴纳的学费 | 核算要点精讲 |
| --- | --- | --- |
| 财务会计 | 借:银行存款　　　　　100 000<br>　贷:应缴财政款　　　　　100 000 | 通过"应缴财政款"科目核算 |
| 预算会计 | 不做账务处理 | 应缴财政款不属于"纳入部门预算管理"的资金 |
| | 将收到的学费缴入财政专户 | |
| 财务会计 | 借:应缴财政款　　　　100 000<br>　贷:银行存款　　　　　　100 000 | 通过"应缴财政款"科目核算 |
| 预算会计 | 不做账务处理 | 应缴财政款不属于"纳入部门预算管理"的资金 |
| | 收到财政部门返还的学费收入 | |
| 财务会计 | 借:银行存款　　　　　100 000<br>　贷:事业收入——学费收入　100 000 | 应缴财政款,在收到财政返还确认收入 |
| 预算会计 | 借:资金结存——货币资金　100 000<br>　贷:事业预算收入——学费收入　100 000 | 应缴财政款,在收到财政返还时纳入预算管理,确认预算会计收入 |

(二)采用预收款方式确认的事业收入

1. 实际收到预收款项时,按照收到的款项金额,借记"银行存款"等科目,贷记"预收账款"科目。

2. 以合同完成进度确认事业收入时，按照基于合同完成进度计算的金额，借记"预收账款"科目，贷记本科目。

**【案例 6004】** B 事业单位 2019 年 8 月 1 日，与 X 公司签订合同，收到合同预付款 50 000 元；2019 年 12 月 31 日，按照合同进度完成 70%。账务处理分录如下：

| | 收到预付账款 | 核算要点精讲 |
|---|---|---|
| 财务会计 | 借：银行存款　　　　　　50 000<br>　贷：预收账款——X 公司　　50 000 | 按照权责发生制原则，单位尚未完成合同，收到款项时不直接确认收入 |
| 预算会计 | 借：资金结存——货币资金　50 000<br>　贷：事业预算收入　　　　50 000 | 预算会计确认为事业预算收入 |
| | 按进度确认收入 | |
| 财务会计 | 借：预收账款——X 公司　　35 000<br>　贷：事业收入——X 公司　　35 000 | 参考合同进度的四种方法确认财务会计收入；计算过程：50 000×70%＝35 000 元 |
| 预算会计 | 不做账务处理 | |

（三）采用应收款方式确认的事业收入

1. 根据合同完成进度计算本期应收的款项，借记"应收账款"科目，贷记本科目。
2. 实际收到款项时，借记"银行存款"等科目，贷记"应收账款"科目。

（四）其他方式下确认的事业收入，按照实际收到的金额，借记"银行存款""库存现金"等科目，贷记本科目。

上述（二）至（四）中涉及增值税业务的，相关账务处理参见"应交增值税"科目。

（五）期末，将本科目本期发生额转入本期盈余，借记本科目，贷记"本期盈余"科目

**【案例 6005】** B 事业单位有关业务如下：

（1）2019 年 8 月 1 日，与 X 公司签订合同，合同总价款为 50 000 元，采用应收款方式，2019 年 8 月 31 日，按照合同进度完成 30%，按照进度确认了收入；9 月 1 日收到合同进度款。

（2）与 Y 公司签订技术服务合同，总价款 30 000 元，合同签署后 Y 公司支付款项，B 事业单位同时完成技术服务。

（3）12 月 31 日，事业收入科目余额为 600 000 元，其中专项资金收入 250 000 元、非专项资金收入 350 000 元，按规定进行结转。

账务处理分录如下：

| | 按照进度确认收入 | 核算要点精讲 |
|---|---|---|
| 财务会计 | 借：应收账款——X 公司　　15 000<br>　贷：事业收入——X 公司　　15 000 | 按照权责发生制原则，取得收款的权力，确认应收账款和事业收入；参考合同进度的四种方法确认进度；计算过程：50 000×30%＝15 000 元 |
| 预算会计 | 不做账务处理 | |
| | 收到合同进度款 | |
| 财务会计 | 借：银行存款　　　　　　15 000<br>　贷：应收账款——X 公司　　15 000 | |
| 预算会计 | 借：资金结存——货币资金　15 000<br>　贷：事业预算收入　　　　15 000 | 按照收付实现制原则，收到款项时确认收入 |

续表

| | | 其他方式确认收入 | |
|---|---|---|---|
| 财务会计 | 借：银行存款　　　　　　30 000<br>　贷：事业收入—Y 公司　　　　30 000 | | 收到款项时确认收入 |
| 预算会计 | 借：资金结存—货币资金　　30 000<br>　贷：事业预算收入　　　　　30 000 | | |
| | | 期末结转 | |
| 财务会计 | 借：事业收入　　　　　　600 000<br>　贷：本期盈余　　　　　　　600 000 | | |
| 预算会计 | 借：事业预算收入　　　　600 000<br>　贷：非财政拨款结转　　　　250 000<br>　　　其他结余　　　　　　　350 000 | | 事业预算收入中的专项资金收入转入非财政拨款结转科目；非专项资金收入转入其他结余（注意：不是直接转入非财政拨款结余科目） |

## 三、知识拓展

（一）行业补充规定特殊要求

1. 高等学校行业补充规定。

高等学校应当在新制度规定的"4101 事业收入"科目下设置"410101 教育事业收入""410102 科研事业收入"明细科目。

（1）"410101 教育事业收入"科目核算高等学校开展教学活动及其辅助活动实现的收入。

（2）"410102 科研事业收入"科目核算高等学校开展科研活动及其辅助活动实现的收入。

2. 医院行业补充规定。

医院应当在新制度规定的"4101 事业收入"科目下设置如下明细科目。

（1）"410101 医疗收入"科目，核算医院开展医疗服务活动实现的收入。医院应当在本科目下设置如下明细科目：

"41010101 门急诊收入"科目，核算医院为门急诊病人提供医疗服务实现的收入。医院应当在"41010101 门急诊收入"科目下设置"4101010101 挂号收入""4101010102 诊察收入""4101010103 检查收入""4101010104 化验收入""4101010105 治疗收入""4101010106 手术收入""4101010107 卫生材料收入""4101010108 药品收入""4101010109 其他门急诊收入"等明细科目；在"4101010108 药品收入"科目下设置"410101010801 西药收入""410101010802 中成药收入"和"410101010803 中药饮片收入"明细科目。

"41010102 住院收入"科目，核算医院为住院病人提供医疗服务实现的收入。医院应当在"41010102 住院收入"科目下设置"4101010201 床位收入""4101010202 诊察收入""4101010203 检查收入""4101010204 化验收入""4101010205 治疗收入""4101010206 手术收入""4101010207 护理收入""4101010208 卫生材料收入""4101010209 药品收入""4101010210 其他住院收入"等明细科目；在"4101010209 药品收入"科目下设置"410101020901 西药收入""410101020902 中成药收入"和"410101020903 中药饮片收入"明细科目。

"41010103 结算差额"科目，核算医院同医疗保险机构结算时，因医院按照医疗服务项目收费标准计算确认的应收医疗款金额与医疗保险机构实际支付金额不同而产生的需要调整医院医疗收入的差额（不包括医院因违规治疗等管理不善原因被医疗保险机构拒付所产生的差额）。

医院因违规治疗等管理不善原因被医疗保险机构拒付而不能收回的应收医疗款,应按规定确认为坏账损失,不通过本明细科目核算。

(2)"410102 科教收入"科目,核算医院开展科研教学活动实现的收入。

医院应当在"410102 科教收入"科目下设置"41010201 科研收入""41010202 教学收入"明细科目。

医院因开展科研教学活动从非同级政府财政部门取得的经费拨款,应当在"事业收入—科教收入—科研收入"和"事业收入—科教收入—教学收入"科目下单设"非同级财政拨款"明细科目进行核算。

(3)关于医疗收入的确认。

医院应当在提供医疗服务(包括发出药品)并收讫价款或取得收款权利时,按照规定的医疗服务项目收费标准计算确定的金额确认医疗收入。医院给予病人或其他付费方折扣的,按照折扣后的实际金额确认医疗收入。

(4)关于医事服务费和药事服务费的会计处理。

执行医事服务费的医院应当通过"事业收入—医疗收入—门急诊收入—诊察收入"和"事业收入—医疗收入—住院收入—诊察收入"科目核算医事服务收入。医院在实现医事服务收入时,应当借记"库存现金""银行存款""应收账款"等科目,属于门急诊收入的,贷记"事业收入—医疗收入—门急诊收入—诊察收入"科目,属于住院收入的,贷记"事业收入—医疗收入—住院收入—诊察收入"科目。

执行药事服务费的医院应当通过"事业收入—医疗收入—门急诊收入—其他门急诊收入"和"事业收入—医疗收入—住院收入—其他住院收入"科目核算药事服务收入。医院在实现药事服务收入时,应当借记"库存现金""银行存款""应收账款"等科目,属于门急诊收入的,贷记"事业收入—医疗收入—门急诊收入—其他门急诊收入"科目,属于住院收入的,贷记"事业收入—医疗收入—住院收入—其他住院收入"科目。

(5)关于医院与医疗保险机构结算医疗款的账务处理。

医院同医疗保险机构结算医疗款时,应当按照实际收到的金额,借记"银行存款"科目,按照医院因违规治疗等管理不善原因被医疗保险机构拒付的金额,借记"坏账准备"科目,按照应收医疗保险机构的金额,贷记"应收账款—应收医疗款—应收医保款"科目,按照借贷方之间的差额,借记或贷记"事业收入—医疗收入—结算差额"科目。

医院预收医疗保险机构医保款的,在同医疗保险机构结算医疗款时,还应冲减相关的预收医保款。

3. 基层医疗卫生机构行业补充规定。

基层医疗卫生机构应当在新制度规定的"4101 事业收入"科目下设置如下明细科目。

(1)"410101 医疗收入"科目,核算基层医疗卫生机构开展医疗服务活动实现的收入。基层医疗卫生机构应当在本科目下设置如下明细科目:

"41010101 门急诊收入"科目,核算基层医疗卫生机构为门急诊病人提供医疗服务所实现的收入,包括按"收支两条线"管理的基层医疗卫生机构按规定留用的待结算医疗款,以及收到的同级财政部门返还的上缴门急诊收费。

基层医疗卫生机构应当在"41010101 门急诊收入"科目下设置"4101010101 挂号收入""4101010102 诊察收入""4101010103 检查收入""4101010104 化验收入""4101010105 治疗收入""4101010106 手术收入""4101010107 卫生材料收入""4101010108 药品收入""4101010109

一般诊疗费收入"和"4101010110 其他门急诊收入"明细科目(未按"收支两条线"管理的基层医疗卫生机构还应当设置"4101010111 门急诊结算差额"明细科目)。

基层医疗卫生机构应当在"4101010108 药品收入"科目下设置"410101010801 西药""410101010802 中成药"和"410101010803 中药饮片"明细科目;在"410101010801 西药"科目下设置"41010101080101 西药""41010101080102 疫苗"明细科目。

"4101010111 门急诊结算差额"科目,核算未按"收支两条线"管理的基层医疗卫生机构同医疗保险机构等结算时,因基层医疗卫生机构按照医疗服务项目收费标准计算确定的应收医疗款金额与医疗保险机构等实际支付金额之间的差异而产生的需要调整基层医疗卫生机构医疗收入的差额,但不包括基层医疗卫生机构因违规治疗等管理不善原因被医疗保险机构等拒付的金额。

"41010102 住院收入"科目,核算基层医疗卫生机构为住院病人提供医疗服务所实现的收入,包括按"收支两条线"管理的基层医疗卫生机构按规定留用的待结算医疗款,以及收到的同级财政部门返还的上缴住院收费。

基层医疗卫生机构应当在"41010102 住院收入"科目下设置"4101010201 床位收入""4101010202 诊察收入""4101010203 检查收入""4101010204 化验收入""4101010205 治疗收入""4101010206 手术收入""4101010207 护理收入""4101010208 卫生材料收入""4101010209 药品收入""4101010210 一般诊疗费收入"和"4101010211 其他住院收入"明细科目(未按"收支两条线"管理的基层医疗卫生机构还应当设置"4101010212 住院结算差额"明细科目)。

基层医疗卫生机构应当在"4101010209 药品收入"科目下设置"410101020901 西药""410101020902 中成药"和"410101020903 中药饮片"明细科目;在"410101020901 西药"科目下设置"41010102090101 西药""41010102090102 疫苗"明细科目。

"4101010212 住院结算差额"科目,核算未按"收支两条线"管理的基层医疗卫生机构同医疗保险机构等结算时,因基层医疗卫生机构按照医疗服务项目收费标准计算确定的应收医疗款金额,与医疗保险机构等实际支付金额之间的差异而产生的需要调整基层医疗卫生机构医疗收入的差额,但不包括基层医疗卫生机构因违规治疗等管理不善原因被医疗保险机构等拒付的金额。

(2)"410102 公共卫生收入"科目,核算基层医疗卫生机构开展公共卫生活动实现的收入。

(3)"410103 科教收入"科目,核算基层医疗卫生机构开展科研教学活动实现的收入。

基层医疗卫生机构应当在"410103 科教收入"科目下设置"41010301 科研收入""41010302 教学收入"明细科目。

基层医疗卫生机构因开展科研教学活动从非同级政府财政部门取得的财政拨款,应当在"事业收入—科教收入—科研收入"和"事业收入—科教收入—教学收入"科目下单设"非同级财政拨款"明细科目进行核算。

(4)关于事业收入(医疗收入)的确认和计量。

未按"收支两条线"管理的基层医疗卫生机构应当在提供医疗服务并收讫价款或取得收款权利时,按照规定的医疗服务项目收费标准计算确定的金额确认事业收入(医疗收入)。基层医疗卫生机构给予病人或其他付费方折扣的,按照折扣后的实际金额确认事业收入(医疗收入)。基层医疗卫生机构同医疗保险机构等结算时,因基层医疗卫生机构按照医疗服务项目收费标准计算确定的应收医疗款金额与医疗保险机构等实际支付金额之间的差额(不包括基层医疗卫生机构因违规治疗等管理不善原因被医疗保险机构等拒付的金额)应当调整事业收入(医疗收入)。基层医疗卫生机构因违规治疗等管理不善原因被医疗保险机构等拒付的金额,应当冲减坏账准备。

按"收支两条线"管理的基层医疗卫生机构应当在收到财政返还的医疗款时,按照实际返还医疗款的金额确认事业收入(医疗收入)。基层医疗卫生机构按规定留用待结算医疗款时,应当按照批准留用的医疗款金额确认事业收入(医疗收入)。

(5)关于医事服务费和药事服务费的会计处理。

未按"收支两条线"管理、执行医事服务费的基层医疗卫生机构应当通过"事业收入—医疗收入—门急诊收入—诊察收入"和"事业收入—医疗收入—住院收入—诊察收入"科目核算医事服务收入。基层医疗卫生机构在实现医事服务收入时,应当借记"库存现金""银行存款""应收账款"等科目,属于门急诊收入的,贷记"事业收入—医疗收入—门急诊收入—诊察收入"科目,属于住院收入的,贷记"事业收入—医疗收入—住院收入—诊察收入"科目。

未按"收支两条线"管理的、执行药事服务费的基层医疗卫生机构应当通过"事业收入—医疗收入—门急诊收入—其他门急诊收入"和"事业收入—医疗收入—住院收入—其他住院收入"科目核算药事服务收入。基层医疗卫生机构在实现药事服务收入时,应当借记"库存现金""银行存款""应收账款"等科目,属于门急诊收入的,贷记"事业收入—医疗收入—门急诊收入—其他门急诊收入"科目,属于住院收入的,贷记"事业收入—医疗收入—住院收入—其他住院收入"科目。

按"收支两条线"管理的基层医疗卫生机构关于医事服务费、药事服务费的会计处理,参见本规定关于"2308 待结算医疗款"科目的说明。

(6)关于未按"收支两条线"管理的基层医疗卫生机构与医疗保险机构等结算医疗款的账务处理。

未按"收支两条线"管理的基层医疗卫生机构同医疗保险机构等结算医疗款时,应当按照实际收到的金额,借记"银行存款"科目,按照基层医疗卫生机构因违规治疗等管理不善原因被医疗保险机构等拒付的金额,借记"坏账准备"科目,按照应收医疗保险机构等的金额,贷记"应收账款—应收医疗款—应收医保款"科目,按照借贷方之间的差额,借记或贷记"事业收入—医疗收入—门急诊收入—门急诊结算差额"或"事业收入—医疗收入—住院收入—住院结算差额"科目。

基层医疗卫生机构预收医疗保险机构等医保款的,在同医疗保险机构等结算医疗款时,还应冲减相关的预收医保款。

3. 科学事业单位行业补充规定。

科学事业单位应当在新制度规定的"4101 事业收入"科目下设置"410101 科研收入""410102 非科研收入"明细科目。

(1)"410101 科研收入"明细科目核算科学事业单位开展科研活动及其辅助活动实现的收入。

(2)"410102 非科研收入"明细科目核算科学事业单位开展科研活动以外的其他业务活动及其辅助活动实现的收入,包括技术活动收入、学术活动收入、科普活动收入、试制产品活动收入、教学活动收入等。

技术活动收入是指科学事业单位对外提供技术咨询、技术服务等活动实现的收入。

学术活动收入是指科学事业单位开展学术交流、学术期刊出版等活动实现的收入。

科普活动收入是指科学事业单位开展科学知识宣传、讲座和科技展览等活动实现的收入。

试制产品活动收入是指科学事业单位试制中间试验产品等活动实现的收入。

教学活动收入是指科学事业单位开展教学活动实现的收入。

(二)科目核算难点与注意事项

1. 事业收入是事业单位最主要收入来源之一，不同行业之间专业业务活动相差较大，行业补充规定主要对于事业预算收入的明细科目设置与个别核算要求做出不同程度的规定。特别是高等学校、医院、基层医疗卫生机构，明细科目设置复杂，在实务中应充分结合实际情况予以考虑。

2. 事业收入的核算难点，首先在于辨认事业单位的专业业务活动及其辅助活动，业务活动的界定直接影响科目金额的归集。其次，需要注意的是财务会计中因为增值税原因确认的事业收入(不含税)之间与预算会计下确认的事业预算收入(含税)的计量存在的永久性差异，但是在缴纳税款后不影响本年盈余和预算结余(增值税部分在预算会计下确认为收入，在缴纳增值税时确认为支出)，需要在学习与实务工作中明确并加以注意。

案例如下：B事业单位对外提供专业业务活动，开出增值税专票一张，票面注明服务收入10 000元，增值税600元(假设税率6%)；下月，缴纳上述增值税。账务处理分录如下：

| | 确认收入 | 核算要点精讲 |
|---|---|---|
| 财务会计 | 借：银行存款　　　　　10 600<br>　　贷：事业收入　　　　　　10 000<br>　　　　应交增值税　　　　　　600 | |
| 预算会计 | 借：资金结存—货币资金　10 600<br>　　贷：事业预算收入　　　　10 600 | 预算会计收入大于财务会计收入600元；将会形成收入的永久性差异 |
| | 缴纳增值税 | |
| 财务会计 | 借：应交增值税　　　　　　600<br>　　贷：银行存款　　　　　　　600 | |
| 预算会计 | 借：事业支出　　　　　　　600<br>　　贷：资金结存—货币资金　　600 | 预算会计支出大于财务会计费用，将会形成支出的永久性差异，但是收入和支出同时大于600元，不会影响预算结余 |

另外一种账务处理方式：

| | 确认收入 | 核算要点精讲 |
|---|---|---|
| 财务会计 | 借：银行存款　　　　　10 600<br>　　贷：事业收入　　　　　　10 000<br>　　　　应交增值税　　　　　　600 | |
| 预算会计 | 借：资金结存—货币资金　10 000<br>　　贷：事业预算收入　　　　10 000 | 预算会计收入等于财务会计收入，不再形成差异；应交增值税不进行预算会计账务处理 |
| | 缴纳增值税 | |
| 财务会计 | 借：应交增值税　　　　　　600<br>　　贷：银行存款　　　　　　　600 | |
| 预算会计 | 不做账务处理 | 将增值税视同临时周转的如押金，不纳入单位部门预算管理，预算会计统一不进行账务处理 |

以上两种账务处理方式，请单位结合实际情况予以选择。

3. 财务会计下事业收入采用权责发生制原则核算，收入的确认方法包括合同进度的确认方法均有一定的难度，特别是合同进度的四种确认方法，单位在实务工作中应按照实际情况，选择适用本单位情况的确定合同进度方法，降低工作难度，减少工作量。

4. 本科目与预算会计收入科目关联性较大，可与预算会计下的"事业预算收入"科目同步学习；明细科目设置时应兼顾与预算会计相对应，便于生成预算会计分录。

## 第三节 上级补助收入业务

上级补助收入科目思维导图如下所示。

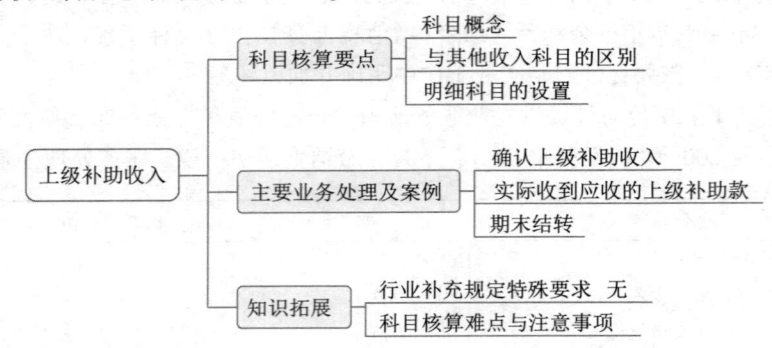

```
上级补助收入 ── 科目核算要点 ── 科目概念
                              与其他收入科目的区别
                              明细科目的设置
              主要业务处理及案例 ── 确认上级补助收入
                                  实际收到应收的上级补助款
                                  期末结转
              知识拓展 ── 行业补充规定特殊要求　无
                        科目核算难点与注意事项
```

### 一、科目核算要点

（一）科目概念

本科目核算事业单位从主管部门和上级单位取得的非财政拨款收入。

事业单位的上级单位或者主管部门会根据实际情况，向下级事业单位拨付财政拨款以外的资金，这种资金包括上级单位自己可分配使用的非财政资金，以及上级单位集中其他下级单位的资金。事业单位收到上级单位拨付的这类非财政拨款资金，就作为上级补助预算收入。

（二）"上级补助收入"与其他科目的区别

"上级补助收入"概念强调两个方面，一是来源于主管部门和上级单位，二是资金为非财政拨款收入；通过上述概念可区分"财政拨款收入"和"非同级财政拨款收入"两个科目的内容。"上级补助收入"与"事业收入"的区别主要是事业单位是否向主管部门和上级单位提供了相应的服务，如果通过合同或协议的形式提供了相应的服务，则应该认定为"事业收入"；上级补助收入是事业单位收到的无偿的非财政性补助收入。

（三）明细科目设置

本科目应当按照发放补助单位、补助项目等进行明细核算，本明细科目设置层级，制度中并无统一规定，事业单位可依据自身情况按需设置，但是应结合本单位预算会计科目设置规则，做好财务会计和预算会计的有效协调。如果单位启用了项目管理，在科目设置时应和项目管理统一考虑，减少科目设置的数量。

### 二、主要业务处理及案例

1. 确认上级补助收入时，按照应收或实际收到的金额，借记"其他应收款""银行存款"等科目，贷记本科目。

实际收到应收的上级补助款时，按照实际收到的金额，借记"银行存款"等科目，贷记"其他应收款"科目。

2. 期末，将本科目本期发生额转入本期盈余，借记本科目，贷记"本期盈余"科目。

【案例6006】B事业单位2019年8月1日，发生如下业务：

(1)上级主管部门下达相关文件，X大型会议由B事业单位承担并提前开展相关准备工作，主管部门使用自有资金补助100 000元，款项尚未收到。

(2)9月1日，收到上述补助款项。

(3)9月30日，收到上级主管部门使用自有资金拨付的医疗费缺口补助50 000元。

(4)12月31日，上级补助收入科目余额为150 000元(专项收入100 000元、非专项收入50 000元)。

账务处理分录如下：

|  | 确认其他应收款 | 核算要点精讲 |
|---|---|---|
| 财务会计 | 借：其他应收款　　　　　　　100 000<br>　　贷：上级补助收入—专项—X会议　100 000 | 按照权责发生制原则，确认上级补助收入(上级主管部门、非财政资金)，同时确认其他应收款 |
| 预算会计 | 不做账务处理 |  |
|  | 收到应收的款项 |  |
| 财务会计 | 借：银行存款　　　　　　　　100 000<br>　　贷：其他应收款　　　　　　100 000 |  |
| 预算会计 | 借：资金结存—货币资金　　　100 000<br>　　贷：上级补助预算收入　　　100 000 |  |
|  | 收到补助资金 |  |
| 财务会计 | 借：银行存款　　　　　　　　50 000<br>　　贷：上级补助收入—医疗费　50 000 |  |
| 预算会计 | 借：资金结存—货币资金　　　50 000<br>　　贷：上级补助预算收入　　　50 000 |  |
|  | 期末结转 |  |
| 财务会计 | 借：上级补助收入　　　　　　150 000<br>　　贷：本期盈余　　　　　　　150 000 | 转入本期盈余 |
| 预算会计 | 借：上级补助预算收入　　　　150 000<br>　　贷：非财政补助结转—本年收支结转<br>　　　　　　　　　　　　　100 000<br>　　　　其他结余　　　　　　50 000 | 专项资金转入非财政补助结转；非专项资金转入其他结余科目；非财政性资金转入其他结余可进行分配 |

## 三、知识拓展

(一)行业补充规定特殊要求

本科目无行业补充规定。

## (二)科目核算难点与注意事项

近年来,随着预算管理的细化,上级主管部门自有非财政资金越来越少,单位在收到款项时应严格按照概念辨别是否属于本科目核算范围,关键点在于资金流入是否属于主管部门或上级单位的补助资金,且资金的来源为非财政资金。在核算时还应该根据来源进行明细核算,便于与上级主管部门编制综合财务报告时收支予以抵销。

# 第四节 附属单位上缴收入业务

附属单位上缴收入科目思维导图如下所示。

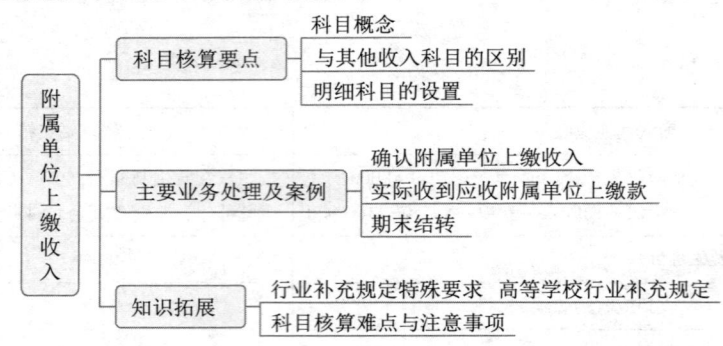

```
                    ┌─ 科目核算要点 ─┬─ 科目概念
                    │              ├─ 与其他收入科目的区别
                    │              └─ 明细科目的设置
附属单位            │
上缴收入 ───────────┼─ 主要业务处理及案例 ─┬─ 确认附属单位上缴收入
                    │                    ├─ 实际收到应收附属单位上缴款
                    │                    └─ 期末结转
                    │
                    └─ 知识拓展 ─┬─ 行业补充规定特殊要求  高等学校行业补充规定
                                └─ 科目核算难点与注意事项
```

## 一、科目核算要点

### (一)科目概念

本科目核算事业单位取得的附属独立核算单位按照有关规定上缴的收入。在实务中,附属单位应具有独立法人资格,收支独立核算,按照规定上缴收入;附属独立核算单位偿还事业单位垫付的款项,应冲减事业单位的相关费用,不能作为附属单位上缴收入核算。

### (二)"附属单位上缴收入"科目与其他科目的区别

在实务中,事业单位存在长期股权投资,被投资公司按照公司法宣告发放的股利,在"应收股利""投资收益"科目核算,二者的区别主要在于该单位是不是附属关系,上缴的收入(分配的股利)是按股权分配还是按照上下级关系上缴,上缴的收入(分配的股利)是公司分配的股利还是按附属单位规定缴纳的相关收入,附属单位上缴的可能是资源的占用或者按规定缴纳,上缴时附属单位在上缴上级费用科目核算。

### (三)明细科目设置

本科目应当按照附属单位、缴款项目等进行明细核算。附属单位上缴预算收入中如有专项资金收入,还应按照具体项目进行明细核算。同时还应该按照收入来源进行核算。

期末结转后,本科目应无余额。

## 二、主要业务处理及案例

1. 确认附属单位上缴收入时,按照应收或收到的金额,借记"其他应收款""银行存款"等科目,贷记本科目。

实际收到应收附属单位上缴款时，按照实际收到的金额，借记"银行存款"等科目，贷记"其他应收款"科目。

2. 期末，将本科目本期发生额转入本期盈余，借记本科目，贷记"本期盈余"科目。

**【案例6007】** B事业单位2019年8月1日，发生如下业务：

（1）根据有关规定，独立核算附属单位C应上缴2019年上半年专项收入40 000元（假设不上缴财政）用于安排专项维修项目。

（2）9月1日，收到C单位上缴款项。

（3）9月30日，收到独立核算附属D单位上缴资源占用费30 000元。

（4）12月31日，附属单位上缴收入科目余额为70 000元（专项收入40 000元、非专项收入30 000元）。

账务处理分录如下：

| 确认C单位其他应收款 | | | 核算要点精讲 |
|---|---|---|---|
| 财务会计 | 借：其他应收款　　　　　　　40 000<br>　贷：附属单位上缴收入—专项　　40 000 | | 按照权责发生制原则，确认附属单位上缴收入（独立核算、按规定上缴），同时确认其他应收款 |
| 预算会计 | 不做账务处理 | | |
| 收到C单位应收的款项 | | | |
| 财务会计 | 借：银行存款　　　　　　　　40 000<br>　贷：其他应收款　　　　　　　40 000 | | |
| 预算会计 | 借：资金结存—货币资金　　　40 000<br>　贷：附属单位上缴预算收入　　40 000 | | |
| 收到D单位上缴收入 | | | |
| 财务会计 | 借：银行存款　　　　　　　　30 000<br>　贷：附属单位上缴收入　　　　30 000 | | |
| 预算会计 | 借：资金结存—货币资金　　　30 000<br>　贷：附属单位上缴预算收入　　30 000 | | |
| 期末结转 | | | |
| 财务会计 | 借：附属单位上缴收入　　　　70 000<br>　贷：本期盈余　　　　　　　　70 000 | | 转入本期盈余 |
| 预算会计 | 借：附属单位上缴预算收入　　70 000<br>　贷：非财政补助结转—本年收支结转 40 000<br>　　　其他结余　　　　　　　30 000 | | 专项资金转入非财政补助结转；非专项资金转入其他结余科目；非财政性非专项资金转入其他结余可进行分配 |

## 三、知识拓展

### （一）行业补充规定特殊要求

高等学校编制包含校内独立核算单位的收入费用表时，对于具有后勤保障职能的校内独立核算单位，应当将其本年收入（不含从学校取得的补贴经费）、费用（不含使用学校补贴经费发生的费用）相抵后的净额计入本表中"其他收入"项目金额，并单独填列于该项目下的"后勤保障单位净收入"项目。如果具有后勤保障职能的全部校内独立核算单位本年收入（不含从学校

— 225 —

取得的补贴经费)、费用(不含使用学校补贴经费发生的费用)相抵后的净额合计数为负数,则以"-"号填列于"后勤保障单位净收入"项目。

其他行业无相关补充规定。

(二)科目核算难点与注意事项

附属单位上缴收入中的附属单位应具有独立法人资格,收支独立核算;收入上缴有规可依,同时符合税务有关规定,同时与对外投资取得的投资收益进行区分。在实务核算时还应该根据来源进行明细核算,便于与附属单位编制综合财务报告时收支予以抵销。

## 第五节 经营收入业务

经营收入科目思维导图如下所示。

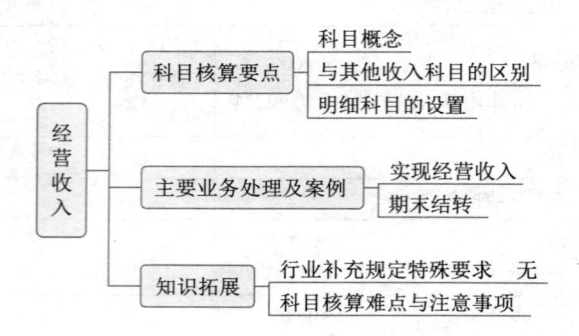

```
               ┌── 科目核算要点 ──┬── 科目概念
               │                  ├── 与其他收入科目的区别
               │                  └── 明细科目的设置
    经营收入 ──┤
               ├── 主要业务处理及案例 ──┬── 实现经营收入
               │                        └── 期末结转
               │
               └── 知识拓展 ──┬── 行业补充规定特殊要求  无
                              └── 科目核算难点与注意事项
```

### 一、科目核算要点

(一)科目概念

本科目核算事业单位在专业业务活动及其辅助活动之外开展非独立核算经营活动取得的收入。

经营收入应当在提供服务或发出存货,同时收讫价款或者取得索取价款的凭据时,按照实际收到或应收的金额予以确认。

(二)"经营收入"科目与其他科目的区别

属于专业业务活动取得的收入在"事业收入"核算,属于非专业业务活动取得的收入,在"经营收入"科目核算。如事业单位内部非独立核算的单位食堂对外提供市场定价的餐饮服务,或事业单位按照市场价格出售单位生产的产品或服务等。事业单位开展这些活动的目的,不是为了完成事业任务,而是为了获得收益,补充事业单位的资金来源。在实务中,是否专业业务活动判定有困难的情况下,通过判定该活动是否具有营利性。如果事业单位开展该活动的目的不是为了完成单位的事业任务,而是为了获取高于活动成本的收入,那就属于以营利为目的的经营活动,从而取得的现金流入就属于经营收入;否则,就属于事业收入。

"经营收入"还强调"非独立核算经营活动",独立核算的经营活动不在本单位会计主体进行核算。如果事业单位从事经营活动的单位是完全独立核算的单位,那就是独立于事业单位的另一个会计主体,那么该单位将经营活动取得的收入上缴给事业单位,属于"附属单位上缴收入"科目核算的范围。

## （三）明细科目设置

本科目应当按照经营活动类别、项目和收入来源等进行明细核算。

期末结转后，本科目应无余额。

## 二、主要业务处理及案例

1. 实现经营收入时，按照确定的收入金额，借记"银行存款""应收账款""应收票据"等科目，贷记本科目。涉及增值税业务的，相关账务处理参见"应交增值税"科目。

2. 期末，将本科目本期发生额转入本期盈余，借记本科目，贷记"本期盈余"科目。

【案例6008】B事业单位为一家高校，2019年8月1日，发生如下业务：

（1）高校某实验中心对外加工一批零件，以市场价出售，与C单位签订合同总价为50 000元，货物已发出，款项未收到。

（2）9月1日，收到C单位支付的款项。

（3）12月31日，经营收入科目余额为50 000元（专项收入40 000元、非专项收入10 000元）。

账务处理分录如下：

|  | 确认C单位应收款项 | 核算要点精讲 |
|---|---|---|
| 财务会计 | 借：应收账款　　　　　　50 000<br>　贷：经营收入—C单位　　　　50 000 | 按照权责发生制原则，确认经营收入（非独立核算、非专业业务活动），同时确认应收账款；与上级补助收入、附属单位上缴收入不同 |
| 预算会计 | 不做账务处理 |  |
|  | 收到C单位款项 |  |
| 财务会计 | 借：银行存款　　　　　　50 000<br>　贷：应收账款　　　　　　　50 000 |  |
| 预算会计 | 借：资金结存—货币资金　50 000<br>　贷：经营预算收入　　　　　50 000 |  |
|  | 期末结转 |  |
| 财务会计 | 借：经营收入—C单位　　50 000<br>　贷：本期盈余　　　　　　　50 000 | 转入本期盈余 |
| 预算会计 | 借：经营预算预算收入　　50 000<br>　贷：经营结余　　　　　　　50 000 | 预算会计下专设经营结余，用于核算经营收入支出的结余情况，不转入其他结余科目 |

## 三、知识拓展

### （一）行业补充规定特殊要求

本科目无行业补充规定。

### （二）科目核算难点与注意事项

1. 经营收入强调的关键点是"非专业业务活动""非独立核算"，在实务核算中，经营收入按照权责发生制原则核算时，在取得收款权利时，确认"应收账款"科目，而非"其他应收款"科目。

2. 经营收入核算时相对较为独立，支出核算时使用"经营费用"科目核算，不与其他科目相互交叉，期末结转时，结转至"经营结余"科目。总体平衡公式为"经营收入"减去"经营支出"等于经营结余。

3. 在核算时，还应注意在取得收款权利时，"上级补助收入""附属单位上缴收入"科目确认为"其他应收款"，而"经营收入"确认为"应收账款"；同时在预算会计期末结转时，不区分专项资金还是非专项资金，统一结转至"经营结余"科目，不转入"其他结余"科目。

4. 经营收入与预算会计的"经营预算收入"相互对应，明细科目设置时应兼顾与预算会计相对应，便于生成预算会计分录。

5. 在实务核算时还应该根据来源进行明细核算，便于编制综合财务报告时收支予以抵销。

## 第六节 非同级财政拨款收入业务

非同级财政拨款收入科目思维导图如下所示。

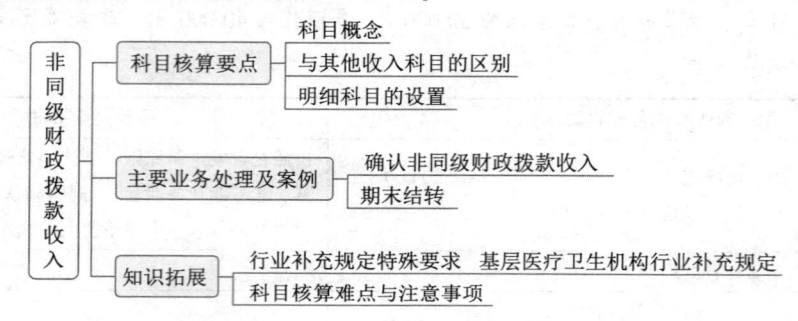

```
非同级财政拨款收入 ─┬─ 科目核算要点 ─┬─ 科目概念
                    │                ├─ 与其他收入科目的区别
                    │                └─ 明细科目的设置
                    ├─ 主要业务处理及案例 ─┬─ 确认非同级财政拨款收入
                    │                    └─ 期末结转
                    └─ 知识拓展 ─┬─ 行业补充规定特殊要求  基层医疗卫生机构行业补充规定
                                └─ 科目核算难点与注意事项
```

### 一、科目核算要点

(一) 科目概念

本科目核算单位从非同级政府财政部门取得的经费拨款，包括从同级政府其他部门取得的横向转拨财政款、从上级或下级政府财政部门取得的经费拨款等。

事业单位对于因开展专业业务活动及其辅助活动取得的非同级财政拨款收入，应当通过"事业收入—非同级财政拨款"科目核算；对于其他非同级财政拨款收入，应当通过"非同级财政拨款收入"科目核算。

(二) "非同级财政拨款收入"科目与其他科目的区别

在财务会计核算中，与"非同级财政拨款收入"科目易混淆的科目包括："事业收入—非同级财政拨款""财政拨款收入""上级补助收入"等科目，各科目的侧重点和主要区别如下：

| 序号 | 科目名称 | 概念 | 侧重点及区别 |
| --- | --- | --- | --- |
| 1 | 财政拨款收入 | 单位从同级政府财政部门取得的各类财政拨款 | 同级财政部门，纳入部门预算的财政性资金 |
| 2 | 非同级财政拨款收入 | 单位从非同级政府财政部门取得的经费拨款，包括从同级政府其他部门取得的横向转拨财政款、从上级或下级政府财政部门取得的经费拨款等 | 一是同级的政府部门（预算关系同级），强调的是同级政府部门而非财政部门；二是上级或下级财政部门，强调的是财政部门，但非同级；三是财政性资金 |

续表

| 序号 | 科目名称 | 概念 | 侧重点及区别 |
|---|---|---|---|
| 3 | 上级补助收入 | 事业单位从主管部门和上级单位取得的非财政拨款收入 | 强调的是主管部门和上级单位的非财政拨款收入，属于无偿补助的性质 |
| 4 | 事业收入 | 事业单位开展专业业务活动及其辅助活动实现的收入，不包括从同级政府财政部门取得的各类财政拨款 | 行政事业单位通过合同和协议向财政部门或其他政府部门，提供专业业务活动，获得的收入在事业收入科目核算；强调的有偿的业务活动 |

（三）明细科目设置

本科目应当按照本级横向转拨财政款和非本级财政拨款进行明细核算，并按照收入来源进行明细核算。

"本级横向转拨财政拨款"是指从本级财政部门以外的"同级单位"取得的财政拨款，强调的是同级但"非财政部门"。有些本级政府财政资金，由财政部门按照财政预算分配给某些政府主管部门，该政府主管部门是财政资金的预算单位，列入其财政拨款收入。而后再由这些政府主管部门分配给具体的资金使用单位，即将本级政府财政资金横向转拨。作为这种财政资金使用单位的行政事业单位，获得有关主管部门转拨来的财政预算资金，就属于本单位的非同级财政拨款预算收入。但是需要区别的是，因开展业务活动及其辅助活动从非同级政府财政部门取得的经费拨款，应当通过"事业收入—非同级财政拨款"科目核算。

"非本级财政拨款"属于财政部门拨给非本级预算单位的拨款，如县级财政拨款给税务等垂直管理单位，强调的是"非本级"，虽然是财政拨款，但是非本级预算单位。

期末结转后，本科目应无余额。

## 二、主要业务处理及案例

1. 确认非同级财政拨款收入时，按照应收或实际收到的金额，借记"其他应收款""银行存款"等科目，贷记本科目。

2. 期末，将本科目本期发生额转入本期盈余，借记本科目，贷记"本期盈余"科目。

【案例6009】B事业单位为省级预算单位，2019年8月1日，发生如下业务：

（1）收到国家文物局（中央级预算单位）通知，将于9月1日举办全国会议，拟拨付财政性资金30 000元用于会议前期筹备工作，该项工作已开展前期准备工作，款项尚未收到。

（2）9月30日，收到上述款项。

（3）收到同为省级预算单位文物局拨付的文物保护基本运行经费80 000元。

（4）12月31日，非同级财政拨款收入科目余额为110 000元（专项收入30 000元、非专项收入80 000元）。

账务处理分录如下：

| | 确认非同级财政拨款收入 | 核算要点精讲 |
|---|---|---|
| 财务会计 | 借：其他应收款　　　　　　　　30 000<br>　　贷：非同级财政拨款收入—非本级财政款—国家文物局　　　　　　　　30 000 | 按照权责发生制原则，确认非同级财政拨款收入（非同级、财政性资金），同时确认其他应收款；上级补助收入为非财政资金，此案例为财政性资金 |
| 预算会计 | 不做账务处理 | |

续表

| | | |
|---|---|---|
| | 收到上述款项 | |
| 财务会计 | 借：银行存款　　　　　　　　30 000<br>　贷：其他应收款　　　　　　　　30 000 | |
| 预算会计 | 借：资金结存——货币资金　　　30 000<br>　贷：非同级财政拨款预算收入　　30 000 | |
| | 收到本级横向拨款 | |
| 财务会计 | 借：银行存款　　　　　　　　80 000<br>　贷：非同级财政拨款收入——本级横向转拨财<br>　　　政拨款——省文物局　　　80 000 | 强调的是同级单位，但非财政部门拨付的财政性资金 |
| 预算会计 | 借：资金结存——货币资金　　　80 000<br>　贷：非同级财政拨款预算收入　　80 000 | |
| | 期末结转 | |
| 财务会计 | 借：非同级财政拨款收入　　　110 000<br>　贷：本期盈余　　　　　　　　110 000 | |
| 预算会计 | 借：非同级财政拨款预算收入　110 000<br>　贷：非本级财政拨款结转——本年收支结转<br>　　　　　　　　　　　　　　30 000<br>　　　其他结余　　　　　　　　80 000 | 专项资金转入非财政补助结转；非专项资金转入其他结余科目；非同级财政拨款视同为非财政性资金，如为非专项资金可转入其他结余可进行分配 |

## 三、知识拓展

### （一）行业补充规定特殊要求

基层医疗卫生机构应当在新制度规定的"4601 非同级财政拨款收入"科目下设置"460101 医疗收入"和"460102 公共卫生收入"明细科目。

### （二）科目核算难点与注意事项

1. 非同级财政拨款收入核算的关键区分两个明细科目"本级横向转拨财政款""非本级财政拨款"，第一个明细科目其关键点是"本级"但"非财政部门"；第二个明细科目其关键点是"非本级"，包括"非本级政府部门"和"非本级财政部门"。

2. 非同级财政拨款收入虽然为财政拨款收入，但是在单位核算时根据预算隶属管理不同在非财政拨款收入核算。

3. 非同级财政拨款收入与"上级补助收入"在确认时，是否是财政性资金，应根据上级部门的文件来判定，财政性资金在"非同级财政拨款收入"核算，非财政性资金则在"上级补助收入"核算。

4. 非同级财政拨款收入与预算会计的"非同级财政拨款预算收入"相互对应，明细科目设置时应兼顾与会预算会计相对应，便于生成预算会计分录。

5. 在实务核算时还应该根据来源进行明细核算，便于编制综合财务报告时收支予以抵销。

## 第七节 投资收益业务

投资收益科目思维导图如下所示。

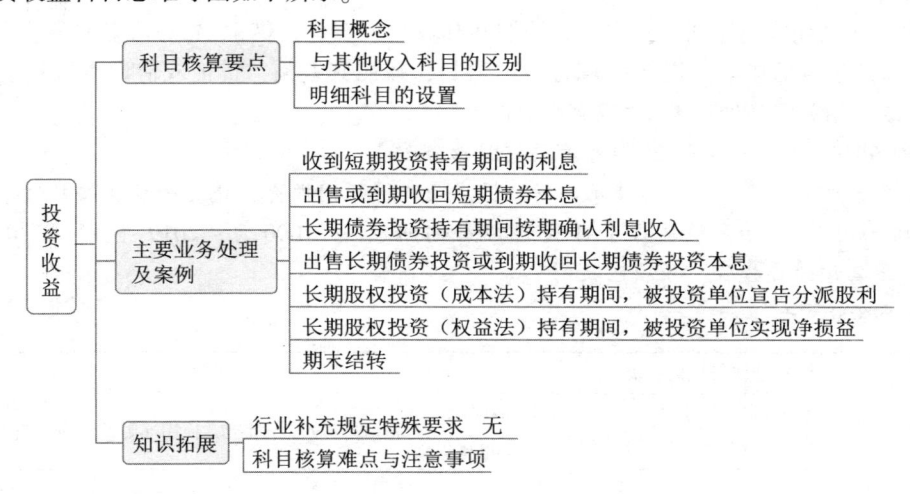

```
                ┌─ 科目核算要点 ─┬─ 科目概念
                │                ├─ 与其他收入科目的区别
                │                └─ 明细科目的设置
                │
                │                ┌─ 收到短期投资持有期间的利息
                │                ├─ 出售或到期收回短期债券本息
   投资         │                ├─ 长期债券投资持有期间按期确认利息收入
   收益 ────────┼─ 主要业务处理 ─┼─ 出售长期债券投资或到期收回长期债券投资本息
                │   及案例       ├─ 长期股权投资（成本法）持有期间，被投资单位宣告分派股利
                │                ├─ 长期股权投资（权益法）持有期间，被投资单位实现净损益
                │                └─ 期末结转
                │
                └─ 知识拓展 ─────┬─ 行业补充规定特殊要求 无
                                 └─ 科目核算难点与注意事项
```

## 一、科目核算要点

（一）科目概念

本科目核算事业单位股权投资和债券投资所实现的收益或发生的损失。

投资收益科目核算事业单位取得的按照规定纳入部门预算管理的投资收益，包括股权投资收益、出售或收回债券投资所取得的收益和债券投资利息收入。

本科目是财务会计收入类科目名称中唯一不带"收入"两字的科目，学习时应结合本书第四章中的"应收利息""应收股利""短期投资""长期股权投资""长期债券投资"等科目共同学习。

（二）"投资收益"与其他科目的区别

投资收益在核算中与"附属单位上缴收入"科目界定时存在一定的困难。事业单位附属单位转为企业法人，其上缴事业单位的收入是附属单位上缴收入还是投资收益，要看事业单位与其所属的企业法人之间的产权关系及经济关系。如果事业单位与所属企业法人在产权、资产、职工福利等方面没有厘清，事业单位还承担着所属企业的职工福利、负债偿还，或者还由所属企业化单位免费使用事业单位资产等，那么事业单位所属的企业上缴的这部分收入就是事业单位的附属单位上缴收入；如果事业单位与其举办的企业化单位之间产权明晰，事业单位与所属单位是投资与被投资的关系，事业单位所属单位上缴的收入的性质是因为投资关系而向投资者分配的企业利润，就属于事业单位的投资收益。

（三）明细科目设置

本科目应当按照投资的种类等进行明细核算。

期末结转后，本科目应无余额。

## 二、主要业务处理及案例

1. 收到短期投资持有期间的利息，按照实际收到的金额，借记"银行存款"科目，贷记"投资收益"科目。

2. 出售或到期收回短期债券本息，按照实际收到的金额，借记"银行存款"科目，按照出售或收回短期投资的成本，贷记"短期投资"科目，按照其差额，贷记或借记本科目。涉及增值税业务的，相关账务处理参见"应交增值税"科目。

【案例 6010】B 事业单位 2019 年有关科目业务如下：

2019 年 8 月 1 日，经批准后使用非财政性资金取得短期投资 X 债券一项，按月付息，共支付价款 300 000 元；2019 年 9 月 1 日收到持有期间利息 2 000 元；2019 年 11 月 30 日，以 305 000 元出售该短期投资，款项已收到。

财务处理分录如下：

| | 经批准取得短期投资 | 核算要点精讲 |
|---|---|---|
| 财务会计 | 借：短期投资—X 债券　　300 000<br>　　贷：银行存款　　　　　　300 000 | 对外投资应报经批准，使用非财政性资金进行投资 |
| 预算会计 | 借：投资支出　　　　　　300 000<br>　　贷：资金结存—货币资金　　300 000 | 使用货币资金进行投资，"现金"流出，进行预算会计账务处理，预算会计下专设投资支出科目进行核算 |
| | 收到持有期间利息 | |
| 财务会计 | 借：银行存款　　　　　　2 000<br>　　贷：投资收益　　　　　　2 000 | 确认投资收益；本案例假设投资收益纳入单位预算，不上缴财政 |
| 预算会计 | 借：资金结存—货币资金　　2 000<br>　　贷：投资预算收益　　　　2 000 | 确认投资预算收益 |
| | 出售短期投资 | |
| 财务会计 | 借：银行存款　　　　　　305 000<br>　　贷：短期投资—X 债券　　300 000<br>　　　　投资收益　　　　　5 000 | |
| 预算会计 | 借：资金结存—货币资金　　305 000<br>　　贷：投资支出　　　　　　300 000<br>　　　　投资预算收益　　　　5 000 | 出售、对外转让或到期收回以前年度以货币资金取得的对外投资的，如果按规定将投资收益纳入单位预算，按照实际收到的金额，借记"资金结存"科目，按照取得投资时"投资支出"科目的发生额，贷记"其他结余"科目，按照其差额，贷记或借记"投资预算收益"科目；如果为当年的投资则冲减投资支出；如果为以前年度投资，则计入其他结余，本案例为当年投资，计入投资支出 |

3. 持有的分期付息、一次还本的长期债券投资，按期确认利息收入时，按照计算确定的应收未收利息，借记"应收利息"科目，贷记本科目；持有的到期一次还本付息的债券投资，按期确认利息收入时，按照计算确定的应收未收利息，借记"长期债券投资—应计利息"科目，贷记本科目。

4. 出售长期债券投资或到期收回长期债券投资本息，按照实际收到的金额，借记"银行存款"等科目,按照债券初始投资成本和已计未收利息金额,贷记"长期债券投资—成本、应计利息"科目[到期一次还本付息债券]或"长期债券投资""应收利息"科目[分期付息券],按照其差额,贷记或借记本科目。涉及增值税业务的,相关账务处理参见"应交增值税"科目。

**【案例6011】** B事业单位2019年有关科目业务如下:

(1)2019年1月1日,支付价款100 000元,取得长期债券投资X债券面值100 000元,分期付息;票面利率5%;持有期间,2019年12月31日,确认2019年利息收入(省略收到利息收入业务时账务处理步骤);持有至到期,2020年12月31日债券到期;确认利息收入的同时收回长期债券投资,收到款项105 000元。

(2)假设上述债券为一次还本付息,2019年12月31日,确认2019年利息收入(省略收到利息收入业务时账务处理步骤);持有至到期,2020年12月31日债券到期;确认利息收入的同时收回长期债券投资,收到款项105 000元。

按规定将投资收益纳入单位预算,不上缴财政;本案例2020年收回投资同时确认利息收入。

账务处理分录如下:

| | 取得长期债券 | 核算要点精讲 |
|---|---|---|
| 财务会计 | 借:长期债券投资—成本—X债券<br>　　　　　　　　　　100 000<br>　贷:银行存款　　　　100 000 | 长期债券科目设置"成本"和"应计利息"明细科目 |
| 预算会计 | 借:投资支出—X债券　　100 000<br>　贷:资金结存—货币资金　100 000 | 以货币资金对外投资时,按照投资金额和所支付的相关税费金额的合计数计入投资支出科目 |
| 确认2019年利息收入(分期付息) | | |
| 财务会计 | 借:应收利息—X债券　　　5 000<br>　贷:投资收益　　　　　　5 000 | 面值×票面利率;分期付息债券确认利息收入时,借方科目为应收利息 |
| 预算会计 | 不做账务处理 | |
| 2020年确认利息收入并到期收回投资(分期付息) | | |
| 财务会计 | 借:银行存款　　　　　105 000<br>　贷:长期债券投资—X债券　100 000<br>　　　应收利息—X债券　　　5 000 | 到期收回长期债券投资本息,按照债券初始投资成本和已计未收利息金额,"长期债券投资""应收利息"科目 |
| 预算会计 | 借:资金结存—货币资金　　105 000<br>　贷:其他结余　　　　　　100 000<br>　　　投资预算收益　　　　5 000 | 出售、对外转让或到期收回以前年度以货币资金取得的对外投资的,如果按规定将投资收益纳入单位预算,按照实际收到的金额,借记"资金结存"科目,按照取得投资时"投资支出"科目的发生额,贷记"其他结余"科目,按照其差额,贷记或借记"投资预算收益"科目;以前年度投资支出已结转 |
| 确认2019年利息收入(一次还本付息) | | |
| 财务会计 | 借:长期债券投资—应计利息　5 000<br>　贷:投资收益　　　　　　5 000 | 持有的到期一次还本付息的债券投资,按期确认利息收入时,按照计算确定的应收未收利息,借记"长期债券投资—应计利息"科目 |
| 预算会计 | 不做账务处理 | |

续表

| | 2020年确认利息收入并到期收回投资（一次还本付息） | |
|---|---|---|
| 财务会计 | 借：银行存款　　　　　　　　　105 000<br>　　贷：长期债券投资—成本—X债券<br>　　　　　　　　　　　　　　　100 000<br>　　　　长期债券投资—应计利息—X债券<br>　　　　　　　　　　　　　　　　5 000 | 1. 按照债券初始投资成本和已计未收利息金额，贷记"长期债券投资—成本、应计利息"科目<br>2. 确认2020年利息收入5 000元 |
| 预算会计 | 借：资金结存—货币资金　　　　105 000<br>　　贷：其他结余　　　　　　　　100 000<br>　　　　投资预算收益　　　　　　5 000 | 出售、对外转让或到期收回以前年度以货币资金取得的对外投资的，如果按规定将投资收益纳入单位预算，按照实际收到的金额，借记"资金结存"科目，按照取得投资时"投资支出"科目的发生额，贷记"其他结余"科目，按照其差额，贷记或借记"投资预算收益"科目；以前年度投资支出已结转 |

5. 采用成本法核算的长期股权投资持有期间，被投资单位宣告分派现金股利或利润时，按照宣告分派的现金股利或利润中属于单位应享有的份额，借记"应收股利"科目，贷记本科目。

采用权益法核算的长期股权投资持有期间，按照应享有或应分担的被投资单位实现的净损益的份额，借记或贷记"长期股权投资—损益调整"科目，贷记或借记本科目；被投资单位发生净亏损，但以后年度又实现净利润的，单位在其收益分享额弥补未确认的亏损分担额等后，恢复确认投资收益，借记"长期股权投资—损益调整"科目，贷记本科目。

【案例6012】B事业单位2019年8月1日，相关科目业务如下：

（1）支付银行存款100 000元取得X公司15%的股权，按照成本进行核算（此处业务账务处理省略），2020年3月31日，X公司宣告发放股利，根据持股比例B事业单位可分得10 000元；2020年8月31日，收到2019年股利，上述投资收益直接纳入单位预算管理。

（2）使用非财政性资金对外投资业务取得长期股权投资Y公司，投资成本750 000元，股权比例为75%，按照规定使用权益法，持有期间情况如下：①2019年12月31日，Y公司实现净利润100 000元；②2020年3月31日Y公司宣告分派现金股利，其中B事业单位分得50 000元，4月30日收到分得的股利；③2020年12月31日Y公司发生净亏损200 000元；④2021年12月31日Y公司实现净利润250 000元。

（3）接本案例第2项投资，如2020年12月31日Y公司发生净亏损1 800 000元；2021年12月31日Y公司实现净利润1 000 000元。

账务处理分录如下：

| | 2020年3月31日宣告股利（成本法） | 核算要点精讲 |
|---|---|---|
| 财务会计 | 借：应收股利—X公司　　　　　10 000<br>　　贷：投资收益　　　　　　　　10 000 | |
| 预算会计 | 不做账务处理 | |
| | 2020年收到2019年宣告发放的股利（成本法） | |
| 财务会计 | 借：银行存款　　　　　　　　　10 000<br>　　贷：应收股利—X公司　　　　10 000 | |

续表

| | | |
|---|---|---|
| 预算会计 | 借：资金结存—货币资金　　　　10 000<br>　　贷：投资预算收益　　　　　　　　10 000 | 取得被投资单位分派的现金股利或利润时，按照实际收到的金额，贷记投资预算收益；注意与取得长期股权投资时支付的价款中包括已宣告未发放的股利业务账务处理的区别 |
| | 现金投资取得股权（权益法，本案例下同） | |
| 财务会计 | 借：长期股权投资—成本—Y公司<br>　　　　　　　　　　　　　　　750 000<br>　　贷：银行存款　　　　　　　　　750 000 | 长期股权投资使用权益法核算，下设"成本""损益调整""其他权益变动"三个明细科目；初始投资确认长期股权投资—成本 |
| 预算会计 | 借：投资支出　　　　　　　　　750 000<br>　　贷：资金结存—货币资金　　　　750 000 | 货币资金投资，预算会计进行账务处理 |
| | 2019年实现净利润 | |
| 财务会计 | 借：长期股权投资—损益调整—Y公司<br>　　　　　　　　　　　　　　　　75 000<br>　　贷：投资收益—Y公司　　　　　　75 000 | 按照应享有的份额 100 000×75%＝75 000 元，确认长期股权投资—损益调整 |
| 预算会计 | 不做账务处理 | |
| | 宣告发放2019年股利 | |
| 财务会计 | 借：应收股利—Y公司　　　　　　50 000<br>　　贷：长期股权投资—损益调整—Y公司<br>　　　　　　　　　　　　　　　　50 000 | 宣告分派现金股利时贷方科目为长期股权投资—损益调整，相对应实现净利润时增加的损益调整部分；也相当于单位分配已记入长期股权投资损益调整科目的金额 |
| 预算会计 | 不做账务处理 | |
| | 收到2019年股利 | |
| 财务会计 | 借：银行存款　　　　　　　　　　50 000<br>　　贷：应收股利—Y公司　　　　　　50 000 | |
| 预算会计 | 借：资金结存—货币资金　　　　　50 000<br>　　贷：投资预算收益　　　　　　　　50 000 | 持有长期股权投资取得被投资单位分派的现金股利或利润；预算会计在投资预算收益科目核算 |
| | 2020年发生净亏损 | |
| 财务会计 | 借：投资收益—Y公司　　　　　150 000<br>　　贷：长期股权投资—损益调整—Y公司<br>　　　　　　　　　　　　　　　150 000 | 单位应分担的净亏损为：200 000×75%＝150 000 元；借方科目为投资收益（相当于减少投资收益）；贷方科目冲减实现利润时的损益调整，但以长期股权投资科目的账面余额（750 000+75 000-50 000＝775 000元）减记至零为限；本案例减记额为150 000元 |
| 预算会计 | 不做账务处理 | |
| | 2021实现净利润 | |
| 财务会计 | 借：长期股权投资—损益调整—Y公司<br>　　　　　　　　　　　　　　　187 500<br>　　贷：投资收益—Y公司　　　　　187 500 | 按照收益分享额（250 000×75%＝187 500 元）弥补未确认的亏损分担额等后的金额（上年度没有未确认的亏损额），借记"长期股权投资—损益调整"科目，贷记"投资收益"科目 |
| 预算会计 | 不做账务处理 | |

续表

| | 2020年发生净亏损1 800 000元（其他接上述案例） | |
|---|---|---|
| 财务会计 | 借：投资收益—Y公司　　　　　　775 000<br>　　贷：长期股权投资—损益调整—Y公司<br>　　　　　　　　　　　　　　　　775 000 | 单位应分担的净亏损为：1 800 000×75%＝1 350 000元；借方科目为投资收益（相当于减少投资收益）；贷方科目冲减实现利润时的损益调整，但以长期股权投资科目的账面余额（750 000＋75 000－50 000＝775 000元）减记至零为限；本案例减记额为1 3500 000元，则其上限为775 000元；同时应在备查账中登记未确认金额为575 000元 |
| 预算会计 | 不做账务处理 | |
| | 2021实现净利润 | |
| 财务会计 | 借：长期股权投资—损益调整—Y公司<br>　　　　　　　　　　　　　　　　175 000<br>　　贷：投资收益—Y公司　　　　　　175 000 | 按照收益分享额（1 000 000×75%＝750 000元）弥补未确认的亏损分担额等后的金额（上年度分担的未确认亏损额575 000元）750 000－575 000＝175 000元，借记"长期股权投资—损益调整"科目，贷记"投资收益"科目 |
| 预算会计 | 不做账务处理 | |

6. 按照规定处置长期股权投资时有关投资收益的账务处理，参见"长期股权投资"科目。

7. 期末，将本科目本期发生额转入本期盈余，借记或贷记本科目，贷记或借记"本期盈余"科目。

【案例6013】B事业单位在2019年12月31日有关科目情况如下：

(1)假设1：投资收益为贷方20 000元。

(2)假设2：投资收益为借方30 000元。

账务处理分录如下：

| | 期末结转（贷方余额） | 核算要点精讲 |
|---|---|---|
| 财务会计 | 借：投资收益　　　　　　20 000<br>　　贷：本期盈余　　　　　　20 000 | 贷方余额，表示当年投资收益表现为正；借方余额，表示当年投资收益为负 |
| 预算会计 | 借：投资预算收益　　　　20 000<br>　　贷：其他结余　　　　　　20 000 | 预算会计投资预算收益均转入其他结余科目，而非非财政拨款结余科目 |
| | 期末结转（借方余额） | |
| 财务会计 | 借：本期盈余　　　　　　30 000<br>　　贷：投资收益　　　　　　30 000 | 贷方余额，表示当年投资收益表现为正；借方余额，表示当年投资收益为负 |
| 预算会计 | 借：其他结余　　　　　　30 000<br>　　贷：投资预算收益　　　　30 000 | 预算会计投资预算收益均转入其他结余科目，而非非财政拨款结余科目 |

### 三、知识拓展

（一）行业补充规定特殊要求

本科目无行业补充规定。

（二）科目核算难点与注意事项

1. 采用权益法核算的长期股权投资持有期间实现净损益时，投资收益核算存在一定的难度，应严格按制度规定进行核算；学习时应结合本书第四章中的"应收利息""应收股利""短期投资""长期股权投资""长期债券投资"等科目共同学习。

2. 收回以前年度投资和收回本年度投资在预算会计核算时处理方式不同，请参考预算会计"投资预算收益"科目进行学习。

3. 在实务核算时还应该根据投资收益来源进行明细核算，便于编制综合财务报告时收支予以抵销。

4. 投资收益核算时还应与"附属单位上缴收入"进行合理区分，投资收益核算内容包括债券和股权，但是股权与"附属单位"存在一定的交叉，应参考本节有关概念内容进行学习。

## 第八节　捐赠收入业务

捐赠收入科目思维导图如下所示。

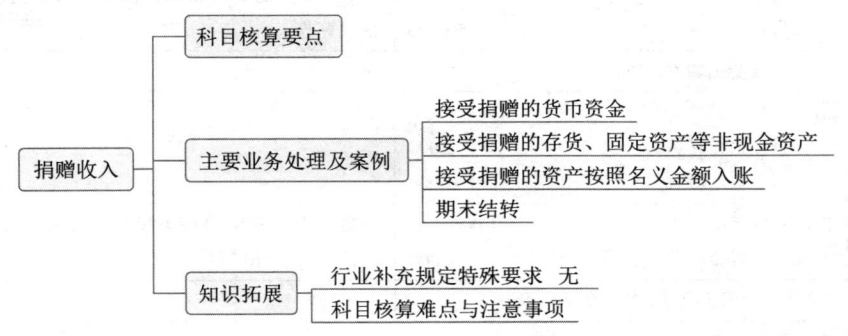

```
                    ┌─ 科目核算要点
                    │
                    │                   ┌─ 接受捐赠的货币资金
                    │                   ├─ 接受捐赠的存货、固定资产等非现金资产
捐赠收入 ──────────┼─ 主要业务处理及案例 ┤
                    │                   ├─ 接受捐赠的资产按照名义金额入账
                    │                   └─ 期末结转
                    │
                    │              ┌─ 行业补充规定特殊要求　无
                    └─ 知识拓展 ───┤
                                   └─ 科目核算难点与注意事项
```

### 一、科目核算要点

本科目核算单位接受其他单位或者个人捐赠取得的收入。本科目应当按照捐赠资产的用途和捐赠单位等进行明细核算。

期末结转后，本科目应无余额。

### 二、主要业务处理及案例

1. 接受捐赠的货币资金，按照实际收到的金额，借记"银行存款""库存现金"等科目，贷记本科目。

2. 接受捐赠的存货、固定资产等非现金资产，按照确定的成本，借记"库存物品""固定资产"等科目，按照发生的相关税费、运输费等，贷记"银行存款"等科目，按照其差额，贷记本科目。

3. 接受捐赠的资产按照名义金额入账的，按照名义金额，借记"库存物品""固定资产"等科目，贷记本科目；同时，按照发生的相关税费、运输费等，借记"其他费用"科目，贷记"银行存款"等科目。

4. 期末，将本科目本期发生额转入本期盈余，借记本科目，贷记"本期盈余"科目。

**【案例6014】** B事业单位为省级预算单位，2019年8月1日，有关科目发生如下业务：

（1）收到X公司现金捐赠50 000元，其中30 000元专项用于设备购置；20 000元用于日常开支，款项已收到。

（2）接受Y公司捐赠包装材料一批，价值30 000元，B单位支付运费1 000元。

（3）接受Z公司捐赠不需安装的固定资产G，价值无法确定，暂按名义金额入账，发生的相关税费等3 000元。

（4）12月31日，捐赠收入科目余额为81 001元（专项资金30 000元、非专项资金20 000元、库存物品形成非现金捐赠收入31 000元、固定资产捐赠形成非现金捐赠名义金额为1元）。

账务处理分录如下：

|  |  | 接受现金捐赠 |  | 核算要点精讲 |
|---|---|---|---|---|
| 财务会计 | 借：银行存款<br>　　贷：捐赠收入—X公司 | 50 000 | 50 000 |  |
| 预算会计 | 借：资金结存—货币资金<br>　　贷：其他预算收入 | 50 000 | 50 000 | 财务会计下的捐赠收入，预算会计下对应科目为其他预算收入 |
|  |  | 接受捐赠库存物品 |  |  |
| 财务会计 | 借：库存物品<br>　　贷：银行存款<br>　　　　捐赠收入—Y公司 | 31 000 | 1 000<br>30 000 |  |
| 预算会计 | 借：其他支出<br>　　贷：资金结存—货币资金 | 1 000 | 1 000 | 捐赠过程中发生的相关税费，按照实际支付金额，借记"其他支出"科目 |
|  |  | 接受捐赠固定资产（名义金额） |  |  |
| 财务会计 | 借：固定资产<br>　　其他费用<br>　　贷：银行存款<br>　　　　捐赠收入—Z公司 | 1（名义金额）<br>3 000 | 3 000<br>1（名义金额） | 按照发生的相关税费、运输费等，借记"其他费用"科目，与捐赠物品（非名义金额）账务处理不同，直接予以费用化而非资本化 |
| 预算会计 | 借：其他支出<br>　　贷：资金结存—货币资金 | 3 000 | 3 000 | 捐赠过程中发生的相关税费，按照实际支付金额，借记"其他支出"科目 |
|  |  | 期末结转 |  |  |
| 财务会计 | 借：捐赠收入—X公司<br>　　捐赠收入—Y公司<br>　　捐赠收入—Z公司<br>　　贷：本期盈余 | 50 000<br>30 000<br>1（名义金额） | 80 001 |  |

| 预算会计 | 借：其他预算收入　　　　　　50 000<br>　　贷：非财政补助结转—本年收支结转<br>　　　　　　　　　　　　　　30 000<br>　　　　其他结余　　　　　　　20 000 | 预算会计仅结转货币性资金捐赠部分，也即科目其他预算收入中捐赠收入形成的部分；同时根据是否专项资金区分非财政补助结转或其他结余科目 |
| --- | --- | --- |

### 三、知识拓展

（一）行业补充规定特殊要求

本科目无行业补充规定。

（二）科目核算难点与注意事项

1. 捐赠收入与预算会计的"其他预算收入"相互对应，预算会计中不再单设与本科目单独对应的科目；预算会计"其他预算收入"科目下应单设二级明细科目"捐赠预算收入"。

2. 期末结转时，预算会计仅结转货币性资金捐赠形成的捐赠收入，也即预算会计中的"其他预算收入—捐赠收入"明细科目数据。

## 第九节　利息收入业务

利息收入科目思维导图如下所示。

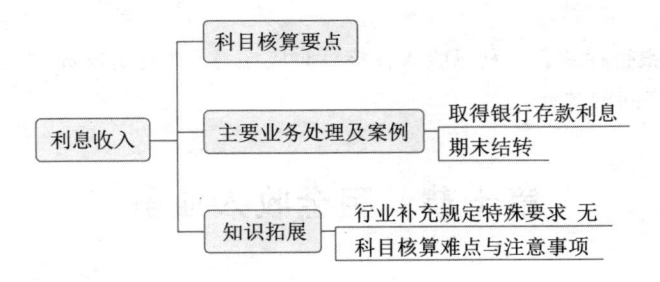

```
              ┌─ 科目核算要点
              │
利息收入 ─────┼─ 主要业务处理及案例 ─┬─ 取得银行存款利息
              │                      └─ 期末结转
              │
              └─ 知识拓展 ─┬─ 行业补充规定特殊要求　无
                          └─ 科目核算难点与注意事项
```

### 一、科目核算要点

本科目核算单位取得的银行存款利息收入。

期末结转后，本科目应无余额。

### 二、主要业务处理及案例

1. 取得银行存款利息时，按照实际收到的金额，借记"银行存款"科目，贷记本科目。

2. 期末，将本科目本期发生额转入本期盈余，借记本科目，贷记"本期盈余"科目。

【案例6015】B事业单位，2019年8月1日，收到第二季度银行存款利息收入2 500元；12月31日利息收入科目余额为8 000元。

账务处理分录如下：

| | 收到利息收入 | | 核算要点精讲 |
|---|---|---|---|
| 财务会计 | 借：银行存款<br>　贷：利息收入 | 2 500<br>　　2 500 | |
| 预算会计 | 借：资金结存——货币资金<br>　贷：其他预算收入 | 2 500<br>　　2 500 | 财务会计下的利息收入，预算会计下对应科目为"其他预算收入" |
| | 期末结转 | | |
| 财务会计 | 借：利息收入<br>　贷：本期盈余 | 8 000<br>　　8 000 | |
| 预算会计 | 借：其他预算收入<br>　贷：其他结余 | 8 000<br>　　8 000 | 利息收入财务会计核算时不区分专项资金还是非专项资金，结转时不再区分非财政拨款结转和其他结余 |

### 三、知识拓展

（一）行业补充规定特殊要求

本科目无行业补充规定。

（二）科目核算难点与注意事项

1. 利息收入与预算会计的"其他预算收入"相互对应，预算会计中不再单设与本科目单独对应的科目；预算会计"其他预算收入"科目下应单设二级明细科目"利息预算收入"。

2. 预算会计期末结转时，利息收入直接结转至"其他结余"，不再区分"非财政补助结转"和"其他结余"。

3. 利息收入是银行存款获得利息收入，核算时应注意与"短期投资""长期债券投资"等科目收到的应收利息之间的区分。

## 第十节 租金收入业务

租金收入科目思维导图如下所示。

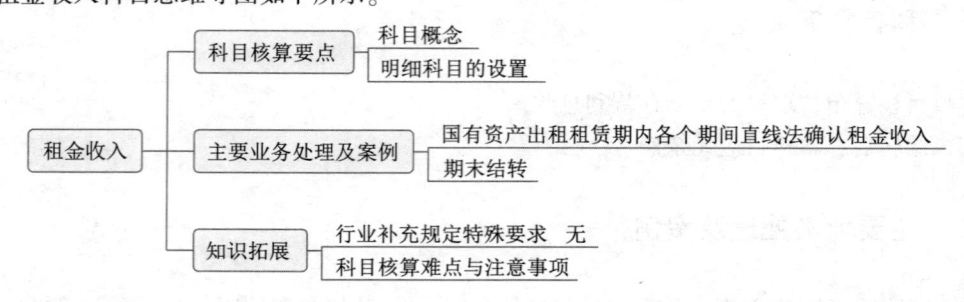

```
租金收入 ┬─ 科目核算要点 ┬─ 科目概念
         │               └─ 明细科目的设置
         ├─ 主要业务处理及案例 ┬─ 国有资产出租租赁期内各个期间直线法确认租金收入
         │                     └─ 期末结转
         └─ 知识拓展 ┬─ 行业补充规定特殊要求　无
                     └─ 科目核算难点与注意事项
```

### 一、科目核算要点

（一）科目概念

本科目核算单位经批准利用国资产出租取得并按照规定纳入本单位预算管理的租金收入。

根据国家有关资产管理制度，行政事业单位应严格控制出租出借国有资产行为，确需出租出借资产的，应当按照规定程序履行报批手续，原则上实行公开竞价招租，必要时可以采取评审或者资产评估等方式确定出租价格，确保出租出借过程的公正透明。

行政单位国有资产处置收入和出租、出借收入，应当在扣除相关税费后及时、足额上缴国库，严禁隐瞒、截留、坐支和挪用。

事业单位出租、出借收入和对外投资收益，应当纳入单位预算，统一核算、统一管理。地方各级事业单位出租、出借收入和对外投资收益，应当依据国家和本级财政部门的有关规定加强管理。

本科目核算的内容为按照规定纳入本单位预算管理的租金收入，不纳入预算管理的租金收入，应按规定上缴财政国库。

（二）明细科目设置

本科目应当按照出租国有资产类别和收入来源等进行明细核算。主要指核算时不仅要区分出租资产的类别，同时在辅助核算时还应按收入来源进行明细核算。

## 二、主要业务处理及案例

1. 国有资产出租收入，应当在租赁期内各个期间按照直线法予以确认。

（1）采用预收租金方式的，预收租金时，按照收到的金额，借记"银行存款"等科目，贷记"预收账款"科目；分期确认租金收入时，按照各期租金金额，借记"预收账款"科目，贷记本科目。

（2）采用后付租金方式的，每期确认租金收入时，按照各期租金金额，借记"应收账款"科目，贷记本科目；收到租金时，按照实际收到的金额，借记"银行存款"等科目，贷记"应收账款"科目。

（3）采用分期收取租金方式的，每期收取租金时，按照租金金额，借记"银行存款"等科目，贷记本科目。

涉及增值税业务的，相关账务处理参见"应交增值税"科目。

2. 期末，将本科目本期发生额转入本期盈余，借记本科目，贷记"本期盈余"科目。

【案例6016】B事业单位2019年8月1日，有关租金收入科目发生如下业务：

（1）经批准对外出租门面房数间，与X公司签订出租合同后，收到X公司一次性支付2年租金120 000元。

（2）经批准对外出租单位办公楼，与Y公司签订出租1年期合同，合同总价36 000元，Y公司采用后付租金方式，按期支付租金。

（3）经批准出租设备一台，与Z公司签订出租合同，合同约定按期收取租金，每月支付租金1 000元。

（4）12月31日，租金收入科目余额为66 000元。

B事业单位按月确认租金收入。账务处理分录如下：

| 采用预收租金方式 | 核算要点精讲 |
| --- | --- |
| 财务会计 | 借：银行存款　　　　　120 000<br>　　贷：预收账款——X公司　　120 000 | |

续表

| 预算会计 | 借：资金结存—货币资金　　　120 000<br>　　贷：其他预算收入—租金收入　120 000 | 财务会计下的租金收入，在预算会计下对应科目为"其他预算收入"；预收款项时直接确认收入 |
|---|---|---|
| | 按期确认收入 | |
| 财务会计 | 借：预收账款—X公司　　　　　5 000<br>　　贷：租金收入—X公司　　　　5 000 | 按照直线法分期确认租金收入；<br>计算过程：120 000÷24月＝5 000元 |
| 预算会计 | 不做账务处理 | |
| | 采用后付租金方式 | |
| 财务会计 | 借：应收账款—Y公司　　　　　36 000<br>　　贷：租金收入—Y公司　　　　36 000 | 确认租金收入 |
| 预算会计 | 不做账务处理 | |
| | 按期确认收入 | |
| 财务会计 | 借：银行存款　　　　　　　　　3 000<br>　　贷：应收账款—Y公司　　　　3 000 | 收到租金；计算过程：36 000÷12月＝3 000元 |
| 预算会计 | 借：资金结存—货币资金　　　　3 000<br>　　贷：其他预算收入—租金收入　3 000 | 财务会计下的租金收入，在预算会计下对应科目为其他预算收入；收到租金时确认其他预算收入 |
| | 分期收取租金 | |
| 财务会计 | 借：银行存款　　　　　　　　　1 000<br>　　贷：租金收入—Z公司　　　　1 000 | |
| 预算会计 | 借：资金结存—货币资金　　　　1 000<br>　　贷：其他预算收入—租金收入　1 000 | |
| | 期末结转 | |
| 财务会计 | 借：租金收入　　　　　　　　　66 000<br>　　贷：本期盈余　　　　　　　66 000 | |
| 预算会计 | 借：其他预算收入—租金收入　　66 000<br>　　贷：其他结余　　　　　　　66 000 | 租金收入财务会计核算时不区分专项资金还是非专项资金，结转时不再区分非财政拨款结转和其他结余 |

## 三、知识拓展

（一）行业补充规定特殊要求

本科目无行业补充规定。

（二）科目核算难点与注意事项

1. 租金收入与预算会计的"其他预算收入"相互对应，预算会计中不再单设与本科目单独对应的科目；预算会计"其他预算收入"科目下应单设二级明细科目"租金预算收入"。

2. 期末结转时，租金收入直接结转至"其他结余"，不再区分"非财政补助结转"和"其他结余"。

3. 租金收入核算时应收取租金的方式和签署的合同内容，按照权责发生制的原则进行会计核算。实务核算时还应该根据来源进行明细核算，便于编制综合财务报告时收支予以抵销。

# 第十一节 其他收入业务

其他收入科目思维导图如下所示。

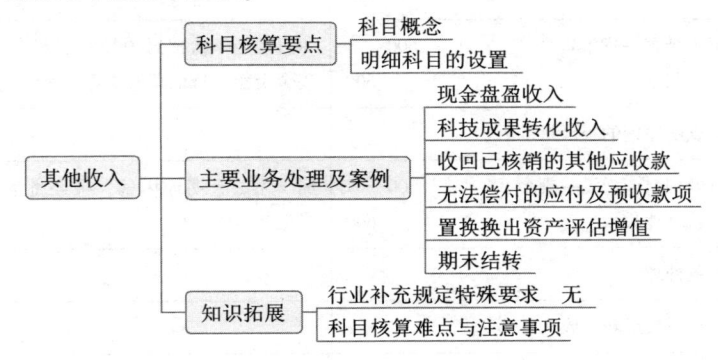

```
其他收入 ── 科目核算要点 ── 科目概念
                        └─ 明细科目的设置
         ── 主要业务处理及案例 ── 现金盘盈收入
                           ├─ 科技成果转化收入
                           ├─ 收回已核销的其他应收款
                           ├─ 无法偿付的应付及预收款项
                           ├─ 置换换出资产评估增值
                           └─ 期末结转
         ── 知识拓展 ── 行业补充规定特殊要求   无
                    └─ 科目核算难点与注意事项
```

## 一、科目核算要点

（一）科目概念

本科目核算单位取得的除财政拨款收入、事业收入、上级补助收入、附属单位上缴收入、经营收入、非同级财政拨款收入、投资收益、捐赠收入、利息收入、租金收入以外的各项收入，包括现金盘盈收入、按照规定纳入单位预算管理的科技成果转化收入、行政单位收回已核销的其他应收款、无法偿付的应付及预收款项、置换换出资产评估增值等。

在实务操作中，其他收入核算的内容比较复杂，单位核算时应准确区分各种收入的性质，合理使用收入科目进行核算。

（二）明细科目设置

本科目应当按照其他收入的类别、来源等进行明细核算。

期末结转后，本科目应无余额。

## 二、主要业务处理及案例

（一）现金盘盈收入

每日现金账款核对中发现的现金溢余，属于无法查明原因的部分，报经批准后，借记"待处理财产损溢"科目，贷记本科目。

（二）科技成果转化收入

单位科技成果转化所取得的收入，按照规定留归本单位的，按照所取得收入扣除相关费用之后的净收益，借记"银行存款"等科目，贷记本科目。

【案例6017】B事业单位，2019年有关科目核算时存在如下情形：

(1) 8月1日，现金账款核对时发现现金溢余600元，无法查明原因，报经批准后确认收入。

(2) 转让科技成果一项，取得转让收入20 000元；相关税费2 000元，按照相关规定转让收入留归本单位。

账务处理分录如下：

| | 发生现金溢余 | 核算要点精讲 |
|---|---|---|
| 财务会计 | 借：库存现金　　　　　　　　600<br>　　贷：待处理财产损溢—现金　　600 | 待处理财产损溢下设置明细科目 |
| 预算会计 | 借：资金结存—货币资金　　　600<br>　　贷：其他预算收入　　　　　600 | 每日现金账款核对中如发现现金溢余，按照溢余的现金金额，贷记其他预算收入 |
| | 无法查明原因的报经批准后 | |
| 财务会计 | 借：待处理财产损溢—现金　　600<br>　　贷：其他收入　　　　　　　600 | 属于无法查明原因的，报经批准后，借记本科目，贷记其他收入科目 |
| 预算会计 | 不做账务处理 | |
| | 科技成果转化收入 | |
| 财务会计 | 借：银行存款　　　　　　　18 000<br>　　贷：其他收入　　　　　　18 000 | 科技成果转换收入与部分行业事业单位的科研经费有一定的区别，此处核算的是科技成果转化收入；按照所取得收入扣除相关费用之后的净收益入账 |
| 预算会计 | 借：资金结存—货币资金　　18 000<br>　　贷：其他预算收入　　　　18 000 | |

（三）收回已核销的其他应收款

行政单位已核销的其他应收款在以后期间收回的，按照实际收回的金额，借记"银行存款"等科目，贷记本科目。

（四）无法偿付的应付及预收款项

无法偿付或债权人豁免偿还的应付账款、预收账款、其他应付款及长期应付款，借记"应付账款""预收账款""其他应付款""长期应付款"等科目，贷记本科目。

【案例6018】A行政单位2019年12月31日，对其他应收款科目检查时，存在如下情形：

（1）发现5年前一笔应收A职工5 000元的其他应收款无法收回，按程序报批后予以核销；2020年8月1日，该款项又正常收回。

（2）发现3年前一笔应付账款3 000元，合同已履行完成，债权人出示有关材料，豁免该应付账款。

账务处理分录如下：

| | 报批后核销其他应收款 | 核算要点精讲 |
|---|---|---|
| 财务会计 | 借：资产处置费用　　　　　　5 000<br>　　贷：其他应收款—A职工　　5 000 | 本案例是行政单位的账务处理，事业单位通过坏账准备科目进行核算 |
| 预算会计 | 不做账务处理 | 财务会计银行存款减少（发生借款时），核销时预算会计没有进行账务处理，将会导致财务会计银行存款和预算会计资金结存会产生永久性差异 |
| | 核销后以后期间收回 | |
| 财务会计 | 借：银行存款　　　　　　　　5 000<br>　　贷：其他收入　　　　　　　5 000 | 核销后收回的，直接确认其他收入 |

续表

| 预算会计 | 借：资金结存—货币资金　　　5 000<br>　贷：其他预算收入　　　　　　5 000 | 本案例是行政单位的账务处理，与事业单位的账务处理不一致 |
|---|---|---|
| | 无法偿付的应付款项 | |
| 财务会计 | 借：应付账款　　　　　　　　3 000<br>　贷：其他收入　　　　　　　　3 000 | 本案例是行政单位的账务处理 |
| 预算会计 | 不做账务处理 | |

（五）置换换出资产评估增值

资产置换过程中，换出资产评估增值的，按照评估价值高于资产账面价值或账面余额的金额，借记有关科目，贷记本科目。具体账务处理参见"库存物品"等科目。

以未入账的无形资产取得的长期股权投资，按照评估价值加相关税费作为投资成本，借记"长期股权投资"科目，按照发生的相关税费，贷记"银行存款""其他应交税费"等科目，按其差额，贷记本科目。

（六）确认（一）至（五）以外的其他收入时，按照应收或实际收到的金额，借记"其他应收款""银行存款""库存现金"等科目，贷记本科目。涉及增值税业务的，相关账务处理参见"应交增值税"科目。

（七）期末，将科目本期发生额转入本期盈余，借记本科目，贷记"本期盈余"科目

**【案例6019】** B事业单位，2019年有关科目核算时存在如下情形：

（1）8月1日，以未入账的无形资产取得的Y公司长期股权投资，评估价值300 000元，相关其他支出10 000元。

（2）8月1日，收到其他收入3 000元。

（3）12月31日，其他收入科目余额为400 000元（其中专项资金300 000元、非专项资金100 000元）。

账务处理分录如下：

| | 以未入账的无形资产取得股权 | 核算要点精讲 |
|---|---|---|
| 财务会计 | 借：长期股权投资—Y公司　　　310 000<br>　贷：银行存款　　　　　　　　　10 000<br>　　　其他收入　　　　　　　　300 000 | 无形资产投资形成财务会计的"其他收入"，制度中规定中"未入账"，视同资产置换过程的增值；如以入账的资产置换取得长期股权投资，与置换取得"库存物品"核算相同 |
| 预算会计 | 借：其他支出　　　　　　　　10 000<br>　贷：资金结存—货币资金　　　10 000 | |
| | 收到其他收入 | |
| 财务会计 | 借：银行存款　　　　　　　　3 000<br>　贷：其他收入　　　　　　　　3 000 | |
| 预算会计 | 借：资金结存—货币资金　　　3 000<br>　贷：其他预算收入　　　　　　3 000 | |
| | 期末结转 | |
| 财务会计 | 借：其他收入　　　　　　　　400 000<br>　贷：本期盈余　　　　　　　　400 000 | |

| 预算会计 | 借：其他预算收入　　　　　　　400 000<br>　　贷：非财政补助结转—本年收支结转<br>　　　　　　　　　　　　　　　300 000<br>　　　　其他结余　　　　　　　　100 000 | 专项资金转入非财政补助结转；非专项资金转入其他结余科目 |

## 三、知识拓展

（一）行业补充规定特殊要求

本科目无行业补充规定。

（二）科目核算难点与注意事项

1. 其他收入与预算会计的"其他预算收入"相互对应，明细科目设置时应兼顾与会预算会计相对应，便于生成预算会计分录。

2. 在实务核算时还应该根据收入来源进行明细核算，便于编制综合财务报告时收支予以抵销。

3. 其他收入学习时建议与其他科目相互结合学习。

## 本章小结

财务会计的收入科目分为 11 个，其中财政拨款收入和事业收入是行政事业单位的主要收入来源，其他类收入较少但是核算起来较为复杂，特别是各项收入的定义、核算范围，为便于读者学习，现将其归纳如下：

| 序号 | 科目代码 | 科目名称 | 概念 | 概念的关键点及易混淆科目 |
|---|---|---|---|---|
| 1 | 4001 | 财政拨款收入 | 从同级政府财政部门取得的各类财政拨款 | 同级财政部门、财政拨款；易混淆科目为"非同级财政拨款收入""上级补助收入" |
| 2 | 4101 | 事业收入 | 开展专业业务活动及其辅助活动实现的收入，不包括从同级政府财政部门取得的各类财政拨款；事业单位对于因开展专业业务活动及其辅助活动取得的非同级财政拨款收入，应当在本科目下单设"非同级财政拨款"明细科目进行核算 | 专业业务活动、科研活动从非同级财政部门取得经费拨款；易混淆科目为"上级补助收入""非同级财政拨款收入""经营收入" |
| 3 | 4201 | 上级补助收入 | 从主管部门和上级单位取得的非财政拨款收入 | 非财政拨款收入；易混淆科目为"财政拨款收入""非同级财政拨款收入" |
| 4 | 4301 | 附属单位上缴收入 | 取得的附属独立核算单位按照有关规定上缴的收入 | 附属单位、独立核算；易混淆科目为"投资收益""经营收入" |
| 5 | 4401 | 经营收入 | 在专业业务活动及其辅助活动之外开展非独立核算经营活动取得的收入 | 非专业活动、非独立核算；易混淆科目为"事业收入""其他收入" |

续表

| 序号 | 科目代码 | 科目名称 | 概念 | 概念的关键点及易混淆科目 |
|---|---|---|---|---|
| 6 | 4601 | 非同级财政拨款收入 | 从非同级政府财政部门取得的经费拨款,包括从同级政府其他部门取得的横向转拨财政款、从上级或下级政府财政部门取得的经费拨款等 | 无预算管理关系的同级政府、非同级财政、非同级政府;但属于财政拨款;易混淆科目为"财政拨款收入""上级补助收入" |
| 7 | 4602 | 投资收益 | 股权投资和债券投资所实现的收益或发生的损失 | 对外投资收益;易混淆科目为"附属单位上缴收入" |
| 8 | 4603 | 捐赠收入 | 接受其他单位或者个人捐赠取得的收入 | |
| 9 | 4604 | 利息收入 | 取得的银行存款利息收入 | |
| 10 | 4605 | 租金收入 | 经批准利用国有资产出租取得并按照规定纳入本单位预算管理的租金收入 | 经批准后的国有资产出租,易混淆科目为"经营收入" |
| 11 | 4609 | 其他收入 | 除上述收入以外的各项收入,包括现金盘盈收入、按照规定纳入单位预算管理的科技成果转化收入、行政单位收回已核销的其他应收款、无法偿付的应付及预收款项、置换换出资产评估增值等 | |

根据政府会计制度要求,收入要分来源进行核算,便于编制政府综合财务报告,在实务核算时应结合科目设置和辅助核算予以实现;同时财务会计下的收入核算应与预算会计下的预算收入核算相互对应,明细科目设置时应兼顾与预算会计相对应,便于生成预算会计分录。

# 第七章　费用类会计业务

**本章导读**

财务会计设置了费用科目、预算会计中设置了支出科目。财务会计的费用是指报告期内导致政府会计主体净资产减少的、含有服务潜力或者经济利益的经济资源的流出。共计8个费用科目。本章在政府会计基本准则的基础上，结合《政府会计制度——行政事业单位会计科目和报表》、7个行业补充规定，通过对财务会计费用类科目核算要点和案例精讲，加强读者对制度中财务会计费用类科目理解和实务中应用。

## 第一节　业务活动费用业务

业务活动费用科目思维导图如下所示。

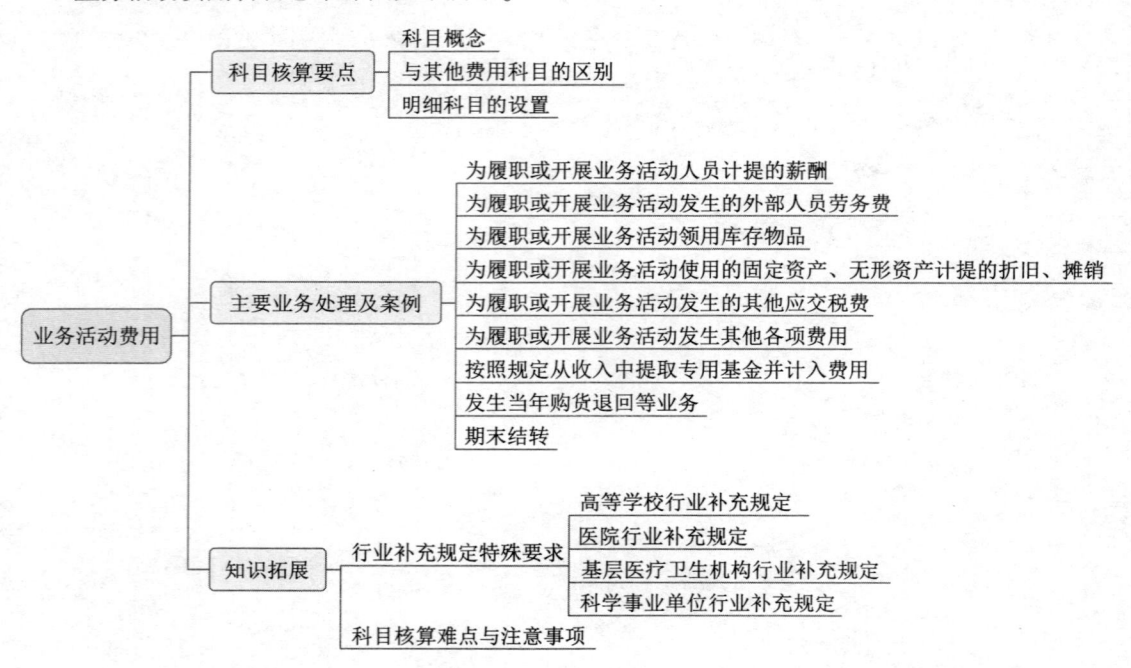

业务活动费用
- 科目核算要点
  - 科目概念
  - 与其他费用科目的区别
  - 明细科目的设置
- 主要业务处理及案例
  - 为履职或开展业务活动人员计提的薪酬
  - 为履职或开展业务活动发生的外部人员劳务费
  - 为履职或开展业务活动领用库存物品
  - 为履职或开展业务活动使用的固定资产、无形资产计提的折旧、摊销
  - 为履职或开展业务活动发生的其他应交税费
  - 为履职或开展业务活动发生其他各项费用
  - 按照规定从收入中提取专用基金并计入费用
  - 发生当年购货退回等业务
  - 期末结转
- 知识拓展
  - 行业补充规定特殊要求
    - 高等学校行业补充规定
    - 医院行业补充规定
    - 基层医疗卫生机构行业补充规定
    - 科学事业单位行业补充规定
  - 科目核算难点与注意事项

## 一、科目核算要点

(一)科目概念

本科目核算单位为实现其职能目标,依法履职或开展专业业务活动及其辅助活动所发生的各项费用。包括所使用的固定资产、无形资产以及为所控制的公共基础设施、保障性住房计提的折旧、摊销等费用。

(二)"业务活动费用"与其他科目的区别

| 科目名称 | 科目定义 | 关键点 |
| --- | --- | --- |
| 业务活动费用 | 核算单位为实现其职能目标,依法履职或开展专业业务活动及其辅助活动所发生的各项费用 | 依法履职和开展专业业务活动;适用于行政单位和事业单位 |
| 单位管理费用 | 核算事业单位本级行政及后勤管理部门开展管理活动发生的各项费用,包括单位行政及后勤管理部门发生的人员经费、公用经费、资产折旧(摊销)等费用,以及由单位统一负担的离退休人员经费、工会经费、诉讼费、中介费等 | 事业单位行政及后勤管理部门开展管理活动的各项费用,强调的是行政和后勤管理;仅适用于事业单位,行政单位不能使用该科目或者理解为行政单位没有单位管理费用 |
| 经营费用 | 事业单位在专业业务活动及其辅助活动之外开展非独立核算经营活动发生的各项费用 | 强调的是专业业务活动之外开展的非独立核算经营活动,与财务会计的"经营收入"相对应;其与业务活动费用的区别在于是否专业业务活动;仅适用于事业单位,行政单位不能使用该科目 |

(三)明细科目设置

本科目应当按照项目、服务或者业务类别、支付对象等进行明细核算。

为了满足成本核算需要,本科目下还可按照"工资福利费用""商品和服务费用""对个人和家庭的补助费用""对企业补助费用""固定资产折旧费""无形资产摊销费""公共基础设施折旧(摊销)费""保障性住房折旧费""计提专用基金"等成本项目设置明细科目,归集能够直接计入业务活动或采用一定方法计算后计入业务活动的费用。

在实务中,"工资福利费用""商品和服务费用""对个人和家庭的补助费用"成本明细科目,还应参考政府收支分类改革中的"部门预算支出经济分类科目"中的"工资福利支出""商品和服务支出""对个人和家庭的补助"等科目,设置明细的费用科目进行核算,在费用科目设置时应还充分考虑与预算会计的支出类科目明细设置相对应,以便自动生成预算会计分录。

期末结转后,本科目应无余额。

## 二、主要业务处理及案例

1. 为履职或开展业务活动人员计提的薪酬,按照计算确定的金额,借记本科目,贷记"应付职工薪酬"科目。

2. 为履职或开展业务活动发生的外部人员劳务费,按照计算确定的金额,借记本科目,按照代扣代缴个人所得税的金额,贷记"其他应交税费——应交个人所得税"科目,按照扣税后应付或实际支付的金额,贷记"其他应付款""财政拨款收入""零余额账户用款额度""银行存款"等科目。

**【案例7001】** B事业单位为一家高校,2019年8月31日,有关会计业务如下:

(1)计提8月份教学学院职工工资400 000元(基本工资100 000元、绩效工资300 000元),计提行政处室工资150 000元(工资40 000元、绩效工资110 000元);同时计提为职工缴纳的住房公积金(假设比例为12%)和社会保险费(假设比例为28%)220 000元(教学学院160 000元、行政处室60 000元)。

(2)计提教学学院发生的外部人员劳务费30 000元(非长期聘用人员)。

(3)9月5日,通过银行账户将上述计提的工资发放,并代扣代缴个人所得税(假设整体税率为3%,不考虑起征点及专项扣除);同时代扣个人应负担的住房公积金(假设比例为5%)、个人应负担机关事业单位基本养老保险费(假设比例为12%)。外部人员不代扣住房公积金和养老保险。

(4)9月10日,向税务局缴纳个人代扣的个人所得税。

(5)9月25日,将代扣的个人住房公积金、社会保险费和单位应负担的部分上缴至相关部门。

账务处理分录如下:

| | 计提应付职工薪酬 | 核算要点精讲 |
|---|---|---|
| 财务会计 | 借:业务活动费用—工资福利费用 560 000<br>　　单位管理费用—工资福利费用 210 000<br>　贷:应付职工薪酬—基本工资　　　140 000<br>　　　应付职工薪酬—绩效工资　　　410 000<br>　　　应付职工薪酬—住房公积金　　66 000<br>　　　应付职工薪酬—社会保险费　 154 000 | 计提应付职工薪酬时,行政单位统一在业务活动费用中核算;事业单位应根据概念区分业务活动费用和单位管理费用;本案例行政处室的工资应计入单位管理费用核算;单位为职工缴纳的社会保险费、住房公积金在应付职工薪酬中核算,应在计提工资的同时予以计提;应付职工薪酬明细科目设置情况请参考本书负债类科目内容 |
| 预算会计 | 不做账务处理 | |
| | 计提外部人员劳务费 | |
| 财务会计 | 借:业务活动费用—商品和服务费用<br>　　　　　　　　　　　　　　　 30 000<br>　贷:其他应付款　　　　　　　 30 000 | 计提外部人员劳务费,不属于工资福利费用,属于商品和服务费用,本案例为专业业务活动计提劳务费,在业务活动费用核算;对方科目为其他应付款,不是应付职工薪酬,应付职工薪酬为在职人员(包括长期聘用人员)计提工资福利时使用 |
| 预算会计 | 不做账务处理 | |
| | 支付职工工资并代扣扣款 | |
| 财务会计 | 借:应付职工薪酬—基本工资　　　140 000<br>　　应付职工薪酬—绩效工资　　　410 000<br>　贷:其他应交税费—应交个人所得税<br>　　　　　　　　　　　　　　　　13 695<br>　　　应付职工薪酬—社会保险费　 66 000<br>　　　应付职工薪酬—公积金　　　 27 500<br>　　　银行存款　　　　　　　　　442 805 | 代扣的个人所得税在其他应交税费核算;代扣的个人负担的住房公积金、社会保险费在应付职工薪酬科目核算;计算过程:<br>公积金=工资×5%=550 000×5%=27 500元<br>社会保险费=工资×12%=66 000元<br>个人所得税=(工资-公积金-社会保险费)×3%<br>=(550 000-27 500-66 000)×3%<br>=13 695元<br>实发工资总额=442 805元<br>个人所得税的另外一种处理方式请参考"其他应交税费"科目 |

续表

| 预算会计 | 借：事业支出　　　　　　　　　442 805<br>　贷：资金结存—货币资金　　　442 805 | 以实际的"现金"流出确认预算会计支出 |
|---|---|---|
| 支付外部人员劳务费 |||
| 财务会计 | 借：其他应付款　　　　　　　　30 000<br>　贷：银行存款　　　　　　　　29 100<br>　　　其他应交税费—应交个人所得税　900 | 外部人员（非长期聘用人员）不扣公积金和社会保险费，按规定代扣代缴个人所得税 |
| 预算会计 | 借：事业支出　　　　　　　　　29 100<br>　贷：资金结存—货币资金　　　29 100 | 以实际的"现金"流出确认预算会计支出 |
| 缴纳个人所得税 |||
| 财务会计 | 借：其他应交税费—应交个人所得税<br>　　　　　　　　　　　　　　14 595<br>　贷：银行存款　　　　　　　　14 595 | 在职职工个人所得税及外部人员劳务费代扣的个人所得税合计为14 595元 |
| 预算会计 | 借：事业支出　　　　　　　　　14 595<br>　贷：资金结存—货币资金　　　14 595 | 以实际的"现金"流出确认预算会计支出 |
| 缴纳住房公积金及社会保险费 |||
| 财务会计 | 借：应付职工薪酬—住房公积金　93 500<br>　　　应付职工薪酬—社会保险费　220 000<br>　贷：银行存款　　　　　　　　313 500 | 缴纳时包括个人扣缴部分和单位负担部分 |
| 预算会计 | 借：事业支出　　　　　　　　　313 500<br>　贷：资金结存—货币资金　　　313 500 | 以实际的"现金"流出确认预算会计支出 |

3. 为履职或开展业务活动领用库存物品，以及动用发出相关政府储备物资，按照领用库存物品或发出相关政府储备物资的账面余额，借记本科目，贷记"库存物品""政府储备物资"科目。

4. 为履职或开展业务活动所使用的固定资产、无形资产以及为所控制的公共基础设施、保障性住房计提的折旧、摊销，按照计提金额，借记本科目，贷记"固定资产累计折旧""无形资产累计摊销""公共基础设施累计折旧（摊销）""保障性住房累计折旧"科目。

5. 为履职或开展业务活动发生的城市维护建设税、教育费附加、地方教育费附加、车船税、房产税、城镇土地使用税等，按照计算确定应交纳的金额，借记本科目，贷记"其他应交税费"等科目。

6. 为履职或开展业务活动发生其他各项费用时，按照费用确认金额，借记本科目，贷记"财政拨款收入""零余额账户用款额度""银行存款""应付账款""其他应付款""其他应收款"等科目。

【案例7002】B事业单位2019年8月31日，有关会计业务如下：

(1) 为完成年度工作任务，业务部门领用办公用品一批，价值3 000元。

(2) 按照上级主管部门要求，发出无须收回政府储备物资一批，总价值40 000元。

(3) 月末，资产管理部门归属于业务部门的固定资产折旧4 000元、无形资产摊销2 000元、本单位控制的公共基础设施折旧6 000元。

(4) 该单位为增值税小规模纳税人，因开展科研活动，开出增值税普通发票一张，销售收入100 000元，增值税3 000元（假设税率3%）；10 300元款项已收到；同时按规定计提城市维护建设税210（假设税率为7%）、教育费附加90元（假设税率为3%）、地方教育费附加60元

— 251 —

(假设税率为2%)。

(5)业务部门发生印刷费5 000元；款项已通过银行支付。

(6)9月5日，将上述科研活动的税费通过银行转账交至税务机关。

账务处理分录如下：

| | 领用办公用品 | 核算要点精讲 |
|---|---|---|
| 财务会计 | 借：业务活动费用—商品和服务费用　3 000<br>　　贷：库存物品　　　　　　　　　　　3 000 | |
| 预算会计 | 不做账务处理 | |
| | 发出政府储备物资 | |
| 财务会计 | 借：业务活动费用—商品和服务费用　40 000<br>　　贷：政府储备物资　　　　　　　　　40 000 | 政府储备物资发出时在业务活动费用核算，不在单位管理费用核算；政府储备物资应视同专业业务活动；发出政府储备物资，不视同销售，不缴纳相关税费 |
| 预算会计 | 不做账务处理 | |
| | 月末计提折旧 | |
| 财务会计 | 借：业务活动费用—固定资产折旧费　4 000<br>　　　业务活动费用—无形资产摊销费　2 000<br>　　　业务活动费用—公共基础设施折旧(摊销)费<br>　　　　　　　　　　　　　　　　　6 000<br>　　贷：固定资产累计折旧　　　　　　　4 000<br>　　　　无形资产累计摊销　　　　　　　2 000<br>　　　　公共基础设施折旧(摊销)　　　 6 000 | 业务活动费用明细科目设置应按照制度规定执行 |
| 预算会计 | 不做账务处理 | |
| | 确认科研事业收入 | |
| 财务会计 | 借：银行存款　　　　　　　　　　　103 000<br>　　贷：事业收入　　　　　　　　　　100 000<br>　　　　应交增值税　　　　　　　　　　3 000 | 预算会计和财务会计确认收入时，应交增值税没有确认财务会计收入；预算会计确认收入；将会形成永久性差异 |
| 预算会计 | 借：资金结存—货币资金　　　　　　103 000<br>　　贷：事业预算收入　　　　　　　　103 000 | |
| | 计提其他应交税费 | |
| 财务会计 | 借：业务活动费用—商品和服务费用　　360<br>　　贷：其他应交税费—城市维护建设税　210<br>　　　　其他应交税费—教育费附加　　　 90<br>　　　　其他应交税费—地方教育费附加　60 | 其他应交税费发生时在业务活动费用中的商品和服务费用中核算 |
| 预算会计 | 不做账务处理 | |
| | 业务部门发生印刷费 | |
| 财务会计 | 借：业务活动费用—商品和服务费用　5 000<br>　　贷：银行存款　　　　　　　　　　　5 000 | |
| 预算会计 | 借：事业支出　　　　　　　　　　　5 000<br>　　贷：资金结存—货币资金　　　　　　5 000 | |

续表

| | 缴纳相关税费 | |
|---|---|---|
| 财务会计 | 借：应交增值税　　　　　　　　　3 000<br>　　其他应交税费—城市维护建设税　210<br>　　其他应交税费—教育费附加　　　90<br>　　其他应交税费—地方教育费附加　60<br>　　贷：银行存款　　　　　　　　　　3 360 | |
| 预算会计 | 借：事业支出　　　　　　　　　　3 360<br>　　贷：资金结存—货币资金　　　　3 360 | 因应交增值税发生的财务会计和预算会计收入确认的差异在支出时达到了平衡（预算会计多确认了3 000元收入、但是支出时同时多确认了3 000元支出） |

7. 按照规定从收入中提取专用基金并计入费用的，一般按照预算会计下基于预算收入计算提取的金额，借记本科目，贷记"专用基金"科目。国家另有规定的，从其规定。

8. 发生当年购货退回等业务，对于已计入本年业务活动费用的，按照收回或应收的金额，借记"财政拨款收入""零余额账户用款额度""银行存款""其他应收款"等科目，贷记本科目。

9. 期末，将本科目本期发生额转入本期盈余，借记"本期盈余"科目，贷记本科目。

【案例7003】B事业单位为高校，2019年8月31日，有关会计业务如下：

（1）按照规定从学费收入中提取学生奖助学金，提取的比例为6%，提取的基数为实际收到的学费收入9 000 000元。

（2）因质量问题，业务部门退回上月购置印刷品一批，退回印刷费600元，款项已收到。

（3）月末，业务活动费用科目余额为4 000 000元；事业支出3 000 000元（基本支出2 000 000元、专项支出1 000 000元，假设均为非财政性资金）。

账务处理分录如下：

| | 提取专用基金 | 核算要点精讲 |
|---|---|---|
| 财务会计 | 借：业务活动费用—计提专用基金<br>　　　　　　　　　　　　　540 000<br>　　贷：专用基金　　　　　　540 000 | 专用基金提取时，一般按照预算会计下基于预算收入计算提取的金额，也即收付实现制下实现的收入，而非权责发生制下确认的收入<br>计算过程：9 000 000×6%＝540 000元 |
| 预算会计 | 不做账务处理 | 专用基金来源有三种，一种是从收入中计提，不进行预算会计账务处理；另外一种是从年末非财政拨款资金形成的其他结余中提取，应按规定进行预算会计账务处理，还有一种是设置的专用基金；详细情况请参考本书净资产及预算会计部分内容 |
| | 当年发生购货退回 | |
| 财务会计 | 借：银行存款　　　　　　　　600<br>　　贷：业务活动费用　　　　　　600 | 当年发生的购货退回，冲减当年费用，以前年度的购货退回账务处理在以前年度盈余调整科目进行核算；如款项未收到，其他应收款核算 |
| 预算会计 | 借：资金结存—货币资金　　　　600<br>　　贷：事业支出　　　　　　　　600 | 当年发生的购货退回，冲减当年支出，以前年度购货退回的账务处理在预算结余中核算 |

续表

| | 期末结转 | |
|---|---|---|
| 财务会计 | 借：本期盈余　　　　　4 000 000<br>　贷：业务活动费用　　　　　4 000 000 | |
| 预算会计 | 借：非财政拨款结转—本年收支结转<br>　　　　　　　　　　　1 000 000<br>　　其他结余　　　　　2 000 000<br>　贷：事业支出　　　　　3 000 000 | 预算会计期末结转时事业支出科目与财务会计的业务活动费用科目数据存在差异；应根据资金性质和用途分科目结转 |

## 三、知识拓展

（一）行业补充规定特殊要求

1. 高等学校行业补充规定。

高等学校应当在新制度规定的"5001 业务活动费用"科目下设置"500101 教育费用""500102 科研费用"明细科目。

"500101 教育费用"科目核算高等学校开展教学及其辅助活动、学生事务等活动所发生的，能够直接计入或采用一定方法计算后计入的各项费用。

"500102 科研费用"科目核算高等学校开展科研及其辅助活动所发生的，能够直接计入或采用一定方法计算后计入的各项费用。

2. 医院行业补充规定。

医院应当在新制度规定的"5001 业务活动费用"科目下按照经费性质（财政基本拨款经费、财政项目拨款经费、科教经费、其他经费）进行明细核算，并对政府指令性任务进行明细核算。此外，医院除遵循新制度规定外，还可根据管理要求，参照《政府收支分类科目》中"部门预算支出经济分类科目"对业务活动费用进行明细核算，在新制度规定的"商品和服务费用"明细科目下设置"专用材料费"明细科目，并按照"卫生材料费""药品费"进行明细核算。

3. 基层医疗卫生机构行业补充规定。

基层医疗卫生机构应当在新制度规定的"5001 业务活动费用"科目下设置"500101 医疗费用""500102 公共卫生费用"和"500103 科教费用"明细科目。

（1）"500101 医疗费用"科目，核算基层医疗卫生机构开展医疗活动发生的各项费用。基层医疗卫生机构应当在"500101 医疗费用"科目下设置"人员费用""药品费""专用材料费""维修费""计提专用基金""固定资产折旧""无形资产摊销""其他医疗费用"等明细科目；在"人员费用"明细科目下设置"工资福利费用""对个人和家庭的补助费用"明细科目；在"药品费"明细科目下设置"西药""中成药""中药饮片"明细科目，在"西药"明细科目下设置"西药""疫苗"明细科目；在"专用材料费"明细科目下设置"卫生材料费""低值易耗品""其他材料费"明细科目，在"卫生材料费"明细科目下设置"血库材料""医用气体""影像材料""化验材料"和"其他卫生材料"明细科目。

（2）"500102 公共卫生费用"科目，核算基层医疗卫生机构开展公共卫生活动发生的各项费用。基层医疗卫生机构应当在"500102 公共卫生费用"科目下设置"人员费用""药品费""专用材料费""维修费""其他公共卫生费用"等明细科目；在"人员费用"明细科目下设置"工资福利费用""对个人和家庭的补助费用"明细科目；在"药品费"明细科目下设置"西药""中成药""中药饮片"明细科目，在"西药"明细科目下设置"西药""疫苗"明细科目；在"专用材料费"明细科目下设置"卫生材料费""低值易耗品""其他材料费"明细科目，在"卫生材料费"明细科目下设置"血库材料""医用气体""影像材料""化验材料"和"其他卫生材料"明细科目。

(3)"500103 科教费用"科目，核算基层医疗卫生机构开展科研教学活动发生的各项费用。基层医疗卫生机构应当在"500103 科教费用"科目下设置"科研费用""教学费用"明细科目。

4. 科学事业单位行业补充规定。

科学事业单位应当在新制度规定的"5001 业务活动费用"科目下设置"500101 科研活动费用""500102 非科研活动费用"明细科目。

(1)"500101 科研活动费用"明细科目核算科学事业单位开展科研活动及其辅助活动发生的各项费用。

(2)"500102 非科研活动费用"明细科目核算科学事业单位开展科研活动以外的其他业务活动及其辅助活动发生的各项费用，包括技术活动费用、学术活动费用、科普活动费用、试制产品活动费用和教学活动费用等。

技术活动费用是指科学事业单位对外提供技术咨询、技术服务等活动发生的各项费用。

学术活动费用是指科学事业单位开展学术交流、学术期刊出版等活动发生的各项费用。

科普活动费用是指科学事业单位开展科学知识宣传、讲座和科技展览等活动发生的各项费用。

试制产品活动费用是指科学事业单位试制中间试验产品等活动发生的各项费用。

教学活动费用是指科学事业单位开展教学活动发生的各项费用。

(二)科目核算难点与注意事项

业务活动费用是行政事业单位日常核算的主要费用科目，核算时应注意如下方面：

(1)根据科目概念，正确区分业务活动费用、单位管理费用、经营费用等费用概念。在核算时各项费用均应按照类别进行区分，如固定资产资产折旧费，应在计提折旧时区分属于业务活动费用、单位管理费用、经营费用等。

(2)制度中规定按"工资福利费用""商品和服务费用""对个人和家庭的补助费用""对企业补助费用""固定资产折旧费""无形资产摊销费""公共基础设施折旧(摊销)费""保障性住房折旧费""计提专用基金"等成本项目设置明细科目。在实务中，还结合预算会计的支出科目，参考"部门预算支出经济分类科目"设置明细，便于财务会计和预算会计自动生成分录；同时还应结合行业补充规定，如高校、医院、基层医疗卫生机构、科学事业单位等不同情况，设置明细科目进行核算。

(3)当年购货退回时应按规定冲减当年费用，以前年度购货退回时应按以前年度盈余调整科目进行核算。

(4)计提专用基金时，一般按照预算会计下基于预算收入计算提取的金额，也即收付实现制下实现的收入，而非权责发生制下确认的收入；专用基金来源有三种，一是从收入中计提，计提时预算会计不进行账务处理；二是从年末非财政拨款资金形成的其他结余中提取，应按规定进行预算会计账务处理；三是设置的专用基金；详细情况请参考本书净资产及预算会计部分内容。

(5)在实务中，业务活动费用是否应按照财政资金或非财政资金、基本支出还是专项支出进行核算，尚未明确定论，单位应结合实际情况，在既符合相关规定，又不增加工作量的前提下，结合预算会计支出核算科目综合考虑。

(6) 在实务核算时还应该根据费用的支付对象进行明细核算，便于编制综合财务报告时收支予以抵销。

## 第二节　单位管理费用业务

单位管理费用科目思维导图如下所示。

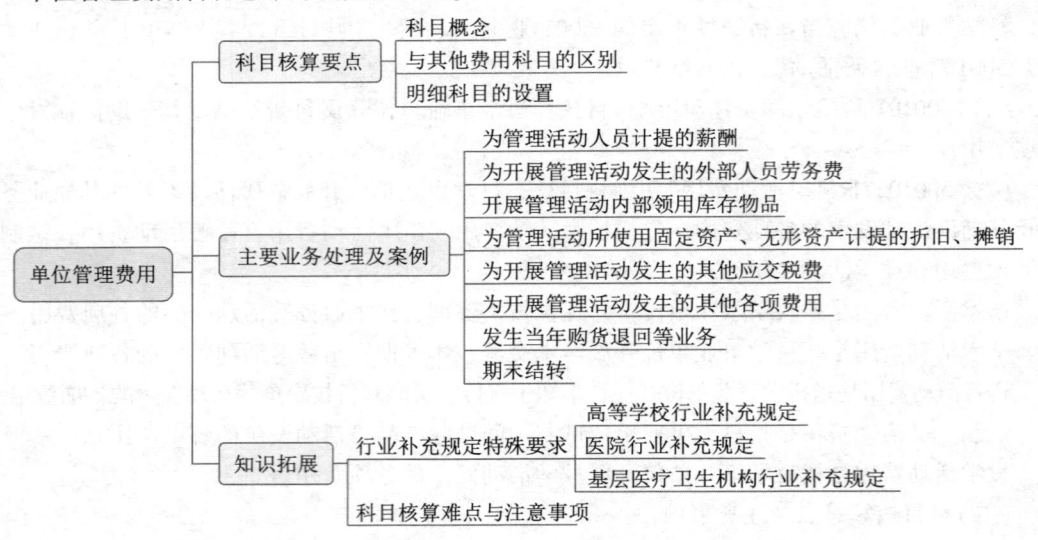

```
单位管理费用
├── 科目核算要点
│   ├── 科目概念
│   ├── 与其他费用科目的区别
│   └── 明细科目的设置
├── 主要业务处理及案例
│   ├── 为管理活动人员计提的薪酬
│   ├── 为开展管理活动发生的外部人员劳务费
│   ├── 开展管理活动内部领用库存物品
│   ├── 为管理活动所使用固定资产、无形资产计提的折旧、摊销
│   ├── 为开展管理活动发生的其他应交税费
│   ├── 为开展管理活动发生的其他各项费用
│   ├── 发生当年购货退回等业务
│   └── 期末结转
└── 知识拓展
    ├── 行业补充规定特殊要求
    │   ├── 高等学校行业补充规定
    │   ├── 医院行业补充规定
    │   └── 基层医疗卫生机构行业补充规定
    └── 科目核算难点与注意事项
```

### 一、科目核算要点

(一) 科目概念

本科目核算事业单位本级行政及后勤管理部门开展管理活动发生的各项费用，包括单位行政及后勤管理部门发生的人员经费、公用经费、资产折旧（摊销）等费用，以及由单位统一负担的离退休人员经费、工会经费、诉讼费、中介费等。工会经费、诉讼费、中介费等内容统一在单位管理费用科目进行核算，视同单位开展管理活动发生的各项费用，不在业务活动费用科目中核算。

(二) "单位管理费用"与其他科目的区别

单位管理费用仅限用于事业单位财务会计核算，与业务活动费用的区别在于是专业业务活动及其辅助活动还是行政及后勤管理部门开展管理活动发生的费用，实务中应根据单位内部机构设置情况，合理区分单位管理费用和业务活动费用的核算内容。

事业单位列支费用时应按照部门设置对应关系，如果发生的费用无法明确计算时，应按照一定比例分摊；如公用的水、电、燃气、汽车折旧等费用。单位管理费的开支范围需要严格按制度列举来执行，即人员经费、公用经费、资产折旧（摊销）等费用，以及由单位统一负担的离退休人员经费、工会经费、诉讼费、中介费等。

发出政府储备物资时视同开展专业业务活动，其费用在业务活动费用中核算。

(三) 明细科目设置

本科目应当按照项目、费用类别、支付对象等进行明细核算。为了满足成本核算需要，本科目下还可按照"工资福利费用""商品和服务费用""对个人和家庭的补助费用""固定资产折旧费""无形资产摊销费"等成本项目设置明细科目，归集能够直接计入单位管理活动或采用一定方法计算后计入单位管理活动的费用。

在实务中，"工资福利费用""商品和服务费用""对个人和家庭的补助费用"成本明细科目，还应参考政府收支分类改革中的"部门预算支出经济分类科目"中的"工资福利支出""商品和服务支出""对个人和家庭的补助"等科目，设置明细的费用科目进行核算，在费用科目设置时应还充分考虑与预算会计的支出类科目明细设置相对应，以便自动生成预算会计分录。

期末结转后，本科目应无余额。

## 二、主要业务处理及案例

1. 为管理活动人员计提的薪酬，按照计算确定的金额，借记本科目，贷记"应付职工薪酬"科目。

2. 为开展管理活动发生的外部人员劳务费，按照计算确定的费用金额，借记本科目，按照代扣代缴个人所得税的金额，贷记"其他应交税费—应交个人所得税"科目，按照扣税后应付或实际支付的金额，贷记"其他应付款""财政拨款收入""零余额账户用款额度""银行存款"等科目。

【案例7004】B事业单位为一家高校，2019年8月31日，有关会计业务如下：

（1）计提8月份计提行政处室职工工资100 000元（基本工资30 000元、绩效工资70 000元）；同时计提为职工缴纳的住房公积金（假设比例为12%）和社会保险费（假设比例为28%）40 000元。

（2）计提8月份行政处室长期聘用人员工资30 000元（基本工资10 000元、绩效工资20 000元）；计提为职工缴纳的住房公积金（假设比例为12%）和社会保险费（假设比例为28%）12 000元。

（3）计提行政处室临时聘用的外部人员劳务费10 000元（非长期聘用人员）。

（4）9月5日，通过银行账户将上述计提的工资发放，并代扣代缴个人所得税（假设整体税率为3%，不考虑起征点及专项扣除）；同时代扣个人应负担的住房公积金（假设比例为5%）、个人应负担机关事业单位基本养老保险费（假设比例为12%）。外部人员不代扣住房公积金和养老保险。

（5）9月10日，向税务局缴纳个人代扣的个人所得税。

（6）9月25日，将代扣的个人住房公积金、社会保险费和单位应负担的部门上缴至相关部门。

账务处理分录如下：

| | 计提应付职工薪酬 | 核算要点精讲 |
|---|---|---|
| 财务会计 | 借：单位管理费用—工资福利费用 140 000<br>　　贷：应付职工薪酬—基本工资 30 000<br>　　　　应付职工薪酬—绩效工资 70 000<br>　　　　应付职工薪酬—住房公积金 12 000<br>　　　　应付职工薪酬—社会保险费 28 000 | 计提应付职工薪酬时，行政单位统一在业务活动费用中核算；事业单位应根据概念区分业务活动费用和单位管理费用；本案例行政处室的工资应计入单位管理费用核算；单位为职工缴纳的社会保险费、住房公积金在应付职工薪酬中核算，应在计提工资的同时予以计提；应付职工薪酬明细科目设置情况请参考本书负债类科目内容 |
| 预算会计 | 不做账务处理 | |

续表

| | | 计提长期聘用人员工资 | |
|---|---|---|---|
| 财务会计 | 借：单位管理费用—工资福利费用 42 000<br>　　贷：应付职工薪酬—基本工资　　10 000<br>　　　　应付职工薪酬—绩效工资　　20 000<br>　　　　应付职工薪酬—住房公积金　3 600<br>　　　　应付职工薪酬—社会保险费　8 400 | | 应付职工薪酬为在职人员（包括长期聘用人员）计提工资福利时使用；在实务工作，根据"部门预算支出经济分类科目"中的"工资福利支出"有关经济科目的内容，编制外长期聘用人员（不包括劳务派遣人员）劳务报酬及社保缴费在经济分类科目"其他工资福利支出"中核算，与应付职工薪酬中的二级明细科目不同 |
| 预算会计 | 不做账务处理 | | |
| | | 计提外部人员劳务费 | |
| 财务会计 | 借：单位管理费用—商品和服务费用<br>　　　　　　　　　　　　　　　10 000<br>　　贷：其他应付款　　　　　　　10 000 | | 计提外部人员劳务费，不属于工资福利费用，属于商品和服务费用，经济分类科目为劳务费，本案例为行政部门聘用的外部人员计提劳务费，在单位管理费用核算；对方科目为其他应付款，不是应付职工薪酬，应付职工薪酬为在职人员（包括长期聘用人员）计提工资福利时使用 |
| 预算会计 | 不做账务处理 | | |
| | | 支付职工工资并代扣扣款 | |
| 财务会计 | 借：应付职工薪酬—基本工资　　40 000<br>　　　应付职工薪酬—绩效工资　　90 000<br>　　贷：其他应交税费—应交个人所得税<br>　　　　　　　　　　　　　　　3 237<br>　　　　应付职工薪酬—社会保险费 15 600<br>　　　　应付职工薪酬—公积金　　6 500<br>　　　　银行存款　　　　　　　104 663 | | 代扣的个人所得税在其他应交税费核算；代扣的个人负担的住房公积金、社会保险费在应付职工薪酬科目核算；计算过程（在职工和长期聘用人员）：<br>公积金＝工资×5%＝130 000×5%＝6 500元<br>社会保险费＝工资×12%＝130 000×12%＝15 600元<br>个人所得税＝（工资－公积金－社会保险费）×3%<br>＝（130 000－6 500－15 600）×3%＝3 237元<br>实发工资总额＝104 663元 |
| 预算会计 | 借：事业支出　　　　　　　　104 663<br>　　贷：资金结存—货币资金　　104 663 | | 以实际的"现金"流出确认预算会计支出 |
| | | 支付外部人员劳务费 | |
| 财务会计 | 借：其他应付款　　　　　　　　10 000<br>　　贷：银行存款　　　　　　　　9 700<br>　　　　其他应交税费—应交个人所得税 300 | | 外部人员（非长期聘用人员）不扣公积金和社会保险费，按规定代扣代缴个人所得税 |
| 预算会计 | 借：事业支出　　　　　　　　　9 700<br>　　贷：资金结存—货币资金　　　9 700 | | 以实际的"现金"流出确认预算会计支出 |
| | | 缴纳个人所得税 | |
| 财务会计 | 借：其他应交税费—应交个人所得税<br>　　　　　　　　　　　　　　　3 537<br>　　贷：银行存款　　　　　　　　3 537 | | 在职职工个人所得税及外部人员劳务费代扣的个人所得税合计为3 537元 |
| 预算会计 | 借：事业支出　　　　　　　　　3 537<br>　　贷：资金结存—货币资金　　　3 537 | | 以实际的"现金"流出确认预算会计支出 |

| | 缴纳住房公积金及社会保险费 | |
|---|---|---|
| 财务会计 | 借：应付职工薪酬——住房公积金　22 100<br>　　　应付职工薪酬——社会保险费　52 000<br>　　贷：银行存款　　　　　　　　　　74 100 | 缴纳时包括个人扣缴部分和单位负担部分 |
| 预算会计 | 借：事业支出　　　　　　　　　　　74 100<br>　　贷：资金结存——货币资金　　　　74 100 | 以实际的"现金"流出确认预算会计支出 |

3. 开展管理活动内部领用库存物品，按照领用物品实际成本，借记本科目，贷记"库存物品"科目。

4. 为管理活动所使用固定资产、无形资产计提的折旧、摊销，按照应提折旧、摊销额，借记本科目，贷记"固定资产累计折旧""无形资产累计摊销"科目。

5. 为开展管理活动发生城市维护建设税、教育费附加、地方教育费附加、车船税、房产税、城镇土地使用税等，按照计算确定应交纳的金额，借记本科目，贷记"其他应交税费"等科目。

6. 为开展管理活动发生的其他各项费用，按照费用确认金额，借记本科目，贷记"财政拨款收入""零余额账户用款额度""银行存款""其他应付款""其他应收款"等科目。

7. 发生当年购货退回等业务，对于已计入本年单位管理费用的，按照收回或应收的金额，借记"财政拨款收入""零余额账户用款额度""银行存款""其他应收款"等科目，贷记本科目。

8. 期末，将本科目本期发生额转入本期盈余，借记"本期盈余"科目，贷记本科目。

【案例 7005】B 事业单位 2019 年 8 月 31 日，有关会计业务如下：

(1) 为完成年度工作任务，财务部门领用办公用品一批，价值 3 000 元。

(2) 月末，资产管理部门计提归属于行政部门的固定资产折旧 4 000 元、无形资产摊销 2 000 元。

(3) 按规定计提应缴纳车船税 3 000 元、城镇土地使用税 12 000 元（缴税相关业务省略）。

(4) 8 月份共发生水电费 30 000 元，经按规定归集后，业务部门专业业务活动承担 25 000 元，行政部门承担 5 000 元；款项已通过银行支付。

(5) 计提上半年工会经费 6 000 元（其中业务部门 4 000 元、行政部门 2 000 元）并将工会经费转至独立核算的工会。

(6) 发放退休人员取暖补贴 30 000 元。

(7) 因人事部门计算错误，退回多发放的取暖补贴 950 元。

(8) 期末，单位管理费用科目余额为 300 000 元，预算会计事业支出科目余额为 200 000 元（基本支出 120 000 元、专项支出 80 000 元，假设均为非财政性资金）。

账务处理分录如下：

| | 领用办公用品 | 核算要点精讲 |
|---|---|---|
| 财务会计 | 借：单位管理费用——商品和服务费用　3 000<br>　　贷：库存物品　　　　　　　　　　　3 000 | 确认单位管理费用 |
| 预算会计 | 不做账务处理 | |

续表

| | | 月末计提折旧 | |
|---|---|---|---|
| 财务会计 | 借：单位管理费用—固定资产折旧费 4 000<br>　　单位管理费用—无形资产摊销费 2 000<br>　贷：固定资产累计折旧　　　　　　4 000<br>　　　无形资产累计摊销　　　　　　2 000 | | 单位管理费用明细科目设置应按照制度规定执行 |
| 预算会计 | 不做账务处理 | | |
| | | 按规定计提应缴纳的税费 | |
| 财务会计 | 借：单位管理费用—商品和服务费用 15 000<br>　贷：其他应交税费—车船税　　　　3 000<br>　　　其他应交税费—城镇土地使用税 12 000 | | 其他应交税费发生时在业务活动费用中的商品和服务费用中核算；本案例假定车船税、城镇土地使用税在单位管理费用核算，也可能根据实际情况在业务活动费用和经营费用中核算；缴税业务账务处理省略 |
| 预算会计 | 不做账务处理 | | |
| | | 缴纳水电费 | |
| 财务会计 | 借：业务活动费用—商品和服务费用 25 000<br>　　单位管理费用—商品和服务费用 5 000<br>　贷：银行存款　　　　　　　　　30 000 | | 水电费是否区分业务活动费用及单位管理费用应根据单位实际情况考虑 |
| 预算会计 | 借：事业支出　　　　　　　　　30 000<br>　贷：资金结存—货币资金　　　　30 000 | | |
| | | 计提工会经费 | |
| 财务会计 | 借：单位管理费用—商品和服务费用 6 000<br>　贷：银行存款　　　　　　　　　6 000 | | 工会经费、诉讼费、中介费等内容统一在单位管理费用科目进行核算，不使用业务活动费用核算 |
| 预算会计 | 借：事业支出　　　　　　　　　6 000<br>　贷：资金结存—货币资金　　　　6 000 | | |
| | | 发放退休人员取暖费 | |
| 财务会计 | 借：单位管理费用—对个人和家庭的补助费用<br>　　　　　　　　　　　　　　30 000<br>　贷：银行存款　　　　　　　　　30 000 | | 离退休人员费用统一在单位管理费用中核算，实务中离退休人员如参加机关事业单位社会养老保险，相应的费用不在本单位核算 |
| 预算会计 | 借：事业支出　　　　　　　　　30 000<br>　贷：资金结存—货币资金　　　　30 000 | | |
| | | 退回取暖补贴 | |
| 财务会计 | 借：银行存款　　　　　　　　　950<br>　贷：单位管理费用—对个人和家庭的补助费用<br>　　　　　　　　　　　　　　950 | | |
| 预算会计 | 借：资金结存—货币资金　　　　950<br>　贷：事业支出　　　　　　　　　950 | | |
| | | 期末结转 | |
| 财务会计 | 借：本期盈余　　　　　　　　　300 000<br>　贷：单位管理费用　　　　　　　300 000 | | |

续表

| | | |
|---|---|---|
| 预算会计 | 借：非财政拨款结转—本年收支结转 80 000<br>　　　其他结余　　　　　　　　　　　120 000<br>　　贷：事业支出　　　　　　　　　　　　　200 000 | 预算会计期末结转时事业支出科目与财务会计的业务活动费用科目数据存在差异；应根据资金性质和用途分科目结转 |

## 三、知识拓展

（一）行业补充规定特殊要求

1. 高等学校行业补充规定。

高等学校应当在新制度规定的"5101 单位管理费用"科目下设置"510101 行政管理费用""510102 后勤保障费用""510103 离退休费用"和"510109 单位统一负担的其他管理费用"明细科目。

（1）"510101 行政管理费用"科目核算高等学校开展单位的行政管理活动所发生的各项费用。

（2）"510102 后勤保障费用"科目核算高等学校统一负担的开展后勤保障活动所发生的各项费用。

（3）"510103 离退休费用"科目核算高等学校统一负担的离退休人员工资、补助、活动经费等各项费用。

（4）"510109 单位统一负担的其他管理费用"科目核算由高等学校统一负担的除行政管理费用、后勤保障费用、离退休费用之外的其他各项管理费用，如工会经费、诉讼费、中介费等。

2. 医院行业补充规定。

医院应当在新制度规定的"5101 单位管理费用"科目下按照经费性质（财政基本拨款经费、财政项目拨款经费、科教经费、其他经费）进行明细核算。医院可根据管理要求，参照《政府收支分类科目》中"部门预算支出经济分类科目"进行明细核算，在新制度规定的"商品和服务费用"明细科目下设置"专用材料费"明细科目，并按照"卫生材料费""药品费"进行明细核算。

3. 基层医疗卫生机构行业补充规定。

基层医疗卫生机构应当在新制度规定的"5101 单位管理费用"科目下设置"人员费用""商品和服务费用""固定资产折旧""无形资产摊销"等明细科目；在"人员费用"明细科目下设置"工资福利费用""对个人和家庭的补助费用"明细科目。

（二）科目核算难点与注意事项

1. 单位管理费用与业务活动费用核算较为相似，注意事项请参考业务活动费用科目。

2. 在实务中根据行业补充规定和单位内部机构情况合理设置明细科目和区分费用类别。

3. 计提专用基金和发出政府储备物资不在本科目核算，在业务活动费用科目核算。

4. 制度中规定按"工资福利费用""商品和服务费用""对个人和家庭的补助费用""对企业补助费用""固定资产折旧费""无形资产摊销费""公共基础设施折旧（摊销）费""保障性住房折旧费""计提专用基金"等成本项目设置明细科目。在实务中，还结合预算会计的支出科目，参考"部门预算支出经济分类科目"设置明细，便于财务会计和预算会计自动生成分录；同时还应结合行业补充规定，如高校、医院、基层医疗卫生机构、科学事业单位等不同情况，设置明细科目进行核算。

5. 在实务中存在的难点就是如何合理区分费用类别，如单位发生的水电费等费用科目，应按照合理的标准和办法进行区分。

6. 工会经费、诉讼费、中介费等内容统一在单位管理费用科目进行核算，视同单位开展管理活动发生的各项费用，不在业务活动费用科目中核算。

7. 在实务核算时还应该根据费用的支付对象进行明细核算，便于编制综合财务报告时收支予以抵销。

8. 事业单位因规模较小或业务单一，可以不再区分"业务活动费用"和"单位管理费用"，统一使用"业务活动费用"科目核算。

## 第三节　经营费用业务

经营费用科目思维导图如下所示。

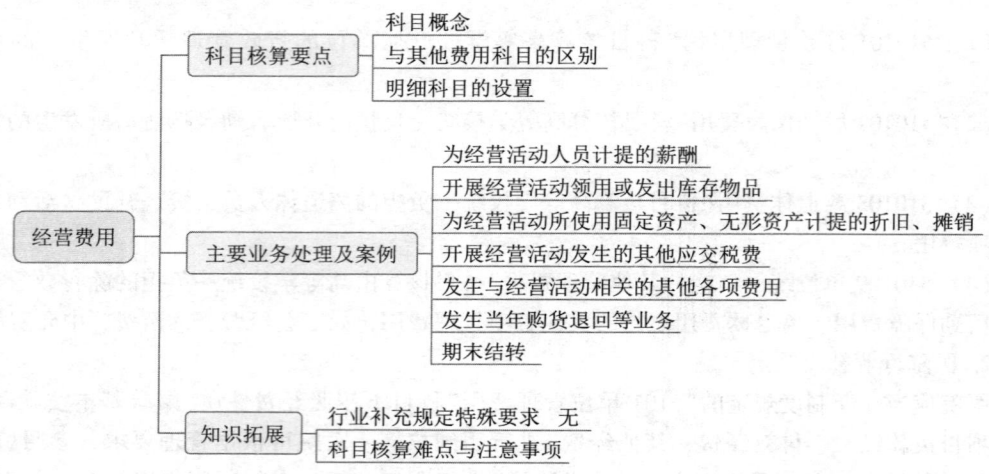

```
                    ┌─ 科目概念
        ┌ 科目核算要点 ─┼─ 与其他费用科目的区别
        │              └─ 明细科目的设置
        │              
        │              ┌─ 为经营活动人员计提的薪酬
        │              ├─ 开展经营活动领用或发出库存物品
        │              ├─ 为经营活动所使用固定资产、无形资产计提的折旧、摊销
经营费用 ─┼ 主要业务处理及案例 ─┼─ 开展经营活动发生的其他应交税费
        │              ├─ 发生与经营活动相关的其他各项费用
        │              ├─ 发生当年购货退回等业务
        │              └─ 期末结转
        │              
        └ 知识拓展 ─┬─ 行业补充规定特殊要求　无
                   └─ 科目核算难点与注意事项
```

### 一、科目核算要点

（一）科目概念

本科目核算事业单位在专业业务活动及其辅助活动之外开展非独立核算经营活动发生的各项费用。

（二）"经营费用"与其他科目的区别

经营费用科目与经营收入相对应，实现经营收入过程中发生的费用在"经营费用"科目核算。属于专业业务及其辅助活动发生的费用在"业务活动费用"科目核算；单位统一负担的离退休人员经费、工会经费、诉讼费、中介费等在"单位管理费用"科目核算。

"经营费用"还强调"非独立核算经营活动"，独立核算的经营活动不在本单位会计主体进行核算。如果事业单位从事经营活动的单位是完全独立核算的单位，那就是独立于事业单位的另一个会计主体。

（三）明细科目设置

本科目应当按照经营活动类别、项目、支付对象等进行明细核算。

为了满足成本核算需要，本科目下还可按照"工资福利费用""商品和服务费用""对个人和家庭的补助费用""固定资产折旧费""无形资产摊销费"等成本项目设置明细科目，归集能够直接计入单位经营活动或采用一定方法计算后计入单位经营活动的费用。

在实务中,"工资福利费用""商品和服务费用""对个人和家庭的补助费用"成本明细科目,还应参考政府收支分类改革中的"部门预算支出经济分类科目"中的"工资福利支出""商品和服务支出""对个人和家庭的补助"等科目,设置明细的费用科目进行核算,在费用科目设置时应还充分考虑与预算会计的支出类科目明细设置相对应,以便自动生成预算会计分录。

期末结转后,本科目应无余额。

## 二、主要业务处理及案例

1. 为经营活动人员计提的薪酬,按照计算确定的金额,借记本科目,贷记"应付职工薪酬"科目。

2. 开展经营活动领用或发出库存物品,按照物品实际成本,借记本科目,贷记"库存物品"科目。

3. 为经营活动所使用固定资产、无形资产计提的折旧、摊销,按照应提折旧、摊销额,借记本科目,贷记"固定资产累计折旧""无形资产累计摊销"科目。

4. 开展经营活动发生城市维护建设税、教育费附加、地方教育费附加、车船税、房产税、城镇土地使用税等,按照计算确定应交纳的金额,借记本科目,贷记"其他应交税费"等科目。

5. 发生与经营活动相关的其他各项费用时,按照费用确认金额,借记本科目,贷记"银行存款""其他应付款""其他应收款"等科目。涉及增值税业务的,相关账务处理参见"应交增值税"科目。

6. 发生当年购货退回等业务,对于已计入本年经营费用的,按照收回或应收的金额,借记"银行存款""其他应收款"等科目,贷记本科目。

7. 期末,将本科目本期发生额转入本期盈余,借记"本期盈余"科目,贷记本科目。

相关案例请参考"业务活动费用""单位管理费用"科目。

## 三、知识拓展

1. 经营费用科目与经营收入相对应,实现经营收入过程中发生的费用在"经营费用"科目核算,实务中应合理区分费用类别。

2. 在实务中,"工资福利费用""商品和服务费用""对个人和家庭的补助费用"成本明细科目,还应参考政府收支分类改革中的"部门预算支出经济分类科目"中的"工资福利支出""商品和服务支出""对个人和家庭的补助"等科目,设置明细的费用科目进行核算,在费用科目设置时应还充分考虑与预算会计的支出类科目明细设置相对应,以便自动生成预算会计分录。

3. 实务中应坚持"经营收入"减去"经营费用"等于"经营结余"这一主线进行合理区分收入和费用,确保核算准确。

4. 在实务核算时还应该根据费用的支付对象进行明细核算,便于编制综合财务报告时收支予以抵销。

# 第四节 资产处置费用业务

资产处置费用科目思维导图如下所示。

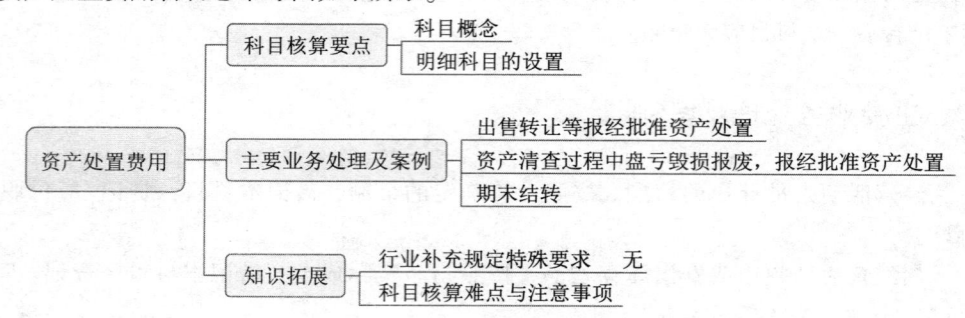

```
                    ┌─ 科目核算要点 ─┬─ 科目概念
                    │                └─ 明细科目的设置
                    │
                    │                ┌─ 出售转让等报经批准资产处置
资产处置费用 ───────┼─ 主要业务处理及案例 ─┼─ 资产清查过程中盘亏毁损报废，报经批准资产处置
                    │                └─ 期末结转
                    │
                    └─ 知识拓展 ─┬─ 行业补充规定特殊要求    无
                                └─ 科目核算难点与注意事项
```

## 一、科目核算要点

### （一）科目概念

本科目核算单位经批准处置资产时发生的费用，包括转销的被处置资产价值，以及在处置过程中发生的相关费用或者处置收入小于相关费用形成的净支出。资产处置的形式按照规定包括无偿调拨、出售、出让、转让、置换、对外捐赠、报废、毁损以及货币性资产损失核销等。

单位在资产清查中查明的资产盘亏、毁损以及资产报废等，应当先通过"待处理财产损溢"科目进行核算，再将处理资产价值和处理净支出计入本科目。

短期投资、长期股权投资、长期债券投资的处置，按照相关资产科目的规定进行账务处理。

本科目学习时应参考资产类相关科目内容同时学习。

资产的处置的方式（不包括短期投资、长期股权投资、长期债券投资的处置）一般包括如下方面：

| 序号 | 资产处置方式 | 使用范围 | 核算科目 |
| --- | --- | --- | --- |
| 1 | 经批准出售、转让 | 库存物品、固定资产、无形资产、保障性住房 | 资产处置费用 |
| 2 | 经批准对外捐赠 | 库存物品、固定资产、无形资产、公共基础设施、文物文化资产 | 资产处置费用 |
| 3 | 经批准无偿调出 | 库存物品、固定资产、无形资产、公共基础设施、文物文化资产、保障性住房 | 无偿调拨净资产、资产处置费用 |
| 4 | 经批准置换换出 | 库存物品、固定资产、无形资产 | 资产处置费用 |
| 5 | 经批准核销 | 无形资产 | 资产处置费用 |
| 6 | 盘亏或者毁损、报废 | 库存物品、固定资产、无形资产、公共基础设施、政府储备物资、文物文化资产、保障性住房 | 待处理财产损溢、资产处置费用 |
| 7 | 现金短缺（无法查明原因的） | 库存现金 | 待处理财产损溢、资产处置费用 |
| 8 | 提取坏账准备 | 应收账款和其他应收款 | 其他费用 |

## (二)明细科目设置

本科目应当按照处置资产的类别、资产处置的形式等进行明细核算。明细科目的设置与"业务活动费用"不同,不再设置部门经济分类科目;同时明细科目与预算会计支出科目设置也无对应关系,主要是因为资产处置费用过程中除相关税费外,不发生相关的现金流出,不进行预算会计账务处理。

期末结转后,本科目应无余额。

## 二、主要业务处理及案例

(一)不通过"待处理财产损溢"科目核算的资产处置

1. 按照规定报经批准处置资产时,按照处置资产的账面价值,借记本科目[处置固定资产、无形资产、公共基础设施、保障性住房的,还应借记"固定资产累计折旧""无形资产累计摊销""公共基础设施累计折旧(摊销)""保障性住房累计折旧"科目],按照处置资产的账面余额,贷记"库存物品""固定资产""无形资产""公共基础设施""政府储备物资""文物文化资产""保障性住房""其他应收款""在建工程"等科目。

处置方式为无偿调拨时,账面价值计入"无偿调拨净资产",归属于调出方的相关费用,借记"资产处置费用"科目。

2. 处置资产过程中仅发生相关费用的,按照实际发生金额,借记本科目,贷记"银行存款""库存现金"等科目。

3. 处置资产过程中取得收入的,按照取得的价款,借记"库存现金""银行存款"等科目,按照处置资产过程中发生的相关费用,贷记"银行存款""库存现金"等科目,按照其差额,借记本科目或贷记"应缴财政款"等科目。涉及增值税业务的,相关账务处理参见"应交增值税"科目。

【案例7006】B事业单位2019年8月1日,按照规定报经批准处置相关资产业务如下:

(1)报经批准出售固定资产一项,原值200 000元,已计提折旧140 000元,处置费用4 000元,处置价款70 000元,款项已收到。

(2)报经批准对外捐赠无形资产一项,原值60 000元,已计提摊销40 000元,B事业单位支付运费2 000元(归属于捐出方)。

(3)报经批准无偿调出保障性账住房一项给同级事业单位,原值1 000 000元,已计提折旧400 000元,B事业单位支付相关费用3 000元(归属于调出方)。

以上资产处置均按规定上缴财政。账务处理分录如下:

| | 经批准出售固定资产 | | 核算要点精讲 |
|---|---|---|---|
| 财务会计 | 借:资产处置费用—固定资产 60 000<br>　　固定资产累计折旧　　　 140 000<br>　　贷:固定资产　　　　　　　　　 200 000<br>借:银行存款　　　　　　　　 70 000<br>　　贷:银行存款　　　　　　　　　　 4 000<br>　　　应缴财政款　　　　　　　　　 66 000 | | 1. 出售、转让固定资产的账面价值(原值-折旧)计入资产处置费用;账面价值不等于账面余额;出售价款与支出的相关费用抵减后计入应缴财政款<br>2. 资产出售、转让的收益应按规定上缴财政 |
| 预算会计 | 不做账务处理 | | 应缴财政款不属于"纳入部门预算管理"的资金 |

续表

| | 经批准捐赠无形资产 | |
|---|---|---|
| 财务会计 | 借：资产处置费用——无形资产　22 000<br>　　无形资产累计摊销　　　　40 000<br>　贷：无形资产　　　　　　　　　　60 000<br>　　　银行存款　　　　　　　　　　 2 000 | 捐赠无形资产的处置费用为账面价值，捐赠无形资产的资产处置费用科目金额包括捐出方负担的相关费用（捐出方的费用视同对外捐赠流动资产） |
| 预算会计 | 借：其他支出　　　　　　　　 2 000<br>　贷：资金结存——货币资金　　　　 2 000 | 归属于捐出方的相关费用 |
| | 经批准无偿调出保障性住房 | |
| 财务会计 | 借：资产处置费用——保障性住房　3 000<br>　贷：银行存款　　　　　　　　　　 3 000<br>借：保障性住房累计折旧　　　400 000<br>　　无偿调拨净资产　　　　　600 000<br>　贷：保障性住房　　　　　　　1 000 000 | 处置方式为无偿调拨时，账面价值记入"无偿调拨净资产"，归属于调出方的相关费用，借记"资产处置费用"科目。本案例中，发生的归属于调出方的相关费用计入资产处置费用；保障性住房账面余额和累计折旧的差额计入无偿调拨净资产；归属于调出方的相关费用视同资产处置 |
| 预算会计 | 借：其他支出　　　　　　　　 3 000<br>　贷：资金结存——货币资金　　　　 3 000 | 归属于调出方的相关费用 |

(二)通过"待处理财产损溢"科目核算的资产处置

1. 单位账款核对中发现的现金短缺，属于无法查明原因的，报经批准核销时，借记本科目，贷记"待处理财产损溢"科目。

2. 单位资产清查过程中盘亏或者毁损、报废的存货、固定资产、无形资产、公共基础设施、政府储备物资、文物文化资产、保障性住房等，报经批准处理时，按照处理资产价值，借记本科目，贷记"待处理财产损溢——待处理财产价值"科目。处理收支结清时，处理过程中所取得收入小于所发生相关费用的，按照相关费用减去处理收入后的净支出，借记本科目，贷记"待处理财产损溢——处理净收入"科目。

(三)期末，将本科目本期发生额转入本期盈余，借记"本期盈余"科目，贷记本科目

【案例7007】B事业单位，2019年有关科目存在如下情形：

(1)8月1日，现金账款核对时发现现金短缺300元；无法查明原因，报经批准后予以核销。

(2)年末资产清查时，发现毁损固定资产F一批，账面余额40 000元，已计提折旧32 000元；报经批准后进行处理，固定资产F取得残值变价收入5 000元，发生相关费用6 000元。

(3)年末资产清查时，盘亏文物文化资产H一批，账面余额4 000元。

(4)期末资产处置费用科目余额为400 000元；预算会计下其他支出科目为3 000元，均为非财政性资金基本支出。

账务处理分录如下：

| | 发生现金短缺 | 核算要点精讲 |
|---|---|---|
| 财务会计 | 借：待处理财产损溢——现金　　　300<br>　贷：库存现金　　　　　　　　　　　300 | 待处理财产损溢下设置明细科目 |

— 266 —

续表

| | | |
|---|---|---|
| 预算会计 | 借：其他支出　　　　　　　　　　300<br>　　贷：资金结存——货币资金　　　　300 | 现金账款核对中如发现现金短缺，按照短缺的现金金额，借其他支出；属于应当由有关人员赔偿的，按照收到的赔偿金额，贷记其他支出 |
| | 无法查明原因报经批准后 | |
| 财务会计 | 借：资产处置费用——现金　　　　300<br>　　贷：待处理财产损溢——现金　　　300 | 发生问题时计入待处理财产损溢；报经批准后进入资产处置费用科目核算 |
| 预算会计 | 不做账务处理 | 预算会计在发生现金短缺已进行账务处理 |
| | 盘亏固定资产一批 | |
| 财务会计 | 借：待处理财产损溢——待处理财产价值　8 000<br>　　固定资产累计折旧　　　　　　　32 000<br>　　贷：固定资产　　　　　　　　　　40 000 | 待处理财产损溢下设置明细科目 |
| 预算会计 | 不做账务处理 | |
| | 报经批准后 | |
| 财务会计 | 借：资产处置费用——固定资产　　8 000<br>　　贷：待处理财产损溢——待处理财产价值　8 000 | 资产处置费用科目为账面价值（科目余额减去折旧） |
| 预算会计 | 不做账务处理 | |
| | 经批准处置固定资产处理过程 | |
| 财务会计 | 收回处置价款：<br>借：银行存款　　　　　　　　　　5 000<br>　　贷：待处理财产损溢——处理净收入　5 000<br>支付相关费用：<br>借：待处理财产损溢——处理净收入　6 000<br>　　贷：银行存款　　　　　　　　　　6 000<br>处理收支结清：<br>借：资产处置费用——固定资产　　1 000<br>　　贷：待处理财产损溢——处理净收入　1 000 | 1. 待处理财产损溢下设置"处理净收入"明细科目，用于核算处置收回的款项和支付的相关费用<br>2. 处理收支结清，处理收入小于相关费用的，进入资产处置费用<br>3. 实际支付的银行存款 = 费用 - 收入 = 6 000 - 5 000 = 1 000元 |
| 预算会计 | 借：其他支出　　　　　　　　　　1 000<br>　　贷：资金结存——货币资金　　　　1 000 | 预算会计按照实际支出进行核算 |
| | 盘亏文物文化资产一批 | |
| 财务会计 | 借：待处理财产损溢——待处理财产价值　4 000<br>　　贷：文物文化资产　　　　　　　　4 000 | 文物文化资产不计提折旧 |
| 预算会计 | 不做账务处理 | |
| | 报经批准后处置 | |
| 财务会计 | 借：资产处置费用——文物文化资产　4 000<br>　　贷：待处理财产损溢——待处理财产价值　4 000 | 资产处置费用科目为账面价值（科目余额减去折旧） |
| 预算会计 | 不做账务处理 | |
| | 期末结转 | |
| 财务会计 | 借：本期盈余　　　　　　　　　400 000<br>　　贷：资产处置费用　　　　　　　400 000 | 资产处置费用科目为账面价值（科目余额减去折旧） |

续表

| 预算会计 | 借：其他结余　　　　　　　　　3 000<br>　贷：其他支出　　　　　　　　　3 000 | 预算会计仅结转资产处置过程中"现金"流出部分；本案例数据为假设；其他资金支出（非财政非专项资金支出）转入其他结余 |
|---|---|---|

### 三、知识拓展

1. 资产处置费用包括转销的被处置资产价值，以及在处置过程中发生的相关费用或者处置收入小于相关费用形成的净支出。

2. 资产处置的形式按照规定包括无偿调拨、出售、出让、转让、置换、对外捐赠、报废、毁损以及货币性资产损失核销等，账务处理时应根据处置方式选择不同的账务处理方式。

3. 单位在资产清查中查明的资产盘亏、毁损以及资产报废等，应当先通过"待处理财产损溢"科目进行核算，再将处理资产价值和处理净支出计入本科目。

4. 处置方式为无偿调拨时，账面价值计入"无偿调拨净资产"，归属于调出方的相关费用，借记"资产处置费用"科目。制度中在"资产处置费用"科目内容没有详细说明，但是在涉及相关资产的处置时进行了相关规定。

5. 不同的资产种类，对应的处置方式也不尽相同，请参考本节归纳的内容及相应的资产处置时的规定进行账务处理。短期投资、长期股权投资、长期债券投资的处置，按照相关资产科目的规定进行账务处理，不适用于本科目。

6. 资产处置费用科目设置和核算时可不按支付对象进行核算，与业务活动费用、单位管理费用、经营费用不同，后者要求按支付对象进行核算。

7. 各类资产处置还要遵守相关资产管理规定。

## 第五节　上缴上级费用和对附属单位补助费用业务

上缴上级费用和对附属单位补助费用思维导图如下所示。

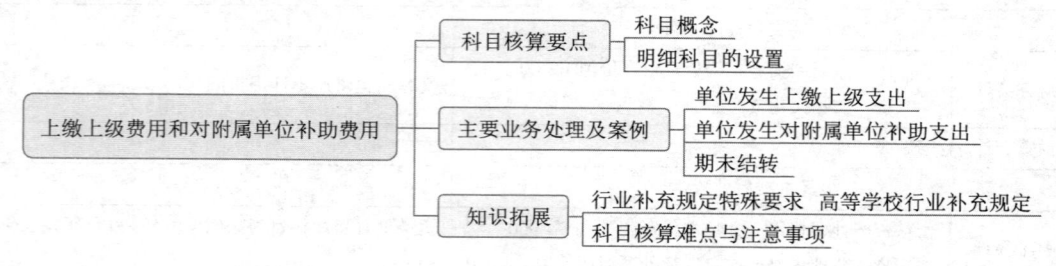

```
                              ┌─ 科目核算要点 ─┬─ 科目概念
                              │                └─ 明细科目的设置
                              │                ┌─ 单位发生上缴上级支出
上缴上级费用和对附属单位补助费用 ─┼─ 主要业务处理及案例 ─┼─ 单位发生对附属单位补助支出
                              │                └─ 期末结转
                              └─ 知识拓展 ─┬─ 行业补充规定特殊要求　高等学校行业补充规定
                                          └─ 科目核算难点与注意事项
```

### 一、科目核算要点

#### （一）科目概念

上缴上级费用核算事业单位按照财政部门和主管部门的规定上缴上级单位款项发生的费用。对附属单位补助费用核算事业单位用财政拨款收入之外的收入对附属单位补助发生的费用。上缴上级费用科目概念中的财政部门是指国家行政机关中负责财政管理工作的机构，如财政部、财政厅等，但是应注意财政部门是同级财政部门。主管部门指是负责事业单位业务管理的部门。上级单位是可对事业单位行使管理权的单位。

附属单位是指事业单位举办的具备独立法人资质、独立核算的单位。如果事业单位与所属企业法人在产权、资产、职工福利等方面没有厘清，事业单位还承担着所属企业的职工福利、负债偿还，或者还由所属企业免费使用事业单位资产等，那么事业单位与企业就属于附属单位关系；如果事业单位与其举办的企业之间产权明晰，事业单位与所属单位是投资与被投资的关系，事业单位的对外投资，不属于附属单位。

（二）明细科目设置

上缴上级费用应当按照收缴款项单位、缴款项目等进行明细核算。

对附属单位补助费用应当按照接受补助单位、补助项目等进行明细核算。

期末结转后，科目应无余额。

## 二、主要业务处理及案例

（一）上缴上级费用科目账务处理

1. 单位发生上缴上级支出的，按照实际上缴的金额或者按照规定计算出应当上缴上级单位的金额，借记本科目，贷记"银行存款""其他应付款"等科目。

2. 期末，将本科目本期发生额转入本期盈余，借记"本期盈余"科目，贷记本科目。

（二）对附属单位补助费用科目账务处理

1. 单位发生对附属单位补助支出的，按照实际补助的金额或者按照规定计算出应当对附属单位补助的金额，借记本科目，贷记"银行存款""其他应付款"等科目。

2. 期末，将本科目本期发生额转入本期盈余，借记"本期盈余"科目，贷记本科目。

【案例7008】B事业单位，2019年有关科目存在如下情形：

（1）8月1日，根据上级主管部门规定，计算出上月应上缴金额为20 000元；8月31日，收到上级主管部门通知后将上述款项上缴至主管部门。

（2）8月1日，根据单位决议，对独立核算的食堂予以补贴，经测算应补贴30 000元，8月31日收到相应票据后拨付相应的款项。

（3）期末，对上述科目进行结转。

账务处理分录如下：

|  | 按规定计算应上缴金额 |  | 核算要点精讲 |
| --- | --- | --- | --- |
| 财务会计 | 借：上缴上级费用—主管部门<br>　　贷：其他应付款 | 20 000<br>　　20 000 | 按权责发生制原则应计算应上缴金额，收到通知后再上缴；实务中应根据实际情况，也可以在实际发生费用时再进行账务处理 |
| 预算会计 | 不做账务处理 |  |  |
|  | 收到通知后上缴 |  |  |
| 财务会计 | 借：其他应付款<br>　　贷：银行存款 | 20 000<br>　　20 000 | 按权责发生制原则应计算应上缴金额，收到通知后再上缴；实务中应根据实际情况，也可以在实际发生费用时再进行账务处理 |
| 预算会计 | 借：上缴上级支出<br>　　贷：资金结存—货币资金 | 20 000<br>　　20 000 |  |

续表

| | 计算应补助金额 | |
|---|---|---|
| 财务会计 | 借：对附属单位补助费用—食堂　　30 000<br>　贷：其他应付款　　　　　　　　　　30 000 | 对附属单位补助费用设置明细科目 |
| 预算会计 | 不做账务处理 | |
| | 拨付补助 | |
| 财务会计 | 借：其他应付款　　　　　　　　30 000<br>　贷：银行存款　　　　　　　　　　　30 000 | 按权责发生制原则应计算应补助金额，收到票据后再上缴；实务中应根据实际情况，也可以在实际发生费用时再进行账务处理 |
| 预算会计 | 借：对附属单位补助支出　　　　30 000<br>　贷：资金结存—货币资金　　　　　　30 000 | |
| | 期末结转 | |
| 财务会计 | 借：本期盈余　　　　　　　　　50 000<br>　贷：上缴上级费用—主管部门　　　　20 000<br>　　　对附属单位补助费用—食堂　　30 000 | |
| 预算会计 | 借：其他结余　　　　　　　　　50 000<br>　贷：上缴上级支出　　　　　　　　　20 000<br>　　　对附属单位补助支出　　　　　　30 000 | 转入其他结余；两个支出科目核算的资金均应为非财政性资金 |

## 三、知识拓展

（一）行业补充规定特殊要求

高等学校编制包含校内独立核算单位的收入费用表时，对于具有后勤保障职能的校内独立核算单位，应当将其本年收入（不含从学校取得的补贴经费）、费用（不含使用学校补贴经费发生的费用）相抵后的净额计入本表中"其他收入"项目金额，并单独填列于该项目下的"后勤保障单位净收入"项目。如果具有后勤保障职能的全部校内独立核算单位本年收入（不含从学校取得的补贴经费）、费用（不含使用学校补贴经费发生的费用）相抵后的净额合计数为负数，则以"-"号填列于"后勤保障单位净收入"项目。

其他行业无相关补充规定。

（二）科目核算难点与注意事项

1. 上缴上级费用科目使用时应严格按照有关规定执行，区分是业务活动费用还是上缴上级费用，二者的主要区别是业务活动费用是指接受了上级主管部门或者财政部门的服务或劳务，支付的相关费用；而上缴上级费用是根据相关规定执行，并无实质性的业务交易。

2. 对附属单位补助费用核算时应区分对外投资和对附属单位补助，二者的区别在于产权是否清晰、业务是否交叉；对外投资应按照国家相关规定进行审批；对附属单位补助费用不需要进行审批，是本单位接受了附属单位的服务或者劳务而支付的费用。

3. 上缴上级费用和对附属单位补助费用均核算的是非财政性资金。

4. 明细科目的设置与"业务活动费用"等科目不同，不再设置部门经济分类科目。

5. 在预算会计支出科目中，相应的设置了"上缴上级支出""对附属单位补助支出"科目，核算时应严格按照对应关系进行核算。

## 第六节 所得税费用业务

所得税费用科目思维导图如下所示。

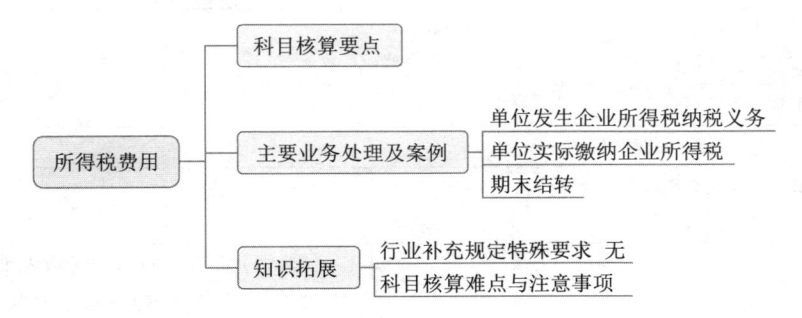

```
所得税费用 ┬─ 科目核算要点
          ├─ 主要业务处理及案例 ┬─ 单位发生企业所得税纳税义务
          │                    ├─ 单位实际缴纳企业所得税
          │                    └─ 期末结转
          └─ 知识拓展 ┬─ 行业补充规定特殊要求 无
                     └─ 科目核算难点与注意事项
```

### 一、科目核算要点

本科目核算有企业所得税缴纳义务的事业单位按规定缴纳企业所得税所形成的费用。

根据《中华人民共和国企业所得税法》规定:"在中华人民共和国境内,企业和其他取得收入的组织(以下统称企业)为企业所得税的纳税人,依照本法的规定缴纳企业所得税。企业每一纳税年度的收入总额,减除不征税收入、免税收入、各项扣除以及允许弥补的以前年度亏损后的余额,为应纳税所得额。"关于企业所得税的有关规定,请参考相关法律法规。

所得税费用科目概念中税种的名字为"企业所得税",为统一称呼,包括企业和其他取得收入的组织,从概念上理解,也包括事业单位。

年末结转后,本科目应无余额。

### 二、主要业务处理及案例

1. 发生企业所得税纳税义务的,按照税法规定计算的应交税金数额,借记本科目,贷记"其他应交税费—应交所得税"科目。

实际缴纳时,按照缴纳金额,借记"其他应交税费—应交所得税"科目,贷记"银行存款"科目。

2. 年末,将本科目本年发生额转入本期盈余,借记"本期盈余"科目,贷记本科目。

【案例7009】B事业单位,2019年有关科目业务如下:

(1) 12月31日,全年经营收入500 000元、经营费用460 000元,按照税法规定应缴纳企业所得税。按照税法规定计算应缴纳企业所得税10 000元,假设税率为25%。

(2) 期末,按规定进行结转。

(3) 2020年1月25日,将上述税金缴纳至税务部门。

账务处理分录如下:

— 271 —

| | 年终计算企业所得税 | 核算要点精讲 |
|---|---|---|
| 财务会计 | 借：所得税费用　　　　　　　10 000<br>　贷：其他应交税费—应交所得税　10 000 | 计算过程：应交所得税=（收入-费用）×25%<br>=（500 000-460 000）×25%=10 000 元 |
| 预算会计 | 不做账务处理 | |
| | 年末结转 | |
| 财务会计 | 借：本期盈余　　　　　　　　10 000<br>　贷：所得税费用　　　　　　　10 000 | |
| 预算会计 | 不做账务处理 | |
| | 缴纳所得税时 | |
| 财务会计 | 借：其他应交税费—应交所得税　10 000<br>　贷：银行存款　　　　　　　　10 000 | |
| 预算会计 | 借：非财政拨款结余—累计结余　10 000<br>　贷：资金结存—货币资金　　　10 000 | 1. 所得税费用是根据非财政拨款收入和费用相抵扣后计算出的金额；本案例的经营结余缴纳的企业所得税，根据制度结转后最终转入科目为非财政拨款结余<br>2. 所得税费用均为跨年缴纳，上年度的收入和支出均已结转至非财政拨款结余科目，缴纳时不再列支，直接从预算结余科目中支出 |

## 三、知识拓展

1. 所得税费用核算时应严格按照税法规定区分是否属于应缴企业所得税的范围。

2. 缴纳所得税时均为跨年缴纳，预算会计中，上年度的收入和支出均已结转至非财政拨款结余科目，缴纳时不再列支，直接从预算结余科目中支出。

# 第七节　其他费用业务

其他费用科目思维导图如下所示。

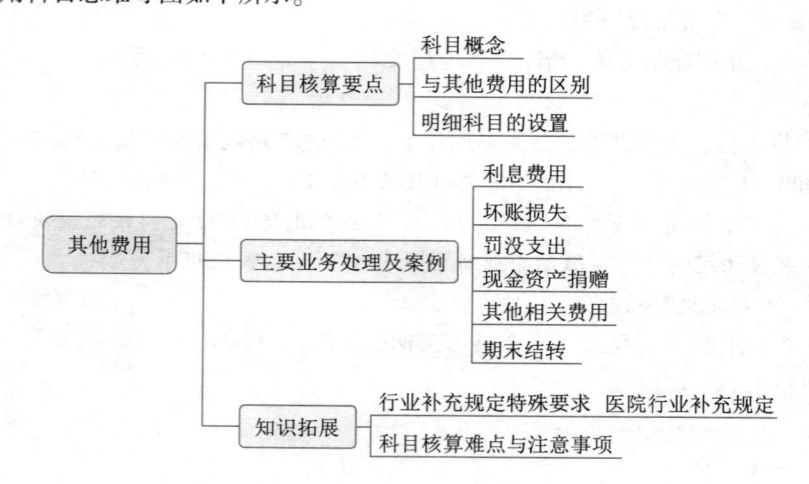

## 一、科目核算要点

### (一)科目概念

本科目核算单位发生的除业务活动费用、单位管理费用、经营费用、资产处置费用、上缴上级费用、附属单位补助费用、所得税费用以外的各项费用,包括利息费用、坏账损失、罚没支出、现金资产捐赠支出以及相关税费、运输费等。

### (二)"其他费用"与其他科目的区别

在实务中,应区分"其他费用"和"资产处置费用"的区别,如相关税费、运输费等内容,也可能在资本化时在资产类科目核算,资产处置时在"资产处置费用"科目核算,具体情况应根据实务进行判断。本科目所指的相关税费、运输费是针对接受捐赠(或无偿调入)以名义金额计量的存货、固定资产、无形资产,以及成本无法可靠取得的公共基础设施、文物文化资产等发生的相关税费、运输费,在本科目进行核算。

### (三)明细科目设置

本科目应当按照其他费用的类别等进行明细核算,至少应设置"利息费用""坏账损失""罚没支出""现金资产捐赠支出"等明细科目。单位发生的利息费用较多的,可以单独设置"利息费用"科目。

期末结转后,本科目应无余额。

## 二、主要业务处理及案例

### (一)利息费用

按期计算确认借款利息费用时,按照计算确定的金额,借记"在建工程"科目或本科目,贷记"应付利息""长期借款—应计利息"科目。

【案例7010】B事业单位,2019年有关科目业务如下:

(1)8月1日,从X银行借入2年期分期付息、到期还本借款的利息的借款2 000 000元,用于D项目建设,该项目正在建设过程中,尚未完工;从Y银行借入1月期借款1 000 000元,用于日常开支;假设上述借款利率为6%。

(2)8月31日,计提X银行利息10 000元;计提Y银行利息5 000元,同时D项目完工交付使用(账务处理省略);9月5日,向银行支付上述借款利息。

(3)9月30日,计提X银行利息10 000元。

其他账务处理省略。账务处理分录如下:

| | 借入款项 | | 核算要点精讲 |
|---|---|---|---|
| 财务会计 | 借:银行存款　　　　　2 000 000<br>　　贷:长期借款　　　　　　2 000 000<br>借:银行存款　　　　　1 000 000<br>　　贷:短期借款　　　　　　1 000 000 | | |
| 预算会计 | 借:资金结存—货币资金　3 000 000<br>　　贷:债务预算收入　　　　3 000 000 | | 预算会计设债务预算收入科目,核算借入的、纳入部门预算管理的、不以财政资金作为偿还来源的债务本金 |

续表

| | 计提利息 | |
|---|---|---|
| 财务会计 | 借：在建工程　　　　　　　10 000<br>　　贷：应付利息　　　　　　　10 000<br>借：其他费用——利息费用　　5 000<br>　　贷：应付利息　　　　　　　5 000 | 1. 为建造固定资产、公共基础设施等应支付的专门借款利息，按期计提利息时，属于工程项目建设期间发生的利息，计入工程成本；其他借款，按期计提利息费用时，按照计算确定的金额，借记"其他费用"科目。<br>2. 按期计提到期一次还本付息借款的利息时，按照计算确定的应支付的利息金额，借记"其他费用"科目，贷记"长期借款——应计利息"科目；本案例为分期付息、到期还本借款，在"应付利息"科目核算 |
| 预算会计 | 不做账务处理 | |
| | 支付利息 | |
| 财务会计 | 借：应付利息　　　　　　　15 000<br>　　贷：银行存款　　　　　　　15 000 | |
| 预算会计 | 借：其他支出　　　　　　　15 000<br>　　贷：资金结存——货币资金　15 000 | 支付银行借款利息时，按照实际支付金额，借记其他支出科目 |
| | 项目完工后计提利息 | |
| 财务会计 | 借：其他费用——利息费用　10 000<br>　　贷：应付利息　　　　　　　10 000 | D项目已完工交付使用；属于工程项目完工交付使用后发生的利息，计入当期费用，不在在建工程核算 |
| 预算会计 | 不做账务处理 | |

（二）坏账损失

年末，事业单位按照规定对收回后不需上缴财政的应收账款和其他应收款计提坏账准备时，按照计提金额，借记本科目，贷记"坏账准备"科目；冲减多提的坏账准备时，按照冲减金额，借记"坏账准备"科目，贷记本科目。

（三）罚没支出

单位发生罚没支出的，按照实际缴纳或应当缴纳的金额，借记本科目，贷记"银行存款""库存现金""其他应付款"等科目。

（四）现金资产捐赠

单位对外捐赠现金资产的，按照实际捐赠的金额，借记本科目，贷记"银行存款""库存现金"等科目。

【案例7011】2019年，B事业单位有关科目如下：

（1）2019年12月31日，应收账款科目余额300 000元、其他应收款科目余额200 000元；坏账准备科目余额为3 000元，该单位使用余额百分比方法计提坏账准备，计提比例为10%；年末应计提坏账准备为（300 000+200 000）×10%＝50 000元，应补提金额为47 000元；假设应收账款收回后不上缴财政。

（2）2020年12月31日，应收账款科目余额40 000元、其他应收款科目余额50 000元；坏账准备科目余额为10 000元，该单位使用余额百分比方法计提坏账准备，计提比例为10%；年末应计提坏账准备为（40 000+50 000）×10%＝9 000元，应冲减金额为1 000元。

（3）8月1日，因单位未按国家规定进行收费，被物价部门罚款6 000元，款项已支付。

(4)8月1日，根据本单位扶贫计划，报经批准对扶贫村捐赠现金30 000元，款项已支付。

账务处理分录如下：

| 按规定补计提坏账准备 ||  核算要点精讲 |
|---|---|---|
| 财务会计 | 借：其他费用—坏账准备　　　47 000<br>　　贷：坏账准备　　　　　　　　　47 000 | 年末应计提坏账准备 =（300 000+200 000）×10% = 50 000元；当期应补提余额=50 000-3 000=47 000元 |
| 预算会计 | 不做账务处理 | 无"现金"收支 |
| 按规定冲减坏账准备 |||
| 财务会计 | 借：坏账准备　　　　　　　　　1 000<br>　　贷：其他费用—坏账准备　　　　1 000 | 年末应计提坏账准备=（40 000+50 000）×10% = 9 000元；当期冲减余额=10 000-9 000=1 000元 |
| 预算会计 | 不做账务处理 | 无"现金"收支 |
| 发生罚没支出 |||
| 财务会计 | 借：其他费用—罚没支出　　　　6 000<br>　　贷：银行存款　　　　　　　　　6 000 | |
| 预算会计 | 借：其他支出　　　　　　　　　6 000<br>　　贷：资金结存—货币资金　　　　6 000 | |
| 发生捐赠支出 |||
| 财务会计 | 借：其他费用—捐赠支出　　　　30 000<br>　　贷：库存现金　　　　　　　　　30 000 | 捐赠时应报经批准 |
| 预算会计 | 借：其他支出　　　　　　　　　30 000<br>　　贷：资金结存—货币资金　　　　30 000 | |

（五）其他相关费用

单位接受捐赠（或无偿调入）以名义金额计量的存货、固定资产、无形资产，以及成本无法可靠取得的公共基础设施、文物文化资产等发生的相关税费、运输费等，按照实际支付的金额，借记本科目，贷记"财政拨款收入""零余额账户用款额度""银行存款""库存现金"等科目。

单位发生的与受托代理资产相关的税费、运输费、保管费等，按照实际支付或应付的金额，借记本科目，贷记"零余额账户用款额度""银行存款""库存现金""其他应付款"等科目。

（六）期末，将本科目本期发生额转入本期盈余，借记"本期盈余"科目，贷记本科目。

【案例7012】2019年，B事业单位有关科目如下：

(1)接受捐赠不需安装的固定资产，价值无法确定，暂按名义金额入账，发生的相关税费等3 000元。

(2)接受捐赠一套专利权，价值无法确定，暂按名义金额入账，发生的相关税费等6 000元。

(3)接受委托人委托存储保管的物资，总价值50 000元，已验收入库，B单位承担相关运费及保管费2 000元，款项已经银行支付。

(4)12月31日，其他费用科目余额为30 000元，预算会计其他支出科目余额为13 000元（基本支出10 000元、项目支出3 000元，均为非财政性资金），按规定进行结转。

账务处理分录如下：

| 接受捐赠固定资产（名义金额） | 核算要点精讲 |
| --- | --- |
| 财务会计 | 借：固定资产——专用设备　　1（名义金额）<br>　　　其他费用——其他　　　　　3 000<br>　　贷：银行存款　　　　　　　　　3 000<br>　　　　捐赠收入　　　　　　1（名义金额） | 捐赠收入与计入固定资产的金额（名义金额）一致；按照发生的相关税费、运输费等，借记"其他费用"科目 |
| 预算会计 | 借：其他支出　　　　　　　　　　3 000<br>　　贷：资金结存——货币资金　　　3 000 | 发生的相关费用没有计入固定资产价值，相应的不能计入事业支出，与其他费用相对应计入其他支出 |
| 接受捐赠无形资产（名义金额） | |
| 财务会计 | 借：无形资产——专利使用权 1（名义金额）<br>　　　其他费用——其他　　　　　6 000<br>　　贷：银行存款　　　　　　　　　6 000<br>　　　　捐赠收入　　　　　　1（名义金额） | 捐赠收入与计入无形资产的金额（名义金额）一致；按照发生的相关税费、运输费等，借记"其他费用"科目 |
| 预算会计 | 借：其他支出　　　　　　　　　　6 000<br>　　贷：资金结存——货币资金　　　6 000 | 发生的相关费用没有计入无形资产成本，相应的不能计入事业支出，与其他费用相对应计入其他支出 |
| 接受委托保管物资 | |
| 财务会计 | 借：受托代理资产　　　　　　　　50 000<br>　　贷：受托代理负债　　　　　　　50 000 | 受托代理资产按物资种类进行明细核算；对方科目为"受托代理负债" |
| 预算会计 | 不做账务处理 | |
| 支付相关费用 | |
| 财务会计 | 借：其他费用——其他　　　　　　2 000<br>　　贷：银行存款　　　　　　　　　2 000 | 受托协议约定由受托方承担的费用，不属于受托代理资产的核算范围，视同单位正常业务，由单位承担费用 |
| 预算会计 | 借：其他支出　　　　　　　　　　2 000<br>　　贷：资金结存——货币资金　　　2 000 | 视同单位正常业务，由单位承担支出，进行预算会计账务处理 |
| 期末结转 | |
| 财务会计 | 借：本期盈余　　　　　　　　　　30 000<br>　　贷：其他费用　　　　　　　　　30 000 | |
| 预算会计 | 借：非财政拨款结转——本年收支结转<br>　　　　　　　　　　　　　　　　3 000<br>　　　其他结余　　　　　　　　　10 000<br>　　贷：其他支出　　　　　　　　　13 000 | 应根据资金性质和用途分科目结转；本案例预算会计期末数据为假设 |

# 三、知识拓展

（一）行业补充规定特殊要求

医院应当在新制度规定的"5901 其他费用"科目下对政府指令性任务进行明细核算。

其他行业无补充规定。

（二）科目核算难点与注意事项

1. 其他费用科目包括的内容利息费用、坏账损失、罚没支出、现金资产捐赠支出以及相关税费、运输费等，其中正常业务过程中发生的"相关税费、运输费"在业务活动费用、单位管理费用、经营费用等科目核算；资产处置过程中发生的费用在"资产处置费用"中核算；但是接受捐赠(或无偿调入)以名义金额计量的存货、固定资产、无形资产,以及成本无法可靠取得的公共基础设施、文物文化资产等发生的相关税费、运输费,在本科目进行核算。

2. 明细科目的设置与"业务活动费用"等科目不同,不再设置部门经济分类科目。

3. 在预算会计支出科目中,相应的设置了"其他支出"科目,学习时应参考预算会计科目进行学习。

## 本章小结

财务会计的费用科目分为8个,现将其主要关键点归纳如下:

| 序号 | 科目代码 | 科目名称 | 概念 | 概念的关键点及易混淆内容 |
|---|---|---|---|---|
| 1 | 5001 | 业务活动费用 | 为实现其职能目标,依法履职或开展专业业务活动及其辅助活动所发生的各项费用 | 专业业务及其辅助活动发生的费用;按支付对象和部门经济分类核算 |
| 2 | 5101 | 单位管理费用 | 本级行政及后勤管理部门开展管理活动发生的各项费用,包括单位行政及后勤管理部门发生的人员经费、公用经费、资产折旧(摊销)等费用,以及由单位统一负担的离退休人员经费、工会经费、诉讼费、中介费等 | 行政及后勤管理部门开展管理活动发生的各项费用,包括单位统一负担的离退休人员经费、工会经费、诉讼费、中介费;按支付对象和部门经济分类核算 |
| 3 | 5201 | 经营费用 | 在专业业务活动及其辅助活动之外开展非独立核算经营活动发生的各项费用 | 非专业业务活动、非独立核算,与经营收入相匹配;按支付对象和部门经济分类核算 |
| 4 | 5301 | 资产处置费用 | 经批准处置资产时发生的费用,包括转销的被处置资产价值,以及在处置过程中发生的相关费用或者处置收入小于相关费用形成的净支出。资产处置的形式按照规定包括无偿调拨、出售、出让、转让、置换、对外捐赠、报废、毁损以及货币性资产损失核销等 | 短期投资、长期股权投资、长期债券投资的处置,按照相关资产科目的规定进行账务处理 |
| 5 | 5401 | 上缴上级费用 | 按照财政部门和主管部门的规定上缴上级单位款项发生的费用 | 按规定上缴、非财政性资金;不按支付对象和部门经济分类核算 |
| 6 | 5501 | 对附属单位补助费用 | 财政拨款收入之外的收入对附属单位补助发生的费用 | 注意与对外投资的区别;不按支付对象和部门经济分类核算 |
| 7 | 5801 | 所得税费用 | 有企业所得税缴纳义务的事业单位按规定缴纳企业所得税所形成的费用 | 严格区分是否为企业所得税范围;不按支付对象和部门经济分类核算 |
| 8 | 5901 | 其他费用 | 发生的除业务活动费用、单位管理费用、经营费用、资产处置费用、上缴上级费用、附属单位补助费用、所得税费用以外的各项费用,包括利息费用、坏账损失、罚没支出、现金资产捐赠支出以及相关税费、运输费等 | 按明细科目设置,不按支付对象和部门经济分类核算 |

— 277 —

根据政府会计制度要求，业务活动费用、单位管理费用、经营费用要分支付对象进行核算，便于编制政府综合财务报告，在实务核算时应结合科目设置和辅助核算予以实现；在科目设置时，应结合核算软件功能，按制度要求，结合政府收支分类改革中的"部门预算支出经济分类科目"中的"工资福利支出""商品和服务支出""对个人和家庭的补助"等科目，设置明细的费用科目进行核算。同时财务会计下的费用核算应与预算会计下的预算支出核算相互对应，明细科目设置时应兼顾与预算会计相对应，便于生成预算会计分录。

# 第八章 净资产类会计业务

**本章导读**

根据《政府会计准则——基本准则》规定,财务会计下的净资产是指政府会计主体资产扣除负债后的净额。包括"累计盈余""专用基金""权益法调整""本期盈余""本年盈余分配""无偿调拨净资产""以前年度盈余调整",共计七个净资产科目。本章在政府会计基本准则的基础上,根据内容将其归纳为七节,结合《政府会计制度——行政事业单位会计科目和报表》、7个行业补充规定,通过对财务会计净资产类科目核算要点和案例精讲,加强读者对制度中财务会计净资产类科目理解和实务中应用。

## 第一节 累计盈余业务

累计盈余科目思维导图如下所示。

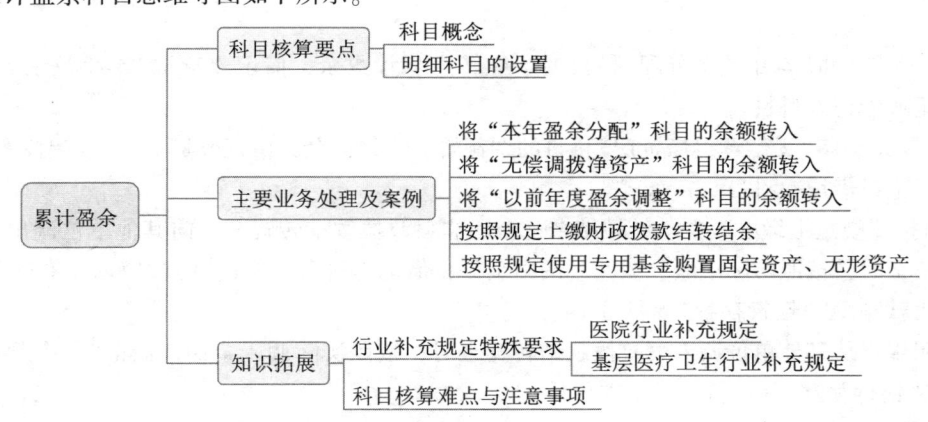

```
            ┌─ 科目核算要点 ──┬─ 科目概念
            │                  └─ 明细科目的设置
            │
            │                  ┌─ 将"本年盈余分配"科目的余额转入
            │                  ├─ 将"无偿调拨净资产"科目的余额转入
累计盈余 ───┼─ 主要业务处理及案例 ┼─ 将"以前年度盈余调整"科目的余额转入
            │                  ├─ 按照规定上缴财政拨款结转结余
            │                  └─ 按照规定使用专用基金购置固定资产、无形资产
            │
            │                  ┌─ 行业补充规定特殊要求 ┬─ 医院行业补充规定
            └─ 知识拓展 ───────┤                         └─ 基层医疗卫生行业补充规定
                               └─ 科目核算难点与注意事项
```

## 一、科目核算要点

(一)科目概念

本科目核算单位历年实现的盈余扣除盈余分配后滚存的金额,以及因无偿调入调出资产产生的净资产变动额。

按照规定上缴、缴回、单位间调剂结转结余资金产生的净资产变动额,以及对以前年度盈余的调整金额,也通过本科目核算。

累计盈余科目是政府会计制度中新增加的科目,原制度中的"事业基金"等科目已全部取

— 279 —

消,除"权益法调整""专用基金"外,财务会计下净资产全部在本科目核算。

本科目数据主要来源于如下六个方面。

1. "本年盈余分配"科目。

2. "无偿调拨净资产"科目。

3. "以前年度盈余调整"科目。

4. 按照规定从其他单位调入财政拨款结转资金。

5. 按照规定上缴财政拨款结转结余、缴回非财政拨款结转资金、向其他单位调出财政拨款结转资金。

6. 使用专用基金购置固定资产、无形资产时。

(二)明细科目设置

本科目明细设置可根据单位实际情况进行设置,如可设置"流动资产盈余"(核算衔接时转入的事业基金)、"非流动资产盈余"(核算衔接时转入的非流动资产基金)、"无偿调拨净资产转入""以前年度盈余调整转入",科目设置时还应根据 2019 年 1 月 1 日新旧制度衔接时单位衔接情况进行设置;同时在设置时还应结合行业核算需求进行明细核算,如根据医院和基层医疗卫生机构,按照资金性质设置明细科目,详见本节知识拓展。

本科目期末余额,反映单位未分配盈余(或未弥补亏损)的累计数以及截至上年末无偿调拨净资产变动的累计数。

本科目年末余额,反映单位未分配盈余(或未弥补亏损)以及无偿调拨净资产变动的累计数。

## 二、主要业务处理及案例

(1)年末,将"本年盈余分配"科目的余额转入累计盈余,借记或贷记"本年盈余分配"科目,贷记或借记本科目。

(2)年末,将"无偿调拨净资产"科目的余额转入累计盈余,借记或贷记"无偿调拨净资产"科目,贷记或借记本科目。

(3)按照规定上缴财政拨款结转结余、缴回非财政拨款结转资金、向其他单位调出财政拨款结转资金时,按照实际上缴、缴回、调出金额,借记本科目,贷记"财政应返还额度""零余额账户用款额度""银行存款"等科目。

按照规定从其他单位调入财政拨款结转资金时,按照实际调入金额,借记"零余额账户用款额度""银行存款"等科目,贷记本科目。

(4)将"以前年度盈余调整"科目的余额转入本科目,借记或贷记"以前年度盈余调整"科目,贷记或借记本科目。

【案例 8001】B 事业单位 2019 年 12 月 31 日,累计盈余及相关科目有关业务如下:

(1)本年盈余分配科目贷方余额为 50 000 元,全部为非财政拨款结余形成,按规定提取专用基金(职工福利基金)10 000 元。

(2)无偿调拨净资产科目余额为借方 30 000 元。

(3)按照财政部门规定上缴财政拨款结转结余 6 000 元,通过零余额账户支付。

(4)主管部门从同级事业单位调入财政拨款结转资金 20 000 元,款项已到银行账户。

(5)2019 年审计部门对单位进行了审计,根据审计决定,退回上年报销的费用 40 000 元。

上述费用为非财政性资金基本支出，通过以前年度盈余调整核算。

账务处理分录如下：

| | 分配专用基金 | 核算要点精讲 |
|---|---|---|
| 财务会计 | 借：本年盈余分配　　　　10 000<br>　　贷：专用基金　　　　　　10 000 | 专用基金提取按照预算会计下计算的提取金额；详细原因请参考专用基金科目账务处理 |
| 预算会计 | 借：非财政拨款结余分配　　10 000<br>　　贷：专用结余　　　　　　10 000 | 专用基金有三种来源，一种来源于从收入中计提；另外一种来源于从非财政拨款结余或经营结余中提取；还有一种按相关规定设置预算会计专用结余科目核算的仅仅为从非财政拨款结余或经营结余中提取的部分 |
| | 本年盈余分配转入累计盈余 | |
| 财务会计 | 借：本年盈余分配　　　　40 000<br>　　贷：累计盈余　　　　　　40 000 | 本年盈余分配科目 50 000 元，分配专用基金后为 40 000元 |
| 预算会计 | 不做账务处理 | 不涉及预算会计预算结余科目之间变动 |
| | 无偿调拨净资产转入 | |
| 财务会计 | 借：累计盈余　　　　　　30 000<br>　　贷：无偿调拨净资产　　　30 000 | 无偿调拨净资产年末科目余额为借方余额时，相当于全年为净调出，年末转入时减少累计盈余；余额为贷方时则相反 |
| 预算会计 | 不做账务处理 | 不涉及预算会计预算结余科目之间变动 |
| | 上缴财政拨款结余 | |
| 财务会计 | 借：累计盈余　　　　　　6 000<br>　　贷：零余额账户用款额度　6 000 | |
| 预算会计 | 借：财政拨款结余—归集上缴　6 000<br>　　贷：资金结存—零余额账户用款额度<br>　　　　　　　　　　　　　6 000 | 按照规定上缴财政拨款结转结余资金或注销财政拨款结转结余资金额度的，按照实际上缴资金数额或注销的资金额度数额，借记"财政拨款结转—归集上缴"或"财政拨款结余—归集上缴"科目，贷记"资金结存"科目（财政应返还额度、零余额账户用款额度、货币资金） |
| | 调入财政拨款结转资金 | |
| 财务会计 | 借：银行存款　　　　　　20 000<br>　　贷：累计盈余　　　　　　20 000 | 按照规定从其他单位调入财政拨款结转资金时，按照实际调入金额计入累计盈余，强调的是"财政拨款结转"资金 |
| 预算会计 | 借：资金结存—货币资金　　20 000<br>　　贷：财政拨款结转—归集调入　20 000 | |
| | 审计退回资金时 | |
| 财务会计 | 借：银行存款　　　　　　40 000<br>　　贷：以前年度盈余调整　　40 000 | 审计退回，相当于减少以前年度费用 |
| 预算会计 | 借：资金结存—货币资金　　40 000<br>　　贷：非财政拨款结余—年初余额调整<br>　　　　　　　　　　　　　40 000 | |

续表

| | 退回资金转入累计盈余 | |
|---|---|---|
| 财务会计 | 借：以前年度盈余调整　　　40 000<br>　　贷：累计盈余　　　　　　　　40 000 | 审计退回，相当于减少以前年度费用，直接增加年末累计盈余 |
| 预算会计 | 不做账务处理 | 不涉及预算会计预算结余科目之间变动；在资金退回时预算会计已进行会计处理 |

（5）按照规定使用专用基金购置固定资产、无形资产的，按照固定资产、无形资产成本金额，借记"固定资产""无形资产"科目，贷记"银行存款"等科目；同时，按照专用基金使用金额，借记"专用基金"科目，贷记本科目。

**【案例 8002】** B 事业单位 2019 年 8 月 1 日，使用分配的福利基金购置计算机一台，价款 5 000 元，款项已支出。账务处理分录如下：

| | 购置计算机 | 核算要点精讲 |
|---|---|---|
| 财务会计 | 借：固定资产　　　　　　　　5 000<br>　　贷：银行存款　　　　　　　　5 000<br>借：专用基金　　　　　　　　5 000<br>　　贷：累计盈余　　　　　　　　5 000 | 使用专用基金购置固定资产后，将按月计提折旧，计提折旧时进入费用，年末结转时减少累计盈余；因此购置时提前增加累计盈余，以备以后年度计提折旧时冲抵；详细请参考专用基金科目 |
| 预算会计 | 借：专用结余　　　　　　　　5 000<br>　　贷：资金结存——货币资金　　5 000 | 非财政性资金分配专用基金时，预算会计在专用结余核算；支出时从该科目列支；账务处理时与使用从收入中分配的专业基金不同；详细请参考专用基金科目 |

## 三、知识拓展

（一）行业补充规定特殊要求

1. 医院行业补充规定。

医院应当在新制度规定的"3001 累计盈余"科目下设置如下明细科目。

（1）"300101 财政项目盈余"科目，核算医院财政项目拨款收入减去使用财政项目经费发生的费用后的累计盈余。

（2）"300102 医疗盈余"科目，核算医院开展医疗活动形成的、财政项目盈余以外的累计盈余。

（3）"300103 科教盈余"科目，核算医院开展科研教学活动形成的、财政项目盈余以外的累计盈余。

（4）"300104 新旧转换盈余"科目，核算医院新旧制度衔接时转入新制度下累计盈余中除财政项目盈余、医疗盈余和科教盈余以外的累计盈余。

年末，医院"累计盈余——医疗盈余"科目为借方余额的，医院应当按照有关规定确定的用于弥补医疗亏损的金额，借记"累计盈余——新旧转换盈余"科目，贷记"累计盈余——医疗盈余"科目。

2. 基层医疗卫生行业补充规定。

基层医疗卫生机构应当在新制度规定的"3001 累计盈余"科目下设置如下明细科目。

（1）"300101 医疗盈余"科目，核算基层医疗卫生机构开展医疗活动产生的累计盈余。

(2)"300102 公共卫生盈余"科目，核算基层医疗卫生机构开展公共卫生活动产生的累计盈余。

(3)"300103 科教盈余"科目，核算基层医疗卫生机构开展科研教学活动产生的累计盈余。

(4)"300104 新旧转换盈余"科目，核算基层医疗卫生机构执行新制度前形成的、除新旧转换时转入医疗盈余、公共卫生盈余和科教盈余外的累计盈余。

年末，基层医疗卫生机构"累计盈余—医疗盈余"科目为借方余额的，基层医疗卫生机构应当按照有关规定确定的用于弥补医疗亏损的金额，借记"累计盈余—新旧转换盈余"科目，贷记"累计盈余—医疗盈余"科目。

(二)科目核算难点与注意事项

除"权益法调整""专用基金"外，财务会计下净资产全部在累计盈余科目核算，核算时难点主要包括如下方面：一是在明细科目设置时是否需要区分盈余形成的来源，是流动资产形成的盈余还是非流动资产形成的盈余；二是还应根据行业性质，区分不同资金性质形成的盈余；三是固定资产折旧费用对行政事业单位的盈余影响较大，在核算时应充分考虑折旧对盈余的影响，有可能会造成累计盈余是负数；四是专用基金购置固定资产和无形资产时，应同时通过累计盈余核算；五是使用"预提费用"购置固定资产时，核算原理与专用基金相同。

# 第二节 专用基金业务

专用基金科目思维导图如下所示。

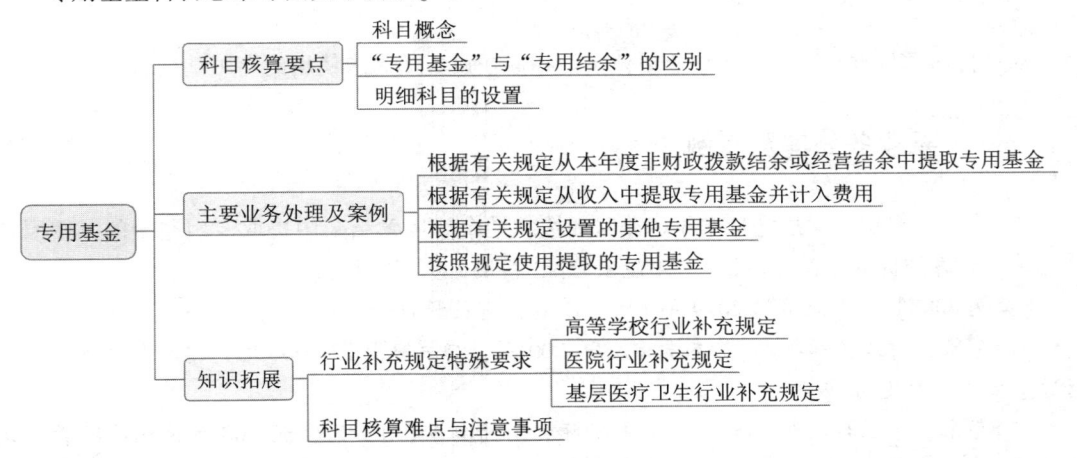

```
专用基金 ─┬─ 科目核算要点 ─┬─ 科目概念
         │                 ├─ "专用基金"与"专用结余"的区别
         │                 └─ 明细科目的设置
         │
         ├─ 主要业务处理及案例 ─┬─ 根据有关规定从本年度非财政拨款结余或经营结余中提取专用基金
         │                      ├─ 根据有关规定从收入中提取专用基金并计入费用
         │                      ├─ 根据有关规定设置的其他专用基金
         │                      └─ 按照规定使用提取的专用基金
         │
         └─ 知识拓展 ─┬─ 行业补充规定特殊要求 ─┬─ 高等学校行业补充规定
                      │                        ├─ 医院行业补充规定
                      │                        └─ 基层医疗卫生行业补充规定
                      └─ 科目核算难点与注意事项
```

## 一、科目核算要点

(一)科目概念

本科目核算事业单位按照规定提取或设置的具有专门用途的净资产，主要包括职工福利基金、科技成果转换基金等。

(二)"专用基金"与"专用结余"的区别

在实务核算中，财务会计下专用基金来源有三种，主要包括如下方面。

一是年末从本年度非财政拨款结余或经营结余中提取专用基金，提取时账务处理为借记

"本年盈余分配"科目，贷记"专用基金"科目，计提的范围包括非财政拨款结余和经营结余，仅限于非财政拨款形成的结余和经营结余，其他资金形成的结余不得提取专用基金，实务上常见的专用基金主要包括职工福利基金。

二是根据相关规定从收入中提取的专用基金，提取时进入费用，提取时账务处理为借记"业务活动费用"、贷记"专用基金"科目，例如修购基金、高校的学生奖助学金等。

三是根据有关规定设置的其他专用基金，按照实际收到的基金金额，借记"银行存款"等科目，贷记本贷记"专用基金"科目，例如某企业在某高校设置永久性保留本金的奖学金基金（留本基金），高校在收到奖学金基金款 10 000 元时，其账务处理如下：

财务会计：
借：银行存款                                         10 000
    贷：专用基金                                     10 000

预算会计不做账务处理。不属于部门预算管理的资金。

在预算会计中，预算结余中设置了"专用结余"科目，核算事业单位按照规定从非财政拨款结余中提取的具有专门用途的资金的变动和滚存情况，提取时借记"非财政拨款结余分配"、贷记"专用结余"，该科目只包括从本年度非财政拨款结余或经营结余中提取的专用基金，不包括从收入中提取的专用基金以及根据有关规定设置的基金。

（三）明细科目设置

本科目应当按照专用基金的类别进行明细核算。如高校设置了"职工福利基金""留本基金""学生奖助学金"，医院设置了"医疗风险基金"等明细科目，单位在实务中应根据行业性质和单位实际情况设置明细科目，同时还应根据专用基金的来源设置明细科目，在会计核算时便于区分。

本科目期末贷方余额，反映事业单位累计提取或设置的尚未使用的专用基金。

## 二、主要业务处理及案例

（1）年末，根据有关规定从本年度非财政拨款结余或经营结余中提取专用基金的，按照预算会计下计算的提取金额，借记"本年盈余分配"科目，贷记本科目。

【案例 8003】B 事业单位 2019 年 12 月 31 日，有关科目如下：

（1）年末，财政拨款收入（基本支出）300 000 元、相关费用 290 000 元，均为人员工资，已通过零余额账户支付。

（2）年末，事业收入 600 000 元（其中实际收到现金 550 000 元，50 000 元为应收账款确认为收入）；业务活动费用 500 000 元（其中已通过现金支付的费用 470 000 元，固定资产折旧费用 30 000 元），以上均为基本支出收支。

（3）年末，捐赠收入 30 000 元（其中某单位捐赠设备确认捐赠收入 28 000 元，其他现金形式捐赠收入 2 000 元）。

（4）年末，经营收入 60 000 元，经营费用 61 000 元，以上收入和费用不涉及往来款项，均为发生的现金收入和费用。

假设以上收入金额和费用均为基本支出，现金包括货币资金和银行存款等，提取职工福利基金比例为 40%。

计算过程如下：

| 序号 | 计算过程 | 可提取基数 | 备注 |
|---|---|---|---|
| 1 | 盈余=收入-费用<br>=300 000-290 000<br>=10 000元 | 0 | 专用基金提取范围仅为非财政性资金 |
| 2 | 盈余=收入-费用<br>=600 000-500 000<br>=100 000元 | 可提取基数=盈余-非现金收入+非现金费用=100 000-50 000+30 000<br>=80 000元 | 按照预算会计下计算的提取金额,应减去案例中通过应收账款确认的收入(现金未流入),加上固定资产折旧(现金未流出) |
| 3 | 盈余=收入-费用<br>=30 000元 | 可提取基数=盈余-非现金收入=30 000-28 000=2 000元 | 捐赠设备形成的收入没有现金流入,不纳入预算会计的收入,不计提专用基金 |
| 4 | 盈余=收入-费用<br>=60 000-61 000<br>=-1 000元 | 可提取基数=盈余-非现金收入+非现金费用=-1 000元 | 财务会计下,经营收入和经营的费用形成负的盈余时,均转入本期盈余;预算会计下,经营预算收入减去经营支出为负即经营亏损时,不记入"非财政拨款结余分配"科目;不应纳入专用基金的提取范围 |

综合以上计算过程,年末,根据有关规定从本年度非财政拨款结余或经营结余中提取专用基金的基数为82 000元(不包括经营亏损1 000元,如经营结余为正数则纳入计提范围),计提的专用基金为82 000×40%=32 800元。

账务处理分录如下:

| | 分配专用基金 | 核算要点精讲 |
|---|---|---|
| 财务会计 | 借:本年盈余分配　　　　　　32 800<br>　贷:专用基金—职工福利基金　32 800 | 专用基金提取按照预算会计下计算的提取金额 |
| 预算会计 | 借:非财政拨款结余分配　　　32 800<br>　贷:专用结余　　　　　　　　32 800 | 预算会计专用结余科目核算的仅仅为从非财政拨款结余或经营结余中提取的部分 |

(2)根据有关规定从收入中提取专用基金并计入费用的,一般按照预算会计下基于预算收入计算提取的金额,借记"业务活动费用"等科目,贷记本科目。国家另有规定的,从其规定。

(3)根据有关规定设置的其他专用基金,按照实际收到的基金金额,借记"银行存款"等科目,贷记本科目。

【案例8004】B事业单位2019年8月31日,有关业务如下:

(1)当月实现事业收入300 000元,其中实际收到现金250 000元,50 000元为应收账款确认为收入,现金包括货币资金和银行存款等,提取专用基金比例为6%。

(2)2019年10月31日,上述应收账款通过银行存款收到(此处省略账务处理),按规定计提专用基金。

(3)假设B事业单位为高校,收到企业捐赠的留本基金,款项20 000元已收到。

账务处理分录如下:

| | 提取专用基金 | 核算要点精讲 |
|---|---|---|
| 财务会计 | 借：业务活动费用　　　　　15 000<br>　　贷：专用基金　　　　　　　15 000 | 从收入中提取专用基金并计入费用时，一般按照预算会计下基于预算收入计算提取的金额，本案例预算会计收入为250 000元，应提取专用基金为250 000×6%＝15 000元 |
| 预算会计 | 不做账务处理 | 预算会计专用结余科目核算的仅仅为从非财政拨款结余或经营结余中提取的部分；从收入中计提专用基金时不进行账务处理，不涉及预算会计科目变动 |
| | 收到银行存款后提取专用基金（预算会计确认收入） | |
| 财务会计 | 借：业务活动费用　　　　　　3 000<br>　　贷：专用基金　　　　　　　　3 000 | 本案例收到款项时确认预算收入，应提取专用基金为50 000×6%＝3 000元 |
| 预算会计 | 不做账务处理 | 从收入中计提专用基金时不进行账务处理，不涉及预算会计科目变动 |
| | 设置专用基金 | |
| 财务会计 | 借：银行存款　　　　　　　20 000<br>　　贷：专用基金　　　　　　　20 000 | |
| 预算会计 | 不做账务处理 | 预算会计专用结余科目核算的仅仅为从非财政拨款结余或经营结余中提取的部分；设置的专用基金，没有纳入单位部门预算管理，不纳入预算会计核算范围 |

(4)按照规定使用提取的专用基金时，借记本科目，贷记"银行存款"等科目。

使用提取的专用基金购置固定资产、无形资产的，按照固定资产、无形资产成本金额，借记"固定资产""无形资产"科目，贷记"银行存款"等科目；同时，按照专用基金使用金额，借记本科目，贷记"累计盈余"科目。

【案例8005】B事业单位2019年8月1日，有关专用基金业务如下：

(1)上月实现事业收入5 000 000元，均为通过现金形式取得的收入，按照规定计提专用基金比例为6%。

(2)使用从收入中提取的专用基金购置计算机一批，价款60 000元（假设折旧年限为5年），款项已支付已验收。

(3)使用从收入中提取的专用基金支付印刷费4 000元，款项已通过银行支付。

(4)使用从非财政拨款结余或经营结余中提取的福利基金购买打印机，总价款3 000元（假设折旧年限为5年），款项已支付。

(5)使用从非财政拨款结余或经营结余中提取的福利基金购买职工福利大米一批，总价款30 000元，款项已支付并发放给职工。

(6)使用设置的专用基金支付邮寄费600元，款项已通过银行支付。

(7)8月31日，上述计算机和打印机分别计提折旧1 000元和50元。

账务处理分录如下：

| | 计提专用基金 | 核算要点精讲 |
|---|---|---|
| 财务会计 | 借：业务活动费用　　　　　300 000<br>　　贷：专用基金　　　　　　　300 000 | 从收入中提取专用基金并计入费用时，一般按照预算会计下基于预算收入计算提取的金额 |
| 预算会计 | 不做账务处理 | |

续表

| | | |
|---|---|---|
| | 使用从收入中计提的专用基金购置计算机 | |
| 财务会计 | 借：固定资产　　　　　60 000<br>　　贷：银行存款　　　　　60 000<br>借：专用基金　　　　　60 000<br>　　贷：累计盈余　　　　　60 000 | 提取专用基金时，财务会计列入费用；使用专用基金购置固定资产后，将按月计提折旧，计提折旧时进入费用，年末结转时将同时减少累计盈余；因此购置时提前增加累计盈余，以备以后年度计提折旧时冲抵 |
| 预算会计 | 借：事业支出　　　　　60 000<br>　　贷：资金结存——货币资金　60 000 | 预算会计专用结余科目核算的仅仅为从非财政拨款结余或经营结余中提取的部分；从收入中计提专用基金时不进行预算会计账务处理；使用时预算会计在支出科目进行核算 |
| | 使用从收入中计提的专用基金用于日常支出 | |
| 财务会计 | 借：专用基金　　　　　4 000<br>　　贷：银行存款　　　　　4 000 | |
| 预算会计 | 借：事业支出　　　　　4 000<br>　　贷：资金结存——货币资金　4 000 | 预算会计专用结余科目核算的仅仅为从非财政拨款结余或经营结余中提取的部分；从收入中计提专用基金时不进行预算会计账务处理；使用专用基金时预算会计在支出科目进行核算 |
| | 使用分配的专用基金购置打印机 | |
| 财务会计 | 借：固定资产　　　　　3 000<br>　　贷：银行存款　　　　　3 000<br>借：专用基金　　　　　3 000<br>　　贷：累计盈余　　　　　3 000 | 提取专用基金时，财务会计列入费用；使用专用基金购置固定资产后，将按月计提折旧，计提折旧时进入费用，年末结转时将同时减少累计盈余；因此购置时提前增加累计盈余，以备以后年度计提折旧时冲抵 |
| 预算会计 | 借：专用结余　　　　　3 000<br>　　贷：资金结存——货币资金　3 000 | 预算会计专用结余科目核算的仅仅为从非财政拨款结余或经营结余中提取的部分 |
| | 使用分配的专用基金用于日常支出 | |
| 财务会计 | 借：专用基金　　　　　30 000<br>　　贷：银行存款　　　　　30 000 | |
| 预算会计 | 借：专用结余　　　　　30 000<br>　　贷：资金结存——货币资金　30 000 | 预算会计专用结余科目核算的仅仅为从非财政拨款结余或经营结余中提取的部分 |
| | 使用设置的专用基金时 | |
| 财务会计 | 借：专用基金　　　　　600<br>　　贷：银行存款　　　　　600 | |
| 预算会计 | 不做账务处理 | 预算会计专用结余科目核算的仅仅为从非财政拨款结余或经营结余中提取的部分；设置的专用基金，没有纳入单位部门预算管理，不纳入预算会计核算范围；设置和使用时均不进行预算会计核算范围 |
| | 专用基金购置固定资产计提折旧 | |
| 财务会计 | 借：业务活动费用　　　　1 050<br>　　贷：固定资产累计折旧　　1 050 | 使用专用基金（计提时账务处理已经费用化）形成固定资产后，将按月计提折旧，计提折旧时进入费用，年末结转时将减少累计盈余，因此使用专用基金购置固定资产、无形资产时应按照专用基金使用金额，借记"专用基金"，贷记"累计盈余"科目，增加累计盈余，此账务处理方式包括两种来源的专用基金 |
| 预算会计 | 不做账务处理 | |

## 三、知识拓展

(一)行业补充规定特殊要求

1. 高等学校行业补充规定。

(1)专用基金科目设置。

高等学校应当在"3101 专用基金"科目下设置"留本基金"明细科目，核算高等学校使用捐赠资金建立的具有永久性保留本金或在一定时期内保留本金的限定性基金。高等学校如有两个以上留本基金，应当按照每个留本基金设置明细科目进行核算。在每个留本基金明细科目下还应当设置"本金"和"收益"明细科目；在"本金"明细科目下，还应当设置"已投资"和"未投资"两个明细科目。

高等学校应当在"1218 其他应收款"科目下设置"留本基金委托投资"明细科目，核算高等学校将留本基金委托给基金会进行的投资。

(2)主要账务处理(假设只有一个留本基金)。

高等学校形成留本基金时，根据取得的留本基金数额，借记"银行存款"科目，贷记"专用基金—留本基金—本金—未投资"科目。

高等学校委托基金会进行投资，投资时，按照转给基金会的留本基金数额，借记"其他应收款—留本基金委托投资"科目，贷记"银行存款"科目；同时，按照相同的金额，借记"专用基金—留本基金—本金—未投资"科目，贷记"专用基金—留本基金—本金—已投资"科目。收到基金会交回的投资收益，按照实际收到的金额，借记"银行存款"科目，贷记"专用基金—留本基金—收益"科目。从基金会收回使用留本基金委托的投资，按照收回的金额，借记"银行存款"科目，按照收回的留本基金本金金额，贷记"其他应收款—留本基金委托投资"科目，按照两者的差额，贷记或借记"专用基金—留本基金—收益"科目。同时，按照收回的留本基金本金金额，借记"专用基金—留本基金—本金—已投资"科目，贷记"专用基金—留本基金—本金—未投资"科目。

高等学校直接使用留本基金进行投资，投资时，按照动用留本基金投资的数额，借记"短期投资""长期债券投资"等科目，贷记"银行存款"科目；同时，按照相同的金额，借记"专用基金—留本基金—本金—未投资"科目，贷记"专用基金—留本基金—本金—已投资"科目。期末，对持有的留本基金投资确认应计利息收入时，按照确认的应计利息，借记"应收利息""长期债券投资"科目，贷记"专用基金—留本基金—收益"科目。收到留本基金投资获得的利息时，按照实际收到的金额，借记"银行存款"科目，贷记"应收利息"科目。收回留本基金投资时，按照收回的金额，借记"银行存款"科目，按照收回的投资本金及相关利息金额，贷记"短期投资""长期债券投资"等科目，按照两者的差额，贷记或借记"专用基金—留本基金—收益"科目。同时，按照收回的留本基金本金金额，借记"专用基金—留本基金—本金—已投资"科目，贷记"专用基金—留本基金—本金—未投资"科目。

高等学校按照协议将留本基金收益转增本金时，按照转增的金额，借记"专用基金—留本基金—收益"科目，贷记"专用基金—留本基金—本金—未投资"科目。

高等学校按照协议可以使用留本基金取得的收益时，按照可以使用的金额，借记"专用基金—留本基金—收益"科目，贷记"捐赠收入"科目；同时，按照相同的金额，借记"资金结存—货币资金"科目，贷记"捐赠预算收入"科目。使用留本基金收益时，按照使用的金额，借记"业务活动费用"等科目，贷记"银行存款"等科目；同时，借记"事业支出—教育支出"等科目，贷记"资金结存—货币资金"科目。

按照协议规定的留本基金限定期限到期，高等学校将留本基金转为可以使用的资金，按照转为可以使用的资金数额，借记"专用基金—留本基金—本金—未投资"科目，贷记"捐赠收入"科目；同时按照相同的金额，借记"资金结存—货币资金"科目，贷记"捐赠预算收入"科目。

2. 医院行业补充规定。

医院应当在新制度规定的"3101 专用基金"科目下设置如下明细科目。

（1）"310101 职工福利基金"科目，核算医院根据有关规定、依据财务会计下医疗盈余（不含财政基本拨款形成的盈余）计算提取的职工福利基金。

（2）"310102 医疗风险基金"科目，核算医院根据有关规定、按照财务会计下相关数据计算提取并列入费用的医疗风险基金。

3. 基层医疗卫生行业补充规定。

基层医疗卫生机构应当在新制度规定的"3101 专用基金"科目下设置如下明细科目。

（1）"310101 职工福利基金"科目，核算基层医疗卫生机构根据有关规定、按照财务会计下相关数据计算提取的职工福利基金。

（2）"310102 医疗风险基金"科目，核算基层医疗卫生机构根据相关规定、按照财务会计下相关数据计算提取并列入费用的医疗风险基金。

（3）"310103 奖励基金"科目，核算基层医疗卫生机构根据相关规定、按照财务会计下相关数据计算提取的奖励基金。

（二）科目核算难点与注意事项

1. 新制度未设置"应付福利费"科目，单位按规定发生福利费开支时，应当在计提标准内据实计入费用（同时计入预算支出）。单位在新旧制度转换时，应当对原账的"应付福利费"科目余额进行分析，在财务会计下，将其中属于职工福利基金的金额转入新账的"专用基金—职工福利基金"科目，将其他余额转入新账的"累计盈余"科目。

2. 专用基金的计提时，从本年度非财政拨款结余或经营结余中提取专用基金的，按照预算会计下计算的提取金额；根据有关规定从收入中提取专用基金并计入费用的，一般按照预算会计下基于预算收入计算提取的金额，根据补充规定，医院和基层医疗卫生机构计提按照财务会计下有关数据计算计提专用基金。

3. 使用专用基金时，三种不同来源的专用基金（年末分配的、收入计提的、设置的），相应的预算会计账务处理方式分别不同，请参考预算会计相关内容学习。

4. 使用专用基金购置固定资产、无形资产的，账务处理时应同时增加"累计盈余"。

## 第三节 权益法调整业务

权益法调整科目思维导图如下所示。

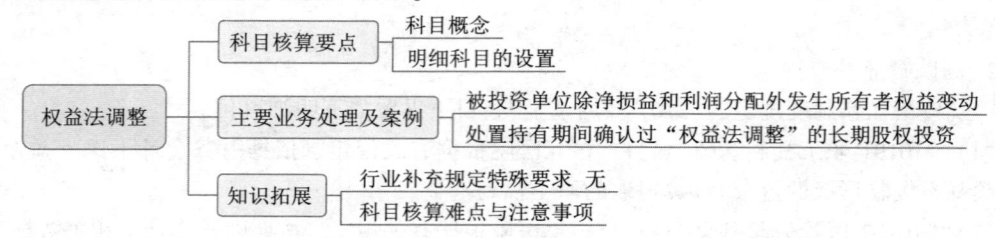

```
权益法调整 ─┬─ 科目核算要点 ─┬─ 科目概念
           │                └─ 明细科目的设置
           ├─ 主要业务处理及案例 ─┬─ 被投资单位除净损益和利润分配外发生所有者权益变动
           │                    └─ 处置持有期间确认过"权益法调整"的长期股权投资
           └─ 知识拓展 ─┬─ 行业补充规定特殊要求 无
                       └─ 科目核算难点与注意事项
```

### 一、科目核算要点

（一）科目概念

本科目核算事业单位持有的长期股权投资采用权益法核算时，按照被投资单位除净损益和利润分配以外的所有者权益变动份额调整长期股权投资账面余额而计入净资产的金额。

本科目核算的内容仅限于事业单位长期股权投资采用权益法核算时，除净损益和利润分配以外的所有者权益变动。

在权益法长期股权投资核算中，明细科目设置了"其他权益变动"明细科目，实务中除了净损益和利润分配之外的变化部分，主要包括的内容为：注册资本的变动（如新股东加入、股东增资等）、资本公积的变动（转增资本）、盈余公积（分红等）、收到分红等事项的变动，还包括公允价值变动引起的所有者权益变动。

（二）明细科目设置

本科目应当按照被投资单位进行明细核算。

本科目期末余额，反映事业单位在被投资单位除净损益和利润分配以外的所有者权益变动中累积享有（或分担）的份额。

### 二、主要业务处理及案例

（1）年末，按照被投资单位除净损益和利润分配以外的所有者权益变动应享有（或应分担）的份额，借记或贷记"长期股权投资—其他权益变动"科目，贷记或借记本科目。

（2）采用权益法核算的长期股权投资，因被投资单位除净损益和利润分配以外的所有者权益变动而将应享有（或应分担）的份额计入单位净资产的，处置该项投资时，按照原计入净资产的相应部分金额，借记或贷记本科目，贷记或借记"投资收益"科目。

【案例8006】B事业单位2019年8月1日，经批准，使用非财政性资金对外投资业务取得长期股权投资X公司，投资成本750 000元，股权比例为75%，按照规定使用权益法（以上账务处理请参考长期股权投资科目）。

（1）2019年12月31日（资产负债表日，一般指12月31日），X公司除净损益和利润分配以外的归属于B单位的其他所有者权益变动增加50 000元。

（2）2020年12月31日，X公司除净损益和利润分配以外的归属于B单位的其他所有者权益变动减少 80 000 元。

(3) 2021 年 1 月 1 日，对 X 公司长期股权进行处置。

以上账务处理仅考虑权益法调整科目，不考虑其他科目。账务处理分录如下：

| | 2019 年其他所有者权益变动（增加） | 核算要点精讲 |
|---|---|---|
| 财务会计 | 借：长期股权投资—其他权益变动—X 公司 50 000<br>　　贷：权益法调整—X 公司　　50 000 | 长期股权投资下设"其他权益变动"明细科目，与权益法调整科目相对应；按照被投资单位除净损益和利润分配以外的所有者权益变动的份额 |
| 预算会计 | 不做账务处理 | |
| | 2020 其他所有者权益变动（减少） | |
| 财务会计 | 借：权益法调整—X 公司　　80 000<br>　　贷：长期股权投资—其他权益变动—X 公司 80 000 | 长期股权投资下设"其他权益变动"明细科目，与权益法调整科目相对应；按照被投资单位除净损益和利润分配以外的所有者权益变动的份额 |
| 预算会计 | 不做账务处理 | |
| | 对长期股权处置 | |
| 财务会计 | 借：投资收益—X 公司　　30 000<br>　　贷：权益法调整—X 公司　　30 000 | 处置使用权益法核算的长期股权投资时，还需要结转原直接计入净资产的相关金额，借记或贷记"权益法调整"科目，贷记或借记"投资收益"科目。本案例处置时为借方余额 30 000 元，如为贷方余额则相反分录进行账务处理 |
| 预算会计 | 不做账务处理 | |

## 三、知识拓展

（一）行业补充规定特殊要求

本科目无行业补充规定。

（二）科目核算难点与注意事项

权益法调整科目核算的内容仅限于事业单位长期股权投资采用权益法核算时，除净损益和利润分配以外的所有者权益变动，科目金额与"长期股权投资-其他权益变动"科目相等。实务中"其他权益变动"应结合实际情况进行合理判断。

# 第四节　本期盈余业务

本期盈余科目思维导图如下所示。

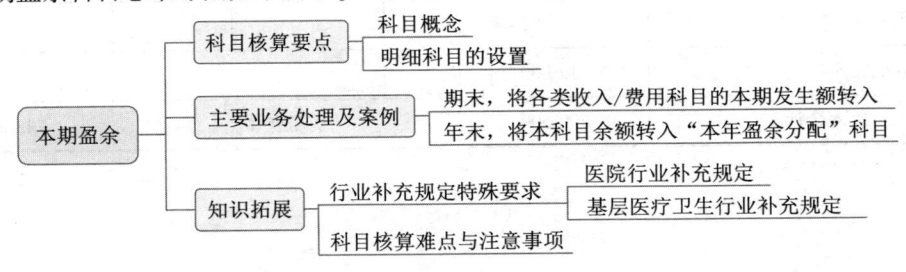

```
             ┌─ 科目核算要点 ─┬─ 科目概念
             │                └─ 明细科目的设置
             │
             ├─ 主要业务处理及案例 ─┬─ 期末，将各类收入/费用科目的本期发生额转入
本期盈余 ────┤                      └─ 年末，将本科目余额转入"本年盈余分配"科目
             │
             └─ 知识拓展 ─┬─ 行业补充规定特殊要求 ─┬─ 医院行业补充规定
                          │                          └─ 基层医疗卫生行业补充规定
                          └─ 科目核算难点与注意事项
```

## 一、科目核算要点

（一）科目概念

本科目核算单位本期各项收入、费用相抵后的余额。

（二）明细科目设置

本科目明细科目可根据行业特征和单位实际情况进行设置。

本科目期末如为贷方余额，反映单位自年初至当期期末累计实现的盈余；如为借方余额，反映单位自年初至当期期末累计发生的亏损。

年末结账后，本科目应无余额。

## 二、主要业务处理及案例

（1）期末，将各类收入科目的本期发生额转入本期盈余，借记"财政拨款收入""事业收入""上级补助收入""附属单位上缴收入""经营收入""非同级财政拨款收入""投资收益""捐赠收入""利息收入""租金收入""其他收入"科目，贷记本科目；将各类费用科目本期发生额转入本期盈余，借记本科目，贷记"业务活动费用""单位管理费用""经营费用""所得税费用""资产处置费用""上缴上级费用""对附属单位补助费用""其他费用"科目。

（2）年末，完成上述结转后，将本科目余额转入"本年盈余分配"科目，借记或贷记本科目，贷记或借记"本年盈余分配"科目。

【案例8007】B事业单位2019年12月31日，收入和费用科目余额如下：

| 序号 | 科目名称 | 期末余额（贷方） | 序号 | 科目名称 | 期末余额（借方） |
| --- | --- | --- | --- | --- | --- |
| 1 | 财政拨款收入 | 400 000 | 1 | 业务活动费用 | 550 000 |
| 2 | 事业收入 | 300 000 | 2 | 单位管理费用 | 150 000 |
| 3 | 上级补助收入 | 5 000 | 3 | 经营费用 | 21 000 |
| 4 | 附属单位上缴收入 | 10 000 | 4 | 资产处置费用 | 5 000 |
| 5 | 经营收入 | 20 000 | 5 | 上缴上级费用 | 2 000 |
| 6 | 非同级财政拨款收入 | 7 000 | 6 | 对附属单位补助费用 | 5 000 |
| 7 | 投资收益 | 8 000 | 7 | 所得税费用 | 0 |
| 8 | 捐赠收入 | 30 000 | 8 | 其他费用 | 10 000 |
| 9 | 利息收入 | 500 | | | |
| 10 | 租金收入 | 6 000 | | | |
| 11 | 其他收入 | 12 000 | | | |
| | 收入合计 | 798 500 | | 费用合计 | 743 000 |

账务处理分录如下：

| 期末结转收入 | | | 核算要点精讲 |
|---|---|---|---|
| 财务会计 | 借：财政拨款收入<br>　　事业收入<br>　　上级补助收入<br>　　附属单位上缴收入<br>　　经营收入<br>　　非同级财政拨款收入<br>　　投资收益<br>　　捐赠收入<br>　　利息收入<br>　　租金收入<br>　　其他收入<br>　贷：本期盈余 | 400 000<br>300 000<br>5 000<br>10 000<br>20 000<br>7 000<br>8 000<br>30 000<br>500<br>6 000<br>12 000<br>798 500 | 所有收入转入本期盈余；投资收益科目为发生额借方净额时，做相反会计分录 |
| 预算会计 | 预算会计收入结转请参考预算会计部分内容 | | |
| 期末结转费用 | | | |
| 财务会计 | 借：本期盈余<br>　贷：业务活动费用<br>　　单位管理费用<br>　　经营费用<br>　　资产处置费用<br>　　上缴上级费用<br>　　对附属单位补助费用<br>　　其他费用 | 743 000<br>550 000<br>150 000<br>21 000<br>5 000<br>2 000<br>5 000<br>10 000 | 本案例经营收入减去经营费用为亏损1 000元，按规定转入本期盈余；预算会计下经营结余为负时，不进行结转 |
| 预算会计 | 预算会计支出结转请参考预算会计部分内容 | | |
| 年末结转 | | | |
| 财务会计 | 借：本期盈余<br>　贷：本年盈余分配 | 55 500<br>55 500 | 本案例收入转入798 500元，费用转入743 000元，年末结转后，科目余额为贷方余额55 500元，年末结转将上述金额转入本年盈余分配；如为借方余额，则为相反分录 |
| 预算会计 | 不做账务处理 | | |

## 三、知识拓展

（一）行业补充规定特殊要求

1. 医院行业补充规定。

医院应当在新制度规定的"3301 本期盈余"科目下设置如下明细科目。

（1）"330101 财政项目盈余"科目，核算医院本期财政项目拨款相关收入、费用相抵后的余额。

（2）"330102 医疗盈余"科目，核算医院本期医疗活动产生的、除财政项目拨款以外的各项收入、费用相抵后的余额。

(3)"330103 科教盈余"科目,核算医院本期科研教学活动产生的、除财政项目拨款以外的各项收入、费用相抵后的余额。

期末,医院应当将财政拨款收入中的财政项目拨款收入的本期发生额转入本期盈余,借记"财政拨款收入—财政项目拨款收入"科目,贷记"本期盈余—财政项目盈余"科目;将业务活动费用、单位管理费用中经费性质为财政项目拨款经费部分的本期发生额转入本期盈余,借记"本期盈余—财政项目盈余"科目,贷记"业务活动费用""单位管理费用"科目的相关明细科目。

期末,医院应当将财政拨款收入中的财政基本拨款收入、事业收入中的医疗收入、上级补助收入、附属单位上缴收入、经营收入、非同级财政拨款收入、投资收益、捐赠收入、利息收入、租金收入、其他收入的本期发生额转入本期盈余,借记"财政拨款收入—财政基本拨款收入""事业收入—医疗收入""上级补助收入""附属单位上缴收入""经营收入""非同级财政拨款收入""投资收益""捐赠收入""利息收入""租金收入""其他收入"科目,贷记"本期盈余—医疗盈余"科目;将业务活动费用、单位管理费用中与医疗活动相关且经费性质为财政基本拨款经费和其他经费的部分,以及经营费用、资产处置费用、上缴上级费用、对附属单位补助费用、所得税费用、其他费用的本期发生额转入本期盈余,借记"本期盈余—医疗盈余"科目,贷记"业务活动费用"和"单位管理费用"科目的相关明细科目、"经营费用""资产处置费用""上缴上级费用""对附属单位补助费用""所得税费用""其他费用"科目。

期末,医院应当将事业收入中的科教收入的本期发生额转入本期盈余,借记"事业收入—科教收入"科目,贷记"本期盈余—科教盈余"科目;将业务活动费用中经费性质为科教经费的部分、单位管理费用中经费性质为科教经费的部分(从科教经费中提取的项目管理费或间接费)的本期发生额转入本期盈余,借记"本期盈余—科教盈余"科目,贷记"业务活动费用""单位管理费用"科目的相关明细科目。

年末,完成上述结转后,医院应当将"本期盈余—财政项目盈余""本期盈余—医疗盈余"科目中财政基本拨款形成的盈余余额和"本期盈余—科教盈余"科目余额转入累计盈余对应明细科目,借记或贷记"本期盈余—财政项目盈余""本期盈余—医疗盈余""本期盈余—科教盈余"科目的相关明细科目,贷记或借记"累计盈余—财政项目盈余""累计盈余—医疗盈余""累计盈余—科教盈余"科目。"本期盈余—医疗盈余"科目扣除财政基本拨款形成的盈余后为贷方余额的,将"本期盈余—医疗盈余"科目对应贷方余额转入"本年盈余分配"科目,借记"本期盈余—医疗盈余"科目,贷记"本年盈余分配"科目;"本期盈余—医疗盈余"科目扣除财政基本拨款形成的盈余后为借方余额的,将"本期盈余—医疗盈余"科目对应借方余额转入"累计盈余"科目,借记"累计盈余—医疗盈余"科目,贷记"本期盈余—医疗盈余"科目。

2. 基层医疗卫生行业补充规定。

基层医疗卫生机构应当在新制度规定的"3301 本期盈余"科目下设置如下明细科目。

(1)"330101 医疗盈余"科目,核算基层医疗卫生机构本期医疗活动产生的各项收入、费用相抵后的余额。

(2)"330102 公共卫生盈余"科目,核算基层医疗卫生机构本期公共卫生活动产生的各项收入、费用相抵后的余额。

(3)"330103 科教盈余"科目,核算基层医疗卫生机构本期科研教学活动产生的各项收入、费用相抵后的余额。

期末，基层医疗卫生机构应当将财政基本拨款收入和财政项目拨款收入中的医疗收入、事业收入中的医疗收入、上级补助收入、附属单位上缴收入、经营收入、非同级财政拨款收入中的医疗收入、投资收益、捐赠收入、利息收入、租金收入、其他收入的本期发生额转入本期盈余，借记"财政拨款收入—财政基本拨款收入—医疗收入""财政拨款收入—财政项目拨款收入—医疗收入""事业收入—医疗收入""上级补助收入""附属单位上缴收入""经营收入""非同级财政拨款收入—医疗收入""投资收益""捐赠收入""利息收入""租金收入""其他收入"科目，贷记"本期盈余—医疗盈余"科目；将业务活动费用中的医疗费用、单位管理费用、经营费用、资产处置费用、上缴上级费用、对附属单位补助费用、所得税费用、其他费用的本期发生额转入本期盈余，借记"本期盈余—医疗盈余"科目，贷记"业务活动费用—医疗费用""单位管理费用""经营费用""资产处置费用""上缴上级费用""对附属单位补助费用""所得税费用""其他费用"科目。

期末，基层医疗卫生机构应当将财政基本拨款收入和财政项目拨款收入中的公共卫生收入、事业收入中的公共卫生收入、非同级财政拨款收入中的公共卫生收入的本期发生额转入本期盈余，借记"财政拨款收入—财政基本拨款收入—公共卫生收入""财政拨款收入—财政项目拨款收入—公共卫生收入""非同级财政拨款收入—公共卫生收入"科目，贷记"本期盈余—公共卫生盈余"科目；将业务活动费用中的公共卫生费用的本期发生额转入本期盈余，借记"本期盈余—公共卫生盈余"科目，贷记"业务活动费用—公共卫生费用"科目。

期末，基层医疗卫生机构应当将财政项目拨款收入中的科教收入、事业收入中的科教收入的本期发生额转入本期盈余，借记"财政拨款收入—财政项目拨款收入—科教收入""事业收入—科教收入"科目，贷记"本期盈余—科教盈余"科目；将业务活动费用中的科教经费的本期发生额转入本期盈余，借记"本期盈余—科教盈余"科目，贷记"业务活动费用—科教费用"科目。

年末，完成上述结转后，"本期盈余—医疗盈余"科目为贷方余额的，基层医疗卫生机构应当将"本期盈余—医疗盈余"科目余额转入"本年盈余分配"科目，借记"本期盈余—医疗盈余"科目，贷记"本年盈余分配"科目；"本期盈余—医疗盈余"科目为借方余额的，基层医疗卫生机构应当将"本期盈余—医疗盈余"科目余额转入累计盈余对应明细科目，借记"累计盈余—医疗盈余"科目，贷记"本期盈余—医疗盈余"科目。基层医疗卫生机构应当将"本期盈余—公共卫生盈余""本期盈余—科教盈余"科目余额转入累计盈余对应明细科目，借记或贷记"本期盈余—公共卫生盈余""本期盈余—科教盈余"科目，贷记或借记"累计盈余—公共卫生盈余""累计盈余—科教盈余"科目。

(二)科目核算难点与注意事项

1. 本期盈余科目为期末结转时使用，年末时转入"本年盈余分配"。

2. 实务中本期盈余科目明细设置应结合"累计盈余"设置，如医院行业，本期盈余科目设置时按资金性质设置明细科目，在"累计盈余"科目也应设置相对应的科目。在实务中，本期盈余科目设置还应结合收入科目和费用科目设置进行明细设置；如果本期盈余科目设置较细，而收入科目和费用科目没有进行相应明细设置，期末结转时将存在较大的难度。

3. 财务会计中，经营收入与经营经费相抵后如为经营亏损，按规定转入本期盈余；预算会计下经营结余为负时，不转入"非财政拨款结余"。

## 第五节 本年盈余分配业务

本年盈余分配科目思维导图如下所示。

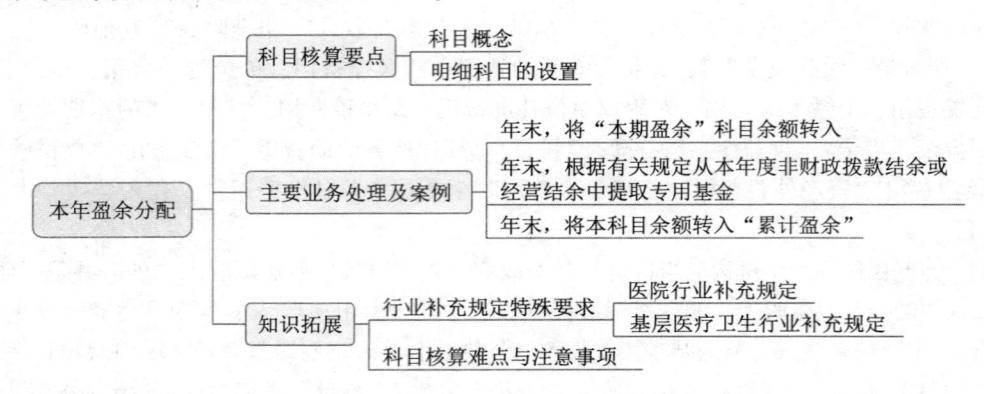

```
本年盈余分配 ── 科目核算要点 ── 科目概念
                              └ 明细科目的设置
              ── 主要业务处理及案例 ── 年末，将"本期盈余"科目余额转入
                                  ├ 年末，根据有关规定从本年度非财政拨款结余或
                                  │ 经营结余中提取专用基金
                                  └ 年末，将本科目余额转入"累计盈余"
              ── 知识拓展 ── 行业补充规定特殊要求 ── 医院行业补充规定
                          │                      └ 基层医疗卫生行业补充规定
                          └ 科目核算难点与注意事项
```

### 一、科目核算要点

(一)科目概念

本科目核算单位本年度盈余分配的情况和结果。

(二)明细科目设置

本科目明细科目设置，可设置"提取专用基金""转入累计盈余"等明细科目。

年末结账后，本科目应无余额。

### 二、主要业务处理及案例

(1)年末，将"本期盈余"科目余额转入本科目，借记或贷记"本期盈余"科目，贷记或借记本科目。

(2)年末，根据有关规定从本年度非财政拨款结余或经营结余中提取专用基金的，按照预算会计下计算的提取金额，借记本科目，贷记"专用基金"科目。

年末，按照规定完成上述(1)、(2)处理后，将本科目余额转入累计盈余，借记或贷记本科目，贷记或借记"累计盈余"科目。

【案例8008】B事业单位2019年12月31日，有关科目如下：

(1)财政拨款收入(基本支出)300 000元、业务活动费用290 000元，均为人员工资，已通过零余额账户支付。

(2)事业收入600 000元(其中实际收到现金550 000元，50 000元为应收账款确认为收入)；业务活动费用500 000元(其中已通过现金支付的费用470 000元，固定资产折旧费用30 000元)，以上均为基本支出收支。

(3)年末，按规定计提专用基金，假设计提比例为40%。

假设不考虑其他期间期末结转。账务处理分录如下：

| | 期末结转收入 | 核算要点精讲 |
|---|---|---|
| 财务会计 | 借：财政拨款收入　　　300 000<br>　　　事业收入　　　　　600 000<br>　　贷：本期盈余　　　　　　　900 000 | |
| 预算会计 | 预算收入结转请参考预算会计部分内容 | |
| | 期末结转费用 | |
| 财务会计 | 借：本期盈余　　　　　790 000<br>　　贷：业务活动费用　　　　　790 000 | |
| 预算会计 | 预算支出结转请参考预算会计部分内容 | |
| | 年末结转本期盈余 | |
| 财务会计 | 借：本期盈余　　　　　110 000<br>　　贷：本年盈余分配　　　　　110 000 | |
| 预算会计 | 不做账务处理 | |
| | 计提专用基金 | |
| 财务会计 | 借：本年盈余分配—计提专用基金 32 000<br>　　贷：专用基金　　　　　　　32 000 | 专用基金提取范围仅为非财政性资金，财政拨款结余不属于计提范围；按照预算会计下计算的提取金额，应减去案例中事业收入通过应收账款确认的收入（现金未流入），加上固定资产折旧（现金未流出）；计算金额=（收入-费用）×40%=（550 000-470 000）×40%=32 000 元 |
| 预算会计 | 借：非财政拨款结余分配　　32 000<br>　　贷：专用结余　　　　　　　32 000 | 预算会计专用结余科目核算的仅仅为从非财政拨款结余或经营结余中提取的专用基金 |
| | 转入累计盈余 | |
| 财务会计 | 借：本年盈余分配—转入累计盈余 78 000<br>　　贷：累计盈余　　　　　　　78 000 | 科目余额减去分配的专用基金 |
| 预算会计 | 不做账务处理 | |

## 三、知识拓展

（一）行业补充规定特殊要求

1. 医院行业补充规定。

医院应当在新制度规定的"3302 本年盈余分配"科目下设置"330201 提取职工福利基金""330202 转入累计盈余"明细科目。

年末，医院"累计盈余—医疗盈余"科目为借方余额的，医院应当按照有关规定确定的用于弥补医疗亏损的金额，借记"累计盈余—新旧转换盈余"科目，贷记"累计盈余—医疗盈余"科目。

年末，医院在按照规定提取专用基金后，应当将"本年盈余分配"科目余额转入累计盈余，借记"本年盈余分配—转入累计盈余"科目，贷记"累计盈余—医疗盈余"科目。

2. 基层医疗卫生行业补充规定。

基层医疗卫生机构应当在新制度规定的"3302 本年盈余分配"科目下设置"330201 提取职工福利基金""330202 提取奖励基金""330203 转入累计盈余"明细科目。

年末，基层医疗卫生机构在按照规定提取专用基金后，应当将"本年盈余分配"科目余额转入累计盈余，借记"本年盈余分配—转入累计盈余"科目，贷记"累计盈余—医疗盈余"科目。

（二）科目核算难点与注意事项

本年盈余分配为年末结转时使用，按规定分配专用基金后转入"累计盈余"。计提专用基金时应按规定执行，详细要求请参考"专用基金"科目。

# 第六节　无偿调拨净资产业务

无偿调拨净资产科目思维导图如下所示。

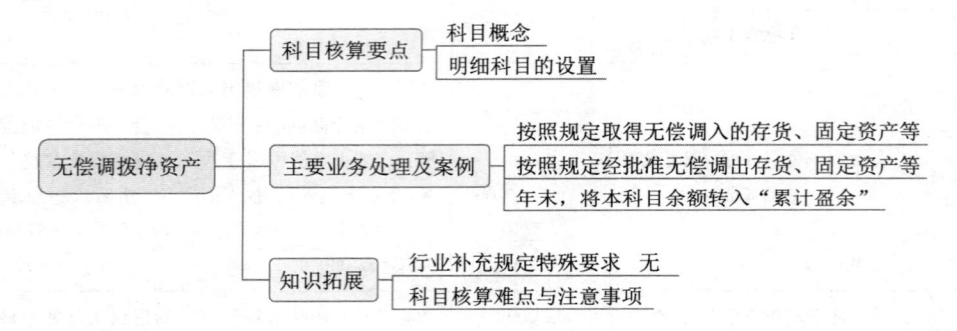

```
              ┌─ 科目核算要点 ─┬─ 科目概念
              │                └─ 明细科目的设置
              │
              │                ┌─ 按照规定取得无偿调入的存货、固定资产等
无偿调拨净资产 ─┼─ 主要业务处理及案例 ─┼─ 按照规定经批准无偿调出存货、固定资产等
              │                └─ 年末，将本科目余额转入"累计盈余"
              │
              └─ 知识拓展 ─┬─ 行业补充规定特殊要求　无
                          └─ 科目核算难点与注意事项
```

## 一、科目核算要点

（一）科目概念
本科目核算单位无偿调入或调出非现金资产所引起的净资产变动金额。
（二）明细科目设置
本科目明细设置可根据净资产类别进行设置。
年末结账后，本科目应无余额。

## 二、主要业务处理及案例

（1）按照规定取得无偿调入的存货、长期股权投资、固定资产、无形资产、公共基础设施、政府储备物资、文物文化资产、保障性住房等，按照确定的成本，借记"库存物品""长期股权投资""固定资产""无形资产""公共基础设施""政府储备物资""文物文化资产""保障性住房"等科目，按照调入过程中发生的归属于调入方的相关费用，贷记"零余额账户用款额度""银行存款"等科目，按照其差额，贷记本科目。

（2）按照规定经批准无偿调出存货、长期股权投资、固定资产、无形资产、公共基础设施、政府储备物资、文物文化资产、保障性住房等,按照调出资产的账面余额或账面价值,借记本科目,按照固定资产累计折旧、无形资产累计摊销、公共基础设施累计折旧或摊销、保障性住房累计折旧的金额,借记"固定资产累计折旧""无形资产累计摊销""公共基础设施累计折旧(摊销)""保障性住房累计折旧"科目,按照调出资产的账面余额,贷记"库存物品""长期股权投资""固定资产""无形资产""公共基础设施""政府储备物资""文物文化资产""保障性住房"等科目;同时,按照调出过程中发生的归属于调出方的相关费用,借记"资产处置费用"科目,贷记"零余额账户用款额度""银行存款"等科目。

(3)年末,将本科目余额转入累计盈余,借记或贷记本科目,贷记或借记"累计盈余"科目。

【案例8009】B事业单位2019年8月1日,发生如下业务:

(1)无偿调入政府储备物资F一批,调出方账面价值为150 000元,发生相关税费等5 000元。

(2)经批准无偿调出固定资产一项给同级事业单位,原值10 000元,已计提折旧4 000元,B事业单位支付运费1 000元(归属于调出方)。

以上款项支付通过银行存款支付。账务处理分录如下:

| | 无偿调入政府储备物资 | 核算要点精讲 |
|---|---|---|
| 财务会计 | 借:政府储备物资　　　　　　　　155 000<br>　　贷:无偿调拨净资产—政府储备物资　150 000<br>　　　　银行存款　　　　　　　　　　5 000 | 无偿调入公政府储备物资按照调出方的价值确定成本 |
| 预算会计 | 借:其他支出　　　　　　　　　　5 000<br>　　贷:资金结存—货币资金　　　　5 000 | |
| | 经批准无偿调出固定资产 | |
| 财务会计 | 借:资产处置费用　　　　　　　　1 000<br>　　贷:银行存款　　　　　　　　　1 000<br>借:固定资产累计折旧　　　　　　4 000<br>　　无偿调拨净资产—固定资产　　6 000<br>　　贷:固定资产—专用设备　　　　10 000 | 1. 发生的归属于调出方的相关费用计入资产处置费用<br>2. 固定资产账面余额和累计折旧的差额计入无偿调拨资产<br>3. 固定资产的出售、捐赠、调出账务处理原则均不相同 |
| 预算会计 | 借:其他支出　　　　　　　　　　1 000<br>　　贷:资金结存—货币资金　　　　1 000 | 归属于调出方的相关费用 |
| | 年末转入累计盈余(仅考虑无偿调拨净资产科目) | |
| 财务会计 | 借:无偿调拨净资产—政府储备物资　150 000<br>　　贷:累计盈余　　　　　　　　　150 000<br>借:累计盈余　　　　　　　　　　6 000<br>　　贷:无偿调拨净资产—固定资产　6 000 | 科目余额转入累计盈余 |
| 预算会计 | 不做账务处理 | |

## 三、知识拓展

**(一)行业补充规定特殊要求**

无行业补充规定。

**(二)科目核算难点与注意事项**

本科目学习时应参考资产类科目进行学习,核算时应注意无偿调拨净资产科目金额的确定,调出过程中发生的归属于调出方的相关费用,借记"资产处置费用"科目,不在本科目核算。

# 第七节 以前年度盈余调整业务

以前年度盈余调整科目思维导图如下所示。

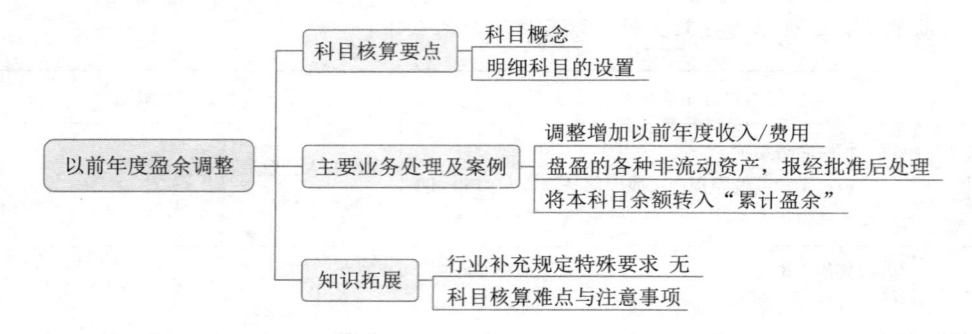

```
                    ┌─ 科目核算要点 ──┬─ 科目概念
                    │                 └─ 明细科目的设置
                    │
                    │                   ┌─ 调整增加以前年度收入/费用
以前年度盈余调整 ───┼─ 主要业务处理及案例 ┼─ 盘盈的各种非流动资产,报经批准后处理
                    │                   └─ 将本科目余额转入"累计盈余"
                    │
                    └─ 知识拓展 ──────┬─ 行业补充规定特殊要求 无
                                      └─ 科目核算难点与注意事项
```

## 一、科目核算要点

**(一)科目概念**

本科目核算单位本年度发生的调整以前年度盈余的事项,包括本年度发生的重要前期差错更正涉及调整以前年度盈余的事项。

根据《政府会计准则第 7 号——会计调整》政府会计主体在本报告期(以下简称本期)发现的会计差错,应当按照以下原则处理。

1. 本期发现的与本期相关的会计差错,应当调整本期报表(包括财务报表和预算会计报表,下同)相关项目。

2. 本期发现的与前期相关的重大会计差错,如影响收入、费用或者预算收支的,应当将其对收入、费用或者预算收支的影响或者累积影响调整发现当期期初的相关净资产项目或者预算结转结余,并调整其他相关项目的期初数;如不影响收入、费用或者预算收支的,应当调整发现当期相关项目的期初数。经上述调整后,视同该差错在差错发生的期间已经得到更正。

重大会计差错,是指政府会计主体发现的使本期编制的报表不再具有可靠性的会计差错,一般是指差错的性质比较严重或者差错的金额比较大。该差错会影响报表使用者对政府会计主体过去、现在或者未来的情况做出评价或者预测,则认为性质比较严重,如未遵循政府会计准则制度、财务舞弊等原因产生的差错。通常情况下，导致差错的经济业务或者事项对报表某一具体项目的影响或者累积影响金额占该类经济业务或者事项对报表同一项目的影响金额的10%及以上，则认为金额比较大。

其他有关会计调整的事项，请参考《政府会计准则第7号——会计调整》详细内容。

（二）明细科目设置

本科目可根据业务性质设置"增加以前年度收入""减少以前年度收入""增加以前年度费用""减少以前年度费用""盘盈非流动资产"明细科目。

本科目结转后应无余额。

## 二、主要业务处理及案例

（1）调整增加以前年度收入时，按照调整增加的金额，借记有关科目，贷记本科目。调整减少的，做相反会计分录。

（2）调整增加以前年度费用时，按照调整增加的金额，借记本科目，贷记有关科目。调整减少的，做相反会计分录。

（3）盘盈的各种非流动资产，报经批准后处理时，借记"待处理财产损溢"科目，贷记本科目。

（4）经上述调整后，应将本科目的余额转入累计盈余，借记或贷记"累计盈余"科目，贷记或借记本科目。

【案例8010】B事业单位2019年12月31日，以前年度损益调整相关科目有关业务如下：

（1）2019年审计部门对单位进行了审计，根据审计决定，退回上年报销的费用40 000元；上述费用为非财政性资金基本支出。

（2）2019年审计部门对单位进行了审计，审计发现2019年少计事业收入3 000元，相关人员已将上述少计收入的3 000元交存银行。

（3）2019年审计部门对单位进行了审计，审计发现多计提固定资产折旧5 000元。

（4）年末资产清查时，盘盈无形资产一项，经评估后确认成本为20 000元；转入待处理资产，按照规定报经批准后进行账务处理。

账务处理分录如下：

| | 审计退回资金时（减少费用） | 核算要点精讲 |
|---|---|---|
| 财务会计 | 借：银行存款　　　　　　　　　　　　40 000<br>　　贷：以前年度盈余调整—减少以前年度费用　40 000 | 审计退回，相当于减少以前年度费用 |
| 预算会计 | 借：资金结存—货币资金　　　　　　　40 000<br>　　贷：非财政拨款结余—年初余额调整　　40 000 | |
| | 收回少计收入（增加收入） | |
| 财务会计 | 借：银行存款　　　　　　　　　　　　3 000<br>　　贷：以前年度盈余调整—增加以前年度收入　3 000 | 收入已收回 |
| 预算会计 | 借：资金结存—货币资金　　　　　　　3 000<br>　　贷：非财政拨款结余—年初余额调整　　3 000 | 如收入未收回，不进行预算会计处理 |

续表

| | 多提折旧(减少费用) | |
|---|---|---|
| 财务会计 | 借：固定资产累计折旧　　　　　　　5 000<br>　　贷：以前年度盈余调整—减少以前年度费用　5 000 | |
| 预算会计 | 不做账务处理 | 未发生现金流入流出；计提折旧时不进行预算会计账务处理 |
| | 盘盈无形资产转入待处理资产 | |
| 财务会计 | 借：无形资产　　　　　　　　　　　20 000<br>　　贷：待处理财产损溢　　　　　　　　20 000 | |
| 预算会计 | 不做账务处理 | |
| | 报经批准处理 | |
| 财务会计 | 借：待处理财产损溢　　　　　　　　20 000<br>　　贷：以前年度盈余调整—盘盈非流动资产　　20 000 | |
| 预算会计 | 不做账务处理 | 未发生现金流入流出 |
| | 转入累计盈余 | |
| 财务会计 | 借：以前年度盈余调整—减少以前年度费用　45 000<br>　　以前年度盈余调整—盘盈非流动资产　　20 000<br>　　以前年度盈余调整—增加以前年度收入　3 000<br>　　贷：累计盈余　　　　　　　　　　　　68 000 | |
| 预算会计 | 不做账务处理 | 不涉及预算会计科目变化 |

## 三、知识拓展

（一）行业补充规定特殊要求

无行业补充规定。

（二）科目核算难点与注意事项

本科目核算单位本年度发生的调整以前年度盈余的事项，包括本年度发生的重要前期差错更正涉及调整以前年度盈余的事项。本年度发生的重要前期差错更正涉及调整以前年度盈余的事项还应结合《政府会计准则第 7 号——会计调整》，结合重大会计差错的概念，按照相关规定进行账务处理。

## 本章小结

行政事业单位应严格按照期末、年末结转顺序进行账务结转，结转后财务会计净资产科目有余额的科目包括：累计盈余、权益法调整、专用基金三个科目，净资产科目核算主要思路如下：

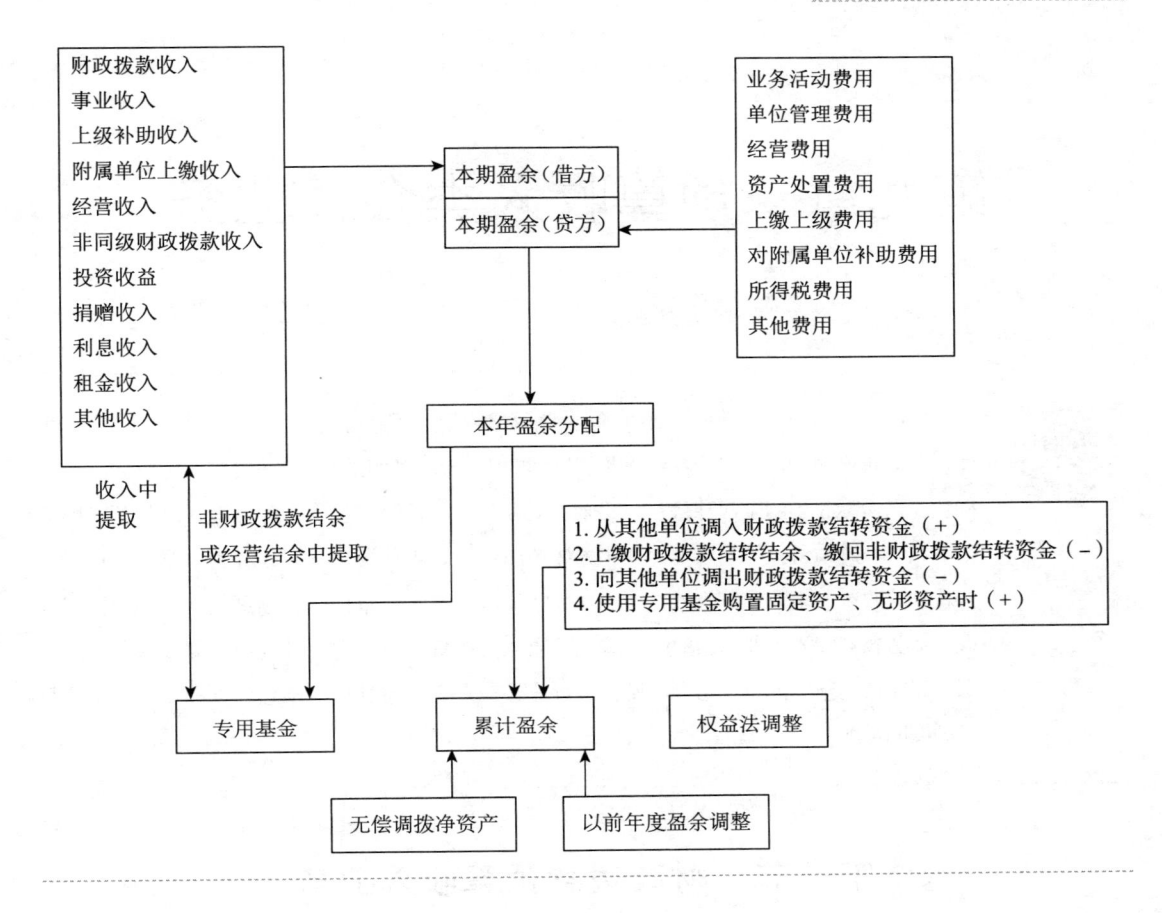

```
┌─────────────────┐
│ 财政拨款收入    │
│ 事业收入        │
│ 上级补助收入    │                    ┌──────────────┐         ┌─────────────────┐
│ 附属单位上缴收入│──────────────────▶│本期盈余(借方)│         │ 业务活动费用    │
│ 经营收入        │                    ├──────────────┤         │ 单位管理费用    │
│ 非同级财政拨款  │                    │本期盈余(贷方)│◀────────│ 经营费用        │
│   收入          │                    └──────┬───────┘         │ 资产处置费用    │
│ 投资收益        │                           │                 │ 上缴上级费用    │
│ 捐赠收入        │                           │                 │ 对附属单位补助费用│
│ 利息收入        │                           ▼                 │ 所得税费用      │
│ 租金收入        │                    ┌──────────────┐         │ 其他费用        │
│ 其他收入        │                    │ 本年盈余分配 │         └─────────────────┘
└────────┬────────┘                    └──────┬───────┘
         ▲                                    │
    收入中│                                   │   ┌─────────────────────────────────────┐
    提取  │   非财政拨款结余                  │   │1. 从其他单位调入财政拨款结转资金(+) │
         │   或经营结余中提取                 │   │2. 上缴财政拨款结转结余、缴回非财政  │
         │                                    │   │   拨款结转资金(-)                   │
         ▼                                    ▼   │3. 向其他单位调出财政拨款结转资金(-) │
    ┌─────────┐                    ┌─────────┐    │4. 使用专用基金购置固定资产、无形资产│
    │ 专用基金│                    │ 累计盈余│    │   时(+)                             │
    └─────────┘                    └─────────┘    └─────────────────────────────────────┘
                                       ▲              ┌──────────────┐
                                       │              │ 权益法调整   │
                          ┌────────────┴─────────┐    └──────────────┘
                    ┌─────────────┐      ┌─────────────────┐
                    │无偿调拨净资产│      │以前年度盈余调整 │
                    └─────────────┘      └─────────────────┘
```

# 第九章 预算收入类会计业务

**本章导读**

财政部令第 78 号《政府会计准则——基本准则》中明确规定"预算收入是指政府会计主体在预算年度内依法取得的并纳入预算管理的现金流入""预算收入一般在实际收到时予以确认,以实际收到的金额计量"。《政府会计制度——行政事业单位会计科目和报表》(财会〔2017〕25 号)中将预算收入类会计业务按照政府会计主体资金来源划分为 9 类,包括财政拨款预算收入、事业预算收入、上级补助预算收入、附属单位上缴预算收入、经营预算收入、债务预算收入、非同级财政拨款预算收入、投资预算收益以及其他预算收入。本章依据上述文件的基本内容,结合已发布的行业补充规定,通过科目概念分析和业务举例加强对制度的理解。

## 第一节 财政拨款预算收入业务

财政拨款预算收入思维导图如下所示。

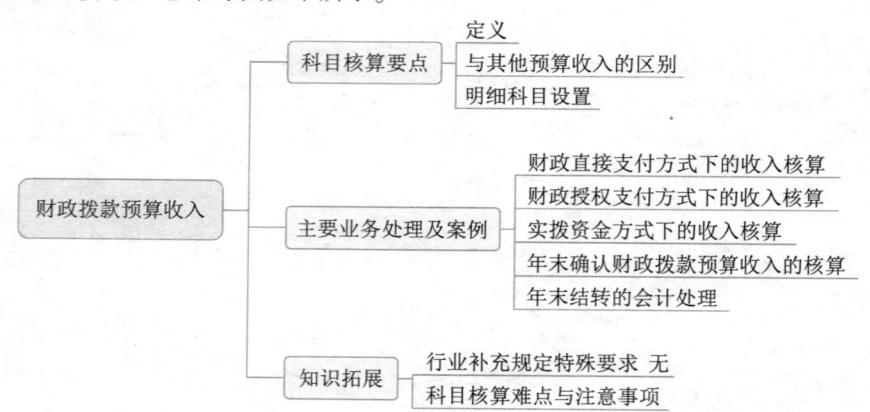

```
                    ┌─ 科目核算要点 ─┬─ 定义
                    │                ├─ 与其他预算收入的区别
                    │                └─ 明细科目设置
                    │
                    │                ┌─ 财政直接支付方式下的收入核算
                    │                ├─ 财政授权支付方式下的收入核算
财政拨款预算收入 ───┼─ 主要业务处理及案例 ─┼─ 实拨资金方式下的收入核算
                    │                ├─ 年末确认财政拨款预算收入的核算
                    │                └─ 年末结转的会计处理
                    │
                    └─ 知识拓展 ─┬─ 行业补充规定特殊要求 无
                                 └─ 科目核算难点与注意事项
```

### 一、科目核算要点

(一)财政拨款预算收入的定义

财政拨款预算收入是指行政事业单位从同级政府财政部门取得的各类财政拨款。

财政拨款是指各级人民政府对纳入预算管理的行政事业单位、社会团体等组织拨付的财政资金,但国务院和国务院财政、税务主管部门另有规定的除外。

同级政府是指行政事业单位和拨款的财政部门在政府层级上属于同一级，又称本级政府，收到财政拨款的行政事业单位是本级政府的财政预算单位。同级政府财政部门根据政府财政预算向财政预算单位拨付财政资金，行政事业单位收到这种财政资金，就形成单位的财政拨款预算收入。

(二) 财政拨款预算收入与非同级财政拨款预算收入、事业预算收入的区别

与之相对应的，行政事业单位从非同级政府财政部门取得的财政拨款，称为非同级财政拨款预算收入，包括本级横向转拨财政款和非本级财政拨款。行政事业单位通常不会直接取得跨政府层级的财政拨款，但有时因为完成某项特定任务，行政事业单位也能从上级或下级政府的财政部门或主管部门获得财政拨款。这种非本级财政拨款就属于非同级财政拨款预算收入；有些本级政府财政资金，由财政部门按照财政预算切块分配给某些政府主管部门，这些政府主管部门是本级政府的财政预算单位。而后再由这些政府主管部门分配给具体的资金使用单位，即将本级政府财政资金横向转拨。作为这种财政资金使用单位的行政事业单位，获得有关主管部门转拨来的财政预算资金，就属于本单位的非同级财政拨款预算收入。

如果事业单位需要因接受拨款向拨款单位或转拨单位提供对等的服务，那么取得的非同级财政拨款资金，就属于单位的事业预算收入。事业单位对于因开展专业业务活动及其辅助活动取得的非同级财政拨款收入，应当通过"事业预算收入—非同级财政拨款"科目核算；对于其他非同级财政拨款收入，应当通过"非同级财政拨款预算收入"科目核算。如事业单位对于因开展科研及其辅助活动从非同级政府财政部门取得的经费拨款，应通过"事业预算收入—非同级财政拨款"科目核算。

(三) 财政拨款预算收入明细科目设置

行政事业单位需设置"财政拨款预算收入"总账科目，核算行政事业单位从同级政府财政部门取得的各类财政拨款。总账科目下，新制度规定了需要统一设置的明细科目。

根据预算管理的要求，行政事业单位的财政拨款预算收入首先要与不同财政预算的预算资金拨款对接。有一般公共预算财政拨款、政府性基金预算财政拨款等两种或两种以上财政拨款的单位，首先应当在"财政拨款预算收入"总账科目下，按照财政拨款的种类分别设置二级明细科目进行明细核算，包括"一般公共预算拨款""政府性基金预算拨款""财政专用基金拨款"等。

根据编制政府部门决算报表的需要，行政事业单位应当按照《政府收支分类科目》中支出功能分类科目的项级科目设置三级明细科目进行明细核算。

行政事业单位还应当在三级明细科目下，设置"基本支出"和"项目支出"两个明细科目，分别核算单位按照单位基本预算和项目预算取得用于基本支出和项目支出的财政拨款资金。其中，在"基本支出"明细科目下，应当按照"人员经费"和"日常公用经费"进行明细核算；在"项目支出"明细科目下，应当按照每个项目进行明细核算。

上述明细科目设置层级和顺序，制度中并无统一规定，只要能满足部门预算管理的核算要求即可。

## 二、主要业务处理及案例

行政事业单位的"财政拨款预算收入"科目，平时，本科目存在贷方余额，反映单位获得财政资金拨款的本年累计数。年终结账时，将本科目本年发生额转入"财政拨款结转"科目。

年终结转后本科目应无余额。

(一)财政直接支付方式下的收入核算

采用国库集中支付方式进行财政直接支付时，单位根据财政零余额账户代理银行转来的"财政直接支付入账通知书"及相关原始凭证，按照通知书中的财政资金直接支付金额，借记"行政支出""事业支出"等科目，贷记"财政拨款预算收入"科目。

【案例9001】B事业单位2019年8月1日收到财政零余额账户代理银行转来的"财政直接支付入账通知书"，采用财政直接支付方式支付单位集中采购的自用材料一批，支出总计50 000元。

账务处理分录如下：

| | 直接支付外购的材料款 | | 核算要点精讲 |
|---|---|---|---|
| 财务会计 | 借：库存物品　　　　　　　50 000<br>　贷：财政拨款收入　　　　　　50 000 | | 零余额直接支付，支付时直接确认财务会计财政拨款收入 |
| 预算会计 | 借：事业支出　　　　　　　50 000<br>　贷：财政拨款预算收入　　　　50 000 | | "现金"流出，预算会计直接确认为支出 |

(二)财政授权支付方式下的收入核算

单位在取得财政部门下达的财政资金授权支付额度时，根据单位零余额账户代理银行转来的"财政授权支付额度到账通知书"，经与财政部门批准的授权支付额度预算计划核对无误，按照通知书中的授权支付额度，借记"资金结存—零余额账户用款额度"科目，贷记"财政拨款预算收入"科目。

【案例9002】B事业单位2019年8月1日收到零余额账户代理银行转来的"财政授权支付额度到账通知书"，取得财政授权额度10 000元。8月15日采用财政授权支付方式支付单位集中采购的自用材料一批，支出总计5 000元。

账务处理分录如下：

| | 取得财政授权额度 | | 核算要点精讲 |
|---|---|---|---|
| 财务会计 | 借：零余额账户用款额度　　　10 000<br>　贷：财政拨款收入　　　　　　10 000 | | 取得零余额账户用款额度时确认财务会计财政拨款收入 |
| 预算会计 | 借：资金结存　　　　　　　10 000<br>　贷：财政拨款预算收入　　　　10 000 | | 取得零余额账户用款额度时确认预算会计财政拨款预算收入 |
| | 授权支付外购的材料款 | | |
| 财务会计 | 借：库存物品　　　　　　　5 000<br>　贷：零余额账户用款额度　　　5 000 | | 财政授权支付，支付时减少零余额账户用款额度 |
| 预算会计 | 借：事业支出　　　　　　　5 000<br>　贷：资金结存　　　　　　　5 000 | | "现金"流出，预算会计确认支出 |

(三)实拨资金方式下的收入核算

通过实拨资金方式获取财政资金拨款的行政事业单位，按照本期预算收到财政拨款时，根据开户银行发来的银行存款进账单中标明的财政拨款到账金额，借记"资金结存—货币资金"，贷记"财政拨款预算收入"科目。

单位收到下期预算的财政预拨款，应当在下个预算期，按照预收的金额，借记"资金结存—货币资金"科目，贷记"财政拨款预算收入"科目。本年不做预算会计账户的登记。

【案例9003】B事业单位2019年8月1日收到银行存款进账单,财政部门拨入人员经费10 000元。2019年年底又收到财政部门拨入属于下年预算的明年1月份某项目经费5 000元。

账务处理分录如下:

| | 收到本期预算的财政拨款 | 核算要点精讲 |
|---|---|---|
| 财务会计 | 借:银行存款　　　　　　　10 000<br>　贷:财政拨款收入　　　　　　10 000 | 取得银行存款时确认财务会计财政拨款收入 |
| 预算会计 | 借:资金结存　　　　　　　10 000<br>　贷:财政拨款预算收入　　　　10 000 | 取得银行存款时确认预算会计财政拨款预算收入 |
| | 取得下期预算的财政拨款 | |
| 财务会计 | 借:银行存款　　　　　　　5 000<br>　贷:其他应付款　　　　　　　5 000 | 未纳入本期部门预算管理的现金收支财务会计通过往来核算 |
| 预算会计 | 不做账务处理 | 未纳入本期部门预算管理的现金收支预算会计不计收入,登记备查账簿 |

(四)年末确认财政拨款预算收入的核算

财政直接支付方式下,年末,根据财政部门批复的本年度财政直接支付预算指标数与当年财政直接支付实际支出数的差额,借记"资金结存—财政应返还额度—财政直接支付"科目,贷记"财政拨款预算收入"科目。

财政授权支付方式下,年末,单位按照本年度财政授权支付预算指标数大于零余额账户用款额度下达数的差额,借记"资金结存—财政应返还额度—财政授权支付"科目,贷记"财政拨款预算收入"科目。

即采用国库集中支付方式的行政事业单位,需在年末对本年度取得的财政拨款预算收入累计数与财政部门批复的预算指标数对比,尚未执行的预算指标通过财政应返还额度的形式同步确认"财政拨款预算收入"。

【案例9004】B事业单位2019年年末根据代理银行提供的对账单,发现本年度收到的零余额账户用款额度10 000元,仅支出7 000元,剩余3 000元需作额度注销处理。同时已知本年财政部门批复的财政授权支付预算指标数为12 000元。

账务处理分录如下:

| | 零余额账户用款额度余额注销 | 核算要点精讲 |
|---|---|---|
| 财务会计 | 借:财政应返还额度　　　　3 000<br>　贷:零余额账户用款额度　　　3 000 | 注销零余额账户用款额度时财务会计资产分类形态发生变化 |
| 预算会计 | 借:资金结存—财政应返还额度　3 000<br>　贷:资金结存—零余额账户用款额度　3 000 | 注销零余额账户用款额度时预算会计资金结存形态发生变化 |
| | 确认未下达的零余额账户用款额度 | |
| 财务会计 | 借:财政应返还额度　　　　2 000<br>　贷:财政拨款收入　　　　　　2 000 | 确认未下达的零余额账户用款额度时确认财务会计财政拨款收入 |
| 预算会计 | 借:资金结存—财政应返还额度　2 000<br>　贷:财政拨款预算收入　　　　2 000 | 确认未下达的零余额账户用款额度时确认预算会计财政拨款预算收入 |

(五)年末结转的会计处理

年末结转时,将"财政拨款预算收入"科目本年发生额转入财政拨款结转,借记"财政拨款预算收入"科目，贷记"财政拨款结转—本年收支结转"科目。年末结转后，本科目无余额。

**【案例9005】** B事业单位年末结转。已知本年确认的财政拨款累计20 000元，其中基本支出拨款15 000元，项目支出拨款5 000元。

账务处理分录如下：

| 年末结转 | | | 核算要点精讲 |
|---|---|---|---|
| 财务会计 | 借：财政拨款收入<br>贷：本期盈余 | 20 000<br>20 000 | 财务会计期末结转将收入类科目余额转入净资产类科目 |
| 预算会计 | 借：财政拨款预算收入<br>贷：财政拨款结转—本年收支结转 | 20 000<br>20 000 | 预算会计年末结转将预算收入类科目余额转入预算结余类科目 |

### 三、知识拓展

本科目核算行政事业单位从同级政府财政部门取得的各类财政拨款。科目理解与运用的重难点在于对同级财政与非同级财政的区分，同时需要关注非同级财政拨款预算收入与事业单位因专业活动、辅助活动等取得非同级财政拨款而形成的事业预算收入的差异，便于实务操作。此外，本科目的明细设置以满足预算管理的需要为前提，账务处理与财务会计的关联性较大，可与"财政拨款收入"科目同步学习。

## 第二节 事业预算收入业务

事业预算收入思维导图如下所示。

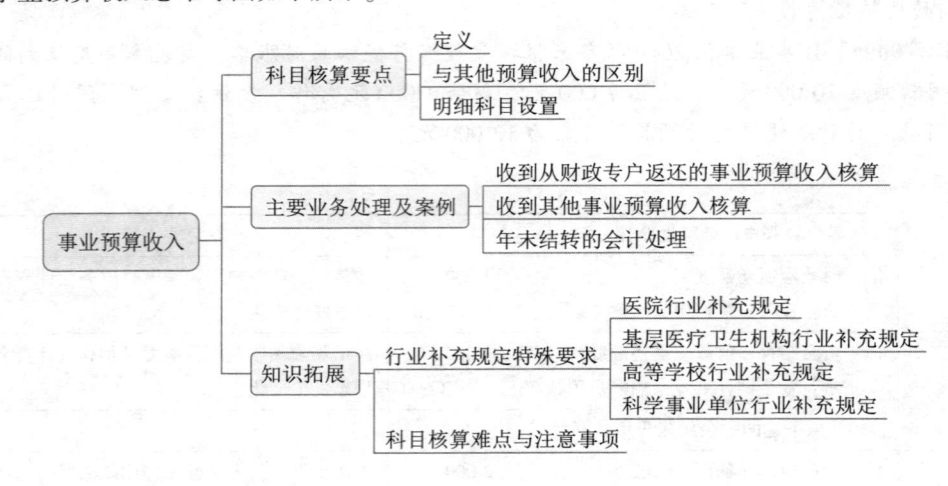

```
                    ┌─ 科目核算要点 ─┬─ 定义
                    │                ├─ 与其他预算收入的区别
                    │                └─ 明细科目设置
                    │
                    │                ┌─ 收到从财政专户返还的事业预算收入核算
事业预算收入 ───────┼─ 主要业务处理及案例 ─┼─ 收到其他事业预算收入核算
                    │                └─ 年末结转的会计处理
                    │
                    │                ┌──────────────┬─ 医院行业补充规定
                    └─ 知识拓展 ─────┤ 行业补充规定  ├─ 基层医疗卫生机构行业补充规定
                                     │ 特殊要求      ├─ 高等学校行业补充规定
                                     │              └─ 科学事业单位行业补充规定
                                     └─ 科目核算难点与注意事项
```

### 一、科目核算要点

（一）事业预算收入的定义

事业预算收入科目核算事业单位开展专业业务活动及其辅助活动取得的现金流入。事业单位因开展科研及其辅助活动从非同级政府财政部门取得的经费拨款，也通过本科目核算。

专业业务活动,是指事业单位根据本单位专业特点所从事或开展的主要业务活动,如教育事业单位的教学活动,科学事业单位的科研活动,卫生健康事业单位的医疗活动,文化事业单位的演出活动等。辅助活动是指与专业业务活动相关,直接为专业业务活动服务的技术支持活动、后勤保障活动及其他有关活动。通过开展上述活动取得的收入,均作为事业预算收入核算。因开展专项事业活动而取得的本级政府横向转拨财政款和非本级政府的财政专项拨款,也属于事业预算收入;事业单位实行"收支两条线"管理上缴财政专户的资金,由财政返还时也属于事业预算收入。

(二)事业预算收入与非同级财政拨款预算收入、经营预算收入的区别

事业预算收入与非同级财政拨款预算收入。事业单位收到同级政府的其他部门单位或者非同级政府的财政部门或业务部门单位的非同级财政拨款,有两种情况:一种是要求接受资金的事业单位为这种拨款提供对等专项服务,如接受项目资金的条件是要完成项目并提供项目研究成果等;另一种则不一定有这种对等交换要求。显然,前者属于政府购买服务,所以收到的财政资金属于单位提供服务获得的事业收入,按照事业预算收入处理;后者属于单位的非同级财政拨款预算收入。

事业预算收入与经营预算收入。事业单位取得经营预算收入的经营活动有些和单位取得事业预算收入的事业活动形式类似,从形式上看都是专业业务活动及其辅助活动,都进行收费。如何判定单位活动取得的现金流入是事业预算收入还是经营预算收入,关键要看该活动是否具有营利性。如果事业单位开展该活动的目的不是为了完成单位的事业任务,而是为了获取高于活动成本的收入,则属于以营利为目的的经营活动,从而取得的现金流入就属于经营预算收入;否则,属于事业预算收入。

(三)事业预算收入明细科目设置

事业单位需设置"事业预算收入"总账科目,核算本单位开展专业业务活动及其辅助活动取得的现金流入。总账科目下,新制度规定了需要统一设置的明细科目。制度规定事业预算收入科目应当按照预算收入的类别、项目、来源以及《政府收支分类科目》中"支出功能分类科目"项级科目等进行明细核算。对于因开展专业业务活动及其辅助活动从非同级政府财政部门取得的经费拨款,应当在本科目下单设"非同级财政拨款"明细科目进行明细核算;事业预算收入中如有专项资金收入,还应按照具体项目进行明细核算。

根据编制政府部门决算报表的需要,事业单位应当按照《政府收支分类科目》中支出功能分类科目的项级科目设置二级明细科目进行明细核算。

事业单位还应当在二级明细科目下,根据本单位的事业预算收入类别设置三级明细科目,分别核算本单位开展专业业务活动及其辅助活动取得的现金流入,如卫生健康事业单位的医疗活动预算收入、科教活动预算收入和后勤保障预算收入等。

对于因开展科研及其辅助活动从非同级政府财政部门取得的经费拨款,应当在三级明细科目"科研预算收入"科目下设置"非同级财政拨款"和"其他资金收入"两个四级明细科目,分别核算事业单位因从事科研活动取得的非同级财政拨款资金和其他资金,并按照每个项目进行明细核算。

此外,根据财政部《关于进一步做好政府会计准则制度新旧衔接和加强行政事业单位资产核算的通知》(财会〔2018〕34号)规定,事业单位在具体核算时,对于因开展专业业务活动及其辅助活动取得的非同级财政拨款收入,应当通过"事业预算收入—非同级财政拨款"科目核算。

如果事业单位或事业主管部门对于事业预算收入有其他的明细核算要求,单位在三级预算

收入类别或四级预算收入资金来源下,还可以设置满足其要求的明细科目进行明细核算。

## 二、主要业务处理及案例

事业单位的"事业预算收入"科目,平时,本科目存在贷方余额,反映单位取得事业收入资金的本年累计数。年终结账时,将本科目本年发生额转入"其他结余""非财政拨款结转"科目。年终结转后本科目应无余额。

(一)收到从财政专户返还的事业预算收入核算

事业单位实行"收支两条线",采用财政专户返还方式管理需要上缴财政专户的资金,由财政返还时确认事业预算收入。按照实际收到的返还金额,借记"资金结存—货币资金"科目,贷记"事业预算收入"科目。

【案例9006】B事业单位为高等教育机构,2019年8月共收到学生缴纳的学费计10 000元,存入学校银行账户。月底将本月学费缴入财政专户。次月收到财政部门返还的学费收入10 000元,存入单位银行账户。

账务处理分录如下:

| | 收到学生缴纳的学费 | | 核算要点精讲 |
|---|---|---|---|
| 财务会计 | 借:银行存款　　　　10 000<br>　贷:应缴财政款　　　　10 000 | | 通过"应缴财政款"科目核算 |
| 预算会计 | 不做账务处理 | | 不登记预算会计账户 |
| | 将收到的学费缴入财政专户 | | |
| 财务会计 | 借:应缴财政款　　　　10 000<br>　贷:银行存款　　　　　10 000 | | 通过"应缴财政款"科目核算 |
| 预算会计 | 不做账务处理 | | 不登记预算会计账户 |
| | 收到财政部门返还的学费收入 | | |
| 财务会计 | 借:银行存款　　　　10 000<br>　贷:事业收入　　　　10 000 | | 财政返还时确认收入 |
| 预算会计 | 借:资金结存—货币资金　10 000<br>　贷:事业预算收入　　　10 000 | | 财政返还时确认预算收入 |

(二)收到其他事业预算收入核算

收到其他事业预算收入时,按照实际收到的款项金额(含增值税的金额),借记"资金结存—货币资金"科目,贷记"事业预算收入"科目。

【案例9007】B事业单位为高等教育机构,2019年8月中标某政府主管部门使用本级政府财政拨款资金招标的科研任务,收到项目拨款10 000元,款项已拨入单位银行账户。当月B单位与某公司签订一项科研合同约定合同总价10 000元,第一笔款项5 000元已于合同签订日汇入单位账户,假设单位从事科研活动适用的增值税税率为3%。

账务处理分录如下:

| | 收到非同级财政拨入的科研款 | | 核算要点精讲 |
|---|---|---|---|
| 财务会计 | 借:银行存款　　　　10 000<br>　贷:预收账款　　　　10 000 | | 通过"预收账款"科目核算,不确认事业收入 |

续表

| | | |
|---|---|---|
| 预算会计 | 借：资金结存　　　　　　　　　　10 000<br>　贷：事业预算收入—科研预算收入—非同<br>　　　级财政拨款　　　　　　　　10 000 | 收到现金流入时确认预算收入 |
| | 收到公司汇入的科研款 | |
| 财务会计 | 借：银行存款　　　　　　　　　　 5 000<br>　贷：应交增值税　　　　　　　　　　146<br>　　　预收账款　　　　　　　　　　4 854 | 通过"预收账款"科目核算，不确认事业收入 |
| 预算会计 | 借：资金结存—货币资金　　　　　 5 000<br>　贷：事业预算收入—科研预算收入—其他<br>　　　资金收入　　　　　　　　　 5 000 | 收到现金流入时按照实际收到的款项金额确认预算收入 |

（三）年末结转的会计处理

年末，将本科目本年发生额中的专项资金收入转入非财政拨款结转，借记本科目下各专项资金收入明细科目，贷记"非财政拨款结转—本年收支结转"科目；将本科目本年发生额中的非专项资金收入转入其他结余，借记本科目下各非专项资金收入明细科目，贷记"其他结余"科目。年末结转后，本科目无余额。

【案例9008】B事业单位年末结转。已知本年因开展专业业务活动及辅助活动共收到现金流入20 000元，其中专项项目资金收入5 000元，非专项资金收入15 000元。

账务处理分录如下：

| | 年末结转 | 核算要点精讲 |
|---|---|---|
| 财务会计 | 借：事业收入　　　　　　　　　　20 000<br>　贷：本期盈余　　　　　　　　　 20 000 | 财务会计期末结转将收入类科目余额转入净资产类科目 |
| 预算会计 | 借：事业预算收入　　　　　　　　20 000<br>　贷：非财政拨款结转—本年收支结转 5 000<br>　　　其他结余　　　　　　　　　15 000 | 预算会计年末结转将预算收入类科目余额转入预算结余类科目 |

## 三、知识拓展

（一）行业补充规定

事业预算收入是事业单位最主要的预算收入类别，不同行业之间专业业务活动相差较大，行业补充规定主要对于事业预算收入的明细科目设置与个别核算要求做出不同程度的规定。

1. 医院。

根据关于医院执行《政府会计制度——行政事业单位会计科目和报表》的补充规定，医院应当在新制度规定的"6101 事业预算收入"科目下设置"610101 医疗预算收入"科目和"610102 科教预算收入"科目，分别核算医院开展医疗活动和科研教学活动取得的现金流入。

2. 基层医保卫生机构。

根据关于基层医疗卫生机构执行《政府会计制度——行政事业单位会计科目和报表》的补

充规定，基层医疗卫生机构应当在新制度规定的"6101 事业预算收入"科目下设置"610101 医疗预算收入"科目，核算基层医疗卫生机构开展医疗活动取得的现金流入；"610102 公共卫生预算收入"科目，核算基层医疗卫生机构开展公共卫生活动取得的现金流入；"610103 科教预算收入"科目，核算基层医疗卫生机构开展科研教学活动取得的现金流入。

3. 高等学校。

根据关于高等学校执行《政府会计制度——行政事业单位会计科目和报表》的补充规定，高等学校应当在新制度规定的"6101 事业预算收入"科目下设置"610101 教育事业预算收入"和"610102 科研事业预算收入"明细科目。分别核算高等学校开展教学活动及其辅助活动取得的现金流入。以及高等学校开展科研活动及其辅助活动取得的现金流入。

此外，关于高等学校执行《政府会计制度——行政事业单位会计科目和报表》的补充规定还对关于受托加工物品接受委托单位支付的资金和交付加工完成的产品不同时点的账务处理做出了特殊规定。

高等学校收到委托单位支付的资金用于加工设备、材料等时，借记"银行存款"等科目，贷记"预收账款"科目；同时，按照收到的资金，借记"资金结存—货币资金"科目，贷记"事业预算收入"等科目。

高等学校对受托加工物品进行加工时，按照加工消耗的料、工、费等，借记"加工物品—受托加工物品"科目，贷记"库存物品""应付职工薪酬""银行存款"等科目；同时，对加工中支付的资金，在支付时按照实际支付的金额，借记"事业支出—科研支出"科目，贷记"资金结存—货币资金"科目。

高等学校将加工完成的产品交付委托方时，按照受托加工产品的成本，借记"业务活动费用—科研费用"科目，贷记"加工物品—受托加工物品"科目，同时，确认委托方的委托加工收入，按照预收账款账面余额，借记"预收账款"科目，按照应确认的收入金额，贷记"事业收入"等科目，按照委托方补付或退回委托方的金额，借记或贷记"银行存款"等科目（同时借记或贷记"资金结存"科目，贷记或借记"事业预算收入"等科目）。

4. 科学事业单位。

根据关于科学事业单位执行《政府会计制度——行政事业单位会计科目和报表》的补充规定，科学事业单位应当在新制度规定的"6101 事业预算收入"科目下设置"610101 科研预算收入""610102 非科研预算收入"明细科目。分别核算科学事业单位开展科研活动及其辅助活动取得的现金流入，以及科学事业单位开展科研活动以外的其他业务活动及其辅助活动取得的现金流入，包括技术活动预算收入、学术活动预算收入、科普活动预算收入、试制产品活动预算收入、教学活动预算收入等。

关于科学事业单位执行《政府会计制度——行政事业单位会计科目和报表》的补充规定对关于合作项目款的账务处理同样有其特殊的处理方法。

补充规定中所称的合作项目款是指科学事业单位从非同级政府财政部门取得的，需要与其他单位合作完成的科技项目（课题）款项。科学事业单位对合作项目款核算的账务处理如下：

（1）从付款方预收款项时，在财务会计下，按照收到的款项金额，借记"银行存款"等科目，贷记"预收账款"科目；同时，在预算会计下，按照相同的金额，借记"资金结存—货币资金"科目，贷记"事业预算收入"科目。

（2）按照合同规定将合作项目款转拨合作单位时，在财务会计下，按照实际转拨的金额，借记"预收账款"科目，贷记"银行存款"等科目；同时，在预算会计下，按照相同的金额，借记"事业预算收入"科目[转拨当年收到的合作项目款]或"非财政拨款结转"科目[转拨以前年度收到的合作项目款],贷记"资金结存—货币资金"科目。

(3)按照合同完成进度确认本单位科研收入时,按照计算确认收入的金额,借记"预收账款"科目,贷记"事业收入"科目。

(4)发生因科技项目(课题)终止等情形,需按照规定将项目剩余资金退回项目(课题)立项部门时,对本单位承担项目使用的剩余资金,在财务会计下,按照实际退回的金额,借记"预收账款"科目[尚未确认收入]或"事业收入"科目[已经确认收入],贷记"银行存款"等科目;同时,在预算会计下,按照相同的金额,借记"事业预算收入"科目[本年度取得的合作项目款]或"非财政拨款结转"科目[以前年度取得的合作项目款],贷记"资金结存—货币资金"科目。

对合作单位承担项目使用的剩余资金,于收回时按照收回的金额,借记"银行存款"等科目,贷记"其他应付款"科目;转退回给项目(课题)立项部门时,借记"其他应付款"科目,贷记"银行存款"等科目。

例:B科学事业单位牵头组织并中标了一项科技部重点研发计划项目。项目下设3个课题。B单位作为项目牵头单位,需要及时足额地向课题单位拨付研究经费。2019年8月1日,B单位收到科技部下拨的专项资金1 000 000元,其中B单位为课题一承担单位,本次研究经费300 000元,其他700 000元按照项目任务安排,需要转拨给课题二和课题三的承担单位,2019年8月20日,B单位完成经费转拨。

账务处理分录如下:

2019年8月1日,B单位收到项目经费1 000 000万元。

财务会计:

| 借:银行存款 | 1 000 000 |
| 贷:预收账款 | 1 000 000 |

预算会计:

| 借:资金结存 | 1 000 000 |
| 贷:事业预算收入 | 1 000 000 |

2019年8月20日,B单位向合作单位转拨项目经费700 000元。

财务会计:

| 借:预收账款 | 700 000 |
| 贷:银行存款 | 700 000 |

预算会计:

| 借:事业预算收入 | 700 000 |
| 贷:资金结存 | 700 000 |

(二)科目核算难点与注意事项

事业预算收入的核算难点,首先在于辨认事业单位的专业业务活动及其辅助活动,业务活动的界定直接影响科目金额的归集。其次,需要注意的是事业预算收入的计量是以实际收到的金额来确认的,这一点与财务会计中事业收入之间存在因增值税确认的永久性差异。以上两点需要在学习与实务工作中明确并加以注意。

# 第三节 上级补助预算收入业务

上级补助预算收入思维导图如下所示。

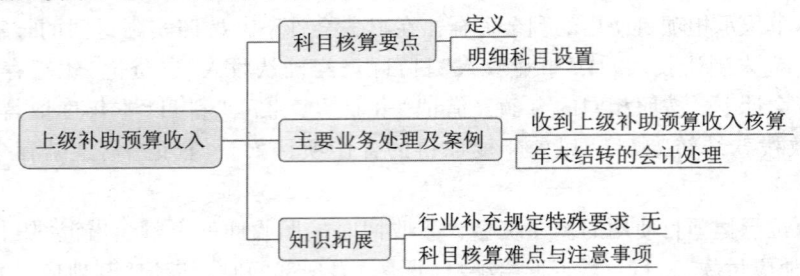

```
                            ┌─ 科目核算要点 ─┬─ 定义
                            │                └─ 明细科目设置
                            │
              上级补助预算收入 ─┼─ 主要业务处理及案例 ─┬─ 收到上级补助预算收入核算
                            │                      └─ 年末结转的会计处理
                            │
                            └─ 知识拓展 ─┬─ 行业补充规定特殊要求 无
                                        └─ 科目核算难点与注意事项
```

## 一、科目核算要点

（一）上级补助预算收入的定义

上级补助预算收入科目核算事业单位从主管部门和上级单位取得的非财政补助现金流入。事业单位的上级单位有时会出于帮助事业单位解决活动中的资金需要，定期或定向补助给事业单位财政拨款以外的资金。这种资金包括上级单位自己可分配使用的非财政补助资金，以及上级单位集中向其他下级单位拨付的资金。事业单位收到上级单位拨付的这类非财政拨款资金，作为上级补助预算收入。

上级补助预算收入的落脚点在于"非财政补助现金流入"，这是其区别于财政拨款预算收入的特征，尤其是在财政拨款采用实拨资金的方式下，财政拨款和上级补助都是从上级单位拨入本单位的银行账户，前者是财政部门拨付的财政资金，后者则是非财政补助资金。

（二）上级补助预算收入明细科目设置

有上级补助预算收入的事业单位需设置"上级补助预算收入"总账科目，核算从主管部门和上级单位取得的非财政补助现金流入。总账科目下，新制度规定了需要统一设置的明细科目。制度规定上级补助预算收入科目应当按照发放补助单位、补助项目、《政府收支分类科目》中"支出功能分类科目"的项级科目等进行明细核算。上级补助预算收入中如有专项资金收入，还应按照具体项目进行明细核算。

根据编制政府部门决算报表的需要，事业单位应当按《政府收支分类科目》中支出功能分类科目的项级科目设置二级明细科目进行明细核算。

有两个以上发放补助的上级单位的，事业单位还应当在二级明细科目下，按照发放补助单位设置三级明细科目，分别核算来自不同上级单位的补助资金。

对于上级单位下拨的补助资金，还应当区分资金用途或补助项目，设置"非专项补助"和"专项补助"两个四级明细科目。其中，在"非专项补助"明细科目下，按照补助类别进行明细核算；在"专项补助"明细科目下，按照每个项目进行明细核算。

上述明细科目设置层级，制度中并无统一规定。事业单位可依据自身情况按需设置即可。

## 二、主要业务处理及案例

事业单位的"上级补助预算收入"科目,平时,本科目存在贷方余额,反映单位取得主管部门和上级单位补助资金的本年累计数。年终结账时,将本科目本年发生额转入"其他结余""非财政拨款结转"科目。年终结转后本科目应无余额。

(一)收到上级补助预算收入核算

事业单位收到上级补助预算收入时,按照实际收到的金额,借记"资金结存—货币资金"科目,贷记"上级补助预算收入"科目。

【案例9009】B事业单位2019年8月收到上级主管单位拨来的专项补助资金50 000元,存入单位银行账户。

账务处理分录如下:

| | 收到上级单位拨入的补助资金 | 核算要点精讲 |
|---|---|---|
| 财务会计 | 借:银行存款　　　　　　50 000<br>　贷:上级补助收入　　　　　　50 000 | 收到拨款时确认"上级补助收入" |
| 预算会计 | 借:资金结存—货币资金　　50 000<br>　贷:上级补助预算收入　　　　50 000 | 收到拨款时同步确认"上级补助预算收入" |

(二)年末结转的会计处理

年末,将本科目本年发生额中的专项资金收入转入非财政拨款结转,借记本科目下各专项资金收入明细科目,贷记"非财政拨款结转—本年收支结转"科目;将本科目本年发生额中的非专项资金收入转入其他结余,借记本科目下各非专项资金收入明细科目,贷记"其他结余"科目。年末结转后,本科目无余额。

【案例9010】B事业单位年末结转。已知本年累计收到上级主管单位拨来的补助资金共200 000元,其中专项项目资金50 000元,非专项资金150 000元。

账务处理分录如下:

| | 年末结转 | 核算要点精讲 |
|---|---|---|
| 财务会计 | 借:上级补助收入　　　　　　200 000<br>　贷:本期盈余　　　　　　　　200 000 | 财务会计期末结转将收入类科目余额转入净资产类科目 |
| 预算会计 | 借:上级补助预算收入　　　　200 000<br>　贷:非财政拨款结转—本年收支结转　50 000<br>　　其他结余　　　　　　　　150 000 | 预算会计年末结转将预算收入类科目余额转入预算结余类科目 |

## 三、知识拓展

上级补助预算收入的核算难点,关键在于准确区分事业单位收到的资金流入是否属于主管部门或上级单位的补助资金,且资金的来源为非财政补助资金。实务工作中需要会计人员结合实际情况,紧扣科目定义加以辨别。

# 第四节　附属单位上缴预算收入业务

附属单位上缴预算收入思维导图如下所示。

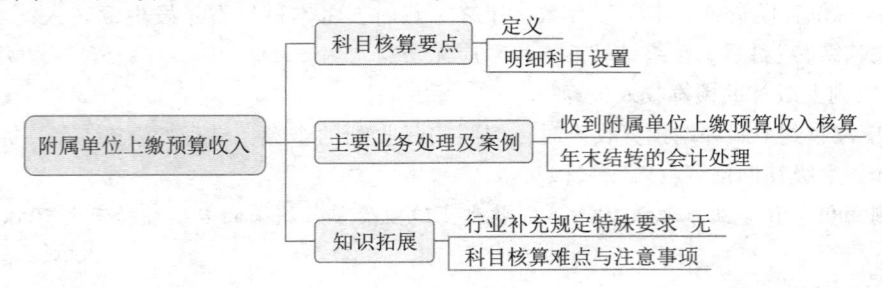

```
                            ┌─ 科目核算要点 ─┬─ 定义
                            │                └─ 明细科目设置
附属单位上缴预算收入 ────────┼─ 主要业务处理及案例 ─┬─ 收到附属单位上缴预算收入核算
                            │                      └─ 年末结转的会计处理
                            └─ 知识拓展 ─┬─ 行业补充规定特殊要求  无
                                         └─ 科目核算难点与注意事项
```

## 一、科目核算要点

### (一)附属单位上缴预算收入的定义

附属单位上缴预算收入科目核算事业单位取得附属独立核算单位根据有关规定上缴的现金流入。附属单位因偿还事业单位为附属单位在支出中垫支的各种费用而交给事业单位的资金，不能作为附属单位上缴预算收入，其中事业单位已经列入预算支出的，还应当冲减事业单位的相关预算支出(当年度)或调整事业单位预算结余(以前年度)。

附属单位上缴预算收入与上级补助预算收入同属于"调剂性收入"。事业单位与资金来源单位之间存在所属关系，附属单位具有独立法人资格，收支独立核算，收入上缴有规可依。重点把握此三点是理解附属单位上缴预算收入科目内涵的关键。

### (二)附属单位上缴预算收入明细科目设置

有附属单位上缴预算收入的事业单位需设置"附属单位上缴预算收入"总账科目，核算单位取得附属独立核算单位根据有关规定上缴的现金流入。总账科目下，新制度规定了需要统一设置的明细科目。制度规定附属单位上缴预算收入科目应当按照附属单位、缴款项目、《政府收支分类科目》中"支出功能分类科目"的项级科目等进行明细核算。附属单位上缴预算收入中如有专项资金收入，还应按照具体项目进行明细核算。

根据编制政府部门决算报表的需要，事业单位应当按照《政府收支分类科目》中支出功能分类科目的项级科目设置二级明细科目进行明细核算。

有两个以上上缴收入的附属单位的，事业单位还应当在二级明细科目下，按照附属单位设置三级明细科目，分别核算来自不同附属单位的上缴资金。

对于附属单位上缴的资金，还应当区分资金用途或缴款项目，设置"非专项缴款"和"专项缴款"两个四级明细科目。其中，在"非专项缴款"明细科目下，按照缴款类别进行明细核算；在"专项缴款"明细科目下，按照每个项目进行明细核算。

上述明细科目设置层级，制度中并无统一规定。事业单位依据自身情况按需设置即可。

## 二、主要业务处理及案例

事业单位的"附属单位上缴预算收入"科目，平时，本科目存在贷方余额，反映单位取得附属单位上缴资金的本年累计数。年终结账时,将本科目本年发生额转入"其他结余""非财政拨款结转"科目。年终结转后本科目应无余额。

(一)收到附属单位上缴预算收入核算

事业单位收到附属单位缴来款项时,按照实际收到的金额,借记"资金结存—货币资金"科目,贷记"附属单位上缴预算收入"科目。

【案例9011】B事业单位2019年8月收到附属单位上缴的专项资金50 000元,存入单位银行账户。

账务处理分录如下:

| | 收到附属单位上缴的专项资金 | 核算要点精讲 |
|---|---|---|
| 财务会计 | 借:银行存款　　　　　　　50 000<br>　贷:附属单位上缴收入　　　　　50 000 | 收到上缴资金时确认"附属单位上缴收入" |
| 预算会计 | 借:资金结存—货币资金　　　50 000<br>　贷:附属单位上缴预算收入　　　50 000 | 收到上缴资金时同步确认"附属单位上缴预算收入" |

(二)年末结转的会计处理

年末,将本科目本年发生额中的专项资金收入转入非财政拨款结转,借记本科目下各专项资金收入明细科目,贷记"非财政拨款结转—本年收支结转"科目;将本科目本年发生额中的非专项资金收入转入其他结余,借记本科目下各非专项资金收入明细科目,贷记"其他结余"科目。年末结转后,本科目无余额。

【案例9012】B事业单位年末结转。已知本年累计收到附属单位上缴的资金共200 000元,其中专项项目资金50 000元,非专项资金150 000元。

账务处理分录如下:

| | 年末结转 | 核算要点精讲 |
|---|---|---|
| 财务会计 | 借:附属单位上缴收入　　　　200 000<br>　贷:本期盈余　　　　　　　　200 000 | 财务会计期末结转将收入类科目余额转入净资产类科目 |
| 预算会计 | 借:附属单位上缴预算收入　　200 000<br>　贷:非财政拨款结转—本年收支结转　50 000<br>　　其他结余　　　　　　　　150 000 | 预算会计年末结转将预算收入类科目余额转入预算结余类科目 |

## 三、知识拓展

附属单位上缴预算收入的核算难点,关键在于把握科目定义中的三重要素:事业单位与资金来源单位之间存在所属关系;附属单位具有独立法人资格,收支独立核算;收入上缴有规可依。实务工作中需要会计人员结合实际情况,紧扣科目定义加以辨别。

# 第五节　经营预算收入业务

经营预算收入思维导图如下所示。

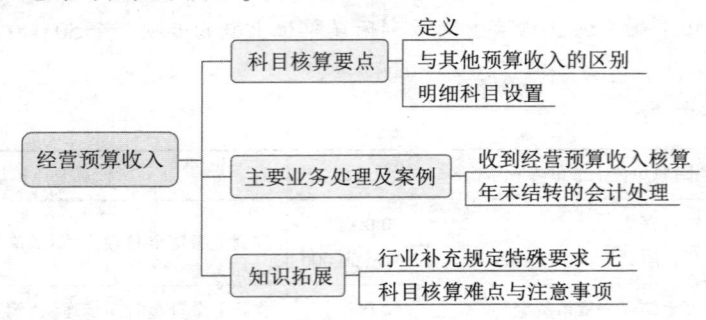

```
经营预算收入 ─┬─ 科目核算要点 ─┬─ 定义
              │                 ├─ 与其他预算收入的区别
              │                 └─ 明细科目设置
              ├─ 主要业务处理及案例 ─┬─ 收到经营预算收入核算
              │                     └─ 年末结转的会计处理
              └─ 知识拓展 ─┬─ 行业补充规定特殊要求　无
                           └─ 科目核算难点与注意事项
```

## 一、科目核算要点

（一）经营预算收入的定义

经营预算收入科目核算事业单位在专业业务活动及其辅助活动之外开展非独立核算经营活动取得的现金流入。某些事业单位在为社会提供公益服务的同时，利用自身资源，开展一些以营利为目的的业务，如事业单位内部非独立核算的单位食堂对外提供市场定价的餐饮服务，或事业单位按照市场价格出售单位生产的产品或服务等。事业单位开展这些活动的目的，不是为了完成事业任务，而是为了获得收益，补充事业单位的资金来源。因此这些活动属于单位的经营活动，其收入纳入单位预算管理，成为事业单位的经营预算收入。另外，如果事业单位从事经营活动的是独立于事业单位的另一个会计主体，即使该单位将经营活动取得的收入上缴给事业单位，也不属于事业单位自身的经营预算收入。

（二）经营预算收入与事业预算收入的区别

事业单位取得经营预算收入的经营活动有些和单位取得事业预算收入的事业活动形式类似，从形式上看均属于专业业务活动及其辅助活动，均存在收费。如何判定单位活动取得的现金流入是事业预算收入还是经营预算收入，就要看该活动是否具有营利性。如果事业单位开展该活动的目的不是为了完成单位的事业任务，而是为了获取高于活动成本的收入，那就属于以营利为目的的经营活动，从而取得的现金流入就属于经营预算收入；否则，就属于事业预算收入。

（三）经营预算收入明细科目设置

有经营活动的事业单位需设置"经营预算收入"总账科目，核算单位在专业业务活动及其辅助活动之外开展非独立核算经营活动取得的现金流入。总账科目下，新制度规定了需要统一设置的明细科目。制度规定经营预算收入科目应当按照经营活动类别、项目、《政府收支分类科目》中"支出功能分类科目"的项级科目等进行明细核算。

根据编制政府部门决算报表的需要，事业单位应当按照《政府收支分类科目》中支出功能分类科目的项级科目设置二级明细科目进行明细核算。

事业单位还应当在二级明细科目下，按照经营活动的类别设置三级明细科目，分别核算来自不同经营活动的资金流入。

对于事业单位开展经营活动取得的资金，如果需要区分经营活动的收费项目，还可在三级明细科目下按照收入的具体项目设置四级明细科目，进行明细核算。

上述明细科目设置层级，制度中并无统一规定。事业单位可依据自身情况按需设置即可。

## 二、主要业务处理及案例

事业单位的"经营预算收入"科目，平时，本科目存在贷方余额，反映单位取得经营活动收入资金的本年累计数。年终结账时，将本科目本年发生额转入"经营结余"科目。年终结转后本科目应无余额。

（一）收到经营预算收入核算

事业单位收到经营预算收入时，按照实际收到的金额，借记"资金结存—货币资金"科目，贷记"经营预算收入"科目。

【案例9013】B事业单位2019年8月收到单位内部非独立核算部门开展经营活动取得的资金收入50 000元，存入单位银行账户。

账务处理分录如下：

| | 收到经营收入 | | 核算要点精讲 |
|---|---|---|---|
| 财务会计 | 借：银行存款<br>　　贷：经营收入 | 50 000<br>　　　50 000 | 开展经营活动资金流入时确认"经营收入" |
| 预算会计 | 借：资金结存—货币资金<br>　　贷：经营预算收入 | 50 000<br>　　　50 000 | 开展经营活动资金流入时同步确认"经营预算收入" |

（二）年末结转的会计处理

年末，将本科目本年发生额转入经营结余，借记"经营预算收入"科目，贷记"经营结余"科目。年末结转后，本科目无余额。

【案例9014】B事业单位年末结转。已知本年累计收到经营活动资金流入共200 000元，经营活动资金流出180 000元。

账务处理分录如下：

| | 年末结转 | | 核算要点精讲 |
|---|---|---|---|
| 财务会计 | 借：经营收入<br>　　贷：本期盈余<br>借：本期盈余<br>　　贷：经营费用 | 200 000<br>　　　200 000<br>180 000<br>　　　180 000 | 财务会计期末将收入类科目余额转入净资产类科目 |
| 预算会计 | 借：经营预算收入<br>　　贷：经营结余<br>借：经营结余<br>　　贷：经营支出 | 200 000<br>　　　200 000<br>180 000<br>　　　180 000 | 预算会计年末将预算收入类科目余额转入预算结余类科目 |

## 三、知识拓展

经营预算收入的核算难点，关键在于理解事业单位专业业务活动及辅助活动与经营活动的区别，认识到事业单位开展事业活动的公益属性与开展经营活动的营利属性之间的不同。事业单位开展经营活动对外收取费用的目的是为了获得收益，补充单位资金来源，是一种市场行为。实务工作中需要会计人员结合实际情况，紧扣科目定义加以辨别。

## 第六节 债务预算收入业务

债务预算收入思维导图如下所示。

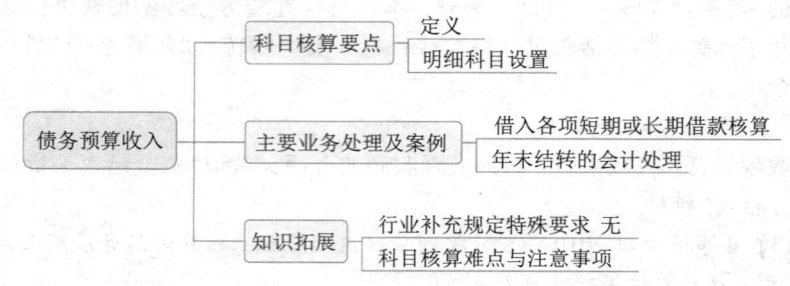

```
                    ┌─ 科目核算要点 ──┬─ 定义
                    │                └─ 明细科目设置
                    │
债务预算收入 ───────┼─ 主要业务处理及案例 ─┬─ 借入各项短期或长期借款核算
                    │                      └─ 年末结转的会计处理
                    │
                    └─ 知识拓展 ──┬─ 行业补充规定特殊要求 无
                                  └─ 科目核算难点与注意事项
```

### 一、科目核算要点

（一）债务预算收入的定义

债务预算收入科目核算事业单位按照规定从银行和其他金融机构等借入的、纳入部门预算管理的、不以财政资金作为偿还来源的债务本金。事业单位在向金融机构借款过程中支付的银行贷款手续费等，应当作为其他预算支出，不能冲减债务预算收入。行政事业单位在业务活动中因资金周转困难，从上级部门、其他单位取得的临时借款，不纳入单位预算管理，也就不属于债务预算收入。

债务预算收入满足现金流入与纳入单位预算管理两项要件，因此属于预算收入类科目。但本科目实际反映的是事业单位对于银行和其他金融机构的资金占用。事业单位取得债务本金，在财务会计上反映的是单位资产增加，负债增加；而在预算会计上则确认预算收入，由此造成了财务会计收入金额与预算会计预算收入金额的永久性差异。

（二）债务预算收入明细科目设置

存在从银行等金融机构借款的事业单位需设置"债务预算收入"总账科目，核算事业单位按照规定从银行和其他金融机构等借入的、纳入部门预算管理的、不以财政资金作为偿还来源的债务本金。总账科目下，新制度规定了需要统一设置的明细科目。制度规定债务预算收入科目应当按照贷款单位、贷款种类、《政府收支分类科目》中"支出功能分类科目"的项级科目等进行明细核算。

根据编制政府部门决算报表的需要，事业单位应当按照《政府收支分类科目》中支出功能分类科目的项级科目设置二级明细科目进行明细核算。

事业单位还应当在二级明细科目下，按照贷款单位、贷款种类设置三级、四级明细科目，分别核算来自不同金融机构、不同贷款形式的资金流入。

对于单位取得的债务资金，事业单位还应当区分资金用途项目，设置"非专项债务"和"专项债务"两个五级明细科目。其中，在"专项债务"明细科目下，按照每个项目进行明细核算。

上述明细科目设置层级，制度中并无统一规定。事业单位依据自身情况按需设置即可。

## 二、主要业务处理及案例

事业单位的"债务预算收入"科目，平时，本科目存在贷方余额，反映单位从银行和其他金融机构等借入的贷款本金的本年累计数。年终结账时，将本科目本年发生额转入"其他结余""非财政拨款结转"科目。年终结转后本科目应无余额。

（一）借入各项短期或长期借款核算

事业单位借入各项短期或长期借款时，按照实际借入的金额，借记"资金结存—货币资金"科目，贷记"债务预算收入"科目。

【案例9015】B事业单位2019年8月经批准从某银行借入为期三年的基建专项贷款100 000元，存入单位银行账户。三年后，单位将自筹的还款资金归还银行（不考虑银行利息支出）。

账务处理分录如下：

| | 借入贷款资金 | 核算要点精讲 |
|---|---|---|
| 财务会计 | 借：银行存款　　　　100 000<br>　　贷：长期借款　　　　100 000 | 借入贷款资金，财务会计资产增加的同时增加负债 |
| 预算会计 | 借：资金结存　　　　100 000<br>　　贷：债务预算收入　　100 000 | 借入贷款资金，预算会计确认"债务预算收入" |
| | 归还贷款资金 | |
| 财务会计 | 借：长期借款　　　　100 000<br>　　贷：银行存款　　　　100 000 | 归还贷款资金，财务会计资产减少的同时减少负债 |
| 预算会计 | 借：债务还本支出　　100 000<br>　　贷：资金结存　　　　100 000 | 归还贷款资金，预算会计确认"债务还本支出" |

（二）年末结转的会计处理

年末，将本科目本年发生额中的专项资金收入转入非财政拨款结转，借记本科目下各专项资金收入明细科目，贷记"非财政拨款结转—本年收支结转"科目；将本科目本年发生额中的非专项资金收入转入其他结余，借记本科目下各非专项资金收入明细科目，贷记"其他结余"科目。年末结转后，本科目无余额。

【案例9016】B事业单位年末结转。已知本年累计借入贷款资金共200 000元，其中专项项目资金50 000元，非专项资金150 000元。

账务处理分录如下：

| | 年末结转 | 核算要点精讲 |
|---|---|---|
| 财务会计 | 不做账务处理 | |
| 预算会计 | 借：债务预算收入　　　　　　　　　200 000<br>　　贷：非财政拨款结转—本年收支结转　50 000<br>　　　　其他结余　　　　　　　　　150 000 | 预算会计年末将预算收入类科目余额转入预算结余类科目 |

## 三、知识拓展

债务预算收入的核算难点主要体现在与财务会计核算的区别上，债务预算收入科目直观地展示了同一经济业务在权责发生制和收付实现制下的核算区别,前者关心权利义务关系,事业单位借入贷款资金,取得资金使用权,同时增加债务风险;后者侧重纳入单位预算管理的现金流入,事业单位收到贷款资金,确认债务预算收入。

# 第七节 非同级财政拨款预算收入业务

非同级财政拨款预算收入思维导图如下所示。

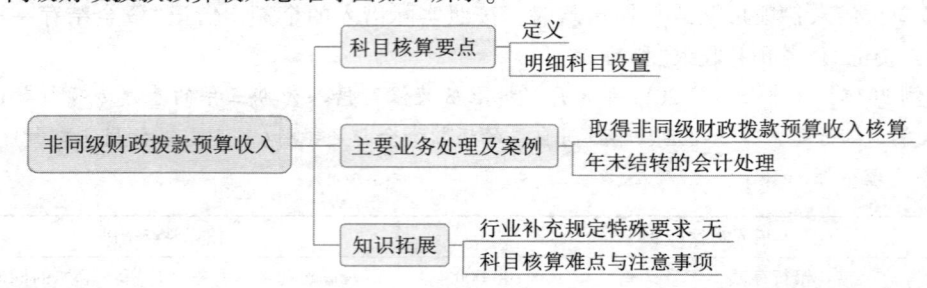

## 一、科目核算要点

（一）非同级财政拨款预算收入的定义

非同级财政拨款预算收入科目核算单位从非同级政府财政部门取得的财政拨款,包括本级横向转拨财政款和非本级财政拨款。行政事业单位通常不直接取得跨政府层级的财政拨款,但有时因为完成某项特定任务,而从上级或下级政府的财政部门或主管部门获得的财政拨款就属于非同级财政拨款预算收入。某些本级政府财政资金,由财政部门按照财政预算切块分配给某些政府主管部门,这些政府主管部门是财政资金的预算单位。而后再由这些政府主管部门分配给具体的资金使用单位,即将本级政府财政资金横向转拨。作为这种财政资金使用单位的行政事业单位,获得有关主管部门转拨来的财政预算资金,就属于本单位的非同级财政拨款预算收入。

如果事业单位对于因开展专业业务活动及其辅助活动而取得的非同级财政拨款收入,即单位需要因接受拨款向拨款或转拨款单位提供对等的事业服务,那么取得的非同级财政拨款资金,就属于单位的事业预算收入,应当通过"事业预算收入—非同级财政拨款"科目核算。如事业单位因开展科研及其辅助活动从非同级政府财政部门取得的经费拨款,应当计入"事业预算收入—非同级财政拨款"科目,不通过非同级财政拨款预算收入科目核算。

（二）非同级财政拨款预算收入明细科目设置

有非同级财政拨款的行政事业单位需设置"非同级财政拨款预算收入"总账科目,核算单位从上下级政府财政部门或主管部门取得的财政拨款,以及从本级政府其他主管部门取得的横向转拨财政款。总账科目下,新制度规定了需要统一设置的明细科目。制度规定非同级财政拨款预算收入科目应当按照非同级财政拨款预算收入的类别、来源、《政府收支分类科目》中"支出功能分类科目"的项级科目等进行明细核算。非同级财政拨款预算收入中如有专项资金收入,还应按照具体项目进行明细核算。

根据编制政府部门决算报表的需要,行政事业单位应当按照《政府收支分类科目》中支出功能分类科目的项级科目设置二级明细科目进行明细核算。

行政事业单位还应当在二级明细科目下，按照财政拨款收入的来源、收入种类设置三级、四级明细科目，分别核算来自不同层级政府财政部门或主管部门、不同收入类别的资金流入。

对于单位取得的非同级财政拨款预算收入资金，行政事业单位还应当区分资金用途，设置"非专项拨款"和"专项拨款"两个五级明细科目。其中，在"专项拨款"明细科目下，按照每个项目进行明细核算。

上述明细科目设置层级，制度中并无统一规定。行政事业单位可依据自身情况按需设置即可。

## 二、主要业务处理及案例

行政事业单位的"非同级财政拨款预算收入"科目，平时，本科目存在贷方余额，反映单位从非同级政府财政部门或主管部门取得的拨款预算收入以及同级政府其他部门取得的财政转拨款的本年累计数。年终结账时，将本科目本年发生额转入"其他结余""非财政拨款结转"科目。年终结转后本科目应无余额。

（一）取得非同级财政拨款预算收入核算

行政事业单位取得非同级财政拨款预算收入时，按照实际收到的金额，借记"资金结存—货币资金"科目，贷记"非同级财政拨款预算收入"科目。

**【案例9017】** B事业单位为中央级预算单位。2019年8月收到单位所在地某市财政部门拨付本单位的一笔专项经费100 000元，存入单位银行账户。

账务处理分录如下：

| | 收到专项经费拨款 | 核算要点精讲 |
|---|---|---|
| 财务会计 | 借：银行存款　　　　　　　　100 000<br>　贷：非同级财政拨款收入　　　　100 000 | 收到拨款时财务会计确认"非同级财政拨款收入" |
| 预算会计 | 借：资金结存—货币资金　　　　100 000<br>　贷：非同级财政拨款预算收入　　100 000 | 收到拨款时预算会计同步确认"非同级财政拨款预算收入" |

（二）年末结转的会计处理

年末，将本科目本年发生额中的专项资金收入转入非财政拨款结转，借记本科目下各专项资金收入明细科目，贷记"非财政拨款结转—本年收支结转"科目；将本科目本年发生额中的非专项资金收入转入其他结余，借记本科目下各非专项资金收入明细科目，贷记"其他结余"科目。年末结转后，本科目无余额。

**【案例9018】** B事业单位年末结转。已知本年累计收到非同级财政拨款资金共200 000元，其中专项项目资金50 000元，非专项资金150 000元。

账务处理分录如下：

| | 年末结转 | 核算要点精讲 |
|---|---|---|
| 财务会计 | 借：非同级财政拨款收入　　　　200 000<br>　贷：本期盈余　　　　　　　　　200 000 | 财务会计期末将收入类科目余额转入净资产类科目 |
| 预算会计 | 借：非同级财政拨款预算收入　　200 000<br>　贷：非财政拨款结转—本年收支结转　50 000<br>　　　其他结余　　　　　　　　　150 000 | 预算会计年末将预算收入类科目余额转入预算结余类科目 |

### 三、知识拓展

非同级财政拨款预算收入核算时需要辨别资金来源与资金用途，注意其与财政拨款预算收入、事业预算收入之间的区别。行政事业单位取得来自上下级政府财政部门或主管部门的经费拨款或来自同级政府其他主管部门的横向转拨经费资金，且不以单位提供专业业务活动及辅助活动为对价，是确认非同级财政拨款预算收入的两个重要前提。实务工作中需要会计人员结合实际情况，紧扣科目定义加以辨别。

## 第八节 投资预算收益业务

投资预算收益思维导图如下所示。

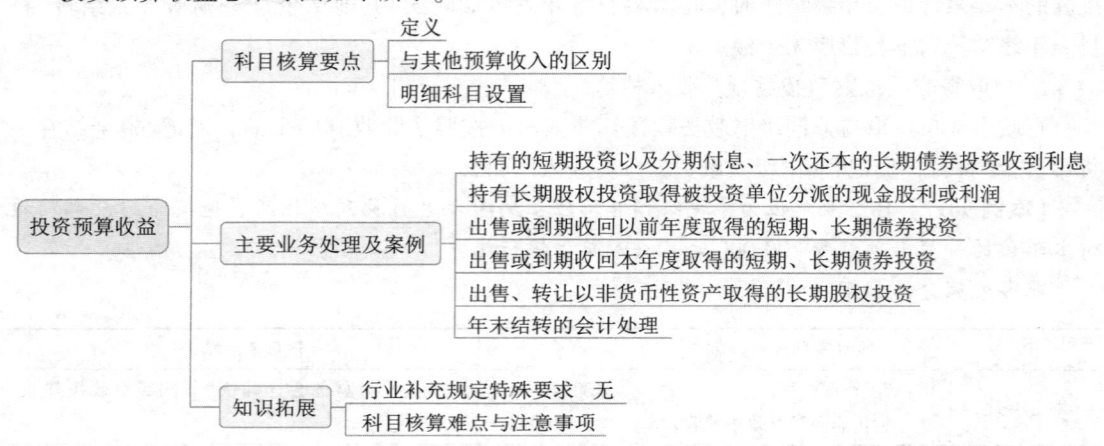

```
                        ┌─ 定义
          ┌─ 科目核算要点 ─┼─ 与其他预算收入的区别
          │              └─ 明细科目设置
          │
          │              ┌─ 持有的短期投资以及分期付息、一次还本的长期债券投资收到利息
          │              ├─ 持有长期股权投资取得被投资单位分派的现金股利或利润
投资预算收益 ┼─ 主要业务处理及案例 ─┼─ 出售或到期收回以前年度取得的短期、长期债券投资
          │              ├─ 出售或到期收回本年度取得的短期、长期债券投资
          │              ├─ 出售、转让以非货币性资产取得的长期股权投资
          │              └─ 年末结转的会计处理
          │
          └─ 知识拓展 ─┬─ 行业补充规定特殊要求  无
                      └─ 科目核算难点与注意事项
```

### 一、科目核算要点

**（一）投资预算收益的定义**

投资预算收益科目核算事业单位取得的按照规定纳入部门预算管理的属于投资收益性质的现金流入，包括股权投资收益、出售或收回债券投资所取得的收益和债券投资利息收入。其中，股权投资收益包括事业单位收到的被投资企业向股东分配的现金股利或利润以及事业单位转让股权投资取得的现金净收入，再扣除原投资支出后的差额。出售或收回债券投资所取得的收益是指出售或收回债券投资所得的现金净收入，再扣除原投资支出后的差额。若出售债券投资的现金净收入扣除原投资支出结果为负数，则事业单位取得的即为负的投资预算收益。

**（二）投资预算收益与附属单位上缴预算收入的区别**

事业单位的附属单位中，有一些已经转为企业法人。这类企业上缴事业单位的收入是附属单位上缴预算收入还是投资预算收益，要看事业单位与其所属的企业法人之间的产权关系及经济关系。如果事业单位与所属企业法人在产权、资产、职工福利等方面没有厘清，事业单位还承担着所属企业的职工福利、负债偿还，或者还由所属企业化单位免费使用事业单位资产等，那么事业单位所属的企业上缴的这部分收入就是事业单位的附属单位上缴预算收入；如果事业单位与其举办的企业或单位之间产权明晰、财务上各自独立，事业单位与所属企业或单位是投资与被投资的关系，事业单位所属单位上缴的收入的性质是因为投资关系而向投资者分配的企业利润，则属于事业单位的投资预算收益。

(三)投资预算收益明细科目设置

有对外投资的事业单位需设置"投资预算收益"总账科目，核算单位取得的按照规定纳入部门预算管理的属于投资收益性质的现金流入，包括股权投资收益、出售或收回债券投资所取得的收益和债券投资利息收入。总账科目下，新制度规定了需要统一设置的明细科目。制度规定投资预算收益科目应当按照《政府收支分类科目》中"支出功能分类科目"的项级科目等进行明细核算。

根据编制政府部门决算报表的需要，事业单位应当按照《政府收支分类科目》中支出功能分类科目的项级科目设置二级明细科目进行明细核算。

事业单位还应当在二级明细科目下，按照取得投资收益的现金流入来源设置三级、四级明细科目，分别核算来自股权投资(现金股利和利润收入、转让股权投资取得的收益)和债券投资(债券利息收入、出售或收回债券投资取得的收益)的投资预算收益资金流入。

上述明细科目设置层级，制度中并无统一规定。事业单位可依据自身情况按需设置即可。

## 二、主要业务处理及案例

事业单位的"投资预算收益"科目，平时，本科目的贷方发生额，反映事业单位因投资取得纳入单位预算管理的属于投资收益性质的现金流入的本年累计数；科目的借方发生额，反映事业单位出售或到期收回本年度取得的短期、长期债券价款小于投资支出的金额。年终结账时，将本科目本年贷方发生额减去借方发生额后的净额转入"其他结余"科目。年终结转后本科目应无余额。

(一)出售或到期收回本年度取得的短期、长期债券投资

事业单位出售或到期收回本年度取得的短期、长期债券，按照实际取得的价款或实际收到的本息金额，借记"资金结存—货币资金"科目，按照取得债券时"投资支出"科目的发生额，贷记"投资支出"科目，按照其差额，贷记或借记"投资预算收益"科目。

【案例9019】B事业单位2019年8月到期收回了当年投资的债券，收到本息金额合计55 000元，存入单位银行账户。已知购买成本为50 000元。

账务处理分录如下：

|  | 购买债券投资时 | 核算要点精讲 |
|---|---|---|
| 财务会计 | 借：短期投资　　　　　　50 000<br>　贷：银行存款　　　　　　　50 000 | 财务会计资产形态从现金资产变化为投资资产 |
| 预算会计 | 借：投资支出　　　　　　50 000<br>　贷：资金结存—货币资金　　50 000 | 预算会计确认"投资支出" |
|  | 收回债券投资时取得的投资收益 |  |
| 财务会计 | 借：银行存款　　　　　　55 000<br>　贷：短期投资　　　　　　　50 000<br>　　　投资收益　　　　　　　5 000 | 财务会计确认"投资收益" |

续表

| | | | |
|---|---|---|---|
| 预算会计 | 借：资金结存—货币资金　　　55 000<br>　贷：投资支出　　　　　　　　　50 000<br>　　　投资预算收益　　　　　　　　5 000 | | 预算会计同步确认"投资预算收益" |

### （二）出售或到期收回以前年度取得的短期、长期债券投资

事业单位出售或到期收回以前年度取得的短期、长期债券，按照实际取得的价款或实际收到的本息金额，借记"资金结存—货币资金"科目，按照取得债券时"投资支出"科目的发生额，贷记"其他结余"科目，按照其差额，贷记或借记"投资预算收益"科目。

以前年度取得投资时确认的"投资支出"在年末结转时转入"其他结余"，因此事业单位在出售或收回该笔投资时，扣减购买成本以计算投资收益，需要贷记"其他结余"科目，差额贷记或借记"投资预算收益"科目。

**【案例9020】** B事业单位2020年8月到期收回了上年度投资的债券，收到本息金额合计55 000元，存入单位银行账户，已知购买成本为50 000元。

账务处理分录如下：

| | 购买债券投资时 | 核算要点精讲 |
|---|---|---|
| 财务会计 | 借：短期投资　　　　　　　　50 000<br>　贷：银行存款　　　　　　　　　50 000 | 财务会计资产形态从现金资产变化为投资资产 |
| 预算会计 | 借：投资支出　　　　　　　　50 000<br>　贷：资金结存—货币资金　　　　50 000 | 预算会计确认"投资支出" |
| | 2019年末结转 | |
| 财务会计 | 不做账务处理 | 财务会计不做处理 |
| 预算会计 | 借：其他结余　　　　　　　　50 000<br>　贷：投资支出　　　　　　　　　50 000 | 预算会计年末结转将预算支出类科目余额转入预算结余类科目 |
| | 2020年收回债券投资时取得的投资收益 | |
| 财务会计 | 借：银行存款　　　　　　　　55 000<br>　贷：短期投资　　　　　　　　　50 000<br>　　　投资收益　　　　　　　　　5 000 | 财务会计确认"投资收益" |
| 预算会计 | 借：资金结存—货币资金　　　55 000<br>　贷：其他结余　　　　　　　　　50 000<br>　　　投资预算收益　　　　　　　　5 000 | 预算会计同步确认"投资预算收益" |

### （三）持有的短期投资以及分期付息、一次还本的长期债券投资收到利息

事业单位持有的短期投资以及分期付息、一次还本的长期债券投资收到利息时，按照实际收到的金额，借记"资金结存—货币资金"科目，贷记"投资预算收益"科目。

**【案例9021】** B事业单位2019年8月使用单位闲置资金投资三年期国债，按月付息，到期还本。当月收到债券投资利息5 000元，存入单位银行账户。

账务处理分录如下：

| 持有期间按月确认应收未收利息 | | | 核算要点精讲 |
|---|---|---|---|
| 财务会计 | 借：应收利息<br>　贷：投资收益 | 5 000<br>　　5 000 | 财务会计通过应收未收利息确认"投资收益" |
| 预算会计 | 不做账务处理 | | 预算会计不做处理 |
| 收到利息收入 | | | |
| 财务会计 | 借：银行存款<br>　贷：应收利息 | 5 000<br>　　5 000 | 财务会计通过应收未收利息确认"投资收益" |
| 预算会计 | 借：资金结存—货币资金<br>　贷：投资预算收益 | 5 000<br>　　5 000 | 预算会计在实际收到利息时确认"投资预算收益" |

（四）持有长期股权投资取得被投资单位分派的现金股利或利润

事业单位持有长期股权投资取得被投资单位分派的现金股利或利润时，按照实际收到的金额，借记"资金结存—货币资金"科目，贷记"投资预算收益"科目。

【案例9022】B事业单位2019年8月收到被投资单位利润分红50 000元，存入单位银行账户。已知B单位采用成本法核算该笔长期股权投资。

账务处理分录如下：

| 被投资单位宣告分派现金股利或利润 | | | 核算要点精讲 |
|---|---|---|---|
| 财务会计 | 借：应收股利<br>　贷：投资收益 | 50 000<br>　　50 000 | 财务会计通过应收未收股利确认"投资收益" |
| 预算会计 | 不做账务处理 | | 预算会计不做处理 |
| 实际收到被投资单位发放的现金股利或利润 | | | |
| 财务会计 | 借：银行存款<br>　贷：应收股利 | 50 000<br>　　50 000 | 财务会计通过应收未收股利确认"投资收益" |
| 预算会计 | 借：资金结存<br>　贷：投资预算收益 | 50 000<br>　　50 000 | 预算会计在实际收到股利时确认"投资预算收益" |

（五）出售、转让以非货币性资产取得的长期股权投资

事业单位出售、转让以非货币性资产取得的长期股权投资时，按照实际取得的价款扣减支付的相关费用和应缴财政款后的余额（按照规定纳入单位预算管理的），借记"资金结存—货币资金"科目，贷记"投资预算收益"科目。

事业单位处置以现金以外的其他资产取得的长期股权投资，按照被处置长期股权投资的账面余额，借记"资产处置费用"科目，贷记"长期股权投资"科目；同时，按照实际取得的价款，借记"银行存款"等科目，按照尚未领取的现金股利或利润，贷记"应收股利"科目，按照发生的相关税费等支出，贷记"银行存款"等科目，按照贷方差额，贷记"应缴财政款"科目。按照规定将处置时取得的投资收益纳入本单位预算管理的，应当按照所取得价款大于被处置长期股权投资账面余额、应收股利账面余额和相关税费支出合计的差额，贷记"投资收益"科目。

【案例9023】B事业单位2019年8月经批准处置了一笔长期股权投资，收到转让价款

500 000元。截止资产处置日，该笔长期股权投资账面价值480 000元，尚未领取的现金股利10 000元，发生处置费用5 000元。已知该笔长期股权投资为以现金以外的其他资产取得，按照规定将处置时取得的投资收益纳入本单位预算管理。

账务处理分录如下：

| | 处置现金以外其他资产取得的长期股权投资 | | 核算要点精讲 |
|---|---|---|---|
| 财务会计 | 借：资产处置费用　　　　480 000<br>　　贷：长期股权投资　　　　　　480 000<br>借：银行存款　　　　　　500 000<br>　　贷：应收股利　　　　　　　　10 000<br>　　　　银行存款　　　　　　　　5 000<br>　　　　投资收益　　　　　　　　5 000<br>　　　　应缴财政款　　　　　　480 000 | | 财务会计按照取得价款扣减投资账面余额、应收股利和相关税费后的差额确认"投资收益"，计算过程：500 000－480 000－10 000－5 000＝5 000元 |
| 预算会计 | 借：资金结存——货币资金　15 000<br>　　贷：投资预算收益　　　　　　15 000 | | 预算会计按照取得价款扣减投资账面余额和相关税费后的差额确认"投资预算收益"，计算过程：500 000－480 000－5 000＝15 000元 |

## （六）年末结转的会计处理

年末，将本科目本年发生额转入其他结余，借记或贷记"投资预算收益"科目，贷记或借记"其他结余"科目。年末结转后，本科目无余额。

**【案例9024】** B事业单位年末结转。已知本年累计确认投资预算收益共20 000元。

账务处理分录如下：

| | 年末结转 | | 核算要点精讲 |
|---|---|---|---|
| 财务会计 | 借：投资收益　　　　　　20 000<br>　　贷：本期盈余　　　　　　　　20 000 | | 财务会计期末将收入类科目余额转入净资产类科目 |
| 预算会计 | 借：投资预算收益　　　　20 000<br>　　贷：其他结余　　　　　　　　20 000 | | 预算会计年末将预算收入类科目余额转入预算结余类科目 |

## 三、知识拓展

投资预算收益科目的核算与财务会计下的"短期投资""长期债券投资""长期股权投资""应收利息""应收股利""应缴财政款"以及"投资收益"等科目关联度较高，在案例中一般会同时出现，学习时需要注重科目之间的因果关系，科目使用的前提条件等，这些正是本科目核算的难点所在。

# 第九节　其他预算收入业务

其他预算收入思维导图如下所示。

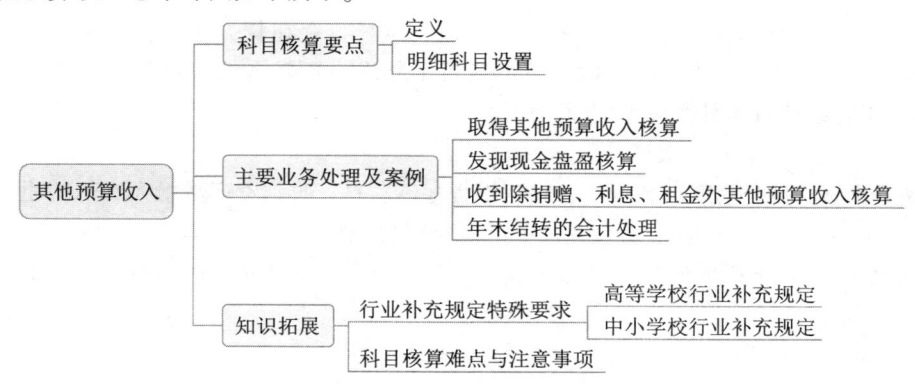

```
                    ┌─ 科目核算要点 ──┬─ 定义
                    │                └─ 明细科目设置
                    │
                    │                  ┌─ 取得其他预算收入核算
                    │                  ├─ 发现现金盘盈核算
      其他预算收入 ─┼─ 主要业务处理及案例 ─┤
                    │                  ├─ 收到除捐赠、利息、租金外其他预算收入核算
                    │                  └─ 年末结转的会计处理
                    │
                    │                  ┌─ 行业补充规定特殊要求 ─┬─ 高等学校行业补充规定
                    └─ 知识拓展 ───────┤                        └─ 中小学校行业补充规定
                                       └─ 科目核算难点与注意事项
```

## 一、科目核算要点

(一)其他预算收入的定义

其他预算收入科目核算单位除财政拨款预算收入、事业预算收入、上级补助预算收入、附属单位上缴预算收入、经营预算收入、债务预算收入、非同级财政拨款预算收入、投资预算收益之外的纳入部门预算管理的现金流入，包括捐赠预算收入、利息预算收入、租金预算收入、现金盘盈收入等。

其中，捐赠预算收入不包括行政事业单位收到的捐赠款项中捐赠人指定其他受赠人的资金；利息预算收入不包括事业单位债券投资取得的债券利息。

(二)其他预算收入明细科目设置

行政事业单位需设置"其他预算收入"总账科目。总账科目下，新制度规定了需要统一设置的明细科目。制度规定其他预算收入科目应当按照其他收入类别、《政府收支分类科目》中"支出功能分类科目"的项级科目等进行明细核算。其他预算收入中如有专项资金收入，还应按照具体项目进行明细核算。

根据编制政府部门决算报表的需要，行政事业单位应当按照《政府收支分类科目》中支出功能分类科目的项级科目设置二级明细科目进行明细核算。

事业单位还应当在二级明细科目下，按照其他预算收入的类别设置"捐赠预算收入""利息预算收入""租金预算收入""现金盘盈收入"等三级明细科目，分别核算不同类别的其他预算资金流入。

此外，制度还规定了假如行政事业单位发生的捐赠预算收入、利息预算收入、租金预算收入金额较大或业务较多，可单独设置"6603 捐赠预算收入""6604 利息预算收入""6605 租金预算收入"等科目。不单独设置的行政事业单位可依照上文设置明细科目。

对于单位取得的其他预算收入资金，行政事业单位还应当区分资金用途，设置"非专项收入"和"专项收入"两个四级明细科目。其中，在"专项收入"明细科目下，按照每个项目进行明细核算。

上述明细科目设置层级，制度中并无统一规定。行政事业单位可依据自身情况按需设置即可。

## 二、主要业务处理及案例

行政事业单位的"其他预算收入"科目，平时，本科目存在贷方余额，反映单位取得其他预算收入的本年累计数。年终结账时，将本科目本年发生额转入"其他结余""非财政拨款结转"科目。年终结转后本科目应无余额。

（一）取得其他预算收入核算

行政事业单位接受捐赠现金资产、收到银行存款利息、收到资产承租人支付的租金时，按照实际收到的金额，借记"资金结存—货币资金"科目，贷记"其他预算收入"科目。

【案例9025】B事业单位2019年8月接受某基金会用于专项用途的捐赠款20 000元，存入单位银行账户。

账务处理分录如下：

|  | 收到现金捐赠 | 核算要点精讲 |
| --- | --- | --- |
| 财务会计 | 借：银行存款　　　　　　　20 000<br>　　贷：捐赠收入　　　　　　　　20 000 | 财务会计按照实际收到的金额确认捐赠收入 |
| 预算会计 | 借：资金结存　　　　　　　20 000<br>　　贷：其他预算收入—捐赠预算收入　20 000 | 预算会计按照实际收到的金额确认捐赠预算收入 |

（二）发现现金盘盈核算

行政事业单位每日现金账款核对中如发现现金溢余，按照溢余的现金金额，借记"资金结存—货币资金"科目，贷记"其他预算收入"科目。经核实，属于应支付给有关个人和单位的部分，按照实际支付的金额，借记"其他预算收入"科目，贷记"资金结存—货币资金"科目。

【案例9026】B事业单位2019年8月现金发现盘盈1 000元，经核查无法查明原因，经批准作为单位其他预算收入。

账务处理分录如下：

|  | 发现现金盘盈 | 核算要点精讲 |
| --- | --- | --- |
| 财务会计 | 借：库存现金　　　　　　　1 000<br>　　贷：待处理财产损溢　　　　　1 000 | 财务会计按照溢余金额转入待处理财产损溢 |
| 预算会计 | 借：资金结存—货币资金　　1 000<br>　　贷：其他预算收入—现金盘盈收入　1 000 | 预算会计确认现金盘盈预算收入 |
|  | 属于无法查明原因的盘盈，报经批准后 |  |
| 财务会计 | 借：待处理财产损溢　　　　1 000<br>　　贷：其他收入　　　　　　　　1 000 | 财务会计转入其他收入 |
| 预算会计 | 不做账务处理 | 预算会计不做处理 |

（三）收到除捐赠、利息、租金外其他预算收入核算

行政事业单位收到其他预算收入时，如科技成果转化收入，或收回已经核销的其他应收款等，按照实际收到的金额，借记"资金结存—货币资金"科目，贷记"其他预算收入"科目。

【案例9027】B事业单位2019年8月收到科技服务创收成果款20 000元，存入单位银行账户。

账务处理分录如下：

| | 收到科技成果转化收入 | 核算要点精讲 |
|---|---|---|
| 财务会计 | 借：银行存款 20 000<br>　　贷：其他收入 20 000 | 财务会计按照实际收到的金额确认其他收入 |
| 预算会计 | 借：资金结存 20 000<br>　　贷：其他预算收入 20 000 | 预算会计按照实际收到的金额确认其他预算收入 |

（四）年末结转的会计处理

年末，将本科目本年发生额中的专项资金收入转入非财政拨款结转，借记本科目下各专项资金收入明细科目，贷记"非财政拨款结转—本年收支结转"科目；将本科目本年发生额中的非专项资金收入转入其他结余，借记本科目下各非专项资金收入明细科目，贷记"其他结余"科目。年末结转后，本科目无余额。

【案例9028】B事业单位年末结转。已知本年累计确认其他预算收入共200 000元，其中专项项目资金50 000元，非专项资金150 000元。

账务处理分录如下：

| | 年末结转 | 核算要点精讲 |
|---|---|---|
| 财务会计 | 借：其他收入 200 000<br>　　贷：本期盈余 200 000 | 财务会计期末将收入类科目余额转入净资产类科目 |
| 预算会计 | 借：其他预算收入 200 000<br>　　贷：非财政拨款结转—本年收支结转 50 000<br>　　　　其他结余 150 000 | 预算会计年末将预算收入类科目余额转入预算结余类科目 |

## 三、知识拓展

（一）行业补充规定

其他预算收入在不同行业之间存在某些特殊之处，行业补充规定对其明细科目设置与个别核算要求做出补充要求。

根据关于高等学校执行《政府会计制度——行政事业单位会计科目和报表》的补充规定，高等学校应当在新制度规定的"其他预算收入"科目下设置"后勤保障单位净预算收入"。并针对关于具有后勤保障职能的校内独立核算单位有关业务做出特殊规定：高等学校在编制包含校内独立核算单位的预算收入支出表时，对于具有后勤保障职能的校内独立核算单位，应当将其本年收入（不含从学校取得的补贴经费）、支出（不含使用学校补贴经费发生的支出）相抵后的净额计入"其他预算收入—后勤保障单位净预算收入"项目。如果具有后勤保障职能的全部校内独立核算单位本年收支相抵后的净额合计数为负数，则以"-"号填列于"后勤保障单位净预算收入"项目。

根据关于中小学校执行《政府会计制度——行政事业单位会计科目和报表》的补充规定，中小学校应当在新制度规定的"其他预算收入"科目下设置"食堂净预算收入"。并针对关于中小学校食堂业务的会计处理做出特殊规定：中小学校食堂实行独立核算或对食堂收支等主要业务实行独立核算的，年末应当将食堂的报表信息并入学校相关报表的相应项目，并抵销中小学校与食堂的内部业务或事项对中小学校报表的影响。中小学校在编制预算收入支出表时，应当将食堂本年预算收支相抵后的净额计入"其他预算收入—食堂净预算收入"项目。如果食堂预算收入和支出相抵后的净额合计数为负数，则以"-"号填列。中小学校应当在年度财务报表附注中提供将食堂财务会计信息纳入学校财务报表情况的说明，包括内部业务或事项抵销处理的情况，食堂本年收入、费用情况。

(二)科目核算难点与注意事项

其他预算收入的核算难点，在于对需要计入其他预算收入的业务事项进行辨认并加以确认。其他预算收入在定义中以排除和列举的方式描述了科目的适用范围，其他不在此列的预算收入在计入其他预算收入时需要多加考虑。

## 本章小结

政府会计制度下规定的预算支出一级科目共八个，每个科目的概念、核算范围、核算要求都各有区别。为便于读者学习，现将其归纳如下：

| 序号 | 科目代码 | 科目名称 | 概念 | 概念的关键点及易混淆内容 |
|---|---|---|---|---|
| 1 | 7101 | 行政支出 | 行政单位履行其职责实际发生的各项现金流出 | 履行职责发生的现金流出，仅用于行政单位；按"财政拨款支出""非财政专项资金支出"和"其他资金支出"明细核算，"基本支出"和"项目支出"进行明细核算 |
| 2 | 7201 | 事业支出 | 事业单位开展专业业务活动及其辅助活动实际发生的各项现金流出 | 专业业务活动及其辅助活动发生的现金流出，仅用于事业单位；按"财政拨款支出""非财政专项资金支出"和"其他资金支出"，"基本支出"和"项目支出"等进行明细核算，并按照《政府收支分类科目》中"支出功能分类科目"的项级科目进行明细核算，"基本支出"和"项目支出"明细科目下应当按照《政府收支分类科目》中"部门预算支出经济分类科目"的款级科目进行明细核算，同时在"项目支出"明细科目下按照具体项目进行明细核算 |
| 3 | 7301 | 经营支出 | 事业单位在专业业务活动及其辅助活动之外开展非独立核算经营活动实际发生的各项现金流出 | 非专业业务或专业辅助活动，非独立核算，与经营预算收入相匹配，仅用于事业单位；按经营活动类别、项目、《政府收支分类科目》中"支出功能分类科目"的项级科目和"部门预算支出经济分类科目"的款级科目等进行明细核算 |
| 4 | 7401 | 上缴上级支出 | 事业单位按照财政部门和主管部门的规定上缴上级单位款项发生的现金流出 | 按规定上缴、非财政资金，仅用于事业单位；按收缴款项单位、缴款项目、《政府收支分类科目》中"支出功能分类科目"的项级科目和"部门预算支出经济分类科目"的款级科目等进行明细核算 |
| 5 | 7501 | 对附属单位补助支出 | 事业单位用财政拨款预算收入之外的收入对附属单位补助发生的现金流出 | 仅用于事业单位；按接受补助单位、补助项目、《政府收支分类科目》中"支出事业单位用财政拨款预算收入之外的收入对附属单位补助发生的现金流出功能分类科目"的项级科目和"部门预算支出经济分类科目"的款级科目等进行明细核算 |

续表

| 序号 | 科目代码 | 科目名称 | 概念 | 概念的关键点及易混淆内容 |
|---|---|---|---|---|
| 6 | 7601 | 投资支出 | 事业单位以货币资金对外投资发生的现金流出 | 按投资类型、投资对象、《政府收支分类科目》中"支出功能分类科目"的项级科目和"部门预算支出经济分类科目"的款级科目等进行明细核算 |
| 7 | 7701 | 债务还本支出 | 事业单位偿还自身承担的纳入预算管理的从金融机构举借的债务本金的现金流出 | 按贷款单位、贷款种类、《政府收支分类科目》中"支出功能分类科目"的项级科目和"部门预算支出经济分类科目"的款级科目等进行明细核算 |
| 8 | 7901 | 其他支出 | 单位除行政支出、事业支出、经营支出、上缴上级支出、对附属单位补助支出、投资支出、债务还本支出以外的各项现金流出 | 包括利息支出、对外捐赠现金支出、现金盘亏损失、接受捐赠（调入）和对外捐赠（调出）非现金资产发生的税费支出、资产置换过程中发生的相关税费支出、罚没支出；按其他支出的类别，"财政拨款支出""非财政专项资金支出"和"其他资金支出"，《政府收支分类科目》中"支出功能分类科目"的项级科目和"部门预算支出经济分类科目"的款级科目等进行明细核算。其他支出中如有专项资金支出，还应按照具体项目进行明细核算 |

# 第十章 预算支出类会计业务

**本章导读**　预算支出是预算会计的核心要素，财政部令第 78 号《政府会计准则——基本准则》中明确规定"预算支出是指政府会计主体在预算年度内依法发生并纳入预算管理的现金流出""一般在实际支付时予以确认，以实际支付的金额计量"。财政部《政府会计制度——行政事业单位会计科目和报表》（财会〔2017〕25 号）中将预算支出分为 8 种主要类型，包括行政支出、事业支出、经营支出、上缴上级支出、对附属单位补助支出、投资支出、债务还本支出和其他支出。本章依据上述文件的基本内容，结合已发布的特殊行业补充规定，通过科目概念分析和业务举例加强对制度的理解。

## 第一节　行政支出业务

行政支出思维导图如下所示。

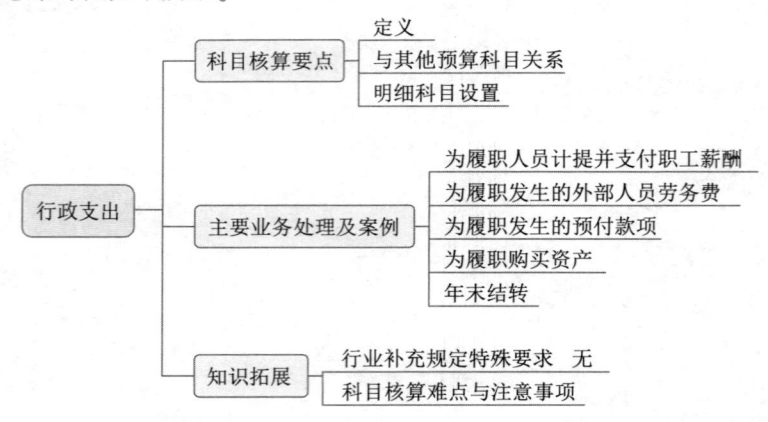

```
                ┌── 科目核算要点 ──┬── 定义
                │                  ├── 与其他预算科目关系
                │                  └── 明细科目设置
                │
                │                  ┌── 为履职人员计提并支付职工薪酬
                │                  ├── 为履职发生的外部人员劳务费
    行政支出 ──┼── 主要业务处理及案例 ── 为履职发生的预付款项
                │                  ├── 为履职购买资产
                │                  └── 年末结转
                │
                └── 知识拓展 ──┬── 行业补充规定特殊要求　无
                                └── 科目核算难点与注意事项
```

### 一、科目核算要点

**（一）行政支出的定义**

行政支出是指行政单位履行其职责实际发生的各项现金流出。

行政单位是指进行国家行政管理、组织经济建设和文化建设、维护社会公共秩序的单位，主要包括国家权力机关、行政机关、司法机关以及实行预算管理的其他机关、政党组织等。

行政单位履行其职责，是行政单位在依法对国家政治、经济和社会公共事务进行管理时履行其应承担的职责和所具有的功能。

（二）行政支出与其他预算支出科目的关系

行政支出和事业支出、经营支出、上缴上级支出、对附属单位补助支出、投资支出、债务还本支出及其他支出构成预算支出类科目的主要内容。其中，行政支出的核算主体仅包括行政单位履行其职责实际发生的各项现金流出，事业支出、经营支出、上缴上级支出、对附属单位补助支出、投资支出、债务还本支出科目的核算主体为事业单位，其他支出科目的核算主体为行政及事业单位，存在明显差异。

（三）行政支出明细科目设置

行政支出应当分别按照"财政拨款支出""非财政专项资金支出"和"其他资金支出"明细核算。"财政拨款支出"为本级财政部门拨款的支出，"非财政专项资金支出"为非本级财政拨款的专项资金，"其他资金支出"为上述两类支出以外的资金支出。

行政支出还需按照"基本支出"和"项目支出"进行明细核算，并按《政府收支分类科目》中"支出功能分类科目"的项级科目进行明细核算；"基本支出"和"项目支出"明细科目下应当按照《政府收支分类科目》中"部门预算支出经济分类科目"的款级科目进行明细核算，同时在"项目支出"明细科目下按照具体项目进行明细核算。

"基本支出"指行政单位为保障其机构正常运转、完成日常工作任务而发生的支出，按其性质分为人员经费和日常公用经费。"项目支出"指行政单位在基本支出之外为完成其特定行政任务所发生的支出，两者需要予以区分。

《政府收支分类科目》中"支出功能分类科目"的项级科目，以"一般公共服务支出"中的"人大事务"为例，主要包括"行政运行""一般行政管理事务""机关服务"等。"部门预算支出经济分类科目"的款级科目以"工资福利支出"为例，主要包括"基本工资""津贴补贴""奖金"等。

如行政单位有一般公共预算财政拨款、政府性基金预算财政拨款等两种或两种以上财政拨款，还应当在"财政拨款支出"明细科目下按照财政拨款的种类进行明细核算。

对于预付款项，可通过在本科目下设置"待处理"明细科目进行核算，待确认具体支出项目后再转入本科目下相关明细科目。年末结账前，应将本科目"待处理"明细科目余额全部转入本科目下相关明细科目。

在行政支出科目设置中，制度要求为明细核算。在满足上述明细核算要求的前提下，行政单位可以根据实际情况确定行政支出明细科目的顺序和层级。

## 二、主要业务处理及案例

行政单位的"行政支出"科目，主要存在借方发生额，反映单位行政支出的金额，年末结账后无余额。

行政支出的账务处理如下所述。

（一）为履职人员计提并支付职工薪酬

向行政单位职工个人支付薪酬时，按照实际支付的金额，借记本科目，贷记"财政拨款预算收入""资金结存"科目。按照规定代扣代缴个人所得税以及代扣代缴或为职工缴纳职工社会保险费、住房公积金等时，按照实际缴纳的金额，借记本科目，贷记"财政拨款预算收入""资金结存"科目。

**【案例10001】** A 行政单位 2019 年 8 月 1 日计提当月职工工资 85 000 元（含基本工资 30 000 元，津贴补贴 20 000 元，绩效工资 35 000 元），计提单位承担养老保险 10 000 元，计提单位承担医疗保险 5 000 元，2019 年 8 月 31 日以财政直接支付形式发放职工工资、并代扣个人所得税款 10 000 元及社会保险款项个人部分 5 000 元。

账务处理分录如下：

| | 计提时，按照计算的金额 | 核算要点精讲 |
|---|---|---|
| 财务会计 | 借：业务活动费用　　　　　　　　　　100 000<br>　　贷：应付职工薪酬—基本工资　　　　30 000<br>　　　　应付职工薪酬—国家统一规定的津贴补贴<br>　　　　　　　　　　　　　　　　　　20 000<br>　　　　应付职工薪酬—规范津贴补贴（绩效工资）<br>　　　　　　　　　　　　　　　　　　35 000<br>　　　　应付职工薪酬—社会保险费　　15 000 | 计提职工工资时，按全额计提<br>行政单位为实现其职能目标，依法履职或开展专业业务活动及其辅助活动所发生的各项费用，均在业务活动费用科目中核算，单位管理费用科目仅事业单位使用，需注意区别 |
| 预算会计 | 不做账务处理 | 对于无现金流出的业务，行政支出科目不做处理 |
| | 实际支付给职工、代扣个人所得税及社保个人部分时 | |
| 财务会计 | 借：应付职工薪酬—基本工资　　　　　30 000<br>　　应付职工薪酬—国家统一规定的津贴补贴<br>　　　　　　　　　　　　　　　　　　20 000<br>　　应付职工薪酬—规范津贴补贴（绩效工资）<br>　　　　　　　　　　　　　　　　　　35 000<br>　　贷：财政拨款收入　　　　　　　　70 000<br>　　　　其他应交税费　　　　　　　　10 000<br>　　　　应付职工薪酬—社会保险费　　5 000 | 向职工支付工资时，对尚未缴纳的税款等，需由应付职工薪酬科目转入其他应交税费科目核算 |
| 预算会计 | 借：行政支出　　　　　　　　　　　　70 000<br>　　贷：财政拨款预算收入　　　　　　70 000 | 行政支出科目的金额为实际支付的部分 |
| | 实际缴纳社会保险时 | |
| 财务会计 | 借：应付职工薪酬—社会保险费　　　　20 000<br>　　贷：财政拨款收入　　　　　　　　20 000 | |
| 预算会计 | 借：行政支出　　　　　　　　　　　　20 000<br>　　贷：财政拨款预算收入　　　　　　20 000 | |
| | 实际缴纳税款时 | |
| 财务会计 | 借：其他应交税费　　　　　　　　　　10 000<br>　　贷：财政拨款收入　　　　　　　　10 000 | |
| 预算会计 | 借：行政支出　　　　　　　　　　　　10 000<br>　　贷：财政拨款预算收入　　　　　　10 000 | 金额为实际缴纳的金额 |

（二）为履职发生的外部人员劳务费

按照实际支付给外部人员个人的金额，借记本科目，贷记"财政拨款预算收入""资金结存"科目。

按照规定代扣代缴个人所得税时，按照实际缴纳的金额，借记本科目，贷记"财政拨款预算收入""资金结存"科目。

【案例10002】2019年7月10日，A行政单位为开展节日"防火安全宣传小区行"工作，安排某街道办小区退休老人20人编排防火安全情景剧，并在单位辖区所在小区展开巡演，为期40天。2019年8月1日计提拟向情景剧参演人员发放的劳务费50 000元，其中包含个人所得税5 000元。2019年8月31日以财政直接支付形式实际支付劳务费及税款。

账务处理分录如下：

|  | 计提时，按照计算的金额 | 核算要点精讲 |
|---|---|---|
| 财务会计 | 借：业务活动费用　　　　　　50 000<br>　　贷：其他应付款　　　　　　　50 000 | 对于计提应发的外部人员劳务费，通过其他应付款核算 |
| 预算会计 | 不做账务处理 | 对于无现金流出的业务，行政支出科目不做处理 |
|  | 实际支付并代扣个人所得税时 |  |
| 财务会计 | 借：其他应付款　　　　　　　50 000<br>　　贷：财政拨款收入　　　　　　45 000<br>　　　　其他应交税费　　　　　　5 000 | 向外部人员发放劳务费时，对尚未缴纳的税款等，需由其他应付款科目转入其他应交税费科目核算 |
| 预算会计 | 借：行政支出　　　　　　　　45 000<br>　　贷：财政拨款预算收入　　　　45 000 | 行政支出科目的金额为实际支付给个人的部分 |
|  | 实际缴纳税款时 |  |
| 财务会计 | 借：其他应交税费　　　　　　5 000<br>　　贷：财政拨款收入　　　　　　5 000 |  |
| 预算会计 | 借：行政支出　　　　　　　　5 000<br>　　贷：财政拨款预算收入　　　　5 000 | 金额为实际缴纳的金额 |

（三）为履职发生的预付款项

发生预付账款时，按照实际支付的金额，借记本科目，贷记"财政拨款预算收入""资金结存"科目。

对于暂付款项，在支付款项时可不做预算会计处理，待结算或报销时，按照结算或报销的金额，借记本科目，贷记"资金结存"科目。

【案例10003】2019年8月，A行政单位为宣传打黑除恶专项治理工作成果，编写完成宣传文稿《打黑除恶永不停歇，专项治理成果初显》，并计划在全市主要车站、码头、公园等公共场所集中宣传，需制作各类大小宣传展牌100块。2019年8月1日，A行政单位在全市已中标的宣传展牌制作机构中选择业务精湛的宣传展牌制作机构M，经商定制作展牌100块，A行政单位预付制作费9 000元，待2019年8月31日宣传工作完成后再另行结算补付1 000元。A行政单位所有款项均以财政直接支付形式支付。

账务处理分录如下：

|  | 预付账款支付款项时 | 核算要点精讲 |
|---|---|---|
| 财务会计 | 借：预付账款　　　　　　　　9 000<br>　　贷：财政拨款收入　　　　　　9 000 | 按照实际预付的金额，通过付账款科目核算 |
| 预算会计 | 借：行政支出　　　　　　　　9 000<br>　　贷：财政拨款预算收入　　　　9 000 | 对于明确的预付款项，预算会计需同步处理 |

续表

| | 结算时(补付资金) | | 核算要点精讲 |
|---|---|---|---|
| 财务会计 | 借：业务活动费用 10 000<br>贷：预付账款 9 000<br>　　财政拨款收入 1 000 | | 在预付款项时，预付金额未计入业务活动费用，实际结算时全额计入业务活动费用 |
| 预算会计 | 借：行政支出 1 000<br>贷：财政拨款预算收入 1 000 | | 行政支出科目的金额为结算时补付的金额 |

【案例10004】 续【案例10003】，A行政单位预付制作费9 000元，待2019年8月31日宣传工作完成后再另行结算补付1 000元。2019年8月，宣传开展工作中，A行政单位发现因场地原因，现场仅能容纳80块展牌，经与M展牌制作机构协商，实际制作展牌80块，合计金额8 000元，多付款项1 000元在2019年8月31日宣传工作完成后，结算时退回。

账务处理分录如下：

| | 结算时(退回资金) | | 核算要点精讲 |
|---|---|---|---|
| 财务会计 | 借：财政拨款收入 1 000<br>　　业务活动费用 8 000<br>贷：预付账款 9 000 | | 对于存在退回的资金，按实际金额确定费用金额 |
| 预算会计 | 借：财政拨款预算收入 1 000<br>贷：行政支出 1 000 | | 对于退回的资金，需冲减已计入的行政支出 |

【案例10005】 续【案例10003】，A行政单位暂付制作费9 000元，待2019年8月31日宣传工作完成后根据实际情况另行结算。2019年8月，宣传开展工作中，A行政单位发现因场地原因，现场仅能容纳91块展牌，经与M展牌制作机构协商，实际制作展牌91块，合计金额9 100元，考虑金额差异较小，M展牌制作机构提出按9 000元结算，A行政单位不再另行补付。

账务处理分录如下：

| | 暂付款项时 | | 核算要点精讲 |
|---|---|---|---|
| 财务会计 | 借：其他应收款 9 000<br>贷：银行存款 9 000 | | 对于暂付款项，通过其他应收款科目核算 |
| 预算会计 | 不做账务处理 | | 对于暂付款项，在支付款项时可不做预算会计处理 |
| | 结算或报销时 | | 核算要点精讲 |
| 财务会计 | 借：业务活动费用 9 000<br>贷：其他应收款 9 000 | | 以实际报销金额确定费用科目金额 |
| 预算会计 | 借：行政支出 9 000<br>贷：财政拨款预算收入 9 000 | | 暂付款项，结算或报销时预算会计处理 |

（四）为履职购买资产

为购买存货、固定资产、无形资产等以及在建工程支付相关款项时，按照实际支付的金额，借记本科目，贷记"财政拨款预算收入""资金结存"科目。

若因购货退回等发生款项退回，或者发生差错更正的，属于当年支出收回的，按照收回或更正金额，借记"财政拨款预算收入""资金结存"科目，贷记本科目。

【案例10006】 A行政单位为完善档案保存，提高档案查阅效率，将纸质档案电子化工作确认为2019年重点工作之一。为此，A行政单位2019年8月1日向政府采购指定供应商购买电子扫描仪5台，用于单位纸质档案的电子化扫描工作。通过财政直接支付形式支付款项10 000元。A行政单位在实际使用过程中发现，其中一台设备因电源故障无法使用，且市场上已无相同或相近型号产品，无法更换。2019年8月31日，经与供应商协商，决定退回故障设备，涉及金额2 000元。

账务处理分录如下：

| | 购买扫描仪时 | | 核算要点精讲 |
|---|---|---|---|
| 财务会计 | 借：固定资产<br>　　贷：财政拨款收入 | 10 000<br>　　　10 000 | 对于购买单价超过1 000元，使用期限超过1年的设备，作为固定资产管理 |
| 预算会计 | 借：行政支出<br>　　贷：财政拨款预算收入 | 10 000<br>　　　10 000 | 按实际支付金额核算 |
| | 购货退回 | | |
| 财务会计 | 借：财政拨款收入<br>　　贷：固定资产 | 2 000<br>　　　2 000 | 特指当年发生的，跨年度的退回不在此科目核算 |
| 预算会计 | 借：行政支出<br>　　贷：财政拨款预算收入 | 2 000<br>　　　2 000 | 特指当年发生的，跨年度的退回不在此科目核算 |

（五）年末结转

年末，将本科目本年发生额中的财政拨款支出转入财政拨款结转，借记"财政拨款结转—本年收支结转"科目，贷记本科目下各财政拨款支出明细科目；将本科目本年发生额中的非财政专项资金支出转入非财政拨款结转，借记"非财政拨款结转—本年收支结转"科目，贷记本科目下各非财政专项资金支出明细科目；将本科目本年发生额中的其他资金支出（非财政非专项资金支出）转入其他结余，借记"其他结余"科目，贷记本科目下其他资金支出明细科目。

【案例10007】A行政单位为中央预算单位，因业务开展需要，2019年使用同级财政资金发生支出10 000元，使用非财政专项资金发生支出20 000元，使用非财政非专项资金发生支出5 000元，2019年12月31日年末结转。

账务处理分录如下：

| | 年末结转时 | | 核算要点精讲 |
|---|---|---|---|
| 预算会计 | 借：财政拨款结转—本年收支结转<br>　　非财政拨款结转—本年收支结转<br>　　其他结余<br>　　贷：行政支出 | 10 000<br>20 000<br>5 000<br>　　35 000 | 财政拨款结转核算财政拨款支出<br>非财政拨款结转核算非同级财政专项资金支出<br>其他结余核算非同级财政非专项资金支出 |

## 三、知识拓展

本科目核算行政单位履行其职责实际发生的各项现金流出。科目理解与运用的重难点在于明确行政支出的科目核算范围。非行政单位，或不因履行职责发生的支出，均不在本科目核算范围中。

对于如何设置科目体系，需要根据各个单位的实际情况来确定，制度的基本要求是满足明细核算的需要，不能简单理解为满足明细科目设置的需要。可以综合考虑单位的财务核算信息化水平、管理需求来进行科目设置，但要注意的是，科目设置中需区分资金来源和用途性质。

为了快速掌握明细科目的设置和使用规则，会计人员需对财政部每年更新的《政府收支分类科目》进行持续学习。

会计人员在执行《政府会计制度》过程中通常存在两类困惑。

第一类困惑是如何快速判断资金流出为预算支出。按照《政府会计制度—行政事业单位会计科目和报表》的规定，"单位对于纳入部门预算管理的现金收支业务，在采用财务会计核算的同时应当进行预算会计核算；对于其他业务，仅需进行财务会计核算"。这在实际上明确了预算会计中预算支出核算的范围。所以，实际判断时可以通过两个步骤来进行：第一步，判断业务是否存在现金流出，如果不是，则不需要进行预算会计核算，仅在财务会计中核算；第二步，如果业务是现金支出，则同时判断其是否纳入部门预算管理，如纳入，则需在预算会计中同步核算。

第二类困惑是支出与费用的区别。预算支出以收付实现制为基础，一般在实际支付时予以确认，以实际支付的金额计量。财务会计中的费用是指报告期内导致政府会计主体净资产减少的、含有服务潜力或者经济利益的经济资源的流出。费用以权责发生制为基础，确认应该同时满足以下条件：与费用相关的含有服务潜力或者经济利益的经济资源很可能流出政府会计主体；含有服务潜力或者经济利益的经济资源流出会导致政府会计主体资产减少或者负债增加；流出金额能够可靠地计量。在实务中，预算支出与费用确认不一致的情形分为两类：第一类为确认预算支出但不同时确认费用；第二类为确认费用但不同时确认预算支出。确认预算支出但不同时确认费用的业务发生了纳入部门预算管理的现金流出，但在权责发生制下并不将其确认为费用，如支付应付款项的支出、支付预付账款的支出、为取得存货、政府储备物资等计入物资成本的支出、为购建固定资产等的资本性支出、偿还借款本金支出等。确认费用但不同时确认预算支出的业务发生了权责发生制下应确认的费用，但没有发生纳入部门预算管理的现金流出，如发出存货、政府储备物资等确认的费用、计提的折旧费用和摊销费用、确认的资产处置费用(处置资产价值)、应付款项确认的费用、预付账款确认的费用等。

## 第二节　事业支出业务

事业支出思维导图如下所示。

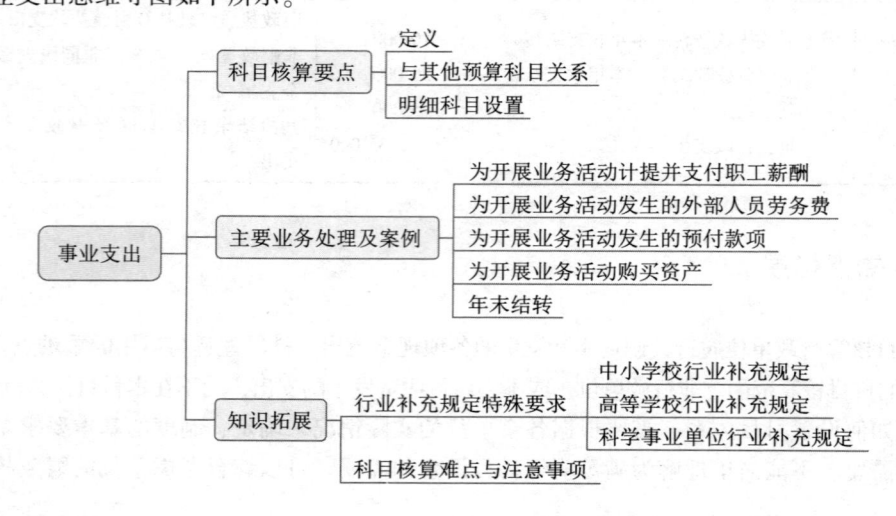

```
事业支出
├── 科目核算要点
│   ├── 定义
│   ├── 与其他预算科目关系
│   └── 明细科目设置
├── 主要业务处理及案例
│   ├── 为开展业务活动计提并支付职工薪酬
│   ├── 为开展业务活动发生的外部人员劳务费
│   ├── 为开展业务活动发生的预付款项
│   ├── 为开展业务活动购买资产
│   └── 年末结转
└── 知识拓展
    ├── 行业补充规定特殊要求
    │   ├── 中小学校行业补充规定
    │   ├── 高等学校行业补充规定
    │   └── 科学事业单位行业补充规定
    └── 科目核算难点与注意事项
```

## 一、科目核算要点

（一）事业支出的定义

事业支出是指事业单位开展专业业务活动及其辅助活动实际发生的各项现金流出。

事业单位指由政府利用国有资产设立的，从事教育、科技、文化、卫生等活动的社会服务组织，一般是国家设置的带有一定的公益性质的机构，但不属于政府机构。

专业业务活动指事业单位依据本单位特点，发挥专业人才的科技文化知识，向社会提供教育、科技、文化、卫生等公共服务而从事或开展的主要业务活动，如教育事业单位的教学活动、卫生事业单位的医疗活动等。

辅助活动指事业单位开展专业业务活动时，为辅助专业业务活动的开展而提供的其他公共服务活动。

（二）事业支出与其他预算支出科目的关系

事业单位开展专业业务活动及其辅助活动实际发生的各项现金流出在事业支出科目中核算，是事业单位支出中主要使用的科目。在专业业务活动以及辅助活动以外的其余相关支出，如投资、经营活动等，在相应的投资支出、经营支出等科目中核算，需注意区分。

（三）事业支出明细科目设置

事业支出科目应当分别按照"财政拨款支出""非财政专项资金支出"和"其他资金支出""基本支出"和"项目支出"等进行明细核算，并按照《政府收支分类科目》中"支出功能分类科目"的项级科目进行明细核算；"基本支出"和"项目支出"明细科目下应当按照《政府收支分类科目》中"部门预算支出经济分类科目"的款级科目进行明细核算，同时在"项目支出"明细科目下按照具体项目进行明细核算。

有一般公共预算财政拨款、政府性基金预算财政拨款等两种或两种以上财政拨款的事业单位，还应当在"财政拨款支出"明细科目下按照财政拨款的种类进行明细核算。

对于预付款项，可通过在本科目下设置"待处理"明细科目进行明细核算，待确认具体支出项目后再转入本科目下相关明细科目。年末结账前，应将本科目"待处理"明细科目余额全部转入本科目下相关明细科目。

若单位发生教育、科研、医疗、行政管理、后勤保障等活动的，可在本科目下设置相应的明细科目进行核算，或单设"教育支出""科研支出""医疗支出""行政管理支出""后勤保障支出"等一级会计科目进行核算。

事业支出的科目设置，与行政支出科目设置要求基本一致。此处"基本支出"指事业单位为保障其机构正常运转、完成日常工作任务而发生的支出，按其性质分为人员经费和日常公用经费。"项目支出"为事业单位在基本支出之外为完成其特定事业任务所发生的支出，两者需要予以区分。《政府收支分类科目》中"支出功能分类科目"的项级科目，以"文化旅游体育与传媒支出"中的"文化和旅游"为例，包括"图书馆""文化展示及纪念机构""艺术表演场所"等。"部门预算支出经济分类科目"的款级科目以"商品和服务支出"为例，主要包括"办公费""印刷费""咨询费"等。

在事业支出科目设置中，制度要求为明细核算。在满足上述明细核算要求的前提下，行政单位可以根据实际情况确定事业支出明细科目的顺序和层级。

## 二、主要业务处理及案例

事业单位的"事业支出"科目,主要存在借方发生额,反映单位事业支出的金额,年末结账后无余额。

事业支出的账务处理如下。

### (一)为开展业务活动计提并支付职工薪酬

向事业单位职工个人支付薪酬时,按照实际支付的金额,借记本科目,贷记"财政拨款预算收入""资金结存"科目。按照规定代扣代缴个人所得税以及代扣代缴或为职工缴纳职工社会保险费、住房公积金等时,按照实际缴纳的金额,借记本科目,贷记"财政拨款预算收入""资金结存"科目。

【案例10008】B事业单位是一家军工系列的设计研究院。2019年8月1日计提当月业务部门在职职工工资90 000元(含基本工资20 000元,津贴补贴20 000元,绩效工资30 000元,养老保险15 000元,医疗保险5 000元),管理部门在职职工工资45 000元(含基本工资10 000元,津贴补贴10 000元,绩效工资15 000元,养老保险7 500元,医疗保险2 500元),离休人员工资15 000元,退休人员工资15 000元,当月应缴个人所得税13 500元。2019年8月31日通过自有资金以银行存款形式实际支付工资、税款及社会保险款项。(假设考虑单位承担社保部分,不考虑社保个人部分)

账务处理分录如下:

|  | 计提时,按照计算的金额 | 核算要点精讲 |
|---|---|---|
| 财务会计 | 借:业务活动费用 90 000<br>　　单位管理费用 75 000<br>　贷:应付职工薪酬—基本工资(含离退休费) 60 000<br>　　　应付职工薪酬—国家统一规定的津贴补贴 30 000<br>　　　应付职工薪酬—规范津贴补贴(绩效工资) 45 000<br>　　　应付职工薪酬—社会保险费 30 000 | 计提职工工资时,按全额计提<br>事业单位中,管理部门承担的相关薪酬通过单位管理费用科目核算,业务部门承担的相关薪酬通过业务活动费用科目核算<br>事业单位离退休人员计提的工资,通过应付职工薪酬—基本工资(含离退休费)核算 |
| 预算会计 | 不做账务处理 | 对于无现金流出的业务,事业支出科目不做处理 |
|  | 实际支付给职工、缴交社保并代扣个人所得税时 |  |
| 财务会计 | 借:应付职工薪酬—基本工资(含离退休费) 60 000<br>　　应付职工薪酬—国家统一规定的津贴补贴 30 000<br>　　应付职工薪酬—规范津贴补贴(绩效工资) 45 000<br>　　应付职工薪酬—社会保险费 30 000<br>　贷:银行存款 151 500<br>　　　其他应交税费 13 500 | 向职工支付工资时,对尚未缴纳的税款等,需由应付职工薪酬科目转入其他应交税费科目核算 |
| 预算会计 | 借:事业支出 151 500<br>　贷:资金结存—货币资金 151 500 | 事业支出科目的金额为实际支付给个人的部分 |

续表

| | 实际缴纳税款时 | |
|---|---|---|
| 财务会计 | 借：其他应交税费　　　　　　　13 500<br>　　贷：银行存款　　　　　　　　　　　13 500 | |
| 预算会计 | 借：事业支出　　　　　　　　　13 500<br>　　贷：资金结存—货币资金　　　　　　13 500 | 金额为实际缴纳的金额 |

（二）为开展业务活动发生的外部人员劳务费

按照实际支付给外部人员个人的金额，借记本科目，贷记"财政拨款预算收入""资金结存"科目。

按照规定代扣代缴个人所得税时，按照实际缴纳的金额，借记本科目，贷记"财政拨款预算收入""资金结存"科目。

【案例10009】B事业单位为一家大型科研院所单位，为了解最新科学研究前沿问题，规范学术研究伦理，2019年8月1日邀请知名专家学者前来进行为期一天"学术研究前瞻与规范"问题专题讲座，按相关规定向该知名专家学者计提并支付劳务费1 000元，代扣个人所得税40元。2019年8月31日以银行存款形式实际支付劳务费及税款。

账务处理分录如下：

| | 计提时，按照计算的金额 | 核算要点精讲 |
|---|---|---|
| 财务会计 | 借：单位管理费用　　　　　　　1 000<br>　　贷：其他应付款　　　　　　　　　　960<br>　　　　其他应交税费　　　　　　　　　40 | 对于计提应发的外部人员劳务费，通过其他应付款核算 |
| 预算会计 | 不做账务处理 | 对于无现金流出的业务，事业支出科目不做处理 |
| | 实际支付时 | |
| 财务会计 | 借：其他应付款　　　　　　　　960<br>　　贷：银行存款　　　　　　　　　　　960 | 按实际支付金额冲减已挂账的其他应付款 |
| 预算会计 | 借：事业支出　　　　　　　　　960<br>　　贷：资金结存—货币资金　　　　　　960 | 事业支出科目的金额为实际支付给个人的部分 |
| | 实际缴纳税款时 | |
| 财务会计 | 借：其他应交税费　　　　　　　　40<br>　　贷：银行存款　　　　　　　　　　　40 | |
| 预算会计 | 借：事业支出　　　　　　　　　　40<br>　　贷：资金结存—货币资金　　　　　　40 | 金额为实际缴纳的金额 |

（三）为开展业务活动发生的预付款项

发生预付账款时，按照实际支付的金额，借记本科目，贷记"财政拨款预算收入""资金结存"科目。

对于暂付款项，在支付款项时可不做预算会计处理，待结算或报销时，按照结算或报销的金额，借记本科目，贷记"资金结存"科目。

【案例10010】B事业单位为一家大型公立三甲医院，是国家区域医疗中心。为了更好地开展疑难危重症诊断工作，2019年经上级部门批准，决定购买大型CT机一台，采购金额10 000 000元。按照合同约定，B事业单位2019年8月1日向供应商预付款项7 000 000元，由供应商负责采购和安装。2019年8月10日，CT机到货并进行安装工作，8月25日安装工作完成并验收合格，8月31日支付结算款2 000 000元，留两年质保金1 000 000元。2021年8月26日，CT机无质量问题，支付质保金1 000 000元。上述款项均通过银行存款支付。

账务处理分录如下：

| | | 预付账款支付款项时 | | 核算要点精讲 |
|---|---|---|---|---|
| 财务会计 | 借：预付账款<br>　贷：银行存款 | | 7 000 000<br>7 000 000 | 按照实际预付的金额，通过付账款科目核算 |
| 预算会计 | 借：事业支出<br>　贷：资金结存—货币资金 | | 7 000 000<br>7 000 000 | 对于明确的预付款项，预算会计需同步处理 |
| | | CT机到货安装时 | | |
| 财务会计 | 借：在建工程<br>　贷：预付账款<br>　　应付账款<br>　　长期应付款 | | 10 000 000<br>7 000 000<br>2 000 000<br>1 000 000 | 对于1年以上的质保金，通过长期应付款科目核算，1年以内的质保金通过其他应付款科目核算 |
| 预算会计 | 不做账务处理 | | | |
| | | CT机安装完成验收合格时 | | |
| 财务会计 | 借：固定资产<br>　贷：在建工程 | | 10 000 000<br>10 000 000 | 由在建工程转为固定资产 |
| 预算会计 | 不做账务处理 | | | |
| | | 支付结算款时 | | |
| 财务会计 | 借：应付账款<br>　贷：银行存款 | | 2 000 000<br>2 000 000 | 安装完成的设备需由在建工程转为固定资产 |
| 预算会计 | 借：事业支出<br>　贷：资金结存—货币资金 | | 2 000 000<br>2 000 000 | |
| | | 支付质保金时 | | |
| 财务会计 | 借：长期应付款<br>　贷：银行存款 | | 1 000 000<br>1 000 000 | |
| 预算会计 | 借：事业支出<br>　贷：资金结存—货币资金 | | 1 000 000<br>1 000 000 | 事业支出金额以实际支付金额为准 |

（四）为开展业务活动购买物资

为购买存货、固定资产、无形资产等以及在建工程支付相关款项时，按照实际支付的金额，借记本科目，贷记"财政拨款预算收入""资金结存"科目。

若因购货退回等发生款项退回，或者发生差错更正的，属于当年支出收回的，按照收回或更正金额，借记"财政拨款预算收入""资金结存"科目，贷记本科目。

【案例10011】B事业单位为一家大型科研单位，并牵头开展国家自然科学基金重大研究项目。为支持项目研究开展，2019年8月1日，B事业单位使用国家自然科学基金专项经费购买大猩猩10只，并依托单位动物试验管理中心进行喂养和使用，支付款项100 000元。2019年8月31日其中1只大猩猩因不符合试验开展要求，退回供应商，金额10 000元，款项通过银行存款形式支付或收回。

账务处理分录如下：

| | 购买大猩猩时 | | 核算要点精讲 |
|---|---|---|---|
| 财务会计 | 借：业务活动费用<br>　　贷：银行存款 | 100 000<br>　　100 000 | 科学研究单位为开展科学试验发生的费用通过业务活动费用科目核算<br>对于购买的物品应资本化或费用化，需判断所购物品的价值和使用期限及形态。大猩猩等试验用品不符合资产定义，应费用化处理 |
| 预算会计 | 借：事业支出<br>　　贷：资金结存—货币资金 | 100 000<br>　　100 000 | 按实际支付金额核算 |
| | 购货退回时 | | |
| 财务会计 | 借：银行存款<br>　　贷：业务活动费用 | 10 000<br>　　10 000 | 特指当年发生的，跨年度的退回不在此核算 |
| 预算会计 | 借：资金结存—货币资金<br>　　贷：事业支出 | 10 000<br>　　10 000 | 特指当年发生的，跨年度的退回不在此核算 |

（五）年末结转

年末，将本科目本年发生额中的财政拨款支出转入财政拨款结转，借记"财政拨款结转—本年收支结转"科目，贷记本科目下各财政拨款支出明细科目；将本科目本年发生额中的非财政专项资金支出转入非财政拨款结转，借记"非财政拨款结转—本年收支结转"科目，贷记本科目下各非财政专项资金支出明细科目；将本科目本年发生额中的其他资金支出（非财政非专项资金支出）转入其他结余，借记"其他结余"科目，贷记本科目下其他资金支出明细科目。

**【案例10012】** B事业单位因相关业务开展需要，2019年使用同级财政拨款发生支出20 000元，使用非财政专项资金发生支出10 000元，使用非财政非专项资金发生支出5 000元，2019年12月31日年末结转。

账务处理分录如下：

| | 年末结转时 | | 核算要点精讲 |
|---|---|---|---|
| 预算会计 | 借：财政拨款结转—本年收支结转<br>　　非财政拨款结转—本年收支结转<br>　　其他结余<br>　　贷：事业支出 | 20 000<br>10 000<br>5 000<br>　　35 000 | 财政拨款结转核算财政拨款支出<br>非财政拨款结转核算非同级财政专项资金支出<br>其他结余核算非同级财政非专项资金支出 |

## 三、知识拓展

（一）行业补充规定

考虑行业特性，部分行业出台的补充规定对事业支出科目的设置和使用有特殊要求。

1. 中小学校。

《关于中小学校执行〈政府会计制度——行政事业单位会计科目和报表〉的补充规定》中明

确要求，事业支出科目的核算需参照《中小学校事业支出明细表》。

2. 高等学校。

《关于高等学校执行〈政府会计制度——行政事业单位会计科目和报表〉的补充规定》明确要求，在《政府会计制度》规定的"7201 事业支出"科目下设置"720101 教育支出""720102 科研支出""720103 行政管理支出""720104 后勤保障支出""720105 离退休支出""720109 其他事业支出"明细科目。其中，"720101 教育支出"科目核算高等学校开展教学及其辅助活动、学生事务等活动实际发生的各项现金流出。"720102 科研支出"科目核算高等学校开展科研及其辅助活动实际发生的各项现金流出。"720103 行政管理支出"科目核算高等学校开展单位的行政管理活动实际发生的各项现金流出。"720104 后勤保障支出"科目核算高等学校开展后勤保障活动实际发生的各项现金流出。"720105 离退休支出"科目核算高等学校实际发生的用于离退休人员的各项现金流出。"720109 其他事业支出"科目核算高等学校发生的除教学、科研、后勤保障、行政管理、离退休支出之外的其他各项事业支出。

3. 科学事业单位。

《关于科学事业单位执行〈政府会计制度——行政事业单位会计科目和报表〉的补充规定》明确要求，科学事业单位应当在《政府会计制度》规定的"7201 事业支出"科目下设置"720101 科研支出""720102 非科研支出""720103 管理支出"明细科目。其中，"720101 科研支出"明细科目核算科学事业单位开展科研活动及其辅助活动发生的各项现金流出。"720102 非科研支出"明细科目核算科学事业单位开展科研活动以外的其他业务活动及其辅助活动发生的各项现金流出，包括技术活动支出、学术活动支出、科普活动支出、试制产品活动支出和教学活动支出等。技术活动支出是指科学事业单位对外提供技术咨询、技术服务等活动发生的各项现金流出。学术活动支出是指科学事业单位开展学术交流、学术期刊出版等活动发生的各项现金流出。科普活动支出是指科学事业单位开展科学知识宣传、讲座和科技展览等活动发生的各项现金流出。试制产品活动支出是指科学事业单位试制中间试验产品等活动发生的各项现金流出。教学活动支出是指科学事业单位开展教学活动发生的各项现金流出。"720103 管理支出"明细科目核算科学事业单位行政及后勤管理部门开展管理活动发生的各项现金流出，包括单位行政及后勤管理部门发生的人员经费、公用经费，以及由单位统一负担的离退休人员经费、工会经费、诉讼费、中介费等现金流出。

(二)科目核算难点与注意事项

事业支出科目核算事业单位开展专业业务活动及其辅助活动实际发生的各项现金流出。科目理解与运用的重难点在于明确事业支出的范围，非事业单位或不因开展业务活动发生的支出，均不在本科目核算范围中。

对于如何设置科目体系，需要根据各个单位的实际情况来确定，制度的基本要求是满足明细核算的需要，不能简单理解为满足明细科目设置的需要。可以综合考虑单位的财务核算信息化水平、管理需求来进行科目设置，但要注意的是，科目设置中需区分资金来源和用途性质。

对于快速掌握明细科目的设置和使用规则，会计人员需对财政部每年更新的《政府收支分类科目》进行持续学习。

## 第三节　经营支出业务

经营支出思维导图如下所示。

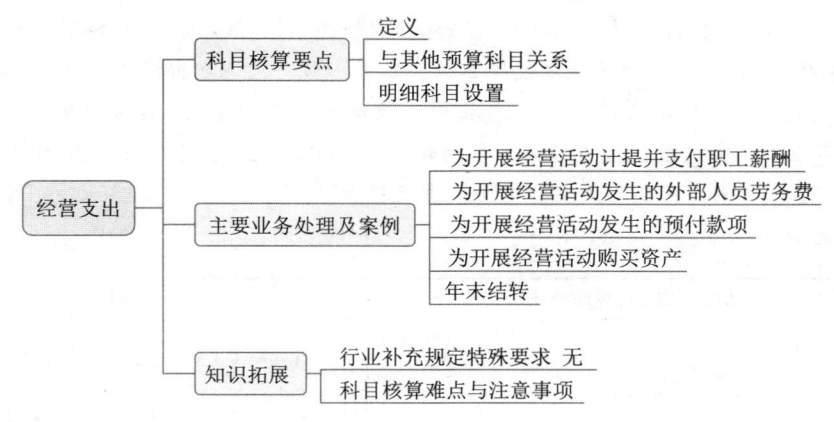

```
                 ┌─ 科目核算要点 ─┬─ 定义
                 │                ├─ 与其他预算科目关系
                 │                └─ 明细科目设置
                 │
                 │                ┌─ 为开展经营活动计提并支付职工薪酬
    经营支出 ────┤                ├─ 为开展经营活动发生的外部人员劳务费
                 ├─ 主要业务处理及案例 ─┼─ 为开展经营活动发生的预付款项
                 │                ├─ 为开展经营活动购买资产
                 │                └─ 年末结转
                 │
                 └─ 知识拓展 ─┬─ 行业补充规定特殊要求　无
                             └─ 科目核算难点与注意事项
```

### 一、科目核算要点

(一)经营支出的定义

经营支出是指事业单位在专业业务活动及其辅助活动之外开展非独立核算经营活动实际发生的各项现金流出。

非独立核算通常指没有完整的会计凭证和会计账簿体系，只记录部分经济业务的单位所进行的会计核算。

经营活动指事业单位在专业业务活动及其辅助活动之外开展经营业务的活动。

(二)经营支出与事业支出科目的关系

经营支出与事业支出存在较大差异，难点主要在于如何区分事业单位的专业业务活动、辅助活动及经营活动。相应的业务支出，应考虑业务特点、既往规则以及行业共性，根据实际情况进行判断和处理。

(三)经营支出明细科目设置

经营支出科目应当按照经营活动类别、项目、《政府收支分类科目》中"支出功能分类科目"的项级科目和"部门预算支出经济分类科目"的款级科目等进行明细核算。

对于预付款项，可通过在本科目下设置"待处理"明细科目进行明细核算，待确认具体支出项目后再转入本科目下相关明细科目。年末结账前，应将本科目"待处理"明细科目余额全部转入本科目下相关明细科目。

在经营支出科目设置中，制度要求为明细核算。在满足上述明细核算要求的前提下，事业单位可以根据实际情况确定经营支出明细科目的顺序和层级。

### 二、主要业务处理及案例

事业单位的"经营支出"科目，主要存在借方发生额，反映单位经营支出的金额，年末结账后无余额。

经营支出的账务处理如下所述。

（一）为开展经营活动计提并支付职工薪酬

向事业单位职工个人支付薪酬时，按照实际支付的金额，借记本科目，贷记"资金结存"科目。按照规定代扣代缴个人所得税以及代扣代缴或为职工缴纳职工社会保险费、住房公积金等时，按照实际缴纳的金额，借记本科目，贷记"财政拨款预算收入""资金结存"科目。

【案例10013】B事业单位为地矿勘探单位，负责出版全国地矿勘探专业学术杂志，内设有非独立核算的杂志社。B事业单位将杂志社相关活动列为经营活动（后续案例同），2019年8月1日，B事业单位杂志社计提当月杂志社编辑工资50 000元，其中包含个人所得税5 000元。2019年8月31日以银行存款形式实际支付工资及税款。

账务处理分录如下：

| | 计提时，按照计算的金额 | | 核算要点精讲 |
|---|---|---|---|
| 财务会计 | 借：经营费用　　　　　　50 000<br>　贷：应付职工薪酬　　　　　　50 000 | | 计提职工工资时，按全额计提 |
| 预算会计 | 不做账务处理 | | 对于无现金流出的业务，经营支出科目不做处理 |
| | 实际支付给职工并代扣个人所得税时 | | |
| 财务会计 | 借：应付职工薪酬　　　　50 000<br>　贷：银行存款　　　　　　　　45 000<br>　　其他应交税费　　　　　　 5 000 | | 向职工支付工资时，对尚未缴纳的税款等，需由应付职工薪酬科目转入其他应交税费科目核算 |
| 预算会计 | 借：经营支出　　　　　　45 000<br>　贷：资金结存　　　　　　　　45 000 | | 经营支出科目的金额为实际支付给个人的部分 |
| | 实际缴纳税款时 | | |
| 财务会计 | 借：其他应交税费　　　　 5 000<br>　贷：银行存款　　　　　　　　 5 000 | | |
| 预算会计 | 借：经营支出　　　　　　 5 000<br>　贷：资金结存　　　　　　　　 5 000 | | 金额为实际缴纳的金额 |

（二）为开展经营活动发生的外部人员劳务费

按照实际支付给外部人员个人的金额，借记本科目，贷记"资金结存"科目。

按照规定代扣代缴个人所得税时，按照实际缴纳的金额，借记本科目，贷记"资金结存"科目。

【案例10014】B事业单位为地矿勘探单位，负责出版全国地矿勘探专业学术杂志，内设有非独立核算的杂志社。2019年7月，杂志社收到投稿200篇，通过单位外审稿专家完成全部投稿文章的审核工作。2019年8月1日计提向单位外部审稿专家人员发放的劳务费20 000元，其中包含个人所得税2 000元。2019年8月31日以银行存款形式实际支付劳务费及税款。

账务处理分录如下：

| | 计提时，按照计算的金额 | | 核算要点精讲 |
|---|---|---|---|
| 财务会计 | 借：经营费用　　　　　　20 000<br>　贷：其他应付款　　　　　　　20 000 | | 对于计提应发的外部人员劳务费，通过其他应付款核算 |

续表

| | | | |
|---|---|---|---|
| 预算会计 | 不做账务处理 | | 对于无现金流出的业务，经营支出科目不做处理 |
| | 实际支付并代扣个人所得税时 | | |
| 财务会计 | 借：其他应付款<br>　　贷：银行存款<br>　　　　其他应交税费 | 20 000<br>18 000<br>2 000 | 向外部人员发放劳务费时，对尚未缴纳的税款等，需由其他应付款科目转入其他应交税费科目核算 |
| 预算会计 | 借：经营支出<br>　　贷：资金结存—货币资金 | 18 000<br>18 000 | 经营支出科目的金额为实际支付给个人的部分 |
| | 实际缴纳税款时 | | |
| 财务会计 | 借：其他应交税费<br>　　贷：银行存款 | 2 000<br>2 000 | |
| 预算会计 | 借：经营支出<br>　　贷：资金结存 | 2 000<br>2 000 | 金额为实际缴纳的金额 |

（三）为开展经营活动发生的预付款项

发生预付账款时，按照实际支付的金额，借记本科目，贷记"资金结存"科目。

对于暂付款项，在支付款项时可不做预算会计处理，待结算或报销时，按照结算或报销的金额，借记本科目，贷记"资金结存"科目。

【案例10015】B事业单位为地矿勘探单位，负责出版全国地矿勘探专业学术杂志，内设有非独立核算的杂志社。为便利杂志审稿需要，B事业单位杂志社购买专用审稿系统，价格100 000元。2019年8月1日，按照合同约定预付50%款项，8月15日系统完成安装和验收工作，8月31日支付剩余50%款项，款项均以银行存款形式支付。

账务处理分录如下：

| | 预付账款支付款项时 | | 核算要点精讲 |
|---|---|---|---|
| 财务会计 | 借：预付账款<br>　　贷：银行存款 | 50 000<br>50 000 | 按照实际预付的金额，通过付账款科目核算 |
| 预算会计 | 借：经营支出<br>　　贷：资金结存 | 50 000<br>50 000 | 对于明确的预付款项，预算会计需同步处理 |
| | 结算时（补付资金） | | |
| 财务会计 | 借：无形资产<br>　　贷：预付账款<br>　　　　银行存款 | 100 000<br>50 000<br>50 000 | 实际结算时金额计入无形资产 |
| 预算会计 | 借：经营支出<br>　　贷：资金结存—货币资金 | 50 000<br>50 000 | 经营支出科目的金额为结算时补付的金额 |

【案例10016】续上，B事业单位杂志社购买专用审稿系统，价格100 000元。2019年8月1日，按照合同约定预付100%款项，8月10日系统完成安装和验收工作。9月10日，B事业单位使用时发现，部分功能未达到设计要求但不影响使用。问题反馈至软件供应商处后，经协商，软件供应商退回5%款项。款项均通过银行存款方式支付或收回。

账务处理分录如下：

| \multicolumn{3}{c|}{预付账款支付款项时} | 核算要点精讲 |
|---|---|---|---|
| 财务会计 | 借：预付账款      100 000<br>  贷：银行存款        100 000 | | 按照实际预付的金额，通过付账款科目核算 |
| 预算会计 | 借：经营支出      100 000<br>  贷：资金结存——货币资金   100 000 | | 对于明确的预付款项，预算会计需同步处理 |
| \multicolumn{3}{c|}{无形资产入库时} | |
| 财务会计 | 借：无形资产      100 000<br>  贷：预付账款        100 000 | | 完成安装验收后确认无形资产 |
| 预算会计 | 不做账务处理 | | 无资金流出时预算会计无需处理 |
| \multicolumn{3}{c|}{发生资金退回时} | |
| 财务会计 | 借：银行存款      10 000<br>  贷：无形资产        10 000 | | |
| 预算会计 | 借：资金结存——货币资金   10 000<br>  贷：经营支出        10 000 | | 对于退回的资金，需冲减已计入的经营支出 |

【案例10017】续上，B事业单位杂志社为学习了解全国专业杂志举办情况，派遣员工参加于北京举行的2019年全国杂志专业研讨会。按研讨会相关要求，B事业单位2019年8月1日向研讨会举办机构支付参会费1 000元，员工8月3日-8月5日前往参会，8月10日报销交通费和住宿费合计1 500元。款项均以银行存款方式支付。

账务处理分录如下：

| \multicolumn{3}{c|}{暂付款项时} | 核算要点精讲 |
|---|---|---|---|
| 财务会计 | 借：其他应收款      1 000<br>  贷：银行存款        1 000 | | 对于暂付款项，通过其他应收款科目核算 |
| 预算会计 | 不做账务处理 | | 对于暂付款项，在支付款项时可不做预算会计处理 |
| \multicolumn{3}{c|}{结算或报销时} | |
| 财务会计 | 借：经营费用      2 500<br>  贷：其他应收款       1 000<br>    银行存款        1 500 | | 以实际报销金额确定费用科目金额 |
| 预算会计 | 借：经营支出      2 500<br>  贷：资金结存——货币资金   2 500 | | 暂付款项，结算或报销时进行预算会计处理 |

（四）为开展经营活动购买物资

为购买存货、固定资产、无形资产等以及在建工程支付相关款项时，按照实际支付的金额，借记本科目，贷记"资金结存"科目。

若因购货退回等发生款项退回，或者发生差错更正的，属于当年支出收回的，按照收回或更正金额，借记"资金结存"科目，贷记本科目。

【案例10018】续上，B事业单位杂志社为开展杂志经营活动，2019年8月1日购买中性笔20盒，支付款项800元，2019年8月31日其中一部分因质量问题退回，金额100元。款项均通过银行存款支付或收回。

账务处理分录如下：

| | 购买办公用品时 | | 核算要点精讲 |
|---|---|---|---|
| 财务会计 | 借：经营费用<br>　　贷：银行存款 | 800<br>　　800 | |
| 预算会计 | 借：经营支出<br>　　贷：资金结存——货币资金 | 800<br>　　800 | 按实际支付金额核算 |
| | 购货退回 | | |
| 财务会计 | 借：银行存款<br>　　贷：经营费用 | 100<br>　　100 | 特指当年发生的，跨年度的退回不在此核算 |
| 预算会计 | 借：经营支出<br>　　贷：资金结存——货币资金 | 100<br>　　100 | 特指当年发生的，跨年度的退回不在此核算 |

（五）年末结转。

年末，将本科目本年发生额转入经营结余，借记"经营结余"科目，贷记本科目。

【案例10019】A事业单位因经营活动需要，2019年发生经营支出100 000元，2019年12月31日年末结转。

账务处理分录如下：

| | 年末结转时 | | 核算要点精讲 |
|---|---|---|---|
| 预算会计 | 借：经营结余<br>　　贷：经营支出 | 100 000<br>　　100 000 | 经营支出结转通过经营结余核算 |

## 三、知识拓展

经营支出核算事业单位在专业业务活动及其辅助活动之外开展非独立核算经营活动实际发生的各项现金流出。科目理解与运用的重难点在于明确经营支出的科目核算的业务范围。使用经营支出科目，应满足其基本条件：必须是事业单位在专业业务活动及其辅助活动以外开展的非独立核算的业务。对业务是否纳入经营支出的核算范围，应充分考虑业务特点以及行业共性后，根据实际情况进行判断和处理。

# 第四节　上缴上级支出和对附属单位补助支出业务

上缴上级支出和对附属单位补助支出思维导图如下所示。

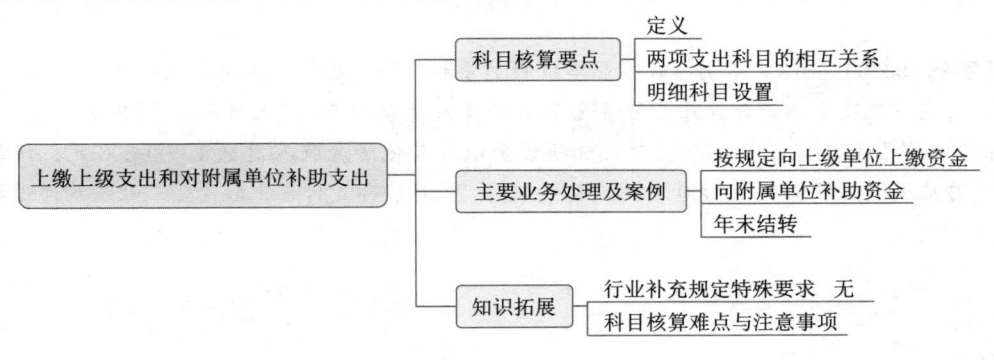

```
                              ┌─ 定义
                   科目核算要点├─ 两项支出科目的相互关系
                              └─ 明细科目设置
上缴上级支出和                 ┌─ 按规定向上级单位上缴资金
对附属单位补助支出─ 主要业务处理及案例├─ 向附属单位补助资金
                              └─ 年末结转
                   知识拓展    ┌─ 行业补充规定特殊要求　无
                              └─ 科目核算难点与注意事项
```

## 一、科目核算要点

（一）上缴上级支出和对附属单位补助支出的定义

上缴上级支出是指事业单位按照财政部门和主管部门的规定上缴上级单位款项发生的现金流出。

对附属单位补助支出指事业单位用财政拨款预算收入之外的收入对附属单位补助发生的现金流出。

财政部门是指国家行政机关中负责财政管理工作的机构，如财政部、财政厅等。

主管部门是负责事业单位业务管理的部门。

上级单位是可对事业单位行使管理权的单位。

附属单位是事业单位举办的具备独立法人资质、独立核算的单位。

（二）上缴上级支出与对附属单位补助支出科目的关系

上缴上级支出与对附属单位补助支出核算主体通常为上下级关系。事业单位以财政拨款以外的资金对附属单位的支出在对附属单位补助支出科目中核算。附属单位按照规定需向上级单位上缴的资金支出为上缴上级支出。

（三）上缴上级支出和对附属单位补助支出明细科目设置

上缴上级支出科目应当按照收缴款项单位、缴款项目、《政府收支分类科目》中"支出功能分类科目"的项级科目和"部门预算支出经济分类科目"的款级科目等进行明细核算。

对附属单位补助支出科目应当按照接受补助单位、补助项目、《政府收支分类科目》中"支出事业单位用财政拨款预算收入之外的收入对附属单位补助发生的现金流出功能分类科目"的项级科目和"部门预算支出经济分类科目"的款级科目等进行明细核算。

在上缴上级支出和对附属单位补助支出科目设置中，制度要求为明细核算。在满足上述明细核算要求的前提下，事业单位可以根据实际情况确定上缴上级支出明细科目的顺序和层级。

## 二、主要业务处理及案例

事业单位的"上缴上级支出"和"对附属单位补助支出"科目，主要存在借方发生额，反映单位上缴上级支出或对附属单位补助支出的金额，年末结账后无余额。

上缴上级支出和对附属单位补助支出的账务处理如下所述。

（一）按规定向上级单位上缴资金

按照规定将款项上缴上级单位的，按照实际上缴的金额，借记本科目，贷记"资金结存"科目。

【案例10020】2018年8月，B事业单位的主管部门和财政部门共同商议确定，B事业单位按每年财政拨款及专项资金以外其他资金形成的收入总额的5%，上缴收入。2019年12月31日，B事业单位报表显示其财政拨款及专项资金以外其他资金收入总额1 000 000元，计算并计提当月应上缴上级资金50 000元，2019年12月31日实际支付应上缴资金。款项均通过银行存款支付。

账务处理分录如下：

| | 按照规定计算出应当上缴的金额 | 核算要点精讲 |
|---|---|---|
| 财务会计 | 借：上缴上级费用　　　　　50 000<br>　　贷：其他应付款　　　　　　　50 000 | 对于应付的上缴上级费用，通过其他应付款核算 |
| 预算会计 | 不做账务处理 | 对于无现金流出的业务，上缴上级支出科目可不做处理 |
| | 实际上缴应缴的金额 | |
| 财务会计 | 借：其他应付款　　　　　　50 000<br>　　贷：银行存款等　　　　　　　50 000 | |
| 预算会计 | 借：上缴上级支出　　　　　50 000<br>　　贷：资金结存—货币资金　　　50 000 | 上缴上级支出科目的金额为实际上缴的资金金额 |

（二）向附属单位补助资金

发生对附属单位补助支出的，按照实际补助的金额，借记本科目，贷记"资金结存"科目。

按照实际支付给外部人员个人的金额，借记本科目，贷记"资金结存"科目。

按照规定代扣代缴个人所得税时，按照实际缴纳的金额，借记本科目，贷记"资金结存"科目。

【案例10021】B事业单位为一家大型地理信息勘测机构，为解决年轻职工顾虑，提高职工工作积极性，专门举办附属幼儿园，解决职工的托儿困境。B事业单位为支持附属幼儿园建设，更新园内幼儿学习设施，2019年8月1日经研究决定向其支付补助资金200 000元，用于更新安全桌椅、滑滑梯等设施，款项通过银行存款支付。

账务处理分录如下：

| | 按照实际补助的金额 | 核算要点精讲 |
|---|---|---|
| 财务会计 | 借：对附属单位补助费用　　　200 000<br>　　贷：银行存款　　　　　　　　200 000 | |
| 预算会计 | 借：对附属单位补助支出　　　200 000<br>　　贷：资金结存—货币资金　　　200 000 | |

（三）年末结转

将本科目本年发生额转入其他结余，借记"其他结余"科目，贷记本科目。

【案例10022】B事业单位2019年按规定上缴上级单位资金50 000元，向附属单位补助资金10 000元，2019年12月31日年末结转。

账务处理分录如下：

| | 年末结转时 | 核算要点精讲 |
|---|---|---|
| 预算会计 | 借：其他结余　　　　　　　　60 000<br>　　贷：上缴上级支出　　　　　　50 000<br>　　　　对附属单位补助支出　　10 000 | 上缴上级支出和对附属单位的补助支出年末结转，通过其他结余科目进行 |

## 三、知识拓展

上缴上级支出是指事业单位按照财政部门和主管部门的规定上缴上级单位款项发生的现金

— 353 —

流出。对附属单位补助支出指事业单位用财政拨款预算收入之外的收入对附属单位补助发生的现金流出。两个科目核算的难点在于对科目如何使用的把握。2012年财政部颁布的《事业单位财务规则》曾对此有相关表述：对于非财政补助收入大于支出较多的事业单位，可以实行收入上缴办法。具体办法由财政部门会同有关主管部门制定。此外还需注意，对附属单位的补助支出，仅限使用财政拨款预算收入之外的收入。因此对上缴上级支出和对附属单位补助支出科目的使用，通常应以相关制度规定为准。

## 第五节 投资支出业务

投资支出思维导图如下所示。

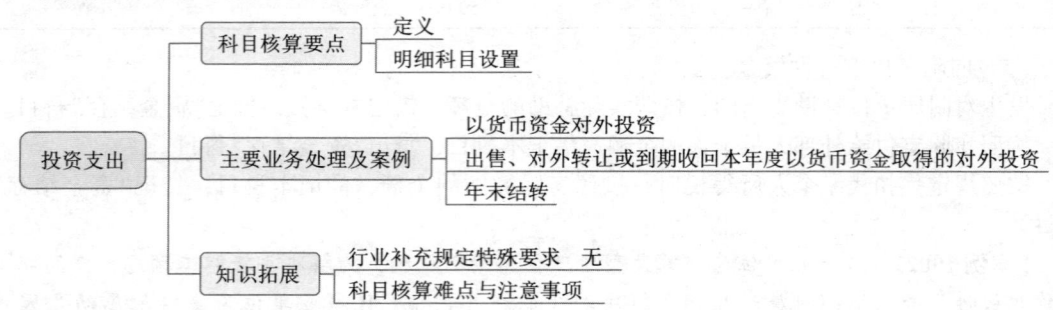

```
投资支出 ── 科目核算要点 ── 定义
                         └ 明细科目设置
         ── 主要业务处理及案例 ── 以货币资金对外投资
                              ├ 出售、对外转让或到期收回本年度以货币资金取得的对外投资
                              └ 年末结转
         ── 知识拓展 ── 行业补充规定特殊要求 无
                      └ 科目核算难点与注意事项
```

### 一、科目核算要点

（一）投资支出的定义

投资支出是指事业单位以货币资金对外投资发生的现金流出。

（二）投资支出明细科目设置

投资支出科目应当按照投资类型、投资对象、《政府收支分类科目》中"支出功能分类科目"的项级科目和"部门预算支出经济分类科目"的款级科目等进行明细核算。

在投资支出科目设置中，制度要求为明细核算。在满足上述明细核算要求的前提下，事业单位可以根据实际情况确定投资支出明细科目的顺序和层级。

### 二、主要业务处理及案例

事业单位的"投资支出"科目，主要存在借方发生额，反映单位投资支出的金额，年末结账后无余额。

投资支出的账务处理如下所述。

（一）以货币资金对外投资

事业单位以货币资金对外投资时，按照投资金额和所支付的相关税费金额的合计数，借记本科目，贷记"资金结存"科目。

【案例10023】B事业单位为环保科研究院所，其账面上留存有累计形成的银行资金 50 000 000 元。为盘活资金存量，提高资金效率，B事业单位经批准决定 2019 年 8 月 1 日决定购买三年期国债 10 000 000 元，以银行存款支付。

账务处理分录如下：

| | 购买时，按照实际购买的金额 | 核算要点精讲 |
|---|---|---|
| 财务会计 | 借：长期债券投资　　　　　10 000 000<br>　　贷：银行存款　　　　　　　　10 000 000 | |
| 预算会计 | 借：投资支出　　　　　　　10 000 000<br>　　贷：资金结存—货币资金　　　10 000 000 | 投资支出科目的金额为实际支付购买国债的金额 |

(二)出售、对外转让或到期收回本年度以货币资金取得的对外投资

出售、对外转让或到期收回本年度以货币资金取得的对外投资的，如果按规定将投资收益纳入单位预算，按照实际收到的金额，借记"资金结存"科目，按照取得投资时"投资支出"科目的发生额，贷记本科目，按照其差额，贷记或借记"投资预算收益"科目；如果按规定将投资收益上缴财政的，按照取得投资时"投资支出"科目的发生额，借记"资金结存"科目，贷记本科目。

出售、对外转让或到期收回以前年度以货币资金取得的对外投资的，如果按规定将投资收益纳入单位预算，按照实际收到的金额，借记"资金结存"科目，按照取得投资时"投资支出"科目的发生额，贷记"其他结余"科目，按照其差额，贷记或借记"投资预算收益"科目；如果按规定将投资收益上缴财政的，按照取得投资时"投资支出"科目的发生额，借记"资金结存"科目，贷记"其他结余"科目。

【案例10024】续上，B事业单位2019年8月1日购买的10 000 000元三个月短期国债2019年11月1日到期，金额10 500 000元已收入银行(无须上缴)。

账务处理分录如下：

| | 计提时，按照计算的金额 | 核算要点精讲 |
|---|---|---|
| 财务会计 | 借：银行存款　　　　　　　10 500 000<br>　　贷：短期投资　　　　　　　　10 000 000<br>　　　　投资收益　　　　　　　　　500 000 | |
| 预算会计 | 借：资金结存　　　　　　　10 500 000<br>　　贷：投资支出　　　　　　　　10 000 000<br>　　　　投资预算收益　　　　　　　500 000 | 投资收益通过投资预算收益科目核算 |

【案例10025】B事业单位2019年8月1日购买的三年期国债2022年8月1日到期，款项已收入银行(无须上缴)。

账务处理分录如下：

| | 按照计算的金额 | 核算要点精讲 |
|---|---|---|
| 财务会计 | 借：银行存款　　　　　　　10 500 000<br>　　贷：短期投资　　　　　　　　10 000 000<br>　　　　投资收益　　　　　　　　　500 000 | |
| 预算会计 | 借：资金结存　　　　　　　10 500 000<br>　　贷：其他结余　　　　　　　　10 000 000<br>　　　　投资预算收益　　　　　　　500 000 | 对于非当年的投资收回，需通过其他结余科目核算 |

## (三)年末结转

年末，将本科目本年发生额转入其他结余，借记"其他结余"科目，贷记本科目。

【案例 10026】B 事业单位 2019 年投资支出 30 000 元，2019 年 12 月 31 日年末结转。

账务处理分录如下：

| | 年末结转时 | | 核算要点精讲 |
|---|---|---|---|
| 预算会计 | 借：其他结余<br>贷：投资支出 | 30 000<br>30 000 | 投资支出年末结转，通过其他结余科目进行 |

## 三、知识拓展

投资支出是指事业单位以货币资金对外投资发生的现金流出。科目理解与运用的重难点首先在于明确投资支出是否符合相关规章制度要求。其次，若存在投资收益，需判断是否纳入事业单位预算范畴，不在事业单位预算范畴的投资收益收回处理存在差异。第三，需清楚投资支出的账面余额与实际收回金额的时间差异，处理也有不同。

# 第六节 债务还本支出业务

债务还本支出思维导图如下所示。

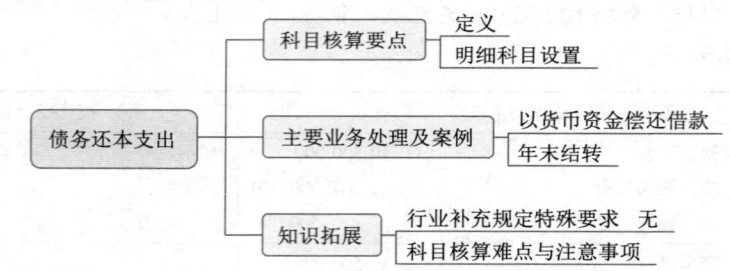

```
                  ┌─ 科目核算要点 ─┬─ 定义
                  │                └─ 明细科目设置
                  │
债务还本支出 ─────┼─ 主要业务处理及案例 ─┬─ 以货币资金偿还借款
                  │                       └─ 年末结转
                  │
                  └─ 知识拓展 ─┬─ 行业补充规定特殊要求  无
                               └─ 科目核算难点与注意事项
```

## 一、科目核算要点

（一）债务还本支出的定义

债务还本支出是指事业单位偿还自身承担的纳入预算管理的从金融机构举借的债务本金的现金流出。

（二）债务还本支出明细科目设置

应当按照贷款单位、贷款种类、《政府收支分类科目》中"支出功能分类科目"的项级科目和"部门预算支出经济分类科目"的款级科目等进行明细核算。

在债务还本支出科目设置中，制度要求为明细核算。在满足上述明细核算要求的前提下，事业单位可以根据实际情况确定债务还本支出明细科目的顺序和层级。

## 二、主要业务处理及案例

事业单位的"债务还本支出"科目，主要存在借方发生额，反映单位债务还本支出的金额，年末结账后无余额。

债务还本支出的账务处理如下所述。

(一)以货币资金偿还借款

事业单位以货币资金偿还各项短期或长期借款时,按照偿还的借款本金,借记本科目,贷记"资金结存"科目。

【案例10027】B事业单位为地质勘探院,为抓住发展机遇,抢先开展某项专业地质勘探工作,2019年2月1日,B事业单位经批准向银行借款3 000 000元,2019年8月1日到期偿还本息共计3 100 000元,款项以银行存款支付。

账务处理分录如下:

|  | 偿还债务时,按照实际偿还的债务本金 | 核算要点精讲 |
| --- | --- | --- |
| 财务会计 | 借:短期借款　　　　3 000 000<br>　　其他费用　　　　　100 000<br>　贷:银行存款　　　　3 100 000 |  |
| 预算会计 | 借:债务还本支出　　3 000 000<br>　　其他支出　　　　　100 000<br>　贷:资金结存　　　　3 100 000 | 债务还本支出仅核算债务本金,利息不在其中核算 |

(二)年末结转

年末,将本科目本年发生额转入其他结余,借记"其他结余"科目,贷记本科目。

【案例10028】B事业单位2019年偿还向金融机构借款本金1 000 000元,2019年12月31日年末结转。

账务处理分录如下:

|  | 年末结转时 | 核算要点精讲 |
| --- | --- | --- |
| 预算会计 | 借:其他结余　　　　1 000 000<br>　贷:债务还本支出　　1 000 000 | 债务还本支出科目年末结转,通过其他结余科目进行 |

## 三、知识拓展

事业单位偿还自身承担的纳入预算管理的从金融机构举借的债务本金的现金流出。科目理解与运用的重难点首先在于明确其核算范围为从金融机构取得的借款,对于从其他性质机构取得的借款,不在本科目中核算。其次,本科目核算内容仅包括债务本金,对债务附带的利息,通过其他支出科目核算,不在本科目核算。

## 第七节　其他支出业务

其他支出思维导图如下所示。

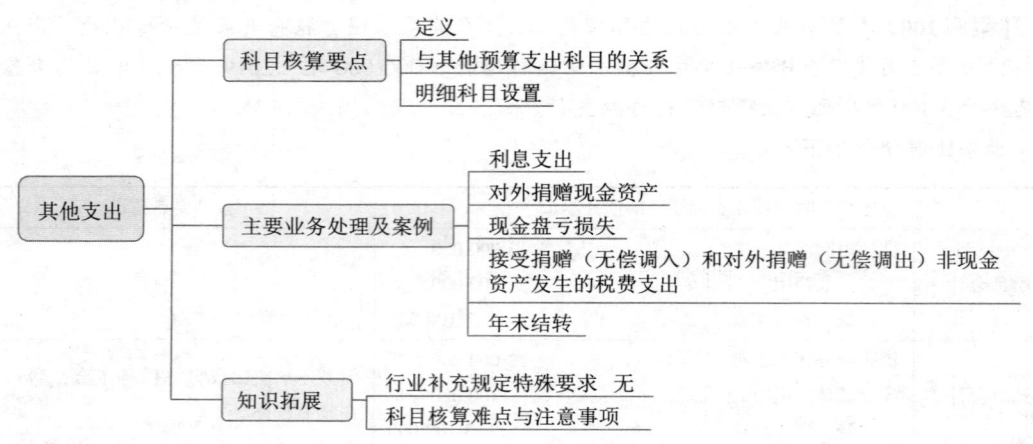

```
                        ┌─ 科目核算要点 ─┬─ 定义
                        │                 ├─ 与其他预算支出科目的关系
                        │                 └─ 明细科目设置
                        │
                        │                 ┌─ 利息支出
                        │                 ├─ 对外捐赠现金资产
其他支出 ───────────────┼─ 主要业务处理及案例 ─┼─ 现金盘亏损失
                        │                 ├─ 接受捐赠（无偿调入）和对外捐赠（无偿调出）非现金
                        │                 │   资产发生的税费支出
                        │                 └─ 年末结转
                        │
                        └─ 知识拓展 ─┬─ 行业补充规定特殊要求　无
                                     └─ 科目核算难点与注意事项
```

### 一、科目核算要点

（一）其他支出的定义

其他支出是指行政单位和事业单位除行政支出、事业支出、经营支出、上缴上级支出、对附属单位补助支出、投资支出、债务还本支出以外的各项现金流出，包括利息支出、对外捐赠现金支出、现金盘亏损失、接受捐赠（调入）和对外捐赠（调出）非现金资产发生的税费支出、资产置换过程中发生的相关税费支出、罚没支出等。

（二）其他支出与其他预算支出科目的关系

其他支出和行政支出、事业支出、经营支出、上缴上级支出、对附属单位补助支出、投资支出以及债务还本支出构成预算支出类科目的主要内容。其他支出科目核算主体包括行政单位和事业单位，行政支出科目核算主体仅包括行政单位，事业支出、经营支出、上缴上级支出、对附属单位补助支出、投资支出以及债务还本支出科目核算主体仅包括事业单位。

（三）其他支出明细科目设置

其他支出应当按照其他支出的类别，"财政拨款支出""非财政专项资金支出"和"其他资金支出"，《政府收支分类科目》中"支出功能分类科目"的项级科目和"部门预算支出经济分类科目"的款级科目等进行明细核算。其他支出中如有专项资金支出，还应按照具体项目进行明细核算。

有一般公共预算财政拨款、政府性基金预算财政拨款等两种或两种以上财政拨款的事业单位，还应当在"财政拨款支出"明细科目下按照财政拨款的种类进行明细核算。

行政事业单位发生利息支出、捐赠支出等其他支出金额较大或业务较多的，可单独设置"7902 利息支出""7903 捐赠支出"等科目。

在其他支出科目设置中，制度要求为明细核算。在满足上述明细核算要求的前提下，行政单位可以根据实际情况确定其他支出明细科目的顺序和层级。

## 二、主要业务处理及案例

行政事业单位的"其他支出"科目,主要存在借方发生额,反映单位其他支出的金额,年末结账后无余额。

其他支出的账务处理如下所述。

(一)利息支出

支付银行借款利息时,按照实际支付金额,借记本科目,贷记"资金结存"科目。

【案例10029】B事业单位为高等职业技术学校,为进一步提高职业技术实践水平,拟购买专门机床,为此2019年2月1日经批准向银行借款3 000 000元,2019年8月1日到期偿还本息共计3 100 000元,款项以银行存款支付。

账务处理分录如下:

| | 偿还债务时,按照实际偿还的债务本金 | | 核算要点精讲 |
|---|---|---|---|
| 财务会计 | 借:短期借款<br>　　其他费用<br>　贷:银行存款 | 3 000 000<br>100 000<br>3 100 000 | |
| 预算会计 | 借:债务还本支出<br>　　其他支出<br>　贷:资金结存—货币资金 | 3 000 000<br>100 000<br>3 100 000 | |

(二)对外捐赠现金资产

对外捐赠现金资产时,按照捐赠金额,借记本科目,贷记"资金结存—货币资金"科目。

【案例10030】B事业单位为大型公立医院,为支持健康中国战略,响应医疗扶贫号召,2019年8月1日经批准向对口帮扶的偏远山区人民医院捐赠医务人员培训基金50 000元,款项以银行存款支付。

账务处理分录如下:

| | 捐赠时,按照捐赠的金额 | | 核算要点精讲 |
|---|---|---|---|
| 财务会计 | 借:其他费用<br>　贷:银行存款 | 50 000<br>50 000 | |
| 预算会计 | 借:其他支出<br>　贷:资金结存—货币资金 | 50 000<br>50 000 | |

(三)现金盘亏损失

每日现金账款核对中如发现现金短缺,按照短缺的现金金额,借记本科目,贷记"资金结存—货币资金"科目。经核实,属于应当由有关人员赔偿的,按照收到的赔偿金额,借记"资金结存—货币资金"。

【案例10031】B事业单位为高等学校,按照学校内部控制管理规范要求,2019年8月1日突击进行单位出纳岗位现场盘点工作,发现现金短款52元。

账务处理分录如下：

| | 发现现金短款时 | | 核算要点精讲 |
|---|---|---|---|
| 财务会计 | 借：待处理财产损溢<br>　贷：库存现金 | 52<br>　　52 | |
| 预算会计 | 借：其他支出<br>　贷：资金结存—货币资金 | 52<br>　　52 | |

（四）接受捐赠（无偿调入）和对外捐赠（无偿调出）非现金资产发生的税费支出

接受捐赠（无偿调入）非现金资产发生的归属于捐入方（调入方）的相关税费、运输费等，以及对外捐赠（无偿调出）非现金资产发生的归属于捐出方（调出方）的相关税费、运输费等，按照实际支付金额，借记本科目，贷记"资金结存"科目。

【案例10032】A 行政单位为教育部门，2019 年 8 月 1 日，某教育基金会与 A 行政单位达成协议，捐赠教学投影仪、桌椅等相关设备一批，协议约定发生的相关税费及运输费由 A 行政单位承担，金额 10 000 元。款项以财政直接支付形式支付。

账务处理分录如下：

| | 接受捐赠支出税费运输费时 | | 核算要点精讲 |
|---|---|---|---|
| 财务会计 | 借：其他费用<br>　贷：财政拨款收入 | 10 000<br>　　10 000 | |
| 预算会计 | 借：其他支出<br>　贷：财政拨款预算收入 | 10 000<br>　　10 000 | 按实际支付金额核算 |

（五）年末结转

年末，将本科目本年发生额中的财政拨款支出转入财政拨款结转，借记"财政拨款结转—本年收支结转"科目，贷记本科目下各财政拨款支出明细科目；将本科目本年发生额中的非财政专项资金支出转入非财政拨款结转，借记"非财政拨款结转—本年收支结转"科目，贷记本科目下各非财政专项资金支出明细科目；将本科目本年发生额中的其他资金支出（非财政非专项资金支出）转入其他结余，借记"其他结余"科目，贷记本科目下各其他资金支出明细科目。

【案例10033】B 事业单位 2019 年发生其他支出 50 000 元，其中涉及非财政专项资金 20 000 元，非财政非专项资金 30 000 元，2019 年 12 月 31 日年末结转。

账务处理分录如下：

| | 年末结转时 | | 核算要点精讲 |
|---|---|---|---|
| 预算会计 | 借：其他结余<br>　　非财政拨款结转—本年收支结转<br>　贷：其他支出 | 30 000<br>20 000<br>　　50 000 | 其他支出中，非财政、非专项资金支出的部分通过"其他结余"科目结转，非财政专项资金支出的部分通过"非财政拨款结转—本年收支结转"科目结转 |

## 三、知识拓展

本科目核算行政和事业单位除行政支出、事业支出、经营支出、上缴上级支出、对附属单位补助支出、投资支出、债务还本支出以外的各项现金流出。包括利息支出、对外捐赠现金支出、现金盘亏损失、接受捐赠(调入)和对外捐赠(调出)非现金资产发生的税费支出、资产置换过程中发生的相关税费支出、罚没支出等。科目理解与运用的重难点在于明确其他支出的科目核算范围。对于能够明确归入行政支出、事业支出等科目核算范围的业务,应全部归入相应科目核算,不能随意纳入其他支出科目核算。

## 本章小结

政府会计制度下规定的预算支出一级科目共八个,每个科目的概念、核算范围、核算要求都各有区别。为便于读者学习,现将其归纳如下:

| 序号 | 科目代码 | 科目名称 | 概念 | 概念的关键点及易混淆内容 |
| --- | --- | --- | --- | --- |
| 1 | 7101 | 行政支出 | 行政单位履行其职责实际发生的各项现金流出 | 履行职责发生的现金流出,仅用于行政单位;按"财政拨款支出""非财政专项资金支出"和"其他资金支出"明细核算,"基本支出"和"项目支出"进行明细核算 |
| 2 | 7201 | 事业支出 | 事业单位开展专业业务活动及其辅助活动实际发生的各项现金流出 | 专业业务活动及其辅助活动发生的现金流出,仅用于事业单位;按"财政拨款支出""非财政专项资金支出"和"其他资金支出","基本支出"和"项目支出"等进行明细核算,并按照《政府收支分类科目》中"支出功能分类科目"的项级科目进行明细核算,"基本支出"和"项目支出"明细科目下应当按照《政府收支分类科目》中"部门预算支出经济分类科目"的款级科目进行明细核算,同时在"项目支出"明细科目下按照具体项目进行明细核算 |
| 3 | 7301 | 经营支出 | 事业单位在专业业务活动及其辅助活动之外开展非独立核算经营活动实际发生的各项现金流出 | 非专业业务或专业辅助活动,非独立核算,与经营预算收入相匹配,仅用于事业单位;按经营活动类别、项目、《政府收支分类科目》中"支出功能分类科目"的项级科目和"部门预算支出经济分类科目"的款级科目等进行明细核算 |
| 4 | 7401 | 上缴上级支出 | 事业单位按照财政部门和主管部门的规定上缴上级单位款项发生的现金流出 | 按规定上缴、非财政资金,仅用于事业单位;按收缴款项单位、缴款项目、《政府收支分类科目》中"支出功能分类科目"的项级科目和"部门预算支出经济分类科目"的款级科目等进行明细核算 |
| 5 | 7501 | 对附属单位补助支出 | 事业单位用财政拨款预算收入之外的收入对附属单位补助发生的现金流出 | 仅用于事业单位;按接受补助单位、补助项目、《政府收支分类科目》中"支出事业单位用财政拨款预算收入之外的收入对附属单位补助发生的现金流出功能分类科目"的项级科目和"部门预算支出经济分类科目"的款级科目等进行明细核算 |
| 6 | 7601 | 投资支出 | 事业单位以货币资金对外投资发生的现金流出 | 按投资类型、投资对象、《政府收支分类科目》中"支出功能分类科目"的项级科目和"部门预算支出经济分类科目"的款级科目等进行明细核算 |

续表

| 序号 | 科目代码 | 科目名称 | 概念 | 概念的关键点及易混淆内容 |
|---|---|---|---|---|
| 7 | 7701 | 债务还本支出 | 事业单位偿还自身承担的纳入预算管理的从金融机构举借的债务本金的现金流出 | 按贷款单位、贷款种类、《政府收支分类科目》中"支出功能分类科目"的项级科目和"部门预算支出经济分类科目"的款级科目等进行明细核算 |
| 8 | 7901 | 其他支出 | 单位除行政支出、事业支出、经营支出、上缴上级支出、对附属单位补助支出、投资支出、债务还本支出以外的各项现金流出 | 包括利息支出、对外捐赠现金支出、现金盘亏损失、接受捐赠（调入）和对外捐赠（调出）非现金资产发生的税费支出、资产置换过程中发生的相关税费支出、罚没支出；按其他支出的类别，"财政拨款支出""非财政专项资金支出"和"其他资金支出"，《政府收支分类科目》中"支出功能分类科目"的项级科目和"部门预算支出经济分类科目"的款级科目等进行明细核算。其他支出中如有专项资金支出，还应按照具体项目进行明细核算 |

# 第十一章 预算结余类会计业务

**本章导读**

财政部令第78号《政府会计准则——基本准则》中明确规定"预算结余是指政府会计主体预算年度内预算收入扣除预算支出后的资金余额,以及历年滚存的资金余额""预算结余包括结余资金和结转资金""结余资金是指年度预算执行末了,预算收入实际完成数扣除预算支出和结转资金后剩余的资金""结转资金是指预算安排项目的支出年末尚未执行完毕或者因故未执行,且下年需要按原用途继续使用的资金"。《政府会计制度——行政事业单位会计科目和报表》(财会〔2017〕25号)中将预算结余类会计业务按照政府会计主体资金结转结余情况划分为9大类,包括资金结存、财政拨款结转、财政拨款结余、非财政拨款结转、非财政拨款结余、专用结余、经营结余、其他结余、非财政拨款结余分配等。本章依据上述文件的基本内容,结合已发布的特殊行业补充规定,通过科目概念分析和业务举例加强对制度的理解。

## 第一节 资金结存业务

资金结存思维导图如下所示。

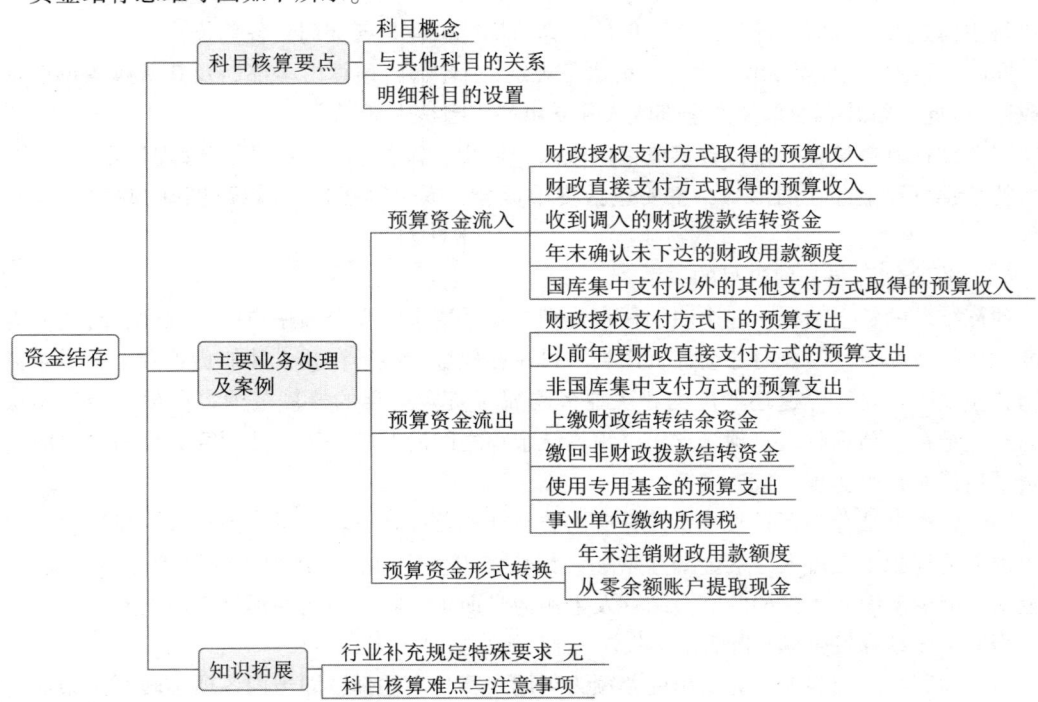

```
资金结存
├── 科目核算要点
│   ├── 科目概念
│   ├── 与其他科目的关系
│   └── 明细科目的设置
├── 主要业务处理及案例
│   ├── 预算资金流入
│   │   ├── 财政授权支付方式取得的预算收入
│   │   ├── 财政直接支付方式取得的预算收入
│   │   ├── 收到调入的财政拨款结转资金
│   │   ├── 年末确认未下达的财政用款额度
│   │   └── 国库集中支付以外的其他支付方式取得的预算收入
│   ├── 预算资金流出
│   │   ├── 财政授权支付方式下的预算支出
│   │   ├── 以前年度财政直接支付方式的预算支出
│   │   ├── 非国库集中支付方式的预算支出
│   │   ├── 上缴财政结转结余资金
│   │   ├── 缴回非财政拨款结转资金
│   │   ├── 使用专用基金的预算支出
│   │   └── 事业单位缴纳所得税
│   └── 预算资金形式转换
│       ├── 年末注销财政用款额度
│       └── 从零余额账户提取现金
└── 知识拓展
    ├── 行业补充规定特殊要求 无
    └── 科目核算难点与注意事项
```

— 363 —

## 一、科目核算要点

### (一) 资金结存的定义

资金结存是反映行政事业单位纳入部门预算管理的资金的流入、流出、调整和滚存等情况。针对资金结存科目中"部门预算"相关概念，《中华人民共和国预算法》对中央预算、政府预算、部门预算、单位预算以及各类预算编制主体、预算执行主体分别做出了规定。

《中华人民共和国预算法》第二十三条规定，"国务院编制中央预算、决算草案……"；第二十四条规定，"县级以上地方各级政府编制本级预算、决算草案……乡、民族乡、镇政府编制本级预算、决算草案……"；第二十五条规定，"国务院财政部门具体编制中央预算、决算草案……地方各级政府财政部门具体编制本级预算、决算草案……"；第二十六条规定，"各部门编制本部门预算、决算草案……各单位编制本单位预算、决算草案"；第三十二条规定，"各部门、各单位应当按照国务院财政部门制定的政府收支分类科目、预算支出标准和要求，以及绩效目标管理等预算编制规定，根据其依法履行职能和事业发展的需要以及存量资产情况，编制本部门、本单位预算草案"。因此，政府预算编制主体是各级政府；部门预算、单位预算的编制主体是各部门、各单位。

《中华人民共和国预算法》第二十三条规定，"国务院组织中央和地方预算的执行"；第二十四条规定，"县级以上地方各级政府组织本级总预算的执行……乡、民族乡、镇政府组织本级预算的执行"；第二十五条规定，"国务院财政部门具体组织中央和地方预算的执行……地方各级政府财政部门具体组织本级总预算的执行"；第五十三条规定，"各级预算由本级政府组织执行，具体工作由本级政府财政部门负责"。《中华人民共和国预算法》第二十六条规定，"各部门组织和监督本部门预算的执行"；第五十三条规定，"各部门、各单位是本部门、本单位的预算执行主体，负责本部门、本单位的预算执行，并对执行结果负责"。因此，政府预算的执行主体是各级政府；部门预算、单位预算的执行主体是各部门、各单位。

同时，《中华人民共和国预算法》第八条规定，"各部门预算由本部门及其所属各单位预算组成"。因此，行政事业单位的全部收入和支出都应当纳入部门预算。

资金结存科目核算的是行政事业单位流入、流出、调整和滚存的预算管理资金。实质上，反映的是预算资金存在的形式，主要包括货币资金、零余额账户用款额度和财政应返还额度三种。

### (二) 资金结存与其他科目的关系

预算结余的资金结存，三个明细科目分别是货币资金、零余额账户用款额度、财政应返还额度。一般情况下，涉及财务会计资产类科目库存现金、银行存款、其他货币资金、零余额账户用款额度以及财政应返还额度的相关业务均属于资金结存的核算范围。在预算会计实操层面，资金结存与预算收入、预算支出、预算结余存之间的对应关系，使预算会计账户之间进行借贷平衡记账得以实现。

同时，资金结存与预算收入、预算支出类会计科目存在逻辑关系，预算收入发生时，存在纳入预算管理的资金流入，资金结存增加；预算支出发生时，存在纳入预算管理的资金流出，资金结存减少。因此，当期的资金结存发生额为当期预算收入与当期预算支出之差。

当期资金结存发生额 = 当期预算收入 − 当期预算支出

当期预算收入与当期预算支出的差额为当期预算收支差额，即当期各项结转结余余额。因此，预算结余的资金结存余额(借方)为财政拨款结转、财政拨款结余、非财政拨款结转、非财政拨款结余以及专用结余余额(贷方)之和。

资金结存＝财政拨款结转+财政拨款结余+非财政拨款结转+非财政拨款结余+专用结余

(三)资金结存明细科目设置

行政事业单位需设置"资金结存"总账科目，核算纳入部门预算管理的资金的流入、流出、调整和滚存等情况。总账科目下，新制度规定了需要统一设置的明细科目。

体现资金结存形式的三个明细科目主要包括货币资金、零余额账户用款额度和财政应返还额度。其中，行政事业单位的"零余额账户用款额度""财政应返还额度"两个明细科目的设置，主要根据国库集中支付相关管理规定。

《中华人民共和国预算法》第六十一条规定，"国家实行国库集中收缴和集中支付制度，对政府全部收入和支出实行国库集中收付管理"。国库集中支付是以国库单一账户体系为基础，以健全的财政支付信息系统和银行间实时清算系统为依托，支付款项时，由预算单位提出申请，经规定审核机构(国库集中支付执行机构或预算单位)审核后，将资金通过单一账户体系支付给收款人的制度。国库单一账户体系包括财政部门在同级人民银行设立的国库单一账户和财政部门在代理银行设立的财政零余额账户、单位零余额账户、预算外财政专户和特设专户。行政事业单位的预算收入的取得方式与预算支出的支付方式包括国库集中支付方式及其他支付方式。单位零余额账户是指预算单位经财政部门批准，在国库集中支付代理银行和非税收入收缴代理银行开立的，用于办理国库集中支付收付业务的银行结算账户。预算单位零余额账户的性质为基本存款账户或专用存款账户。财政授权支付的相关业务均通过零余额账户办理。因此，应当在"资金结存"总账科目下，按照资金结存的形式分别设置二级明细科目进行明细核算，包括"零余额账户用款额度""货币资金""财政应返还额度"。其中，"零余额账户用款额度"核算实行国库集中支付的行政事业单位根据财政部门批复的用款计划收到和支用的零余额账户用款额度；"货币资金"核算行政事业单位以库存现金、银行存款、其他货币资金形态存在的资金；"财政应返还额度"核算实行国库集中支付的单位可以使用的以前年度财政直接支付资金额度和财政应返还的财政授权支付资金额度。

根据国库集中支付相关规定，财政性资金的支付实行财政直接支付和财政授权支付两种方式。因此，行政事业单位可在二级科目"财政应返还额度"下设置"财政直接支付""财政授权支付"三级明细科目进行明细核算。

## 二、主要业务处理及案例

行政事业单位的"资金结存"科目，年末结账后存在借方余额，反映单位尚未使用的货币资金以及应收财政返还的资金额度。其中，二级明细科目"零余额账户用款额度"年末应无余额；"货币资金"年末借方余额，反映单位尚未使用的货币资金；"财政应返还额度"年末借方余额，反映单位应收财政返还的资金额度。

(一)预算资金流入的账务处理

1. 财政授权支付方式取得的预算收入。

财政授权支付方式下，单位根据代理银行转来的财政授权支付额度到账通知书，按照通知书中的授权支付额度，借记本科目(零余额账户用款额度)，贷记"财政拨款预算收入"科目。

【案例11001】B事业单位2019年8月1日收到代理银行转来的"财政授权支付额度到账通

知书",通知书中注明的月度授权支付额度为 500 000 元。

账务处理分录如下:

| | 收到"财政授权支付额度到账通知书" | 核算要点精讲 |
|---|---|---|
| 财务会计 | 借:零余额账户用款额度　　　500 000<br>　贷:财政拨款收入　　　　　　　　500 000 | 收到财政拨款资金,确认财政拨款收入 |
| 预算会计 | 借:资金结存—零余额账户用款额度　500 000<br>　贷:财政拨款预算收入　　　　　　　500 000 | "资金流入",借记"资金结存" |

2. 财政直接支付方式取得的预算收入。

以财政直接支付方式取得预算收入时,不存在资金流入行政事业单位。因此,不属于"资金结存"科目核算的范围。

3. 收到调入的财政拨款结转资金。

收到从其他单位调入的财政拨款结转资金的,行政事业单位按照实际调入资金数额,借记本科目(财政应返还额度、零余额账户用款额度、货币资金),贷记"财政拨款结转—归集调入"科目。

【案例 11002】B 事业单位 2019 年 8 月 1 日收到代理银行转来的"财政授权支付额度到账通知书",通知书中注明从其他单位调入财政拨款结转资金 500 000 元。

账务处理分录如下:

| | 收到从其他单位调入的财政拨款结转资金 | 核算要点精讲 |
|---|---|---|
| 财务会计 | 借:零余额账户用款额度　　　500 000<br>　贷:累计盈余　　　　　　　　　500 000 | 收到调入财政拨款结转资金时,确认累计盈余 |
| 预算会计 | 借:资金结存—零余额账户用款额度　500 000<br>　贷:财政拨款结转—归集调入　　　　500 000 | "资金流入",借记"资金结存" |

4. 年末确认未下达的财政用款额度。

年末,在直接支付方式下,行政事业单位根据本年度财政直接支付预算指标数与当年财政直接支付实际支出数的差额,即本年度未下达的财政用款额度,借记本科目(财政应返还额度),贷记"财政拨款预算收入"科目。

【案例 11003】B 事业单位 2019 年度财政直接支付预算指标数与当年财政直接支付实际支出数的差额为 500 000 元。

账务处理分录如下:

| | 本年度未下达的预算指标数 | 核算要点精讲 |
|---|---|---|
| 财务会计 | 借:财政应返还额度—财政直接支付　500 000<br>　贷:财政拨款收入　　　　　　　　　500 000 | 年度未下达预算指标数确定时,确认财政拨款收入 |
| 预算会计 | 借:资金结存—财政应返还额度　　500 000<br>　贷:财政拨款预算收入　　　　　　500 000 | "资金流入",借记"资金结存" |

5. 国库集中支付以外的其他支付方式取得的预算收入。

以国库集中支付以外的其他支付方式取得预算收入时,行政事业单位按照实际收到的金额,借记本科目(货币资金),贷记"财政拨款预算收入""事业预算收入""经营预算收入"等科目。

【案例11004】B事业单位2019年8月1日以银行存款转账方式取得财政拨款收入100 000元。

账务处理分录如下：

| | 以银行存款转账方式取得预算收入 | 核算要点精讲 |
|---|---|---|
| 财务会计 | 借：银行存款　　　　　　　100 000<br>　贷：财政拨款收入　　　　　　100 000 | 收到款项时确认财政拨款收入 |
| 预算会计 | 借：资金结存——货币资金　　100 000<br>　贷：财政拨款预算收入　　　　100 000 | "资金流入"，借记"资金结存" |

(二)预算资金流出的账务处理

1. 财政授权支付方式下的预算支出。

财政授权支付方式下，行政事业单位发生相关支出时，按照实际支付的金额，借记"事业支出"等科目，贷记本科目(零余额账户用款额度)。

【案例11005】B事业单位2019年8月1日使用本年度财政授权支付额度购买物资300 000元。

账务处理分录如下：

| | 使用本年度财政支付额度支出 | 核算要点精讲 |
|---|---|---|
| 财务会计 | 借：库存物品　　　　　　　　300 000<br>　贷：零余额账户用款额度　　　300 000 | 授权支付款项时，贷记"零余额账户用款额度" |
| 预算会计 | 借：事业支出　　　　　　　　300 000<br>　贷：资金结存——零余额账户用款额度　300 000 | "资金流出"，贷记"资金结存" |

财政授权支付方式下，行政事业单位发生的相关支出的退回或差错更正时，做相反会计分录。财政直接支付方式下，行政事业单位发生的相关支出的退回或差错更正时，不存在资金流入行政事业单位。因此，不属于"资金结存"科目核算的范围。

【案例11006】B事业单位2019年8月10日收到退回的使用本年度财政支付额度购买物资款项300 000元。

账务处理分录如下：

| | 收到使用本年度财政支付额度款项的退回 | 核算要点精讲 |
|---|---|---|
| 财务会计 | 借：零余额账户用款额度　　　300 000<br>　贷：库存物品　　　　　　　　300 000 | 收到款项时，借记"零余额账户用款额度" |
| 预算会计 | 借：资金结存——零余额账户用款额度　300 000<br>　贷：事业支出　　　　　　　　300 000 | "资金流入"，借记"资金结存" |

2. 以前年度财政直接支付方式的预算支出。

使用以前年度财政直接支付额度支出时，行政事业单位按照实际支付金额，借记"事业支出"等科目，贷记本科目(财政应返还额度)。

【案例11007】B事业单位2019年8月1日使用以前年度财政直接支付额度购买大型设备，支付款项500 000元。

账务处理分录如下：

| | 使用以前年度财政直接支付额度支出 | 核算要点精讲 |
|---|---|---|
| 财务会计 | 借：固定资产　　　　　　　500 000<br>　　贷：财政应返还额度　　　　　500 000 | 支付款项时，贷记"财政应返还额度" |
| 预算会计 | 借：事业支出　　　　　　　500 000<br>　　贷：资金结存—财政应返还额度　500 000 | "资金流出"，贷记"资金结存" |

因购货退回、发生差错更正等退回国库直接支付、授权支付款项，或者收回货币资金的，属于以前年度支付的，借记本科目（财政应返还额度、零余额账户用款额度、货币资金），贷记"财政拨款结转""财政拨款结余""非财政拨款结转""非财政拨款结余"科目。

【案例11008】B事业单位2019年8月10日收到退回的使用以前年度财政直接支付额度购买大型设备款项500 000元。

账务处理分录如下：

| | 收到退回的使用以前年度财政直接支付的款项 | 核算要点精讲 |
|---|---|---|
| 财务会计 | 借：财政应返还额度　　　　　500 000<br>　　贷：以前年度盈余调整　　　　500 000 | 收到款项时，增加"财政应返还额度" |
| 预算会计 | 借：资金结存—财政应返还额度　500 000<br>　　贷：财政拨款结转　　　　　　500 000 | "资金流入"，借记"资金结存" |

【案例11009】B事业单位2019年8月10日收到退回的使用以前年度财政授权支付购买大型设备款项500 000元。

账务处理分录如下：

| | 收到退回的使用以前年度财政授权支付的款项 | 核算要点精讲 |
|---|---|---|
| 财务会计 | 借：零余额账户用款额度　　　500 000<br>　　贷：以前年度盈余调整　　　　500 000 | 收到款项时，增加"零余额账户用款额度" |
| 预算会计 | 借：资金结存—零余额账户用款额度　500 000<br>　　贷：财政拨款结转　　　　　　500 000 | "资金流入"，借记"资金结存" |

3. 非国库集中支付方式的预算支出。

国库集中支付以外的其他支付方式下，行政事业单位发生相关支出时，按照实际支付的金额，借记"事业支出""经营支出"等科目，贷记本科目（货币资金）。

【案例11010】B事业单位2019年8月1日以银行存款转账方式购买大型设备，支付100 000元。

账务处理分录如下：

| | 以非国库集中支付方式支出 | 核算要点精讲 |
|---|---|---|
| 财务会计 | 借：固定资产　　　　　　　100 000<br>　　贷：银行存款　　　　　　　100 000 | 支付款项时贷记"银行存款""库存现金"等科目 |
| 预算会计 | 借：事业支出　　　　　　　100 000<br>　　贷：资金结存—货币资金　　　100 000 | "资金流出"，贷记"资金结存" |

4. 上缴财政结转结余资金。

行政事业单位按照规定上缴财政拨款结转结余资金或注销财政拨款结转结余资金额度的,按照实际上缴资金数额或注销的资金额度数额,借记"财政拨款结转—归集上缴"或"财政拨款结余—归集上缴"科目,贷记本科目(财政应返还额度、零余额账户用款额度、货币资金)。

【案例11011】B事业单位2019年8月1日按照规定上缴财政拨款结转结余资金1 000 000元,其中,结转资金500 000元,结余资金500 000元。

账务处理分录如下:

| | 上缴财政拨款结转结余资金 | 核算要点精讲 |
| --- | --- | --- |
| 财务会计 | 借:累计盈余　　　　　　　　1 000 000<br>　贷:财政应返还额度　　　　　　　1 000 000 | 上缴款项时冲减"累计盈余" |
| 预算会计 | 借:财政拨款结转—归集上缴　　　500 000<br>　　财政拨款结余—归集上缴　　　500 000<br>　贷:资金结存—财政应返还额度　　1 000 000 | 资金流出,贷记"资金结存" |

5. 缴回非财政拨款结转资金。

行政事业单位按规定向原资金拨入单位缴回非财政拨款结转资金的,按照实际缴回资金数额,借记"非财政拨款结转—缴回资金"科目,贷记本科目(货币资金)。

【案例11012】B事业单位2019年8月1日按照规定向原资金拨入单位缴回非财政拨款结转资金1 000 000元。

账务处理分录如下:

| | 缴回财政拨款结转结余资金 | 核算要点精讲 |
| --- | --- | --- |
| 财务会计 | 借:累计盈余　　　　　　　　1 000 000<br>　贷:银行存款　　　　　　　　　　1 000 000 | 缴回款项时冲减"累计盈余" |
| 预算会计 | 借:非财政拨款结转—缴回资金　　1 000 000<br>　贷:资金结存—货币资金　　　　　1 000 000 | "资金流出",贷记"资金结存" |

6. 使用专用基金的预算支出。

行政事业单位按照规定使用专用基金时,按照实际支付金额,借记"专用结余"科目[从非财政拨款结余中提取的专用基金]或"事业支出"等科目[从收入中计提的专用基金],贷记本科目(货币资金)。

【案例11013】根据财政部印发的《关于事业单位提取专用基金比例问题的通知》(财教〔2012〕32号)规定,B事业单位按年度非财政拨款结余的40%计提职工福利基金。2019年8月1日,B事业单位按照规定使用职工福利基金购买价值30 000元的健身器材一批,用于丰富职工业余生活。

账务处理分录如下:

| | 使用从非财政拨款结余或经营结余中计提的专用基金 | 核算要点精讲 |
| --- | --- | --- |
| 财务会计 | 借:固定资产　　　　　30 000<br>　贷:银行存款　　　　　　　30 000<br>借:专用基金　　　　　30 000<br>　贷:累计盈余　　　　　　　30 000 | 使用专用基金购置固定资产支付款项时借记"专用基金",贷记"累计盈余",同时借记"固定资产",贷记"银行存款" |

— 369 —

续表

| | | |
|---|---|---|
| 预算会计 | 借：专用结余 30 000<br>　　贷：资金结存—货币资金　　30 000 | "资金流出"，贷记"资金结存" |

【案例11014】B事业单位为一家综合型公立医院，2019年8月1日按照规定使用计提的医疗风险基金支付诉讼费3 000元。

账务处理分录如下：

| | 使用从收入中计提的专用基金 | 核算要点精讲 |
|---|---|---|
| 财务会计 | 借：专用基金 3 000<br>　　贷：银行存款　　3 000 | 使用专用基金支付款项时借记"专用基金"，贷记"银行存款" |
| 预算会计 | 借：事业支出 3 000<br>　　贷：资金结存—货币资金　3 000 | "资金流出"，贷记"资金结存" |

7. 事业单位缴纳所得税。

存在企业所得税缴纳义务的事业单位缴纳所得税时，按照实际缴纳金额，借记"非财政拨款结余—累计结余"科目，贷记本科目(货币资金)。

【案例11015】B事业单位2019年8月1日缴纳上年度所得税1 000 000元。

账务处理分录如下：

| | 实际缴纳所得税 | 核算要点精讲 |
|---|---|---|
| 财务会计 | 借：其他应交税费—应交所得税 1 000 000<br>　　贷：银行存款　　1 000 000 | 实际支付税款时，冲销"其他应交税费" |
| 预算会计 | 借：非财政拨款结余—累计结余 1 000 000<br>　　贷：资金结存—货币资金　　1 000 000 | "资金流出"，贷记"资金结存" |

(三)预算资金形式转换的账务处理

1. 年末注销财政用款额度。

年末，在授权支付方式下，行政事业单位依据代理银行提供的对账单做注销额度的相关账务处理，借记本科目(财政应返还额度)，贷记本科目(零余额账户用款额度)；下年初，单位依据代理银行提供的额度恢复到账通知书做恢复额度的相关账务处理，借记本科目(零余额账户用款额度)，贷记本科目(财政应返还额度)。单位收到财政部门批复的上年末未下达零余额账户用款额度的，借记本科目(零余额账户用款额度)，贷记本科目(财政应返还额度)。

【案例11016】B事业单位2019年12月31日核对代理银行提供的对账单，本年度零余额账户用款额度余额为500 000元，予以注销。

账务处理分录如下：

| | 本年度未下达的预算指标数 | 核算要点精讲 |
|---|---|---|
| 财务会计 | 借：财政应返还额度—财政授权支付 500 000<br>　　贷：零余额账户用款额度　　500 000 | 注销零余额账户用款额度时，确认财政应返还额度 |
| 预算会计 | 借：资金结存—财政应返还额度 500 000<br>　　贷：资金结存—零余额账户用款额度　500 000 | "资金流入"，借记"资金结存" |

【案例11017】接【案例11016】，B事业单位2020年1月1日收到代理银行提供的额度恢复到账通知书，上年度注销的零余额账户用款额度500 000元予以恢复。

账务处理分录如下：

| | 恢复上年度零余额账户用款额度 | 核算要点精讲 |
|---|---|---|
| 财务会计 | 借：零余额账户用款额度　　　　500 000<br>　　贷：财政应返还额度—财政授权支付　500 000 | 恢复零余额账户用款额度时，冲销财政应返还额度 |
| 预算会计 | 借：资金结存—零余额账户用款额度　500 000<br>　　贷：资金结存—财政应返还额度　　500 000 | "资金流入"且"资金流出"，借记且贷记"资金结存" |

2. 从零余额账户提取现金。

行政事业单位从零余额账户提取现金时，借记本科目（货币资金），贷记本科目（零余额账户用款额度）。

【案例11018】A行政单位2019年8月1日从零余额账户提取现金10 000元，用于报销差旅费。

账务处理分录如下：

| | 从零余额账户提取现金 | 核算要点精讲 |
|---|---|---|
| 财务会计 | 借：库存现金　　　　　　　　　10 000<br>　　贷：零余额账户用款额度　　　10 000 | 提取款项时，贷记"零余额账户用款额度" |
| 预算会计 | 借：资金结存—货币资金　　　　10 000<br>　　贷：资金结存—零余额账户用款额度　10 000 | "资金流入"且"资金流出"，借记且贷记"资金结存" |

退回现金时，做相反会计分录。

【案例11019】A行政单位2019年8月2日将从零余额账户提取现金10 000元退回至账户。

账务处理分录如下：

| | 将零余额账户提取现金退回 | 核算要点精讲 |
|---|---|---|
| 财务会计 | 借：零余额账户用款额度　　　　10 000<br>　　贷：库存现金　　　　　　　　10 000 | 退回款项时，借记"零余额账户用款额度" |
| 预算会计 | 借：资金结存—零余额账户用款额度　10 000<br>　　贷：资金结存—货币资金　　　10 000 | "资金流入"且"资金流出"，借记且贷记"资金结存" |

## 三、知识拓展

本科目核算行政事业单位纳入部门预算管理的资金的流入、流出、调整和滚存等情况。科目理解与运用的重难点在于资金结存科目与财务会计的库存现金、银行存款、零余额账户用款额度等货币资金科目的区分，二者不存在严格对应关系，但在预算管理资金的流入、流出时，均会做出账务处理。同时，需要关注国库集中支付中直接支付与授权支付两种支付方式的差异，便于理解二种方式所对应的实务操作。此外，本科目的"货币资金""零余额账户用款额度""财政应返还额度"三个明细科目设置以区别预算管理的资金形态为前提，目的是为了与行政事业单位预算资金管理模式的现实做法相一致，同时与财务会计的货币资金科目相呼应，其账务处理与财务会计的货币资金科目关联性较大，可与货币资金类科目同步学习。

# 第二节 财政拨款结转业务

财政拨款结转思维导图如下所示。

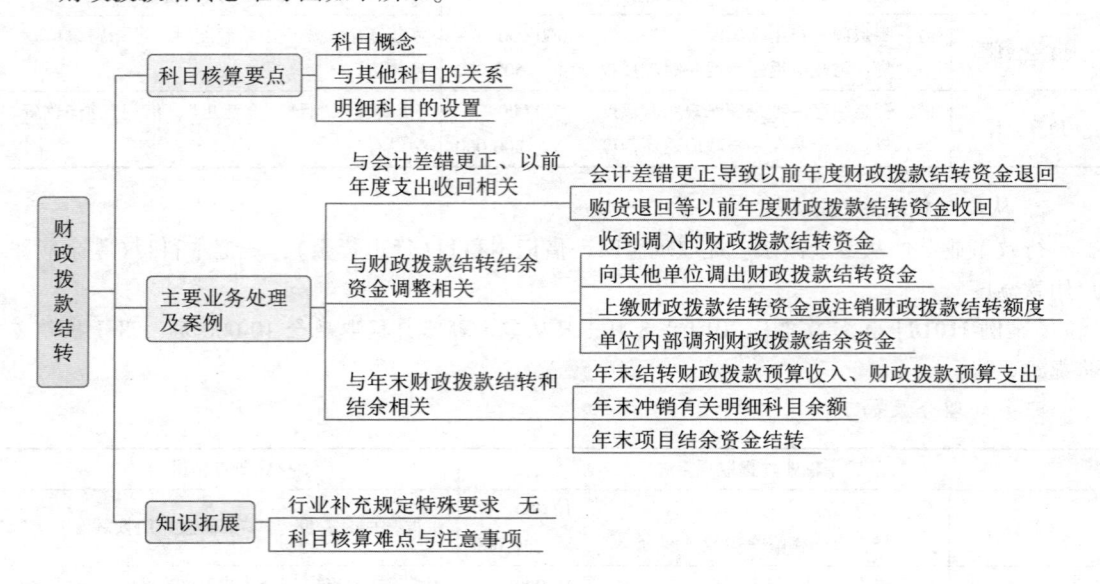

```
                        ┌─ 科目概念
            ┌─ 科目核算要点 ─┼─ 与其他科目的关系
            │              └─ 明细科目的设置
            │
            │                                      ┌─ 会计差错更正导致以前年度财政拨款结转资金退回
            │              ┌─ 与会计差错更正、以前 ─┤
            │              │  年度支出收回相关      └─ 购货退回等以前年度财政拨款结转资金收回
            │              │
            │              │                       ┌─ 收到调入的财政拨款结转资金
 财政拨款结转 ┼─ 主要业务处理 ─┼─ 与财政拨款结转结余 ─┼─ 向其他单位调出财政拨款结转资金
            │   及案例       │  资金调整相关         ├─ 上缴财政拨款结转资金或注销财政拨款结转额度
            │              │                       └─ 单位内部调剂财政拨款结余资金
            │              │
            │              │                       ┌─ 年末结转财政拨款预算收入、财政拨款预算支出
            │              └─ 与年末财政拨款结转和 ─┼─ 年末冲销有关明细科目余额
            │                 结余相关              └─ 年末项目结余资金结转
            │
            └─ 知识拓展 ─┬─ 行业补充规定特殊要求  无
                       └─ 科目核算难点与注意事项
```

## 一、科目核算要点

### (一) 财政拨款结转的定义

财政拨款结转是反映行政事业单位取得的同级财政拨款结转资金的调整、结转和滚存情况。

针对同级财政拨款结转资金的概念、形式、分类及使用,《中央部门结转和结余资金管理办法》(财预〔2016〕18号)做出了相关规定:"结转结余资金,是指与中央财政有缴拨款关系的中央级行政单位、事业单位(含企业化管理的事业单位)、社会团体及企业,按照财政部批复的预算,在年度预算执行结束时,未列支出的一般公共预算和政府性基金预算资金""其主要形式主要包括结转和结余资金两种""其中,结转资金是指预算未全部执行或未执行,下年需按原用途继续使用的预算资金""结转资金包括基本支出结转资金与项目支出结转资金两种""中央部门在预算执行中因增人增编需增加基本支出的,应首先通过基本支出结转资金安排""项目实施周期内,年度预算执行结束时,除连续两年未用完的预算资金外,已批复的预算资金尚未列支的部分,作为结转资金管理,结转下年按原用途继续使用""基本建设项目竣工之前,均视为在项目实施周期内,年度预算执行结束时,已批复的预算资金尚未列支的部分,作为结转资金管理,结转下年按原用途继续使用"。

财政拨款结转,是指行政事业单位当年预算已执行但尚未完成,或因故未执行,下一年度需要按照原用途继续使用的同级财政拨款结转的滚存资金,主要包括基本支出结转与项目支出结转。基本支出结转指用于行政事业单位基本预算支出的当期和滚存财政拨款结转;项目支出结转指用于行政事业单位项目预算支出,且项目当年已执行但尚未完成形成的当期和滚存财政拨款结转,或项目因故当期未执行,需要推迟到下年执行形成的当期或滚存财政拨款结转。

（二）财政拨款结转与其他科目的关系

预算结余的财政拨款结转，七个明细科目分别是年初余额调整、归集调入、归集调出、归集上缴、单位内部调剂、本年收支结转、累计结转。一般情况下，与结转资金调整业务相关的会计科目主要是资金结存，与年末结转和结余业务相关的会计科目主要是财政拨款预算收入、行政支出、事业支出等。

（三）财政拨款结转明细科目设置

行政事业单位需设置"财政拨款结转"总账科目，核算行政事业单位取得的同级财政拨款结转资金的调整、结转和滚存情况。为满足财政拨款预算收入支出表的编制需求，真实准确地反映财政拨款结转资金增加、减少变动的原因，在总账科目下，新制度根据三类业务规定了需要设置的明细科目。

根据与会计差错更正、以前年度支出收回相关业务，应设置的二级明细科目"年初余额调整"，核算因发生会计差错更正、以前年度支出收回等原因，需要调整财政拨款结转的金额。年末结账后，本明细科目应无余额。

根据与财政拨款调剂相关业务，应设置"归集调入""归集调出""归集上缴""单位内部调剂"四个二级明细科目。其中，"归集调入"明细科目核算按照规定从其他单位调入财政拨款结转资金时，实际调增的额度数额或调入的资金数额。"归集调出"明细科目核算按照规定向其他单位调出财政拨款结转资金时，实际调减的额度数额或调出的资金数额。"归集上缴"明细科目核算按照规定上缴财政拨款结转资金时，实际核销的额度数额或上缴的资金数额。"单位内部调剂"明细科目核算经财政部门批准对财政拨款结余资金改变用途，调整用于本单位其他未完成项目等的调整金额。年末结账后，四个二级明细科目应无余额。

根据与年末财政拨款结转相关业务，应设置"本年收支结转""累计结转"两个二级明细科目。其中，"本年收支结转"明细科目核算单位本年度财政拨款收支相抵后的余额，年末结账后应无余额。"累计结转"明细科目核算单位滚存的财政拨款结转资金，年末贷方余额，反映单位财政拨款滚存的结转资金数额。

由于《中央本级基本支出预算管理办法》（财预〔2007〕37号），明确了基本支出与项目支出的定义。因此，行政事业单位不仅需分别反映财政拨款结转中基本支出结转与项目支出结转情况，而且需反映项目支出结转中单个项目财政拨款结转情况。新制度下，行政事业单位的财政拨款结转科目还应当设置"基本支出结转""项目支出结转"两个明细科目，并在"基本支出结转"明细科目下按照"人员经费""日常公用经费"进行明细核算，在"项目支出结转"明细科目下按照具体项目进行明细核算；同时，还应按照《政府收支分类科目》中"支出功能分类科目"的相关科目进行明细核算。

有一般公共预算财政拨款、政府性基金预算财政拨款等两种或两种以上财政拨款的行政事业单位，还应当在本科目下按照财政拨款的种类进行明细核算。

## 二、主要业务处理及案例

行政事业单位的"财政拨款结转"总账科目借方反映财政拨款结转资金的减少，贷方反映财政拨款结转资金的增加，年末结账后存在贷方余额，反映单位财政拨款滚存的结转资金数额。其中，二级明细科目"年初余额调整""归集调入""归集调出""归集上缴""单位内部调剂""本年收支结转"年末无余额；"累计结转"年末贷方余额，反映单位财政拨款滚存的结转资金数额。

(一)与会计差错更正、以前年度支出收回相关的账务处理

1. 会计差错更正导致以前年度财政拨款结转资金退回。

因发生会计差错更正退回以前年度国库直接支付、授权支付款项或财政性货币资金,或者因发生会计差错更正增加以前年度国库直接支付、授权支付支出或财政性货币资金支出,属于以前年度财政拨款结转资金的,借记或贷记"资金结存—财政应返还额度、零余额账户用款额度、货币资金"科目,贷记或借记本科目(年初余额调整)。

【案例11020】B事业单位2019年8月1日发现,2018年漏记零余额账户用款额度500 000元,属于2018年度财政拨款结转资金,应做出会计差错更正。

账务处理分录如下:

| | 会计差错更正增加财政拨款结转年初余额 | 核算要点精讲 |
|---|---|---|
| 财务会计 | 借:零余额账户用款额度　　　　500 000<br>　　贷:以前年度盈余调整　　　　　500 000 | 以前年度财政拨款结转资金变动,影响"以前年度盈余调整" |
| 预算会计 | 借:资金结存—零余额账户用款额度　500 000<br>　　贷:财政拨款结转—年初余额调整　500 000 | 以前年度财政拨款结转资金变动,影响"年初余额调整" |

2. 购货退回等以前年度财政拨款结转资金收回。

因购货退回、预付款项收回等发生以前年度支出又收回国库直接支付、授权支付款项或收回财政性货币资金,属于以前年度财政拨款结转资金的,借记"资金结存—财政应返还额度、零余额账户用款额度、货币资金"科目,贷记本科目(年初余额调整)。

【案例11021】B事业单位2019年8月1日发现,上年发生的一项固定资产采购,因价格有误,退回零余额账户用款额度500 000元,属于以前年度财政拨款结转资金。

账务处理分录如下:

| | 退回零余额账户用款额度 | 核算要点精讲 |
|---|---|---|
| 财务会计 | 借:零余额账户用款额度　　　　500 000<br>　　贷:以前年度盈余调整　　　　　500 000 | 以前年度财政拨款结转资金变动,影响"以前年度盈余调整" |
| 预算会计 | 借:资金结存—零余额账户用款额度　500 000<br>　　贷:财政拨款结转—年初余额调整　500 000 | 以前年度财政拨款结转资金变动,影响"年初余额调整" |

(二)与财政拨款结转结余资金调整业务相关的账务处理

1. 收到调入的财政拨款结转资金。

行政事业单位按照规定从其他单位调入财政拨款结转资金的,按照实际调增的额度数额或调入的资金数额,借记"资金结存—财政应返还额度、零余额账户用款额度、货币资金"科目,贷记本科目(归集调入)。

【案例11022】B事业单位2019年8月1日收到代理银行通知书,通知书上注明收到财政授权支付方式下,从其他单位调入的财政拨款结转资金额度500 000元。

账务处理分录如下:

| | 收到从其他单位调入的财政拨款结转资金 | 核算要点精讲 |
|---|---|---|
| 财务会计 | 借:零余额账户用款额度　　　　500 000<br>　　贷:累计盈余　　　　　　　　　500 000 | 财政拨款结转资金调入时,增加"累计盈余" |

| 预算会计 | 借：资金结存——零余额账户用款额度　500 000<br>　　贷：财政拨款结转——归集调入　　　　　　500 000 | 财政拨款结转资金调入时，增加"归集调入" |

2. 向其他单位调出财政拨款结转资金。

行政事业单位按照规定向其他单位调出财政拨款结转资金的，按照实际调减的额度数额或调出的资金数额，借记本科目(归集调出)，贷记"资金结存——财政应返还额度、零余额账户用款额度、货币资金"科目。

【案例11023】B事业单位2019年8月1日以银行存款转账方式向其他单位调出财政拨款结转资金300 000元。

账务处理分录如下：

| | 向其他单位调出财政拨款结转资金 | 核算要点精讲 |
|---|---|---|
| 财务会计 | 借：累计盈余　　　　　300 000<br>　　贷：银行存款　　　　　　　300 000 | 财政拨款结转资金调出时，减少"累计盈余" |
| 预算会计 | 借：财政拨款结转——归集调出　300 000<br>　　贷：资金结存——货币资金　　　　300 000 | 财政拨款结转资金调出时，减少"归集调入" |

3. 上缴财政拨款结转资金或注销财政拨款结转额度。

行政事业单位按照规定上缴财政拨款结转资金或注销财政拨款结转资金额度的，按照实际上缴资金数额或注销的资金额度数额，借记本科目(归集上缴)，贷记"资金结存——财政应返还额度、零余额账户用款额度、货币资金"科目。

【案例11024】B事业单位2019年8月1日按规定以银行存款转账方式上缴财政拨款结转资金1 000 000元。

账务处理分录如下：

| | 上缴财政拨款结转资金 | 核算要点精讲 |
|---|---|---|
| 财务会计 | 借：累计盈余　　　　　1 000 000<br>　　贷：银行存款　　　　　　　1 000 000 | 上缴款项时，减少"累计盈余" |
| 预算会计 | 借：财政拨款结转——归集上缴　1 000 000<br>　　贷：资金结存——货币资金　　　　1 000 000 | 上缴款项时，增加"归集上缴" |

4. 单位内部调剂财政拨款结余资金。

行政事业单位经财政部门批准对财政拨款结余资金改变用途，调整用于本单位基本支出或其他未完成项目支出的，按照批准调剂的金额，借记"财政拨款结余——单位内部调剂"科目，贷记本科目(单位内部调剂)。

【案例11025】B事业单位2019年年末将经财政部门批准的C项目结余资金50 000元调整用于D项目支出。

账务处理分录如下：

| | 经批准调剂财政拨款结余资金 | 核算要点精讲 |
|---|---|---|
| 财务会计 | 不做账务处理 | 调剂结余资金时，财务会计不做账务处理 |
| 预算会计 | 借：财政拨款结余——单位内部调剂　　50 000<br>　　贷：财政拨款结转——单位内部调剂　　　50 000 | 调剂结余资金，减少"结余资金"，增加"结转资金" |

## (三) 与年末财政拨款结转和结余业务相关的账务处理

1. 年末结转财政拨款预算收入、财政拨款预算支出。

年末,行政事业单位将财政拨款预算收入本年发生额转入本科目,借记"财政拨款预算收入"科目,贷记本科目(本年收支结转);将各项支出中财政拨款支出本年发生额转入本科目,借记本科目(本年收支结转),贷记各项支出(财政拨款支出)科目。

【案例11026】B事业单位2019年年末财政拨款预算收入贷方发生额1 000 000元,事业支出借方发生额800 000元,其中财政拨款支出500 000元(本案例仅结转与财政拨款结转相关的部分)。

账务处理分录如下:

| | 年末结转财政拨款预算收入与支出 | 核算要点精讲 |
|---|---|---|
| 财务会计 | 不做账务处理 | 财务会计不做账务处理 |
| 预算会计 | 借:财政拨款预算收入　　　　　1 000 000<br>　　贷:财政拨款结转—本年收支结转　1 000 000<br>借:财政拨款结转—本年收支结转　500 000<br>　　贷:事业支出　　　　　　　　　　500 000 | 支出结转仅包括财政拨款支出部分 |

2. 年末冲销有关明细科目余额。

年末,行政事业单位冲销有关明细科目余额。将本科目(本年收支结转、年初余额调整、归集调入、归集调出、归集上缴、单位内部调剂)余额转入本科目(累计结转)。结转后,本科目除"累计结转"明细科目外,其他明细科目应无余额。

【案例11027】B事业单位2019年末"财政拨款结转—本年收支结转"贷方余额20 000元,"财政拨款结转—年初余额调整"科目贷方余额10 000元,"财政拨款结转—归集调入"科目贷方余额30 000元,"财政拨款结转—归集调出"科目借方余额20 000元,"财政拨款结转—归集上缴"科目借方余额30 000元,"财政拨款结转—单位内部调剂"科目贷方余额10 000元。

账务处理分录如下:

| | 冲销上述明细科目余额 | 核算要点精讲 |
|---|---|---|
| 财务会计 | 不做账务处理 | 财务会计不做账务处理 |
| 预算会计 | 借:财政拨款结转—本年收支结转　　20 000<br>　　财政拨款结转—年初余额调整　　10 000<br>　　财政拨款结转—归集调入　　　　30 000<br>　　财政拨款结转—单位内部调剂　　10 000<br>　　贷:财政拨款结转—累计结转　　　70 000<br>借:财政拨款结转—累计结转　　　　50 000<br>　　贷:财政拨款结转—归集调出　　　20 000<br>　　　　财政拨款结转—归集上缴　　　30 000 | 冲销相关明细科目时,均结转至"累计结转" |

3. 年末项目结余资金结转。

年末完成上述结转后,行政事业单位应当对财政拨款结转各明细项目执行情况进行分析,按照有关规定将符合财政拨款结余性质的项目余额转入财政拨款结余,借记本科目(累计结转),贷记"财政拨款结余—结转转入"科目。

【案例 11028】B 事业单位 2019 年末 C 项目结余资金 50 000 元按有关规定转入财政拨款结余。

账务处理分录如下：

| | 年末结转财政拨款结余资金 | 核算要点精讲 |
|---|---|---|
| 财务会计 | 不做账务处理 | 财务会计不做账务处理 |
| 预算会计 | 借：财政拨款结转—累计结转　　50 000<br>　　贷：财政拨款结余—结转转入　　50 000 | 项目结余资金需分析后再认定 |

### 三、知识拓展

本科目核算行政事业单位取得的同级财政拨款结转资金的调整、结转和滚存情况。科目理解与运用的重难点在于对于同级财政与非同级财政拨款资金的区分，二者都均属于财政拨款资金，但同级财政拨款资金与行政事业单位的预算管理条线存在严格对应关系。预算会计同级财政条线资金年末结转第一环节，是对来自同级财政部门的资金（包括基本支出与项目支出）应自成体系进行对应结转。同时，需要关注的是财政拨款结转资金的调整、结转、年末冲销等绝大部分业务均在同一总账科目内设置了专门的明细科目，用于归集结转资金的变动情况，与财务会计关联性不大。此外，本科目的明细设置上既要体现基本支出与项目支出的区分，又要参考《政府收支分类科目》中"支出功能分类科目"的明细进行核算，故应对于中央部门预算管理的相关概念做一定的了解，便于理解对应的明细科目设置。

## 第三节　财政拨款结余业务

财政拨款结余思维导图如下所示。

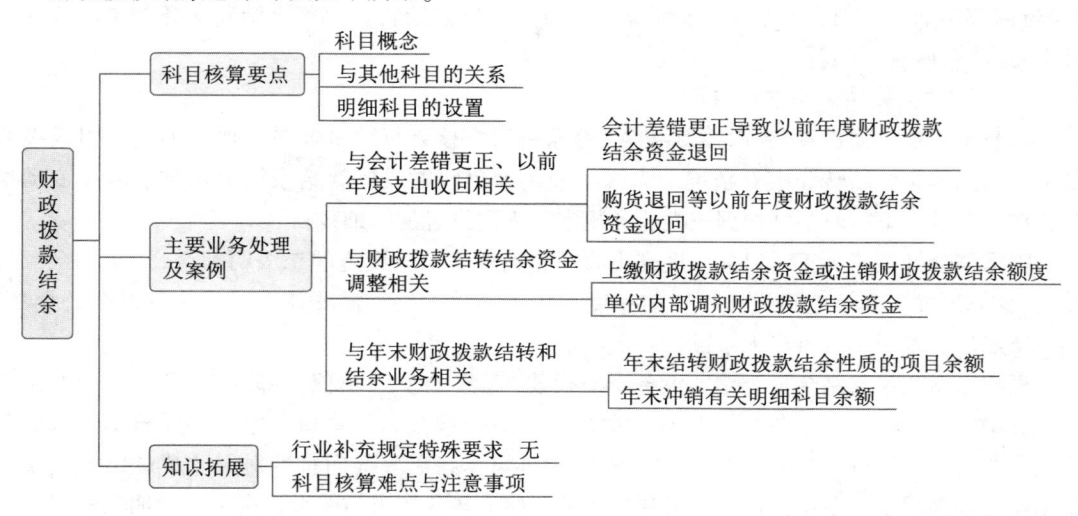

```
财政拨款结余
├── 科目核算要点
│   ├── 科目概念
│   ├── 与其他科目的关系
│   └── 明细科目的设置
├── 主要业务处理及案例
│   ├── 与会计差错更正、以前年度支出收回相关
│   │   ├── 会计差错更正导致以前年度财政拨款结余资金退回
│   │   └── 购货退回等以前年度财政拨款结余资金收回
│   ├── 与财政拨款结转结余资金调整相关
│   │   ├── 上缴财政拨款结余资金或注销财政拨款结余额度
│   │   └── 单位内部调剂财政拨款结余资金
│   └── 与年末财政拨款结转和结余业务相关
│       ├── 年末结转财政拨款结余性质的项目余额
│       └── 年末冲销有关明细科目余额
└── 知识拓展
    ├── 行业补充规定特殊要求　无
    └── 科目核算难点与注意事项
```

## 一、科目核算要点

### (一)财政拨款结余的定义

财政拨款结余是反映行政事业单位取得的同级财政拨款项目支出结余资金的调整、结转和滚存情况。

针对同级财政拨款项目支出结余资金的概念、分类及使用,《中央部门结转和结余资金管理办法》(财预〔2016〕18号)做出了相关规定,"结转结余资金是指与中央财政有缴拨款关系的中央级行政单位、事业单位(含企业化管理的事业单位)、社会团体及企业,按照财政部批复的预算,在年度预算执行结束时,未列支出的一般公共预算和政府性基金预算资金""其主要形式主要包括结转和结余资金两种""其中,结余资金是指项目实施周期已结束、项目目标完成或项目提前终止,尚未列支的项目支出预算资金;因项目实施计划调整,不需要继续支出的预算资金;预算批复后连续两年未用完的预算资金""按照国库集中收付管理制度,结转结余资金包括国库集中支付结余资金和非国库集中支付结余资金"。

办法规定,项目支出结余资金包括:项目目标完成或项目提前终止,尚未列支的预算资金;实施周期内,因实施计划调整,不需要继续支出的预算资金;实施周期内,连续两年未用完的预算资金;实施周期结束,尚未列支的预算资金;部门机动经费在预算批复当年未动用的部分。项目支出结余资金原则上由财政部收回。同时,按照基本建设财务管理的有关规定,基本建设项目竣工后,项目建设单位应抓紧办理工程价款结算和清理项目结余资金,并编报竣工财务决算。财政部和相关主管部门应及时批复竣工财务决算。基本建设项目的结余资金,由财政部收回。此外,按照《关于改进加强中央财政科研项目和资金管理的若干意见》(国发〔2014〕11号)精神,中央财政科研项目结余资金中符合相关条件的,报财政部确认后,可在一定期限内由项目单位统筹安排用于科研活动的直接支出。

### (二)财政拨款结余与其他科目的关系

预算结余的财政拨款结余,五个明细科目分别是"结转转入""年初余额调整""归集上缴""单位内部调剂""累计结转"。一般情况下,与财政拨款结转资金年末结转业务相关的会计科目主要是"财政拨款结转"。

### (三)财政拨款结余明细科目设置

行政事业单位需设置"财政拨款结余"总账科目,核算行政事业单位取得的同级财政拨款结余资金的调整、结转和滚存情况。为真实准确地反映财政拨款结余资金增加、减少变动情况,在总账科目下,新制度根据三类业务规定了需要设置的明细科目。

根据与会计差错更正、以前年度支出收回相关业务,应设置的二级明细科目"年初余额调整",核算因发生会计差错更正、以前年度支出收回等原因,需要调整财政拨款结余的金额。年末结账后,本明细科目应无余额。

根据与财政拨款结余资金调整业务,应设置"归集上缴""单位内部调剂"两个二级明细科目。其中,"归集上缴"明细科目核算按照规定上缴财政拨款结余资金时,实际核销的额度数额或上缴的资金数额。"单位内部调剂"明细科目核算经财政部门批准对财政拨款结余资金改变用途,调整用于本单位其他未完成项目等的调整金额。年末结账后,两个二级明细科目应无余额。

根据与年末财政拨款结余业务,应设置"结转转入""累计结余"两个明细科目。其中,"结转转入"明细科目核算单位按照规定转入财政拨款结余的财政拨款结转资金。年末结账后，本明细科目应无余额。"累计结余"明细科目核算单位滚存的财政拨款结余资金，年末贷方余额，反映单位财政拨款滚存的结余资金数额。

由于《中央部门结转和结余资金管理办法》（财预〔2016〕18号）规定，项目支出结余资金包括：项目目标完成或项目提前终止，尚未列支的预算资金；实施周期内，因实施计划调整，不需要继续支出的预算资金；实施周期内，连续两年未用完的预算资金；实施周期结束，尚未列支的预算资金；部门机动经费在预算批复当年未动用的部分。项目支出结余资金原则上由财政部收回。行政事业单位不仅需分别反映财政拨款项目支出结转与结余情况，而且需反映项目支出结余中单个项目资金结余情况。新制度下，行政事业单位的财政拨款结余科目还应当按具体项目进行明细核算。同时，还应按照《政府收支分类科目》中"支出功能分类科目"的相关科目进行明细核算。

有一般公共预算财政拨款、政府性基金预算财政拨款等两种或两种以上财政拨款的行政事业单位，还应当在本科目下按照财政拨款的种类进行明细核算。

## 二、主要业务处理及案例

行政事业单位的"财政拨款结余"总账科目借方反映财政拨款结余资金的减少，贷方反映财政拨款结余资金的增加，年末结账后存在贷方余额，反映单位财政拨款滚存的结余资金数额。其中，二级明细科目"结转转入""年初余额调整""归集上缴""单位内部调剂"年末无余额；"累计结余"年末贷方余额，反映单位财政拨款滚存的结余资金数额。

（一）与会计差错更正、以前年度支出收回相关的账务处理

1. 会计差错更正导致以前年度财政拨款结余资金退回。

行政事业单位因发生会计差错更正退回以前年度国库直接支付、授权支付款项或财政性货币资金，或者因发生会计差错更正增加以前年度国库直接支付、授权支付支出或财政性货币资金支出，属于以前年度财政拨款结余资金的，借记或贷记"资金结存—财政应返还额度、零余额账户用款额度、货币资金"科目，贷记或借记本科目（年初余额调整）。

【案例11029】B事业单位2019年8月1日发现，2018年发生会计差错，导致多记零余额账户用款额度500 000元，且属于2018年度财政拨款结余资金，应做出会计差错更正。

账务处理分录如下：

|  | 会计差错更正减少以前年度财政拨款结余 | 核算要点精讲 |
| --- | --- | --- |
| 财务会计 | 借：以前年度盈余调整　　　　　　500 000<br>　　贷：零余额账户用款额度　　　　　500 000 | 以前年度财政拨款结余资金变动，影响"以前年度盈余调整" |
| 预算会计 | 借：财政拨款结余—年初余额调整　　500 000<br>　　贷：资金结存—零余额账户用款额度　500 000 | 以前年度财政拨款结余资金变动，影响"年初余额调整" |

2. 购货退回等以前年度财政拨款结余资金收回。

行政事业单位因购货退回、预付款项收回等发生以前年度支出又收回国库直接支付、授权支付款项或收回财政性货币资金，属于以前年度财政拨款结余资金的，借记"资金结存—财政应返还额度、零余额账户用款额度、货币资金"科目，贷记本科目（年初余额调整）。

【案例11030】B事业单位2019年8月1日发现，上年发生的一台大型设备采购，因价格

有误，退回零余额账户用款额度 500 000 元，属于以前年度财政拨款结余资金。

账务处理分录如下：

| | 退回零余额账户用款额度 | 核算要点精讲 |
|---|---|---|
| 财务会计 | 借：零余额账户用款额度　　　500 000<br>　　贷：以前年度盈余调整　　　　500 000 | 以前年度财政拨款结余资金变动，影响"以前年度盈余调整" |
| 预算会计 | 借：资金结存—零余额账户用款额度　500 000<br>　　贷：财政拨款结余—年初余额调整　500 000 | 以前年度财政拨款结余资金变动，影响"年初余额调整" |

(二) 与财政拨款结转结余资金调整业务相关的账务处理

1. 上缴财政拨款结余资金或注销财政拨款结余额度。

行政事业单位按照规定上缴财政拨款结余资金或注销财政拨款结余资金额度的，按照实际上缴资金数额或注销的资金额度数额，借记本科目(归集上缴)，贷记"资金结存—财政应返还额度、零余额账户用款额度、货币资金"科目。

【案例 11031】B 事业单位 2019 年 8 月 1 日按规定以银行存款转账方式上缴财政拨款结余资金 1 000 000 元。

账务处理分录如下：

| | 上缴财政拨款结余资金 | 核算要点精讲 |
|---|---|---|
| 财务会计 | 借：累计盈余　　　　　　　1 000 000<br>　　贷：银行存款　　　　　　　1 000 000 | 上缴款项时，减少"累计盈余" |
| 预算会计 | 借：财政拨款结余—归集上缴　1 000 000<br>　　贷：资金结存—货币资金　　1 000 000 | 上缴款项时，增加"归集上缴" |

2. 单位内部调剂财政拨款结余资金。

行政事业单位经财政部门批准对财政拨款结余资金改变用途，调整用于本单位基本支出或其他未完成项目支出的，按照批准调剂的金额，借记本科目(单位内部调剂)，贷记"财政拨款结转—单位内部调剂"科目。

【案例 11032】B 事业单位 2019 年年末将经财政部门批准的 C 项目结余资金 50 000 元调整用于 D 项目支出。

账务处理分录如下：

| | 经批准调剂财政拨款结余资金 | 核算要点精讲 |
|---|---|---|
| 财务会计 | 不做账务处理 | 调剂结余资金时，财务会计不做账务处理 |
| 预算会计 | 借：财政拨款结余—单位内部调剂　50 000<br>　　贷：财政拨款结转—单位内部调剂　50 000 | 调剂结余资金，减少"结余资金"，增加"结转资金" |

(三) 与年末财政拨款结转和结余业务相关的账务处理

1. 年末结转财政拨款结余性质的项目余额。

年末，行政事业单位对财政拨款结转各明细项目执行情况进行分析，按照有关规定将符合财政拨款结余性质的项目余额转入财政拨款结余，借记"财政拨款结转—累计结转"科目，贷记本科目(结转转入)。

【案例 11033】B 事业单位 2019 年年末"财政拨款结转—累计结转"科目贷方发生额 500 000 元，其中符合结余性质的项目余额 200 000 元。

账务处理分录如下：

| | 年末结转财政拨款结余性质的项目余额 | 核算要点精讲 |
|---|---|---|
| 财务会计 | 不做账务处理 | 财务会计不做账务处理 |
| 预算会计 | 借：财政拨款结余—累计结转　　200 000<br>　　贷：财政拨款结余—结转转入　　200 000 | 结余性质的项目余额需分析后再认定 |

2. 年末冲销有关明细科目余额。

年末，行政事业单位冲销有关明细科目余额。将本科目（年初余额调整、归集上缴、单位内部调剂、结转转入）余额转入本科目（累计结余）。结转后，本科目除"累计结余"明细科目外，其他明细科目应无余额。

【案例11034】 B事业单位2019年年末"财政拨款结余—年初余额调整"科目贷方余额10 000元，"财政拨款结余—归集上缴"科目借方余额30 000元，"财政拨款结余—单位内部调剂"科目借方余额10 000元，"财政拨款结余—结转转入"科目贷方余额30 000元。

账务处理分录如下：

| | 冲销上述明细科目余额 | 核算要点精讲 |
|---|---|---|
| 财务会计 | 不做账务处理 | 财务会计不做账务处理 |
| 预算会计 | 借：财政拨款结余—年初余额调整　　10 000<br>　　　财政拨款结余—结转转入　　　30 000<br>　　贷：财政拨款结余—累计结余　　　　40 000<br>借：财政拨款结余—累计结余　　　　40 000<br>　　贷：财政拨款结余—归集上缴　　　　30 000<br>　　　财政拨款结余—单位内部调剂　　10 000 | 冲销相关明细科目时，均结转至"累计结余" |

## 三、知识拓展

本科目核算行政事业单位取得的同级财政拨款项目支出结余资金的调整、结转和滚存情况。科目理解与运用的重难点在于对于中央部门结转和结余资金的区分，二者在互为结转时均以客观分析为前提。

一般情况下，基本支出仅存在结转资金，年度预算执行结束时，尚未列支的基本支出全部作为结转资金管理，结转下年继续用于基本支出；而项目支出存在结转和结余资金，项目实施周期内，年度预算执行结束时，除连续两年未用完的预算资金外，已批复的预算资金尚未列支的部分，作为结转资金管理，结转下年按原用途继续使用。项目支出结余资金包括：项目目标完成或项目提前终止，尚未列支的预算资金；实施周期内，因实施计划调整，不需要继续支出的预算资金；实施周期内，连续两年未用完的预算资金；实施周期结束，尚未列支的预算资金；部门机动经费在预算批复当年未动用的部分。项目支出结余资金原则上由财政部收回。

预算会计对同级财政拨款资金进行年末结转第一环节形成的"财政拨款结转"科目的余额，还应针对财政拨款结转各明细项目的执行情况进行分析，按照有关规定将符合财政拨款结余性质的项目余额转入"财政拨款结余—结转转入"科目。因此，行政事业单位所占用的来自同级财政部门的拨款资金，年末可能分别形成"财政拨款结转"或"财政拨款结余"。其中，财政拨款结转资金应确保继续按原用途使用；财政拨款结余资金暂时留在行政事业单位，但最终的资金支配权在同级财政部门，当同级财政部门对资金进行调剂时，行政事业单位应无条件予以配合。此外，需要关注的是财政拨款结余资金的调整、结转、年末冲销等绝大部分业务均在同一总账科目内设置了专门的明细科目，用于归集结余资金的变动情况，与财务会计关联性不大。

## 第四节　非财政拨款结转业务

非财政拨款结转思维导图如下所示。

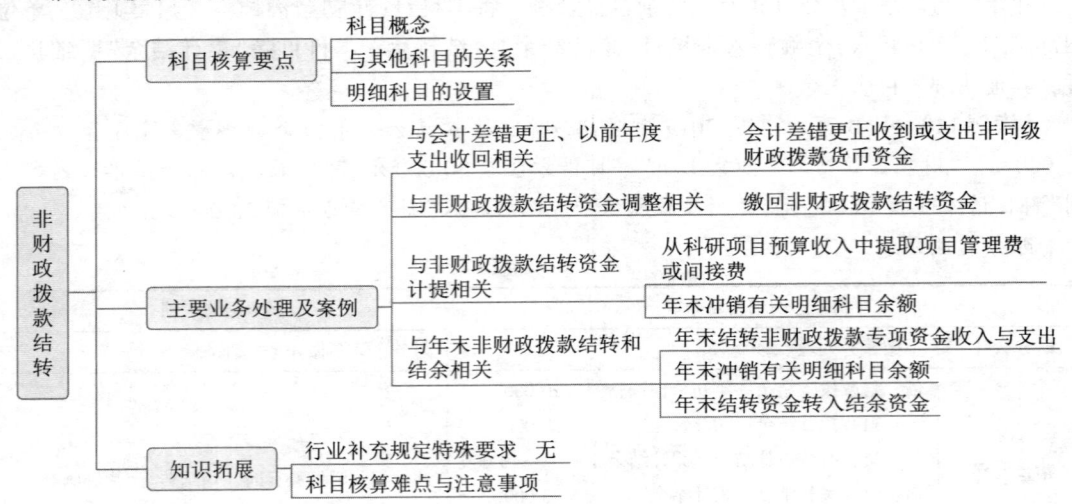

```
                          ┌─ 科目概念
         ┌─ 科目核算要点 ─┤─ 与其他科目的关系
         │                └─ 明细科目的设置
         │
         │                ┌─ 与会计差错更正、以前年度 ── 会计差错更正收到或支出非同级
         │                │  支出收回相关               财政拨款货币资金
非       │                │
财       │                ├─ 与非财政拨款结转资金调整相关 ── 缴回非财政拨款结转资金
政       │                │
拨 ──────┤─ 主要业务处理及案例 ─┤─ 与非财政拨款结转资金 ┌─ 从科研项目预算收入中提取项目管理费
款       │                │  计提相关              │  或间接费
结       │                │                        └─ 年末冲销有关明细科目余额
转       │                │                        ┌─ 年末结转非财政拨款专项资金收入与支出
         │                └─ 与年末非财政拨款结转和 ┤─ 年末冲销有关明细科目余额
         │                   结余相关              └─ 年末结转资金转入结余资金
         │
         │                ┌─ 行业补充规定特殊要求　无
         └─ 知识拓展 ─────┤
                          └─ 科目核算难点与注意事项
```

### 一、科目核算要点

（一）非财政拨款结转的定义

非财政拨款结转是反映行政事业单位除财政拨款收支、经营收支以外各非同级财政拨款专项资金的调整、结转和滚存情况。相对于同级财政拨款，非财政拨款是指行政事业单位同级财政以外的预算资金来源中，具有专项项目限定用途的资金。

非财政拨款结转，是指行政事业单位同级财政以外的预算资金来源中，具有专项项目限定用途，但项目尚未完成、需要继续用于原指定项目用途的剩余资金。行政事业单位非财政拨款结转包括单位的事业预算收入、上级补助预算收入、附属单位上缴预算收入、非同级财政拨款预算收入、债务预算收入、其他预算收入中存在限定用途的收入，在项目未完成时的剩余资金。

（二）非财政拨款结转与其他科目的关系

预算结余的非财政拨款结转，五个明细科目分别是年初余额调整、缴回资金、项目间接费用或管理费、本年收支结转和累计结转。一般情况下，与非财政拨款结转资金调整、缴回业务相关的会计科目主要是非财政拨款结余、资金结存；与非财政拨款结转资金年末结转业务相关的会计科目主要是事业预算收入、上级补助预算收入、附属单位上缴预算收入、非同级财政拨款预算收入、债务预算收入、其他预算收入、行政支出、事业支出、其他支出。

（三）非财政拨款结转明细科目设置

行政事业单位需设置"非财政拨款结转"总账科目，核算行政事业单位除财政拨款收支、经营收支以外各非同级财政拨款专项资金的调整、结转和滚存情况。为真实准确地反映非财政拨款结转资金增加、减少变动情况，在总账科目下，新制度根据六类业务规定了需要设置的明细科目。

根据与会计差错更正、以前年度支出收回相关业务，应设置的二级明细科目"年初余额调整"，核算因发生会计差错更正、以前年度支出收回等原因，需要调整非财政拨款结转的资金。年末结账后，本明细科目应无余额。

根据与非财政拨款结转资金调整业务，应设置"缴回资金"明细科目核算按照规定向出资单位缴回完成或终止项目的非财政拨款结转资金时，实际缴回的资金数额。年末结账后，本明细科目应无余额。

根据科研项目计提费用业务，应设置"项目间接费用或管理费"明细科目核算单位取得的科研项目预算收入中，按照规定计提项目间接费用或管理费的数额。年末结账后，本明细科目应无余额。

根据非财政拨款专项收支相抵业务，应设置"本年收支结转"明细科目核算单位本年度非同级财政拨款专项收支相抵后的余额。年末结账后，本明细科目应无余额。

根据非财政拨款专项结转资金业务，应设置"累计结转"明细科目核算单位滚存的非同级财政拨款专项结转资金。本明细科目年末贷方余额，反映单位非同级财政拨款滚存的专项结转资金数额。

本科目还应当按照具体项目、《政府收支分类科目》中"支出功能分类科目"的相关科目等进行明细核算。

## 二、主要业务处理及案例

行政事业单位的"非财政拨款结转"总账科目借方反映非财政拨款结转资金的减少，贷方反映非财政拨款结转资金的增加，年末结账后存在贷方余额，反映单位非财政拨款滚存的结转资金数额。其中，二级明细科目"年初余额调整""缴回资金""项目间接费用或管理费""本年收支结转"年末无余额；"累计结转"年末贷方余额，反映单位非财政拨款滚存的结转资金数额。

（一）与会计差错更正、以前年度支出收回相关的账务处理

行政事业单位因会计差错更正收到或支出非同级财政拨款货币资金，属于非财政拨款结转资金的，按照收到或支出的金额，借记或贷记"资金结存—货币资金"科目，贷记或借记本科目（年初余额调整）。

行政事业单位因收回以前年度支出等收到非同级财政拨款货币资金，属于非财政拨款结转资金的，按照收到的金额，借记"资金结存—货币资金"科目，贷记本科目（年初余额调整）。

【案例11035】B事业单位2019年8月1日发现2018年库存现金贷方发生额少记500元，属非同级财政拨款结转资金，应做出会计差错更正。

账务处理分录如下：

| | 会计差错更正非财政拨款资金支付 | | 核算要点精讲 |
|---|---|---|---|
| 财务会计 | 借：以前年度盈余调整<br>贷：库存现金 | 500<br>500 | 以前年度非财政拨款结转资金变动，影响"以前年度盈余调整" |

续表

| 预算会计 | 借：非财政拨款结转—年初余额调整 500<br>贷：资金结存—货币资金 500 | 以前年度非财政拨款结转资金变动，影响"年初余额调整" |

（二）与非财政拨款结转资金调整业务相关的账务处理

行政事业单位按照规定缴回非财政拨款结转资金的，按照实际缴回资金数额，借记本科目（缴回资金），贷记"资金结存—货币资金"科目。

【案例11036】B事业单位2019年8月1日按规定以银行存款转账方式缴回项目出资方500 000元，属于非财政拨款结转资金。

账务处理分录如下：

| | 缴回非财政拨款结转资金 | 核算要点精讲 |
|---|---|---|
| 财务会计 | 借：累计盈余　　　　　　　500 000<br>　　贷：银行存款　　　　　　　500 000 | 缴回非财政拨款结转资金，影响"累计盈余" |
| 预算会计 | 借：非财政拨款结转—缴回资金　500 000<br>　　贷：资金结存—货币资金　　　500 000 | 缴回非财政拨款结转资金，增加"缴回资金" |

（三）与非财政拨款结转资金计提业务相关的账务处理

行政事业单位按照规定从科研项目预算收入中提取项目管理费或间接费时，按照提取金额，借记本科目（项目间接费用或管理费），贷记"非财政拨款结余—项目间接费用或管理费"科目。

【案例11037】B事业单位2019年8月1日按照规定从科研项目预算收入中提取项目管理费或间接费100 000元。

账务处理分录如下：

| | 从科研项目预算收入中提取项目管理费或间接费 | 核算要点精讲 |
|---|---|---|
| 财务会计 | 借：单位管理费用　　　　　　　100 000<br>　　贷：预提费用—项目间接费用或管理费　100 000 | 提取时，增加"预提费用" |
| 预算会计 | 借：非财政拨款结转—项目间接费用或管理费　100 000<br>　　贷：非财政拨款结余—项目间接费用或管理费　100 000 | 提取时，由"非财政拨款结转"结转至"非财政拨款结余" |

（四）与年末非财政拨款结转和结余业务相关的账务处理

1. 年末结转非财政拨款专项资金收入与支出。

年末，行政事业单位将事业预算收入、上级补助预算收入、附属单位上缴预算收入、非同级财政拨款预算收入、债务预算收入、其他预算收入本年发生额中的专项资金收入转入本科目，借记"事业预算收入""上级补助预算收入""附属单位上缴预算收入""非同级财政拨款预算收入""债务预算收入""其他预算收入"科目下各专项资金收入明细科目，贷记本科目（本年收支结转）；将行政支出、事业支出、其他支出本年发生额中的非财政拨款专项资金支出转入本科目，借记本科目（本年收支结转），贷记"行政支出""事业支出""其他支出"科目下各非财政拨款专项资金支出明细科目。

【案例11038】B事业单位2019年年末"事业预算收入""上级补助预算收入""附属单位上缴预算收入""非同级财政拨款预算收入""债务预算收入""其他预算收入"本年发生额中的专

项资金收入分别为 100 000 元、50 000 元、30 000 元、800 000 元、40 000 元、20 000 元;"事业支出""其他支出"本年发生额中的非财政拨款专项资金支出分别为 50 000 元、20 000 元。

账务处理分录如下:

| | 年末结转非财政拨款专项资金收入与支出 | 核算要点精讲 |
|---|---|---|
| 财务会计 | 不做账务处理 | 财务会计不做账务处理 |
| 预算会计 | 借:事业预算收入　　　　　　　　　100 000<br>　　上级补助预算收入　　　　　　　50 000<br>　　附属单位上缴预算收入　　　　　30 000<br>　　非同级财政拨款预算收入　　　800 000<br>　　债预算收入　　　　　　　　　　40 000<br>　　其他预算收入　　　　　　　　　20 000<br>　　贷:非财政拨款结余—本年收支结转　1 040 000<br>借:非财政拨款结转—本年收支结转　　70 000<br>　　贷:事业支出　　　　　　　　　　50 000<br>　　　　其他支出　　　　　　　　　　20 000 | 预算收入与预算支出中的非财政拨款专项资金需分析认定 |

2. 年末冲销有关明细科目余额。

年末行政事业单位冲销有关明细科目余额。将本科目(年初余额调整、项目间接费用或管理费、缴回资金、本年收支结转)余额转入本科目(累计结转)。结转后,本科目除"累计结转"明细科目外,其他明细科目应无余额。

【案例 11039】 B 事业单位 2019 年年末"非财政拨款结转—年初余额调整"科目贷方余额 10 000 元,"非财政拨款结转—项目间接费用或管理费"科目借方余额 30 000 元,"非财政拨款结转—缴回资金"科目借方余额 10 000 元,"非财政拨款结转—本年收支结转"科目贷方余额 300 000 元。

账务处理分录如下:

| | 冲销上述明细科目余额 | 核算要点精讲 |
|---|---|---|
| 财务会计 | 不做账务处理 | 财务会计不做账务处理 |
| 预算会计 | 借:非财政拨款结转—年初余额调整　　　10 000<br>　　非财政拨款结转—本年收支结转　　300 000<br>　　贷:非财政拨款结转—累计结转　　　　310 000<br>借:非财政拨款结转—累计结转　　　　　40 000<br>　　贷:非财政拨款结转—项目间接费用或管理费　30 000<br>　　　　非财政拨款结转—缴回资金　　　　10 000 | 冲销相关明细科目时,均结转至"累计结转" |

3. 年末结转资金转入结余资金。

年末,行政事业单位完成上述结转后,应当对非财政拨款专项结转资金各项目情况进行分析,将留归本单位使用的非财政拨款专项(项目已完成)剩余资金转入非财政拨款结余,借记本科目(累计结转),贷记"非财政拨款结余—结转转入"科目。

【案例 11040】 B 事业单位 2019 年年末将留归本单位使用的非财政拨款专项剩余资金转入非财政拨款结余 30 000 元。

账务处理分录如下:

| | 结转资金转入结余资金 | 核算要点精讲 |
|---|---|---|
| 财务会计 | 不做账务处理 | 财务会计不做账务处理 |
| 预算会计 | 借：非财政拨款结转—累计结转　　30 000<br>　贷：非财政拨款结余—结转转入　　30 000 | 分析非财政拨款专项结转资金各项目情况后再转至非财政拨款结余"结转转入" |

### 三、知识拓展

本科目核算行政事业单位除财政拨款收支、经营收支以外各非同级财政拨款专项资金的调整、结转和滚存情况。科目理解与运用的重难点在于对于同级财政拨款与非同级财政拨款专项资金的区分，二者在资金来源与资金用途上均存在不同。一般情况下，同级财政拨款包括基本支出和项目支出两类，资金源自本级财政，与行政事业单位同属一条预算管理主线；非同级财政拨款的专项资金源自本级财政以外的单位，具有专门限定用途的项目资金。同时，需要关注的是非财政拨款结转资金的调整、结转、年末冲销等绝大部分业务均在同一总账科目内设置了专门的明细科目，用于归集结转资金的变动情况，与财务会计关联性不大。此外，年末结转时应对除财政拨款收支以外的预算收入与支出进行分析，明确属于非财政拨款专项资金相关收入与支出。

## 第五节　非财政拨款结余业务

非财政拨款结余思维导图如下所示。

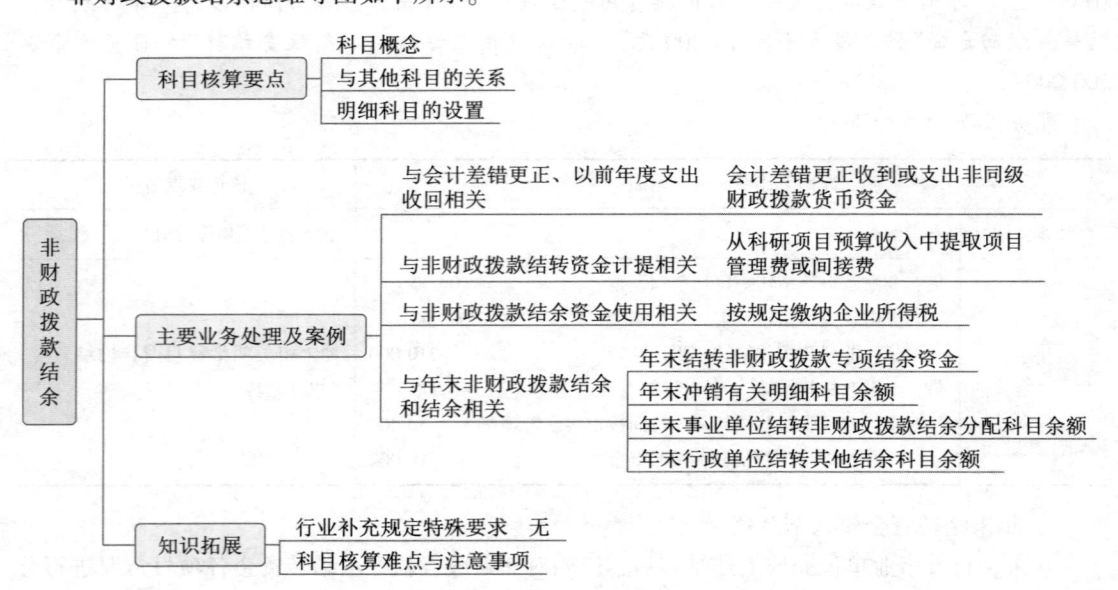

```
                    ┌── 科目概念
        科目核算要点 ├── 与其他科目的关系
                    └── 明细科目的设置

                    ┌─ 与会计差错更正、以前年度支出 ── 会计差错更正收到或支出非同级
                    │  收回相关                        财政拨款货币资金
                    │
                    ├─ 与非财政拨款结转资金计提相关 ── 从科研项目预算收入中提取项目
非财政                │                                 管理费或间接费
拨款  ─ 主要业务处理及案例 ┤
结余                 ├─ 与非财政拨款结余资金使用相关 ── 按规定缴纳企业所得税
                    │
                    │                           ┌── 年末结转非财政拨款专项结余资金
                    └─ 与年末非财政拨款结余    ├── 年末冲销有关明细科目余额
                       和结余相关              ├── 年末事业单位结转非财政拨款结余分配科目余额
                                              └── 年末行政单位结转其他结余科目余额

        知识拓展    ┌── 行业补充规定特殊要求　无
                    └── 科目核算难点与注意事项
```

### 一、科目核算要点

#### (一)非财政拨款结余的定义

非财政拨款结余是反映行政事业单位历年滚存的非限定用途的非同级财政拨款结余资金，

主要为非财政拨款结余扣除结余分配后滚存的金额。相对于非财政拨款结转而言，非财政拨款结余是指行政事业单位无限定用途的非财政拨款资金的剩余资金，非财政拨款结转具有专项项目限定用途。

非财政拨款结余，是指行政事业单位同级财政以外的预算资金来源中，无专项项目限定用途的非财政拨款资金的剩余资金。行政事业单位非财政拨款结余由单位取得的事业预算收入、上级补助预算收入、附属单位上缴预算收入、经营预算收入、非同级财政拨款预算收入、债务预算收入、投资预算收益、其他预算收入扣除限定项目用途的部分资金后的剩余资金，与其相对应的资金支出相抵后的结余资金滚存数额。

(二)非财政拨款结余与其他科目的关系

预算结余的非财政拨款结余，四个明细科目分别是年初余额调整、项目间接费用或管理费、结转转入和累计结余。一般情况下，与非财政拨款结余资金调整、提取、使用业务相关的会计科目主要是非财政拨款结转、资金结存；与非财政拨款结余资金年末结转业务相关的会计科目主要是非财政拨款结转、非财政拨款结余分配、其他结余。

(三)非财政拨款结余明细科目设置

行政事业单位需设置"非财政拨款结余"总账科目，核算行政事业单位历年滚存的非限定用途的非同级财政拨款结余资金，主要为非财政拨款结余扣除结余分配后滚存的金额。为真实准确地反映非财政拨款结余资金增加、减少变动情况，在总账科目下，新制度根据四类业务规定了需要设置的明细科目。

根据与会计差错更正、以前年度支出收回相关业务，应设置的二级明细科目"年初余额调整"，核算因发生会计差错更正、以前年度支出收回等原因，需要调整非财政拨款结余的资金。年末结账后，本明细科目应无余额。

根据科研项目计提费用业务，应设置"项目间接费用或管理费"明细科目核算单位取得的科研项目预算收入中，按照规定计提的项目间接费用或管理费数额。年末结账后，本明细科目应无余额。

根据结余资金留归单位使用业务，应设置"结转转入"明细科目核算按照规定留归单位使用，由单位统筹调配，纳入单位非财政拨款结余的非同级财政拨款专项剩余资金。年末结账后，本明细科目应无余额。

根据非财政拨款专项结余资金业务，应设置"累计结余"明细科目核算单位历年滚存的非同级财政拨款、非专项结余资金。本明细科目年末贷方余额，反映单位非同级财政拨款滚存的非专项结余资金数额。

本科目还应当按照《政府收支分类科目》中"支出功能分类科目"的相关科目进行明细核算。

二、主要业务处理及案例

行政事业单位的"非财政拨款结余"总账科目借方反映本期非财政拨款结余资金的减少，贷方反映非财政拨款结余资金的增加，年末结账后存在贷方余额，反映单位历年滚存的无限定用途的非同级财政拨款结余资金数额。其中，二级明细科目"年初余额调整""项目间接费用或管理费""结转转入"年末无余额；"累计结余"年末贷方余额，反映单位非同级财政拨款滚存的非专项结余资金数额。

## (一)与会计差错更正、以前年度支出收回相关的账务处理

行政事业单位因会计差错更正收到或支出非同级财政拨款货币资金,属于非财政拨款结余资金的,按照收到或支出的金额,借记或贷记"资金结存—货币资金"科目,贷记或借记本科目(年初余额调整)。

行政事业单位因收回以前年度支出等收到非同级财政拨款货币资金,属于非财政拨款结余资金的,按照收到的金额,借记"资金结存—货币资金"科目,贷记本科目(年初余额调整)。

【案例11041】B事业单位2019年8月1日发现2018年发生会计差错,导致银行存款贷方发生额漏记5 000元,属于非同级财政拨款结余资金,应做出会计差错更正。

账务处理分录如下:

| | 会计差错更正非财政拨款结余资金支付 | 核算要点精讲 |
|---|---|---|
| 财务会计 | 借:以前年度盈余调整　　　　　5 000<br>　贷:银行存款　　　　　　　　　　5 000 | 以前年度非财政拨款结余资金变动,影响"以前年度盈余调整" |
| 预算会计 | 借:非财政拨款结余—年初余额调整　5 000<br>　贷:资金结存—货币资金　　　　　5 000 | 以前年度非财政拨款结余资金变动,影响"年初余额调整" |

## (二)与非财政拨款结转资金计提业务相关的账务处理

行政事业单位按照规定从科研项目预算收入中提取项目管理费或间接费时,借记"非财政拨款结转—项目间接费用或管理费"科目,贷记本科目(项目间接费用或管理费)。

【案例11042】B事业单位2019年8月1日按照规定从科研项目预算收入中提取项目管理费或间接费100 000元。

账务处理分录如下:

| | 从科研项目预算收入中提取项目管理费或间接费 | 核算要点精讲 |
|---|---|---|
| 财务会计 | 借:单位管理费用　　　　　　　　100 000<br>　贷:预提费用—项目间接费用或管理费　100 000 | 提取时,增加"预提费用" |
| 预算会计 | 借:非财政拨款结转—项目间接费用或管理费　100 000<br>　贷:非财政拨款结余—项目间接费用或管理费　100 000 | 提取时,由"非财政拨款结转"结转至"非财政拨款结余" |

## (三)与非财政拨款结余资金使用业务相关的账务处理

有企业所得税缴纳义务的事业单位实际缴纳企业所得税时,按照缴纳金额,借记本科目(累计结余),贷记"资金结存—货币资金"科目。

【案例11043】B事业单位2019年以银行存款方式缴纳企业所得税200 000元。

账务处理分录如下:

| | 缴纳企业所得税 | 核算要点精讲 |
|---|---|---|
| 财务会计 | 借:其他应交税费—单位应交所得税　200 000<br>　贷:银行存款　　　　　　　　　　200 000 | 财务会计不做账务处理 |
| 预算会计 | 借:非财政拨款结余—累计结余　　　200 000<br>　贷:资金结存—货币资金　　　　　200 000 | 缴纳所得税,减少"非财政拨款结余—累计结余" |

(四)与年末非财政拨款结余和结余业务相关的账务处理

1. 年末结转非财政拨款专项结余资金。

年末,行政事业单位将留归本单位使用的非财政拨款专项(项目已完成)剩余资金转入本科目,借记"非财政拨款结转—累计结转"科目,贷记本科目(结转转入)。

【案例11044】B事业单位2019年年末将留归本单位使用的非财政拨款专项剩余资金转入非财政拨款结余200 000元。

账务处理分录如下:

| | 结转留归本单位使用的非财政拨款专项剩余资金 | 核算要点精讲 |
| --- | --- | --- |
| 财务会计 | 不做账务处理 | 财务会计不做账务处理 |
| 预算会计 | 借:非财政拨款结转—累计结转　　200 000<br>　　贷:非财政拨款结余—结转转入　　200 000 | 剩余资金结转的前提是项目已完成 |

2. 年末冲销有关明细科目余额。

年末,行政事业单位冲销有关明细科目余额。将本科目(年初余额调整、项目间接费用或管理费、结转转入)余额结转入本科目(累计结余)。结转后,本科目除"累计结余"明细科目外,其他明细科目应无余额。

【案例11045】B事业单位2019年年末"非财政拨款结余—年初余额调整"科目贷方余额10 000元,"非财政拨款结余—项目间接费用或管理费"科目借方余额30 000元,"非财政拨款结余—结转转入"科目贷方余额10 000元。

账务处理分录如下:

| | 冲销上述明细科目余额 | 核算要点精讲 |
| --- | --- | --- |
| 财务会计 | 不做账务处理 | 财务会计不做账务处理 |
| 预算会计 | 借:非财政拨款结余—年初余额调整　　10 000<br>　　　非财政拨款结余—结转转入　　10 000<br>　　贷:非财政拨款结余—累计结余　　　　20 000<br>借:非财政拨款结余—累计结余　　30 000<br>　　贷:非财政拨款结余—项目间接费用或管理费　　30 000 | 冲销相关明细科目时,均结转至"累计结转" |

3. 年末事业单位结转非财政拨款结余分配科目余额。

年末,事业单位将"非财政拨款结余分配"科目余额转入非财政拨款结余。"非财政拨款结余分配"科目为借方余额的,借记本科目(累计结余),贷记"非财政拨款结余分配"科目;"非财政拨款结余分配"科目为贷方余额的,借记"非财政拨款结余分配"科目,贷记本科目(累计结余)。

【案例11046】B事业单位2019年年末非财政拨款结余分配借方余额30 000元。

账务处理分录如下:

| | 结转非财政拨款结余分配科目余额 | 核算要点精讲 |
| --- | --- | --- |
| 财务会计 | 不做账务处理 | 财务会计不做账务处理 |
| 预算会计 | 借:非财政拨款结余—累计结余　　30 000<br>　　贷:非财政拨款结余分配　　　　30 000 | 年末结账后,"非财政拨款结余分配"科目应无余额 |

【案例11047】B事业单位2019年年末非财政拨款结余分配贷方余额50 000元。

账务处理分录如下：

| | 结转非财政拨款结余分配科目余额 | 核算要点精讲 |
|---|---|---|
| 财务会计 | 不做账务处理 | 财务会计不做账务处理 |
| 预算会计 | 借：非财政拨款结余分配　　　50 000<br>　　贷：非财政拨款结余—累计结余　　50 000 | 年末结账后，"非财政拨款结余分配"科目应无余额 |

4. 年末行政单位结转其他结余科目余额。

年末，行政单位将"其他结余"科目余额转入非财政拨款结余。"其他结余"科目为借方余额的，借记本科目（累计结余），贷记"其他结余"科目；"其他结余"科目为贷方余额的，借记"其他结余"科目，贷记本科目（累计结余）。

【案例11048】A行政单位2019年年末其他结余借方余额30 000元（负结余）。

账务处理分录如下：

| | 结转其他结余科目余额 | 核算要点精讲 |
|---|---|---|
| 财务会计 | 不做账务处理 | 财务会计不做账务处理 |
| 预算会计 | 借：非财政拨款结余—累计结转　　30 000<br>　　贷：其他结余　　　　　　　30 000 | 年末结账后，"其他结余"科目应无余额 |

【案例11049】A行政单位2019年年末其他结余贷方余额50 000元（正结余）。

账务处理分录如下：

| | 结转其他结余科目余额 | 核算要点精讲 |
|---|---|---|
| 财务会计 | 不做账务处理 | 财务会计不做账务处理 |
| 预算会计 | 借：其他结余　　　　　　　50 000<br>　　贷：非财政拨款结余—累计结转　　50 000 | 年末结账后，"其他结余"科目应无余额 |

## 三、知识拓展

本科目核算行政事业单位历年滚存的非限定用途的非同级财政拨款结余资金，主要为非财政拨款结余扣除结余分配后滚存的金额。科目理解与运用的重难点在于对于非同级财政拨转与结余资金的区分，二者在资金方面同源，在用途上分别为专项项目限定用途与非限定用途。

一般情况下，行政事业单位每一预算期间的非同级财政拨款、非专项资金的结余，年末均要结转至非财政拨款结余。首先，行政事业单位应对非财政拨款、非专项资金的收入与支出进行结转，核算出非财政拨款的预算收支结余。其中，事业单位应对本期结余的非财政拨款、非专项资金进行分配，提取专用结余；其次，完成上述结转与分配后，将本期的非财政拨款、非专项资金结余结转至非财政拨款结余科目。再次，对非财政拨款资金结余的滚存数的变动情况进行核算。

此外，需要关注的是非财政拨款结余资金的计提、使用、结转、年末冲销等绝大部分业务均在同一总账科目内设置了专门的明细科目，用于归集结余资金的变动情况，与财务会计关联性不大。

## 第六节 专用结余业务

专用结余思维导图如下所示。

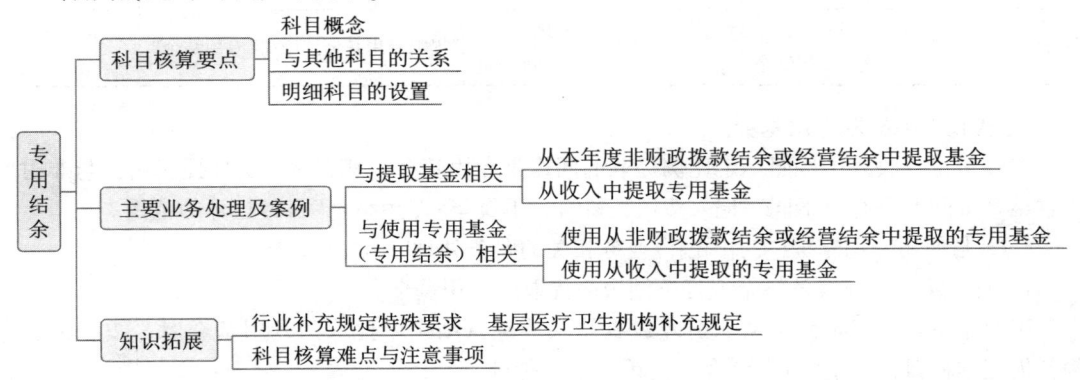

```
专用结余 ┬─ 科目核算要点 ┬─ 科目概念
         │                ├─ 与其他科目的关系
         │                └─ 明细科目的设置
         ├─ 主要业务处理及案例 ┬─ 与提取基金相关 ┬─ 从本年度非财政拨款结余或经营结余中提取基金
         │                    │                └─ 从收入中提取专用基金
         │                    └─ 与使用专用基金 ┬─ 使用从非财政拨款结余或经营结余中提取的专用基金
         │                       (专用结余)相关  └─ 使用从收入中提取的专用基金
         └─ 知识拓展 ┬─ 行业补充规定特殊要求  基层医疗卫生机构补充规定
                    └─ 科目核算难点与注意事项
```

### 一、科目核算要点

（一）专用结余的定义

专用结余是反映事业单位按照规定从非财政拨款结余中提取的具有专门用途的资金的变动和滚存情况。一般情况下，包括职工福利基金以及其他按照规定设定、从非财政拨款结余中提取的专用基金等。

专用结余在行政单位不适用。

（二）专用结余与其他科目的关系

预算结余的专用结余，应当按照专用结余的类别进行明细核算。一般情况下，与专用结余提取基金、使用基金业务相关的会计科目主要是非财政拨款结余分配、资金结存。

（三）专用结余明细科目设置

事业单位需设置"专用结余"总账科目，核算单位按照规定从非财政拨款结余中提取的具有专门用途的资金的变动和滚存情况。在总账科目下，新制度要求根据专用结余的类别设置明细科目。

### 二、主要业务处理及案例

事业单位的"专用结余"总账科目借方反映本期专用结余的使用数额，贷方反映专用结余的提取数额，年末存在贷方余额，反映事业单位从非同级财政拨款结余中提取的具有专门用途的资金的滚存数。

（一）与提取基金业务相关的账务处理

1. 从本年度非财政拨款结余或经营结余中提取基金。

事业单位根据有关规定从本年度非财政拨款结余或经营结余中提取基金的，按照提取金额，借记"非财政拨款结余分配"科目，贷记本科目。

【案例11050】B事业单位2019年年末非财政拨款结余贷方余额500 000元，按40%比例提取职工福利基金。

账务处理分录如下：

| | 提取专用结余 | 核算要点精讲 |
|---|---|---|
| 财务会计 | 借：本年盈余分配　　200 000<br>　　贷：专用基金　　　　　200 000 | 提取专用基金，增加"专用基金" |
| 预算会计 | 借：非财政拨款结余分配　200 000<br>　　贷：专用结余　　　　　200 000 | 提取专用基金，增加"专用结余" |

2. 从收入中提取专用基金。

事业单位从收入中按照一定比例提取的同样是专用基金，其实质属于预提费用，与非财政拨款结余分配业务有所不同，记入费用类科目，不属于"专用结余"科目核算的范围。

(二)与使用专用基金(专用结余)业务相关的账务处理

1. 使用从非财政拨款结余或经营结余中提取的专用基金。

事业单位根据规定使用从非财政拨款结余或经营结余中提取的专用基金时，按照使用金额，借记本科目，贷记"资金结存—货币资金"科目。

【案例11051】B事业单位2019年8月1日按照规定使用职工福利基金500元，用于购买图书亭图书。

账务处理分录如下：

| | 使用专用结余(未形成资产的) | 核算要点精讲 |
|---|---|---|
| 财务会计 | 借：专用基金　　　　500<br>　　贷：银行存款　　　　500 | 使用时，减少"专用基金" |
| 预算会计 | 借：专用结余　　　　500<br>　　贷：资金结存—货币资金　500 | 使用时，减少"专用结余" |

【案例11052】B事业单位2019年8月1日按照规定使用职工福利基金50 000元购买图书亭，丰富职工业余生活。

账务处理分录如下：

| | 使用专用结余购置固定资产、无形资产 | 核算要点精讲 |
|---|---|---|
| 财务会计 | 借：固定资产　　　　50 000<br>　　贷：银行存款　　　　50 000<br>借：专用基金　　　　50 000<br>　　贷：累计盈余　　　　50 000 | 使用时，减少"专用基金" |
| 预算会计 | 借：专用结余　　　　50 000<br>　　贷：资金结存—货币资金　50 000 | 使用时，减少"专用结余" |

2. 使用从收入中提取的专用基金。

事业单位使用规定从收入中按照一定比例提取基金时，不属于专用结余科目核算的范围。

## 三、知识拓展

(一)行业补充规定特殊要求

关于基层医疗卫生机构执行《政府会计制度——行政事业单位会计科目和报表》的补充规

定相关要求如下。

基层医疗卫生机构应当在新制度规定的"8301 专用结余"科目下设置如下明细科目。

1."830101 职工福利基金"科目，核算基层医疗卫生机构职工福利基金资金的变动和滚存情况。

2."830102 奖励基金"科目，核算基层医疗卫生机构奖励基金资金的变动和滚存情况。

(二)科目核算难点与注意事项

本科目核算事业单位按照规定从非财政拨款结余中提取的具有专门用途的资金的变动和滚存情况。科目理解与运用的重难点在于对从本年度非财政拨款结余或经营结余中提取基金和从预算收入中按照一定比例提取基金的区分。首先，二者提取时点不同，前者提取时点在年末结余分配环节，后者提取未规定特定的时点；其次，前者提取、使用基金时对应的预算会计科目是专用结余，后者提取时，预算会计不做账务，使用基金时对应的预算会计科目是事业支出等。

此外，需要关注的是专用结余科目的适用会计主体是事业单位。

## 第七节　经营结余业务

经营结余思维导图如下所示。

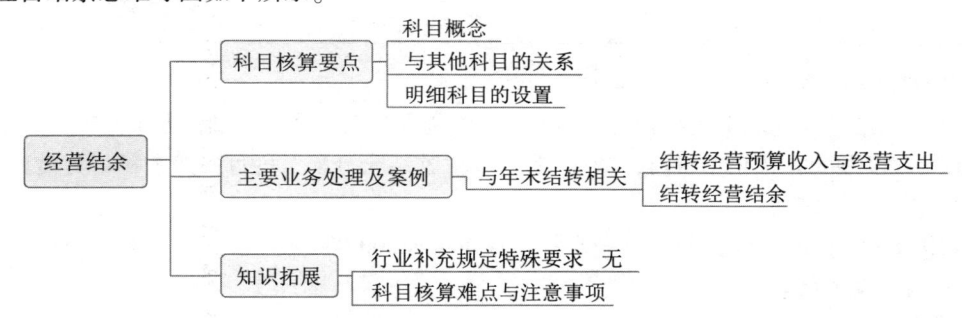

```
                        ┌── 科目概念
           ┌─ 科目核算要点 ─┼── 与其他科目的关系
           │              └── 明细科目的设置
           │
经营结余 ──┼─ 主要业务处理及案例 ── 与年末结转相关 ─┬── 结转经营预算收入与经营支出
           │                                      └── 结转经营结余
           │
           └─ 知识拓展 ─┬── 行业补充规定特殊要求　无
                       └── 科目核算难点与注意事项
```

### 一、科目核算要点

(一)经营结余的定义

经营结余是反映事业单位本年度经营活动收支相抵后余额弥补以前年度经营亏损后的余额。

经营结余＝经营预算收入－经营支出－以前年度经营亏损

(二)经营结余与其他科目的关系

预算结余的经营结余，可以按照经营活动类别进行明细核算。一般情况下，与经营结余年末结转业务相关的会计科目主要是经营预算收入、经营支出、非财政拨款结余分配。

(三)经营结余明细科目设置

事业单位需设置"经营结余"总账科目，核算事业单位本年度经营活动收支相抵后余额弥补以前年度经营亏损后的余额。在总账科目下，新制度要求根据经营活动类别进行明细核算。

## 二、主要业务处理及案例

事业单位的"经营结余"总账科目借方反映本期经营结余的减少，贷方反映经营结余的增加，年末结账后，本科目一般无余额；如为借方余额，为负结余，表示经营亏损。反映事业单位累计发生的经营亏损。

与年末结转业务相关的账务处理如下所示。

### （一）结转经营预算收入与经营支出

年末，事业单位将经营预算收入本年发生额转入本科目，借记"经营预算收入"科目，贷记本科目；将经营支出本年发生额转入本科目，借记本科目，贷记"经营支出"科目。

**【案例11053】** B事业单位2019年末经营预算收入500 000元，经营支出450 000元。

账务处理分录如下：

|  | 结转经营预算收入与经营支出 | 核算要点精讲 |
| --- | --- | --- |
| 财务会计 | 不做账务处理 | 财务会计不做账务处理 |
| 预算会计 | 借：经营预算收入　　　　500 000　　　贷：经营结余　　　　　　500 000借：经营结余　　　　　　450 000　　　贷：经营支出　　　　　　450 000 | 经营收支结转，均转至"经营结余" |

### （二）结转经营结余

年末，事业单位完成上述结转后，如本科目为贷方余额，将本科目贷方余额转入"非财政拨款结余分配"科目，借记本科目，贷记"非财政拨款结余分配"科目；如本科目为借方余额，为经营亏损，不予结转。

**【案例11054】** B事业单位2019年末经营预算收入500 000元，经营支出450 000元，不存在弥补以前年度亏损。

账务处理分录如下：

|  | 结转经营预算收支结余 | 核算要点精讲 |
| --- | --- | --- |
| 财务会计 | 不做账务处理 | 财务会计不做账务处理 |
| 预算会计 | 借：经营结余　　　　　　　50 000　　　贷：非财政拨款结余分配　　50 000 | 结转的前提为不存在经营亏损 |

## 三、知识拓展

本科目核算事业单位本年度经营活动收支相抵后余额弥补以前年度经营亏损后的余额。科目理解与运用的重难点在于事业单位经营活动与非经营活动的区别。同时，需要关注的是经营结余年末结转业务的逻辑顺序。首先，事业单位应将本年度经营预算收入与经营支出进行结转；其次，根据经营正结余或负结余来判断是否结转至非财政拨款结余分配账户。

此外，经营结余科目的适用会计主体是事业单位。

# 第八节 其他结余业务

其他结余思维导图如下所示。

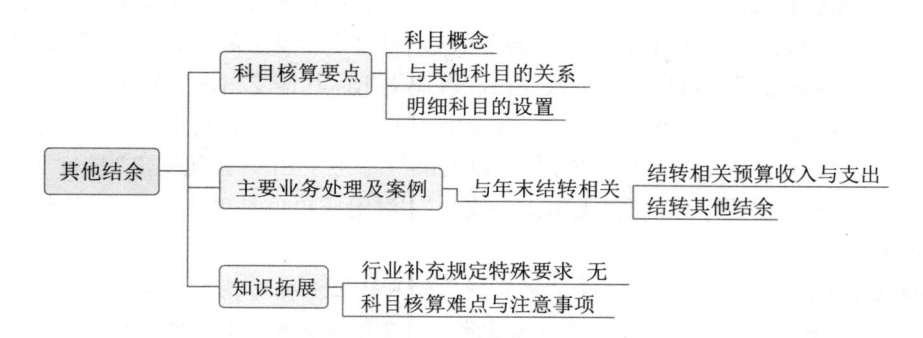

```
                    ┌─ 科目核算要点 ──┬─ 科目概念
                    │                 ├─ 与其他科目的关系
                    │                 └─ 明细科目的设置
其他结余 ───────────┤
                    ├─ 主要业务处理及案例 ─ 与年末结转相关 ─┬─ 结转相关预算收入与支出
                    │                                       └─ 结转其他结余
                    └─ 知识拓展 ──┬─ 行业补充规定特殊要求 无
                                  └─ 科目核算难点与注意事项
```

## 一、科目核算要点

（一）其他结余的定义

其他结余是反映行政事业单位本年度除财政拨款收支、非同级财政专项资金收支和经营收支以外各项收支相抵后的余额。

（二）其他结余与其他科目的关系

一般情况下，与其他结余年末收支结转业务相关的会计科目主要是事业预算收入、上级补助预算收入、附属单位上缴预算收入、非同级财政拨款预算收入、债务预算收入、其他预算收入、投资预算收益、行政支出、事业支出、其他支出、上缴上级支出、对附属单位补助支出、投资支出、债务还本支出；与其他结余年末结余分配也相关的会计科目主要是"非财政拨款结余—累计结余"（行政单位适用）、"非财政拨款结余分配"（事业单位适用）。

（三）其他结余明细科目设置

行政事业单位需设置"其他结余"总账科目，核算行政事业单位本年度除财政拨款收支、非同级财政专项资金收支和经营收支以外各项收支相抵后的余额。

在总账科目下，新制度未要求进行明细核算。

## 二、主要业务处理及案例

事业单位的"其他结余"总账科目借方反映有关预算支出的年末结转数额，贷方反映有关预算收入的年末结转数额。预算收支结转后，"其他结余"科目余额在贷方（正结余），反映行政事业单位本年度非财政拨款、非专项资金的预算收入（不包含经营预算收入）与支出（不包含经营支出）相抵减后的结余数额；科目余额在借方（负结余），反映行政事业单位非财政拨款、非专项资金的预算收入（不包含经营预算收入）与支出（不包含经营支出）相抵减后的结余数额为赤字。年末，行政单位将其他结余转至"非财政拨款结余"科目后，本科目应无余额；事业单位将其他结余转至"非财政拨款结余分配"科目后，本科目应无余额。

与年末相结转相关业务的账务处理如下。

— 395 —

1. 结转相关预算收入与支出。

年末,将事业预算收入、上级补助预算收入、附属单位上缴预算收入、非同级财政拨款预算收入、债务预算收入、其他预算收入本年发生额中的非专项资金收入以及投资预算收益本年发生额转入本科目,借记"事业预算收入""上级补助预算收入""附属单位上缴预算收入""非同级财政拨款预算收入""债务预算收入""其他预算收入"科目下各非专项资金收入明细科目和"投资预算收益"科目,贷记本科目("投资预算收益"科目本年发生额为借方净额时,借记本科目,贷记"投资预算收益"科目);将行政支出、事业支出、其他支出本年发生额中的非同级财政、非专项资金支出,以及上缴上级支出、对附属单位补助支出、投资支出、债务还本支出本年发生额转入本科目,借记本科目,贷记"行政支出""事业支出""其他支出"科目下各非同级财政、非专项资金支出明细科目和"上缴上级支出""对附属单位补助支出""投资支出""债务还本支出"科目。

【案例11055】B事业单位2019年末事业预算收入、上级补助预算收入、附属单位上缴预算收入、非同级财政拨款预算收入、债务预算收入、其他预算收入本年发生额中的非专项资金收入发生额分别为500 000元、100 000元、50 000元、30 000元、50 000元、200 000元,投资预算收益本年贷方发生额为60 000元;事业支出、其他支出本年发生额中的非同级财政、非专项资金支出本年发生额分别为300 000元、30 000元,上缴上级支出、对附属单位补助支出、投资支出、债务还本支出本年发生额分别为80 000元、40 000元、1 000 000元、50 000元。

账务处理分录如下:

| | 结转相关预算收入与支出 | | 核算要点精讲 |
|---|---|---|---|
| 财务会计 | 不做账务处理 | | 财务会计不做账务处理 |
| 预算会计 | 借:事业预算收入<br>　　上级补助预算收入<br>　　附属单位上缴预算收入<br>　　非同级财政拨款预算收入<br>　　债务预算收入<br>　　其他预算收入<br>　　投资预算收益<br>　贷:其他结余<br>借:其他结余<br>　贷:事业支出<br>　　其他支出<br>　　上缴上级支出<br>　　对附属单位补助支出<br>　　投资支出<br>　　债务还本支出 | 500 000<br>100 000<br>50 000<br>30 000<br>50 000<br>200 000<br>60 000<br>990 000<br>1 500 000<br>300 000<br>30 000<br>80 000<br>40 000<br>1 000 000<br>50 000 | 区分"事业预算收入""上级补助预算收入""附属单位上缴预算收入""非同级财政拨款预算收入""债务预算收入""其他预算收入"科目下各非专项资金收入;区分"事业支出""其他支出"本年发生额中的非同级财政、非专项资金支出 |

2. 结转其他结余。

年末,完成上述1结转后,行政单位将本科目余额转入"非财政拨款结余—累计结余"科目;事业单位将本科目余额转入"非财政拨款结余分配"科目。当本科目为贷方余额时,借记本科目,贷记"非财政拨款结余—累计结余"或"非财政拨款结余分配"科目;当本科目为借方余额时,借记"非财政拨款结余—累计结余"或"非财政拨款结余分配"科目,贷记本科目。

【案例11056】A行政单位2019年末将其他结余科目贷方余额50 000元结转至非财政拨款结余。

账务处理分录如下：

| | 结转其他结余 | 核算要点精讲 |
|---|---|---|
| 财务会计 | 不做账务处理 | 财务会计不做账务处理 |
| 预算会计 | 借：其他结余　　　　　　　　　　　50 000<br>　　贷：非财政拨款结余——累计结余　　50 000 | 其他结余最终结转至"非财政拨款结余" |

【案例11057】B事业单位2019年末将其他结余科目贷方余额30 000元结转至非财政拨款结余。

账务处理分录如下：

| | 结转其他结余 | 核算要点精讲 |
|---|---|---|
| 财务会计 | 不做账务处理 | 财务会计不做账务处理 |
| 预算会计 | 借：其他结余　　　　　　　　　　　30 000<br>　　贷：非财政拨款结余分配　　　　　　30 000 | 其他结余可结转至"非财政拨款结余" |

【案例11058】B事业单位2019年末将其他结余科目借方余额10 000元结转至非财政拨款结余分配。

账务处理分录如下：

| | 结转其他结余 | 核算要点精讲 |
|---|---|---|
| 财务会计 | 不做账务处理 | 财务会计不做账务处理 |
| 预算会计 | 借：非财政拨款结余分配　　　　　　10 000<br>　　贷：其他结余　　　　　　　　　　　10 000 | 其他结余可结转至"非财政拨款结余分配" |

### 三、知识拓展

本科目核算行政事业单位本年度除财政拨款收支、非同级财政专项资金收支和经营收支以外各项收支相抵后的余额。科目理解与运用的重难点在于行政事业单位事业预算收入、上级补助预算收入、附属单位上缴预算收入、非同级财政拨款预算收入、债务预算收入、其他预算收入本年发生额中的非专项资金收入的区分，行政支出、事业支出、其他支出本年发生额中的非同级财政、非专项资金支出的区分。同时，需要关注的是其他结余在行政单位与事业单位年末结转业务的区别。

# 第九节 非财政拨款结余分配业务

非财政拨款结余分配思维导图如下所示。

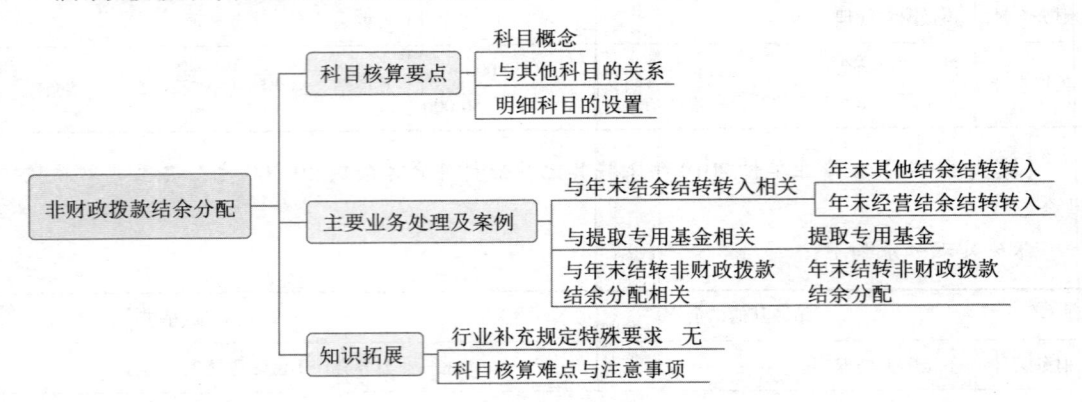

```
                        ┌── 科目概念
            ┌─科目核算要点─┼── 与其他科目的关系
            │            └── 明细科目的设置
            │
            │                  ┌─与年末结余结转转入相关──┬─年末其他结余结转转入
非财政拨款结余分配─┼─主要业务处理及案例─┤                      └─年末经营结余结转转入
            │                  ├─与提取专用基金相关────── 提取专用基金
            │                  └─与年末结转非财政拨款──── 年末结转非财政拨款
            │                    结余分配相关              结余分配
            │            ┌── 行业补充规定特殊要求   无
            └─知识拓展──┤
                        └── 科目核算难点与注意事项
```

## 一、科目核算要点

（一）非财政拨款结余分配的定义

非财政拨款结余分配是反映事业单位本年度非财政拨款结余分配的情况和结果。

（二）非财政拨款结余分配与其他科目的关系

一般情况下，与非财政拨款结余分配年末结余转入业务相关的会计科目主要是其他结余、经营结余；与非财政拨款结余分配年末提取基金业务相关的会计科目主要是专用结余；与年末非财政拨款结余分配余额转入业务相关的会计科目主要是非财政拨款结余。

（三）非财政拨款结余分配明细科目设置

行政事业单位需设置"非财政拨款结余分配"总账科目，核算事业单位本年度非财政拨款结余分配的情况和结果。

在总账科目下，新制度未要求进行明细核算。

## 二、主要业务处理及案例

事业单位的"非财政拨款结余分配"总账科目借方反映本年其他结余（负结余）的转入数额、专用基金提取数额、贷方反映本年其他结余、经营结余（正结余）的转入数额。年末，将"非财政拨款结余分配"余额转入"非财政拨款结余"，本科目应无余额。

（一）与年末相关结余结转转入的业务账务处理

1. 年末其他结余结转转入。

年末，将"其他结余"科目余额转入本科目，当"其他结余"科目为贷方余额时，借记"其他结余"科目，贷记本科目；当"其他结余"科目为借方余额时，借记本科目，贷记"其他结余"科目。

【案例11059】B事业单位2019年末将其他结余科目贷方余额50 000元结转至非财政拨款

结余分配。

账务处理分录如下：

| | 其他结余结转转入 | 核算要点精讲 |
|---|---|---|
| 财务会计 | 不做账务处理 | 财务会计不做账务处理 |
| 预算会计 | 借：其他结余　　　　　　50 000<br>　　贷：非财政拨款结余分配　　50 000 | 事业单位其他结余最终结转至"非财政拨款结余分配" |

2. 年末经营结余结转转入。

年末，将"经营结余"科目贷方余额转入本科目，借记"经营结余"科目，贷记本科目。

【案例11060】B事业单位2019年末将经营结余科目贷方余额60 000元结转至非财政拨款结余分配。

账务处理分录如下：

| | 其他结余结转转入 | 核算要点精讲 |
|---|---|---|
| 财务会计 | 不做账务处理 | 财务会计不做账务处理 |
| 预算会计 | 借：经营结余　　　　　　60 000<br>　　贷：非财政拨款结余分配　　60 000 | 事业单位经营结余存在贷方余额时，结转至"非财政拨款结余分配" |

(二)提取专用基金业务的账务处理

事业单位根据有关规定提取专用基金的，按照提取的金额，借记本科目，贷记"专用结余"科目。

【案例11061】B事业单位2019年末根据相关规定提取职工福利基金50 000元。

账务处理分录如下：

| | 计提专用基金 | 核算要点精讲 |
|---|---|---|
| 财务会计 | 借：本年盈余分配　　　　50 000<br>　　贷：专用基金　　　　　　50 000 | 提取专用基金，属于"本年盈余分配" |
| 预算会计 | 借：非财政拨款结余分配　　50 000<br>　　贷：专用结余　　　　　　50 000 | 提取专用基金，属于"非财政拨款结余分配" |

(三)年末结转非财政拨款结余分配业务账务处理

年末，事业单位按照规定完成上述结余转入、提取基金处理后，将本科目余额转入非财政拨款结余。当本科目为借方余额时，借记"非财政拨款结余—累计结余"科目，贷记本科目；当本科目为贷方余额时，借记本科目，贷记"非财政拨款结余—累计结余"科目。

【案例11062】B事业单位2019年末将非财政拨款结余分配科目借方余额10 000元结转至非财政拨款结余分配。

账务处理分录如下：

| | 结转非财政拨款结余分配 | 核算要点精讲 |
|---|---|---|
| 财务会计 | 不做账务处理 | 财务会计不做账务处理 |
| 预算会计 | 借：非财政拨款结余—累计结余　10 000<br>　　贷：非财政拨款结余分配　　　10 000 | 非财政拨款结余分配可结转至"非财政拨款结余分配" |

【案例11063】B事业单位2019年末将非财政拨款结余分配科目贷方余额30 000元结转至非财政拨款结余。

账务处理分录如下：

| | 结转非财政拨款结余分配 | 核算要点精讲 |
|---|---|---|
| 财务会计 | 不做账务处理 | 财务会计不做账务处理 |
| 预算会计 | 借：非财政拨款结余分配　　　　30 000<br>　　贷：非财政拨款结余—累计结余　30 000 | 非财政拨款结余分配可结转至"非财政拨款结余" |

## 三、知识拓展

本科目核算事业单位本年度非财政拨款结余分配的情况和结果。科目理解与运用的重难点在于事业单位经营结余科目借方存在余额（负结余），代表事业单位存在经营亏损，则不做转入非财政拨款结余分配账户。同时，需要关注的是非财政拨款结余分配仅适用的会计主体是事业单位。

## 本章小结

政府会计制度下规定的预算结余一级科目共九个，每个科目的概念、核算范围、核算要求等都各有区别。为便于读者学习，现将其归纳如下：

| 序号 | 科目代码 | 科目名称 | 概念 | 概念的关键点及易混淆内容 |
|---|---|---|---|---|
| 1 | 8001 | 资金结存 | 反映行政事业单位纳入部门预算管理的资金的流入、流出、调整和滚存等情况 | "资金结存"科目与财务会计的库存现金、银行存款、零余额账户用款额度等货币资金科目不存在严格对应关系，但在预算管理资金的流入、流出时，均进行账务处理 |
| 2 | 8101 | 财政拨款结转 | 反映行政事业单位取得的同级财政拨款结转资金的调整、结转和滚存情况 | 财政拨款结转资金的调整、结转、年末冲销等绝大部分业务均在同一总账科目内设置了专门的明细科目，用于归集结转资金的变动情况 |
| 3 | 8102 | 财政拨款结余 | 反映行政事业单位取得的同级财政拨款项目支出结余资金的调整、结转和滚存情况 | 对于中央部门结转和结余资金的区分，二者在互为结转时均以客观分析为前提。财政拨款结余资金的调整、结转、年末冲销等绝大部分业务均在同一总账科目内设置了专门的明细科目，用于归集结余资金的变动情况 |
| 4 | 8201 | 非财政拨款结转 | 反映行政事业单位除财政拨款收支、经营收支以外各非同级财政拨款专项资金的调整、结转和滚存情况 | 相对于同级财政拨款，非财政拨款是指行政事业单位同级财政以外的预算资金来源中，具有专项项目限定用途的资金。一般情况下，与非财政拨款结转资金调整、缴回业务相关的会计科目主要是非财政拨款结余、资金结存；与非财政拨款结转资金年末结转业务相关的会计科目主要是事业预算收入、上级补助预算收入、附属单位上缴预算收入、非同级财政拨款预算收入、债务预算收入、其他预算收入、行政支出、事业支出、其他支出 |

第十一章 预算结余类会计业务

续表

| 序号 | 科目代码 | 科目名称 | 概念 | 概念的关键点及易混淆内容 |
|---|---|---|---|---|
| 5 | 8202 | 非财政拨款结余 | 反映行政事业单位历年滚存的无限定用途的非同级财政拨款结余资金，主要为非财政拨款结余扣除结余分配后滚存的金额 | 相对于非财政拨款结转而言，非财政拨款结余是指行政事业单位无限定用途的非财政拨款资金的剩余资金。一般情况下，与非财政拨款结余资金调整、提取、使用业务相关的会计科目主要是非财政拨款结转、资金结存；与非财政拨款结余资金年末结转业务相关的会计科目主要是非财政拨款结转、非财政拨款结余分配、其他结余 |
| 6 | 8301 | 专用结余 | 反映事业单位按照规定从非财政拨款结余中提取的具有专门用途的资金的变动和滚存情况 | 一般情况下，与专用结余提取基金、使用基金业务相关的会计科目主要是非财政拨款结余分配、资金结存 |
| 7 | 8401 | 经营结余 | 反映事业单位本年度经营活动收支相抵后余额弥补以前年度经营亏损后的余额 | 一般情况下，与经营结余年末结转业务相关的会计科目主要是经营预算收入、经营支出、非财政拨款结余分配 |
| 8 | 8501 | 其他结余 | 反映行政事业单位本年度除财政拨款收支、非同级财政专项资金收支和经营收支以外各项收支相抵后的余额 | 一般情况下，与其他结余年末收支结转业务相关的会计科目主要是事业预算收入、上级补助预算收入、附属单位上缴预算收入、非同级财政拨款预算收入、债务预算收入、其他预算收入、投资预算收益、行政支出、事业支出、其他支出、上缴上级支出、对附属单位补助支出、投资支出、债务还本支出；与其他结余年末结余分配相关的会计科目主要是非财政拨款结余—累计结余(行政单位适用)、非财政拨款结余分配(事业单位适用) |
| 9 | 8701 | 非财政拨款结余分配 | 反映事业单位本年度非财政拨款结余分配的情况和结果 | 一般情况下，与非财政拨款结余分配年末结余转入业务相关的会计科目主要是其他结余、经营结余；与非财政拨款结余分配年末提取基金业务相关的会计科目主要是专用结余；与年末非财政拨款结余分配余额转入业务相关的会计科目主要是非财政拨款结余 |

# 第三篇

# 报表编制和列报

根据《政府会计准则——基本准则》规定，政府会计主体应当编制决算报告和财务报告。决算报告的目标是向决算报告使用者提供与政府预算执行情况有关的信息，综合反映政府会计主体预算收支的年度执行结果，有助于决算报告使用者进行监督和管理，并为编制后续年度预算提供参考和依据。财务报告的目标是向财务报告使用者提供与政府的财务状况、运行情况（含运行成本，下同）和现金流量等有关信息，反映政府会计主体公共受托责任履行情况，有助于财务报告使用者做出决策或者进行监督和管理。

本书第三篇内容根据《政府会计准则——基本准则》《政府会计制度——行政事业单位会计科目和报表》《政府会计准则第9号——财务报表编制和列报》规定，通过综合案例及业务处理，编制财务报表及附注和预算会计报表，能够反映政府会计主体公共受托责任履行情况以及报告使用者决策或者监督、管理的需要，有助于报告使用者对政府会计主体过去、现在或者未来的情况做出评价或者预测。

# 第十二章　综合案例及业务处理

**本章导读**

本章根据财务会计、预算会计八大类科目的有关规定,在本书第二篇章节的基础上,通过政府会计主体常见的业务案例及其业务处理,熟悉政府会计业务处理流程,并作为财务报表及预算会计报表编制的基础。

本章思维导图如下所示。

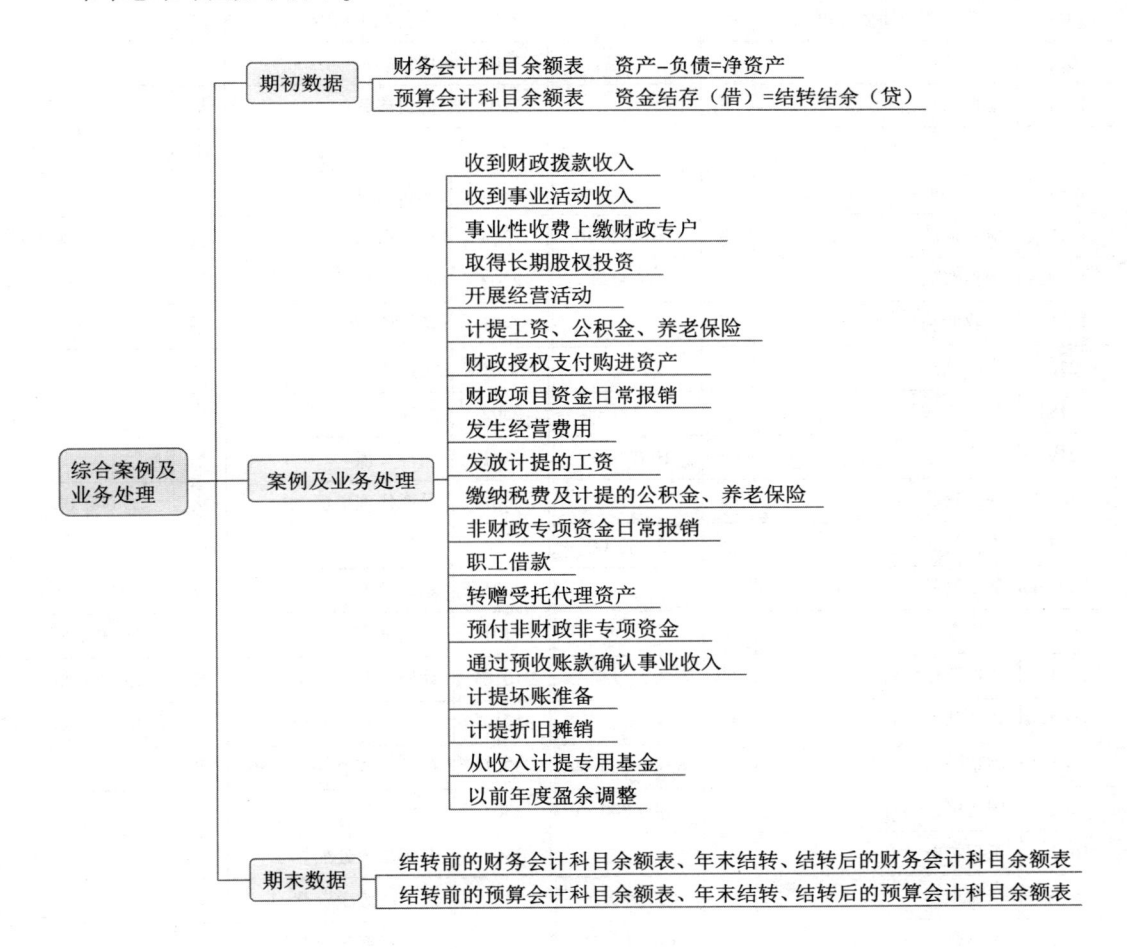

```
                    ┌─ 期初数据 ─┬─ 财务会计科目余额表    资产-负债=净资产
                    │            └─ 预算会计科目余额表    资金结存（借）=结转结余（贷）
                    │
                    │              ┌─ 收到财政拨款收入
                    │              ├─ 收到事业活动收入
                    │              ├─ 事业性收费上缴财政专户
                    │              ├─ 取得长期股权投资
                    │              ├─ 开展经营活动
                    │              ├─ 计提工资、公积金、养老保险
                    │              ├─ 财政授权支付购进资产
                    │              ├─ 财政项目资金日常报销
综合案例及 ─────────┼─ 案例及业务处理 ┼─ 发生经营费用
业务处理            │              ├─ 发放计提的工资
                    │              ├─ 缴纳税费及计提的公积金、养老保险
                    │              ├─ 非财政专项资金日常报销
                    │              ├─ 职工借款
                    │              ├─ 转赠受托代理资产
                    │              ├─ 预付非财政非专项资金
                    │              ├─ 通过预收账款确认事业收入
                    │              ├─ 计提坏账准备
                    │              ├─ 计提折旧摊销
                    │              ├─ 从收入计提专用基金
                    │              └─ 以前年度盈余调整
                    │
                    └─ 期末数据 ─┬─ 结转前的财务会计科目余额表、年末结转、结转后的财务会计科目余额表
                                 └─ 结转前的预算会计科目余额表、年末结转、结转后的预算会计科目余额表
```

## 第一节  期初数据

2019年1月1日,按照政府会计制度和有关衔接规定,B事业单位新旧衔接后有关会计科目如下:

**科目余额表(财务)**

报表期间:2019年01月                                                                                                           单位:元

| 科目编号 | 科目名称 | 方向 | 期初余额 | 科目编号 | 科目名称 | 方向 | 期初余额 |
|---|---|---|---|---|---|---|---|
| 1001 | 库存现金 | 借 | 1 000.00 | 2001 | 短期借款 | 平 | |
| 1002 | 银行存款 | 借 | 500 000.00 | 2101 | 应交增值税 | 贷 | 35 000.00 |
| 100201 | 银行存款 | 借 | 490 000.00 | 2102 | 其他应交税费 | 平 | |
| 100202 | 受托代理资产 | 借 | 10 000.00 | 2103 | 应缴财政款 | 平 | |
| 1011 | 零余额账户用款额度 | 平 | | 2201 | 应付职工薪酬 | 平 | |
| 1021 | 其他货币资金 | 平 | | 2301 | 应付票据 | 平 | |
| 1101 | 短期投资 | 平 | | 2302 | 应付账款 | 贷 | 300 000.00 |
| 1201 | 财政应返还额度 | 平 | | 2303 | 应付政府补贴款 | 平 | |
| 1211 | 应收票据 | 平 | | 2304 | 应付利息 | 平 | |
| 1212 | 应收账款 | 借 | 200 000.00 | 2305 | 预收账款 | 贷 | 60 000.00 |
| 1214 | 预付账款 | 借 | 30 000.00 | 2307 | 其他应付款 | 贷 | 15 000.00 |
| 1215 | 应收股利 | 平 | | 2401 | 预提费用 | 平 | |
| 1216 | 应收利息 | 平 | | 2501 | 长期借款 | 平 | |
| 1218 | 其他应收款 | 借 | 15 000.00 | 2502 | 长期应付款 | 平 | |
| 1219 | 坏账准备 | 贷 | 10 000.00 | 2601 | 预计负债 | 平 | |
| 1301 | 在途物品 | 平 | | 2901 | 受托代理负债 | 贷 | 25 000.00 |
| 1302 | 库存物品 | 借 | 3 000.00 | | 负债小计 | | 435 000.00 |
| 1303 | 加工物品 | 平 | | 3001 | 累计盈余 | 贷 | 4 324 000.00 |
| 1401 | 待摊费用 | 平 | | 3101 | 专用基金 | 贷 | 25 000.00 |
| 1501 | 长期股权投资 | 借 | | 310101 | 计提的专用基金 | 贷 | 15 000.00 |
| 1502 | 长期债券投资 | 平 | | 310102 | 分配的专用基金 | 贷 | 10 000.00 |
| 1601 | 固定资产 | 借 | 6 000 000.00 | 3201 | 权益法调整 | 平 | |
| 1602 | 固定资产累计折旧 | 贷 | 2 500 000.00 | 3301 | 本期盈余 | 平 | |
| 1611 | 工程物资 | 平 | | 3302 | 本年盈余分配 | 平 | |
| 1613 | 在建工程 | 借 | 400 000.00 | 3401 | 无偿调拨净资产 | 平 | |
| 1701 | 无形资产 | 借 | 150 000.00 | 3501 | 以前年度盈余调整 | 平 | |
| 1702 | 无形资产累计摊销 | 贷 | 20 000.00 | | 净资产小计 | 贷 | 4 349 000.00 |

续表

| 科目编号 | 科目名称 | 期初余额 方向 | 期初余额 余额 | 科目编号 | 科目名称 | 期初余额 方向 | 期初余额 余额 |
|---|---|---|---|---|---|---|---|
| 1703 | 研发支出 | 平 | | | | | |
| 1801 | 公共基础设施 | 平 | | | | | |
| 1802 | 公共基础设施累计折旧（摊销） | 平 | | | | | |
| 1811 | 政府储备物资 | 平 | | | | | |
| 1821 | 文物文化资产 | 平 | | | | | |
| 1831 | 保障性住房 | 平 | | | | | |
| 1832 | 保障性住房累计折旧 | 平 | | | | | |
| 1891 | 受托代理资产 | 借 | 15 000.00 | | | | |
| 1901 | 长期待摊费用 | 平 | | | | | |
| 1902 | 待处理财产损溢 | 平 | | | | | |
| | 合计 | 借 | 4 784 000.00 | | 合计 | 贷 | 4 784 000.00 |

在上述科目余额表中，银行存款下设二级明细科目，分为日常资金和受托代理资产，保证了"受托代理资产"+"银行存款—受托代理资产"="受托代理负债"；部分科目进行了简化处理。

## 科目余额表（预算）

期间：2019 年 01 月

| 科目编号 | 科目名称 | 期初余额 方向 | 期初余额 余额 |
|---|---|---|---|
| 8001 | 资金结存 | 借 | 491 000.00 |
| 8101 | 财政拨款结转 | 平 | 0.00 |
| 8102 | 财政拨款结余 | 平 | 0.00 |
| 8201 | 非财政拨款结转 | 贷 | 266 000.00 |
| 8202 | 非财政拨款结余 | 贷 | 215 000.00 |
| 8301 | 专用结余 | 贷 | 10 000.00 |
| 8401 | 经营结余 | 平 | 0.00 |
| 8501 | 其他结余 | 平 | 0.00 |
| 8701 | 非财政拨款结余分配 | 平 | 0.00 |
| | 合计 | 借 | 491 000.00 |
| | | 贷 | 491 000.00 |

在上述科目余额表中，专用结余等于财务会计的"专用基金—分配的专用基金"，从收入中计提的专用基金预算会计在"非财政拨款结余"中核算。

上述科目余额为 2019 年 1 月 1 日余额，财务会计收入、费用和预算会计的预算收入、预算支出科目期初余额均为 0。

## 第二节 案例及业务处理

为便于理解和简化，本节综合案例假设B事业单位（增值税小规模纳税人，税率3%，下同）2019年1~11月未发生相应业务，假设相关的税费也未缴纳，所有业务均发生在12月份，可能违背实务中业务管理流程（如增值税的缴纳等），但不影响对政府会计的理解和学习。

【案例12001】2019年12月1日，根据部门预算批复，收到开户银行财政授权支付通知书，收到X项目财政专项资金200 000元；同时工资专户收到财政拨付的工资300 000元。

关键辅助信息：X项目为财政资金安排的专项。

账务处理分录如下：

| | 确认财政拨款收入 | 核算要点精讲 |
|---|---|---|
| 财务会计 | 借：零余额账户用款额度　　　　200 000<br>　　贷：财政拨款收入—项目支出X　　200 000<br>借：银行存款　　　　　　　　　300 000<br>　　贷：财政拨款收入—基本支出　　　300 000 | 财务会计中财政拨款收入核算时是否应按照基本、项目进行分类，没有明确的说法，本案例是根据财务会计与预算会计相对应的原则进行的账务处理；实务中可不设基本和项目二级明细科目 |
| 预算会计 | 借：资金结存—货币资金　　　　300 000<br>　　贷：财政拨款预算收入—基本支出—人员经费<br>　　　　　　　　　　　　　　　300 000<br>借：资金结存—零余额账户用款额度　200 000<br>　　贷：财政拨款预算收入—项目支出X　200 000 | 预算会计核算时财政拨款预算收入应按基本支出和项目支出进行核算；同时基本支出还应区分人员经费和日常公用经费进行核算；工资已转至单位工资专户 |

【案例12002】2019年12月1日，与西武设计公司签订合同Y项目，开展专业技术服务，合同约定金额103 000元，B事业单位开具全额增值税普通发票（票面价款100 000元、增值税3 000元），12月2日，技术服务完成，西武设计公司一次性支付合同款，按规定计提项目管理费及间接费（假设比例为10%）。

关键辅助信息：假设小规模纳税人税率3%；收入来源：西武设计公司；Y项目为非财政资金安排的项目；预提费用。

账务处理分录如下：

| | 确认事业收入 | 核算要点精讲 |
|---|---|---|
| 财务会计 | 借：银行存款　　　　　　　　　103 000<br>　　贷：事业收入—西武设计公司　　　100 000<br>　　　　应交增值税　　　　　　　　3 000<br>借：业务活动费用—商品与服务支出—税金及其他附加费用　　　　　　　　　　　　　360<br>　　贷：其他应交税费—城市维护建设税　210<br>　　　　其他应交税费—教育费附加　　90<br>　　　　其他应交税费—地方教育费附加　60 | 本案例假设为小规模纳税人，便于读者理解，因为事业单位小规模纳税人居多，即使部分单位为一般纳税人，也普遍选择简易征收；权责发生制下事业收入确认的四种方法，本案例进行了简易处理，一次性确认收入；收入按来源区分 |

续表

| | | |
|---|---|---|
| 预算会计 | 借：资金结存—货币资金　　　　　103 000<br>　　贷：事业预算收入—Y项目—西武设计公司<br>　　　　　　　　　　　　　　　103 000 | 预算会计按项目进行核算；年末结转时才能区分非财政拨款结转或非财政拨款结余；预算会计收入与财务会计收入形成3 000元差异 |
| | 预提费用 | |
| 财务会计 | 借：业务活动费用—其他商品与服务费用　10 000<br>　　贷：预提费用—项目间接费用或管理费　10 000 | 业务活动费用明细科目应参考部门经济分类科目进行核算；财务会计收入按比例进行计提10% |
| 预算会计 | 借：非财政拨款结转—项目间接费用或管理费<br>　　　　　　　　　　　　　　　10 000<br>　　贷：非财政拨款结余—项目间接费用或管理费<br>　　　　　　　　　　　　　　　10 000 | 按照规定计提项目间接费用或管理费的数额 |

**【案例12003】** 2019年12月1日，开具行政事业性票据，收取事业性收费500 000元，收费名称为报名费，收费对象为个人，上述收费按规定上缴财政专户；12月2日，将上述收费上缴至财政专户，12月30日，财政将上述资金予以返还至单位基本账户。

关键辅助信息：上缴财政专户。

账务处理分录如下：

| | 收到款项 | 核算要点精讲 |
|---|---|---|
| 财务会计 | 借：银行存款　　　　　　　　　500 000<br>　　贷：应缴财政款—应缴财政专户—报名费 500 000 | 上缴财政专户时建议应按收费项目设置明细科目；返还时方便进行账务处理 |
| 预算会计 | 不做账务处理 | |
| | 上缴财政专户 | |
| 财务会计 | 借：应缴财政款—应缴财政专户—报名费 500 000<br>　　贷：银行存款　　　　　　　　　500 000 | |
| 预算会计 | 不做账务处理 | |
| | 财政专户返还 | |
| 财务会计 | 借：银行存款　　　　　　　　　500 000<br>　　贷：事业收入—报名费　　　　　500 000 | 上缴财政专户时建议应按收费项目设置明细科目；返还时可方便确认收入明细科目 |
| 预算会计 | 借：资金结存—货币资金　　　　　500 000<br>　　贷：事业预算收入—报名费　　　500 000 | 本案例将上述收入用于基本支出，没有用于安排项目支出 |

**【案例12004】** 2019年12月1日，根据科技成果转化办法，经有关部门批准，使用无形资产投资西京科技发展公司，占该公司股权15%，该无形资产原值50 000元，已计提摊销20 000元。

关键辅助信息：投资公司为西京科技发展公司；成本法核算。

账务处理分录如下：

| | 取得对外投资 | 核算要点精讲 |
|---|---|---|
| 财务会计 | 借：长期股权投资—西京科技发展公司　30 000<br>　　无形资产累计摊销　　　　　　20 000<br>　　贷：无形资产　　　　　　　　　50 000 | 本案例使用成本法核算对外投资按投资对象设置明细科目 |
| 预算会计 | 不做账务处理 | 无"现金"流入流出 |

【案例 12005】2019 年 12 月 1 日，开展非独立核算的经营活动，与武京商贸公司签订合同，合同约定金额 206 000 元（含税），开具全额增值税普通发票（票面价款 200 000 元、增值税 6 000 元），合同已履行完毕，款项已收到；该收入纳入单位部门预算管理。

关键辅助信息：经营活动；收入来源：武京商贸公司。

账务处理分录如下：

| | 收到款项 | | 核算要点精讲 |
|---|---|---|---|
| 财务会计 | 借：银行存款 206 000<br>　　贷：经营收入—武京商贸公司 200 000<br>　　　　应交增值税 6 000<br>借：业务活动费用—商品与服务支出-税金及其他附加费用<br>　　　　720<br>　　贷：其他应交税费—城市维护建设税 420<br>　　　　其他应交税费—教育费附加 180<br>　　　　其他应交税费—地方教育费附加 120 | | 经营收入单独科目核算，应按收入来源进行核算，本案例为小规模纳税人 |
| 预算会计 | 借：资金结存—货币资金 206 000<br>　　贷：经营预算收入—武京商贸公司 206 000 | | |

【案例 12006】11 月 30 日，计提 11 月工资，其中业务部门工资 150 000 元、管理部门工资 50 000，经营部门工资 20 000 元，并按规定计提公积金及社会养老保险。

关键辅助信息：假设工资不再区分基本工资和绩效工资等详细分类，省略医疗保险、职业年金等业务；公积金个人扣款 5%、单位负担 12%；养老保险个人负担 12%，单位负担 28%。

账务处理分录如下：

| | 计提工资 | | 核算要点精讲 |
|---|---|---|---|
| 财务会计 | 借：业务活动费用—工资福利支出 210 000<br>　　单位管理费用—工资福利支出 70 000<br>　　经营费用—工资福利支出 28 000<br>　　贷：应付职工薪酬—工资 220 000<br>　　　　应付职工薪酬—社会养老保险 61 600<br>　　　　应付职工薪酬—住房公积金 26 400 | | 计提时同时计提单位负担部分的公积金、养老保险等；业务活动费用（公积金 18 000 元、社会保险 42 000 元）、单位管理费（公积金 6 000 元、社会保险 14 000 元）、经费费用（公积金 2 400 元、社会保险 5 600 元） |
| 预算会计 | 不做账务处理 | | |

【案例 12007】12 月 1 日，业务部门与科汇公司签订合同，使用财政专项资金 X 项目购置计算机一批，总价款 180 000 元（含税），计算机已验收交付使用；通过零余额账户支付全额货款。

关键辅助信息：财政专项 X 项目；支付对象：科汇公司。

账务处理分录如下：

| | 支付货款 | | 核算要点精讲 |
|---|---|---|---|
| 财务会计 | 借：固定资产—通用设备 180 000<br>　　贷：零余额账户用款额度 180 000 | | |
| 预算会计 | 借：事业支出—财政拨款支出—项目 X—其他资本性支出—设备购置 180 000<br>　　贷：资金结存—零余额账户用款额度 180 000 | | 备注信息：科汇公司 |

— 410 —

**【案例12008】** 12月1日，业务部门使用专项资金X项目使用公务卡报销差旅费5 000元，通过零余额账户偿还信用卡。

关键辅助信息：财政专项X项目。

账务处理分录如下：

| | 支付货款 | 核算要点精讲 |
|---|---|---|
| 财务会计 | 借：业务活动费用—商品与服务费用—差旅费　5 000<br>　　贷：零余额账户用款额度　5 000 | |
| 预算会计 | 借：事业支出—财政拨款支出—项目支出X—商品与服务支出—差旅费　5 000<br>　　贷：资金结存—零余额账户用款额度　5 000 | |

**【案例12009】** 12月1日，开展非独立核算经营活动，向西京供电局支付电费5 000元，款项通过银行存款支付。

关键辅助信息：经营活动；支付对象：西京供电局。

账务处理分录如下：

| | 支付电费 | 核算要点精讲 |
|---|---|---|
| 财务会计 | 借：经营费用—商品与服务费用—电费　5 000<br>　　贷：银行存款　5 000 | |
| 预算会计 | 借：经营支出—其他资金支出—基本支出—商品与服务支出—差旅费　5 000<br>　　贷：资金结存—货币资金　5 000 | |

**【案例12010】** 12月5日，发放11月计提的工资，并按规定代扣代缴个人所得税。

关键辅助信息：假设个人所得税税率为3%。

账务处理分录如下：

| | 发放工资 | 核算要点精讲 |
|---|---|---|
| 财务会计 | 借：应付职工薪酬—工资　220 000<br>　　贷：其他应交税费—个人所得税　5 478<br>　　　　应付职工薪酬—社会养老保险　26 400<br>　　　　应付职工薪酬—住房公积金　11 000<br>　　　　银行存款　177 122 | 代扣个人负担的住房公积金、社会养老保险、个人所得税；计算过程：社会养老保险=220 000×12%=26 400(元)；住房公积金=220 000×5%=11 000(元)；个人所得税=(220 000-26 400-11 000)×3%=5 478(元) |
| 预算会计 | 借：事业支出—财政拨款支出—基本支出—工资福利支出　161 020<br>　　经营支出—其他资金支出—基本支出—工资福利支出　16 102<br>　　贷：资金结存—货币资金　177 122 | 应区分经营支出；计算过程=经营费用计提的工资-(经营费用代扣的住房公积、社会养老保险、个人所得税)=20 000-1 000-2 400-498=16 102(元) |

**【案例12011】** 12月10日，按规定缴纳上月(本案例期初列示的增值税，假设其他应交税费为0)有关税费和11月计提的住房公积金、社会养老保险等。

关键辅助信息：单位代扣及单位负担的住房公积金、社会养老保险。

账务处理分录如下：

— 411 —

| | 缴纳相关款项 | 核算要点精讲 |
|---|---|---|
| 财务会计 | 借：应交增值税　　　　　　　　　　　35 000<br>　　　应付职工薪酬—社会养老保险　　　88 000<br>　　　应付职工薪酬—住房公积金　　　　37 400<br>　　贷：银行存款　　　　　　　　　　　160 400 | 缴纳上月增值税（科目余额表数字）、本月计提的社会养老保险及住房公积金；个人所得税实务中应在下月缴纳；本案例假设在本月缴纳，方便对政府会计处理流程进行理解 |
| 预算会计 | 借：事业支出—财政拨款支出—基本支出—工资福利支出<br>　　　　　　　　　　　　　　　　　　114 000<br>　　　事业支出—其他资金支出—基本支出—商品与服务支出—税金及其他附加费用　　　　35 000<br>　　　经营支出—其他资金支出—基本支出—工资福利支出<br>　　　　　　　　　　　　　　　　　　11 400<br>　　贷：资金结存—货币资金　　　　　　160 400 | 应区分经营支出；计算过程＝经营费用计提及代扣的住房公积、社会养老保险＝3 400+8 000＝11 400元，应交增值税在预算会计中在事业支出科目核算 |

【案例12012】12月1日，Y项目实施过程中支付给西京复印部印刷费50 000元；款项通过银行存款支付。

关键辅助信息：Y项目，支付对象：西京复印部。

账务处理分录如下：

| | 支付印刷费及劳务费 | 核算要点精讲 |
|---|---|---|
| 财务会计 | 借：业务活动费用—商品与服务费用—印刷费　50 000<br>　　贷：银行存款　　　　　　　　　　　　　50 000 | 记录辅助信息：支付对象 |
| 预算会计 | 借：事业支出—非财政专项资金—项目支出Y—商品与服务支出—印刷费　　　　　　　　　　　50 000<br>　　贷：资金结存—货币资金　　　　　　　　50 000 | |

【案例12013】12月1日，职工张三借款10 000元作为投标保证金参加投标，款项已支付至西信招标代理公司。

关键辅助信息：支付对象：西信招标代理公司。

账务处理分录如下：

| | 投标保证金 | 核算要点精讲 |
|---|---|---|
| 财务会计 | 借：其他应收款—保证金　　10 000<br>　　贷：银行存款　　　　　　10 000 | |
| 预算会计 | 不做账务处理 | 将来仍继续原渠道返还，预算会计不进行账务处理；实务中如误进行预算会计账务处理；返还时应冲减支出 |

【案例12014】12月1日，将指定捐赠的资金5 000转交至受赠对象。

关键辅助信息：受托代理负债、受托代理资产。

账务处理分录如下：

| | 转赠指定捐赠 | 核算要点精讲 |
|---|---|---|
| 财务会计 | 借：受托代理负债—指定捐赠　　　5 000<br>　贷：银行存款—受托代理资产　　　　5 000 | |
| 预算会计 | 不做账务处理 | 没有纳入"部门预算"管理 |

【案例12015】12月30日，与西京装修公司签订合同20 000元，合同签订后预付对方公司装修费用6 000元。

关键辅助信息：假设非财政拨基本支出；预付账款；支付对象：西京装修公司。

账务处理分录如下：

| | 预付装修款 | 核算要点精讲 |
|---|---|---|
| 财务会计 | 借：预付账款—西京装修公司　　　6 000<br>　贷：银行存款　　　　　　　　　　6 000 | |
| 预算会计 | 借：事业支出—其他资金支出—基本支出—商品与服务支出—维修费　　　　　　　　　6 000<br>　贷：资金结存—货币资金　　　　　　6 000 | 支付对象：西京装修公司 |

【案例12016】12月30日，完成上年度签署的合同，通过预收账款（西武设计公司）确认事业收入50 000元。

关键辅助信息：假设为基本支出收入，收入来源：西武设计公司。

账务处理分录如下：

| | 确认上年收入（预收账款） | 核算要点精讲 |
|---|---|---|
| 财务会计 | 借：事业收入　　　　　　　　　　50 000<br>　贷：预收账款—西武设计公司　　　50 000 | 收入来源：西武设计公司 |
| 预算会计 | 不做账务处理 | |

【案例12017】12月30日，通过个别认定法，确认以前年度应收账款（武京贸易有限公司）20 000元无法收回，单位按规定计提了坏账准备。

关键辅助信息：坏账准备：个别认定法。

账务处理分录如下：

| | 计提坏账准备 | 核算要点精讲 |
|---|---|---|
| 财务会计 | 借：其他费用—坏账损失　　　　　20 000<br>　贷：坏账准备—武京贸易公司　　　20 000 | 个别认定法；备查簿登记 |
| 预算会计 | 不做账务处理 | |

【案例12018】12月30日，资产管理部门通过资产系统计提12月份固定资产折旧12 000元（其中业务部门8 000元、行政部门4 000元），业务部门计提无形资产摊销1 200元。

关键辅助信息：计提折旧和摊销时区分费用类。

账务处理分录如下：

|  | 计提折旧及摊销 |  | 核算要点精讲 |
| --- | --- | --- | --- |
| 财务会计 | 借：业务活动费用—固定资产折旧费<br>　　单位管理费用—固定资产折旧费<br>　　业务活动费用—无形资产摊销费<br>　贷：固定资产累计折旧<br>　　　无形资产累计摊销 | 8 000<br>4 000<br>1 200<br>12 000<br>1 200 | 固定资产累计折旧二级明细科目应和固定资产二级明细科目一一对应 |
| 预算会计 | 不做账务处理 |  |  |

【案例12019】12月30日，按规定从财政专户返还收入中提取专用基金，计提比例为5%。

关键辅助信息：计提专用基金。

账务处理分录如下：

|  | 从收入计提专用基金 |  | 核算要点精讲 |
| --- | --- | --- | --- |
| 财务会计 | 借：业务活动费用—计提专用基金<br>　贷：专用基金 | 25 000<br>25 000 | 本案例专户返还收入为500 000元，计提专用基金25 000元 |
| 预算会计 | 不做账务处理 |  |  |

【案例12020】12月30日，根据审计决定退回上年度发放的津补贴18 000元；款项已收妥。

关键辅助信息：以前年度业务，假设为基本支出非财政资金。

财务处理分录如下：

|  | 退回以前年度津补贴 |  | 核算要点精讲 |
| --- | --- | --- | --- |
| 财务会计 | 借：银行存款<br>　贷：以前年度盈余调整—审计退回 | 18 000<br>18 000 |  |
| 预算会计 | 借：资金结存—货币资金<br>　贷：非财政拨款结余—年初余额调整 | 18 000<br>18 000 | 基本支出非财政资金，退回时在非财政拨款结余科目核算 |

# 第三节　期末数据

## 一、结转前的科目余额

为简便操作，将期末结转及年末结转同时处理，省略结转过程，实务中结转工作一般由信息化系统自动完成

**科目余额表（财务）（结转前）**

报表期间：2019年12月

| 科目编号 | 科目名称 | 期末余额 方向 | 期末余额 余额 | 科目编号 | 科目名称 | 期末余额 方向 | 期末余额 余额 |
| --- | --- | --- | --- | --- | --- | --- | --- |
| 1001 | 库存现金 | 借 | 1 000.00 | 2001 | 短期借款 | 平 | 0.00 |
| 1002 | 银行存款 | 借 | 1 213 478.00 | 2101 | 应交增值税 | 贷 | 9 000.00 |
| 100201 | 银行存款 | 借 | 1 208 478.00 | 2102 | 其他应交税费 | 贷 | 6 558.00 |

续表

| 科目编号 | 科目名称 | 方向 | 期末余额 余额 | 科目编号 | 科目名称 | 方向 | 期末余额 余额 |
|---|---|---|---|---|---|---|---|
| 100202 | 受托代理资产 | 借 | 5 000.00 | 2103 | 应缴财政款 | 平 | 0.00 |
| 1011 | 零余额账户用款额度 | 借 | 15 000.00 | 2201 | 应付职工薪酬 | 平 | 0.00 |
| 1021 | 其他货币资金 | 平 | 0.00 | 2301 | 应付票据 | 平 | 0.00 |
| 1101 | 短期投资 | 平 | 0.00 | 2302 | 应付账款 | 贷 | 300 000.00 |
| 1201 | 财政应返还额度 | 平 | 0.00 | 2303 | 应付政府补贴款 | 平 | 0.00 |
| 1211 | 应收票据 | 平 | 0.00 | 2304 | 应付利息 | 平 | 0.00 |
| 1212 | 应收账款 | 借 | 200 000.00 | 2305 | 预收账款 | 贷 | 10 000.00 |
| 1214 | 预付账款 | 借 | 36 000.00 | 2307 | 其他应付款 | 贷 | 15 000.00 |
| 1215 | 应收股利 | 平 | 0.00 | 2401 | 预提费用 | 贷 | 10 000.00 |
| 1216 | 应收利息 | 平 | 0.00 | 2501 | 长期借款 | 平 | 0.00 |
| 1218 | 其他应收款 | 借 | 25 000.00 | 2502 | 长期应付款 | 平 | 0.00 |
| 1219 | 坏账准备 | 贷 | 30 000.00 | 2601 | 预计负债 | 平 | 0.00 |
| 1301 | 在途物品 | 平 | 0.00 | 2901 | 受托代理负债 | 贷 | 20 000.00 |
| 1302 | 库存物品 | 借 | 3 000.00 | | 负债合计 | 贷 | 370 558.00 |
| 1303 | 加工物品 | 平 | 0.00 | 3001 | 累计盈余 | 贷 | 4 324 000.00 |
| 1401 | 待摊费用 | 平 | 0.00 | 3101 | 专用基金 | 贷 | 50 000.00 |
| 1501 | 长期股权投资 | 借 | 30 000.00 | 310101 | 计提的专用基金 | 贷 | 40 000.00 |
| 1502 | 长期债券投资 | 平 | 0.00 | 310102 | 分配的专用基金 | 贷 | 10 000.00 |
| 1601 | 固定资产 | 借 | 6 180 000.00 | 3201 | 权益法调整 | 平 | 0.00 |
| 1602 | 固定资产累计折旧 | 贷 | 2 512 000.00 | 3301 | 本期盈余 | 平 | 0.00 |
| 1611 | 工程物资 | 平 | 0.00 | 3302 | 本年盈余分配 | 平 | 0.00 |
| 1613 | 在建工程 | 借 | 400 000.00 | 3401 | 无偿调拨净资产 | 平 | 0.00 |
| 1701 | 无形资产 | 借 | 100 000.00 | 3501 | 以前年度盈余调整 | 贷 | 18 000.00 |
| 1702 | 无形资产累计摊销 | 贷 | 1 200.00 | | 净资产合计 | 贷 | 4 392 000.00 |
| 1703 | 研发支出 | 平 | 0.00 | | | | |
| 1801 | 公共基础设施 | 平 | 0.00 | | | | |
| 1802 | 公共基础设施累计折旧（摊销） | 平 | 0.00 | | | | |
| 1811 | 政府储备物资 | 平 | 0.00 | | | | |
| 1821 | 文物文化资产 | 平 | 0.00 | | | | |
| 1831 | 保障性住房 | 平 | 0.00 | | | | |
| 1832 | 保障性住房累计折旧 | 平 | 0.00 | | | | |
| 1891 | 受托代理资产 | 借 | 15 000.00 | | | | |
| 1901 | 长期待摊费用 | 平 | 0.00 | | | | |
| 1902 | 待处理财产损溢 | 平 | 0.00 | | | | |
| | 资产合计 | 借 | 5 675 278.00 | | | | |

续表

| 科目编号 | 科目名称 | 期末余额 方向 | 期末余额 余额 | 科目编号 | 科目名称 | 期末余额 方向 | 期末余额 余额 |
|---|---|---|---|---|---|---|---|
| 4001 | 财政拨款收入 | 贷 | 500 000.00 | 5001 | 业务活动费用 | 借 | 310 280.00 |
| 4101 | 事业收入 | 贷 | 650 000.00 | 5101 | 单位管理费用 | 借 | 74 000.00 |
| 4201 | 上级补助收入 | 平 | 0.00 | 5201 | 经营费用 | 借 | 33 000.00 |
| 4301 | 附属单位上缴收入 | 平 | 0.00 | 5301 | 资产处置费用 | 平 | 0.00 |
| 4401 | 经营收入 | 贷 | 200 000.00 | 5401 | 上缴上级费用 | 平 | 0.00 |
| 4601 | 非同级财政拨款收入 | 平 | 0.00 | 5501 | 对附属单位补助费用 | 平 | 0.00 |
| 4602 | 投资收益 | 平 | 0.00 | 5801 | 所得税费用 | 平 | 0.00 |
| 4603 | 捐赠收入 | 平 | 0.00 | 5901 | 其他费用 | 借 | 20 000.00 |
| 4604 | 利息收入 | 平 | 0.00 | | 费用合计 | 借 | 437 280.00 |
| 4605 | 租金收入 | 平 | 0.00 | | | | |
| 4609 | 其他收入 | 平 | 0.00 | | | | |
| | 收入合计 | 贷 | 1 350 000.00 | | | | |

上述财务会计科目余额表平衡公式：

资产＝负债＋净资产＋收入－费用＝5 675 278＝370 558＋4 392 000＋1 350 000－437 280

在上述科目余额表中，银行存款下设二级明细科目，分为日常资金和受托代理资产，保证了"受托代理资产"＋"银行存款—受托代理资产"＝"受托代理负债"；部分科目进行了简化处理。

### 科目余额表（预算）（结转前）

期间：2019年12月

| 科目编号 | 科目名称 | 期末余额 方向 | 期末余额 余额 | 科目编号 | 科目名称 | 期末余额 方向 | 期末余额 余额 |
|---|---|---|---|---|---|---|---|
| 6001 | 财政拨款预算收入 | 贷 | 500 000.00 | 8001 | 资金结存 | 借 | 1 234 478.00 |
| 6101 | 事业预算收入 | 贷 | 603 000.00 | 8101 | 财政拨款结转 | 平 | 0.00 |
| 6201 | 上级补助预算收入 | 平 | 0.00 | 8102 | 财政拨款结余 | 平 | 0.00 |
| 6301 | 附属单位上缴预算收入 | 平 | 0.00 | 8201 | 非财政拨款结转 | 贷 | 256 000.00 |
| 6401 | 经营预算收入 | 贷 | 206 000.00 | 8202 | 非财政拨款结余 | 贷 | 243 000.00 |
| 6501 | 债务预算收入 | 平 | 0.00 | 8301 | 专用结余 | 平 | 10 000.00 |
| 6601 | 非同级财政拨款预算收入 | 平 | 0.00 | 8401 | 经营结余 | 平 | 0.00 |
| 6602 | 投资预算收益 | 平 | 0.00 | 8501 | 其他结余 | 平 | 0.00 |
| 6609 | 其他预算收入 | 平 | 0.00 | | 预算结余小计 | 贷 | 509 000.00 |

续表

| 科目编号 | 科目名称 | 期末余额 方向 | 期末余额 余额 | 科目编号 | 科目名称 | 期末余额 方向 | 期末余额 余额 |
|---|---|---|---|---|---|---|---|
|  | 收入合计 | 贷 | 1 309 000.00 |  |  |  |  |
| 7101 | 行政支出 | 平 | 0.00 |  |  |  |  |
| 7201 | 事业支出 | 借 | 551 020.00 |  |  |  |  |
| 7301 | 经营支出 | 借 | 32 502.00 |  |  |  |  |
| 7401 | 上缴上级支出 | 平 | 0.00 |  |  |  |  |
| 7501 | 对附属单位补助支出 | 平 | 0.00 |  |  |  |  |
| 7601 | 投资支出 | 平 | 0.00 |  |  |  |  |
| 7701 | 债务还本支出 | 平 | 0.00 |  |  |  |  |
| 7901 | 其他支出 | 平 | 0.00 |  |  |  |  |
|  | 支出合计 | 借 | 583 522.00 |  |  |  |  |

上述预算会计科目余额表平衡公式：

资金结存＝预算收入－预算支出＋结转结余＝1 234 478＝1 309 000－583 522＋509 000

资金结存与银行存款、库存现金、零余额账户用款额度的差额15 000元为未进行的预算会计处理的其他应收款(投标保证金)和不纳入预算会计核算范围的银行存款——受托代理资产。

## 二、结转后的科目余额

2019年12月31日，按照政府会计制度有关规定，B事业单位年终结转后有关会计科目如下：

**科目余额表(财务)(结转后)**

期间：2019年12月

| 科目编号 | 科目名称 | 期末余额 方向 | 期末余额 余额 | 科目编号 | 科目名称 | 期末余额 方向 | 期末余额 余额 |
|---|---|---|---|---|---|---|---|
| 1001 | 库存现金 | 借 | 1 000.00 | 2001 | 短期借款 | 平 | 0.00 |
| 1002 | 银行存款 | 借 | 1 213 478.00 | 2101 | 应交增值税 | 贷 | 9 000.00 |
| 100201 | 银行存款 | 借 | 1 208 478.00 | 2102 | 其他应交税费 | 贷 | 6 558.00 |
| 100202 | 受托代理资产 | 借 | 5 000.00 | 2103 | 应缴财政款 | 平 | 0.00 |
| 1011 | 零余额账户用款额度 | 平 | 0.00 | 2201 | 应付职工薪酬 | 平 | 0.00 |
| 1021 | 其他货币资金 | 平 | 0.00 | 2301 | 应付票据 | 平 | 0.00 |
| 1101 | 短期投资 | 平 | 0.00 | 2302 | 应付账款 | 贷 | 300 000.00 |
| 1201 | 财政应返还额度 | 借 | 15 000.00 | 2303 | 应付政府补贴款 | 平 | 0.00 |
| 1211 | 应收票据 | 平 | 0.00 | 2304 | 应付利息 | 平 | 0.00 |
| 1212 | 应收账款 | 借 | 200 000.00 | 2305 | 预收账款 | 贷 | 10 000.00 |
| 1214 | 预付账款 | 借 | 36 000.00 | 2307 | 其他应付款 | 贷 | 15 000.00 |

续表

| 科目编号 | 科目名称 | 期末余额 方向 | 期末余额 余额 | 科目编号 | 科目名称 | 期末余额 方向 | 期末余额 余额 |
|---|---|---|---|---|---|---|---|
| 1215 | 应收股利 | 平 | 0.00 | 2401 | 预提费用 | 贷 | 10 000.00 |
| 1216 | 应收利息 | 平 | 0.00 | 2501 | 长期借款 | 贷 | 0.00 |
| 1218 | 其他应收款 | 借 | 25 000.00 | 2502 | 长期应付款 | 平 | 0.00 |
| 1219 | 坏账准备 | 贷 | 30 000.00 | 2601 | 预计负债 | 平 | 0.00 |
| 1301 | 在途物品 | 平 | 0.00 | 2901 | 受托代理负债 | 贷 | 20 000.00 |
| 1302 | 库存物品 | 借 | 3 000.00 | | 负债合计 | 贷 | 370 558.00 |
| 1303 | 加工物品 | 平 | 0.00 | 3001 | 累计盈余 | 贷 | 5 004 320.00 |
| 1401 | 待摊费用 | 平 | 0.00 | 3101 | 专用基金 | 贷 | 300 400.00 |
| 1501 | 长期股权投资 | 借 | 30 000.00 | 310101 | 计提的专用基金 | 贷 | 40 000.00 |
| 1502 | 长期债券投资 | 平 | 0.00 | 310102 | 分配的专用基金 | 贷 | 260 400.00 |
| 1601 | 固定资产 | 借 | 6 180 000.00 | 3201 | 权益法调整 | 平 | 0.00 |
| 1602 | 固定资产累计折旧 | 贷 | 2 512 000.00 | 3301 | 本期盈余 | 平 | 0.00 |
| 1611 | 工程物资 | 平 | 0.00 | 3302 | 本年盈余分配 | 平 | 0.00 |
| 1613 | 在建工程 | 借 | 400 000.00 | 3401 | 无偿调拨净资产 | 平 | 0.00 |
| 1701 | 无形资产 | 借 | 100 000.00 | 3501 | 以前年度盈余调整 | 平 | 0.00 |
| 1702 | 无形资产累计摊销 | 贷 | 1 200.00 | | 净资产合计 | 贷 | 4 392 000.00 |
| 1703 | 研发支出 | 平 | 0.00 | | | | |
| 1801 | 公共基础设施 | 平 | 0.00 | | | | |
| 1802 | 公共基础设施累计折旧（摊销） | 平 | 0.00 | | | | |
| 1811 | 政府储备物资 | 平 | 0.00 | | | | |
| 1821 | 文物文化资产 | 平 | 0.00 | | | | |
| 1831 | 保障性住房 | 平 | 0.00 | | | | |
| 1832 | 保障性住房累计折旧 | 平 | 0.00 | | | | |
| 1891 | 受托代理资产 | 借 | 15 000.00 | | | | |
| 1901 | 长期待摊费用 | 平 | 0.00 | | | | |
| 1902 | 待处理财产损溢 | 平 | 0.00 | | | | |
| | 资产合计 | 借 | 5 675 278.00 | | | | |

备注：上述结转时将零余额账户用款额度转至财政应返还额度。账务处理过程省略。

财务会计结转时，主要步骤如下所述。

第一步：将收入、费用分别转入"本期盈余"；"本期盈余"年末余额为0。

第二步：将"本期盈余"转入"本年盈余分配"。

第三步：按照预算会计下计算的金额提取专用基金。

第四步：将"本年盈余分配"转入"累计盈余"；"本年盈余分配"年末余额为0。

第五步：将"无偿调拨净资产"转入"累计盈余"；"无偿调拨净资产配"年末余额为0。

第六步：将"以前年度盈余调整"转入"累计盈余"；"以前年度盈余调整"年末余额为0。

上述六步中，在实务中较难的是如何计算提取专用基金的基数（非财政拨款结余），需要结合预算会计进行判断。

**科目余额表（预算）（结转后）**

期间：2019年12月

| 科目编号 | 科目名称 | 期末余额方向 | 余额 |
|---|---|---|---|
| 8001 | 资金结存 | 借 | 1 234 478.00 |
| 8101 | 财政拨款结转 | 贷 | 15 000.00 |
| 8102 | 财政拨款结余 | 贷 | 24 980.00 |
| 8201 | 非财政拨款结转 | 贷 | 309 000.00 |
| 8202 | 非财政拨款结余 | 贷 | 625 098.00 |
| 8301 | 专用结余 | 贷 | 260 400.00 |
| 8401 | 经营结余 | 平 | 0.00 |
| 8501 | 其他结余 | 平 | 0.00 |
| 8701 | 非财政拨款结余分配 | 平 | 0.00 |

年末结转账务处理分录如下：

| | 年末财政拨款结转 | 核算要点精讲 |
|---|---|---|
| 预算会计 | 借：财政拨款结转—本年收支结转　　500 000<br>　　贷：财政拨款预算收入　　　　　　500 000<br>借：事业支出—财政拨款支出　　　　460 020<br>　　贷：财政拨款结转—本年收支结转　460 020 | 省略将余额转入累计结转的账务处理；本年收支结转为39 980元，转入财政拨款结余24 980（工资专户），财政拨款结转为15 000元；本案例为举例需要区分结转和结余，实务中基本支出一般形成财政拨款结转 |
| | 分析转入财政拨款结余 | |
| 预算会计 | 借：财政拨款结转—本年收支结转　　24 980<br>　　贷：财政拨款结余—结转转入　　　24 980 | 将财政拨款结余部分转入，本案例假设拨入基本工资专户的财政拨款可按规定转入财政拨款结余，实务中应根据财政管理体制实际情况分析后进行账务处理 |
| | 年末非财政拨款结转 | |
| 预算会计 | 借：非财政拨款结转—Y项目　　　　100 300<br>　　贷：事业预算收入—Y项目　　　　100 300<br>借：事业预算支出—Y项目　　　　　 50 000<br>　　贷：非财政拨款结转—Y项目　　　 50 000 | 年末"非财政拨款结转"科目余额为50 300元；（包括增值税在预算会计中已确认为收入）；实务中增值是否确认为预算收入，目前尚未明确规定，按政府会计制度的原理应确认预算收入，也可同时不进行预算会计处理 |
| | 经营收支期末结转 | |
| 预算会计 | 借：经营收入　　　　　　　　　　　206 000<br>　　贷：经营结余　　　　　　　　　　206 000<br>借：经营结余　　　　　　　　　　　 32 502<br>　　贷：经营支出　　　　　　　　　　 32 502<br>借：经营结余　　　　　　　　　　　173 498<br>　　贷：非财政拨款结余分配　　　　　173 498 | 经营结余中包括：增值税、支出的个人所得税尚未在预算会计中支出，分配专用基金时应予以扣除 |

续表

| | | | |
|---|---|---|---|
| 预算会计 | 其他结余期末结转 | | |
| | 借：事业预算收入—非专项资金　500 000<br>　　贷：其他结余　　　　　　　　　　500 000<br>借：其他结余　　　　　　　　　　　 41 000<br>　　贷：事业支出—非专项资金　　　 41 000<br>借：其他结余　　　　　　　　　　　459 000<br>　　贷：非财政拨款结余分配　　　　 459 000 | | 非财政、非专项资金转入"专用结余"；在实务中，虽然在收入中提取了专用基金（收入提取部分），但不进行预算会计账务处理，不影响非财政拨款结余分配数据；新旧衔接时，从收入中提取的专用基金仍转入非财政拨款结余科目 |
| 预算会计 | 提取专用基金（假设比例为40%） | | |
| | 借：非财政拨款结余分配　　　250 400<br>　　贷：专用结余　　　　　　　　　　250 400 | | 可提取金额为：非财政非专项资金，本案例中为收取的报名费及经营结余部分，其中原理上应扣除计算预算收入但未支出的部分（或者说肯定支出的部分如个人所得税，第二年预算会计中将支出）；本案例数据为：459 000+173 498-6 000（增值税）-498（个人所得税）=626 000（元）<br>计提金额=626 000×40%=250 400（元） |
| 预算会计 | 转入非财政拨款结余 | | |
| | 借：非财政拨款结余分配　　　382 098<br>　　贷：非财政拨款结余　　　　　　　382 098 | | |

预算会计结转时，主要步骤如下所述。

第一步：将财政拨款预算收入、将各项支出中财政拨款支出转入"财政拨款结转"。

第二步：对财政拨款结转各明细项目执行情况进行分，按规定符合结余的转入"财政拨款结余"。

第三步：将各类收入中的"专项资金"转入"非财政拨款结转"、将各项支出的"专项资金"转入"非财政补助结转"。

第四步：将经营收入、经营支出转入"经营结余"，将"经营结余"（贷方余额）转入"非财政拨款结余分配"，经营亏损不予结转。

第五步：将收入中的非财政非专项资金收入及非财政非专项资金支出转入"其他结余"，再转入"非财政拨款结余分配"（行政单位不转入）。

第六步："从非财政拨款结余分配"中，根据规定提取专用基金（专用结余）。

上述六步中，在实务中较难的是如何计算提取专用基金的基数（非财政拨款结余），需要结合预算会计进行判断。

上述六步中，在实务中较难的是如何区分专项资金及非专项资金，需要在科目设置及账务处理根据信息化系统结合实际情况进行详细设置，否则在年末结转时工作量及难度较大，难以实现自动结转。

## 本章小结

本章主要通过20个案例的账务处理，编制了结转前和结转后的科目余额表，并简单梳理了期末（年末）结转的流程，详细的结转流程应参考本书的科目解读内容。在实务中，上述结转工作应借助计算机系统完成结转工作。

# 第十三章　财务报表及附注的编制

**本章导读**　根据《政府会计准则第9号——财务报表编制和列报》，财务报表是对政府会计主体财务状况、运行情况和现金流量等信息的结构性表述。财务报表至少包括资产负债表、收入费用表附注，可以根据实际情况自行选择编制现金流量表。本章根据第十二章列举的综合案例及业务处理，结合《政府会计制度——行政事业单位会计科目和报表》有关规定，编制财务报表及其附注，帮助理解和学习财务报表有关方面内容。

## 第一节　财务报表及附注编制要求

财务报表编制和列报是建立权责发生制政府综合财务报告制度的内在要求，各单位应在政府会计准则体系和政府财务报告制度框架体系内，按时编制以资产负债表、收入费用表等财务报表为主要内容的财务报告。

财务报表是财务会计确认和计量的最终结果体现，有关规范财务报表编制和列报的会计规定是会计准则体系的重要组成部分，《政府会计制度——行政事业单位会计科目和报表》对行政事业单位个别财务报表的格式及填制说明进行了规定。政府会计主体应当以持续运行为前提，根据实际发生的经济业务或事项，按照政府会计准则制度的规定对相关会计要素进行确认和计量，在此基础上编制财务报表。政府会计主体不应以附注披露代替确认和计量，也不能通过充分披露相关会计政策而纠正不恰当的确认和计量。

如果按照政府会计准则制度规定披露的信息不足以让财务报表使用者了解特定经济业务或事项对政府会计主体财务状况和运行情况的影响时，政府会计主体还应当披露其他必要的相关信息。

除现金流量表以收付实现制为基础编制外，政府会计主体应当以权责发生制为基础编制财务报表。

资产负债表中的资产和负债，应当分别按流动资产和非流动资产、流动负债和非流动负债列示。财务报表中的资产项目和负债项目的金额、收入项目和费用项目的金额不得相互抵销，但其他政府会计准则制度另有规定的除外。资产或负债项目按扣除备抵项目后的净额列示，不属于抵销。

**财务报表**

| 编号 | 报表名称 | 编制期 |
| --- | --- | --- |
| 会政财 01 表 | 资产负债表 | 月度、年度 |
| 会政财 02 表 | 收入费用表 | 月度、年度 |
| 会政财 03 表 | 净资产变动表 | 年度 |
| 会政财 04 表 | 现金流量表 | 年度 |
| 附注 | | 年度 |

政府会计主体应当至少在财务报表的显著位置披露下列各项：

（一）编报主体的名称

（二）报告日或财务报表涵盖的会计期间

（三）人民币金额单位

（四）财务报表是合并财务报表的，应当予以标明

## 第二节 资产负债表

### 一、资产负债表编制说明

（一）本表反映单位在某一特定日期全部资产、负债和净资产的情况

（二）本表"年初余额"栏内各项数字，应当根据上年年末资产负债表"期末余额"栏内数字填列。如果本年度资产负债表规定的项目的名称和内容同上年度不一致，应当对上年年末资产负债表项目的名称和数字按照本年度的规定进行调整，将调整后数字填入本表"年初余额"栏内。如果本年度单位发生了因前期差错更正、会计政策变更等调整以前年度盈余的事项，还应当对"年初余额"栏中的有关项目金额进行相应调整

（三）本表中"资产总计"项目期末（年初）余额应当与"负债和净资产总计"项目期末（年初）余额相等

（四）本表"期末余额"栏各项目的内容和填列方法

1. 资产类项目。

（1）"货币资金"项目，反映单位期末库存现金、银行存款、零余额账户用款额度、其他货币资金的合计数。本项目应当根据"库存现金""银行存款""零余额账户用款额度""其他货币资金"科目的期末余额的合计数填列；若单位存在通过"库存现金""银行存款"科目核算的受托代理资产还应当按照前述合计数扣减"库存现金""银行存款"科目下"受托代理资产"明细科目的期末余额后的金额填列。

（2）"短期投资"项目，反映事业单位期末持有的短期投资账面余额。本项目应当根据"短期投资"科目的期末余额填列。

（3）"财政应返还额度"项目，反映单位期末财政应返还额度的金额。本项目应当根据"财政应返还额度"科目的期末余额填列。

（4）"应收票据"项目，反映事业单位期末持有的应收票据的票面金额。本项目应当根据"应收票据"科目的期末余额填列。

（5）"应收账款净额"项目，反映单位期末尚未收回的应收账款减去已计提的坏账准备后的净额。本项目应当根据"应收账款"科目的期末余额，减去"坏账准备"科目中对应收账款计提的坏账准备的期末余额后的金额填列。

（6）"预付账款"项目，反映单位期末预付给商品或者劳务供应单位的款项。本项目应当根据"预付账款"科目的期末余额填列。

（7）"应收股利"项目，反映事业单位期末因股权投资而应收取的现金股利或应当分得的利润。本项目应当根据"应收股利"科目的期末余额填列。

（8）"应收利息"项目，反映事业单位期末因债券投资等而应收取的利息。事业单位购入的到期一次还本付息的长期债券投资持有期间应收的利息，不包括在本项目内。本项目应当根据"应收利息"科目的期末余额填列。

（9）"其他应收款净额"项目，反映单位期末尚未收回的其他应收款减去已计提的坏账准备后的净额。本项目应当根据"其他应收款"科目的期末余额减去"坏账准备"科目中对其他应收款计提的坏账准备的期末余额后的金额填列。

（10）"存货"项目，反映单位期末存储的存货的实际成本。本项目应当根据"在途物品""库存物品""加工物品"科目的期末余额的合计数填列。

（11）"待摊费用"项目，反映单位期末已经支出，但应当由本期和以后各期负担的分摊期在1年以内（含1年）的各项费用。本项目应当根据"待摊费用"科目的期末余额填列。

（12）"一年内到期的非流动资产"项目，反映单位期末非流动资产项目中将在1年内（含1年）到期的金额，如事业单位将在1年内（含1年）到期的长期债券投资金额。本项目应当根据"长期债券投资"等科目的明细科目的期末余额分析填列。

（13）"其他流动资产"项目，反映单位期末除本表中上述各项之外的其他流动资产的合计金额。本项目应当根据有关科目期末余额的合计数填列。

（14）"流动资产合计"项目，反映单位期末流动资产的合计数。本项目应当根据本表中"货币资金""短期投资""财政应返还额度""应收票据""应收账款净额""预付账款""应收股利""应收利息""其他应收款净额""存货""待摊费用""一年内到期的非流动资产""其他流动资产"项目金额的合计数填列。

（15）"长期股权投资"项目，反映事业单位期末持有的长期股权投资的账面余额。本项目应当根据"长期股权投资"科目的期末余额填列。

（16）"长期债券投资"项目，反映事业单位期末持有的长期债券投资的账面余额。本项目应当根据"长期债券投资"科目的期末余额减去其中将于1年内（含1年）到期的长期债券投资余额后的金额填列。

（17）"固定资产原值"项目，反映单位期末固定资产的原值。本项目应当根据"固定资产"科目的期末余额填列。"固定资产累计折旧"项目，反映单位期末固定资产已计提的累计折旧金额。本项目应当根据"固定资产累计折旧"科目的期末余额填列。

"固定资产净值"项目，反映单位期末固定资产的账面价值。本项目应当根据"固定资产"科目期末余额减去"固定资产累计折旧"科目期末余额后的金额填列。

（18）"工程物资"项目，反映单位期末为在建工程准备的各种物资的实际成本。本项目应当根据"工程物资"科目的期末余额填列。

（19）"在建工程"项目，反映单位期末所有的建设项目工程的实际成本。本项目应当根据"在建工程"科目的期末余额填列。

(20)"无形资产原值"项目,反映单位期末无形资产的原值。本项目应当根据"无形资产"科目的期末余额填列。"无形资产累计摊销"项目,反映单位期末无形资产已计提的累计摊销金额。本项目应当根据"无形资产累计摊销"科目的期末余额填列。

"无形资产净值"项目,反映单位期末无形资产的账面价值。本项目应当根据"无形资产"科目期末余额减去"无形资产累计摊销"科目期末余额后的金额填列。

(21)"研发支出"项目,反映单位期末正在进行的无形资产开发项目开发阶段发生的累计支出数。本项目应当根据"研发支出"科目的期末余额填列。

(22)"公共基础设施原值"项目,反映单位期末控制的公共基础设施的原值。本项目应当根据"公共基础设施"科目的期末余额填列。

"公共基础设施累计折旧(摊销)"项目,反映单位期末控制的公共基础设施已计提的累计折旧和累计摊销金额。本项目应当根据"公共基础设施累计折旧(摊销)"科目的期末余额填列。"公共基础设施净值"项目,反映单位期末控制的公共基础设施的账面价值。本项目应当根据"公共基础设施"科目期末余额减去"公共基础设施累计折旧(摊销)"科目期末余额后的金额填列。

(23)"政府储备物资"项目,反映单位期末控制的政府储备物资的实际成本。本项目应当根据"政府储备物资"科目的期末余额填列。

(24)"文物文化资产"项目,反映单位期末控制的文物文化资产的成本。本项目应当根据"文物文化资产"科目的期末余额填列。

(25)"保障性住房原值"项目,反映单位期末控制的保障性住房的原值。本项目应当根据"保障性住房"科目的期末余额填列。

"保障性住房累计折旧"项目,反映单位期末控制的保障性住房已计提的累计折旧金额。本项目应当根据"保障性住房累计折旧"科目的期末余额填列。"保障性住房净值"项目,反映单位期末控制的保障性住房的账面价值。本项目应当根据"保障性住房"科目期末余额减去"保障性住房累计折旧"科目期末余额后的金额填列。

(26)"长期待摊费用"项目,反映单位期末已经支出,但应由本期和以后各期负担的分摊期限在1年以上(不含1年)的各项费用。本项目应当根据"长期待摊费用"科目的期末余额填列。

(27)"待处理财产损溢"项目,反映单位期末尚未处理完毕的各种资产的净损失或净溢余。本项目应当根据"待处理财产损溢"科目的期末借方余额填列;如"待处理财产损溢"科目期末为贷方余额,以"-"号填列。

(28)"其他非流动资产"项目,反映单位期末除本表中上述各项之外的其他非流动资产的合计数。本项目应当根据有关科目的期末余额合计数填列。

(29)"非流动资产合计"项目,反映单位期末非流动资产的合计数。本项目应当根据本表中"长期股权投资""长期债券投资""固定资产净值""工程物资""在建工程""无形资产净值""研发支出""公共基础设施净值""政府储备物资""文物文化资产""保障性住房净值""长期待摊费用""待处理财产损溢""其他非流动资产"项目金额的合计数填列。

(30)"受托代理资产"项目,反映单位期末受托代理资产的价值。本项目应当根据"受托代理资产"科目的期末余额与"库存现金""银行存款"科目下"受托代理资产"明细科目的期末余额的合计数填列。

(31)"资产总计"项目,反映单位期末资产的合计数。本项目应当根据本表中"流动资产合计""非流动资产合计""受托代理资产"项目金额的合计数填列。

2. 负债类项目。

（32）"短期借款"项目，反映事业单位期末短期借款的余额。本项目应当根据"短期借款"科目的期末余额填列。

（33）"应交增值税"项目，反映单位期末应缴未缴的增值税税额。本项目应当根据"应交增值税"科目的期末余额填列；如"应交增值税"科目期末为借方余额，以"－"号填列。

（34）"其他应交税费"项目，反映单位期末应缴未缴的除增值税以外的税费金额。本项目应当根据"其他应交税费"科目的期末余额填列；如"其他应交税费"科目期末为借方余额，以"－"号填列。

（35）"应缴财政款"项目，反映单位期末应当上缴财政但尚未缴纳的款项。本项目应当根据"应缴财政款"科目的期末余额填列。

（36）"应付职工薪酬"项目，反映单位期末按有关规定应付给职工及为职工支付的各种薪酬。本项目应当根据"应付职工薪酬"科目的期末余额填列。

（37）"应付票据"项目，反映事业单位期末应付票据的金额。本项目应当根据"应付票据"科目的期末余额填列。

（38）"应付账款"项目，反映单位期末应当支付但尚未支付的偿还期限在 1 年以内（含 1 年）的应付账款的金额。本项目应当根据"应付账款"科目的期末余额填列。

（39）"应付政府补贴款"项目，反映负责发放政府补贴的行政单位期末按照规定应当支付给政府补贴接受者的各种政府补贴款余额。本项目应当根据"应付政府补贴款"科目的期末余额填列。

（40）"应付利息"项目，反映事业单位期末按照合同约定应支付的借款利息。事业单位到期一次还本付息的长期借款利息不包括在本项目内。本项目应当根据"应付利息"科目的期末余额填列。

（41）"预收账款"项目，反映事业单位期末预先收取但尚未确认收入和实际结算的款项余额。本项目应当根据"预收账款"科目的期末余额填列。

（42）"其他应付款"项目，反映单位期末其他各项偿还期限在 1 年内（含 1 年）的应付及暂收款项余额。本项目应当根据"其他应付款"科目的期末余额填列。

（43）"预提费用"项目，反映单位期末已预先提取的已经发生但尚未支付的各项费用。本项目应当根据"预提费用"科目的期末余额填列。

（44）"一年内到期的非流动负债"项目，反映单位期末将于 1 年内（含 1 年）偿还的非流动负债的余额。本项目应当根据"长期应付款""长期借款"等科目的明细科目的期末余额分析填列。

（45）"其他流动负债"项目，反映单位期末除本表中上述各项之外的其他流动负债的合计数。本项目应当根据有关科目的期末余额的合计数填列。

（46）"流动负债合计"项目，反映单位期末流动负债合计数。本项目应当根据本表"短期借款""应交增值税""其他应交税费""应缴财政款""应付职工薪酬""应付票据""应付账款""应付政府补贴款""应付利息""预收账款""其他应付款""预提费用""一年内到期的非流动负债""其他流动负债"项目金额的合计数填列。

（47）"长期借款"项目，反映事业单位期末长期借款的余额。本项目应当根据"长期借款"科目的期末余额减去其中将于 1 年内（含 1 年）到期的长期借款余额后的金额填列。

(48)"长期应付款"项目，反映单位期末长期应付款的余额。本项目应当根据"长期应付款"科目的期末余额减去其中将于1年内(含1年)到期的长期应付款余额后的金额填列。

(49)"预计负债"项目，反映单位期末已确认但尚未偿付的预计负债的余额。本项目应当根据"预计负债"科目的期末余额填列。

(50)"其他非流动负债"项目，反映单位期末除本表中上述各项之外的其他非流动负债的合计数。本项目应当根据有关科目的期末余额合计数填列。

(51)"非流动负债合计"项目，反映单位期末非流动负债合计数。本项目应当根据本表中"长期借款""长期应付款""预计负债""其他非流动负债"项目金额的合计数填列。

(52)"受托代理负债"项目，反映单位期末受托代理负债的金额。本项目应当根据"受托代理负债"科目的期末余额填列。

(53)"负债合计"项目，反映单位期末负债的合计数。本项目应当根据本表中"流动负债合计""非流动负债合计""受托代理负债"项目金额的合计数填列。

3. 净资产类项目。

(54)"累计盈余"项目，反映单位期末未分配盈余(或未弥补亏损)以及无偿调拨净资产变动的累计数。本项目应当根据"累计盈余"科目的期末余额填列。

(55)"专用基金"项目，反映事业单位期末累计提取或设置但尚未使用的专用基金余额。本项目应当根据"专用基金"科目的期末余额填列。

(56)"权益法调整"项目，反映事业单位期末在被投资单位除净损益和利润分配以外的所有者权益变动中累积享有的份额。本项目应当根据"权益法调整"科目的期末余额填列。如"权益法调整"科目期末为借方余额，以"-"号填列。

(57)"无偿调拨净资产"项目，反映单位本年度截至报告期期末无偿调入的非现金资产价值扣减无偿调出的非现金资产价值后的净值。本项目仅在月度报表中列示，年度报表中不列示。月度报表中本项目应当根据"无偿调拨净资产"科目的期末余额填列；"无偿调拨净资产"科目期末为借方余额时，以"-"号填列。

(58)"本期盈余"项目，反映单位本年度截至报告期期末实现的累计盈余或亏损。本项目仅在月度报表中列示，年度报表中不列示。月度报表中本项目应当根据"本期盈余"科目的期末余额填列；"本期盈余"科目期末为借方余额时，以"-"号填列。

(59)"净资产合计"项目，反映单位期末净资产合计数。本项目应当根据本表中"累计盈余""专用基金""权益法调整""无偿调拨净资产"[月度报表]、"本期盈余"[月度报表]项目金额的合计数填列。

(60)"负债和净资产总计"项目，应当按照本表中"负债合计""净资产合计"项目金额的合计数填列。

## 二、B事业单位2019年12月31日资产负债表

本节第一部分文字部分对资产负债表的填报过程及方法进行了说明，B事业单位资产负债表在第十二章的基础上，通过分析第三节结转前、后科目余额的基础上，编制完成了12月31日的资产负债表，详细格式及数据如下：

## 资产负债表

编制单位：B事业单位　　　　2019年12月31日　　　　　　　　　　　会政财01表　单位：元

| 资产 | 期末余额 | 年初余额 | 负债和净资产 | 期末余额 | 年初余额 |
|---|---|---|---|---|---|
| 流动资产： | | | 流动负债： | | |
| 　货币资金： | 1 214 478.00 | 501 000.00 | 　短期借款 | | |
| 　短期投资： | | | 　应交增值税 | 9 000.00 | 35 000.00 |
| 　财政应返还额度 | 15 000.00 | | 　其他应交税费 | 6 558.00 | |
| 　应收票据 | | | 　应缴财政款 | | |
| 　应收账款净额 | 170 000.00 | 190 000.00 | 　应付职工薪酬 | | |
| 　预付账款 | 36 000.00 | 30 000.00 | 　应付票据 | | |
| 　应收股利 | | | 　应付账款 | 300 000.00 | 300 000.00 |
| 　应收利息 | | | 　应付政府补贴款 | | |
| 　其他应收款净额 | 25 000.00 | 15 000.00 | 　应付利息 | | |
| 　存货 | 3 000.00 | 3 000.00 | 　预收账款 | 10 000.00 | 60 000.00 |
| 　待摊费用 | | | 　其他应付款 | 15 000.00 | 15 000.00 |
| 　一年内到期的非流动资产 | | | 　预提费用 | 10 000.00 | |
| 　其他流动资产 | | | 　一年内到期的非流动资产负债 | | |
| 流动资产合计 | 1 463 478.00 | 739 000.00 | 　其他流动负债 | | |
| 非流动资产： | | | 流动资产负债合计 | 350 558.00 | 410 000.00 |
| 　长期股权投资 | 30 000.00 | | 非流动负债： | | |
| 　长期债券投资 | | | 　长期借款 | | |
| 　固定资产原值 | 6 180 000.00 | 6 000 000.00 | 　长期应付款 | | |
| 　减：固定资产累计折旧 | 2 512 000.00 | 2 500 000.00 | 　预计负债 | | |
| 　固定资产净值 | 3 668 000.00 | 3 500 000.00 | 　其他非流动负债 | | |
| 　工程物资 | | | 非流动负债合计： | | 0.00 |
| 　在建工程 | 400 000.00 | 400 000.00 | 受托代理负债 | 20 000.00 | 25 000.00 |
| 　无形资产原值 | 100 000.00 | 150 000.00 | 负债合计： | 370 558.00 | 435 000.00 |
| 　减：无形资产累计摊销 | 1 200.00 | 20 000.00 | | | |
| 　无形资产净值 | 98 800.00 | 130 000.00 | | | |
| 　研发支出 | | | | | |
| 　公共基础设施原值 | | | | | |
| 　减：公共基础设施累计折旧(摊销) | | | | | |
| 　公共基础设施净值 | | | | | |
| 　政府储备物资 | | | | | |
| 　文物文化资产 | | | | | |
| 　保障性住房原值 | | | | | |

续表

| 资产 | 期末余额 | 年初余额 | 负债和净资产 | 期末余额 | 年初余额 |
|---|---|---|---|---|---|
| 减：保障性住房累计折旧 | | | 净资产： | | |
| 保障性住房净值 | | | 累计盈余 | 5 004 320.00 | 4 324 000.00 |
| 长期待摊费用 | | | 专用基金 | 300 400.00 | 25 000.00 |
| 待处理财产损溢 | | | 权益法调整 | | |
| 其他非流动资产 | | | 无偿调拨净资产* | | |
| 非流动资产合计 | 4 196 800.00 | 4 045 000.00 | 本期盈余* | | |
| 受托代理资产 | 15 000.00 | 15 000.00 | 净资产合计 | 5 304 720.00 | 4 349 000.00 |
| 资产总计 | 5 675 278.00 | 4 784 000.00 | 负债和净资产总计 | 5 675 278.00 | 4 784 000.00 |

注："*"标识项目为月报项目，年报中不需列示。

### 三、资产负债表编制中的注意事项

1. "货币资金"项目，反映单位期末库存现金、银行存款、零余额账户用款额度、其他货币资金的合计数。

2. "应收账款净额"反映单位期末尚未收回的应收账款减去已计提的坏账准备后的净额。

3. "其他应收款净额"项目，反映单位期末尚未收回的其他应收款减去已计提的坏账准备后的净额。

4. 受托代理业务应关注"受托代理资产"+"库存现金—受托代理资产"+"银行存款—受托代理资产"="受托代理负债"平衡公式。

# 第三节 收入费用表

### 一、收入费用表编制说明

（一）本表反映单位在某一会计期间内发生的收入、费用及当期盈余情况

（二）本表"本月数"栏反映各项目的本月实际发生数。编制年度收入费用表时，应当将本栏改为"本年数"，反映本年度各项目的实际发生数

本表"本年累计数"栏反映各项目自年初至报告期期末的累计实际发生数。编制年度收入费用表时，应当将本栏改为"上年数"，反映上年度各项目的实际发生数，"上年数"栏应当根据上年年度收入费用表中"本年数"栏内所列数字填列。

如果本年度收入费用表规定的项目的名称和内容同上年度不一致，应当对上年度收入费用表项目的名称和数字按照本年度的规定进行调整，将调整后的金额填入本年度收入费用表的"上年数"栏内。

如果本年度单位发生了因前期差错更正、会计政策变更等调整以前年度盈余的事项，还应当对年度收入费用表中"上年数"栏中的有关项目金额进行相应调整。

（三）本表"本月数"栏各项目的内容和填列方法

1. 本期收入。

（1）"本期收入"项目，反映单位本期收入总额。本项目应当根据本表中"财政拨款收入""事业收入""上级补助收入""附属单位上缴收入""经营收入""非同级财政拨款收入""投资收益""捐赠收入""利息收入""租金收入""其他收入"项目金额的合计数填列。

（2）"财政拨款收入"项目，反映单位本期从同级政府财政部门取得的各类财政拨款。本项目应当根据"财政拨款收入"科目的本期发生额填列。

"政府性基金收入"项目，反映单位本期取得的财政拨款收入中属于政府性基金预算拨款的金额。本项目应当根据"财政拨款收入"相关明细科目的本期发生额填列。

（3）"事业收入"项目，反映事业单位本期开展专业业务活动及其辅助活动实现的收入。本项目应当根据"事业收入"科目的本期发生额填列。

（4）"上级补助收入"项目，反映事业单位本期从主管部门和上级单位收到或应收的非财政拨款收入。本项目应当根据"上级补助收入"科目的本期发生额填列。

（5）"附属单位上缴收入"项目，反映事业单位本期收到或应收的独立核算的附属单位按照有关规定上缴的收入。本项目应当根据"附属单位上缴收入"科目的本期发生额填列。

（6）"经营收入"项目，反映事业单位本期在专业业务活动及其辅助活动之外开展非独立核算经营活动实现的收入。本项目应当根据"经营收入"科目的本期发生额填列。

（7）"非同级财政拨款收入"项目，反映单位本期从非同级政府财政部门取得的财政拨款，不包括事业单位因开展科研及其辅助活动从非同级财政部门取得的经费拨款。本项目应当根据"非同级财政拨款收入"科目的本期发生额填列。

（8）"投资收益"项目，反映事业单位本期股权投资和债券投资所实现的收益或发生的损失。本项目应当根据"投资收益"科目的本期发生额填列；如为投资净损失，以"-"号填列。

（9）"捐赠收入"项目，反映单位本期接受捐赠取得的收入。本项目应当根据"捐赠收入"科目的本期发生额填列。

（10）"利息收入"项目，反映单位本期取得的银行存款利息收入。本项目应当根据"利息收入"科目的本期发生额填列。

（11）"租金收入"项目，反映单位本期经批准利用国有资产出租取得并按规定纳入本单位预算管理的租金收入。本项目应当根据"租金收入"科目的本期发生额填列。

（12）"其他收入"项目，反映单位本期取得的除以上收入项目外的其他收入的总额。本项目应当根据"其他收入"科目的本期发生额填列。

2. 本期费用。

（13）"本期费用"项目，反映单位本期费用总额。本项目应当根据本表中"业务活动费用""单位管理费用""经营费用""资产处置费用""上缴上级费用""对附属单位补助费用""所得税费用"和"其他费用"项目金额的合计数填列。

（14）"业务活动费用"项目，反映单位本期为实现其职能目标，依法履职或开展专业业务活动及其辅助活动所发生的各项费用。本项目应当根据"业务活动费用"科目本期发生额填列。

（15）"单位管理费用"项目，反映事业单位本期本级行政及后勤管理部门开展管理活动发生的各项费用，以及由单位统一负担的离退休人员经费、工会经费、诉讼费、中介费等。本项目应当根据"单位管理费用"科目的本期发生额填列。

（16）"经营费用"项目，反映事业单位本期在专业业务活动及其辅助活动之外开展非独立核算经营活动发生的各项费用。本项目应当根据"经营费用"科目的本期发生额填列。

（17）"资产处置费用"项目，反映单位本期经批准处置资产时转销的资产价值以及在处置过程中发生的相关费用或者处置收入小于处置费用形成的净支出。本项目应当根据"资产处置费用"科目的本期发生额填列。

（18）"上缴上级费用"项目，反映事业单位按照规定上缴上级单位款项发生的费用。本项目应当根据"上缴上级费用"科目的本期发生额填列。

（19）"对附属单位补助费用"项目，反映事业单位用财政拨款收入之外的收入对附属单位补助发生的费用。本项目应当根据"对附属单位补助费用"科目的本期发生额填列。

（20）"所得税费用"项目，反映有企业所得税缴纳义务的事业单位本期计算应交纳的企业所得税。本项目应当根据"所得税费用"科目的本期发生额填列。

（21）"其他费用"项目，反映单位本期发生的除以上费用项目外的其他费用的总额。本项目应当根据"其他费用"科目的本期发生额填列。

3. 本期盈余。

（22）"本期盈余"项目，反映单位本期收入扣除本期费用后的净额。本项目应当根据本表中"本期收入"项目金额减去"本期费用"项目金额后的金额填列；如为负数，以"-"号填列。

## 二、B 事业单位 2019 年 12 月 31 日收入费用表

本节第一部分文字部分对收入费用表的填报过程及方法进行了说明，B 事业单位收入费用表在第十二章的基础上，通过分析第三节结转前财务会计科目余额的基础上，编制完成了 12 月 31 日的收入费用表，详细格式及数据如下：

**收入费用表**

会政财 02 表

编制单位：B 事业单位　　　　2019 年 12 月 31 日　　　　单位：元

| 项目 | 本月数 | 本年累计数 |
| --- | --- | --- |
| 一、本期收入 | 1 350 000.00 | 1 350 000.00 |
| （一）财政拨款收入 | 500 000.00 | 500 000.00 |
| 其中：政府性基金收入 | 0.00 | 0.00 |
| （二）事业收入 | 650 000.00 | 650 000.00 |
| （三）上级补助收入 | 0.00 | 0.00 |
| （四）附属单位上缴收入 | 0.00 | 0.00 |
| （五）经营收入 | 200 000.00 | 200 000.00 |
| （六）非同级财政拨款收入 | 0.00 | 0.00 |
| （七）投资收益 | 0.00 | 0.00 |
| （八）捐赠收入 | 0.00 | 0.00 |
| （九）利息收入 | 0.00 | 0.00 |
| （十）租金收入 | 0.00 | 0.00 |
| （十一）其他收入 | 0.00 | 0.00 |

续表

| 项目 | 本月数 | 本年累计数 |
| --- | --- | --- |
| 二、本期费用 | 437 280.00 | 437 280.00 |
| （一）业务活动费用 | 310 280.00 | 310 280.00 |
| （二）单位管理费用 | 74 000.00 | 74 000.00 |
| （三）经营费用 | 33 000.00 | 33 000.00 |
| （四）资产处置费用 | 0.00 | 0.00 |
| （五）上缴上级费用 | 0.00 | 0.00 |
| （六）对附属单位补助费用 | 0.00 | 0.00 |
| （七）所得税费用 | 0.00 | 0.00 |
| （八）其他费用 | 20 000.00 | 20 000.00 |
| 三、本期盈余 | 912 720.00 | 912 720.00 |

## 第四节 净资产变动表

### 一、净资产变动表编制说明

（一）本表反映单位在某一会计年度内净资产项目的变动情况

（二）本表"本年数"栏反映本年度各项目的实际变动数。本表"上年数"栏反映上年度各项目的实际变动数，应当根据上年度净资产变动表中"本年数"栏内所列数字填列

如果上年度净资产变动表规定的项目的名称和内容与本年度不一致，应对上年度净资产变动表项目的名称和数字按照本年度的规定进行调整，将调整后金额填入本年度净资产变动表"上年数"栏内。

（三）本表"本年数"栏各项目的内容和填列方法

1."上年年末余额"行，反映单位净资产各项目上年年末的余额。本行各项目应当根据"累计盈余""专用基金""权益法调整"科目上年年末余额填列。

2."以前年度盈余调整"行，反映单位本年度调整以前年度盈余的事项对累计盈余进行调整的金额。本行"累计盈余"项目应当根据本年度"以前年度盈余调整"科目转入"累计盈余"科目的金额填列；如调整减少累计盈余，以"－"号填列。

3."本年年初余额"行，反映经过以前年度盈余调整后，单位净资产各项目的本年年初余额。本行"累计盈余""专用基金""权益法调整"项目应当根据其各自在"上年年末余额"和"以前年度盈余调整"行对应项目金额的合计数填列。

4."本年变动金额"行，反映单位净资产各项目本年变动总金额。本行"累计盈余""专用基金""权益法调整"项目应当根据其各自在"本年盈余""无偿调拨净资产""归集调整预算结转结余""提取或设置专用基金""使用专用基金""权益法调整"行对应项目金额的合计数填列。

5."本年盈余"行，反映单位本年发生的收入、费用对净资产的影响。本行"累计盈余"项目应当根据年末由"本期盈余"科目转入"本年盈余分配"科目的金额填列；如转入时借记"本年

盈余分配"科目，则以"-"号填列。

6. "无偿调拨净资产"行，反映单位本年无偿调入、调出非现金资产事项对净资产的影响。本行"累计盈余"项目应当根据年末由"无偿调拨净资产"科目转入"累计盈余"科目的金额填列；如转入时借记"累计盈余"科目，则以"-"号填列。

7. "归集调整预算结转结余"行，反映单位本年财政拨款结转结余资金归集调入、归集上缴或调出，以及非财政拨款结转资金缴回对净资产的影响。本行"累计盈余"项目应当根据"累计盈余"科目明细账记录分析填列；如归集调整减少预算结转结余，则以"-"号填列。

8. "提取或设置专用基金"行，反映单位本年提取或设置专用基金对净资产的影响。本行"累计盈余"项目应当根据"从预算结余中提取"行"累计盈余"项目的金额填列。本行"专用基金"项目应当根据"从预算收入中提取""从预算结余中提取""设置的专用基金"行"专用基金"项目金额的合计数填列。

"从预算收入中提取"行，反映单位本年从预算收入中提取专用基金对净资产的影响。本行"专用基金"项目应当通过对"专用基金"科目明细账记录的分析，根据本年按有关规定从预算收入中提取基金的金额填列。

"从预算结余中提取"行，反映单位本年根据有关规定从本年度非财政拨款结余或经营结余中提取专用基金对净资产的影响。本行"累计盈余""专用基金"项目应当通过对"专用基金"科目明细账记录的分析，根据本年按有关规定从本年度非财政拨款结余或经营结余中提取专用基金的金额填列；本行"累计盈余"项目以"-"号填列。

"设置的专用基金"行，反映单位本年根据有关规定设置的其他专用基金对净资产的影响。本行"专用基金"项目应当通过对"专用基金"科目明细账记录的分析，根据本年按有关规定设置的其他专用基金的金额填列。

9. "使用专用基金"行，反映单位本年按规定使用专用基金对净资产的影响。本行"累计盈余""专用基金"项目应当通过对"专用基金"科目明细账记录的分析，根据本年按规定使用专用基金的金额填列；本行"专用基金"项目以"-"号填列。

10. "权益法调整"行，反映单位本年按照被投资单位除净损益和利润分配以外的所有者权益变动份额而调整长期股权投资账面余额对净资产的影响。本行"权益法调整"项目应当根据"权益法调整"科目本年发生额填列；若本年净发生额为借方时，以"-"号填列。

11. "本年年末余额"行，反映单位本年各净资产项目的年末余额。本行"累计盈余""专用基金""权益法调整"项目应当根据其各自在"本年年初余额""本年变动金额"行对应项目金额的合计数填列。

12. 本表各行"净资产合计"项目，应当根据所在行"累计盈余""专用基金""权益法调整"项目金额的合计数填列。

## 二、B事业单位2019年12月31日净资产变动表

本节第一部分文字部分对净资产变动表的填报过程及方法进行了说明，B事业单位净资产变动表在第十二章的基础上，通过分析第三节结转后科目余额的基础上，编制完成了12月31日的净资产变动表，详细格式及数据如下：

**净资产变动表**

会政财 03 表

编制单位：B 事业单位　　　　　　　　　2019 年　　　　　　　　　　　　单位：元

| 项目 | 本年数 ||||  上年数 ||||
|---|---|---|---|---|---|---|---|---|
| | 累计盈余 | 专用基金 | 权益法调整 | 净资产合计 | 累计盈余 | 专用基金 | 权益法调整 | 净资产合计 |
| 一、上年年末余额 | 4 324 000 | 25 000 | | 4 349 000 | | | | |
| 二、以前年度盈余调整（减少以"-"号填列） | 18 000.00 | | | 18 000 | | | | |
| 三、本年年初余额 | 4 342 000 | 25 000 | | 4 367 000 | | | | |
| 四、本年变动余额（减少以"-"号填列） | 662 3200 | 275 400 | 0.00 | 937 720 | | | | |
| （一）本年盈余 | 912 720 | | | | | | | |
| （二）无偿调拨净资产 | | | | | | | | |
| （三）归集调整预算结转结余 | | | | | | | | |
| （四）提取或设置专用基金 | | | | | | | | |
| 其中：从预算收入中提取 | | 25 000 | | | | | | |
| 从预算结余中提取 | −250 400 | 250 400 | | | | | | |
| 设置的专用基金 | | | | | | | | |
| （五）使用专用基金 | | | | | | | | |
| （六）权益法调整 | | | | | | | | |
| 五、本年年末余额 | 5 004 320 | 300 400 | 0.00 | 5 304 720 | 4 324 000 | 25 000 | | 4 349 000 |

备注：在实务中，因涉及新旧衔接，上年数暂且空白，仅仅填报了上年年末数字。

# 第五节　现金流量表

## 一、现金流量表编制说明

（一）本表反映单位在某一会计年度内现金流入和流出的信息

（二）本表所指的现金，是指单位的库存现金以及其他可以随时用于支付的款项，包括库存现金、可以随时用于支付的银行存款、其他货币资金、零余额账户用款额度、财政应返还额度，以及通过财政直接支付方式支付的款项

（三）现金流量表应当按照日常活动、投资活动、筹资活动的现金流量分别反映。本表所指的现金流量，是指现金的流入和流出

（四）本表"本年金额"栏反映各项目的本年实际发生数。本表"上年金额"栏反映各项目的上年实际发生数，应当根据上年现金流量表中"本年金额"栏内所列数字填列

（五）单位应当采用直接法编制现金流量表

(六)本表"本年金额"栏各项目的填列方法

1. 日常活动产生的现金流量。

(1)"财政基本支出拨款收到的现金"项目，反映单位本年接受财政基本支出拨款取得的现金。本项目应当根据"零余额账户用款额度""财政拨款收入""银行存款"等科目及其所属明细科目的记录分析填列。

(2)"财政非资本性项目拨款收到的现金"项目，反映单位本年接受除用于购建固定资产、无形资产、公共基础设施等资本性项目以外的财政项目拨款取得的现金。本项目应当根据"银行存款""零余额账户用款额度""财政拨款收入"等科目及其所属明细科目的记录分析填列。

(3)"事业活动收到的除财政拨款以外的现金"项目，反映事业单位本年开展专业业务活动及其辅助活动取得的除财政拨款以外的现金。本项目应当根据"库存现金""银行存款""其他货币资金""应收账款""应收票据""预收账款""事业收入"等科目及其所属明细科目的记录分析填列。

(4)"收到的其他与日常活动有关的现金"项目，反映单位本年收到的除以上项目之外的与日常活动有关的现金。本项目应当根据"库存现金""银行存款""其他货币资金""上级补助收入""附属单位上缴收入""经营收入""非同级财政拨款收入""捐赠收入""利息收入""租金收入""其他收入"等科目及其所属明细科目的记录分析填列。

(5)"日常活动的现金流入小计"项目，反映单位本年日常活动产生的现金流入的合计数。本项目应当根据本表中"财政基本支出拨款收到的现金""财政非资本性项目拨款收到的现金""事业活动收到的除财政拨款以外的现金""收到的其他与日常活动有关的现金"项目金额的合计数填列。

(6)"购买商品、接受劳务支付的现金"项目，反映单位本年在日常活动中用于购买商品、接受劳务支付的现金。本项目应当根据"库存现金""银行存款""财政拨款收入""零余额账户用款额度""预付账款""在途物品""库存物品""应付账款""应付票据""业务活动费用""单位管理费用""经营费用"等科目及其所属明细科目的记录分析填列。

(7)"支付给职工以及为职工支付的现金"项目，反映单位本年支付给职工以及为职工支付的现金。本项目应当根据"库存现金""银行存款""零余额账户用款额度""财政拨款收入""应付职工薪酬""业务活动费用""单位管理费用""经营费用"等科目及其所属明细科目的记录分析填列。

(8)"支付的各项税费"项目，反映单位本年用于缴纳日常活动相关税费而支付的现金。本项目应当根据"库存现金""银行存款""零余额账户用款额度""应交增值税""其他应交税费""业务活动费用""单位管理费用""经营费用""所得税费用"等科目及其所属明细科目的记录分析填列。

(9)"支付的其他与日常活动有关的现金"项目，反映单位本年支付的除上述项目之外与日常活动有关的现金。本项目应当根据"库存现金""银行存款""零余额账户用款额度""财政拨款收入""其他应付款""业务活动费用""单位管理费用""经营费用""其他费用"等科目及其所属明细科目的记录分析填列。

(10)"日常活动的现金流出小计"项目，反映单位本年日常活动产生的现金流出的合计数。本项目应当根据本表中"购买商品、接受劳务支付的现金""支付给职工以及为职工支付的现金""支付的各项税费""支付的其他与日常活动有关的现金"项目金额的合计数填列。

(11)"日常活动产生的现金流量净额"项目，应当按照本表中"日常活动的现金流入小计"

项目金额减去"日常活动的现金流出小计"项目金额后的金额填列;如为负数,以"-"号填列。

2. 投资活动产生的现金流量。

(12)"收回投资收到的现金"项目,反映单位本年出售、转让或者收回投资收到的现金。本项目应该根据"库存现金""银行存款""短期投资""长期股权投资""长期债券投资"等科目的记录分析填列。

(13)"取得投资收益收到的现金"项目,反映单位本年因对外投资而收到被投资单位分配的股利或利润,以及收到投资利息而取得的现金。本项目应当根据"库存现金""银行存款""应收股利""应收利息""投资收益"等科目的记录分析填列。

(14)"处置固定资产、无形资产、公共基础设施等收回的现金净额"项目,反映单位本年处置固定资产、无形资产、公共基础设施等非流动资产所取得的现金,减去为处置这些资产而支付的有关费用之后的净额。由于自然灾害所造成的固定资产等长期资产损失而收到的保险赔款收入,也在本项目反映。本项目应当根据"库存现金""银行存款""待处理财产损溢"等科目的记录分析填列。

(15)"收到的其他与投资活动有关的现金"项目,反映单位本年收到的除上述项目之外与投资活动有关的现金。对于金额较大的现金流入,应当单列项目反映。本项目应当根据"库存现金""银行存款"等有关科目的记录分析填列。

(16)"投资活动的现金流入小计"项目,反映单位本年投资活动产生的现金流入的合计数。本项目应当根据本表中"收回投资收到的现金""取得投资收益收到的现金""处置固定资产、无形资产、公共基础设施等收回的现金净额""收到的其他与投资活动有关的现金"项目金额的合计数填列。

(17)"购建固定资产、无形资产、公共基础设施等支付的现金"项目,反映单位本年购买和建造固定资产、无形资产、公共基础设施等非流动资产所支付的现金;融资租入固定资产支付的租赁费不在本项目反映,在筹资活动的现金流量中反映。本项目应当根据"库存现金""银行存款""固定资产""工程物资""在建工程""无形资产""研发支出""公共基础设施""保障性住房"等科目的记录分析填列。

(18)"对外投资支付的现金"项目,反映单位本年为取得短期投资、长期股权投资、长期债券投资而支付的现金。本项目应当根据"库存现金""银行存款""短期投资""长期股权投资""长期债券投资"等科目的记录分析填列。

(19)"上缴处置固定资产、无形资产、公共基础设施等净收入支付的现金"项目,反映本年单位将处置固定资产、无形资产、公共基础设施等非流动资产所收回的现金净额予以上缴财政所支付的现金。本项目应当根据"库存现金""银行存款""应缴财政款"等科目的记录分析填列。

(20)"支付的其他与投资活动有关的现金"项目,反映单位本年支付的除上述项目之外与投资活动有关的现金。对于金额较大的现金流出,应当单列项目反映。本项目应当根据"库存现金""银行存款"等有关科目的记录分析填列。

(21)"投资活动的现金流出小计"项目,反映单位本年投资活动产生的现金流出的合计数。本项目应当根据本表中"购建固定资产、无形资产、公共基础设施等支付的现金""对外投资支付的现金""上缴处置固定资产、无形资产、公共基础设施等净收入支付的现金""支付的其他与投资活动有关的现金"项目金额的合计数填列。

(22)"投资活动产生的现金流量净额"项目,应当按照本表中"投资活动的现金流入小计"

项目金额减去"投资活动的现金流出小计"项目金额后的金额填列;如为负数,以"-"号填列。

3. 筹资活动产生的现金流量。

(23)"财政资本性项目拨款收到的现金"项目,反映单位本年接受用于购建固定资产、无形资产、公共基础设施等资本性项目的财政项目拨款取得的现金。本项目应当根据"银行存款""零余额账户用款额度""财政拨款收入"等科目及其所属明细科目的记录分析填列。

(24)"取得借款收到的现金"项目,反映事业单位本年举借短期、长期借款所收到的现金。本项目应当根据"库存现金""银行存款""短期借款""长期借款"等科目记录分析填列。

(25)"收到的其他与筹资活动有关的现金"项目,反映单位本年收到的除上述项目之外与筹资活动有关的现金。对于金额较大的现金流入,应当单列项目反映。本项目应当根据"库存现金""银行存款"等有关科目的记录分析填列。

(26)"筹资活动的现金流入小计"项目,反映单位本年筹资活动产生的现金流入的合计数。本项目应当根据本表中"财政资本性项目拨款收到的现金""取得借款收到的现金""收到的其他与筹资活动有关的现金"项目金额的合计数填列。

(27)"偿还借款支付的现金"项目,反映事业单位本年偿还借款本金所支付的现金。本项目应当根据"库存现金""银行存款""短期借款""长期借款"等科目的记录分析填列。

(28)"偿付利息支付的现金"项目,反映事业单位本年支付的借款利息等。本项目应当根据"库存现金""银行存款""应付利息""长期借款"等科目的记录分析填列。

(29)"支付的其他与筹资活动有关的现金"项目,反映单位本年支付的除上述项目之外与筹资活动有关的现金,如融资租入固定资产所支付的租赁费。本项目应当根据"库存现金""银行存款""长期应付款"等科目的记录分析填列。

(30)"筹资活动的现金流出小计"项目,反映单位本年筹资活动产生的现金流出的合计数。本项目应当根据本表中"偿还借款支付的现金""偿付利息支付的现金""支付的其他与筹资活动有关的现金"项目金额的合计数填列。

(31)"筹资活动产生的现金流量净额"项目,应当按照本表中"筹资活动的现金流入小计"项目金额减去"筹资活动的现金流出小计"金额后的金额填列;如为负数,以"-"号填列。

4. "汇率变动对现金的影响额"项目,反映单位本年外币现金流量折算为人民币时,所采用的现金流量发生日的汇率折算的人民币金额与外币现金流量净额按期末汇率折算的人民币金额之间的差额。

5. "现金净增加额"项目,反映单位本年现金变动的净额。本项目应当根据本表中"日常活动产生的现金流量净额""投资活动产生的现金流量净额""筹资活动产生的现金流量净额"和"汇率变动对现金的影响额"项目金额的合计数填列;如为负数,以"-"号填列。

## 二、B事业单位2019年12月31日现金流量表

本节第一部分文字部分对现金流量表的填报过程及方法进行了说明,B事业单位现金流量表在第十二章的基础上,通过分析20个案例及其账务处理基础上,编制完成了12月31日的现金流量表,详细格式及数据如下:

## 现金流量表

会政财04表

编制单位：B事业单位　　　　　2019年　　　　　　　　　　　　　单位：元

| 项目 | 本年金额 | 上年金额 |
|---|---|---|
| 一、日常活动产生的现金流量： | | |
| 　　财政基本支出拨款收到的现金 | 300 000 | |
| 　　财政非资本性项目拨款收到的现金 | | |
| 　　事业活动收到的除财政拨款以外的现金 | 603 000 | |
| 　　收到的其他与日常活动有关的现金 | 224 000 | |
| 日常活动的现金流入小计 | 1 127 000 | |
| 　　购买商品、接受劳务支付的现金 | 61 000 | |
| 　　支付给职工以及为职工支付的现金 | 302 522 | |
| 　　支付的各项税费 | 35 000 | |
| 　　支付的其他与日常活动有关的现金 | 20 000 | |
| 日常活动的现金流出小计 | 418 522 | |
| 　　日常活动产生的现金流量净额 | 708 478 | |
| 二、投资活动产生的现金流量： | | |
| 　　收回投资收到的现金 | | |
| 　　取得投资收益收到的现金 | | |
| 　　处置固定资产、无形资产、公共基础设施等收回的现金净额 | | |
| 　　收到的其他与投资活动有关的现金 | | |
| 投资活动的现金流入小计 | | |
| 　　购建固定资产、无形资产、公共基础设施等支付的现金 | 180 000 | |
| 　　对外投资支付的现金 | | |
| 　　上缴处置固定资产、无形资产、公共基础设施等净收入支付的现金 | | |
| 　　支付的其他与投资活动有关的现金 | | |
| 投资活动的现金流出小计 | 180 000 | |
| 　　投资活动产生的现金流量净额 | −180 000 | |
| 三、筹资活动产生的现金流量： | | |
| 　　财政资本性项目拨款收到的现金 | 200 000 | |
| 　　取得借款收到的现金 | | |
| 　　收到的其他与筹资活动有关的现金 | | |
| 筹资活动的现金流入小计 | 200 000 | |
| 　　偿还借款支付的现金 | | |
| 　　偿还利息支付的现金 | | |
| 　　支付的其他与筹资活动有关的现金 | | |
| 筹资活动的现金流出小计 | | |
| 　　筹资活动产生的现金流量净额 | 200 000 | |
| 四、汇率变动对现金的影响额 | | |
| 五、现金净增加额 | 728 478 | |

### 三、现金流量表编制中的注意事项

本表所指的现金,是指单位的库存现金以及其他可以随时用于支付的款项,包括库存现金、可以随时用于支付的银行存款、其他货币资金、零余额账户用款额度、财政应返还额度,以及通过财政直接支付方式支付的款项。实务中应重点关注"财政应返还额度"及财政直接支付下形成的现金流量。

本表现金流量净额应注意与资产负债表有关数据的联系。

本年现金流量净额与预算会计下的预算收入支出表由于口径的不同(部分现金流量没有纳入预算会计核算范围),存在一定的差异。

制度对现金流量表非强制编制,实务中可以根据单位的实际情况,选择编制或者不编制现金流量表。

## 第六节 附 注

### 一、附注主要内容

附注是对在会计报表中列示的项目所做的进一步说明,以及对未能在会计报表中列示项目的说明。附注是财务报表的重要组成部分。凡对报表使用者的决策有重要影响的会计信息,不论本制度是否有明确规定,单位均应当充分披露。

附注主要包括下列内容:

(一)单位的基本情况单位应当简要披露其基本情况,包括单位主要职能、主要业务活动所在地、预算管理关系等。

(二)会计报表编制基础。

(三)遵循政府会计准则、制度的声明。

(四)重要会计政策和会计估计单位应当采用与其业务特点相适应的具体会计政策,并充分披露报告期内采用的重要会计政策和会计估计。主要包括以下内容:

1. 会计期间。

2. 记账本位币,外币折算汇率。

3. 坏账准备的计提方法。

4. 存货类别、发出存货的计价方法、存货的盘存制度,以及低值易耗品和包装物的摊销方法。

5. 长期股权投资的核算方法。

6. 固定资产分类、折旧方法、折旧年限和年折旧率;融资租入固定资产的计价和折旧方法。

7. 无形资产的计价方法;使用寿命有限的无形资产,其使用寿命估计情况;使用寿命不确定的无形资产,其使用寿命不确定的判断依据;单位内部研究开发项目划分研究阶段和开发阶段的具体标准。

8. 公共基础设施的分类、折旧(摊销)方法、折旧(摊销)年限,以及其确定依据。

9. 政府储备物资分类,以及确定其发出成本所采用的方法。

10. 保障性住房的分类、折旧方法、折旧年限。

11. 其他重要的会计政策和会计估计。

12. 本期发生重要会计政策和会计估计变更的,变更的内容和原因、受其重要影响的报表项目名称和金额、相关审批程序,以及会计估计变更开始适用的时点。

## 二、会计报表重要项目说明

单位应当按照资产负债表和收入费用表项目列示顺序,采用文字和数据描述相结合的方式披露重要项目的明细信息。报表重要项目的明细金额合计,应当与报表项目金额相衔接。报表重要项目说明应包括但不限于下列内容。

(一)货币资金的披露格式

| 项目 | 期末余额 | 年初余额 |
| --- | --- | --- |
| 库存现金 | 1 000.00 | 1 000.00 |
| 银行存款 | 1 213 478.00 | 500 000.00 |
| 其他货币资金 | 0.00 | 0.00 |
| 合计 | 1 214 478.00 | 501 000.00 |

(二)应收账款按照债务人类别披露的格式

| 债务人类别 | 期末余额 | 年初余额 |
| --- | --- | --- |
| 政府会计主体: | | |
| 部门内部单位 | | |
| 单位1 | | |
| …… | | |
| 部门外部单位 | 200 000.00 | 200 000.00 |
| xx公司 | | |
| …… | | |
| 其他 | | |

注1:"部门内部单位"是指纳入单位所属部门财务报告合并范围的单位(下同)。

注2:有应收票据、预付账款、其他应收款的,可比照应收账款进行披露。

(三)存货的披露格式

| 存货种类 | 期末余额 | 年初余额 |
| --- | --- | --- |
| 1.XX存货 | 3 000.00 | 3 000.00 |
| 合计 | 3 000.00 | 3 000.00 |

### (四)其他流动资产的披露格式

| 项目 | 期末余额 | 年初余额 |
| --- | --- | --- |
| 1. | 0.00 | 0.00 |
| …… | 0.00 | 0.00 |
| 合计 | 0.00 | 0.00 |

注：有长期待摊费用、其他非流动资产的，可比照其他流动资产进行披露。

### (五)长期投资

(1)长期债券投资的披露格式。

| 债券发行主体 | 年初余额 | 本期增加额 | 本期减少额 | 期末余额 |
| --- | --- | --- | --- | --- |
| 1. | 0.00 | 0.00 | 0.00 | 0.00 |
| …… | 0.00 | 0.00 | 0.00 | 0.00 |
| 合计 | 0.00 | 0.00 | 0.00 | 0.00 |

注：有短期投资的，可比照长期债券投资进行披露。

(2)长期股权投资的披露格式。

| 被投资单位 | 核算方法 | 年初余额 | 本期增加额 | 本期减少额 | 期末余额 |
| --- | --- | --- | --- | --- | --- |
| 1. 西京科技发展公司 | 成本法 | 0.00 | 30 000.00 | 0.00 | 30 000.00 |
| 合计 |  | 0.00 | 30 000.00 | 0.00 | 30 000.00 |

(3)当期发生的重大投资净损益项目、金额及原因。

### (六)固定资产

(1)固定资产的披露格式。

| 项目 | 年初余额 | 本期增加额 | 本期减少额 | 期末余额 |
| --- | --- | --- | --- | --- |
| 一、原值合计 | 6 000 000.00 | 180 000.00 |  | 6 180 000.00 |
| 其中：房屋及构筑物 |  |  |  |  |
| 通用设备 | 6 000 000.00 | 180 000.00 |  | 6 180 000.00 |
| 专用设备 |  |  |  |  |
| 文物和陈列品 |  |  |  |  |
| 图书、档案 |  |  |  |  |
| 家具、用具、装具及动植物 |  |  |  |  |
| 二、累计折旧合计 | 2 500 000.00 | 12 000.00 |  | 2 512 000.00 |
| 其中：房屋及构筑物 |  |  |  |  |
| 通用设备 | 2 500 000.00 | 12 000.00 |  | 2 512 000.00 |
| 专用设备 |  |  |  |  |
| 家具、用具、装具 |  |  |  |  |
| 三、账面价值合计 | 3 500 000.00 | 168 0000.00 |  | 3 668 000.00 |
| 其中：房屋及构筑物 |  |  |  |  |
| 通用设备 | 3 500 000.00 | 168 000.00 |  | 3 668 000.00 |

续表

| 项目 | 年初余额 | 本期增加额 | 本期减少额 | 期末余额 |
|---|---|---|---|---|
| 专用设备 | | | | |
| 文物和陈列品 | | | | |
| 图书、档案 | | | | |
| 家具、用具、装具及动植物 | | | | |

(2)已提足折旧的固定资产名称、数量等情况。

(3)出租、出借固定资产以及固定资产对外投资等情况。

(七)在建工程的披露格式

| 项目 | 年初余额 | 本期增加额 | 本期减少额 | 期末余额 |
|---|---|---|---|---|
| 1. xx 工程 | 400 000.00 | | | 400 000.00 |
| 合计 | 400 000.00 | | | 400 000.00 |

(八)无形资产

(1)各类无形资产的披露格式。

| 项目 | 年初余额 | 本期增加额 | 本期减少额 | 期末余额 |
|---|---|---|---|---|
| 一、原值合计 | 150 000.00 | | | |
| 1. xx 无形资产 | 100 000.00 | | | 100 000.00 |
| 2. xy 无形资产 | 50 000.00 | | 50 000.00 | 0.00 |
| 二、累计摊销合计 | 20 000.00 | 1 200.00 | 20 000.00 | 1 200.00 |
| 1. xx 无形资产 | 0.00 | 1 200.00 | | 1 200.00 |
| 2. xy 无形资产 | 20 000.00 | | 20 000.00 | 0.00 |
| 三、账面价值合计 | 13 000.00 | | 31 200.00 | 98 800.00 |
| 1. xx 无形资产 | 100 000.00 | | 1 200.00 | 98 800.00 |
| 2. xy 无形资产 | 30 000.00 | | 30 000.00 | 0.00 |

(2)计入当期损益的研发支出金额、确认为无形资产的研发支出金额。

(3)无形资产出售、对外投资等处置情况。2019 年无形资产对外投资一项,原值 50 000 元,计提摊销 20 000 元,账面价值 30 000 元。

(九)公共基础设施

(1)公共基础设施的披露格式。

| 项目 | 年初余额 | 本期增加额 | 本期减少额 | 期末余额 |
|---|---|---|---|---|
| 原值合计 | 0.00 | 0.00 | 0.00 | 0.00 |
| 市政基础设施 | 0.00 | 0.00 | 0.00 | 0.00 |
| 1. | 0.00 | 0.00 | 0.00 | 0.00 |
| …… | 0.00 | 0.00 | 0.00 | 0.00 |
| 交通基础设施 | 0.00 | 0.00 | 0.00 | 0.00 |
| 1. | 0.00 | 0.00 | 0.00 | 0.00 |

续表

| 项目 | 年初余额 | 本期增加额 | 本期减少额 | 期末余额 |
|---|---|---|---|---|
| …… | 0.00 | 0.00 | 0.00 | 0.00 |
| 水利基础设施 | 0.00 | 0.00 | 0.00 | 0.00 |
| 1. | 0.00 | 0.00 | 0.00 | 0.00 |
| …… | 0.00 | 0.00 | 0.00 | 0.00 |
| 其他 | 0.00 | 0.00 | 0.00 | 0.00 |
| …… | 0.00 | 0.00 | 0.00 | 0.00 |
| 累计折旧合计 | 0.00 | 0.00 | 0.00 | 0.00 |
| 市政基础设施 | 0.00 | 0.00 | 0.00 | 0.00 |
| 1. | 0.00 | 0.00 | 0.00 | 0.00 |
| …… | 0.00 | 0.00 | 0.00 | 0.00 |
| 交通基础设施 | 0.00 | 0.00 | 0.00 | 0.00 |
| 1. | 0.00 | 0.00 | 0.00 | 0.00 |
| …… | 0.00 | 0.00 | 0.00 | 0.00 |
| 水利基础设施 | 0.00 | 0.00 | 0.00 | 0.00 |
| 1. | 0.00 | 0.00 | 0.00 | 0.00 |
| …… | 0.00 | 0.00 | 0.00 | 0.00 |
| 其他 | 0.00 | 0.00 | 0.00 | 0.00 |
| …… | 0.00 | 0.00 | 0.00 | 0.00 |
| 账面价值合计 | 0.00 | 0.00 | 0.00 | 0.00 |
| 市政基础设施 | 0.00 | 0.00 | 0.00 | 0.00 |
| 1. | 0.00 | 0.00 | 0.00 | 0.00 |
| …… | 0.00 | 0.00 | 0.00 | 0.00 |
| 交通基础设施 | 0.00 | 0.00 | 0.00 | 0.00 |
| 1. | 0.00 | 0.00 | 0.00 | 0.00 |
| …… | 0.00 | 0.00 | 0.00 | 0.00 |
| 水利基础设施 | 0.00 | 0.00 | 0.00 | 0.00 |
| 1. | 0.00 | 0.00 | 0.00 | 0.00 |
| …… | 0.00 | 0.00 | 0.00 | 0.00 |
| 其他 | 0.00 | 0.00 | 0.00 | 0.00 |
| …… | 0.00 | 0.00 | 0.00 | 0.00 |

（2）确认为公共基础设施的单独计价入账的土地使用权的账面余额、累计摊销额及变动情况。

（3）已提取折旧继续使用的公共基础设施的名称、数量等。

（十）政府储备物资的披露格式

| 物资类别 | 年初余额 | 本期增加额 | 本期减少额 | 期末余额 |
|---|---|---|---|---|
| 1. | 0.00 | 0.00 | 0.00 | 0.00 |

续表

| 物资类别 | 年初余额 | 本期增加额 | 本期减少额 | 期末余额 |
|---|---|---|---|---|
| …… | 0.00 | 0.00 | 0.00 | 0.00 |
| 合计 | 0.00 | 0.00 | 0.00 | 0.00 |

注：如单位有因动用而发出需要收回或者预期可能收回、但期末尚未收回的政府储备物资，应当单独披露其期末账面余额。

(十一)受托代理资产的披露格式

| 资产类别 | 年初余额 | 本期增加额 | 本期减少额 | 期末余额 |
|---|---|---|---|---|
| 货币资金 | 10 000.00 | | 5 000.00 | 5 000.00 |
| 受托转赠物资 | | | | |
| 受托存储保管物资 | 15 000.00 | | | 15 000.00 |
| 罚没物资 | | | | |
| 其他 | | | | |
| 合计 | 25 000.00 | | | 20 000.00 |

(十二)应付账款按照债权人类别披露的格式

| 债权人类别 | 期末余额 | 年初余额 |
|---|---|---|
| 政府会计主体： | | |
| 部门内部单位 | | |
| 单位1 | | |
| …… | | |
| 部门外部单位 | | |
| xx公司 | 300 000.00 | 300 000.00 |
| …… | | |
| 其他： | | |
| 单位1 | | |
| …… | | |
| 合计 | 300 000.00 | 300 000.00 |

注：有应付票据、预收账款、其他应付款、长期应付款的，可比照应付账款进行披露。

(十三)其他流动负债的披露格式

| 项目 | 期末余额 | 年初余额 |
|---|---|---|
| 1. | 0.00 | 0.00 |
| …… | 0.00 | 0.00 |
| 合计 | 0.00 | 0.00 |

注：有预计负债、其他非流动负债的，可比照其他流动负债进行披露。

(十四)长期借款

(1)长期借款按照债权人披露的格式。

| 债权人 | 期末余额 | 年初余额 |
|---|---|---|
| 1. | 0.00 | 0.00 |
| …… | 0.00 | 0.00 |
| 合计 | 0.00 | 0.00 |

注：有短期借款的，可比照长期借款进行披露。

（2）单位有基建借款的，应当分基建项目披露长期借款年初数、本年变动数、年末数及到期期限。

（十五）事业收入按照收入来源的披露格式

| 收入来源 | 本期发生额 | 上期发生额 |
|---|---|---|
| 来自财政专户管理资金 | 500 000.00 | 0.00 |
| 本部门内部单位 | | |
| 单位1 | | |
| …… | | |
| 本部门以外同级政府单位 | | |
| 单位1 | | |
| …… | | |
| 其他 | | |
| 西武设计公司 | 50 000.00 | 0.00 |
| 合计 | 550 000.00 | 0.00 |

（十六）非同级财政拨款收入按收入来源的披露格式

| 收入来源 | 本期发生额 | 上期发生额 |
|---|---|---|
| 本部门以外同级政府单位 | 0.00 | 0.00 |
| 单位1 | 0.00 | 0.00 |
| …… | 0.00 | 0.00 |
| 本部门以外非同级政府单位 | 0.00 | 0.00 |
| 单位1 | 0.00 | 0.00 |
| …… | 0.00 | 0.00 |
| 合计 | 0.00 | 0.00 |

（十七）其他收入按照收入来源的披露格式

| 收入来源 | 本期发生额 | 上期发生额 |
|---|---|---|
| 本部门内部单位 | 0.00 | 0.00 |
| 单位1 | 0.00 | 0.00 |
| …… | 0.00 | 0.00 |
| 本部门以外同级政府单位 | 0.00 | 0.00 |
| 单位1 | 0.00 | 0.00 |
| …… | 0.00 | 0.00 |

续表

| 收入来源 | 本期发生额 | 上期发生额 |
| --- | --- | --- |
| 本部门以外非同级政府单位 | 0.00 | 0.00 |
| 单位1 | 0.00 | 0.00 |
| …… | 0.00 | 0.00 |
| 其他 | 0.00 | 0.00 |
| 单位1 | 0.00 | 0.00 |
| …… | 0.00 | 0.00 |
| 合计 | 0.00 | 0.00 |

（十八）业务活动费用

（1）按经济分类的披露格式。

| 项目 | 本期发生额 | 上期发生额 |
| --- | --- | --- |
| 工资福利费用 | 210 000.00 | 0.00 |
| 商品和服务费用 | 66 080.00 | 0.00 |
| 对个人和家庭的补助费用 |  | 0.00 |
| 对企业补助费用 |  | 0.00 |
| 固定资产折旧费 | 8 000.00 | 0.00 |
| 无形资产摊销费 | 1 200.00 | 0.00 |
| 公共基础设施折旧（摊销）费 |  | 0.00 |
| 保障性住房折旧费 |  | 0.00 |
| 计提专用基金 | 25 000.00 | 0.00 |
| …… |  | 0.00 |
| 合计 | 310 280.00 | 0.00 |

注：有单位管理费用、经营费用的，可比照（业务活动费用）此表进行披露。

（2）按支付对象的披露格式。

| 支付对象 | 本期发生额 | 上期发生额 |
| --- | --- | --- |
| 本部门内部单位 |  |  |
| 单位1 |  |  |
| …… |  |  |
| 本部门以外同级政府单位 |  |  |
| 单位1 |  |  |
| …… |  |  |
| 其他 |  |  |
| 西京复印部 | 50 000.00 | 0.00 |
| 内部账务处理等 | 44 200.00 | 0.00 |
| 个人 | 215 000.00 | 0.00 |
| xx市税务局 | 1 080.00 | 0.00 |
| 合计 | 310 280.00 | 0.00 |

注：有单位管理费用、经营费用的，可比照（业务活动费用）此表进行披露。

## (十九) 其他费用按照类别披露的格式

| 费用类别 | 本期发生额 | 上期发生额 |
| --- | --- | --- |
| 利息费用 | | |
| 坏账损失 | 20 000.00 | 0.00 |
| 罚没支出 | | |
| …… | | |
| 合计 | 20 000.00 | 0.00 |

## (二十) 本期费用按照经济分类的披露格式

| 项目 | 本年数 | 上年数 |
| --- | --- | --- |
| 工资福利费用 | 210 000.00 | 0.00 |
| 商品和服务费用 | 66 080.00 | 0.00 |
| 对个人和家庭的补助费用 | | 0.00 |
| 对企业补助费用 | | 0.00 |
| 固定资产折旧费 | 8 000.00 | 0.00 |
| 无形资产摊销费 | 1 200.00 | 0.00 |
| 公共基础设施折旧(摊销)费 | | 0.00 |
| 保障性住房折旧费 | | 0.00 |
| 计提专用基金 | 25 000.00 | 0.00 |
| 所得税费用 | | 0.00 |
| 资产处置费用 | | 0.00 |
| 上缴上级费用 | | |
| 对附属单位补助费用 | | |
| 其他费用 | | |
| 本期费用合计 | 310 280.00 | 0.00 |

注：单位在按照本制度规定编制收入费用表的基础上，可以根据需要按照此表披露的内容编制收入费用表。

## 三、本年盈余与预算结余的差异情况说明

为了反映单位财务会计和预算会计因核算基础和核算范围不同所产生的本年盈余数与本年预算结余数之间的差异，单位应当按照重要性原则，对本年度发生的各类影响收入(预算收入)和费用(预算支出)的业务进行适度归并和分析，披露将年度预算收入支出表中"本年预算收支差额"调节为年度收入费用表中"本期盈余"的信息。有关披露格式如下：

| 一、本年预算结余(本年预算收支差额) | 725 478.00 |
| --- | --- |
| 二、差异调节 | — |
| (一)重要事项的差异 | |
| 加：1. 当期确认为收入但没有确认为预算收入 | 50 000.00 |
| (1)应收款项、预收账款确认的收入 | 50 000.00 |

续表

| | |
|---|---:|
| （2）接受非货币性资产捐赠确认的收入 | |
| 2. 当期确认为预算支出但没有确认为费用 | 221 000.00 |
| （1）支付应付款项、预付账款的支出 | 41 000.00 |
| （2）为取得存货、政府储备物资等计入物资成本的支出 | |
| （3）为购建固定资产等的资本性支出 | 180 000.00 |
| （4）偿还借款本息支出 | |
| 减：1. 当期确认为预算收入但没有确认为收入 | 9 000.00 |
| （1）收到应收款项、预收账款确认的预算收入 | 9 000.00 |
| （2）取得借款确认的预算收入 | |
| 2. 当期确认为费用但没有确认为预算支出 | 24 280.00 |
| （1）发出存货、政府储备物资等确认的费用 | |
| （2）计提的折旧费用和摊销费用 | 13 200.00 |
| （3）确认的资产处置费用（处置资产价值） | |
| （4）应付款项、预付账款确认的费用 | 11 080.00 |
| （二）其他事项差异 | 50 478.00 |
| 三、本年盈余（本年收入与费用的差额） | 912 720.00 |

在本案例中，存在如下特殊情况：

1. 因增值税确认预算收入没有确认财务会计收入形成的差异，在本表的"收到应收款项、预收账款确认的预算收入"中填列。

2. 预提费用形成的费用差异，在本表"应付款项、预付账款确认的费用"中填列。

3. 上年应交增值税形成的预算会计支出，在"支付应付款项、预付账款的支出"中填列。

4. 计提的坏账准备发生的其他费用在"其他事项差异"中填列。

5. 计提专用基金发生的业务活动费用在"其他事项差异"。

6. 未交的个人所得税发生的费用差异"其他事项差异"。

7. 其他应交税费在"应付款项、预付账款确认的费用"中填列。

## 四、其他重要事项说明

1. 资产负债表日存在的重要或有事项说明。没有重要或有事项的，也应说明。

2. 以名义金额计量的资产名称、数量等情况，以及以名义金额计量理由的说明。

3. 通过债务资金形成的固定资产、公共基础设施、保障性住房等资产的账面价值、使用情况、收益情况及与此相关的债务偿还情况等的说明。

4. 重要资产置换、无偿调入（出）、捐入（出）、报废、重大毁损等情况的说明。

5. 事业单位将单位内部独立核算单位的会计信息纳入本单位财务报表情况的说明。

6. 政府会计具体准则中要求附注披露的其他内容。

7. 有助于理解和分析单位财务报表需要说明的其他事项。

## 本章小结

财务报表包括资产负债表、收入费用表、净资产变动表、现金流量表、附注。其中现金流量表属于选编内容，单位可根据实际情况选择是否编报；财务报表附注内容较多，应结合制度要求和单位实际情况编写，本案例中因部分辅助信息不全，编制过程中可能存在不符合实际的情况，在日常核算中应完善辅助核算信息，如收入来源、支付对象等信息；附注中本年盈余与预算结余的差异表是制度中衔接财务会计和预算会计的关键点，也是财务会计和预算会计核算差异的一个概况性总结，实务中应结合制度要求和信息化系统软件，减少编报工作量。

# 第十四章 预算会计报表的编制

**本章导读**　本章根据第十二章列举的综合案例及业务处理，结合《政府会计制度——行政事业单位会计科目和报表》有关，编制预算会计报表，帮助理解和学习财务报表有关方面内容。预算会计报表包括预算收入支出表、预算结转结余变动表、财政拨款预算收入支出表共计三张报表。

## 第一节　预算收入支出表

### 一、预算收入支出表编制说明

（一）本表反映单位在某一会计年度内各项预算收入、预算支出和预算收支差额的情况。

（二）本表"本年数"栏反映各项目的本年实际发生数。本表"上年数"栏反映各项目上年度的实际发生数，应当根据上年度预算收入支出表中"本年数"栏内所列数字填列。如果本年度预算收入支出表规定的项目的名称和内容同上年度不一致，应当对上年度预算收入支出表项目的名称和数字按照本年度的规定进行调整，将调整后金额填入本年度预算收入支出表的"上年数"栏

（三）本表"本年数"栏各项目的内容和填列方法

1. 本年预算收入。

（1）"本年预算收入"项目，反映单位本年预算收入总额。本项目应当根据本表中"财政拨款预算收入""事业预算收入""上级补助预算收入""附属单位上缴预算收入""经营预算收入""债务预算收入""非同级财政拨款预算收入""投资预算收益""其他预算收入"项目金额的合计数填列。

（2）"财政拨款预算收入"项目，反映单位本年从同级政府财政部门取得的各类财政拨款。本项目应当根据"财政拨款预算收入"科目的本年发生额填列。

"政府性基金收入"项目，反映单位本年取得的财政拨款收入中属于政府性基金预算拨款的金额。本项目应当根据"财政拨款预算收入"相关明细科目的本年发生额填列。

（3）"事业预算收入"项目，反映事业单位本年开展专业业务活动及其辅助活动取得的预算收入。本项目应当根据"事业预算收入"科目的本年发生额填列。

（4）"上级补助预算收入"项目，反映事业单位本年从主管部门和上级单位取得的非财政补助预算收入。本项目应当根据"上级补助预算收入"科目的本年发生额填列。

（5）"附属单位上缴预算收入"项目，反映事业单位本年收到的独立核算的附属单位按照有

关规定上缴的预算收入。本项目应当根据"附属单位上缴预算收入"科目的本年发生额填列。

（6）"经营预算收入"项目，反映事业单位本年在专业业务活动及其辅助活动之外开展非独立核算经营活动取得的预算收入。本项目应当根据"经营预算收入"科目的本年发生额填列。

（7）"债务预算收入"项目，反映事业单位本年按照规定从金融机构等借入的、纳入部门预算管理的债务预算收入。本项目应当根据"债务预算收入"的本年发生额填列。

（8）"非同级财政拨款预算收入"项目，反映单位本年从非同级政府财政部门取得的财政拨款。本项目应当根据"非同级财政拨款预算收入"科目的本年发生额填列。

（9）"投资预算收益"项目，反映事业单位本年取得的按规定纳入单位预算管理的投资收益。本项目应当根据"投资预算收益"科目的本年发生额填列。

（10）"其他预算收入"项目，反映单位本年取得的除上述收入以外的纳入单位预算管理的各项预算收入。本项目应当根据"其他预算收入"科目的本年发生额填列。

"利息预算收入"项目，反映单位本年取得的利息预算收入。本项目应当根据"其他预算收入"科目的明细记录分析填列。单位单设"利息预算收入"科目的，应当根据"利息预算收入"科目的本年发生额填列。

"捐赠预算收入"项目，反映单位本年取得的捐赠预算收入。本项目应当根据"其他预算收入"科目明细账记录分析填列。单位单设"捐赠预算收入"科目的，应当根据"捐赠预算收入"科目的本年发生额填列。

"租金预算收入"项目，反映单位本年取得的租金预算收入。本项目应当根据"其他预算收入"科目明细账记录分析填列。单位单设"租金预算收入"科目的，应当根据"租金预算收入"科目的本年发生额填列。

2. 本年预算支出。

（11）"本年预算支出"项目，反映单位本年预算支出总额。本项目应当根据本表中"行政支出""事业支出""经营支出""上缴上级支出""对附属单位补助支出""投资支出""债务还本支出"和"其他支出"项目金额的合计数填列。

（12）"行政支出"项目，反映行政单位本年履行职责实际发生的支出。本项目应当根据"行政支出"科目的本年发生额填列。

（13）"事业支出"项目，反映事业单位本年开展专业业务活动及其辅助活动发生的支出。本项目应当根据"事业支出"科目的本年发生额填列。

（14）"经营支出"项目，反映事业单位本年在专业业务活动及其辅助活动之外开展非独立核算经营活动发生的支出。本项目应当根据"经营支出"科目的本年发生额填列。

（15）"上缴上级支出"项目，反映事业单位本年按照财政部门和主管部门的规定上缴上级单位的支出。本项目应当根据"上缴上级支出"科目的本年发生额填列。

（16）"对附属单位补助支出"项目，反映事业单位本年用财政拨款收入之外的收入对附属单位补助发生的支出。本项目应当根据"对附属单位补助支出"科目的本年发生额填列。

（17）"投资支出"项目，反映事业单位本年以货币资金对外投资发生的支出。本项目应当根据"投资支出"科目的本年发生额填列。

（18）"债务还本支出"项目，反映事业单位本年偿还自身承担的纳入预算管理的从金融机构举借的债务本金的支出。本项目应当根据"债务还本支出"科目的本年发生额填列。

（19）"其他支出"项目，反映单位本年除以上支出以外的各项支出。本项目应当根据"其他支出"科目的本年发生额填列。"利息支出"项目，反映单位本年发生的利息支出。本项目应当根据"其他支出"科目明细账记录分析填列。单位单设"利息支出"科目的，应当根据"利息支出"科目的本年发生额填列。

"捐赠支出"项目，反映单位本年发生的捐赠支出。本项目应当根据"其他支出"科目明细账记录分析填列。单位单设"捐赠支出"科目的，应当根据"捐赠支出"科目的本年发生额填列。

3. 本年预算收支差额。

（20）"本年预算收支差额"项目，反映单位本年各项预算收支相抵后的差额。本项目应当根据本表中"本期预算收入"项目金额减去"本期预算支出"项目金额后的金额填列；如相减后金额为负数，以"-"号填列。

## 二、B事业单位预算收入支出表

本节第一部分文字部分对预算收入支出表的填报过程及方法进行了说明，B事业单位预算收入支出表在第十二章的基础上，通过分析预算会计科目余额的基础上，编制完成了12月31日的预算收入支出表，详细格式及数据如下：

**预算收入支出表**

会政预01表

编制单位：B事业单位　　　2019年度　　　单位：元

| 项目 | 本年数 | 上年数 |
|---|---|---|
| 一、本年预算收入 | 1 309 000.00 | 0.00 |
| （一）财政拨款预算收入 | 500 000.00 | 0.00 |
| 其中：政府性基金收入 | | |
| （二）事业预算收入 | 603 000.00 | 0.00 |
| （三）上级补助预算收入 | | |
| （四）附属单位上缴预算收入 | | |
| （五）经营预算收入 | 206 000.00 | 0.00 |
| （六）债务预算收入 | | |
| （七）非同级财政拨款预算收入 | | |
| （八）投资预算收益 | | |
| （九）其他预算收入 | | |
| 二、本年预算支出 | 583 522.00 | 0.00 |
| （一）行政支出 | | |
| （二）事业支出 | 551 020.00 | 0.00 |
| （三）经营支出 | 32 502.00 | 0.00 |
| （四）上缴上缴支出 | | |
| （五）对附属单位补助支出 | | |
| （六）投资支出 | | |
| （七）债务还本支出 | | |
| （八）其他支出 | | |
| 本年预算收支差额 | 725 478.00 | 0.00 |

备注：因涉及新旧会计制度衔接，上年数暂按0填列。

## 第二节 预算结转结余变动表

### 一、预算结转结余变动表编制说明

(一)本表反映单位在某一会计年度内预算结转结余的变动情况

(二)本表"本年数"栏反映各项目的本年实际发生数。本表"上年数"栏反映各项目的上年实际发生数,应当根据上年度预算结转结余变动表中"本年数"栏内所列数字填列

如果本年度预算结转结余变动表规定的项目的名称和内容同上年度不一致,应当对上年度预算结转结余变动表项目的名称和数字按照本年度的规定进行调整,将调整后金额填入本年度预算结转结余变动表的"上年数"栏。

(三)本表中"年末预算结转结余"项目金额等于"年初预算结转结余""年初余额调整""本年变动金额"三个项目的合计数

(四)本表"本年数"栏各项目的内容和填列方法

1."年初预算结转结余"项目,反映单位本年预算结转结余的年初余额。本项目应当根据本项目下"财政拨款结转结余""其他资金结转结余"项目金额的合计数填列。

(1)"财政拨款结转结余"项目,反映单位本年财政拨款结转结余资金的年初余额。本项目应当根据"财政拨款结转""财政拨款结余"科目本年年初余额合计数填列。

(2)"其他资金结转结余"项目,反映单位本年其他资金结转结余的年初余额。本项目应当根据"非财政拨款结转""非财政拨款结余""专用结余""经营结余"科目本年年初余额的合计数填列。

2."年初余额调整"项目,反映单位本年预算结转结余年初余额调整的金额。本项目应当根据本项目下"财政拨款结转结余""其他资金结转结余"项目金额的合计数填列。

(1)"财政拨款结转结余"项目,反映单位本年财政拨款结转结余资金的年初余额调整金额。本项目应当根据"财政拨款结转""财政拨款结余"科目下"年初余额调整"明细科目的本年发生额的合计数填列;如调整减少年初财政拨款结转结余,以"-"号填列。

(2)"其他资金结转结余"项目,反映单位本年其他资金结转结余的年初余额调整金额。本项目应当根据"非财政拨款结转""非财政拨款结余"科目下"年初余额调整"明细科目的本年发生额的合计数填列;如调整减少年初其他资金结转结余,以"-"号填列。

3."本年变动金额"项目,反映单位本年预算结转结余变动的金额。本项目应当根据本项目下"财政拨款结转结余""其他资金结转结余"项目金额的合计数填列。

(1)"财政拨款结转结余"项目,反映单位本年财政拨款结转结余资金的变动。本项目应当根据本项目下"本年收支差额""归集调入""归集上缴或调出"项目金额的合计数填列。

①"本年收支差额"项目,反映单位本年财政拨款资金收支相抵后的差额。本项目应当根据"财政拨款结转"科目下"本年收支结转"明细科目本年转入的预算收入与预算支出的差额填列;差额为负数的,以"-"号填列。

②"归集调入"项目,反映单位本年按照规定从其他单位归集调入的财政拨款结转资金。本项目应当根据"财政拨款结转"科目下"归集调入"明细科目的本年发生额填列。

③"归集上缴或调出"项目,反映单位本年按照规定上缴的财政拨款结转结余资金及按照

规定向其他单位调出的财政拨款结转资金。本项目应当根据"财政拨款结转""财政拨款结余"科目下"归集上缴"明细科目,以及"财政拨款结转"科目下"归集调出"明细科目本年发生额的合计数填列,以"-"号填列。

(2)"其他资金结转结余"项目,反映单位本年其他资金结转结余的变动。本项目应当根据本项目下"本年收支差额""缴回资金""使用专用结余""支付所得税"项目金额的合计数填列。

①"本年收支差额"项目,反映单位本年除财政拨款外的其他资金收支相抵后的差额。本项目应当根据"非财政拨款结转"科目下"本年收支结转"明细科目、"其他结余"科目、"经营结余"科目本年转入的预算收入与预算支出的差额的合计数填列;如为负数,以"-"号填列。

②"缴回资金"项目,反映单位本年按照规定缴回的非财政拨款结转资金。本项目应当根据"非财政拨款结转"科目下"缴回资金"明细科目本年发生额的合计数填列,以"-"号填列。

③"使用专用结余"项目,反映本年事业单位根据规定使用从非财政拨款结余或经营结余中提取的专用基金的金额。本项目应当根据"专用结余"科目明细账中本年使用专用结余业务的发生额填列,以"-"号填列。

④"支付所得税"项目,反映有企业所得税缴纳义务的事业单位本年实际缴纳的企业所得税金额。本项目应当根据"非财政拨款结余"明细账中本年实际缴纳企业所得税业务的发生额填列,以"-"号填列。

4."年末预算结转结余"项目,反映单位本年预算结转结余的年末余额。本项目应当根据本项目下"财政拨款结转结余""其他资金结转结余"项目金额的合计数填列。

(1)"财政拨款结转结余"项目,反映单位本年财政拨款结转结余的年末余额。本项目应当根据本项目下"财政拨款结转""财政拨款结余"项目金额的合计数填列。本项目下"财政拨款结转""财政拨款结余"项目,应当分别根据"财政拨款结转""财政拨款结余"科目的本年年末余额填列。

(2)"其他资金结转结余"项目,反映单位本年其他资金结转结余的年末余额。本项目应当根据本项目下"非财政拨款结转""非财政拨款结余""专用结余""经营结余"项目金额的合计数填列。

本项目下"非财政拨款结转""非财政拨款结余""专用结余""经营结余"项目,应当分别根据"非财政拨款结转""非财政拨款结余""专用结余""经营结余"科目的本年年末余额填列。

## 二、B事业单位预算结转结余变动表

本节第一部分文字部分对预算结转结余变动表的填报过程及方法进行了说明,B事业单位预算结转结余变动表在第十二章的基础上,通过分析预算会计科目余额,编制完成了12月31日的预算结转结余变动表,详细格式及数据如下:

## 预算结转结余变动表

编制单位：B事业单位　　　　2019年

会政预02表　　单位：元

| 项目 | 本年数 | 上年数 |
|---|---|---|
| 一、年初预算结转结余 | 491 000.00 | 0.00 |
| （一）财政拨款结转结余 |  | 0.00 |
| （二）其他资金 |  | 0.00 |
| 二、年初余额调整（减少以"-"填列） | 18 000.00 | 0.00 |
| （一）财政拨款结转结余 |  | 0.00 |
| （二）其他资金结转结余 | 18 000.00 | 0.00 |
| 三、本年变动金额（减少以"-"号填列） | 725 478.00 |  |
| （一）财政拨款结转结余 | 39 980.00 |  |
| 　1. 本年收支差额 | 39 980.00 | 0.00 |
| 　2. 归集调入 |  |  |
| 　3. 归集上缴或调出 |  | 0.00 |
| （二）其他资金结转结余 | 685 498.00 |  |
| 　1. 本年收支差额 | 685 498.00 | 0.00 |
| 　2. 缴回资金 |  | 0.00 |
| 　3. 使用专用结余 |  | 0.00 |
| 　4. 支付所得税 |  | 0.00 |
| 四、年末预算结转结余 | 1 234 478.00 | 491 000.00 |
| （一）财政拨款结转结余 | 39 980.00 | 0.00 |
| 　1. 财政拨款结转 | 15 000.00 | 0.00 |
| 　2. 财政拨款结余 | 24 980.00 | 0.00 |
| （二）其他资金结转结余 | 1 194 498.00 | 491 000.00 |
| 　1. 非财政拨款结转 | 309 000.00 | 266 000.00 |
| 　2. 非财政拨款结余 | 625 098.00 | 215 000.00 |
| 　3. 专用结余 | 260 400.00 | 10 000.00 |
| 　4. 经营结余（如有余额，以"-"号填列） |  | 0.00 |

# 第三节　财政拨款预算收入支出表

## 一、财政拨款预算收入支出表编制说明

（一）本表反映单位本年财政拨款预算资金收入、支出及相关变动的具体情况

（二）本表"项目"栏内各项目，应当根据单位取得的财政拨款种类分项设置。其中"项目支出"项目下，根据每个项目设置；单位取得除一般公共财政预算拨款和政府性基金预算拨款以外的其他财政拨款的，应当按照财政拨款种类增加相应的资金项目及其明细项目

（三）本表各栏及其对应项目的内容和填列方法

1."年初财政拨款结转结余"栏中各项目，反映单位年初各项财政拨款结转结余的金额。各项目应当根据"财政拨款结转""财政拨款结余"及其明细科目的年初余额填列。本栏中各项目的数额应当与上年度财政拨款预算收入支出表中"年末财政拨款结转结余"栏中各项目的数额相等。

2."调整年初财政拨款结转结余"栏中各项目，反映单位对年初财政拨款结转结余的调整金额。各项目应当根据"财政拨款结转""财政拨款结余"科目下"年初余额调整"明细科目及其所属明细科目的本年发生额填列；如调整减少年初财政拨款结转结余，以"－"号填列。

3."本年归集调入"栏中各项目，反映单位本年按规定从其他单位调入的财政拨款结转资金金额。各项目应当根据"财政拨款结转"科目下"归集调入"明细科目及其所属明细科目的本年发生额填列。

4."本年归集上缴或调出"栏中各项目，反映单位本年按规定实际上缴的财政拨款结转结余资金，及按照规定向其他单位调出的财政拨款结转资金金额。各项目应当根据"财政拨款结转""财政拨款结余"科目下"归集上缴"科目和"财政拨款结转"科目下"归集调出"明细科目，及其所属明细科目的本年发生额填列，以"－"号填列。

5."单位内部调剂"栏中各项目，反映单位本年财政拨款结转结余资金在单位内部不同项目等之间的调剂金额。各项目应当根据"财政拨款结转"和"财政拨款结余"科目下的"单位内部调剂"明细科目及其所属明细科目的本年发生额填列；对单位内部调剂减少的财政拨款结余金额，以"－"号填列。

6."本年财政拨款收入"栏中各项目，反映单位本年从同级财政部门取得的各类财政预算拨款金额。各项目应当根据"财政拨款预算收入"科目及其所属明细科目的本年发生额填列。

7."本年财政拨款支出"栏中各项目，反映单位本年发生的财政拨款支出金额。各项目应当根据"行政支出""事业支出"等科目及其所属明细科目本年发生额中的财政拨款支出数的合计数填列。

8."年末财政拨款结转结余"栏中各项目，反映单位年末财政拨款结转结余的金额。各项目应当根据"财政拨款结转""财政拨款结余"科目及其所属明细科目的年末余额填列。

## 二、B事业单位财政拨款预算收入支出表

本节第一部分文字部分对财政拨款预算收入支出表的填报过程及方法进行了说明，B事业单位财政拨款预算收入支出表在第十二章的基础上，通过分析预算会计科目余额，编制完成了12月31日的财政拨款预算收入支出表，详细格式及数据如下：

## 财政拨款预算收入支出表

会政预 03 表

编制单位：　　　　　　　　　　　　　　2019 年　　　　　　　　　　　　　　单位：元

| 项目 | 年初财政拨款结转结余 || 调整年初财政拨款结转结余 | 本年归集调入 | 本年归集上缴或调出 | 单位内部调剂 || 本年财政拨款收入 | 本年财政拨款支出 | 年末财政拨款结转结余 ||
|---|---|---|---|---|---|---|---|---|---|---|---|
| | 结转 | 结余 | | | | 结转 | 结余 | | | 结转 | 结余 |
| 一、一般公共预算财政拨款 | 0.00 | 0.00 | 0.00 | 0.00 | 0.00 | 0.00 | 0.00 | 0.00 | 0.00 | 0.00 | 0.00 |
| （一）基本支出 | 0.00 | 0.00 | 0.00 | 0.00 | 0.00 | 0.00 | 0.00 | 0.00 | 0.00 | 0.00 | 0.00 |
| 1. 人员经费 | 0.00 | 0.00 | 0.00 | 0.00 | 0.00 | 0.00 | 0.00 | 300 000.00 | 275 020.00 | 0.00 | 24 980.00 |
| 2. 日常公用经费 | 0.00 | 0.00 | 0.00 | 0.00 | 0.00 | 0.00 | 0.00 | 0.00 | 0.00 | 0.00 | 0.00 |
| （二）项目支出 | 0.00 | 0.00 | 0.00 | 0.00 | 0.00 | 0.00 | 0.00 | 0.00 | 0.00 | 0.00 | 0.00 |
| 1. X 项目 | 0.00 | 0.00 | 0.00 | 0.00 | 0.00 | 0.00 | 0.00 | 200 000.00 | 185 000.00 | 15 000.00 | 0.00 |
| 2. XX 项目 | 0.00 | 0.00 | 0.00 | 0.00 | 0.00 | 0.00 | 0.00 | 0.00 | 0.00 | 0.00 | 0.00 |
| …… | | | | | | | | | | | |
| 二、政府性基金预算财政拨款 | 0.00 | 0.00 | 0.00 | 0.00 | 0.00 | 0.00 | 0.00 | 0.00 | 0.00 | 0.00 | 0.00 |
| （一）基本支出 | 0.00 | 0.00 | 0.00 | 0.00 | 0.00 | 0.00 | 0.00 | 0.00 | 0.00 | 0.00 | 0.00 |
| 1. 人员经费 | 0.00 | 0.00 | 0.00 | 0.00 | 0.00 | 0.00 | 0.00 | 0.00 | 0.00 | 0.00 | 0.00 |
| 2. 日常公用经费 | 0.00 | 0.00 | 0.00 | 0.00 | 0.00 | 0.00 | 0.00 | 0.00 | 0.00 | 0.00 | 0.00 |
| （二）项目支出 | 0.00 | 0.00 | 0.00 | 0.00 | 0.00 | 0.00 | 0.00 | 0.00 | 0.00 | 0.00 | 0.00 |
| 1. XX 项目 | 0.00 | 0.00 | 0.00 | 0.00 | 0.00 | 0.00 | 0.00 | 0.00 | 0.00 | 0.00 | 0.00 |
| 2. XX 项目 | 0.00 | 0.00 | 0.00 | 0.00 | 0.00 | 0.00 | 0.00 | 0.00 | 0.00 | 0.00 | 0.00 |
| …… | 0.00 | 0.00 | 0.00 | 0.00 | 0.00 | 0.00 | 0.00 | 0.00 | 0.00 | 0.00 | 0.00 |
| 总计 | 0.00 | 0.00 | 0.00 | 0.00 | 0.00 | 0.00 | 0.00 | 500 000.00 | 460 020.00 | 15 000.00 | 24 980.00 |

## 本章小结

预算会计报表包括预算收入支出表、预算结转结余变动表、财政拨款预算收入支出表三张报表，在单位会计核算规范（科目设置）的前提下编制难度不大，但是应区分现金流量表中现金净增加额和预算结余的区别，前者包括财务会计的所有核算范围，后者只是当期纳入部门预算管理的资金。